Gerlinde von Westphalen
Lady Abbess

Gerlinde von Westphalen

Lady Abbess

Benedicta von Spiegel –
Politische Ordensfrau in der NS-Zeit

Bibliografische Information der Deutschen Bibliothek
Die Deutsche Bibliothek verzeichnet diese Publikation in der
Deutschen Nationalbibliografie; detaillierte bibliografische Daten
sind im Internet über <http://dnb.ddb.de> abrufbar.

DRITTE, überarbeitete AUFLAGE 2024

Copyright GRAF GRAEFIN WESTPHALEN Paderborn

HERSTELLUNG und VERLAG

BoD - Books on Demand, Norderstedt

ISBN: 978-3-759-73472-3

auch als E-Book erhältlich

Inhalt

zenmeisterin • Das innere Regelwerk: die Satzungen • Stellvertreterin der schwerkranken Äbtissin

INHALT

Einleitung

Dieses Buch erzählt die Lebensgeschichte einer ungewöhnlichen Ordensfrau. Benedicta von Spiegel (1874–1950), Äbtissin der Benediktinerinnenabtei St. Walburg im oberbayerischen Eichstätt war weltläufig, politisch und im Widerstand gegen die Nationalsozialisten.

Mit ihren 8 Geschwistern wuchs Elisabeth Freiin Spiegel von und zu Peckelsheim wohlbehütet auf dem heimischen Rittergut Helmern bei Willebadessen in einer der tonangebenden westfälischen Stiftsadelsfamilien auf. Mit 25 Jahren entschied sie sich auf einer Bildungsreise durch Italien gegen den Willen ihrer Familie für das Klosterleben. Davon handeln die ersten beiden Kapitel.

Im Jahr 1900 trat v. Spiegel auf Anraten des ersten Abtprimas der Benediktiner, Hildebrand de Hemptinne, den sie in Rom kennengelernt hatte, in Belgien in die noch im Bau befindliche Abtei Maredret ein. 2 Jahre später erhielt sie mit der Profess ihren Ordensnamen Benedicta. Es ist nicht leicht, einer Frau in der fremden, verschlossenen Welt des Klosters gerecht zu werden, doch gewährt der Einblick in den umfangreichen Nachlass v. Spiegels in dem für Außenstehende in der Regel unzugänglichen Archiv der Abtei St. Walburg und weitere Dokumente in Klosterarchiven seltene Aufschlüsse.

Es zeigte sich, dass die folgenden Jahre alles andere als eine gradlinige Lebensgeschichte im Dienst des Glaubens und des Studiums der Kirchenväter wurden. Stattdessen stürzte v. Spiegel in existenzielle Krisen und Selbstzweifel. Die seelischen Kämpfe endeten auch nicht, als sie zu Beginn des 1. Weltkrieges ihr belgisches Professkloster, das unmittelbar im Kriegsgebiet lag, fluchtartig Richtung Deutschland verlassen musste. Eine 3-jährige Zwischenstation in der Abtei St. Hildegard in Eibingen bei Rüdesheim folgte. Die dortige Äbtissin tauschte sich mit ihrer Prager Amtskollegin in teils markigen Worten darüber aus, dass v. Spiegel für das Klosterleben gänzlich ungeeignet sei. Die Zeit in Maredret und Eibingen ist Gegenstand der Kapitel 3 und 4.

Die Wende brachte dann 1918 der von der Familie in Ostwestfalen betriebene Wechsel in die Abtei St. Walburg in Eichstätt. Ein Glücksfall für sie, zu dem verschiedene Faktoren beitrugen, wie in einem eigenen Kapitel beschrieben wird. 8 Jahre später wählte der Konvent Benedicta v. Spiegel nach der krankheitsbedingten Resignation ihrer Vorgängerin in das höchste Abteiamt. Nun bot sich ihr Gelegenheit, die Klausurregeln in einer eher offenen, liberalen Weise auszulegen. Im 5. Kapitel begleitet das Buch v. Spiegel in den ersten Jahren als Äbtissin. Sie warb mit Verve bei Amtskolleginnen und -kollegen für eine sich öffnende Auffassung monastischen Lebens, wie neu entdeckte Dokumente zeigen.

Was das Buch aufgrund verschlossener Quellenlage nur in Ansätzen schildern kann, ist das innere Klosterleben in der Klausur mit den Gebetspflichten, den regelmäßigen Konferenzen und den Binnenverhältnissen zwischen Nonnen und Äbtissin. Ihren eigenen kulturellen Interessen folgend förderte v. Spiegel Kunst und Kunsthandwerk. Das Kloster erfuhr erheblichen Zulauf vor allem künstlerisch qualifizierten Nachwuchses. St. Walburg beteiligte sich an öffentlichen Kunstausstellungen, zahlreiche Bischöfe zählten zu den Kunden der Ateliers für Paramentik, Buch- und Kirchenkunst und der Restaurierungswerkstätten. Maßgeblicher Schulträger der städtischen Mädchenbildung war die Abtei zudem. Es gelang v. Spiegel, die mehr als 150 Schwestern zählende Klostergemeinschaft durch die schwierige Zeit der Weltwirtschaftskrise zu lenken.

Bis zu diesem Zeitpunkt hätte ein Buch über Äbtissin Benedicta vor allem biographische Einblicke in das wenig beleuchtete klösterliche Milieu der Zeit anhand neu zugänglicher Dokumente geboten. Mit dem Aufstieg der Nationalsozialisten zum Ende der Weimarer Republik begann v. Spiegel sich auch politisch zu betätigen. Als entschiedene Gegnerin der Nazis engagierte sie sich bis zur Kapitulation 1945 im katholisch widerständigen Milieu. Nicht als Einzelkämpferin, sondern im Verbund mit Freunden. Die Rolle der St. Walburger Äbtissin in der NS-Zeit wird zum ersten Mal quellenbasiert umfassend dargestellt. Davon handeln die folgenden Kapitel des Buches.

Um 1930 bildete sich in Eichstätt ein fester Freundeskreis. Dem engen Zirkel gehörten neben der Äbtissin der Münchner Journalist Fritz Gerlich, der Eichstätter Kapuzinerpater Ingbert Naab, der Großgrundbesitzer Erich Fürst Waldburg-Zeil, die Theologieprofessoren Franz Xaver Wutz und Joseph Lechner sowie die stigmatisierte Therese Neumann aus Konnersreuth an. Letztere war eine enge Freundin v. Spiegels. Mit ihr setzt sich ein eigenes Kapitel auseinander. Im Umfeld bewegten sich weitere Persönlichkeiten, die im Buch eine Rolle spielen wie der Monarchist Erwein v. Aretin und der kurzzeitige Eichstätter Bischof Konrad Graf Preysing, mit dem v. Spiegel eine lebenslange Freundschaft verband, auch nachdem er das Bischofsamt in Berlin übernehmen musste.

Die gemeinsame Ablehnung des Nationalsozialismus und seiner menschenverachtenden Rassenideologie ließ die Eichstätter Freunde schon vor der sog. Machtergreifung in unterschiedlichen ihnen zugänglichen Milieus handeln. So in der Jugendarbeit des katholischen Mädchenvereins „Weiße Rose" oder der sog. „Katholischen Tatgemeinschaft", die den Jungadel erreichen wollte. Am bekanntesten ist ein gemeinsames Zeitungsprojekt geworden: Die Wochenzeitung „Der Gerade Weg". Von Fürst Waldburg-Zeil finanziert fungierte Fritz Gerlich als Chefredakteur. Wichtigster offizieller Mitautor war Pater Ingbert Naab, Professorenfreunde und die Äbtissin wirkten im Hintergrund. Zahlreiche Artikel erschienen ohne Verfasser. Als wirkmächtige Zeitung griff der „Gerade Weg" nicht nur Hitler und andere führende NS-Funktionäre an, sondern auch die gesellschaftlichen Unterstützerkreise in Adel, Großbürgertum und Wirtschaft. Namentlich der Hochadel, die Hohenzollern und der einflussreiche Deutsche Herrenclub wurden zur Zielscheibe.

Der Preis, den die Freunde für diesen Einsatz zahlen mussten, war nach dem 30. Januar 1933 hoch: Lange Haft und Ermordung Gerlichs 1934, Flucht ins ausländische Exil (P. Naab), Hausdurchsuchungen, Observierungen, Briefzensur, tiefe Verunsicherung und Ängste. Anhand erstmals ausgewerteter Quellen zeichnet das Buch nach, wie die verbliebenen Freunde in Eichstätt zu subversiven Widerstandsformen übergingen, Flugblätter verfassten und verbreiteten, Informationsmaterial in die Schweiz schmuggelten. Bis zum Ende des Naziregimes blieb der Kreis unentdeckt.

Und: Die Freunde hatten einen heimlichen Helfer, wie ein spektakulärer Archivfund zeigt. Ein Duzfreund von Rudolf Hess – Stellvertreters des Führers – war Fluchthelfer für Pater Naab, eine jüdische Konvertitin aus der Abtei, bewahrte die Freunde vor Schlimmerem und unterstützte v. Spiegel z.B. konkret, als sie wegen eines Devisenvergehens rechtlich belangt wurde. Ein Parteigenosse, zuletzt im Rang eines SA-Obersturmbannführers, der jahrelang nicht nur von den subversiven Aktionen wusste, sondern die Freunde aktiv unterstützte, ist in der aktuellen Forschung über die nationalsozialistischen Parteimitglieder in dieser Dimension ein rarer Fund.

Äbtissin von Spiegel erkannte das existentielle Gefährdungspotential kirchlicher Einrichtungen, das von den Nazis ausging, frühzeitig. Sie zog daraus eine weitreichende Konsequenz, die sie zu einem Solitär unter den deutschen Klosterführungen machte. Im Frühjahr 1934 brach sie zu einer mehrmonatigen USA-Reise auf, um ein neues Kloster als mögliche Zufluchtsstätte für ihren großen Konvent zu gründen. Die Reise wurde zu einem Medienereignis, war sie die erste Äbtissin überhaupt, die ameri-

kanischen Boden betrat: „The First Lady Abbess ever". Ein gesondertes
Kapitel 11 widmet sich dieser Reise, auf der v. Spiegel auch Kontakte in
einflussreiche politische Kreise knüpfte, die Jahre später zum Kriegsende
von großem Nutzen für Abtei und Stadt werden sollten.

Die Hälfte ihrer 24-jährigen Amtszeit forderte die Abwehr von Kirchenkampfmaßnahmen der Nationalsozialisten ihre ganze Kraft: Zermürbend und die Gesundheit ruinierend. Anhand von teilweise erstmals zugänglichen Dokumenten rekonstruiert das Buch, wie v. Spiegel gegen alle
Maßnahmen beharrlich ankämpfte, mit denen die Nationalsozialisten der
Abtei wie allen Klöstern die Existenzgrundlagen entziehen wollten. Der
beherzte Widerstand gegen die Schließung der Klosterschulen blieb vergeblich. Gegen willfährige Besteuerungen klösterlichen Vermögens führte sie jahrelange Prozesse vor dem Reichsfinanzhof. Der Schließung des
hauseigenen Verlags und der Armenspeisung konnte sie nichts entgegen-
setzen. Die Bedrohung durch die Beschlagnahmung von Ordenseinrich-
tungen und die Vertreibung der Klosterinsassen im Zuge des sog. „Klostersturms" 1940–42 schwebte als Damoklesschwert über St. Walburg. Ein
bisher in der Forschung nicht berücksichtigtes Zeitzeugnis belegt, wie die
Bischöfe und die weiblichen Ordensgemeinschaften Verhaltensstrategien
im Falle des Klostersturms vorbereiteten und zu koordinieren versuchten.
Von den Krankenmorden der sog. „T4-Aktion" wusste v. Spiegel spätestens seit November 1940 durch einen in diesem Buch erstmals umfassend
veröffentlichten erschütternden Brief eines Pflegeheimbewohners.

Archivalien belegen anschaulich das Lavieren der Äbtissin zwischen
Verhandeln und Verweigern, Zugeständnis und Resistenz, Öffnen und
Verbergen. So schloss sie Mietverträge über die Nutzung von Klosterge-
bäuden mit HJ, SS und Wehrmacht, verwahrte erbbiologisches Material
des eugenischen Forschungsinstituts der Kaiser-Wilhelm-Gesellschaft in
München, entsandte Klosterfrauen in Krankenhäuser und Lazarette. Zu-
gleich unterstützte sie Häftlinge im KZ Dachau und versteckte politisch
Verfolgte in der Abtei.

Doch der Fokus im Buch liegt immer auch auf der westfälischen Heimat. Denn die emotionalen Bindungen zu den Geschwistern und ihren
Familien in Westfalen blieben eng. Von chronischen Krankheiten erholte
sich Benedicta v. Spiegel wiederholt wochenlang bei ihren verheirateten
Schwestern auf Gut Ermelinghoff und Schloss Lembeck im Münsterland. Sie erlebte, wie die Nazizeit die Familie spaltete und zu tiefen Zerwürfnissen führte. Einer ihrer Brüder – Joseph v. Spiegel, Mitglied der
NSDAP – war von 1933–1943 Landrat des Kreises Warburg und in dieser
Funktion in die Reichspogromnacht und die Deportationen der jüdischen

Bevölkerung in seinem Kreis involviert. Ihr Lieblingsbruder Adolf hingegen – erklärter Nazi-Gegner – musste von 1935 bis 1945 wiederholt dank des renommierten Göttinger Psychiaters Gottfried Ewald in dessen Nervenklinik vor dem Zugriff der Gestapo in Sicherheit gebracht werden. Die Frau Adolf v. Spiegels wiederum war die Schwester der Berliner Salondame Viktoria von Dirksen. In Berlin unterhielt v. Dirksen in den 1930er Jahren einen einflussreichen Salon als Begegnungsort von Nazigrößen wie Hitler und Goebbels mit großbürgerlichen und aristokratischen Kreisen. Die geistige und politische Nähe der Schwestern eskalierte den Konflikt in der westfälischen Adelsfamilie weiter. Briefe aus den Familienarchiven und weitere Dokumente konturieren eine sehr persönliche Seite der Äbtissin.

Ein gänzlich verändertes Bild lässt das Buch von der engen Freundin Benedicta v. Spiegels, der stigmatisierten Therese Neumann aus Konnersreuth aufgrund eines neuen Quellenfunds entstehen. Ihr ist ein eigenes Kapitel 6 gewidmet. Neumann hatte sich und auch ihre engsten Unterstützer in eine prekäre Lage gebracht durch ihre Behauptung, sie esse bis auf eine Hostie täglich nichts und scheide folglich auch nichts aus. Bei ihrer weit über die Landesgrenzen reichenden Popularität musste diese Fiktion um der Glaubwürdigkeit willen unter allen Umständen aufrecht erhalten werden. Denn Neumann war längst zu einem Symbol beharrlicher katholischer Widerständigkeit geworden. Dafür nahmen die Beteiligten auch einen frommen Betrug in Kauf, wie ein bisher unbekannter Brief belegt, dessen Echtheit durch die Unterschrift des Verfassers als belegt gelten darf. Dieser zeigt erstmals, dass Therese Neumann nicht nur einen einflussreichen Fürsprecher im Vatikan hatte: Kardinalstaatssekretär Eugenio Pacelli, ab 2. März 1939 Papst Pius XII.; sondern dass alle um die manipulative Täuschung der Konnersreuther Freundin wussten und sie aktiv dabei unterstützten. Auch Äbtissin Benedicta v. Spiegel.

Das Buch endet mit der Schilderung der ersten Nachkriegsjahre und der amerikanischen Besetzung des von geflüchteten Menschen überlaufenen Eichstätt. Dabei wird deutlich, dass v. Spiegel bei der friedlichen, aber lebensgefährlichen Übergabe der Stadt eine Schlüsselrolle innehatte und nach der Machtübernahme durch amerikanische Besatzungstruppen schnell einen direkten Draht zu dem US-Befehlshaber fand. Beschrieben wird, wie ihre langjährigen Verbindungen nach Amerika und England nicht nur ihrer Abtei zugute kamen.

Die Gesundheit der Äbtissin war da schon seit Jahren zerrüttet. Benedicta von Spiegel starb am 17. Februar 1950 mit 76 Jahren in der Abtei St. Walburg, wenige Monate zuvor als Ehrenbürgerin der Stadt ausgezeichnet.

Bei den Recherchen zu diesem Buch ist auffällig geworden, wie vielfältig die Kontakte v. Spiegels in politische Kreise, vornehmlich der Zentrumspartei und der bayerischen BVP waren. Wie vertraut sie v.a. mit katholischen Intellektuellen umging. Wie international sie ihre Verbindungen nicht nur zu Klerikern und hohen Würdenträgern pflegte. Und vor allem wie breitgefächert ihre Beziehungen in Adelskreise reichten, die über ihre Familie und die Heimatregion weit hinausragten bis in die ehemals regierenden Häuser Wittelsbach und Habsburg. Obgleich dieses Buch sein Entstehen dem einzigartigen Glücksfall verdankt, dass St. Walburg den überaus großen Nachlass seiner 57. Äbtissin öffnete, lassen sich diese Verbindungen nur in Ansätzen nachzeichnen. Denn ein Teil v. Spiegels Korrespondenz und möglicherweise auch weiterer Archivalien – der Umfang ist schwierig zu bemessen – fand sich nicht in den vielen Kartons ihres unverzeichneten Nachlasses. Über seinen Verbleib kann man mutmaßen. Ob er verloren oder vernichtet worden ist oder noch an einem unbekannten Ort des Abteiarchivs lagert, ist nicht zu ermitteln. Die ursprüngliche Existenz von Korrespondenzen etwa belegen Gegenstücke in anderen Archiven.

Der Verfasserin erschien es längere Zeit erkenntnisfördernd, eine historische Netzwerkanalyse für das Buch zu versuchen. Doch standen einer solchen noch weitere Gründe im Weg. Etwa der, dass die Klosterarchive Außenstehenden nicht ohne weiteres zugänglich sind. Oder der, dass im Nationalsozialismus die Klöster zum Eigenschutz möglicherweise vorsorglich verfängliche Archivalien selbst vernichtet haben. Oder als ein weiterer, dass nicht nur Ordensleute zu ihrem Lebensende ein Autodafé ihres Nachlasses verfügt haben. Doch auch anhand der eingesehenen Archivalien lässt sich das Lebensbild einer bedeutenden westfälischen Adligen und politischen Ordensfrau des 20. Jahrhunderts zeigen.

Das Buch setzt mit einem emotionalen Höhepunkt ein, den nur wenige Ordensfrauen erleben konnten und können: die Weihe zur Äbtissin.

Benedicta von Spiegel ca. 1925

ÄBTISSINWEIHE

Das französische Stundenbuch von 1849 ist prachtvoll eingebunden. Elfenbeinreliefs modellieren auf Front- und Rückdeckel zwei unterschiedliche mit Blumenranken und Ähren verzierte Kreuze, auf dem Titel ein Herz-Jesu-Kreuz. Die Elfenbeinplatten sind in filigrane Silberschmiederahmen eingelassen. Vorder-, Fuß- und Kopfschnitt verzieren kunstfertige goldene florale Muster mit farbigen Ausmalungen. 2 silberne Buchschließen vervollständigen den Prachteinband. Auf dem Vorsatzblatt ist eine handschriftliche Widmung zu lesen: „Zur Erinnerung an IKH Hildegard von Bayern und den innigst schönen Tag der Aebtissinweihe". Überreicht wurde dieses besondere Geschenk in einer violetten Samtkassette im Herbst 1926 von der Tochter des letzten in Bayern regierenden, 1921 verstorbenen Königs Ludwig III. In Vertretung ihres Bruders, des Chefs des Hauses Wittelsbach Kronprinz Rupprecht (1869–1955), machte sich die kunstinteressierte Prinzessin Hildegard Maria von Bayern (1881–1948) am 29. September 1926 auf den Weg in die Abtei St. Walburg in Eichstätt.[1] Ihr Urgroßvater Ludwig I. (1786–1868) hatte am 7. Juni 1835 per Dekret die Wiedereinrichtung des Klosters St. Walburg nach der Säkularisation und der damit verbundenen Aufhebung aller Klöster durch Napoleon verfügt und an die Verpflichtung geknüpft, dass die Klosterfrauen „die Mädchenschule der Stadt zu übernehmen" hätten. Und ihr Vater König Ludwig III. hatte St. Walburg am 7. Februar 1914 zur Abtei erhoben.[2] Die Beziehung zwischen dem bayerischen Königshaus und dem Eichstätter Konvent ist von daher traditionell eng geknüpft und vertrauensvoll gewesen. Die bayerische Prinzessin nahm an allen Veranstaltungen der Äbtissinweihe als Ehrengast des Festtages teil.

Am 14. August 1926 hatte Äbtissin Karolina Kroiß (1862–1927), die St. Walburg von 1902 an zunächst als Priorin und ab 1914 mit der Erhebung zur Abtei umsichtig leitete, aufgrund einer Parkinsonerkrankung resigniert: „Der Gesundheitszustand ... verschlimmerte sich immer mehr (...) Nach und nach wurde die Äbtissin vollständig gelähmt und verlor schließlich auch noch die Sprachfähigkeit".[3] Zwei Tage später, am 16. August war die Wahl ihrer Nachfolgerin bereits um 11 Uhr beendet. In der Festchronik heißt es:[4]

„Alle Nichtwahlberechtigten: Frauennoviziat und Schwestern eilen zum Kapitelsaal. Dort hat die kanonische Wahl unter dem Vorsitz Sr. Exzellenz des
Hochwürdigsten Herrn Bischofs Dr. Leo von Mergel…stattgefunden. Zwei
Schwestern tragen die kranke Hochw. Mutter Karolina im Tragstuhl herein.
In tiefer Bewegung geht ihr die Neugewählte – unsere bisherige Wohlehrwür-
dige Frau Priorin Benedicta – entgegen. (…) Voll kindlicher Hingebung kniet
sie nun bei der geliebten Mutter nieder und empfängt den ersten Segen zum
vertrauensvollen Amt. (…)". Der Bischof verkündete „das von allen erwartete
Wahlergebnis" (…) und ist „des Lobes wegen des schönen Beispiels monastischer Einheit und Geschlossenheit".

Die hochgewachsene Benedicta Freiin von Spiegel aus altem ostwestfälischen Adelsgeschlecht ist die neue Äbtissin von St. Walburg. Sie ist
seit ihrem Klostereintritt im Jahr 1900 in insgesamt drei Abteien gewesen
und laut Taufeintrag 52 Jahre alt. In einer im gleichen Jahr veröffentlichten
Chronik von St. Walburg ist zu lesen, dass die ‚neue Äbtissin heuer am
31. Januar ihr 50. Lebensjahr vollendete'. Erst 14 Jahre später wird das
tatsächliche Geburtsjahr auch in den offiziellen Verzeichnissen angegeben.
Versehen, Fehler, Absicht? Diese Frage bleibt bis heute ungeklärt.[5]
Die Abtei St. Walburg zählte zum 31.12.1923 insgesamt 84 Chorfrauen,
Novizinnen und Konversen, sechs Jahre später war die Gesamtzahl auf
110 angestiegen[6] – mithin war eine große klösterliche Gemeinschaft zu
führen. Das Amt der Äbtissin ist für ein Kloster schon immer von größter
Bedeutung gewesen. Benedicta v. Spiegel wird fortan die Verantwortung
für das geistliche und wirtschaftliche Wohl der Gemeinschaft tragen. Sie
wird auch verantwortlich sein für die Kontakte zur kirchlichen und sä-
kularen Welt. Ihre höchste Autorität im Kloster wird erst mit dem Tod
erlöschen.
Der 29. September ist der Namenstag des Erzengel Michael, des
Schutzpatron der Deutschen. In der mit roten und weißen Alpenveilchen
– den Farben der Familie von Spiegel – geschmückten Kloster- und Pfarrkirche St. Walburg, die seit Jahrhunderten das Grab der Hl. Walburga birgt,
hat sich zur Äbtissinweihe eine große Festgemeinde versammelt. Um 9.00
zieht Bischof Leo von Mergel in einer Prozession begleitet von den Äbten
der Bayerischen Benediktinerkongregation, des Eichstätter Dompropstes
und Domkapitels in die Kirche ein. Im Chor nehmen auch Angehörige,
Geschwister und Nichten an der Messe teil. „Dann erfolgte die Weihe des
Stabes und Ringes" – heißt es in der Festchronik. Mit der Überreichung
des geweihten Ringes ist die Zeremonie beendet, die feierliche Übergabe
des Stabes durch den Bischof und die Inthronisation finden im Nonnen-

chor inmitten des versammelten Konvents statt. Dort richtet der Bischof – so die Festchronik weiter – folgende Worte an die „neugeweihte Äbtissin: ‚„Seien Sie eine wahre Mutter diesem Hause!' Während nun der Hochwürdigste Herr wieder in die Kirche zurückgeht, ist im Chor unsere Huldigung an die neue Mutter. Stumm muß der Ringkuß vor sich gehen – und doch ist unser Herz übervoll. Dunkelrot leuchtet der Rubin in der Mitte eines Kranzes funkelnder Diamanten".[7]

Beim anschließenden Frühstück der mehr als 40 geladenen Gäste in den im Rokokostil gestalteten sog. Fürstenzimmern[8] betont der Eichstätter Bürgermeister Otto Betz (1882–1968) die enge Verbundenheit zwischen Stadt und Abtei:[9]

> „ Alles, was der Wellenschlag einer langen, reichen Geschichte unserer Stadt zugetragen hat, hat auch immer in St. Walburg einen warmen Widerhall, ein tiefes Teilnehmen gefunden. (…) Mögen Sie…Ihren Konvent zu innerem Glück und äusserem Gedeihen führen. Soweit Sie hierzu des weltlichen Armes, besonders der Unterstützung und des Entgegenkommens der Stadtverwaltung bedürfen, reiche ich Ihnen heute schon gerne und in weitgehendem Ausmasse die Hand entgegen zu einem einträchtigen Zusammenarbeiten wie bisher. Ich tue das umso lieber, da ich weiss, wie gerade im Kloster St. Walburg seit Jahr und Tag die schulische Bildung und Erziehung eines Grossteils unserer weiblichen Jugend in den besten und gewissenhaftesten Händen ruht …".

Nur wenige Jahre später wird sich unter den Nationalsozialisten diese Eintracht von Kloster und Stadt pulverisieren und ein zäher Kampf um die klösterlichen Bildungseinrichtungen ausgefochten.

Nach der Vesper am Nachmittag stand am Abend „eine kleine Festfeier" in den Fürstenzimmern auf dem Programm. Zwei Nichten der Äbtissin, die 16-jährige Aloysia Freiin von Spiegel (1910–1993) – Tochter des Bruders Joseph und in wenigen Jahren eng vertraut mit St. Walburg – und Maria Charlotte Gräfin Merveldt (1910–2003) – Tochter der jüngeren Halbschwester Ida – trugen ein von der Stiefmutter der Äbtissin verfasstes Gedicht vor und „brachten die Grüße und Wünsche der lieben Heimat in einem Festgedicht, das in launig-sinniger Weise Kindheit und Jugend… erzählte. Da erfuhren wir manches, was uns sehr interessierte". Zeitlebens wird Benedicta v. Spiegel ihrer Familie eng verbunden bleiben und regen Anteil auch an ihren Schicksalsschlägen nehmen.

Die Festchronik fährt fort:[10] „Dann führte uns das kleine Festspiel: ‚Bilder aus der Klosterchronik von St. Walburg' durch die Geschichte der Abtei". Die Feierlichkeiten endeten am nächsten Tag mit der Gratulation

der Schülerinnen der Klosterschule, von denen einige die von der Äbtissin
verfasste „Sage vom ersten Spiegelritter" vortrugen und zum Abschluss
das Westfalenlied „aus mehr als 100 Kinderstimmen…ertönte".

Aber auch leise Töne wurden an diesem Tage angestimmt, als die neue
Äbtissin ein eigenes Gedicht „An meinem Vater" vortrug. Mit eigenen Versen erinnerte sie an ihren vor 20 Jahren 1906 verstorbenen Vater, der ihr
sehr nahe gestanden hatte und an dessen Beisetzung sie als Nonne in Belgi-
en nicht hatte teilnehmen können. Die letzten beiden Strophen lauteten:[11]

„Fühl´ die liebe Hand in alter Weise
auf die Stirn ein Kreuzchen zeichnen lind;
Dann, - wie Himmelsbotschaft, leise, leise:
„So Gott will, bis morgen, Herzenskind!"
Sprachst dies Wort an jedem meiner Tage,
Sprachst es noch beim Auseinandergehn.
So Gott will, bis morgen, teurer Vater,
Morgen winkt uns ew´ges Wiedersehen"

Als Leitbild ihres Abbatiats wählte die frisch Geweihte: „Credo Caritati" – „Ich glaube an die Liebe". Auch ein persönliches Wappen und Siegel
führte die Äbtissin und setzte damit eine Tradition fort, die vermutlich seit
dem 18. Jahrhundert in St. Walburg praktiziert wird.[12] Wappen und Siegel
bestehen aus mehreren Elementen: Zunächst aus dem Konventwappen –
drei nach links schreitenden goldenen Leoparden, später Löwen auf rotem
Grund. Es ist dem Wappen des englischen Königshauses nachempfunden
aufgrund der überlieferten royalen Herkunft der Eichstätter Bistumspat-
rone Willibald, Walburga und Wunibald. Sodann aus dem Wappen der Familie von Spiegel – drei goldenen kreisrunden Spiegeln auf rotem Grund.
Über diesen beiden Wappen befindet sich die Brustbüste der Hl. Walburga
mit Krone. Auf dem Wappen hält die Klosterheilige in der linken Hand
ein Buch und darauf ein Fläschen mit Walburgisöl. Auf dem Siegel zeigt
sich das Bild der hl. Walburga mit Lilienzepter und Äbtissinnenstab. Die
offiziellen Portraits zur Amtseinführung zeigen Benedicta von Spiegel als
überaus selbstbewusste Persönlichkeit.

Gut vorstellbar, dass die gerade geweihte Äbtissin in einer ruhigen
Stunde die zahlreichen Glückwunschbriefe, -karten und -telegramme gelesen und auf ihren wechselvollen Lebensweg bis zum Tag der Weihe zurückgeblickt hat. Eine Reihe von Weggefährten sind unter den Gratulanten. Einige wie der Regens des Eichstätter Priesterseminars und spätere
Bischof von Eichstätt Prof. Dr. Michael Rackl (1883–1948) werden in den

folgenden Jahren zu wichtigen Vertrauenspersonen, vor allem in der Zeit des „Dritten Reiches". Rackl betont in seinem Gratulationsschreiben: „Ich möchte nicht unterlassen, auch meine Freude darüber zum Ausdruck zu bringen, dass das Kloster der heiligen Walburga in allen Instanzen die Frage des Personenwechsels in der Äbtissinresignation und Äbtissinwahl mit so feinem Taktgefühl und mit so benediktinisch-christlicher Liebe gelöst hat, dass auch nach außen hin der besten Eindruck erweckt wird. Die Lösung solcher Fragen setzt auf allen Seiten so viel Entsagung und Opfersinn, soviel Feinsinn und Edelsinn, soviel Liebe und Geduld, soviel Weitblick und Hochherzigkeit voraus, das man allen Grund hat, Gott zu danken, wenn keine Verstimmung oder gar Verbitterung zurückbleibt. Es ist mir wirklich ein Trost, gerade mit Rücksicht auf Ihre Person ohne Sorge in die Zukunft schauen zu können".[13]

Ganz anders wurde die Wahl in der Benediktinerinnenabtei St. Hildegard in Eibingen bei Rüdesheim aufgenommen. Dort hatte die neue St. Walburger Äbtissin knapp 3 Jahre von 1915 bis 1918 als Klosterfrau verbracht und eine tiefe innere Krise durchlebt. In der Eibinger Chronik heißt es:[14]

„ 18._(August) Mittwoch Aus Eichstätt kommt die Nachricht, dass die Äbtissin Carolina resigniert hat (oder resigniert worden ist??) und Frau Benedicta v. Spiegel (ursprünglich Nonne in Maredret in Belgien) zur Äbtissin erwählt wurde. Sie gibt selbst auf gedruckter Karte die Nachricht. Hochw. Mutter sendet Glückwunsch".

Auf die Eibinger Zeit wird noch zurückzukommen sein. Für den Erzabt der Benediktinerabtei Beuron, Raphael Walzer (1888–1966), war die Nachricht von der Äbtissinwahl „uns allen eine grosse Ueberraschung". Auch der Abt der Benediktinerabtei Metten, Willibald Adam (1873–1935), gehörte zu den Gratulanten, nachdem ihn ebenfalls „die überraschende Kunde" erreicht hatte.[15] Die Abtei Metten stand in enger Verbindung zu St. Walburg, da der Mettener Mönch Bonifaz Wimmer (1809–1887) als Begründer des benediktinischen Mönchtums in den USA immer wieder erfolgreich um Nonnen in St. Walburg für die amerikanischen Gründungen anfragte. Späterhin wird auch Benedicta v. Spiegel eigene Klöster in Amerika begründen, worauf einzugehen sein wird.

Ein wichtiger Förderer der Äbtissin war in den Jahren des 1. Weltkrieges der Abt von Maria Laach, der gleichaltrige Ildefons Herwegen (1874–1946), auch auf ihn wird zurückzukommen sein. Er gehörte zu den Gratulanten wie der Würzburger Bischof Matthias Ehrenfried (1871–1948), der eine enge Beziehung zu St. Walburg pflegte. Denn zwei seiner Schwestern waren Nonnen im Kloster, das der Bischof daher regelmäßig besuchte.[16] Er schrieb an Äbtissin Benedicta: „Die Klöster sind für unsere mehr und mehr veräußerlichte Kultur unbedingt notwendig. (…) Mit Ihrer schriftstellerischen Tätigkeit dringen Sie hinaus in die Welt. (…) Wie danke ich Euer Gnaden für die Übersendung Ihrer letzten literarischen Arbeit, die mir große Anregungen verschafft".

Die mehrere Fremdsprachen fließend sprechende Benedicta v. Spiegel hatte dem Würzburger Bischof ihre Übersetzung des in französisch verfassten Werkes „Christus, das Leben der Seele" des Benediktinerabtes Columba Marmion (1858–1923) gesandt. Der irische Mönch war eine prägende geistige Inspirationsquelle für sie, dessen Schriften sie sich durch die Übersetzungen in besonderer Weise zu eigen machen konnte. Marmion hatte die Novizin in ihrem belgischen Professkloster Maredret persönlich mit dem klösterlichen Leben vertraut gemacht und ihr dabei über einige Fallstricke hinweggeholfen.

Auch der Verleger ihrer Bücher, Eduard Schöningh (1888–1966) in Paderborn, gratulierte zur Wahl – wenn auch durch eine Reise verspätet im Oktober des Jahres: „Ich bitte um die Liebenswürdigkeit, noch heute meine aufrichtigen Glückwünsche zur Wahl entgegennehmen zu wollen. (…) Ich will diese Zeilen nicht durch ‚geschäftliche' Mitteilungen erschweren. Aber soviel darf ich hinzufügen, dass Ihre Ausgabe ‚Christus, das Leben der Seele' immer mehr Freunde und Leser gewinnt. (…) Es ist mir eine Freude und hohe Ehre, als Verleger an Ihrem Wirken teilnehmen zu dürfen".[17] Das erwähnte Werk erschien in mehreren Auflagen, zuletzt 2016.

Die Weihe zur Äbtissin 1926 war eine besondere Wegmarke und ein Lebenshöhepunkt. Zugleich wird Benedicta von Spiegel das Gewicht der Amtsbürde empfunden haben, zumal ihr Gesundheitszustand zeitlebens labil blieb. Die Biographie der neugewählten Äbtissin war bis zum Jahre 1926 keineswegs gradlinig oder gar vorgezeichnet, wenngleich sie nicht unerheblich von ihrer Herkunft aus dem katholischen westfälischen Stiftsadel profitieren sollte. Der Zeitgeist des Kaiserreichs und ihre Sozialisation prägten Anschauungen, Selbstbewusstsein und Persönlichkeit, legten ihr damit allerdings auch einige schwere Steine in den Weg. Förderer und Freunde erkannten ihre intellektuellen und künstlerischen Begabungen, begleiteten sie auch in Lebenskrisen, die sie fest im christlichen Fundament wurzelnd bestehen sollte und sie zu einer selbstbewussten und verantwortungsvollen Persönlichkeit reifen ließen. Die andere Seite der Selbstzweifel und inneren Kämpfe hatten sie in den ersten beiden Jahrzehnten des Klosterlebens nah an den Punkt des Aufgebens gebracht. Das Eichstätter Kloster wurde der Ort ihrer inneren Stabilisierung.

Früh noch vor der Machtergreifung Hitlers hat sie sich einem Freundeskreis von Regimegegnern angeschlossen, der bis zum Kriegsende 1945 Bestand haben sollte. Ihr Kloster führte sie durch alle Bedrohungen des Nationalsozialismus hindurch, wenngleich sie enge Freunde verlor, die dem Regime zum Opfer fielen. Ihren internationalen Verbindungen und ihrer Umsicht war es mit zu verdanken, dass die Stadt Eichstätt nicht im Bombenkrieg zerstört, sondern weitgehend unbeschadet den Alliierten übergeben werden konnte. Mit großer Empathie hat die Äbtissin am Schicksal vieler Menschen Anteil genommen und sie in Not unterstützt.

Ihr Leben stand wie das ihrer Generation im Zeichen außerordentlicher historischer Umbrüche: Das wilhelminischen Kaiserreich, zwei Weltkriege, die Weimarer Republik, der Nationalsozialismus und der demokratische Neubeginn nach 1945 prägen ihre Biographie. In ihren Jugendjahren hat sie der erste Abtprimas der 1893 konstituierten Benediktinischen Konföderation und Förderer Hildebrand de Hemptinne (1849–1913) mit den Worten angesprochen: „Enfant gatè de la Providence" – „verwöhntes Kind der Vorsehung".[18]

In den Jahren nach der Weihe hat v. Spiegel Kindheits- und Jugenderinnerungen geschrieben und ihrem Konvent gewidmet. Sie sind eine ergiebige Quelle für die Zeit bis zum Eintritt in St. Walburg 1918. Der Schreiberin war bewusst, dass diese eine selbstreflektierende persönliche Lebensinterpretation darstellen: „Es ist ein eigen Ding um die Aufzeichnung von Erinnerungen aus längst vergangener Zeit. Man steht den Menschen und Geschehnissen so ganz anders gegenüber, wenn man ihnen begegnet in jungen Jahren, das Herz von Träumen unbekannten Schicksals voll, oder aber wenn Jahrzehnte darüber hingegangen sind und uns schon Antwort war auf manche Frage. Die gleichen Dinge, denen wir einst naiv und fremd zum erstenmal entgegentraten, schauen uns aus ganz andern Augen an, wenn wir rückschauend sie aufsteigen lassen aus den fernen Tiefen der Erinnerung".[19]

„Lady Abbess" nannte einer ihrer engsten Freunde, der Eichstätter Theologe Franz Xaver Wutz, Mitglied des Widerstandskreises gegen die Nationalsozialisten, sie. Beide unterhielten sich in englischer Sprache miteinander.

Lady Abbess war die erste Äbtissin, welche 1934 die Vereinigten Staaten besuchte und in der amerikanischen Presse zum Medienereignis wurde, was sie geschickt für ihr Vorhaben zu nutzen verstand, ein Kloster als Zufluchtsstätte ihres Konvents vor den Nationalsozialisten zu gründen.

Lady Abbess unterstützte im 2. Weltkrieg gefangene englische Offiziere in Eichstätt, für die sie Besuchserlaubnisse für ihre Abtei erwirkte, nicht nur um ihnen religiösen Trost in den letzten Kriegsjahren zu geben und zu kunsthandwerklichen Arbeiten anzuregen, und damit die Härten der Haft leichter erträglich zu machen, sondern auch um Kommunikationswege zu den Alliierten aufzubauen.

Lady Abbess war nach Kriegsende in Eichstätt als Vertrauensperson integer v.a. für den amerikanischen Militärkommandanten Captain Raymond Towle, dem sie eine Reihe die Nöte der Menschen in der unmittelbaren Nachkriegszeit erleichternde Zugeständnisse abringen konnte.

Auch wenn das alles auf eine gradlinige Biographie zuzulaufen scheint, die Brüche und Widersprüche in ihrer Persönlichkeit, Verwicklungen und Verstrickungen können anhand erstmals zugänglichen Archivmaterials nachgezeichnet werden. Die Leser mögen sich selbst ein Bild machen, ob dieses dem entspricht, das sich Benedicta v. Spiegel mit ihren Lebensaufzeichnungen vielleicht vorstellte, als sie formulierte: „Die Patina der Jahre ist darüber hingegangen und hat all die hellen und dunklen Töne, die zu jener Zeit vielleicht manchmal wie Gegensätze anmuten konnten, zu harmonischer Einheit verbunden".[20]

Die neugeweihte Äbtissin 1926

Wappen der Äbtissin Benedicta von Spiegel

Abtei St. Walburg

I. Adliges Landleben in Ostwestfalen 1874-1898

FAMILIE UND KINDHEIT IN HELMERN

Ein Lebensweg in klösterlicher Klausur war der am 31. Januar 1874 um 9 Uhr morgens geborenen Elisabeth Agnes Wilhelmine Klementine Freiin von Spiegel nicht unbedingt in die Wiege gelegt. Ihre Eltern entstammten beide altem ostwestfälischen Stiftsadel, der über Jahrhunderte hinweg bis zur Säkularisation eine Reihe von Domherren im Fürstbistum Paderborn stellte. Der älteste Teil der fürstbischöflichen Residenz Schloss Neuhaus geht auf den Corveyer Benediktinerabt und Paderborner Bischof Heinrich III. von Spiegel zum Desenberg (?–1380) zurück, der 1370 seinen Amtssitz dorthin verlegte.

Der Vater der kleinen Elisabeth führte aufgrund dieser engen Verbundenheit noch Jahrzehnte nach der Säkularisation den Ehrentitel eines „Erbmarschalls des Fürstentums Paderborn". Raban Freiherr Spiegel von und zu Peckelsheim, 1841 auf dem Rittergut Helmern geboren, absolvierte 1864/65 nach dem Jurastudium in Göttingen, Bonn und Berlin ein freiwilliges Jahr im Husaren-Regiment „Kaiser Nikolaus II. von Russland" (1. Westfälisches Nr. 8) in der Garnison Neuhaus bei Paderborn.[21] Nach dem anschließenden Referendardienst bei den Regierungen Münster und Minden wählte ihn der Warburger Kreistag im Januar 1869 zum Landrat. Damit trat v. Spiegel in die Fußstapfen seines Vaters Adolf (1809–1872), der das Amt des preußischen Landrats aus gesundheitlichen Gründen aufgegeben hatte. Das Landratsamt hatte sich von 1852 bis 1876 nicht in der Kreisstadt Warburg, sondern in Peckelsheim befunden, das zentraler und näher zum Wohnort des Landrats lag. Während des Kulturkampfes wurde Raban von Spiegel im Frühjahr 1875 wie 9 weitere Landräte der Provinz Westfalen von seinem Amt suspendiert und in den Ruhestand versetzt. Seine Tochter Elisabeth war gerade ein Jahr alt. Fortan widmete er sich eingehender der Selbstbewirtschaftung seiner beiden mit dem Tod des Vaters 1872 ererbten Güter Helmern und Peckelsheim. Nach Beendigung des Kulturkampfes scheint v. Spiegel die preußische Disziplinierungsmaßnahme nicht weiter

nachgetragen und zu einer versöhnlichen Haltung gegenüber der Hohen-
zollernmonarchie gefunden zu haben. Denn ab April 1885 leitete er als
gewählter Kreisdeputierter die Verwaltung zunächst kommissarisch. 2 Jahre später votierte der Kreistag am 4. Januar 1887 einstimmig für ihn als
Landrat des Warburger Kreises. Dieses Amt hatte v. Spiegel fast 20 Jahre
bis zu seinem Tod 1906 inne.[22]

In seiner langen Amtszeit wurden zwei Eisenbahnstrecken durch den
Kreis geführt sowie 13 Kirchen und 28 Schulen neuerrichtet, die jüdische
Privatschule in Warburg zur Staatsschule umgewandelt. Ebenso wie sei-
nem Vater war ihm erlaubt, den Großteil seiner Dienstgeschäfte vom hei-
mischen Schloss in Helmern wahrzunehmen, sodass der kleine Ort nahe
Willebadessen, der heute knapp 200 Einwohner zählt, insgesamt 70 Jahre
das faktische Verwaltungszentrum des Kreises Warburg war, der zu dieser
Zeit um die 35.000 Einwohner verzeichnete. Lediglich eine wöchentliche
Sprechstunde und die regelmäßigen Kreistagssitzungen wurden in der
Kreisstadt abgehalten.[23] Neben der überwiegend katholischen Bevölkerung lebten im Kreis Warburg zur Amtszeit des Landrates v. Spiegel eine
vergleichsweise große Anzahl von Bürgern jüdischer Konfessionszugehö-
rigkeit, deren Anteil man mit rund 5% beziffern kann. Vor allem die alte
Hansestadt Warburg war als Hauptort des Synagogenbezirks seit Jahrhun-
derten das kulturelle und wirtschaftliche jüdische Zentrum des Kreises mit
einer Vielzahl von Geschäften und Handelsunternehmungen in jüdischem
Besitz, einer Synagoge mit Rabbiner, einer eigenen Grundschule und einem Friedhof in der Stadt. Die unweit des Dorfes Helmern gelegenen
Städte Willebadessen und Peckelsheim als eigenständige Synagogenbezir-
ke wiesen ebenso eine überdurchschnittliche jüdische Bevölkerung auf.
Man liest für das letzte Drittel des 19. Jahrhunderts von einer gelungenen
Integration der jüdischen Bürger. Im Geburtsort der späteren Äbtissin –
dem kleinen Dorf Helmern – lebte in der Nähe des Rittergutes derer von
Spiegel seit der Mitte des 19. Jahrhunderts die jüdische Viehhändlerfamilie
Goldschmidt.[24]

Das Landschloss Helmern, in welchem die kleine Elisabeth wie ihre 6
Geschwister zur Welt kam, war an der Stelle einer geschliffenen Burg ab
1790 in schlichtem Stil mit Bruchsteinsockel und Fachwerkfassaden errichtet worden. Das Haus bildete mit der geschlossenen Vorburg ein Hofgut-
Ensemble, das einem Großteil der Dorfbevölkerung Arbeit und damit ein
Auskommen bot. Zu den Spiegelschen Gütern zählten neben Helmern
und Peckelsheim auch das nahe gelegene 1750 erbaute Barockschloss Rheder mit englischem Landschaftspark und seiner 1686 gegründeten ‚Gräf-
lich von Mengersen'schen Dampfbrauerei', die seit 1727 bis heute in der

Johann Conrad Schlaun (1695–1773) zugeschriebenen Vorburg unterge-bracht ist.[25]

Raban v. Spiegel hatte 1871 die 27-jährige Maria Brunona Gräfin von Mengersen geheiratet. Die Familie von Mengersen zählte zu den ältesten Rittergeschlechtern des Fürstbistums Paderborn. Der Vater der Braut war der schöngeistige, gebildete und weitgereiste Joseph Bruno Graf von Mengersen (1804–1873). Er legte den Landschaftsgarten nach Vorbild des Fürsten von Pückler-Muskau an und wurde wegen seiner literarischen Veröffentlichungen als „Dichtergraf des Nethegaus" bezeichnet.[26] Die in Deutschland kalten Winter verbrachte die 6köpfige Familie im milden Nizza, wohin sie eine Kutsche auf einer mehrtägigen Fahrt brachte.[27] Die Eltern v. Mengersen hatten ihre vier Töchter sorgsam erzogen und Wert auf deren künstlerische Bildung gelegt. Vater Mengersen vermittelte ihnen eine Mnemoniktechnik. Mit den Merkhilfen und Eselsbrücken konnten sie erlerntes Wissen aus dem Langzeitgedächtnis leicht rekonstruieren. Diese Gedächtniskunst beeindruckte auch die Enkeltochter Elisabeth später auf der gemeinsamen Italienreise mit ihrer Tante und Großmutter.[28]

Graf Joseph war der letzte männliche Vertreter der Rhederschen Fami-lienlinie. Mit seinem Tod erbte die jüngste der vier Töchter – Maria verhei-ratete v. Spiegel – das Anwesen. Somit gelangte das repräsentative Schloss mit Brauerei und großem Land- und Waldbesitz in das Eigentum der Fa-milie von Spiegel. In deren Hand befindet es sich bis heute.[29] Seit dem Tod des Schwiegervaters 1873 verwaltete Elisabeths Vater somit insgesamt 3 Güter, wobei Rheder zunächst verpachtet blieb. Über seine Schwiegermut-ter Charlotte Gräfin zu Münster-Ledenburg (1816–1879) – Tochter des einflussreichen hannoveranisch-englischen Ministers Ernst Friedrich Graf zu Münster (1766–1839) und ältere Schwester des Diplomaten Georg Her-bert Graf zu Münster (1820–1902), Botschafter in London und Paris – kam diplomatische Parkettsicherheit in die Familie. Bei ihrem Großonkel Georg Herbert verlebte die jugendliche Elisabeth jährlich mehrere Wochen im Sommer auf dem von ihm im Tudor-Stil umgebauten Familienschloss Derneburg im heutigen Kreis Hildesheim. Dort begegnete sie einer poly-glotten Gästeschar. Kurz vor ihrem Eintritt ins klösterliche Leben sollte sie ihren Großonkel ein letztes Mal in Paris besuchen, wo der Botschafter des Deutschen Reiches im Palais Beauharnais residierte. Hierauf wird noch einzugehen sein.

Aus der Ehe von Raban und Maria v. Spiegel gingen insgesamt 7 Kinder hervor: Maria (1872), dann als zweitälteste Elisabeth – die spätere Äbtissin Benedicta (1874) –, Bruder Adolf (1875), der Rheder erben wird und als enger Spielgefährte ihr Lieblingsbruder war, die Zwillingsschwestern Char-

lotte und Theresie (1876) und die Brüder Joseph (1878) – er wird das Gut
Helmern übernehmen – sowie das Nesthäkchen Raban (1879). Alle Kinder
wurden in der St. Johannes Baptist Pfarrkirche – eine in der ersten Hälfte
des 18. Jahrhunderts errichteten Saalkirche – im nahe gelegenen Fölsen
getauft. Die Taufe der am 31. Januar 1874 geborenen 2. Tochter von Raban
und Maria v. Spiegel fand eine Woche nach der Geburt am 7. Februar auf
den Namen: Elisabeth statt. Nach ihren Taufpaten erhielt sie die weiteren
Namen Agnes, Wilhelmine, Klementine.[30]

Die hl. Elisabeth von Thüringen gilt der Familie von Spiegel bis heute
als Ahnfrau. Eine Reihe von weiblichen Angehörigen trugen und tragen
den Namen der Patronin. Auch für die Mengersens war diese Heilige von
Bedeutung. Mit Bedacht wird der Taufname gewählt worden sein, zumal
der Großvater mütterlicherseits, der oben erwähnte Joseph Bruno von
Mengersen, den die kleine Elisabeth nicht mehr kennengelernt hat, 1861
ein „historisches Epos in neun Gesängen" über die thüringische Landgräfin veröffentlicht hatte. Auch die spätere Äbtissin wird 1934 ein „Elisa-
bethspiel" schreiben, das von Schülerinnen der Klosterschule und Lehrerinnen wiederholt aufgeführt werden wird.[31]

Benedicta v. Spiegel verfasste 1928 „Lose Blätter aus dem Bilderbuche meiner Kindheit", ihrem Konvent gewidmet. Darin zeichnet sie ein
überaus positives, unbeschwertes, harmonisches Bild ihrer Eltern und des
Elternhauses. Sie erinnerte:[32]

„Vater! Dies eine Wort bedeutet mir die Summe alles Guten und Edlen, alles
Hohen und Starken, den Inbegriff tiefster Geborgenheit. – Unserm Vater waren seine Kinder das kostbarste Gut, sein Ein und Alles. Kraftvoll und mild,
von unantastbarer Autorität und dabei doch voll tiefsten Verständnisses für all
die kleinen und kleinsten Freuden und Nöte unserer Kinderherzen..." (…)
„Und die Mutter? Wie ein lichtes Wesen aus einer höheren Welt, zart und
überirdisch…Vom Vater heiss geliebt und buchstäblich auf Händen getragen,
– schenkte sie ihm in jedem Jahr ihrer kurzen, so glücklichen Ehe ein gesundes
Kindlein…an denen allen sie mit sorglichster Gewissenhaftigkeit alle Pflichten
einer wahren Mutter erfüllte. Und fand dabei Zeit zur Ausübung vielfachster
Künste. Noch sehe ich ihre zarten, durchsichtigen Hände, wie sie die feinsten
Elfenbeinfiguren schnitzten…".

In ihren Erinnerungen scheint das Bild einer unbeschwerten Kindheit
im Kreise ihrer 6 Geschwister geborgen in einem intakten, verständnisvollen Elternhaus auf. Sie schildert darin seitenweise das gemeinsame Spielen
und ausgelassene Herumtoben der Geschwister. „Je zahlreicher wir wur-

den, umso enger schlossen wir uns aneinander". „Der große Liebling" des Vaters aber „war seine zweite Tochter, Elisabeth, genannt Lika…ein fröhlicher, ungemein tüchtiger Mensch, die früh Latein gelernt hat und Französisch und Englisch sprach".[33]

Das Rittergut in Helmern beschrieb die Äbtissin in ihren Erinnerungen folgendermaßen:[34]

„In der Rokokozeit erstand…das jetzige Schloß mit den hohen Fenstern in heiterem Gepräge damaliger Zeit. Der prächtige Ahnensaal könnte gar vieles berichten von frohen Festen und von düst'rer Totenklage…

Hoheitsvoll und ernst blickte da manch sterngeschmückter Ritter von den hohen Wänden herunter und aus ihren Stuckrahmen lächelten schöne Frauen mich an. Droben an der Decke aber thronte der Götterhimmel der Griechen". Und sie fuhr fort: „Da waren die Wiesen auf denen es duftete und sproßte von viel tausend Blüten, fast schöner noch als im Garten. Durch solche Wiesen laufen, war Glückseligkeit. Umwogt sein von diesen schwellenden, schwankenden Halmen und Gräsern, in denen es summte und lebte von unzähligem bunten Getier und wo die Schmetterlinge sich spielend haschten, das war so köstlich, so berauschend, dass ich oft gar nichts anderes tun konnte, als die Arme ausbreiten und hellauf jauchzen oder aber in stillem Entzücken mich niederwerfen an das warme Herz der Erde um ihrem Pulsschlag zu lauschen". „Am schönsten aber waren die Winterabende, wenn Papa uns Geschichten erzählte". Mit der Winterzeit verband v. Spiegel besonders positive Erinnerungen: „Weihnachten aber, der strahlende Mittelpunkt des Winters, dies eine Wort weckt so viele, so tief wurzelnde Erinnerungen, dass es mir ist, während ich dies schreibe, als käme wieder jene geheimnisvolle Spannung zu erwartenden Glückes über mich, die uns alle Jahre neu umfing (…) Ehe wir aber jedes den eigenen Gabentisch bewundern durften, mußten wir zunächst all den Angestellten und Dienstboten, die auch an der Bescherung teilnahmen, die einem jeden zugedachten Geschenke austeilen. Wir sollten aus Erfahrung lernen, dass Geben seliger ist als Nehmen und das empfanden wir zutiefst, wenn diese braven Leute alle ihre Freude und ihren Dank auf so herzliche Weise äußerten. Dieselbe Freude hatten wir auch schon am Vormittag genießen dürfen, wenn wir mit hochbepacktem Schlitten ins Dorf fuhren, um allerlei dankbarst entgegengenommene Gaben in die Hütten der Armut zu bringen".

An eine erste ‚Begegnung mit der Hl. Walburga' und Eichstätt konnte sie sich auch erinnern: „Als kleine Kinder kramten wir einmal mit unserer lieben…Mutter in einem Glasschrank. Dabei kam ein Filigrankästchen zum Vorschein, das zu unserem Entzücken winzig kleine Fläschen enthielt. Mama erzählte uns dann vom Walburgisöl und seiner wunderbaren Heilkraft (…). Das Filigrankästchen aber stammte vom Kardinal Graf Reisach, der Bischof von Eichstätt und ein besonderer Freund meiner Großeltern gewesen war. Sie hatten ihn in Eichstätt besucht und dabei dieses Walburgisöl zum Geschenk erhalten. Das Filigrankästchen aber steht jetzt wieder im Reliquienschrank der Abtei".[35]

TOD DER MUTTER

Die unbeschwerte Kindheit endete abrupt, als die 8-jährige Elisabeth den Tod ihrer schon länger kränklichen Mutter miterleben musste. In der Nacht von Karfreitag auf Karsamstag am 8. April 1882 verstarb Maria v. Spiegel im Alter von 38 Jahren nach 11 Ehejahren und der Geburt von 7 Kindern. In den Erinnerungen ist zu lesen:

> „In der Nacht aber wurden wir drei Ältesten geweckt; wir sollten Abschied nehmen von der lieben Mama. Das alles ist mir so deutlich in Erinnerung, als sei es gestern gewesen. An der Tür des Krankenzimmers nahm Papa, der ganz bleich und verändert aussah, uns an die Hand und führte uns...an die andere Seite des Sterbebettes. Mit geschlossenen Augen lag Mama in den Kissen. Papa nahm ihre Hand und legte sie einem jeden von uns...auf den Kopf. (...) Da zuckte sie zusammen, öffnete einen Augenblick die großen, dunklen Augen... Zwei große Tränen liefen über ihre Wangen. Nun fingen auch wir an zu weinen und man führte uns hinweg. Da hat mein kleines Herz empfunden, dass es die Mutter verlor".

Maria Freifrau von Spiegel wurde in der umfriedeten Familiengrabstätte auf dem Dorffriedhof Fölsen nahe Helmern beigesetzt. „In jener traurigen Zeit ward unser Anschluß an den Vater natürlich immer enger und auch er wollte uns immer um sich haben". Die zweitälteste Tochter hat zeitlebens eine tiefe Verbundenheit zu ihrem Vater empfunden, wie eine ganze Reihe von Zeitzeugnissen belegen. Ein Cousin charakterisierte Raban von Spiegel: „Raban war ein Mann von grosser Herzensgüte und Hilfsbereitschaft und erfreute sich allgemeiner Beliebtheit".[36]

Nach gut einem Witwerjahr – es war sein 42.ter Geburtstag am 21. Juni 1883 – eröffnete Raban v. Spiegel seinen 7 Kindern, dass er erneut heiraten wolle, und zwar schon in 7 Wochen. Seine Braut war den Kindern nicht unbekannt, denn es handelte sich um ihre eigene Cousine. Die 24-jährige Charlotte Gräfin von Holnstein aus Bayern, 1859 in Rheder geboren, war die Tochter einer Schwester der verstorbenen Mutter Elisabeths: der streng gläubigen, schriftstellernden Ida (1838–1912), auf die noch zurückzukommen sein wird. Sie hatte 1858 den königlich bayerischen Hauptmann Clemens Graf von Holnstein aus Bayern (1821–1879) – einer der Taufpaten Elisabeths – geheiratet. Er verstarb mit 57 Jahren in Würzburg. Nach dessen Tod lebte die Witwe mit ihrer Tochter Charlotte auf dem heimatlichen Schloss in Rheder. Die räumliche Nähe der Familien förderte regelmäßige Kontakte. Auch diese 2. Ehe wurde in der Schlosskapelle in Rheder geschlossen – am 11. August 1883. Die Stiefmutter war gerade 15 Jahre älter als die 9-jährige Baroness Elisabeth.[37]

Anders als ihre Geschwister war diese alles andere als angetan von der Verheiratung mit der eigenen Cousine, wie sie in ihren Lebenserinnerungen einräumte:

„Ich erinnere mich gut des heißen Kampfes in meinem Herzen, als die liebe, junge Braut, die wir als nahe Verwandte von jeher kannten und sehr liebten, uns alle der Reihe nach umarmte. In mir war Abwehr; ich war eifersüchtig auf den über alles geliebten Vater, der, wie ich wohl fühlte, nun nicht mehr unser ausschließliches Eigentum sein würde".

Doch nach den Flitterwochen hatte sich die Eifersucht offensichtlich gelegt und sie konnte der neuen familiären Situation viel Positives abgewinnen: „Solch trautes, ungetrübtes Familienleben hatte Papa uns wiedergeschenkt, als er…eine neue Gefährtin heimführte, die, ein lebendiger Sonnenstrahl alles mit Leben und Frohsinn erfüllte und uns die Stiefmutter nie empfinden ließ, auch nicht nachdem zwei goldige, kleine Geschwisterchen unserm Kreise, wie an Zahl, so auch an Freude Zuwachs brachten".[38] Gut ein Jahr nach der Heirat kam im Oktober 1884 die Halbschwester Ida zur Welt, und 3 Jahre später – 1887 – folgte Clemens, 12 Jahre jünger als Elisabeth. Zu ihrer Stiefmutter hat sie ein sehr enges, vertrautes Verhältnis gefunden, sie bis zu ihrem Tod im Jahre 1943 stets als „Mama" angesprochen. Später als Äbtissin wird sie über ihre insgesamt 8 Geschwister resümieren: „Und je näher unsere Zahl dem Dutzend kam, umso größer die Freude. Da war keines zu viel, o nein, im Gegenteil! Je zahlreicher wir wurden, umso enger schlossen wir uns aneinander".[39]

1885 kam die 11-jährige Elisabeth gemeinsam mit ihrer 1½ Jahre älteren Schwester Maria zur Erstkommunion, ein wichtiges kirchliches Fest, was sich tief in ihr Gedächtnis eingeprägt hat, folgt man den Lebenserinnerungen:

„ Vom reich bedeckten Gabentisch, der für uns hergerichtet war, erinnere ich mich eines schönen Schmuckstückes, das Papa einer jeden von uns in Erinnerung an die verstorbene Mutter überreichte, nebst einem Gebetbuche, in das er uns als richtunggebend fürs Leben deren Lieblingsworte geschrieben hatte: ‚Das ist der Sieg, der die Welt überwindet, unser Glaube!' Eines von uns nach dem andern bekam am Tage der ersten hl. Kommunion vom geliebten Vater diese Worte als Talisman fürs Leben. Sie sind die schönste, ihn selbst so ganz widerspiegelnde Erinnerung an ihn, der uns durch sein Leben gelehrt hat, dass man immer bereit sein muß, für das höchste Gut des Glaubens jedes Opfer zu bringen".

Dieser „Talisman fürs Leben" wird für die spätere Äbtissin prägend wirken. Mit 56 Jahren resümiert Benedicta von Spiegel 1930: „Was das Vaterhaus in mir grundgelegt, was es mir gegeben für Leib und Seele, für Herz und Gemüt, das hat mich immer begleitet und ist mir kostbarer Schatz gewesen überall, wohin Gottes Vorsehung mich geführt".[40]

Elisabeth und ihre Geschwister besuchten zunächst keine öffentlichen Schulen oder privaten Internate, sondern wurden in den ersten Jahren durch den Vater, der eine „Abneigung gegen Institutserziehung" hatte, und Hauslehrerinnen sowie -lehrer unterrichtet. In Deutschland bestand vor 1919 eine Bildungs- oder Unterrichtspflicht, jedoch keine Schulpflicht. Die Einstellung pädagogischen Personals zur Schulbildung der Kinder stellte von je her eine Besonderheit adliger Erziehung dar. In den ersten Kinderjahren wurden Mädchen und Jungen gemeinsam und gleich erzogen, erst später differenzierte sich die Erziehung entsprechend dem zugedachten geschlechterspezifischen Rollenverständnis. Auch im westfälischen Adel wurde lange die Auffassung vertreten, dass eine Berufsausbildung der Töchter nicht standesgemäß sei. So wurde es auch im Spiegelschen Haus in Helmern gehandhabt. Elisabeth und ihre Schwestern erhielten über die Elementarschulzeit hinaus Privatunterricht, ein staatlich anerkannter Schulabschluss wurde für sie einerseits nicht angestrebt. Andererseits hätten sie auch keinen Zugang zum Gymnasium erhalten, denn erst Ende des 19. Jahrhunderts öffneten sich die ersten Gymnasien für Mädchen. Die Spiegelbrüder Adolf und Joseph machten am Gymnasium in Warburg ihr Abitur. Auch die jüngeren Brüder Raban und Clemens besuchten das 1874 zum „Gymnasium zu Warburg" erweiterte dreigliedrige staatliche Bildungsinstitut und wohnten unter der Woche bei einer Gastfamilie, denn für den Schulweg von ca. 17 km war die mehr als 1stündige Kutschfahrt zu zeitaufwendig.[41] Ein Blick auf die mäßigen bis schlechten Noten zeigt, dass sich die 4 Brüder in der Schule schwer taten. Der Vater schickte seine Söhne aus einem bestimmten Grund auf das staatliche Gymnasium. Denn das Abitur war die notwendige Voraussetzung zum Eintritt in staatliche

Verwaltungslaufbahnen und zur universitären Studienzulassung. Schüler aus jüdischen Familien der Region besuchten ebenfalls das Warburger Gymnasium. Im Jahre 1886 waren es 35, sodass auch die Spiegelbrüder mit jüdischen Mitschülern gemeinsam Unterricht erhielten. Der spätere Verleger des Rowohlt- und Propyläen-Verlags Emil Herz (1877–1971) war ein Klassenkamerad von Adolf v. Spiegel und machte 1896 mit ihm Abitur.[42]

Joseph bereitete sich nach dem Jurastudium auf den höheren Verwaltungsdienst vor und trat 1933 in die Fußstapfen des Vaters als Landrat; sein älterer Bruder Adolf, Erbe von Rheder, studierte Nationalökonomie und Brauereiwesen; die beiden jüngeren Brüder Raban und Clemens schlugen beide die Offizierslaufbahn ein. Auf die Lebenswege der Geschwister wird im Weiteren noch zurückzukommen sein.

Im Gegensatz zu ihren Brüdern hat die heranwachsende Elisabeth also nie eine Schule von innen gesehen. „Von einer Berufswahl wird bei adligen Töchtern meist nur die Rede sein, insofern die Frage herantritt, ob sie in den heiligen Stand der Ehe treten sollen, oder wenn sie ernsthaft den Beruf des Klosterlebens fühlen" – dieser Standpunkt, 1897 auf einer Versammlung des Vereins katholischer Edelleute formuliert – traf wohl den Common Sense im westfälischen Adel. Ein weiterer Grund für den Privatunterricht im Hause Spiegel mag auch darin gelegen haben, dass es im Umkreis keine geeignete Bildungseinrichtung gab und die Eltern ihre Töchter in ihrer Obhut und nicht in entfernten Internaten wissen wollten. Sehr früh wurde die musikalische, zeichnerische und dichterische Begabung der zweitältesten Tochter offenkundig. Ihr Sprachvermögen ließ sie leicht moderne Sprachen erlernen, aber auch Latein und Griechisch. Rückblickend fragte sich die spätere Äbtissin: „Was wohl die Leute sagen, wenn sie wüßten, dass die Äbtissin als Leiterin eines Schulinstituts, welches dem Kloster St. Walburg in Eichstätt angeschlossen war, nie in eine Schule ging".

Während die Brüder zu dieser Zeit unter der Woche zum Schulbesuch in Warburg blieben, begleitete die Heranwachsende, wenn sie nicht gerade Privatunterricht erhielt, ihren Vater bei der Gutsverwaltung, wodurch sie Einblicke in die praktischen Abläufe großer landwirtschaftlicher Betriebe gewinnen konnte. Die väterlichen Güter Helmern und Peckelsheim umfassten ca. 500 ha Land und Wald, das verpachtete Rheder mütterlicherseits ungefähr 700 ha. Besuche bei Bedürftigen und Kranken in den Dörfern führten ihr materielle Not, mangelnde Bildung und soziale Ungleichheit der Menschen vor Augen. Die soziale Frage gewann in der Industriegesellschaft des ausgehenden 19. Jahrhunderts enorm an Bedeutung. Darüber diskutierte der Vater auch mit der Tochter auf ihren Fahrten und

Spaziergängen. Er machte sie vertraut mit den Gedanken des von ihm hochgeschätzten aus dem nahen Münster stammenden Bischofs Wilhelm Emmanuel von Ketteler (1811–1877), der als Vordenker der katholischen Soziallehre und Gründer der katholischen Arbeitnehmerbewegung gilt. Tochter Elisabeth empfand und sah konkret soziale Ungerechtigkeiten, wurde aber vom Vater belehrt „über die Notwendigkeit der Standes- und Vermögensunterschiede, über die Verpflichtungen, die der Reichtum in sich schließt und über die Vorrechte der Armut". Grundsätzlich vermittelte ihr der Vater, wie sie Jahre später erinnerte, „daß jedes Ding in der Welt wie auch jeder Stand seine Daseinsberechtigung, seinen Zweck und die ihm eigenen Vorzüge habe".[43]

BEI DEN SALESIANERINNEN IN DIETRAMSZELL

Die Gesundheit der schnell Heranwachsenden war labil, und so wurde die 15-jährige Elisabeth auf eigenen Wunsch hin von ihren Eltern in das zwischen München und Bad Tölz gelegene Salesianerinnenkloster Dietramszell geschickt. – Nach ihrer Erinnerung „zur Kräftigung meiner Gesundheit und zur weiteren Ausbildung in einzelnen Fächern wie Gesang, Zeichnen und Sprachen". – Es war die erste direkte Berührung mit dem Klosterleben, in das die Jugendliche, wie sie betonte, „besonders tiefen Einblick…gewinnen" konnte, „als sehr bald eine innige Zuneigung mich mit mehreren der lieben Klosterfrauen verband. (…) Hier konnte sich mein Hang zur Innerlichkeit und der vertraute Verkehr mit dem lieben Heiland ungestört entfalten, es war dies wohl die ‚frömmste', sicher die an geistlichem Trost reichste Zeit meines Lebens". Anderthalb Jahre sollte sie in Dietramszell verbringen. Im Zuge der Säkularisation war die Hälfte des Klosters in den Besitz der Familie von Schilcher gelangt, die einen der Klosterflügel bewohnte und 10 Jahre lang Gastgeber des Feldmarschalls Paul von Hindenburg war, der in Dietramszell die Sommerfrische verbrachte und 1926 zum Ehrenbürger der Gemeinde ernannt wurde. Die Familie v. Schilcher lud Elisabeth v. Spiegel bisweilen zum Tee ein.[44] Die Nonnen in Dietramszell, die seit 1831 dort eine Internatsschule für Mädchen unterhielten, nahmen die Heranwachsende nach eigener Schilderung sehr herzlich auf. Der Gast „fühlte sich ganz den Klosterfrauen zugehörig". Vor allem mit Mère Antonia Maria – Tochter des Münchner Historienmalers Johann Georg Hiltensperger (1806–1890) – verband sie eine enge, gewiss auch durch ihre Kunstaffinität vertiefte Beziehung: „Kein Wunder daher, dass ich mich immer mehr und mehr mit dem Gedanken beschäftigte, dort einzutreten". Die Zeit im Kloster ließ in dem Teenager den Wunsch nach einem Leben als Nonne in einem Kloster entstehen, allerdings: „Man fand, ich sei noch zu jung und müssen meinen Beruf erst prüfen".

Um die enge klösterliche Verbundenheit zu manifestieren, durfte sich Elisabeth v. Spiegel zum Abschied in den Dritten Orden der Franziskaner aufnehmen lassen und erhielt bei ihrer Einkleidung zur Tertiarnovizin im Chor der Klosterfrauen gewiss nicht zufällig den Namen der ihr besonders zugewandten Nonne „Antonia".[45] Die vertraute Verbindung zu den Dietramszeller Klosterfrauen bestand zeitlebens fort, und dokumentierte sich Jahrzehnte später noch in einem Schreiben der Mère Maria Antonia anlässlich der 25. Profess 1927 an: „Unser teures einstiges Kind!". In ihren Erinnerungen resümierte Äbtissin Benedicta 1936: „Dieser Aufenthalt in den lieben bayerischen Bergen sollte ein segensvoller Markstein in meinem Leben werden, die dort empfangenen Eindrücke ihm schließlich die entscheidende Wendung geben".[46] Demnach war die konkrete Idee, den klösterlichen Beruf einzuschlagen nachhaltig inspiriert durch den Aufenthalt bei den Salesianerinnen.

Nach 1½ Jahren in Dietramszell holte ihre Mutter sie begleitet von den Geschwistern Maria und Adolf wieder ab. Die Rückreise führte durch Oberbayern, Vorarlberg und Tirol. Am 28. August 1891 traf die Reisegesellschaft in der ostwestfälischen Heimat ein.[47] Mit 17 Jahren war v. Spiegel nach dem Reichsgesetz über die Beurkundung des Personenstandes und die Eheschließung von 1875 ehemündig und damit im heiratsfähigen Alter.

UNBESCHWERTE JUGENDJAHRE MIT AUFENTHALTEN BEI GEORG GRAF ZU MÜNSTER IN DERNEBURG

Baroness Elisabeth galt nun als „erwachsene junge Dame", deren zu Ehren die adligen Nachbarn ein Sommerfest veranstalteten. In ihren Erinnerungen schildert die spätere Äbtissin, dass sich unter dem rosa Mousselinekleid das kleine Skapulier des Dritten Ordens abzeichnete, was ihre Brüder mit Spott entdeckten und die Mutter rigoros entfernte. Die Bloßgestellte erhielt aus Dietramszell einen Brief von Mère Maria Antonia „voller Sorge darüber, dass ich all meine guten Vorsätze so schnell vergessen und mich dem leichtsinnigen Weltgetriebe schon ganz und gar hingegeben habe". Die 18-Jährige durfte als Debütantin am exklusiven Tanzball des Adligen Damenclubs im barocken, von Johann Conrad Schlaun erbauten ehemaligen Residenzschloss der Fürstbischöfe in Münster teilnehmen, „auf dem ich mich königlich amüsierte" – erinnerte sie sich.

Seit seiner Gründung im Jahre 1800 zu einem der führenden Adelsbälle in Deutschland avanciert, nahm der Club – anders als der Name vermuten lässt – weibliche und männliche Aristokraten auf und wurde von einer Doppelspitze aus einer Präsidentin und einem Präsidenten geführt. Die überwiegend katholischen Familien Westfalens, durch vielfältige verwandtschaftliche Beziehungen miteinander verbunden, konnten im Club ein familiär anmutendes Vereinsleben pflegen, deren Höhepunkte die stilvoll exklusiven Bälle waren. Sie boten den Adligen und ihren persönlichen Gästen die Gelegenheit, in Ballkleid, Frack und mit großem Schmuck und Glacéhandschuhen Kontakte untereinander zu pflegen und – äußerst bedeutsam – standesgemäße Eheverbindungen zu knüpfen. Landrat v. Spiegel war selbstverständlich Mitglied des Damenclubs. Der Tradition folgten Sohn Joseph und die Töchter Maria und Ida. Der spätere Schwager Elisabeth v. Spiegels, Ferdinand Graf Merveldt, wird als 14. Präsident dem Damenclub von 1922 an 36 Jahre vorstehen und damit bis heute die Rekordamtszeit halten. Für die in aristokratischen Umgangsformen geschulte Freiin Elisabeth war die mehrfache Teilnahme an den distinguierten Festivitäten wohl eher aufgeräumte Unterhaltung als ernsthafte Bräutigamschau.[48]

„ Diese alljährlich während der Karnevalszeit wiederkehrenden Festlichkeiten des...Damenclubs führten uns in einen größeren Kreis von Bekannten und Verwandten. Im engeren Kreis waren wir in die Vergnügungen und Pflichten des geselligen Lebens, die wir übrigens von Kindheit her schon kannten, eingeführt worden durch die Jagden und Tanzereien bei uns und in der Nachbarschaft".

Zu den Nachbarn zählte die Familie von Stolberg. Der Zentrumspolitiker Hermann Joseph Graf Stolberg-Stolberg (1854–1925) bewohnte mit seiner Frau und den 8 Kindern Schloss Westheim nahe Marsberg, etwa 30 Kilometer entfernt vom Spiegelschen Rittergut Helmern. Baroness Elisabeth erwähnt in ihren Erinnerungen gemeinsame „wundervolle Ritte", Einer führte mit Graf Stolberg und 2 seiner Töchter zur ersten Hauptwallfahrt des Wallfahrtsorts Kleinenberg nach dem Fest Mariä Heimsuchung am 2. Juli. Nicht teilgenommen hatte an diesem Ausritt eine jüngere Tochter der Westheimer Nachbarn: Elisabeth Gräfin Stolberg (1890–1985). Sie wird später die Äbtissin in Eichstätt als Freundin wiederholt besuchen und vor allem lebenslang in enger Beziehung zu ihrem Cousin, dem Eichstätter Bischof Konrad Graf Preysing, stehen. Er wird zu einer wichtigen Bezugsperson der späteren Äbtissin werden.

Das unbeschwerte Leben mit den 8 Geschwistern, einer großen Zahl von adligen Verwandten und Freunden vor allem von den benachbarten Gütern gestaltete sich als „fröhliches Beisammensein" mit Ausflügen, Picknicks, Festen, Jagden, Tennis, Reiten und dem populären Krocket – typische Vergnügungen des Landadels – die Elisabeth v. Spiegel sehr einnahmen: „Ich wurde eitel und gefallsüchtig, hatte viel Freude an Schmuck und Toiletten, bildete mir gerne ein, dass ich eine gute Figur zu Pferde machte, dass ich sehr gut tanzte und Konversation zu machen verstand" – bewertete Äbtissin Benedicta 1936 nachträglich diese Zeit, das Bild stilisierend. Zugleich waren der regelmäßige Kirchgang und das Gebet ein inneres Bedürfnis, sodass die Brüder fragten: „Was tust du eigentlich lieber, Lika, tanzen oder beten? Meine Antwort: Beides gleich gern, aber abwechselnd". Die junge Frau schien einen Zwiespalt empfunden zu haben zwischen ihrem unbeschwert schönen, privilegierten Leben im Familien- und Freundeskreis und der inneren Gottesfrömmigkeit. Sie brachte diesen in ihren Erinnerungen auf den Punkt:[49]

„ … mag dies auch wie ein Widerspruch erscheinen – gerade weil ich alle Schönheiten der Schöpfung so tief empfand, weil ich so viel von ihrer Herrlichkeit sehen durfte, ward immer lebhafter in mir das Verlangen rege allem zu entsagen um dessentwillen, von dem alle Schönheit mir erzählte. (…) Je schöner meine Umwelt war und je mehr ich eigentlich von ihr hätte befriedigt sein können, umso tiefer empfand ich jene Unruhe des Herzens, die nur in Gott gestillt werden kann".

Dieser innere Zwiespalt scheint sie über längere Zeit begleitet zu haben, derweil sie das adlige Landleben mit allen Vergnügungen, kulturellen Anregungen und sich öffnenden Bildungshorizonten genoss.

Im musischen Elternhaus wurde großer Wert auf die musikalische Ausbildung gelegt: So erhielt die stimmbegabte Elisabeth über längere Zeit Gesangsunterricht durch eine eigens engagierte Sängerin des Leipziger Konservatoriums. Ihr Vater freute sich über die „gut entwickelte Stimme". Die spätere Äbtissin hielt in ihren Erinnerungen fest: „Es wurde immer viel musiziert bei uns, da wir alle musikalisch waren und alle…große Freude daran hatten". Ihren ersten Ball erlebte sie an ihrem 18. Geburtstag am 31. Januar 1892 im fürstbischöflichen Schloss Münster, Zusammenkünfte mit Verwandten in Wiesbaden ermöglichten häufige Besuche des Hoftheaters. Während einer mehrwöchigen Sommerfrische auf der ostfriesischen Insel Norderney kam es offenbar zu einer brüsken Ablehnung eines werbenden Verehrers im Theaterfoyer: „Ich selbst hatte die allerdings zahlreichen Aufmerksamkeiten des im Verhältnis zu meiner Jugend schon älteren Herrn als selbstverständliche Ritterlichkeit bewertet und so ward mein erschrockenes ‚Nein' wohl mit besonderem Nachdruck gesagt". Ihr Vater bestärkte sie darin, eigenständig Entschlüsse zu fassen. Nicht nur bei der Partnerwahl traute der Vater seinen Kindern die nötige Entscheidungsfähigkeit zu. „Daran habe ich mich dann auch immer gehalten" – resümierte sie Jahrzehnte später.[50]

Über Jahre verbrachte die junge Frau im Spätsommer einige Wochen bei ihrem Großonkel auf Schloss Derneburg bei Hannover. Hausherr dort war der Diplomat Georg Herbert Graf zu Münster (1820–1902), ein Bruder ihrer Großmutter Charlotte mütterlicherseits, die Joseph Bruno Graf Mengersen in Rheder geheiratet hatte. Zunächst Gesandter des Königreichs Hannover in St. Petersburg (1857–1865) wirkte Graf Münster von 1873 bis 1885 als Botschafter des Deutschen Reiches in London. In dieser Zeit kam es zum Zerwürfnis mit Reichskanzler Otto von Bismarck (1815–1898) über die Frage der deutschen Kolonialpolitik, wohl mehr noch über die Eigenständigkeit und Unabhängigkeit in der Beurteilung politischer Fragen, was Münster den „Ruf der Unbotmäßigkeit" einbrachte und schließlich zu seiner Abberufung in London führte.[51] Seine letzte diplomatische Mission führte den in 2. Ehe verwitweten z. Münster von 1885 bis 1900 nach Paris. Dort wird Elisabeth v. Spiegel ihren Großonkel ein letztes Mal vor ihrem Klostereintritt besuchen.

Im Hause des dem britischen Aristokratenstil zugeneigten Diplomaten, den sie als „Grandseigneur vom alten Regime und auffallend schöne Erscheinung" beschrieb, lernte die junge Frau eine polyglotte internationale Gesellschaft kennen:

Es „fanden sich stets die verschiedensten Gäste aus aller Herren Länder ein und alle Sprachen schwirrten durcheinander (...) Zum Frühstück erschien jeder, wann er wollte, und suchte sich dann, allein oder in Gesellschaft die entsprechende Beschäftigung wie Reiten, Tennisspielen, Rudern, Spazierengehen, bis man sich zum Lunch um ein Uhr zusammenfand.(...) Nachmittags wurden häufig Ausflüge unternommen.(...) Das feierliche Diner, zu dem man alltäglich in großer Toilette erschien, fand abends um acht Uhr statt. Danach wurde im Rittersaal musiziert, gespielt und intrigiert" – rief die spätere Äbtissin ihre Erlebnisse in Erinnerung.

Unter den Gästen, die sie in Derneburg kennenlernen durfte, war auch der beste Freund ihres Onkels, der russische General von Erckert (Lebensdaten n.e.) und der Historienmaler Carl Suhrland (1828–1919), der eine

Reihe münsterscher Familienportraits malte.[52] Besonders angetan hatte es ihr der betagte erzkonservative österreichische Diplomat Alexander Graf Hübner (1811–1892) – mutmaßlich ein unehelicher Sohn des Staatsmannes Klemens Fürst Metternich (1773–1859). Mit ihm unternahm sie häufig Spaziergänge im weitläufigen das Schloss umgebenden englischen Landschaftspark, in dem sich seit 1839 auch das Münstersche Familiengrab in Form einer ägyptischen Steilpyramide befindet:

„Es war ein Hochgenuß einer Unterhaltung zwischen diesem feingebildeten, interessanten Mann, dessen beißende Satire allerdings gefährlich werden konnte, mit meinem Onkel zuzuhören. Da wurden alle Fragen des Weltgeschehens erwähnt, die geistvollen bon mots flogen hin und her. – Ich erinnere mich, dass Bismarck nicht immer gut dabei wegkam".

Georg Graf Münster hatte nach ihrer Schilderung eine besondere Vorliebe für das „kleine Mädchen", wie er sie nannte, erkannte er in ihr Wesenszüge seiner Lieblingsschwester – Elisabeths verstorbener Großmutter Charlotte von Mengersen.[53] Für die junge Frau waren die regelmäßigen Sommeraufenthalte in Derneburg bei dem weltläufigen Großonkel und seinen illustren Gästen, die Verständnis und Bewertung des politischen Geschehens schulten und ihr Eindrücke des diplomatischen Parketts gewährten, anregend und prägend.

Die nachfolgende 5. Generation der Grafen zu Münster veräußerte Schloss Derneburg Jahrzehnte später an den Künstler Georg Baselitz (1938), der das Anwesen wiederum 2006 an einen amerikanischen Kunstsammler verkaufte.

Die Familie zu Münster mütterlicherseits blieb für die Entwicklung der knapp 20-Jährigen überhaupt bedeutsam. So wurde die Nichte des Botschafters – die bereits erwähnte Ida Gräfin von Holnstein aus Bayern eine wichtige Bezugsperson für Elisabeth v. Spiegel. Ida war die ältere Schwester von Elisabeths verstorbener Mutter Maria, mithin ihre leibliche Tante. Zugleich war sie die Mutter der 2. Frau von Elisabeths Vater Raban v. Spiegel und somit auch Stiefgroßmutter. Die engen Heiratskreise im Adel der Zeit führten zu komplizierten Verwandtschaftsüberlappungen. Die verwitwete, tiefgläubige Ida v. Holnstein verfasste nach dem Vorbild ihres schriftstellernden Vaters Joseph Bruno v. Mengersen vor allem Gedichte mit religiösen Inhalten. Aber auch eine Geschichte der Familie von Mengersen (Buchausgabe 1903) und Übersetzungen aus dem Englischen wie das 2-bändige Werk „Flora die römische Märtyrerin" (Buchausgabe 1899) zählten zu ihrem Ouevre. Den Heiligen Franz von Assisi und Franz von Sales fühlte sie sich besonders verbunden. Der bedeutende italienische Renaissancekünstler Raffael (1483–1520) soll ihr Lieblingsmaler gewesen sein.[54]

Lange Wochen verbrachte die Nichte Elisabeth bei dieser gebildeten, polyglotten „sehr geliebten, sehr frommen Großmama", begleitete sie zu Gottesdiensten und genoss „viele unvergeßlich schöne und beglückende Stunden" in ihrer Gesellschaft, sei es bei „der uns beiden so lieben Mal-kunst" oder „wenn Großmama am Flügel saß und meisterlich Beethoven, Chopin u.a. spielte".[55] Die Großmutter lud sie im Frühjahr 1899 zu einer mehrwöchigen Italienreise ein. Diese Reise sollte der nunmehr 25-Jährigen für den weiteren Lebensweg entscheidende Impulse geben. Hierüber wird im folgenden Kapitel zu berichten sein.

Das Elternhaus in Helmern um 1890

Elisabeth v. Spiegels Eltern und Geschwister in Helmern, um 1890
v. re. n. li.: Vater Raban, Ida, Stiefmutter Charlotte, Clemens, Joseph
h. re. n. li.: Elisabeth, Adolf, N.N., Raban, Theresie, Maria und Carola

Großonkel Georg Graf zu Münster im Park v. Schloss Derneburg

II. Wendepunkt Italien 1898/99

Ende des 19. Jahrhunderts waren Bildungsreisen in das Sehnsuchtsland Italien auf gut erschlossenen Bahnstrecken nicht mehr mit so hohem zeitlichen und organisatorischen Aufwand verbunden wie noch ein Jahrhundert früher. Italien – für Bildungsreisende von großer Anziehungskraft – war nunmehr kein exklusives Reiseziel mehr, sondern für weitaus mehr Menschen erreichbar, sofern das entsprechende Reisebudget vorhanden war.

VON LORETO NACH ROM

Elisabeth v. Spiegel und ihre 61-jährige Großmutter Ida v. Holnstein brachen im Frühjahr des Jahres 1899 nach Italien auf. Mit der Eisenbahn ging die Reise über München, Innsbruck, Verona, Padua, Bologna und Ravenna nach Loreto, wo die beiden am 25. März, dem Verkündigungstag des Erzengels Gabriels eintrafen. Die spätere Äbtissin verfasste im Nachhinein anhand ihrer Reisenotizen einen eng beschriebenen 65-seitigen Reisebericht. Er gibt Aufschluss über die Reiseroute. Ziel waren vor allem religiös signifikante Orte und Pilgerziele. Der Bericht lässt zudem Rückschlüsse darauf zu, wie gut vernetzt die Familie, allen voran die Großmutter mit aristokratischen Familien in Italien und hohen kirchlichen Würdenträgern bis in den Vatikan und dem seinerzeit amtierenden Papst Leo XIII. (1810–1903) war, der den beiden Reisenden eine Privataudienz gewähren sollte. Der Reisebericht war im Nachhinein von der Äbtissin auf die Intention hingeschrieben, ihre Berufung für das Klosterleben eben auf dieser Reise empfangen zu haben. Und so ist diesem folglich zu entnehmen, dass im Heiligen Haus in der Basilika von Loreto – der Nachbildung der Santa Casa, in der nach der Heiligenlegende Maria aufwuchs und sich die Verkündigung des Herrn ereignet haben soll – die entscheidende Lebenswende bereits ihren Anfang nahm.

„Ich hatte vorgezogen in der casa santa zu bleiben u. war ganz allein dort, als zur hl. Wandlung die silbernen Glöckchen des hl. Hauses zugleich mit den Domglocken läuteten. Das waren gottnahe Augenblicke, in denen ich den Entschluß faßte, der Welt Lebewohl zu sagen, um ins Kloster zu gehen. Ich habe dann die Wände still geküßt und die liebe Muttergottes sehr innig gebeten, mir zur Ausführung des eben gefaßten Entschlusses zu verhelfen, denn ich wußte durchaus nicht, wie das geschehen sollte. Und das Herz ward mir schwer, da ich an Papa dachte. Aber der Entschluß war gefaßt u. blieb mir von dem Augenblick an ganz selbstverständlich".

Den Palmsonntag verbrachten Großmutter und Enkelin in Assisi auf den Spuren des Hl. Franziskus. Besonders das Klarissenkloster San Damiano nahe Assisi, wo der franziskanische „Sonnengesang" entstanden sein soll, begeisterte sie wegen seiner schlichten Ursprünglichkeit. Am Kardienstag, erreichten beide Rom und trafen dort mit Bekannten und Verwandten zusammen u.a. mit dem Diplomaten und Schriftsteller Herbert von Hindenburg (1872–1956). Hindenburgs Mutter Sophie (1851–1933) war eine Tochter des Diplomaten Georg Herbert zu Münster. Bei diesem Großonkel hatte v. Spiegel – wie im vorigen Kapitel beschrieben – regelmäßig die Sommerwochen verbracht. Dessen Enkel Herbert war zugleich Neffe des späteren Feldmarschalls und Reichspräsidenten Paul von Hindenburg und v. Spiegels Cousin. Der fast gleichaltrige v. Hindenburg lud seine Cousine Elisabeth in die Deutsche Botschaft im Palazzo Caffarelli zum Frühstück ein und zeigte ihr Sehenswürdigkeiten der Stadt.[56]

Weiter trafen sie eine Cousine, Tusnelda Gräfin von Bocholtz-Asseburg (1854–1949), deren Mutter Eleonore zu Münster (1818–1842) ebenfalls eine Schwester von Elisabeths verstorbener Großmutter Charlotte und des erwähnten Diplomaten Georg Herbert Münster war. Vieles spricht für ein arrangiertes Familientreffen. Die Verwandten fanden sich in den folgenden Tagen zu gemeinsamen Besichtigungen in Rom zusammen, so beispielsweise zu einer sachkundigen und exklusiven Führung durch die Vatikanischen Gärten mit dem Kirchenhistoriker und päpstlichen Hausprälaten Anton de Waal (1837–1917). Den Direktor der Vatikanischen Galerie, den aus der Nazarener Malschule stammenden Ludwig Seitz (1844–1908) suchten Enkelin und Großmutter in der vatikanischen Bibliothek auf, die der Maler gerade mit Fresken ausmalte. Mit Ida v. Holstein tauschte er sich über seine Malereien aus, die der Baroness „zu süßlich erschienen in der Anlehnung an die Nazarenerart" – so ihr Urteil im Reisebericht:[57]

„ Plötzlich sprang der Künstler auf, kam auf mich zu u. sagte mit großer Lebhaftigkeit: ‚Sie müssen mir Ihre Hände leihen, gerade diese Hände habe ich gesucht, ich brauche sie für eine Madonna.' Natürlich tat ich ihm mit Freuden den Gefallen u. er machte sofort seine Skizzen, um sodann meine Hände in der vatikanischen Bibliothek zu verewigen".

Konzerte von Lorenzo Perosi (1872–1956), einem gefeierten Komponisten sakraler Musik seiner Zeit genossen beide in San Marcello und dem Petersdom. Kirchen und Museen wurden besichtigt, zahlreiche Gottesdienste besucht, Reliquien verehrt. Ihre Reiseeindrücke hielten die beiden in eigenhändigen Skizzen fest. Während die Kirche Santa Maria Maggiore von der 25-Jährigen kulturbeflissen als eine „der reichsten und schönsten Kirchen Roms" empfunden wurde, war sie von der Sixtinischen Kapelle enttäuscht und fand, dass das berühmte jüngste Gericht „wie ein Menschensalat" aussah.[58]

Es wurden bewährte Adelsverbindungen aktiviert für die „vielen Erlaubnisscheine, die sich Großmama für die Besichtigung von allerlei besonders schwer zu erreichenden frommen Sehenswürdigkeiten an höchsten Stellen verschaffte", so beispielsweise über den preußischen Gesandten beim Heiligen Stuhl, Wolfram Freiherr von Rotenhan (1845–1912).[59] Und gute Beziehungen brauchte die Großmutter auch für den Höhepunkt der Italienreise: eine Privataudienz bei Papst Leo XIII. Sie antichambrierte mehrfach beim Präfekten der Indexkongregation der verbotenen Bücher, dem jesuitischen Kardinal Andreas Steinhuber (1825–1907). Mit dem Präfekten der Ritenkongregation Kardinal Aloisi Masella (1826–1902) – ein Jugendfreund, „den sie vor mehr als 40 Jahren in München,wo er Sekretär beim Nuntius Chigi war, viel gesehen hatte" – tauschte sie lebhafte Jugenderinnerungen aus. Er machte den beiden aufgrund einer Erkrankung des Papstes nur sehr eingeschränkte Hoffnungen. Sie besuchten u.a. den Kardinal und Erzbischof von Westminster, Herbert Vaughan (1832–1903), und den Sekretär der Heiligen Inquisition: Kardinal Lucido Parocchi (1833–1903). Die beiden Italienreisenden wurden zu Empfängen in verschiedene Botschaften eingeladen.[60] Ganz offensichtlich war die Großmutter bestens vernetzt, möglicherweise über den bereits mehrfach erwähnten Georg zu Münster und die Familie ihres Mannes von Holnstein aus Bayern, deren Ahnherr als Sohn des späteren Kaisers Karl Albrecht von Bayern mit einer Hofdame zwar legitimiert wurde, aber nicht dem Hause Wittelsbach angehörte.

Ein sehr bewegendes Erlebnis war für Elisabeth v. Spiegel eine Papstmesse im Petersdom, zu der „wir uns in vatikanische Gala, schwarze Seide und Spitzenschleier warfen": „Während des Pontifikalamtes…saß der Hl. Vater auf dem Thron, nachher erteilte er den päpstlichen Segen (…) Gleich nachdem der Hl. Vater zu sprechen aufgehört, erhob sich…ein unbeschreiblicher Jubel: Eviva il Papa Re! (…) Mir wird es ein unvergeßlicher Eindruck sein".[61]

Die Großmutter unternahm mit ihrer Enkelin auch einen Ausflug in das etwa 70 Kilometer von Rom entfernte historisch überaus bedeutsame

Subiaco. Denn um das Jahr 500 zog sich Benedikt von Nursia für ca. 3 Jahre in die Einsiedelei einer Höhle oberhalb des Ortes zurück, die er dann verließ, um eine erste klösterliche Lebensgemeinschaft zu gründen. Das Kloster Scholastica mit seiner bedeutenden Bibliothek und das Kloster San Benedetto über der Einsiedlerhöhe (Sacro Speco) zeugen von diesen historisch verbürgten Geschehnissen und waren neben der Felsengrotte und dem Dornengarten Ziel der beiden Reisenden am ersten Mai 1899, einem sonnigen Frühlingstag.[62] Elisabeth v. Spiegel berichtete dazu in ihrem Reisebericht später wie folgt:

Bei einem Frühstück im Kloster San Benedetto kam der sie bewirtende Mönch mit einem „ihm sehr am Herzen liegenden Anliegen heraus: er wünschte sich gar so sehr eine Reliquie seines hl. Patrons und da wir Deutsche waren, hoffte er, dass wir ihm vielleicht dazu verhelfen könnten. Da war ihm das Glück besonders günstig, denn Großmama hatte vor Jahren längere Zeit in Würzburg gelebt und war gut bekannt mit dem gerade regierenden Bischof. So konnte sie eine fast sichere Zusage geben, dass sein Wunsch erfüllt werde… Wir haben ihm dann auch bald nach der Heimkehr die gewünschte Reliquie geschickt und Don Chiliano war rührend dankbar. Er hat mir noch mehrere Jahre hindurch immer wieder geschrieben, auch zur Einkleidung und Profeß".

Eine Anfrage im Archiv des Bistums Würzburg ergab das Vorhandensein von Reliquien in der Stadt, jedoch keinen Hinweis auf eine Translation im Jahr 1899.[63]

Wieder in Rom angekommen beschlossen die Beiden über die Abtei Montecassino – Begräbnisstätte des Hl. Benedikt – bis nach Neapel und Capri zu reisen. Dort war es Ida v. Holnstein vor der Besichtigung von Pompeji und einem Ausflug zum Vesuv allerdings ein besonderes Anliegen, die neue Wallfahrtsstätte der Basilika der heiligen Jungfrau vom Rosenkranz und ihren Begründer, den 1980 seliggesprochenen Bartolo Longo (1841–1926) zu besuchen:[64]

„Großmama stand mit" ihm „schon längere Zeit in Korrespondenz. Er hatte sie auch eingeladen, das Hauptfest der Wallfahrt im Mai…dort mitzuerleben und in seinem Haus zu wohnen. Wir kamen da in ein höchst merkwürdiges Milieu! Der Advokat, ein kleiner, schwarzer, melancholisch angehauchter Mann mit Spitzbart stellte uns seine große, starke Frau vor als ‚mit Visionen begnadigt'(…) Ich kam mir in dieser Gesellschaft sehr störend vor".

War die 25-Jährige 1899 noch skeptisch gegenüber visionären Erscheinungen, so sollte sich dies bei der späteren Äbtissin ins krasse Gegenteil verkehren, spätestens seit ihrer Begegnung mit der stigmatisierten Therese Neumann aus Konnersreuth. Hierauf wird zurückzukommen sein.

BERUFSWUNSCH BENEDIKTINERIN, PRIVATAUDIENZ BEI PAPST LEO XIII.

Zurück in Rom kam es nach der Schilderung v. Spiegels zu zwei für ihr weiteres Leben wegweisenden Begegnungen: Während des wiederholten Vorsprechens beim einflussreichen Kardinalstaatssekretär Mariano Rampolla (1843–1913) um die Möglichkeit einer privaten Papstaudienz auszuloten, fragte sie den Kardinal, „ob er es vielleicht so einrichten könne, dass ich allein zum hl. Väter käme, weil Großmama noch nichts wisse von meiner Absicht ins Kloster zu gehen und ich es doch dem hl. Vater gern sagen wolle. Der Kardinal…fragte, in welchen Orden ich eintreten wolle. Auf diese Frage war ich nicht gefaßt.(…) Unerwartet auf die Notwendigkeit dieser Entscheidung hingewiesen, sagte ich ‚ganz spontan: ‚Benediktinerin‘ (…) ‚Wenn Sie Benediktinerin werden wollen‘, sagte der Kardinal darauf, ‚dann müssen Sie zu meinem Freund, dem Primas de Hemptinne gehen‘“.

Er gab der 25-Jährigen eine Empfehlungskarte mit.[65] Bereits am folgenden Tag machte sie sich auf den Weg in das päpstliche Athenaeum Sant'Anselmo am Aventin, 1888 zur internationalen Universitätsausbildung benediktinischer Mönche gegründet und Sitz des 1. Abtprimas Hildebrand de Hemptinne. Es sollte eine für sie richtungweisende Begegnung werden.

Der 1849 im belgischen Gent als Sohn eines wohlhabenden Industriellen geborene de Hemptinne begann seine Laufbahn mit 16 Jahren als Zuave im päpstlichen Dienst und stieg im Vatikan rasch zum Offizier auf. Mit 19 Jahren trat er in das gerade neue besiedelte an der oberen Donau gelegene Kloster Beuron ein, wo er 1870 das Gelübde ablegte. Zur Gründung eines neuen Klosters nach Maredsous in den Ardennen gesandt, bekleidete er schon 3 Jahre später das Amt des Priors. Während des Kulturkampfes führten ihn verschiedene Ordensangelegenheiten ins Ausland, sodass er international Erfahrungen sammeln und Fremdsprachen erlernen konnte, die ihn zu höheren Ämtern befähigen sollten. 1890 wurde Hildebrand de Hemptinne zum 2. Abt von Maredsous gewählt und einige Tage später von Papst Leo XIII. mit der Planung der Abtei Sant' Anselmo beauftragt. Nach den Plänen des neuen Abts entstand in der Folgezeit auch das Benediktinerinnenkloster Maredret, etwa 2 Kilometer fußläufig entfernt von Maredsous. 1893 ernannte Papst Leo XIII. Hildebrand de Hemptinne zum Abtprimas der neugegründeten benediktinischen Konföderation und zu-

gleich in Personalunion zum Abt von Sant' Anselmo. Als v. Spiegel ihm
1899 begegnete, zählte der Abtprimas gewiss zu den international einfluss-
reichsten Benediktinern. Sie erinnerte sich später:[66]

> „Das war der fröhliche Anfang meiner Berufsgeschichte. Und dann wurde
> diese nach jeder Richtung hin erwogen. Gefragt, wo ich einzutreten gedächte,
> mußte ich sagen, dass ich mich mit der Berufsfrage im einzelnen noch garnicht
> beschäftigt habe – dass ich Benediktinerin werden wolle, wußte ich ja erst seit
> dem Vorabend und darüber lachte der Primas wieder sehr herzlich – und dass
> ich dankbar sein würde, wenn er all diese Fragen für mich regeln möchte".

So sollte es dann auch kommen. Und das Benediktinerinnenkloster Maredret wird sie wenige Monate nach der Begegnung mit de Hemptinne kennenlernen, was im Folgenden zu beschreiben sein wird. Vorher aber ging
der Herzenswunsch der beiden Reisenden in Erfüllung. Die wiederholten
persönlichen Vorsprachen u.a. beim päpstlichen Kämmerer Ottavio Cagiano (1845–1927) führten zum Erfolg, und am Tag nach der Begegnung
mit dem Abtprimas de Hemptinne fand gegen 11.30 die Privataudienz bei
Papst Leo XIII. statt. Der Verfasser der ersten Enzyklika zur katholischen
Soziallehre war 1899 mit fast 90 Jahren ein hochbetagter Greis und – wie
sich v. Spiegel erinnerte – von ‚zarter, fast durchsichtiger Gestalt'. Nachdem die Großmutter ihre persönlichen Bitten vorgetragen hatte, „wandte
der Hl. Vater sich mir zu: ‚Und was will dieses Kind…von mir?' frage
er auf französisch. Ich antwortete italienisch, was dem Hl. Vater lieber
war, wie Msgr. Cagiano mir eigens gesagt hatte". Die Großmutter war re-
gelrecht schockiert, als die Enkelin um den Segen des Papstes für ihren
Entschluss, ins Kloster zu gehen bat. Ida v. Holnstein versuchte – so der
Reisebericht – den Papst davon abzuhalten, mit dem Hinweis, dass der
Vater einen Klostereintritt nicht erlauben würde.[67]

> „ Der Hl. Vater lächelte nur und wandte sich mir wieder zu mit der Versiche-
> rung, dass Papa es erlauben werde, ich solle ihm nur sagen, der Hl. Vater habe
> meinen Entschluss gesegnet, weil es der Wille Gottes sei, dann werde auch er
> einverstanden sein. Vor übergroßer Erregung weinte ich und der liebe Hl. Vater
> trocknete buchstäblich meine Tränen, legte seinen Arm um mich und ließ mich
> reden was ich nur wollte, Segen erbitten für all meine Lieben etc. etc. Diese
> Viertelstunde ist eine der glücklichsten meines Lebens! (…) Ich gab dann dem
> Hl. Vater einen schönen Diamantring mit der Bitte, ihn für San Anselmo zu
> verwenden. Der Hl. Vater nahm ihn freundlich an und steckte ihn auf seinen
> eigenen Finger".

So endet der Bericht über die päpstliche Audienz während der Italienreise. Aus heutiger Perspektive ist das Selbstbewusstsein der 25-Jährigen im Umgang mit höchsten Würdenträgern des diplomatischen Corps und der katholischen Kirche bemerkenswert. Selbst dem Papst gab sie nach ihrer Darstellung einen Hinweis, für welchen Zweck sie den ihm geschenkten wertvollen Diamantring zu verwenden wünschte. Abtprimas de Hemptinne dankte sie im voraus dafür, dass er alle Fragen im Zusammenhang mit dem Klostereintritt für sie regeln möge. Und Kardinalstaatssekretär Rampolla, der 1903 bei der Papstneuwahl als aussichtsreicher Nachfolgekandidat galt, letztlich aber am Veto des österreichischen Kaisers Franz Joseph I. (1830–1916) scheiterte, schickte ihr vor der Abreise ein „gerahmtes Portrait, das durch Vermittlung der deutschen Botschaft unbeschädigt nach Deutschland gelangte und er hat…mir sowohl zur Einkleidung wie zur Profess sehr lieb geschrieben und den päpstlichen Segen geschickt".[68]

Am Ende der Italienreise hat Elisabeth v. Spiegel den Segen des Papstes für ihre Berufswahl erhalten und in Hildebrand de Hemptinne einen maßgebenden Förderer und Wegbereiter gefunden. Bessere Startbedingungen für das weitere Leben konnte sie sich kaum wünschen. Nun musste nur noch der Vater überzeugt werden, der wohl eher auf eine lukrative Eheverbindung mit einer anderen westfälischen Adelsfamilie spekulierte, statt seine Tochter in der Klausur eines Klosters selten oder nicht mehr wiederzusehen.

Die zu Tage tretende ausgeprägte Selbstsicherheit, begründet offenbar durch ein Elternhaus, welches die Fähigkeiten und Persönlichkeit bereits des Kindes förderte, wird späterhin eine besondere Führungsstärke in der Bewältigung der ihr anvertrauten Aufgaben und Ämter ausmachen, aber auch als Stolz und impulsive Überheblichkeit eine Reihe von Schwierigkeiten und Problemen mit sich bringen. Doch auch dann werden ihr tonangebende Persönlichkeiten, vor allem die Äbte Ildefons Herwegen (Maria Laach) und Laurentius Zeller (Seckau und Trier), hilfreich beratend zur Seite stehen, worauf in einem späteren Kapitel eingegangen wird.

Derweil ließen sich die beiden Italienreisenden für die Rückkehr in die Heimat Zeit. Der Weg führte u.a. auf den Spuren der großmütterlichen ‚Lieblingsheiligen' Franz von Assisi und Franz von Sales von Assisi über Perugia, Arezza, Florenz, Genua, Vercelli nach Turin. Dort suchten die beiden einen Photographen für ein Erinnerungsfoto auf, „denn bisher hatten wir uns zu dieser, von daheim uns zur Pflicht gemachten Aufnahme noch nicht Zeit genommen". Der Photograph fragte offenbar verwundert über die hochgewachsene Elisabeth, „ob ich denn wirklich auf ganz natürliche Weise so groß gewachsen sei". Über Chamonix, Annecy, Nizza, Genf, Lausanne und Straßburg kehrten Großmutter und Enkelin sicher in die ostwestfälische Heimat zurück. Elisabeth v. Spiegel fasste die Reiseeindrücke zusammen:

„Wie war ich reich geworden an wertvollen Erinnerungen, beglückt von köstlichen Erlebnissen, dankbar gegen Gott und so viele liebe Menschen, die mich diesen fürs Leben, ja für Zeit und Ewigkeit unverlierbaren Schatz gewinnen ließen. Heim! Diesmal hatte das Heimkommen, das sonst immer nur stürmische Freude gewesen, für mich einen leisen, schmerzlichen Unterton. Kam ich denn nicht dieses Mal heim eigentlich nur als vorübergehender Gast?"

Warum entschied sich eine junge, polyglotte, zugleich heimatverbundene Adlige mit vielen Begabungen, in gutsituierten Lebensverhältnissen, mit einem großen intakten Familien- und Freundeskreis, deren monarchisch konservative Werte sie teilte, und mit rosigen Zukunftsaussichten in einer noch nicht durch den Krieg erschütterten Welt für ein Leben in klösterlicher streng hierarchisierter Klausur? Eine konkrete Antwort auf diese Frage gibt v. Spiegel in ihren Lebensaufzeichnungen nicht. Ein Bekehrungserlebnis hat sie auch nicht überliefert. Sie deutet einen quälenden Zwiespalt zwischen ihrer nach innen gewandten Religiösität und ihrer Ergriffenheit von den „wunderbaren Schönheiten der Schöpfung" an:[69]

„ Daher auch der heiße Kampf, der in mir tobte, als Gott mich innerlich rief und ich Ihm folgen wollte und dann alle Schönheit der Welt mich lockte und der Verzicht unmöglich schien. (…) Es ist mir immer so ergangen: Je schöner meine Umwelt war und je mehr ich eigentlich von ihr hätte befriedigt sein können, umso tiefer empfand ich jene Unruhe des Herzens, die nur in Gott gestillt werden kann".

Denkbar ist auch, dass die ihr vom höchsten Vertreter der Benediktiner de Hemptinne eröffnete Aussicht auf eine herausgehobene Position im Kloster ein zusätzlicher Anreiz war. Schließlich war Freiin Elisabeth von allen Seiten das Verständnis ihrer privilegierten gesellschaftlichen Stellung als Angehörige des Adels vermittelt worden, und sie lebte schließlich auch genauso – bis zum Klostereintritt.

10 TAGE ZUR PROBE IN MAREDRET, INNERE KÄMPFE

Der innere Zwiespalt trat nach der Heimkehr offen zu Tage und konnte vorerst mit Blick auf die Wiedersehensfreude der Familie und aus Rück-

sicht auf den kranken Vater nicht gelöst werden. Zugleich drängte Abtprimas de Hemptinne in Briefen auf eine Aussprache mit dem Vater. „So
konnte ich mich nicht zu einer Mitteilung entschließen, die wie ich wußte
ihm zunächst tiefstes Herzeleid bedeuten würde und verschob die wichtige
Unterredung immer wieder", bis es an einem schwülen Julitag doch zu dem
entscheidenden Gespräch mit dem Vater kam. Der Wunsch, in ein Kloster
einzutreten, traf Raban v. Spiegel völlig unerwartet, doch wollte der sachli-
che Jurist zunächst Aufschluss über die Beweggründe. Enttäuschung? Lie-
beskummer? Unguter Einfluss auf der Italienreise? Irrlichtern einer jungen
Frau? Diese Vermutungen des Vaters konnte sie verneinen. „Schwerer aber
war die Frage zu beantworten, ob ich denn nicht gern daheim sei, ob etwa
irgend ein Unbefriedigtes mich forttreibe" – gibt v. Spiegel das Gespräch
mit dem Vater wieder. Mit 25 Jahren war die Tochter längst volljährig und
in ihrem Handeln rechtlich nicht an eine väterliche Entscheidung gebunden. Doch lag ihr sehr an der Zustimmung des so sehr geliebten Vaters.

Sie beschreibt in ihren Jugenderinnerungen, wie es zu einem verständnisvollen Gespräch mit dem Vater kam, sie ihre Beweggründe für diesen
Schritt darlegen konnte, sie Abschiedsschmerz vorwegnahm, den beide
angesichts der mit dem Klostereintritt verbundenen Trennung empfinden
mussten, „wie mein Herz geblutet hat". „Ich mußte ihm erzählen, wie der
Klostergedanke in mir allmählich immer festere Gestalt gewonnen und warum mir das Leben nur für Gott in einem Klausurkloster das erstrebens-
werteste Ziel sei".[70]

Der tiefgläubige Katholik Raban v. Spiegel brachte ganz offensichtlich
Verständnis für die Berufswahl seiner zweitältesten Tochter auf. Sie einigten
sich auf einen Probeaufenthalt im Kloster Maredret, wohin Abt de Hemptinne die Aspirantin eingeladen hatte. Im Herbst sollte sie den Vater zur Kur
nach Aachen begleiten. Von dort reisten beide weiter in das ca. 150 Kilometer entfernte Maredret in den belgischen Ardennen. Der Vater suchte nach
ihrer Ankunft zur Sicherheit das persönliche Gespräch mit dem Abtprimas.
Elisabeth v. Spiegel erhielt Einblicke in das klösterliche Leben – probeweise
vom 5. bis 15. Oktober 1899. „Erst nachdem ich wiederholt und feierlichst
versprochen hatte, ich werde mich zuvor noch ernstlich prüfen und gewiß
nicht im Kloster bleiben, wenn ich dort mich nicht glücklich fühlen würde,
gab mir Papa seinen Segen und wir trennten uns in tiefstem Einvernehmen,
wenn auch mit wundem Herzen". Während der Fahrt nach Belgien quälte
sie ein innerer Zwiespalt. „Ich kam mir so schlecht, so egoistisch vor, weil
ich energisch mein Ziel anstrebte, trotz der Betrübnis in meiner Familie, wo
mir immer wieder gesagt wurde, daß ich noch einige Jahre warten könne" –
schildert sie in ihrer Lebensbeschreibung.[71]

Der 10-tägige Probeaufenthalt, über den v. Spiegel nur wenig in ihren Lebenserinnerungen notierte, änderte nichts an ihrem Entschluss. Mit de Hemptinne wurden alle Absprachen getroffen, als Termin für den Klostereintritt der 20. April 1900 „zur Vesper von St. Anselm, weil in Sant Anselmo meine Berufsfrage sich geklärt hatte", festgesetzt. Der Abtprimas plante für sie lediglich das Noviziat in Maredret, um im Anschluss daran ihre Profess auf ein italienisches Benediktinerinnenkloster zu übertragen: „Vater Abt Primas aber wollte mich für Italien freihalten und mich nur mein Noviziat in einem wohlgeordneten Kloster machen lassen". Dass er sie mit Führungsaufgaben betrauen wollte, betont v. Spiegel mehrfach in ihren Erinnerungen. Diese Bedingung, die der ursprünglichen benediktinischen Idee einer lebenslangen Bindung an das Eintrittskloster zuwider lief, konnte de Hemptinne nur in Maredret stellen. Seine 21 Jahre jüngere Schwester führte das dortige Kloster und erfüllte die Bedingung ihres Bruders umstandslos, schließlich unterstand das Frauenkloster der Jurisdiktion des Abts von Maredsous – ein Amt, das wiederum de Hemptinne innehatte. „In etwa hat er ja vorausgesehen, dass der liebe Gott mich für ein verantwortungsvolles Amt bestimmt habe und hat mich in vieler Hinsicht dafür geschult und vorbereitet". An anderer Stelle ihrer Erinnerungen wird v. Spiegel noch deutlicher in Hinblick auf die ihr von de Hemptinne in Aussicht gestellte Leitungsposition als Äbtissin:

Die „väterliche Sorge, die der Abtprimas so geflissentlich meinem geistigen und seelischen Wohl zuwandte, galt nach dem Plan der Vorsehung der späteren Äbtissin, und zwar dachte der Primas an jene von Plumbariola … Weil er dieses Amt für mich voraussah …".

Mit dieser für die 25-Jährige sicherlich verlockenden, wenn auch bei Klostereintritt außergewöhnlichen Zukunftsaussicht auf eine Führungsverantwortung sollte sie ein halbes Jahr später ihren Weg in die klösterliche Klausur antreten.[72] Eltern, Geschwister, Verwandte, Freunde und Dorfbewohner in Helmern hatten wenig Verständnis für diese Berufswahl – und dann auch noch der Eintritt in ein Kloster im fernen Ausland. Selbst v. Spiegel räumte ein. „Auch ich hätte mir Belgien wohl kaum ausgesucht, aber zunächst dachte ich ja, daß mein Aufenthalt dort selbst nur von kurzer Dauer sein werde, weil ich für Italien bestimmt war". Wie konkret de Hemptinne sie in seine Pläne eingeweiht hat, ist nicht bekannt. Möglicherweise hatte er eine Neubelebung des nordwestlich von Monte Cassino gelegenen Klosters Piumarola in der Gemeinde Villa Santa Lucia in der Provinz Frosinone im Auge. Dort soll die Schwester des Ordensgründers Benedikt von Nursia – die später heiliggesprochene Scholastika (480–543) – Äbtissin gewesen sein. Auf Nachfrage antwortete die Abtei Montecassino, dass sich in ihrem Archiv keine Dokumentation über eine mögliche Wiedergeburt des Klosters Piumarola befindet, weist aber auch darauf hin, dass das Privatarchiv des Klosters durch die Bombenangriffe vom 15. Februar 1944 zerstört wurde. Kurzum: Der etwaige Plan de Hemptinnes mit der westfälischen Klosteraspirantin lässt sich nicht verifizieren.

Vorerst durfte der Vater von diesem Vorhaben jedoch nichts wissen. Alle versuchten Elisabeth v. Spiegel umzustimmen. In ihren Erinnerungen schildert sie, wie der Ortspfarrer ihr das Franziskanerinnenkloster im nahe gelegenen Salzkotten schmackhaft machen wollte mit der Idee, ihr dort ein baldiges Führungsamt versprechen zu können. Andere Versuche zielten darauf ab, ihr die Vorzüge eines aristokratischen Leben mit eigener Familie ans Herz zu legen. Dieser Absicht sollte wohl auch eine knapp dreiwöchige Reise in das mondäne Paris dienen.[73]

EIN LETZTER ÜBERZEUGUNGSVERSUCH: PARIS

Bevor v. Spiegel endgültig Abschied von der Heimat nehmen sollte, begleitete sie ihre Tante Elisabeth Gräfin von der Groeben (1824–1908)[74] nach Paris und wohnte als Gast bei ihrem Großonkel. Georg zu Münster war zu dieser Zeit deutscher Botschafter in Frankreich und 1899 gefürstet worden. Abtprimas de Hemptinne war alarmiert und schickte einen „Eilbrief, der seiner Besorgnis, ja fast seinem Unwillen darüber Ausdruck gab, dass ich so kurz vor meinem Klostereintritt mich noch in die Gefahren der großen Welt zu stürzen wage. Daran hatte ich nun wirklich nicht gedacht" – erinnerte sich die Klosteraspirantin.

Während ihres Pariser Aufenthaltes besuchte Baroness Elisabeth auch eine fast gleichaltrige Jugendfreundin aus dem benachbarten Westheim: Leonie Gräfin zu Stolberg (1875–1908), die als Schwester Elisabeth bei den barmherzigen Schwestern im Spital in Angers aufopferungsvoll wirkte. Spiegel war offenbar irritiert: Der „Heroismus ihres Lebens, dem alles, aber auch gar alles, ihren Neigungen entgegengesetzt war, verwirrten mich zunächst, weil ich mir sagte, dass ich bei solchen Voraussetzungen des Klosterlebens wohl doch nicht den Beruf dazu habe".[75] Ein Klosterleben in einem Spital war für sie ebenso undenkbar wie der Einsatz als Missionsschwester. Diese Erkenntnis hatte sie bereits 1891 auf der Rückreise von

Dietramszell bei einem Besuch der Missionsbenediktiner im oberbayerischen St. Ottilien gewonnen: „...abgesehen davon, dass ich zu keiner Zeit je daran gedacht habe, in die Missionen zu gehen. Zu meiner Schande sei es gesagt: war viel zu feig dazu".[76]

Die weitere Reise führte Elisabeth Spiegel gemeinsam mit Leonie Stolberg in die 1866 gegründete Benediktinerinnenabtei Solesmes im Département Sarthe nicht weit entfernt von Angers. Solesmes unterhielt enge Beziehungen zu anderen Benediktinerinnenklöstern u.a. auch zu Maredret, dem Kloster, in das v. Spiegel wenige Monate später eintreten sollte. Der Grund für den Besuch in Solesmes war vorrangig ein sehr persönlicher, denn die Eltern Spiegel pflegten nähere Verbindungen zum Fürstenhaus Löwenstein: „Ich hatte an Mère Adelaide von Braganza Mamas Grüße zu überbringen und sah sie mit Mère Agnes de Löwenstein im Sprechzimmer". Adeleide, mit weltlichem Namen Adelheid von Löwenstein-Wertheim-Rosenberg (1831–1909) hatte mit ihrem Mann, dem gestürzten portugiesischen König Michael I. aus dem Hause Braganza (1802–1866) im Exil gelebt. Nach seinem Tod trat die Witwe bei den Benediktinerinnen in Solesmes ein. Die Beziehungen zwischen den Familien waren von gewisser Kontinuität. Denn eine Enkeltochter Adelheid Löwensteins – Zita von Bourbon-Parma (1892–1989), Ehefrau des letzten österreichischen Kaisers Karl. I./IV. – wird fast 50 Jahre später die amerikanische Klostergründung von Äbtissin v. Spiegel besuchen. Adelheid von Löwensteins Bruder Fürst Karl VI. zu Löwenstein (1834–1921) hatte 2 Töchter, die ebenfalls Klosterfrauen in Solesmes waren: die bereits 1896 verstorbene Benedicta und Agnes. Letztere hat v. Spiegel – wie in ihren Lebenserinnerungen erwähnt – ebenfalls in Solesmes bei ihrem Besuch angetroffen. Wenige Jahre später wird Agnes' Vater Fürst Karl Löwenstein durch maßgebliche finanzielle Unterstützung die Gründung der Benediktinerinnenabtei St. Hildegard in Eibingen ermöglichen. Eibingen wird die zweite Station auf v. Spiegels Klosterweg sein. Und auch auf die Familie v. Löwenstein und Solesmes wird zurückgekommen.

In ihren Erinnerungen an den Besuch in Solesmes hielt sie fest: „Mehrere Klosterfrauen aber kamen zu mir, zumal sie hörten, daß ich sehr bald in Maredret eintreten werde, denn das interessierte sie besonders deshalb, weil die sechs ersten Nonnen von Maredret in Solesmes ihr Noviziat gemacht hatten und somit die engsten Beziehungen zwischen den beiden Klöstern bestanden".[77]

Nach diesem Ausflug kehrte die Nichte nach Paris zu ihrem Onkel zurück. Die deutsche Botschaft in Paris, das Palais Beauharnais, gilt bis heute als Meisterwerk des Empire mit reicher Kunstausstattung.[78] Der Botschaf-

ter des Deutschen Reiches, Graf zu Münster, residierte dort von 1895 bis
zu seiner Abberufung Ende 1900, und auch seine Gäste wohnten in dem
repräsentativen Gebäude. Da dessen älteste unverheiratete Tochter Maria,
die den großen Haushalt der Botschaft führte, kurz vorher verstorben war,
begleitete die Nichte ihren Onkel zu offiziellen Anlässen, „repräsentierte
an der Seite des deutschen Botschafters ihr Vaterland". „Ich war ja damals
Vertreterin Deutschlands und nicht wenig stolz darauf. Als solche hätte ich
auch zu einer Festlichkeit beim Präsidenten meinen Onkel begleiten sollen.
Da diese aber an dem Abend stattfand, auf den meine Abreise festgesetzt
war (…) so lehnte ich ab" – hielt sie später fest.

Die parkettsichere, fließend französisch sprechende Nichte nahm an
den täglichen Diners mit zahlreichen Gästen teil, „und zwar Gäste der verschiedensten Art, sodaß es nicht an anregender Unterhaltung fehlte", darunter der Sohn des Komponisten Richard Wagner – Siegfried (1869–1930).
Sie leistete ihrem Onkel Gesellschaft bei den Besichtigungen der deutschen
Vorbereitungen auf die Jahrhundertweltausstellung, die zu Ostern 1900
eröffnet wurde, bestieg den Eiffelturm, besuchte den Louvre, Schloss Ver-
sailles, das Theater Le Trianon, die Sainte-Chapelle, die Kathedrale von
Chartres und ließ sich die Dornenkronen-Reliquie in Notre Dame zeigen.
„Ich hatte lebhaftes Interesse für alles und jedes" – erinnerte sie sich an
die Pariser Zeit. Das Interesse an Kultur und Ästhetik erhielt sie sich lebenslang, wie 35 Jahre später auch die Beschreibung ihrer Amerikareise
bestätigen wird.

Neben dem kulturbeflissenen Programm ihres Parisaufenthaltes war der
bevorstehende Klostereintritt wiederholt Gesprächsthema mit dem bald
80-jährigen Botschafter Fürst Münster. „Kleines Mädchen, bist Du ver-
rückt?" – erinnert v. Spiegel – „ließ sich dann aber wiederholt darüber mit
mir in Gespräche ein", in denen sie ihm ihre „Lebensauffassung" zu erklären versuchte. Nach knapp 3 Wochen verließ die Nichte am späten Abend
des 20. März 1900 Paris: „Beim Abschied weinte mein Onkel sehr".[79] Sie
sollten sich nicht wiedersehen. Georg Fürst Münster von Derneburg starb
am 28. März 1902 in Hannover im Alter von 82 Jahren und fand die letzte
Ruhe im pyramidenförmigen Mausoleum im Derneburger Park.

Zu Hause im westfälischen Helmern angekommen, blieben noch 3
Wochen bis zum Klostereintritt im belgischen Maredret – eine Zeit des
Abschiednehmens von der Familie, den Freunden, Bekannten und den
Dorfbewohnern: „Ich hatte mich ja so gut verstanden mit all den Leuten
und Freud wie Leid mit ihnen allen geteilt. Nun mußte ich es immer wieder hören, wie unbegreiflich ihnen mein Entschluß sei". Das Lebewohl
von ihrer Großmutter in Rheder, „dem Paradies meiner Kindheit", den

Geschwistern und vor allem vom Vater erlebte die 26-Jährige – wie sie Jahre später erinnerte – „wehwunden Herzens". Demnach waren alle traurig
und wehmütig über ihren bevorstehenden Weggang. Am Ostersonntag war
die ganze Familie zusammen – die Eltern und 8 Geschwister – „es sollte
das letztemal sein in diesem Leben". Begleitet von ihrer Mutter und der 2
Jahre älteren Schwester Maria fuhr Elisabeth v. Spiegel mit der Bahn am
19. April 1900 ihrer selbstbestimmten Zukunft Richtung Namur entgegen.
Nachdem sie sich von ihren Begleiterinnen am nächsten Tag getrennt und
einer ‚armen alten Frau ihr letztes Geld gegeben' hatte, „durfte ich endlich
frei und ledig aller irdischen Bindungen das Tor durchschreiten (…) Und
jetzt beginnt ein neuer Abschnitt meines Lebens".[80] Fern der Heimat. Sie
war 26 Jahre alt.

Elisabeth v. Spiegel 1896

Großmutter Ida v. Holnstein

Abtprimas Hildebrand de Hemptinne

Äbtissin Cécile de Hemptinne

III. Klosterjahre in Maredret 1900–1914

EIN KLOSTER DER LITURGISCHEN REFORMBEWEGUNG

Malerisch zwischen Namur und Dinant in den belgischen Ardennen gelegen, war das Kloster des Hl. Johannes und der Hl. Scholastika bei Elisabeth v. Spiegels Ankunft noch eine Baustelle. Abtprimas Hildebrand de Hemptinne persönlich hatte den Bauplan des zukünftigen Benediktinerinnenklosters entworfen. Der wohlhabende belgische Industrielle und Verleger Henri Desclée (1830–1917) – Mitinhaber des katholischen Verlages Desclée de Brouwer mit Hauptsitz in Paris – stellte das Gelände für den weitläufigen Klosterkomplex zur Verfügung. Zwei Jahre nach der Grundsteinlegung brachen 1893 aus der Abtei Sainte-Cécile de Solesmes 6 Nonnen – darunter auch Verwandte der Familie Desclée, de Brouwer und de Kerchove mit der damals 23-jährigen Schwester des Abtprimas Hildebrand de Hemptinne: Cécile – nach Maredret auf, um das Kloster zu gründen. Man liest, dass die weiblichen Verwandten einiger Mönche aus Maredsous bereits mit der festen Absicht einer eigenen Klostergründung in Solesmes ihre Profess abgelegt hatten.[81] Für Elisabeth v. Spiegel war Solesmes kein unbekannter Ort, hatte sie das Benediktinerinnenkloster, wie erwähnt, während ihres Parisaufenthaltes besucht und mit den Nonnen dort Tuchfühlung aufgenommen. In unmittelbarer Nachbarschaft befand sich die um gut 30 Jahre ältere Benediktinerabtei Saint-Pierre de Solesmes. 2 Klöster – eines für Frauen und eines für Männer in unmittelbarer Nähe – an diesem Vorbild orientierten sich auch die belgischen Abteien.

Die Reformabtei Solesmes prägte die Klostergründungen von Maredsous und Maredret nachhaltig. Dort wirkte der streng päpstlich gesinnte (ultramontane) Abt Prosper-Louis-Pascal Guéranger (1805–1875), der durch sein Wirken die liturgische Bewegung angestoßen und auf den Weg gebracht hat. In dessen Gefolge wurde eben 1866 das benediktinische Frauenkloster St. Cécile gegründet. Zentral für die von Solesmes zunächst nach Beuron ausstrahlenden Reformbewegung war ausgehend vom Vorbild eines gelehrten mittelalterlichen Mönchtums die Betonung der klösterlichen Familiengemeinschaft, welche in der gemeinsam zelebrierten Liturgie sowie der Wiederbelebung des frühchristlichen einstimmigen gregorianischen Choralgesangs Gestalt annahm. Sie sollte eine nachhaltige Wirkung auf die benediktinischen Niederlassungen in Deutschland nehmen.[82] Elemente dieser Reformbewegung haben die spätere Äbtissin Benedicta von Spiegel in ihrem monastischen Verständnis und der Klosterleitung stark beeinflusst, wie zu zeigen sein wird. Im deutschen Sprachraum war die 1863 im oberen Donautal, heute im Süden Baden-Württembergs gelegene Erzabtei Beuron der Nukleus. Zu deren ersten Gründungen ab 1872 gehörte das belgische Männerkloster Maredsous, dessen Abt von 1890 an Hildebrand de Hemptinne war.

Wenige Jahre später 1893 konnte mit tatkräftiger Unterstützung des Maredsouer Abts dessen Schwester das nur 1,5 km entfernte Frauenkloster Maredret mit 6 Kandidatinnen aus Solesmes ins Leben rufen. Der Konvent in der belgischen Provinz wuchs nur langsam. Erst 1898 waren die erforderlichen 12 Professen erreicht, die für die Erhebung zur Abtei Voraussetzung waren. Am 8.12.1900 wurde Cécile de Hemptinne zur Äbtissin geweiht.[83] Für die Beuroner waren Frauenklöster unerlässlicher Bestandteil ihrer Kongregation. Für sie galten ähnliche Konstitutionen wie für die Männerklöster. Vertreten wurden sie auf den Generalkapiteln durch die Äbte der benachbarten Männerklöster, und sie unterstanden als Abteien der Jurisdiktion des Beuroner Erzabtes, der mit der Wahrnehmung dieser Befugnis in der Regel den Abt des benachbarten Männerklosters betraute.[84] So wurde es auch in Maredsous und Maredret gehalten.

DIE KLOSTERGRÜNDER
CÉCILE UND HILDEBRAND DE HEMPTINNE

Das Geschwisterpaar de Hemptinne entstammte einer wohlhabenden Familie, die ihren Reichtum in der Baumwollindustrie erworben hatte. Im Vater Joseph Graf de Hemptinne (1822–1909) begegneten den beiden Kindern antiliberale und ultramontane Überzeugungen, die zumindest auf den Sohn nicht ohne Einfluss blieben.[85] Und auch in der Beuroner Kongregation war eine streng päpstliche Gesinnung prägend. Zeitlebens blieben die Kinder ihrem Vater innig verbunden, wie ein Brief Hildebrands an den Vater bezeugt.[86] Die 20 Jahre jüngere Schwester mit bürgerlichem Namen Agnes war das Nesthäkchen der Familie und hatte in Solesmes 1890 ihre Profess abgelegt.

Während Bruder Hildebrand gemeinsam mit den Unternehmern Desclée viel Vermögen in den Aufbau der fußläufig entfernten neugotischen Männerabtei investierte, verfügte die jüngere Schwester offenbar über eine ansehnliche Erbschaft, den sie in den Bau der ebenfalls neogotischen Klostergebäude Maredrets investierte. Die Errichtung der Klostergebäude und die innere Ausgestaltung fielen in den Verantwortungsbereich des Bruders. 1891 begannen die Bauarbeiten, 1893 waren der Ost- und Südflügel der Anlage fertiggestellt. Während Maredsous von dem bedeutenden Architekten der belgischen Neugotik Jean-Baptiste Bethune (1821–1894) in den 1870er Jahren erbaut wurde, entstand Maredret durch dessen Schüler Auguste van Assche (1826–1907) nach Entwürfen de Hemptinnes. Am 7. September zog die zur Priorin ernannte Cécile de Hemptinne mit den anderen 6 belgischen Klosterfrauen aus Solesmes im Schlepptau in den Neubau ein. Der Bischof von Namur hatte auf seine Jurisdiktionsrechte verzichtet. So konnte das Kloster der Beuroner Kongregation inkorporiert werden. Die Gerichtshoheit lag folglich beim Erzabt in Beuron, der sie an den Abt von Maredsous, den Bruder der Priorin delegierte.[87]

Über die Familienbande der Hemptinnes, Desclées und Brouwers bestanden enge persönliche Verflechtungen zwischen beiden Klöstern. In Maredret teilten sich die etwa gleichaltrigen belgischen Nonnen aus den Gründerfamilien auch die wichtigsten Klosterämter. Unter den 16 Nonnen, mit denen Elisabeth v. Spiegel als Postulantin ab dem 20. April 1900 unter einem Dach lebte, waren mit der Novizenmeisterin und Priorin Hildegard de Brouwer, der Subpriorin Ida de Brouwer und Agnès Desclée gleich 3 Abkömmlinge der Verlagsgründer Desclée und de Brouwer. Letztere entwickelte die neugotische Miniaturmalerei, die auch heute noch in Maredret gepflegt wird. Die klösterliche Kommunität war noch klein. Im Jahr 1900 war die Klosteranlage noch im Bau, bis zur Vollendung der Kirche sollten noch 7 Jahre ins Land ziehen. 1902 war die Klostergemeinschaft bereits auf 21 Chorfrauen und Novizinnen und 12 Laienschwestern angewachsen.[88]

BEURONER KONGREGATION

Maredsous und das Schwesterkloster Maredret gehörten – wie erwähnt – der nach dem preußischen Kulturkampf gegründeten Beuroner Kongregation an, benannt nach dem im oberen Donautal gelegenen Stammkloster Beuron. Maredsous war 1872 die erste Gründung Beurons, und Maredret 1891 nach der Abtei St. Gabriel in Prag (1889) das zweite Frauenkloster der neuen Kongregation. Als weitere Beuroner Klöster, die im Leben v. Spiegels eine Rolle spielen sollten, seien die Benediktinerinnen in St. Hildegard in Eibingen bei Rüdesheim sowie die Benediktiner in Maria Laach, Seckau und St. Matthias in Trier genannt.

Die Verbindung der Beuroner Benediktiner zu großbürgerlichen und adligen Förderern und Geldgebern war eng. Auch der protestantische Hohenzollernkaiser Wilhelm II. (1859–1941) stand ihnen nach seinem Amtsantritt 1890 und der Beendigung des Kulturkampfes unter Papst Leo XIII. aufgeschlossen gegenüber. Zum einen sprach den romantisch-historisierenden Monarchen die ideell kulturelle Verknüpfung des Ordens mit dem mittelalterlichen Mönchtum des alten Deutschen Reiches an. Zum anderen war die Loyalität des Ordens gegenüber der Obrigkeit dem politischen Kalkül des Kaisers nützlich. Er setzte auf die staatstragende Unterstützung der Benediktiner. Die Klöster der Beuroner Kongregation durften sich besonderer Gunst des Hohenzollern erfreuen, ersichtlich in der fördernden Gründung Maria Laachs 1892 und in wiederholten Besuchen des Kaisers in Beuroner Abteien. Auch Maredsous und Maredret sollten späterhin vom Kaiser Besuch erhalten, allerdings nicht mehr unter friedlichen Vorzeichen.[89] Dazu später mehr.

Zu den zentralen Arbeitsfeldern der Beuroner Abtei gehörten neben der Pflege der Liturgie wissenschaftliche und künstlerische Betätigungen. Diese manifestierten sich in der Gründung der an frühchristlicher, aber auch altägyptischer Bildsprache orientierten Beuroner Kunstschule. Eine Vielzahl von Kirchenbauten und Innengestaltungen geht im späten 19. und frühen 20. Jahrhundert auf die Beuroner Kunstauffassung zurück. Genannt seien die Abteien St. Gabriel in Prag, St. Hildegard in Eibingen sowie die Abtei in Maredsous. Dort hatte 1890 Hildebrand de Hemptinne die Idee, eine Kunstschule für ärmere Kinder zu begründen. Er verband damit die Hoffnung, Nachwuchs für seine Abtei zu rekrutieren. Im Jahr 1900 begann er mit dem Bau der Kunstgewerbeschule, die ihren Unterrichtsbetrieb 3 Jahre später aufnahm. Jahrzehnte später wird sie zu einem Ableger der Kunsthochschule Namur.[90] Zudem: Bedeutende Kirchengelehrte fanden sich unter den Mönchen von Maredsous, von denen zwei für die geistige, theologische und spirituelle Entwicklung v. Spiegels prägend werden sollten: Columba Marmion und Germain Morin (1861–1946).

POSTULANTIN

Als die 26-Jährige am 20. April 1900 an die Klosterpforte klopfte und als Postulantin aufgenommen wurde, traf sie in Cécile de Hemptinne (1870–1948) auf eine nur um 4 Jahre ältere Priorin. Sie hatte sich auf die Pläne

ihres richtungweisenden Bruders aus dem benachbarten Maredsous eingelassen. Danach sollte Elisabeth v. Spiegel im Anschluss an das Noviziat
nach Italien wechseln und somit frühzeitig die sog. lebenslange Stabilität
auf ein anderes Kloster übertragen. Dieser Plan musste zu dieser Zeit zumindest als ungewöhnlich anmuten, da in der Regel eine Ordensfrau ihr
ganzes Leben stabil im Kloster ihres Noviziats verbrachte. Maredret war
– wie dargestellt – noch in der Aufbauphase, der Neuankömmling in der
Dachmansarde eines der beiden fertiggestellten Flügeln der Anlage sparta-
nisch untergebracht:[91]

„ Die mir angewiesene Zelle hatte außer dem Bett an Mobiliar von allerein-
fachster Art einen Schrank, dessen eine Hälfte mit ausziehbarem Brett zugleich
als Waschtisch diente, einen Schreibtisch mit Stuhl und eine Kniebank, über der
ich das mitgebrachte Kruzifix, eine Erinnerung an meine erste hl. Kommunion
aufhängen durfte. Daneben ein Madonnenbild und ein solches vom hl. Vater
Benedictus, beides schwarze Drucke in ganz einfachem Rahmen".

Ein krasser Gegensatz zu Bequemlichkeit, Überfluss und den Privi-
legien des väterlichen Schlosses. Das mönchische Ideal der Armut, An-
spruchslosigkeit und Loslösung von privatem frei verfügbarem Eigentum
ging einher mit der Gütergemeinschaft der monastischen Familie. Das
Kloster sorgte in Zukunft für den Lebensunterhalt und alles Lebensnot-
wendige. Mit ihrem Eintritt in Maredret verzichtete Elisabeth v. Spiegel auf
alle Geldmittel und persönliche Verfügung über ihren Besitz. Auch ihre
weltliche Kleidung musste sie abgeben, ein Verzeichnis der persönlichen
Gegenstände wurde in der Regel sorgsam erstellt.[92]
Nach ihrer ersten Nacht wurde v. Spiegel als Postulantin eingekleidet.
Vorerst durfte sie ihre langen lockigen Haare unter dem „Postulantinnen-
häubchen" behalten. Sie hielt in ihren Erinnerungen fest: „Dieses war, wie
man mir versicherte,…ganz besonders groß gestaltet worden, dennoch
wollten meine freiheitsgewohnten Kraushaare sich nicht darin unterbrin-
gen lassen und bildeten einen zweiten, hellen Kranz vor der schwarzen
Tüllrüsche. Das war natürlich kleidsamer und hübscher, aber eigentlich
nicht üblich". Abtprimas de Hemptinne, zu dem seine Schwester die neue
Postulantin führte, hatte einen solchen Anblick offenbar nicht erwartet
und war verwundert, meinte aber auf „die Bemerkung… daß das noch
geändert werden könne…, es sei nicht nötig, daß man die Postulantinnen
total verschandele – Es solle nur so bleiben". Offenbar wollte man der
jungen Frau zu Beginn ihres neuen Lebensabschnitts übergangsweise noch
ein wenig weibliche Identität belassen.

Eine etwa einjährige Probe- und Einführungszeit stand der Klosteranwärterin bevor, in der sich in der klösterlichen Klausurgemeinschaft ihre Eignung zum Klosterleben erweisen sollte. Sie war zu dieser Zeit ihrer Erinnerung nach die einzige Postulantin in Maredret. Besondere Freude machte es v. Spiegel, – geprägt durch das Landleben auf dem väterlichen Gut –, in den Stallungen Kühe, Schweine und das einzige Pferd mitzuversorgen und in der klösterlichen Landwirtschaft bei der ‚geliebten Feldarbeit' zu helfen, Getreide, Rüben und Kartoffeln zu ernten sowie das Heu einzufahren: „Wir hatten in Maredret alle Felder in der Klausur und konnten somit alle an den Arbeiten in Wiese, Feld und Wald tätigen Anteil nehmen". Aber: „Die belgischen Klosterfrauen, lauter Stadtkinder, hatten ja keine Ahnung wie man mit Tieren umgeht" – und so vertrauten sie dem landadligen Neuzugang schon bald das Amt der Oekonomin an, was sie bis zum Ende ihrer Zeit in Maredret auch ausüben sollte.[93]

Einfachheit der Unterkunft und persönliche Besitzlosigkeit schienen die Neue offenbar nicht zu stören, jedoch überkam sie in der nächsten Zeit immer wieder das Heimweh, was zu inneren Kämpfen führte. Sie notierte in ihren Erinnerungen:

> „Damals überfiel mich plötzlich ein ganz verzweifeltes Heimweh, ein Gefühl so grenzenloser Verlassenheit, dass es mir ganz unbegreiflich schien wie ich das geliebte Daheim und alles woran mein Herz so…hing, hatte verlassen können".

Dem erfahrenen Abtprimas de Hemptinne war die seelische Zerrissenheit des Neuankömmlings vertraut, und er riet ihr, „es so zunächst zu machen, dass ich den lieben Heiland immer wieder um die Gnade bäte, mir Beharrlichkeit zu geben für die nächste Stunde oder, wenn mir dies noch zu lang scheine für die nächsten fünf Minuten. Und so werde dann ein Tag nach dem andern vergehen und ich werde plötzlich merken, dass ich gar kein Heimweh mehr habe, ja dass ich um keinen Preis mehr fort möchte. So ist es denn auch sehr bald gekommen und das Kloster ist mir zutiefst Heimat geworden, allerdings nicht ohne Kampf und viel inneres Weh".[94]

Inneren Zwiespalt und Heimweh hatte offenbar auch Landrat v. Spiegel bei seiner Tochter beobachtet. Eine Kur in Aachen verband er im Herbst des Jahres mit einem Besuch in Maredret. Das für den Empfang von Besuchern vorgesehene Sprechzimmer trennte ein bis zur Decke reichendes Eisengitter von dem für Fremde unzugänglichen Klausurbereich. So konnte er seine Zweitälteste nicht in die Arme schließen, lediglich durch das Sprechgitter sehen und sprechen, „aber die Freude des Wiedersehens ließ ihn auch das vergessen,…weil mein Aussehen so gut war", so die Darstellung der Tochter. Äußerlich schien sie wohlauf und zufrieden. Doch der Vater fühlte sich niedergedrückt über den Weggang seiner Tochter. Überdies hatte es Dissonanzen zwischen beiden gegeben – wie einem Brief des Vaters, geschrieben nach seiner Rückkehr in die Heimat zu entnehmen ist. Es wird nicht ganz klar, um was es sich im einzelnen handelt. Darin heißt es:

„Geliebtes Kind! Ich wollte dir immer schon schreiben, konnte aber den Entschluß nicht fassen…weil ich Dir nicht sagen mochte wie unglücklich ich war und noch bin, dass Du fort bist doch darin muß man sich ja schließlich finden. Dann lag die unglückliche Wiedersehensache mir auf dem Herzen. Ich mochte nicht selbst davon anfangen, um Deine Ruhe nicht zu stören". Seine Tochter hatte in einem Brief die ‚unglückliche Wiedersehensache' selbst zur Sprache gebracht und Raban v. Spiegel antwortet väterlich großherzig: „kann ich Dir nur sagen, dass ich Dir alles von Herzen verziehen habe und so die leidige Angelegenheit nunmehr endgültig begraben sein soll". Dann kommt der Vater zum Kern: Ihn treibt der Gedanke um, die Entscheidung für den Klosterberuf sei etwas voreilig getroffen worden. „Wenn das der Fall ist Herzenskind dann prüfe Dich doch nochmals recht ernstlich ob auch ein weltlicher Beruf" in Frage käme. Denn: „Es ist ja jetzt immer noch früh genug umzukehren".

Trennungsschmerz, Gewissensbisse, Heimweh und grundsätzliche Zweifel trieben beide Seiten offenbar um. Und so blieb es lange. Dass die Tochter ihr ganzes Leben im Kloster verbringen sollte, wird in den folgenden Jahren alles andere als gewiss sein.[95]

NOVIZIAT UND EWIGE PROFESS

Trotz aller Zweifel: Mit Abtprimas de Hemptinne war der Tag der Einkleidung und damit die Aufnahme in das Noviziat auf Samstag, den 9. Februar 1901 festgelegt. Es war der Tag vor dem Gedenktag der Hl. Scholastika, Schwester des Hl. Benedikts und Namensgeberin des Klosters Maredret, das im Spätsommer 1900 zur Abtei erhoben worden war. Vor der Einkleidung mit Tunika, Skapulier, Gürtel und weißem Novizinnenschleier war dem Kloster eine Mitgift, die sog. „dos" zu übergeben, welche nach benediktinischem Ordensrecht für alle Novizinnen eines Kloster in vorgeschriebener Höhe zu entrichten war. Während des Noviziats wurde die dos vom Kloster lediglich als Deposit aufbewahrt und durfte nur mit Einverständnis der Novizin angelegt werden, um aus der Rendite Kosten für Unterhalt und Kleidung zu begleichen. Zwischen der Profess und dem Tod blieb die dos im Eigentum der Klosterfrau, Besitz und Nießbrauch lagen jedoch beim Kloster. Erst nach dem Tod der Nonne ging die dos nach dem Ordensrecht in das Eigentum des Klosters über.[96]

Zur Einkleidung der anstehenden Novizin wird der Vater die erforderliche Mitgift seiner Tochter gewiss erbracht haben. Ein Großteil der Familie mit Ausnahme der kränkelnden jüngeren Schwester Carola und des Bruders Raban war angereist und bei der Zeremonie zugegen. Mitgebracht hatte die Familie traditionsbewusst „das silberne Becken und die Kanne…, die bei meiner Taufe gedient hatten. Sie wurden bei der Einkleidung zur Händewaschung des Prälaten nach dem Haarschneiden benützt, ein Detail, das Vater Abt Primas sehr erfreute" – so der autobiographische Rückblick. Spätestens zu diesem Augenblick musste sich die angehende Novizin von ihrem langen Haar trennen – ein wahrscheinlich ungewohnten Anblick für sie, der den anderen unter dem Schleier verborgen blieb. Am Rande besprach der Vater mit seiner Tochter Familienangelegenheiten, „teilte mir seine Freuden und Sorgen mit, zunächst die in Frage stehende Verlobung" der 25-jährigen Schwester Carola, über die er meine Ansicht hören wollte, die zu seiner Beruhigung bejahend lautete".

Schwer auf dem Herzen lag ihm, „nochmals eindringlichst" zu fragen, „ob ich wirklich bleiben wolle und nicht lieber wieder heimkehren?". Trotz weit geöffneter Tür hielt die Tochter auch diesmal an ihrer Entscheidung fest. Von ihrem Vater geführt trat sie am 9. Februar 1901 „in der damals noch üblichen, dramatischen Form mit Brautkleid und großer Aufmachung" an den Altar in der Hauskapelle des Kloster. Denn die große Klosterkirche war noch im Bau und sollte erst 1907 eingeweiht werden. Mit der Einkleidung in die Ordenstracht, die als „Zeremonienmeister" – wie es in v. Spiegels Erinnerungen heißt – der gelehrte Mönch und ihr späterer Lehrer Dom Germain Morin vornahm, begann das einjährige Noviziat. Die 27-jährige Baroness Spiegel von und zu Peckelsheim erhielt ab diesem Zeitpunkt den Ordensnamen Benedicta. Aus Elisabeth wurde Bénédicte.[97]

Ihr 22-jähriger Bruder Raban, der nach dem Abitur als Fahnenjunker beim 11. Kurhessischen Jäger-Bataillon in Marburg diente, schrieb an seine Schwester einen anhänglich melancholischen Brief:[98]

„Endlich ist der von Dir so heiß ersehnte Tag hervorgekommen. Wie leid es mir thut, dass ich nicht kommen kann, um Dich noch zum letzten Mal zu sehen, bevor Du den Schleier bekommst, kann ich Dir nicht sagen. Meine Gedanken werden morgen den ganzen Tag bei Dir sein. Denn jetzt wo der entscheidende Augenblick gekommen, wird es mir erst zum vollen Bewußtsein, dass Du für immer aus unserer Mitte scheidest. Wie schön war es, als Du noch in Helmern warst, und wir so manches Plauderstündchen zusammen halten konnten. Doch tröstet mich der Gedanke, dass Du wirklich glücklich bist (…) Wenn Du auch noch so weit von mir entfernt bist, werde ich Dich…nie vergessen und mich stets, wenn ich irgend etwas auf dem Herzen habe, an Dich wenden. Wie schwer es Dir wird, Dich für immer von uns zu trennen wissen wir ja alle… Doch nun bitte ich Dich noch, morgen an dem schönen Tage auch für mich etwas zu beten (…) Dein treuer Bruder Raban".

Ein Jahr später – diesmal am 10. Februar 1902, dem Gedenktag der Hl. Scholastika – fand die das Noviziat beendende ewige Profess statt. Mit Ordensgelübde und feierlichem Gottesdienst band sich Mère Bénédicte auf Lebenszeit an die Klostergemeinschaft. Knapp 2 Monate danach – mit Dekret vom 3.5.1902 – wurde für die Frauenklöster zunächst eine 3-jährige einfache (Probe)Profess eingeführt, die für v. Spiegel noch nicht zur Anwendung kommen konnte. Entsprechend der Benediktsregel legte sie vor Abtprimas Hildebrand de Hemptinne ein dreifaches Gelübde ab: das des Gehorsams (Oboedientia), der klösterlichen Ortsgebundenheit (Stabilitas loci) und des klösterlichen Lebenswandels – Armut und ehelose Keuschheit miteingeschlossen (Conversatio morum suorum). Es bedeutete eine weitreichende Lebenszäsur mit kirchenrechtlichen Konsequenzen für die Erwerbs- und Besitzfähigkeit sowie Eheverbot.[99] Ein geflochtener Kranz als Zeichen der Verbundenheit mit Gott getragen bei der Profess und den Professjubiläen, ein schwarzer Schleier, der den weißen Novizinnenschleier ersetzte – mit diesen Attributen versehen sollte Mère Bénédicte ab jetzt ganz im Dienste ihres Ordens stehen.

Am Tag nach der Profess, als alle Familienangehörigen wieder abgereist waren, ließ Hildebrand de Hemptinne die neue Klosterfrau zu sich rufen. Diese wird erwartungsfroh in Hinblick auf die verabredete Klosterzukunft im italienischen Plumbariola das Sprechzimmer betreten haben. „Auf sein Geheiß und mit Vorwissen der Äbtissin von Maredret hatte ich meine Profeß mit dem inneren Vorbehalt abgelegt, daß ich nicht in meinem Profeßkloster bleibe, sondern nach Italien gehen werde". Der Abtprimas eröffnete ihr nun, dass sich die Pläne vorerst zerschlagen hätten. Er hatte Raban v. Spiegel am Vortag von dem „italienischen" Plan in Kenntnis gesetzt, der sich „darüber sehr erregt habe" und ihm das Versprechen abrang, zu seinen Lebzeiten von diesem Plan abzusehen. Der Vater hatte offenbar seinerseits Vorgespräche geführt, um Wege für einen Klosterwechsel der Tochter ins heimatliche Deutschland zu finden. Dabei war ihm der Stifter der ebenfalls zur Beuroner Kongregation gehörenden sich zu dieser Zeit im Aufbau befindenden Abtei St. Hildegard bei Eibingen, Karl Heinrich

Fürst Löwenstein, mit dem Vorschlag entgegen gekommen, „daß ich nämlich nach Eibingen geschickt werden möge". Eine Idee, die den väterlichen Vorstellungen sehr willkommen schien, „weil das in Deutschland gelegen und für ihn viel leichter erreichbar sei". Die junge Klosterfrau wäre auch nicht fremd gewesen, standen die Eltern mit den Löwensteins seit langem in persönlicher Verbindung. Die im französischen Kloster St. Cécile in Solesmes ausgebildete älteste Tochter des Fürsten Löwenstein: Benedicta (1861–1896) war als erste Äbtissin für Eibingen vorgesehen gewesen, verstarb jedoch mit 35 Jahren ‚unerwartet', sodass sich dieser Plan nicht umsetzen ließ.[100]

Vielleicht hatte der Fürst mit dem Gedanken gespielt, für die Tochter seines Standesgenossen, die den gleichen Professnamen trug wie seine eigene verstorbene Tochter, eine Aufgabe in der Aufbauphase seines gestifteten Klosters vorzusehen? 1902 befand sich Eibingen noch im Bau, sodass die Idee nicht ganz von der Hand zu weisen ist. Ab 1904 besiedelten 12 Nonnen aus der Abtei St. Gabriel in Prag die Gebäude mit ihrer Gründungspriorin Regintrudis Sauter. Die liturgische Weihe (Konsekration) der durch die Beuroner Kunstschule gestalteten Kirche erfolgte am 7. September 1908. De Hemptinne hatte den Vorschlag einer möglichen Übersiedlung nach Deutschland „unentschieden gelassen, um mir selbst diese Frage vorzulegen" Nach ihren Erinnerungen erklärte v. Spiegel, dass sie „persönlich aber durchaus nicht den Wunsch habe, mein Profeßkloster zu verlassen, worüber der Primas sehr erfreut war". Gründe der damals 28-Jährigen, in Maredret zu bleiben, wurden nicht genannt.[101] Sie konnte nicht ahnen, dass sie ihr Weg doch noch nach Eibingen führen würde.

Ihren Vater hat Mère Bénédicte nach ihrer Profess nicht wieder gesehen. Er starb vier Jahre später, gicht- und rheumakrank auf dem Familiengut in Helmern. Da war von einer Führungsaufgabe in Italien schon lange keine Rede mehr. Es gibt kein Selbstzeugnis darüber, wie groß die Enttäuschung über diese ihre hoffnungsvollen Lebenspläne zunichte machende Wendung war. Wie schwer die kommenden fast 2 Jahrzehnte werden würden, darüber liegen bisher unveröffentlichte Zeugnisse vor. Viele Jahre weiter wird Benedicta v. Spiegel auf ihre klösterlichen Anfangsjahre zurückblicken:[102]

> „An meiner Berufung habe ich, Gott sei's gedankt, gar nie gezweifelt, aber dass alles immer so ganz glatt gegangen wäre, möchte ich auch nicht behaupten. Meine impulsive Natur hat mir manchen Streich gespielt, mein Temperament ist oft, sehr oft mit dem besseren Ich davongegangen".

Besonders die Pflicht zu unbedingtem, im Glauben an Gott veranker-
tem Gehorsam gegenüber der Klosterleitung, allen voran der Äbtissin,
und die strenge Klausur stellten für die selbstbewusste Klosterfrau eine
besondere Herausforderung dar. Ihr Professbildchen von 1902 zeigte sin-
nigerweise Jesus das schwere Holzkreuz tragend – gestaltet durch die Beuroner Kunstschule. Ob sie ahnte, wie schwer die folgenden Jahre werden
würden?

KLOSTERALLTAG FÜR MÈRE BÉNÉDICTE

Seit ihrem Eintritt in Maredret lebte v. Spiegel zunächst als Postulantin,
dann als Novizin und nach der Profess als Konventsmitglied orientiert an
der benediktinischen Mönchsregel „Bete und arbeite" (Ora et Labora) in
der Klostergemeinschaft. Im Mittelpunkt standen Gottesdienste und die
den Tagesablauf strukturierenden Gebete. Der benediktinische Klosteralltag ist bis heute gleichförmig geordnet. Auch in Maredret begann der Tag
mit den Vigilien; es folgte die Laudes in den frühen Morgenstunden. Dem
Gebet der ersten Tagesstunde (Prim gegen 6.00 Uhr) schloss sich nach
der Versammlung im Kapitelsaal, Morgenmesse und Arbeit gegen 9.00
das Gebet der dritten Tagesstunde (Terz) an. Nach weiterer Arbeitszeit
beteten die Nonnen zur sechsten Tagesstunde (Sext). Gemeinsam und
schweigsam wurde das Mittagessen – in Maredret Anfang des 20. Jahrhunderts an Vierertischen im Refektorium – eingenommen mit Tischlesung
und anschließender Erholungszeit. Das Gebet der neunten Tagesstunde
(Non) läutete eine weitere Arbeitsphase des Konvents ein und endete in
der Abendandacht (Vesper) und folgendem Abendessen. Dem Tages-
schlussgebet (Komplet) folgte die Nachtruhe. Großer Wert wurde auf die
tägliche Lesung (lectio) und die meditierende Betrachtung gelegt, die der
inneren Sammlung dienen sollten. Diese vertieften zudem die in Abstän-
den stattfindenden meist 8 Tage andauernden Exerzitien mit täglich 2 bis
3 Vorträgen sog. „Konferenzen", die ein Exerzitienmeister, vornehmlich
ein Benediktinerpater abhielt. Zwischen den Gebetszeiten ordneten sich
geistige und kulturelle Arbeit sowie die ökonomisch erforderlichen Tätigkeiten des klösterlichen Wirtschaftsbetriebs, an den in der Regel eine größere Landwirtschaft, Handwerksstätten und/oder Schulen angeschlossen
waren.

Der hier grob schematisierte Tagesrhythmus konnte sich von Kloster
zu Kloster z.B. in den genauen Gebetsstrukturen und -zeiten unterschei-
den. „Diesem unveränderlichen Rahmen fügt sich ein Leben der Arbeit

ein; denn das Gebet trägt die Arbeit, trennt und verbindet ihre Zeiten, macht sie übernatürlich und erhebt sie zu einem wahren Opfer".[103]

So lebte Mère Bénédicte in Maredret in strenger Klausur. Der sakrale Klosterbereich war von der profanen Welt getrennt. Verlassen durfte sie die Klausur nur im Auftrag und mit Genehmigung der Äbtissin.[104] Verwandtenbesuche oder Reisen zu Familienfeiern, Taufen oder Beerdigungen nächster Angehöriger und Freunde waren alles andere als selbstverständlich. In den 14 Jahren, die sie in Maredret bis zum Ausbruch des 1. Weltkrieges verbringen sollte, hat v. Spiegel weder an der Beerdigung ihres Vaters (1906), den Hochzeiten ihrer Geschwister Carola (1902), Theresie und Joseph (beide 1908) sowie der Doppelhochzeit ihrer Schwestern Maria und Ida (1909) noch der Bestattung ihres Schwagers Aloys von Amelunxen (1910) und ihrer sie nach Italien begleitenden Großmutter (1912) und auch nicht an der Hochzeit ihres Lieblingsbruders Adolf (1914) persönlich teilnehmen können. Ihre in dieser Zeit geborenen Nichten und Neffen hat sie weder gesehen noch kennengelernt.

Mit der Klausur korrespondierte die Stabilität, womit die lebenslange Bindung an das Professkloster gemeint ist.[105] Abtprimas de Hemptinne legte diesen Grundsatz jedoch weiter aus – orientiert an den Erfordernissen von Klosterneugründungen, wissenschaftlichen Studien etc. Für Mère Bénédicte war zu diesem Zeitpunkt – wie dargestellt – nach der Profess nun keine Übersiedlung nach Italien mehr vorgesehen. Regelmäßige Kontakte zur Außenwelt, zu Verwandten und Freunden konnten über Briefwechsel aufrechterhalten werden, wobei eine Briefzensur existierte. Briefe an die Klosterfrauen konnten von der Äbtissin geöffnet und gelesen werden, Briefe von den Nonnen wurden unverschlossen über die Äbtissin nach außen geleitet.[106] Zugleich waren die Klöster der Beuroner Kongregation gastfreundliche Orte. Die unterschiedlichsten Gästen wurden empfingen und aufgenommen – entsprechend der künstlerischen monastischen Ausrichtung vor allem aus den Bereichen Kunst und Wissenschaft. Würdenträgern aus den unterschiedlichsten gesellschaftlichen Bereichen, Wallfahrern, Bedürftigen, Schutzsuchenden und Verwandten standen die Klosterpforten offen – reglementiert nach minutiösen Umgangs- und Zugangsrechten. Informationen über das Geschehen in der Welt gelangten über Zeitungen in den Klausurbereich.

Im Mittelpunkt der Beuroner Klöster stand der liturgische Gottesdienst mit dem gemeinsamen Chorgebet. Anders als im persönlichen Gebet wurden mit dem Konventamt Gemeinschaft und Zusammengehörigkeit statt subjektiver Individualismus angestrebt. Der Gemeinschaftscharakter sollte die Einheit der Kirche, des Glaubens und der Gläubigen stärken und auch ein Gegengewicht zu den sozialen Differenzierungen und Verwerfungen der Industrialisierung ab der Mitte des 19. Jahrhundert sein. Die familiäre Harmonie anstrebende Klostergemeinschaft versinnbildlicht in der Liturgie bis heute der gregorianische Choral in seiner Einstimmigkeit. Die Wiederbelebung des im 7./8. Jahrhundert entstandenen gregorianischen Gesangs wurde prägend für die Beuroner Benediktiner und ihr großes Vorbild Solesmes und fand ihren Niederschlag in der Breitenwirkung der liturgischen Bewegung.[107]

Doch gab es über die Auslegung von Tätigkeiten, die nicht mit dem Chordienst verknüpft waren, wie Chorgesang oder künstlerische Gestaltung des liturgischen Ortes und der Messgegenstände Diskussionen in der Kongregation. Eine Position, der letztlich die Mehrheit folgte, betonte, dass neben die Liturgie andere nicht ursächlich mit dieser in Verbindung stehende Tätigkeiten gleichberechtigt Raum im Kloster finden sollten entsprechend dem benediktinischen Leitsatz „Ora et Labora". Maßgeblich formuliert wurde diese lockernd mäßigende, zwischen Vita activa und Vita contemplativa abwägende Auffassung von dem in Maredsous lebenden Mönch Germain Morin, der formulierte: „Nirgends aber steht geschrieben, diese Lesungen und diese Arbeit müßten eine unmittelbare Beziehung zum Offizium haben. (…) es läßt Raum genug für alle Arten von Tätigkeit, auch für solche, die mit ihm in keinem ursächlichen oder unmittelbaren Zusammenhang stehen".[108] Mit dieser Auffassung lief er bei Mère Bénédicte offene Türen ein. Und so wurde Morin zu einem ihrer wichtigsten impulsgebenden Lehrer. Dazu gleich mehr.

Die Klostergemeinschaft war streng hierarchisch organisiert. Der an der Spitze stehenden, in der Beuroner Kongregation vom Konvent auf Lebenszeit gewählten Äbtissin war unbedingter Gehorsam zu leisten. Sie wurde als „Mutter", und damit als Vertreterin der göttlichen Autorität angesehen. Die Erwartung, sich den monastischen Ordensregeln unterzuordnen, dem eigenen Willen, individuellen Bedürfnissen und Entwicklungsperspektiven keine vorrangige Geltung mehr zu geben, ging einher mit einer Vielzahl innerer Konflikte, die auch die Klostergemeinschaft belasten konnten. Nicht zufällig liest man immer wieder vom besonderen Wert einer intakten Klostergemeinschaft – sicherlich eine herausragende Führungsaufgabe der Klosteroberen. In diesem Zusammenhang sind auch die Ratschläge zu verstehen, die Mère Bénédicte von ihrem Exerzitienmeister Marmion erhielt und auf deren Befolgung er insistierte. Auf sie wird weiter unten einzugehen sein.

LEHRZEIT UND LEHRMEISTER:
GERMAIN MORIN UND COLUMBA MARMION

Nach der Profess begann ein jahrelanges intensives Studium des Lebens, der Schriften und der Lehren der Kirchenväter, die Mère Bénédicte ihrer Lebenserinnerungen zufolge „in ihrer besinnlichen Art, ihrer bilderreichen Sprache, ihrer Innigkeit, ihrer Heilandsliebe" besonders anzogen. So vertiefte sie sich in die Schriften von Leo dem Großen und St. Gregor, des hl. Augustinus und Hieronymus, von Vincenz von Lerins, Fulgentius, Radbert, Rupert von Deutz. Ebenso schätzte sie die griechischen Kirchenväter wie Origines und Gregor von Nazianz; und weiter die Lehren der Hl. Gertrud und Theresia. „Angeregt und gefördert durch viele Hinweise und hochinteressante Konferenzen eines seltenen Kenners der Patrologie": Dom Germain Morin – blickte v. Spiegel zurück.[109] Sie schätzte ihn zeitlebens hoch, und man geht nicht fehl in der Annahme, dass die Sympathie nicht nur seiner Intellektualität, sondern seiner ganzen Persönlichkeit galt.

Nachfolgend ein Blick auf Morins Lebensweg: 1861 in der Normandie geboren, studierte er am Priesterseminar in Bayeux. In einer autobiographischen Skizze hielt der Benediktiner fest: „Ein genialer Lehrer führte mich innerhalb eines Jahres in alle Hauptwerke der klassischen und christlichen, der antiken und modernen, der griechischen, der lateinischen, der französischen, der italienischen, englischen, deutschen, spanischen Literaturen ein, wie es nichts Vergleichbares in keiner anderen Universität der Welt" gab. Nach Ablegung der Profess in Maredsous 1882 und der Priesterweihe 1886 widmete sich Morin v.a. der Werkerforschung unbekannter Kirchenväter und alter Kirchengeschichte, die ihn in alle bedeutenden Bibliotheken Europas führen sollte. Seinen außergewöhnlichen Kenntnisreichtum hatte er sich weitgehend autodiktatisch angeeignet[110]. Darin war ihm seine Schülerin Mère Bénédicte, die weder eine Schule noch eine Universität besucht hatte oder eine abgeschlossene Berufsausbildung vorweisen konnte, ähnlich. 1907 durfte Morin mit Erlaubnis des Abtes für Forschungszwecke Maredsous verlassen. Er lebte die nächsten Jahre in der Abtei St. Bonifaz in München. Ausgezeichnet mit 4 Ehrendoktorwürden (Oxford 1905, Budapest 1915, Zürich 1919, Freiburg/Br. 1926) war der gelehrte Benediktiner u.a. Mitglied der Royal Society of London sowie der Bayerischen Akademie der Wissenschaften. Im Jahre 1932 erinnerte er sich in einem Lebensrückblick: „Mir ist bewußt, ohne je einen Lehrstuhl innegehabt zu haben, vielen jungen Menschen…ein Vorbild und ein Moderator gewesen zu sein. Immer hatte ich Freude, ihnen mit meinem Rat und meinem Ansporn zu helfen, ihnen sogar gelegentlich meine Forschungsergebnisse zur Verfügung zu stellen".[111]

Mère Bénédicte war nicht nur eine wissbegierige, begeisterungsfähige und gelehrige Schülerin. Morin teilte mit der sprachgewandten Klosterfrau auch schon früh Erkenntnisse, die er 1912 zu der Schrift „L´Idéal monastique" zusammenfasste. Diese Aufzeichnungen von früheren Konferenzen des Gelehrten zählten später zu den „erfolgreichsten und weit verbreitetsten Werken der Beuroner Kongregation" und wurden in mehrere Sprachen übersetzt.[112] Darin betonte Morin vor allem die Wichtigkeit mönchischer Tätigkeiten neben der geistlichen Kontemplation. Mère Bénédicte wird das Buch ihres Lehrers später nicht nur ins Deutsche übersetzen und publizieren, was zu einigen Irritationen in Maredsous in der Kriegszeit führen wird. Vielmehr teilte sie seine libertären Ansichten über das monastische Leben und setzte sie als Äbtissin von St. Walburg auch in die Tat. Dazu später mehr. Sein Weggang aus Maredsous im Jahre 1907 wird daher für sie schmerzlich gewesen sein.

Ein weiterer vor allem ihre Spiritualität prägender Lehrer war der aus Irland stammende Benediktiner Columba Marmion. Nach dem Studium der Theologie, der Priesterweihe 1881 und einigen Jahren Lehrtätigkeit war er als Novize 1886 in Maredsous eingetreten, wo er 5 Jahre später seine Profess ablegte. Die Neigung zur liturgischen Bewegung und ihrer Spiritualität hatte ihn dorthin geführt. Zur Zeit der Profess Mère Bénédictes war Marmion Prior und Dogmatikdozent im Benediktinerkloster Mont-César in Löwen. Zugleich war er „Außerordentlicher Beichtvater" der Benediktinerinnen von Maredret, was ihn dazu verpflichtete, viermal im Jahr in der Abtei eine geistliche Konferenz abzuhalten und den Klosterfrauen die Beichte abzunehmen. Unabhängig von dieser Verpflichtung verband Marmion viel mit der Abtei, was sich in regen Briefwechseln mit Äbtissin Cécile de Hemptinne und anderen Klosterfrauen zeigte. Marmion muss eine charismatische Persönlichkeit mit empathischem seelsorgerischem Gespür gewesen sein.[113] Seine Ausstrahlung und geistliche Inspiration prägten Mère Bénédicte seit ihrem Noviziat.

Marmion machte sie nicht nur mit dem Werk des Jahrzehnte später ihr Handeln maßgeblich beeinflussenden Thomas von Aquin grundlegend vertraut, sondern auch mit der Mystik der Hl. Gertrud von Helfta und der Hl. Teresa von Ávila. Sie charakterisierte Marmion in ihren Lebenserinnerungen:

„Unser beliebtester und häufigster Exerzitienmeister aber war Dom Columba Marmion…, dessen Vorträge immer originell wie er selbst, gehaltvoll und praktisch waren. Seine tiefe Lehrweisheit und innige Frömmigkeit sind bekannt aus seinen Büchern; eine andere Seite des Charakters dieses bedeutenden Gottesmannes, der gemütvolle Humor aber, kommt darin nicht zum Ausdruck. Er verstand es ausgezeichnet, den trockenen Lehrgehalt durch praktische Vergleiche verständlich zu machen. Die köstlichen Geschichten aber, mit denen er seine Vorträge würzte, verlieren bei der Wiedergabe ihren Reiz weil die originelle persönliche Note, das lebhafte Mienenspiel des Erzählers, der trockene Humor seiner Ausdrucksweise fehlen".

Marmions Konferenzen für Ordensfrauen und Ordensmänner wurden späterhin in drei Werken, die überaus populär waren, veröffentlicht: Das Fehlen der „originellen persönlichen Note" bei der Lektüre, wie Mère Bénédicte anmerkt, hatten auch andere Leser der Werke registriert.[114] Die Trilogie erschien auch in deutscher Sprache in hohen Auflagen: Christus, das Leben der Seele (1926), Christus unser Ideal (1929) und Christus in seinen Geheimnissen (1931), verlegt im Schöningh Verlag Paderborn und aus dem Französischen übersetzt von Benedicta von Spiegel.

Columba Marmion wurde im Jahre 2000 von Papst Johannes Paul II. (1920-2005) selig gesprochen.

ZWEIFEL UND ZWIESPALT

Die ersten Jahre nach ihrer Profess widmete sich Mère Bénédicte wie geschildert einem intensiven Studium. Für viele Besucher waren die benachbarten Abteien Maredsous und Maredret geistiger Anziehungspunkt und Gäste willkommen, die auch durch die internationale Vernetzung des angesehenen benediktinischen Abtprimas de Hemptinne ihren Weg in die Ardennen fanden. So machte Mère Bénédicte Bekanntschaft mit dem belgischen Nuntius und späteren Kurienkardinal Granito di Belmonte (1851–1948), mit dem sie sich auf italienisch unterhielt und der auf einer Konferenz in Maredret ihrer Erinnerung nach sagte, „es gehöre durchaus nicht zur Vollkommenheit, dass man auf alles Schöne verzichte". Mit dem dänischen Schriftsteller Johannes Jörgensen (1866–1956) las sie gemeinsam mystische Texte und freundete sich mit ihm an. De Hemptinne stellte sie – wie sie in ihren Erinnerungen festhielt – dem englischen Gelehrten und späteren Abt von Downside Abbey John Chapman (1865–1933) vor, mit dem sie sich bei seinen Besuchen austauschte.[115] Man gewinnt aus ihren autobiographischen Aufzeichnungen den Eindruck, dass Hildebrand de Hemptinne sie nach Kräften förderte und in ihren Begabungen unterstützte. Einräumen muss man allerdings, dass sich der Abtprimas aufgrund seiner Amtsaufgaben und Residenzpflicht regelmäßig mehr als ein halbes Jahr in Rom aufhielt und nicht in Maredsous vor Ort war.

Neben all der geistigen Studien, dem Erlernen der lateinischen und altgriechischen Sprache ging Mère Bénédicte auch praktischen Tätigkeiten nach. Sie war für die Land- und Viehwirtschaft sowie die klostereigene Gärtnerei zuständig, Aufgaben, die ihr durch das elterliche Gut vertraut waren. Sie schreibt in ihren Erinnerungen: „Ich wurde denn auch bald zur Oekonomin ernannt und habe dieses Amt all die Zeit meines Dortseins auch neben allerlei anderem versehen und manche Nacht im Stall zugebracht".[116] Das Leben im Kloster war aber nicht so harmonisch, gradlinig, konfliktarm, fromm und gelehrig, wie es die Lebenserinnerungen ein Stück weit suggerieren wollen. Vor allem innere Kämpfe durchlitt v. Spiegel offenbar von Anfang ihrer Klosterzeit an. 10 Monate nach der Einkleidung 1901 und noch vor der ewigen Profess legt folgender Brief des außerordentlichen Beichtvaters von Maredret, Columba Marmion, eindrückliches Zeugnis über die persönlichen Probleme seines damals 27 Jahre alten Schützlings ab:[117]

„Meine liebe Tochter…, da unser Herr Sie mit Vertrauen zu meinen Worten beseelt hat und da Sie versprochen haben, dem Weg zu folgen, den ich Ihnen zeigen werde, sind hier ein paar Anweisungen, die Ihnen in diesen schwierigen Zeiten nützlich sein werden:
1) Sicher ist, dass diese Prüfung, die für die Natur so hart ist, von der unermesslichen Liebe kommt, in der Sie unser Herr trägt. (…)
2) Sie müssen Ihren Willen und Ihr Tun dem Willen Gottes…anpassen. Er will in Ihnen diese vollkommene und universelle Unterordnung hervorbringen, und die Prüfung wird so lange anhalten, bis diese Unterordnung völlig uneingeschränkt ist (…), indem Sie sich in allem demütigen und sich allen unterordnen.
3) In der Versuchung sollen Sie nicht nachdenken, keine Panik zulassen, das Unbehagen des Zweifelns hinnehmen und weiter tun als ob nichts wäre.
4) Geben Sie sich ohne Einschränkung dem hin, der Weisheit, Liebe, Macht ist. Dieses ist das letzte Wort der Liebe…".

Die inneren Kämpfe waren Lebensbegleiter, die immer wieder aufbrachen. So muss es auch im Frühjahr 1906 gewesen sein, als sich Marmion – damals noch Prior in Löwen – an den Abt von Maredsous de Hemptinne wandte und ihm am 26. Februar 1906 schrieb:[118]

„Letzte Woche war ich in Maredret und Frau Äbtissin hat mich gebeten, meine Eindrücke von Frau Benedicta zu schreiben…als ich mich dort befand, war sie in einem Zustand großen Leidens, sie zitterte vor Angst, ihr Gesicht war verzerrt, offensichtlich hatte sie ein großes psychisches Leiden zu ertragen. Ich denke, dass die Hysterie in großem Maße die Ursache ihrer Pein ist. Jedoch bin ich mir noch nicht ganz sicher, ob nicht auch außernatürliche (?) Ursachen am Werke sind. Der Hl. Alphonse de Liguori rät Beichtvätern in solchen Fällen auf Exorzismus zurückzugreifen. Vor kurzem habe ich in einem ähnlichen Fall praktiziert, nur ein wenig, aber mit sehr großem Erfolg. Während der Exorzismen gab es keine außerordentlichen Erscheinungen; seitdem ist der Zustand der Patientin praktisch normal und blieb so über Jahre. Sie hatte zwei Jahre davor unter der gleichen Qual wie Frau Benedicta gelitten…Obwohl ich angefragt wurde, in Maredret…Exorzismen zu praktizieren, habe ich es abgelehnt, denn in dieser Situation liegt es bei Ihnen, nicht bei mir; jedoch würde ich vorschlagen, einen Versuch zu machen…".

Der Begriff der Hysterie, mit dem Marmion die Ursache des Leidens der nun 32-jährigen Nonne zu fassen suchte, meinte im medizinischen Verständnis des 19. und beginnenden 20. Jahrhunderts ein sehr unspezifisches Nervenleiden, das nur Frauen befiel. Einen Exorzismus als therapeutische Maßnahme in Erwägung zu ziehen, deutet darauf hin, dass Marmion die Krankheit mit Gott in Verbindung brachte und als Prüfung oder gar als Bestrafung verstand. Es ist nicht zu belegen, ob Mère Bénédicte dem empfohlenen Exorzismus unterzogen wurde. Ihr „Leiden", das redlicherweise nicht per Ferndiagnose präzisiert werden kann, begleitete sie auch die weiteren Jahre in der Klosterklausur, und die einmal gefundene Diagnose: „hysterisch zu sein" wird v. Spiegel noch lange Jahre anhängen.[119]

In den Archivalien aus der Zeit in Maredret findet sich ein graphologisches Gutachten, welches leider nicht datiert ist. Seitdem der französische durch antiklerikale Werke bekanntgewordene Schriftsteller Jean Hippolyte Michon (1806–1881) mit seinem 1875 veröffentlichten „System der Graphologie" die Erschließung menschlicher Persönlichkeit über Schriftproben populär gemacht hatte, wurde die Schriftprobenanalyse zusehends beliebter. Wahrscheinlich analysierte ein deutscher Graphologe eine französische Schriftprobe von Spiegels. Es heißt in der sog. „Kritik":[120]

„Dafür stehen, dass die Beurtheilung beigefügter Handschrift richtig ist, kann ich nicht, da ich es eigentlich nur mit deutschen Buchstaben verstehe, aber mir scheint: große Festigkeit in der Schrift ausgesprochen, sie kommt jedoch nur sehr selten zum Ausdruck… Es ist kein enger geistiger Horizont, aber trotzdem dort sind einzelne…Ansichten da, die nicht in Harmonie mit der übrigen Ausbildung stehen. Große Festigkeit des Charakters, fast Pedanterie, aber dabei nicht nur Gutmütigkeit, sondern das Herz behält gewöhnlich die Oberherrschaft über den Verstand".

Das Jahr 1906 brachte für Mère Bénédicte einen herben Schicksals-schlag: den Tod des ihr eng verbundenen Vaters. 27 Jahre hatte der tief-gläubige Katholik den ostwestfälischen Landkreis offenbar loyal geleitet, „stand stets fest und treu zu Thron und Altar" – wie es in einem Nachruf heißt. Der gicht- und rheumakranke, mutmaßlich auch an den in der Fami-lie von Spiegel vermehrt vorkommenden Krankheiten Bluthochdruck und Herzschwäche leidende Kgl. Preußische Warburger Landrat Raban Frei-herr von Spiegel starb am 10. Mai mit 65 Jahren „nach langem, qualvol-len, aber mit heroischer Geduld ertragenen Leiden". Auf seinen Grabstein auf dem kleinen Familienfriedhof in Fölsen nahe dem Rittergut Helmern waren die Worte gemeiselt „Geduld vollendet das Werk".[121] An der Bei-setzung konnte die im fernen Belgien trauernde Tochter nicht teilnehmen. Verwandte schickten ihr einen ausführlichen Bericht über das letzte Geleit, das demnach sehr viele Menschen begleitet hatten. Der Verlust des Vaters wird für sie sehr schmerzvoll gewesen sein, war er doch seit dem frühen Tod der Mutter ihre wichtigste Bezugsperson gewesen. Das Elternhaus in Helmern mit seinen Gütern erbte der jüngere Bruder Joseph. Er hatte seinen Vater in der Zeit der Krankheit und nach seinem Tod kurzzeitig von März bis Juni 1906 als Landrat vertreten. Dieses Amt wird er unter den Nationalsozialisten 10 Jahre lang erneut leiten, worauf zurückzukommen ist.[122] Drei Monate nach dem Tod des Vaters wurde Mère Bénédicte zum ersten Mal Tante.[123]

Der Bau der Klosterkirche von Maredret stand zu dieser Zeit kurz vor der Fertigstellung: „Das Gotteshaus sollte die Form eines lateinischen Kreuzes erhalten, jedoch wurde der rechte Arm für die Gläubigen ver-längert. Das einzige Schiff, von hohen Spitzbogen überragt, war für den Chor der Nonnen bestimmt. Der blaue Kalkstein der Pfeiler, der Tür- und Fenstereinfassung hob sich wirkungsvoll ab von dem gelblichen Sandstein der Mauern, den Backsteinen und der Naturfarbe des Gebälkes".[124]

Am 1. Oktober 1907 wurde die große neugotische Kirche – Herz der liturgischen Gottesverehrung – durch den Bischof von Namur Thomas L. Heylen (1856–1941) mit einer Vielzahl von Gästen, darunter auch der schwerkranke erste Abt von Maredsous, Placidus Wolter (1828–1908) fei-erlich eingeweiht. Die Abtei gestaltete das überaus wichtige Ereignis in ihrer Geschichte mit großem feierlichen Aufwand. Schließlich kam eine jahrelange Bauzeit zum Abschluss mit großzügigen Spenden wohlhaben-der Stifter – u.a. hatte Theodor Freiherr von Cramer-Klett (1874–1938), Sohn des Begründers der Münchener Rückversicherungs-Gesellschaft, farbige Kirchenfenster geschenkt. Er wird später noch öfter als Wohltäter der Benediktiner begegnen. Mère Bénédicte erinnerte sich enthusiastisch:

„Wir hielten Nachtwache vor den heiligen Reliquien und als diese später in feierlicher Prozession durch unseren Garten und um die Kirche getragen wurden,
durften wir – ein ganz seltenes Ereignis! – sogar die Klausur verlassen, um den
Triumphzug zu begleiten. (…) Bischöfe und Äbte in großer Zahl, sogar mehrere Äbtissinnen, Klerus, Klosterfrauen und viel Volk nahmen Teil daran (…) Es
war wirklich ein Fest im Vorhof des Himmels".

Später wird Mère Bénédicte in dem „hallenweiten, gut akustischen
Chor das Gotteslob singen", sich und andere an ihrer in der Jugend durch
privaten Gesangunterricht gut ausgebildeten Stimme erfreuen. Columba
Marmion soll ihren Erinnerungen nach davon gesprochen habe, dass ihr
„das Herz in die Kehle gelegt" sei.[125]

1907 verließ ihr langjähriger wichtiger Lehrer Germain Morin mit Er-
laubnis seines Abtes Maredsous, um seine patristischen Forschungen von
München aus zu betreiben. Eine 40 Jahre dauernde Odyssee begann für den
Benediktiner, an der seine Schülerin unterstützend Anteil nehmen sollte.[126]

Das Jahr 1909 brachte für die beiden Klöster eine Zäsur, denn Columba
Marmion kehrte in sein Professkloster zurück als neugewählter Abt von
Maredsous. Er war offenbar der Wunschkandidat von Hildebrand de
Hemptinne, der sein Amt wegen Arbeitsüberlastung als Abtprimas der Benediktinischen Konföderation und Abt in römischen Sant' Anselma, was
eine häufige Abwesenheit in Rom bedingte, zur Verfügung stellen musste.
Das geschah offenbar nicht ganz freiwillig. Nach Klagen des Konvents von
Maredsous über eine Vernachlässigung der Abtei beugte sich de Hemptinne dem Wunsch des Papstes, das Amt aufzugeben. Dem Prior von Maria Laach, Albert Hammenstede, der an der Amtseinführung Marmions
teilgenommen hatte und de Hemptinne in seiner Klosterzelle aufsuchte,
erzählte er, „wie schwer ihm das Opfer gefallen sei, und wie er nicht habe
verstehen können, daß man die Abteikirche an diesem Tage wie zu Ostern
geschmückt habe. Für ihn sei es doch Karfreitag" gewesen.[127]

Für Mère Bénédicte änderte der Führungswechsel nichts Wesentliches.
Denn beide Äbte – so resümiert sie in ihren Jahrzehnte später verfassten
Lebenserinnerungen – waren ihr wohlgesonnen und sahen sie in herausfordernden klösterlichen Ämtern: „´Sie werden noch viel Verantwortung
zu tragen haben, liebes Kind!' – wandte der Primas soviel Zeit und Mühe
an mich. (…) Auch Abt Columba Marmion…hat mir immer wieder versichert, dass es gut sei, für meine innere Bereicherung Sorge zu tragen, denn
er sähe voraus, dass ich einmal anderen viel werde mitteilen müssen".[128]

Der Einfluss der beiden Äbte auf das Selbstverständnis der Klosterfrau
darf wohl nicht unterschätzt werden. Hildebrand de Hemptinne, der seine

schützende Hand seit ihrer ersten Begegnung 1898 in Rom über sie hielt, war ihr wie ein „Vater" geworden, der sie regelmäßig zu „köstlich bereichernden Stunden in sein Sprechzimmer" einlud. Von ihm hat sie auch zum ersten Mal von den Benediktinerinnen in Amerika erfahren, die ab 1852 von der Eichstätter Abtei St. Walburg nach Übersee entsandt wurden. De Hemptinne – 1 Jahr nach seiner Resignation als Abt von Maredsous auf Visitationsreise nach Amerika – berichtete nach seiner Rückkehr im Januar 1911 in Maredret von den Schleiern der Klosterfrauen in Pittsburg, „die ihm sehr gut gefallen hatten … Die vielen feinen Fältchen hatten es ihm angetan, und er erzählte, dass sie diese Tracht von dem uralten Kloster der hl. Walburga in Eichstätt mitgebracht hätten". In wenigen Jahren wird Mère Bénédicte den filigran plissierten Schleier, der in St. Walburg spätestens seit dem 17. Jahrhundert getragen wurde, anlegen.[129] Und zu den Benediktinerinnen in Amerika wird sie 23 Jahre später auch reisen. Dazu in Kapitel XI. mehr.

Doch im Frühjahr des Jahres 1912 befand sich v. Spiegel offensichtlich wieder in einer tiefen seelischen Krise. Davon zeugt ein Brief des Abtprimas Hildebrand de Hemptinne an sie. Er schreibt am 13. März in teilnehmend sensiblen Worten:[130]

„Liebste Tochter (…) Was Sie mir über Ihre seelische Verfassung sagen, überrascht mich kaum, aber ich glaube, dass Sie daran sehr leiden. Sie rühren von einem tief durchdringendem Zustand Ihrer Seele her, die aufgrund eines zu entwickelten Nervensystems Eindrücke zu fein filtriert. Das Sehen ist durchdringender, das Gehör feiner, der Geruchsinn schärfer, die Fantasie lebhafter, und ebenso die geistigen Fähigkeiten und das Wollen können beeinflussbar oder durchdringender werden. Die Sinne und die Fähigkeiten sind empfänglich für ungewöhnlichere Wahrnehmungen.(…). Der gewöhnliche Kontakt ist weniger stark aber die Annäherung unsichtbarer Wesen wird mehr wahrgenommen und sie ist manchmal – wenn sie von bösen Einflüssen kommt – sehr unangenehm. In jedem Falle glaube ich weiter, dass der damalige Rat ausgezeichnet ist. Wenn Erscheinungen am Werk sind, vermeiden Sie, neugierig zu sein. (…) Hat man sich erst auf die Neugierde eingelassen, so verfinstert sich der Geist, wie unsere Ureltern es nach der Sünde gespürt haben. Außerdem ist dies ein allgemeines Gesetz: Die Sünde, die eine scheinbare Erkenntnis als Frucht der Neugier einbringt, führt fast immer zur Traurigkeit. Wir müssen uns anstrengen, um unsere Seele mit Freude zu nähren, indem wir ihr die Neugier entziehen, oder wenn wir dem Gewitter nichts entgegen halten können, halten wir fest an dieser Freude. Ich weiß nicht, ob Sie das alles verstehen. Das sind jedoch weise Ratschläge, denen zu folgen man gut beraten ist. Übrigens erinnern Sie sich, dass alle unsere Erfahrungen nicht das Wichtigste sind, wohl aber die Demut und die Barmherzigkeit. An diesen großen Schätzen müssen wir uns festhalten".

Worunter die offensichtlich hochsensible Klosterfrau genau litt, lässt sich redlicherweise nicht in einer Ferndiagnose feststellen. Der Brief bezeugt das Vertrauen, dass v. Spiegel in de Hemptinne setzte und das behutsame Wohlwollen, mit dem er wiederum seinem Schützling begegnete. Wiedergesehen hat Mère Bénédicte ihren einfühlsamen Ratgeber nicht mehr. Er starb mit 64 Jahren am 13. August 1913 nach einem Schlaganfall in seinem Professkloster Beuron, wo er auch die letzte Ruhestätte fand. Ihre Verbindung beschrieb v. Spiegel so:[131]

> „ Und diesen klugen und gütigen Gottesmann, dem ich so unendlich viel verdanke, hat die Göttliche Vorsehung als Werkzeug benützt, um mich vorzubereiten für Zweck und Ziel meines irdischen Daseins. …war er ja so innig mit meinem Geschick verwoben und hat mich zehn Jahre lang an sicherer Hand geführt. Als ich lernen sollte, allein zu gehen, hat der liebe Gott ihn mir genommen".

Ihre persönliche Situation in Maredret blieb schwierig. In den Lebenserinnerungen erwähnt Mère Bénédicte ihre Novizenmeisterin und Priorin Hildegard de Brouwer und deren Schwester Ida, Subpriorin von Maredret: „Ich habe sie sehr lieb gehabt". Ihre Äbtissin Cécile de Hemptinne findet dagegen keine Erwähnung. Man darf mutmaßen, dass es kein einfaches Verhältnis gewesen sein wird, zumal der 20 Jahre ältere Bruder der Äbtissin seine fördernde Hochschätzung der begabten Nonne aus Deutschland immer wieder herausstellte. Auch die geschilderten inneren Kämpfe, seelischen Nöte unter den Herausforderungen klösterlicher Klausur und des Gehorsams gegenüber der Äbtissin dürften tiefe Spuren bei allen Beteiligten hinterlassen haben. In ihren Erinnerungen klingen auch Schwierigkeiten an, wenn sie schreibt: „Rückblickend kann ich zutiefst jegliches ‚Warum' bereuen, das vor manch scheinbar unübersteiglichem Hindernis sich im Herzen regen sollte…alles und jedes hat der Herr zum Besten gewendet, auch meine Fehler und Irrungen".[132]
Wie existentiell die inneren Nöte gewesen sein müssen, wird in Kapitel 4 vertieft.

BEZIEHUNGSPROBLEME IN DER WESTFÄLISCHEN HEIMAT

Über die Lebenswege ihrer Geschwister blieb Mère Bénédicte stets auf dem Laufenden. So schrieb die 2 Jahre jüngere Schwester Theresie, dass ihr zukünftiger protestantisch getaufter Bräutigam, Melchior von Borries, zum Katholizismus konvertieren würde: „Mein bestes Likalein! (…) Ich bin ja so glücklich, dass sein Übertritt so nett von der Familie aufgenommen ist". Damit war das Hindernis der Einheirat in die „durch und durch katholische Familie" von Spiegel aus dem Weg geräumt, und die Schwester Theresie konnte am 30. Januar 1908 heiraten.[133]

Schwieriger verhielt es sich mit den Eheplänen des ihr wesensverwandten Lieblingsbruders und Spielgefährten aus Kinderzeiten. Der 1875 geborene Adolf v. Spiegel hatte nach dem Studium der Nationalökonomie und des Brauereiwesens das Gut Rheder mit der dazugehörigen Dampfbrauerei aus dem mütterlichen Erbe bereits mit der Volljährigkeit angetreten. Seitdem lebte er in dem spätbarocken Herrenhaus, wo auch die Großmutter Ida Gräfin Holnstein – die die spätere Ordensfrau auf der lebensrichtungweisenden Italienreise begleitet hatte – ihren Witwensitz nahm. Seinen Wehrdienst absolvierte der Bruder wie schon sein Vater Raban im Husaren-Regiment „1. Westfälisches Nr. 8" im Garnisonsstandort Neuhaus und der Offizier-Reitschule Paderborn. Dort wurde der temperamentvolle Draufgänger zum Rittmeister der Reserve befördert.[134] Um 1910 liierte sich der 35-Jährige mit der 4 Jahre jüngeren geschiedenen Olga Bartels geb. Baroness von Laffert (1879–1951), die eine Tochter mit in die Beziehung brachte und obendrein evangelisch war. Offenbar im November 1911 erklärte er der Familie, dass er zu heiraten beabsichtige und beide die kirchliche Annullierung der ersten Ehe der Braut anstrebten. Möglicherweise begründete das Paar zu diesem Zeitpunkt mit dem Kind aus geschiedener Ehe einen gemeinsamen Hausstand. Die tiefreligiöse Großmutter schickte ihrer Enkelin nach Maredret – offenbar innerlich erschüttert – im November 1911 ein eigenes Gedicht mit dem Titel: Eine schlimme Nachricht:[135]

„Ein kalter Reif ist über Nacht
auf des Garten Blüthen gefallen
Und hat zerstört die ganze Pracht
Er war der Tod von allen.

So auch im Menschenleben oft
Ein einz'ger Tag entscheidet,
Der all' das Glück, das wir erhofft
Mit scharfem Schwert zerschneidet."

Man kann sich dem aristokratischen Sozialmilieu der Zeit Rechnung tragend leicht vorstellen, dass die konservative Familie sich für den Erben des großen Besitzes eine andere Ehefrau gewünscht hätte als eine geschiedene Protestantin. Zunächst entsprach es den adeligen Heiratsgewohnheiten der Zeit, im standesgemäßen Verwandten- und Nachbarschaftskreis nach potentiellen Brautleuten Ausschau zu halten. Insbesondere im katholischen Stiftsadel, zu dem die Familie von Spiegel zählte und der seine Adligkeit über Jahrhunderte durch die Ahnenprobe nachweisen konnte, wurde Wert auf eine entsprechende Herkunft der Ehefrau mit katholischem Glauben gelegt.[136]

Die zukünftige Braut entstammte zwar mecklenburgischem Adel, hatte aber nicht standesgemäß bürgerlich geheiratet. Des Weiteren kamen im Falle des katholisch getauften Adolf v. Spiegel mit der protestantischen Olga Bartels zwei kirchenrechtliche, moralisch aufgeladene Probleme hinzu: 1. die Eheschließung von Konfessionsverschiedenen und 2. die Eheschließung mit einer Geschiedenen, die ein Kind mit in die Ehe brachte. Die im Deutschen Reich seit 1906 rechtskräftige Konstitution „Provida" von Papst Pius X. verbot grundsätzlich sog. „gemischte Ehen". Wenn eine solche dennoch geschlossen wurde, so sah man sie zwar als „unerlaubt" an. Dennoch besaß sie Gültigkeit. Rigider war die Auffassung der Kirche in Bezug auf vollzogene Ehen zwischen Getauften, deren offensichtliches Indiz vorhandene Kinder sind. Diese galten als unauflöslich.[137] Nach dieser Logik konnte Adolf v. Spiegel mit seiner Braut keine kirchlich gültige Ehe eingehen.

Die Verbindung spaltete die ultramontan erzkatholische, dem Papst verbundene Familie tief und nachhaltig, wie noch zu sehen sein wird. Während Mutter und Großmutter und einige Geschwister ihre Ablehnung zeigten, hoffte man, dass Mère Bénédicte Einfluss auf den Bruder nehmen könnte, um ihn von dieser Verbindung abzubringen – etwa durch eine Generalbeichte in Maredsous und Einzelexerzitien in Maria Laach – so die gutgemeinten Vorschläge der Großmutter. Denn – so Ida v. Holnstein an ihre Enkelin: "Nochmals auf Adolf kommend, glaube ich, dass junge Leute sich viel lieber v. einer Schwester, als v. Mutter oder Großmutter bevormunden lassen". Offenbar hatte die Schwester die Vergeblichkeit dieser Bemühungen erkannt und den Ehewunsch ihres Bruders akzeptiert. Denn sie versuchte aktiv in Briefen an Bischöfe, u.a. in Paderborn und Kardinäle im Vatikan sowie über Abtprimas de Hemptinne, der Olga von Laffert im Frühjahr 1912 in sogar Rom persönlich empfangen wollte, im Sinne ihres Bruders Einfluss auf den von 1911-1914 geführten Eheannullierungsprozess zu nehmen.[138] Vergeblich.

Statt kirchlicher Trauung erfolgte in Paderborn, kurz bevor Adolf von Spiegel mit seinem Husarenregiment in den Krieg ritt, die standesamtliche Eheschließung. Es war eine sogenannte „Notheirat" am 4. August 1914. Denn – so erinnert sich der Schwager v. Borries: „Da erschien der Bruder seiner Freundin…und sagte: ‚Lieber Spiegel, wir beide rücken jetzt aus, wir wissen nicht, ob wir wiederkommen. Ich verlange von Ihnen, dass Sie meine Schwester heiraten, sonst ist sie kompromittiert!'".[139]

32 Jahre später, als die Ehe zerrüttet war, werden Adolf v. Spiegels Anwälte die Situation wie folgt darstellen: „Nach langjähriger näherer Bekanntschaft" hätte es Olga v. Laffert „schließlich erreicht", ihn „aus Anlass seiner Einberufung im Weltkrieg zu einer standesamtlichen Eheschließung innerhalb weniger Stunden zu bewegen, wobei zwei gerade im Hotel anwesende Offiziere als Trauzeugen zugezogen wurden. Sie scheute sich nicht davor, die starken religiösen Hemmungen…gegen eine solche Trauung durch deutlichen Hinweis auf den Gebrauch eines Revolvers und damit auf einen Riesenskandal im Weigerungsfalle, zurückzudrängen".[140]

Adolf v. Spiegel erhielt durch diese Trauung zwei bemerkenswerte Verwandte: Der soeben zitierte Bruder der Braut war der Schriftsteller und spätere SS-Obersturmbahnführer Karl August von Laffert (1872–1938); und die fünf Jahre ältere Schwester war Viktoria Auguste von Dirksen (1874–1946), Berliner Salondame und zeitweise enge Freundin von Adolf Hitler (1889–1945) und Joseph Goebbels (1897–1945). Vor allem die Schwägerin Olga wird in der Zeit des Nationalsozialismus spaltend in die Familie von Spiegel hineinwirken. Dazu später Näheres.

Die Großmutter, Ida Gräfin von Holnstein aus Bayern, musste nichts von dem mehr miterleben, sie war am 13. August 1912 auf Schloss Rheder verstorben.

Bemerkenswert aus klösterlicher Klausurperspektive ist, dass Mère Bénédicte eine solche weitreichende Korrespondenz, wie die zum Eheannullierungsverfahren des Bruders trotz geltender Briefzensur überhaupt führen konnte, was letztlich nur mit Einverständnis der Äbtissin Cécile de Hemptinne möglich war. Wie außergewöhnlich diese Freizügigkeit zu bewerten ist, wird deutlich, wenn man diese in Verhältnis setzt zu einem Vorkommnis etwa 10 Jahre früher: Der spätere Abt von Maredsous, Columba Marmion, zu dieser Zeit Prior von Löwen, musste über sich zeitweise die Zensur der gesamten Korrespondenz durch seinen Abt ergehen lassen, die er mit den Nonnen von Maredret incl. der Äbtissin Cécile de Hemptinne geführt hatte.[141]

GEISTIGER SEELENBALSAM:
ÜBERSETZUNGEN UND GEDICHTE

In der Zeit, als sich der Eheannullierungsprozeß hinzog und Mère Bénédicte offenbar seelische Nöte litt, beugte sie sich zugleich in der klösterlichen Klausur über zwei Übersetzungsvorhaben, vielleicht auch um ablenkende

Inspiration zu finden. Eine Lebensbeschreibung und Gedankensammlung des jung verstorbenen Mönchs Pius de Hemptinne (1880–1907), Neffe von Hildebrand und Cécile de Hemptinne, sollte ihre ersten Übersetzungsarbeit aus dem Französischen ins Deutsche werden. Es ist nicht überliefert, ob sie zu der Übersetzung angeregt wurde, etwa durch Abt Marmion. Doch darf man annehmen, dass ihre Übersetzertätigkeit gebilligt wurde, zumal das fast 300 Seiten starke Buch einem benediktinischen Mönch mit Vorbildcharakter galt.

Pius de Hemptinne war 1900 in Maredsous eingetreten und legte im gleichen Jahr wie Mère Bénédicte das Ordensgelübde ab. Ein 4-jähriges Theologiestudium in Löwen verstärkte seine Bindung an den dort wirkenden Prior Marmion. Nach der Priesterweihe zurückgekehrt nach Maredsous wirkte er als Internatsleiter in der Klosterschule und erkrankte 1906 schwer an einem Lungenleiden. Zur Erholung zu seinen Eltern ins flämische Bokrijk geschickt verschlechterte sich sein Gesundheitszustand zusehends, sodass Marmion an sein Sterbebett gerufen wurde, wo er den jungen Mönch auf seinem letzten Weg geistlich begleitete. Nach seinem Tod am 27. Januar 1907 wurde Pius de Hemptinne in der Abtei Maredsous bestattet. Wie aus der Lebensbeschreibung hervorgeht, zeichnete sich der junge Mönch neben großer Empathie für seine Mitmenschen durch eine tiefe mystische Gläubigkeit aus, die er in seinem Tagebuch festgehalten hat. Das kurze Leben dieses Mönches, der sich „einzig durch die Vollkommenheit auszeichnete, mit welcher er das Gewöhnliche und Alltägliche verrichtete", scheint in der Klostergemeinschaft das vorbildhafte „Andenken einer zugleich liebenswürdigen und ganz vollendeten Tugend hinterlassen" zu haben.

Alsbald wurden Auszüge seines Tagebuches und seiner Briefe ergänzt um eine Lebensbeschreibung gedruckt. Als Autor des französischen Originals wird ein namentlich bisher nicht bekannter Pater Johannes genannt.[142] Mère Bénédicte übertrug das Buch auf der Grundlage der 2. französischen Auflage ins Deutsche. Diese Übersetzungsarbeit war 1911 fertiggestellt, und v. Spiegel machte sich auf die Suche nach einem sachkundigen Lektor in verschiedenen Klöstern sowie nach einem Verlag in Deutschland, was sich zunächst als schwierig erweisen sollte. Aus Beuron erhielt sie am 28. Juli die Bitte: „Sie wollen also das Manuskript direkt hierher schicken… und…zur Durchsicht geben, wie es ja überhaupt in unserer Congregation der Brauch ist alle Veröffentlichungen zuerst dem Erzabt vorzulegen". Man bescheinigte ihr 3 Monate später, „dass es im Ganzen eine sehr gute Arbeit sei – Sie würden nicht viel daran zu bessern haben". Der Druck im eigenen Verlag wurde aber offenbar abgelehnt.[143] Versehen mit einem Vorwort des Sekretärs des Beuroner Erzabts und Schriftstellers Sebastian von Oer (1845–1925) erschien die Übersetzung schließlich unter dem Titel: Mehr Liebe. Lebensbild des Dom Pius de Hemptinne O.S.B. 1913 in der Herderschen Verlagsbuchhandlung Freiburg, im 50. Gründungsjahr von Maredsous. Sie war stolz auf ihre Übersetzungsarbeit und versandte Bücher an ihr bekannte geistliche Würdenträger, darunter den Gründungsabt von Maria Laach und Bischof von Metz, Willibrord Benzler (1853–1921), der trotz der Vorbereitungen des anstehenden Deutschen Katholikentages in Metz Zeit für ein Dankesschreiben fand.[144]

Die Jahre vor dem Kriegsausbruch waren bei allen inneren Schwierigkeiten offenbar auch eine sehr produktive Zeit im Leben der Enddreißigerin, die nach 10 Klosterjahren als mit den monastischen Bedingungen vertraute Nonne gelten durfte. Möglicherweise half ihr die geistige Arbeit über seelische Krisenmomente hinweg. Anfang 1910 korrespondierte Mère Bénédicte mit dem Kloster St. Walburg in Eichstätt, dem sie ein Übersetzungsangebot unterbreitet hatte – offenbar ergebnislos. Dafür arbeitete sie unter der Leitung des Maredsouer Mönches und Bibelforschers Donatien De Bruyne (1871–1935) an der „Collation alter Schriften für die Bibelkommission" und beschäftigte sich mit den Symbolen der Kirche im Rahmen der Bibelforschung.[145] Wie nachhaltig der gelehrte Mönch Germain Morin auf die intellektuelle und geistliche Ausbildung v. Spiegels seit ihrem Klostereintritt wirkte, lässt sich auch daran festmachen, dass sich Mère Bénédicte als nächstes der Übersetzung seines 1912 erschienenen, weitverbreiteten Werks L'Idéal monastique widmete, offenbar mit gutheißender Zustimmung des Autors, der seit 1907 sein Gelehrtenleben in München fortsetzte.

Die dichterische Ader der Familie von Mengersen mütterlicherseits fand sich auch bei Mère Bénédicte, die ihr Leben lang Gedichte und Singspiele verfasste. In ihren letzten Monaten in Maredret dichtete sie ein Agnus Dei, „das von dem belgischen Komponisten Josèphe Ryelandt in den Jahren 1913/14 in Musik gesetzt wurde. Es sollte auf dem eucharistischen Kongress 1914 in Köln uraufgeführt werden, was dann der 1. Weltkrieg unmöglich machte. Mir trug diese Dichtung und einige ähnliche vorhergehende manch anregende Unterredung ein mit dem Komponisten und dessen Freund, dem flämischen Dichter Martens, der mein ‚Agnus Dei' ins Flämische übertragen hat. In flämischer Übersetzung wurde es dann auch noch während des Krieges in Belgien aufgeführt und zwar mit großem Erfolg. Der Dichterin, die allerdings nur als ‚une moniale benedictine des Maredret' figurierte,…, wurde ein Lorbeerkranz gewidmet, was ganz gewiß in jener Kriegszeit nicht der Fall gewesen wäre, wenn die Zuhörer eine

Ahnung gehabt hätten, daß das Original dieses Oratoriums in deutscher Sprache und von einer der verhaßten ‚boches' gedichtet worden sei" – so die biographische Rückschau.

Der belgische Komponist Joseph Ryelandt (1870–1965) arbeitete zu dieser Zeit freischaffend und wurde später Direktor des Konservatoriums in Brügge. Einer seiner Brüder war Mönch in Maredsous. Möglich, dass die persönliche Bekanntschaft daher rührte. Das Agnus dei (Lamb of God) op. 56 Oratorium für Solisten, Chor und Orchester gehört zu den wichtigen Werken des Komponisten, wird nach wie vor gespielt und ist auch als Tonträger-Aufnahme verfügbar. Benedicta von Spiegel hatte das Libretto an den Abt von Maria Laach, Ildefons Herwegen, gesandt, der ihr mit einigen Verbesserungsvorschlägen anerkennend antworten ließ:

> „Denn…die erste flüchtige Durchsicht gab mir die Überzeugung, dass es sich hier nicht um ein schwaches, schüchternes Vorwerk auf einem neuen ungewohnten Gebiete handelt,…sondern um einen wohlklingenden Wurf, der, so Gott will, vielen zur Freude u. Erbauung dienen…wird".

14 Jahre später, am 18. März 1928 ließ der Komponist das Agnus Dei im Konservatorium in Brügge aufführen. Gut möglich, dass er die Librettistin dazu einlud. Den Programmzettel mit einer handschriftlichen Widmung des Komponisten hat v. Spiegel aufbewahrt.[146]

Es ist anzunehmen, dass sie während ihrer belgischen Klosterzeit persönliche Gedichte als Selbstvergewisserung und vielleicht auch zum Trost verfasste. Eine Auswahl erschien 1929 im Paderborner Schöningh Verlag. Darunter befinden sich undatierte autobiographische Gedichte, wahrscheinlich aus der Zeit des 1. Weltkrieges, möglicherweise aber auch schon in Maredret angelegt. Sie thematisieren offen persönliche im Kloster erfahrene Verletzungen und lassen so einen seltenen Einblick in das Seelenleben v. Spiegels zu. Auf einige ihrer Gedichte wird gesondert einzugehen sein.

Indes sahen Anfang 1914 die Dinge äußerlich nach einer Fortführung des ein Stück weit beschaulichen klösterlichen Lebens aus, als Mère Bénédicte am 31. Januar 40 Jahre alt wurde. Sie hatte die 14 vergangenen Jahre für eine umfassende theologisch-philosophische Bildung, das Erlernen der lateinischen, griechischen und auch hebräischen Sprachen genutzt, die Aufgabe der Ökonomin offenbar zuverlässig erfüllt, denn diese Aufgabe übte sie – so ihre Erinnerungen – bis 1914 aus, eigenständige Übersetzungen angefertigt, ein Libretto gedichtet. Aber ein „höheres Amt" konnte sie in der Klosterhierarchie nicht erreichen. Der ursprüngliche, sie gewiss mit zum Klostereintritt bewegende Plan, in Italien mit Unterstützung Hilde-

brand de Hemptinnes eine verantwortliche monastische Führungsaufgabe
zu übernehmen, hatte sich lange schon zerschlagen. Auch nach dem Tod
des Vaters 1906 wurde er nicht mehr aufgenommen oder weiterverfolgt.
Über die Gründe mag man spekulieren. Vielleicht hatte de Hemptinne die
Frage aufgrund seiner häufigen Abwesenheit in Rom und dem damit verbundenen Vakuum in Maredsous aus den Augen verloren. In den letzten Jahren vor seinem Tod 1913 war er überdies durch Krankheiten geschwächt. Möglich aber auch, dass er in v. Spiegels seelischer Instabilität
keine geeignete Voraussetzung für eine verantwortungsvolle Aufgabe mehr
sah. Als Columba Marmion ihm als Abt von Maredsous 1909 nachfolg-
te, hatte der sich vielerlei Herausforderungen in der Führung der Abtei
nach innen und der Erwartung neuer Klostergründungen nach außen zu
stellen.[147] So wäre verständlich, dass von dieser Seite keine konkrete Förderung kam. Die Gründung eines weiteren vierten Frauenklosters stand nicht
an, sodass auch eine Entsendung und Betrauung mit neuen Aufgaben nicht
als Option im Raum stand. Ganz offensichtlich hatte die nächstliegend
Verantwortliche keinerlei Pläne, Mère Bénédicte mit höheren Aufgaben zu
betrauen: Äbtissin Cécile de Hemptinne. Denn sie hat dies schlicht nicht
getan, wohl auch weil sie und ihre gleichaltrigen belgischen Gefährtinnen
aus dem Hause Desclée und de Brouwer die Schlüsselpositionen in der
Abtei innehatten. Aber es scheint tiefere Ursachen gegeben zu haben: In
einem Brief von 1915, auf den weiter unten näher einzugehen ist, wird
Äbtissin de Hemptinne gar mit der Einschätzung zitiert, dass eine Säkularisierung Benedicta von Spiegels, d.h. der Austritt aus dem Kloster wünschenswert wäre.

Sicherlich waren die seelischen Krisen Mère Bénédictes der Klosterleitung nicht verborgen geblieben. Zudem mag ihr temperamentvoller, emo-
tionsgeleiteter Charakter gepaart mit aristokratisch bisweilen arrogantem
Selbstverständnis einem bedingungslosen Einfügen in die klösterliche Gemeinschaft oft im Wege gestanden haben, und die seelenführenden Hinweise der Äbte de Hemptinne und Marmion waren wohl auch nicht nur
von Erfolg gekrönt. Mehr als 40 Jahre später wird ihre langjährige enge
Vertraute und Mitarbeiterin – Brigitta zu Münster (1908–1988) – einen
Aktenvermerk über ein Schreiben aus der Abtei Maredret ungefähr aus
dem Jahre 1951 anfertigen. Darin heißt es:

> „Zu den über ihre Flucht geschriebenen Erinnerungen von 1914 erhielten wir
> einen Brief aus Maredret, der z.Zt. 1976, nicht auffindbar ist.(...) Darin wehrt
> man sich im Auftrag der Äbtissin gegen die Aussage, dass Fr. Benedicta des
> Krieges wegen Maredret verlassen habe. Es wurde ungefähr darin gesagt: La

nature très expansive de notre chère mère Benedicte avais besoign de plus li-
bertè. Darauf folgte ein Hinweis, dass die zwei Schwestern Stolberg trotz Krieg
dort geblieben wären. M.E. liegt die Wahrheit in der Mitte. Mere Benedicte war
wohl mehr vaterländisch interessiert und hatte mehr Schwierigkeiten als die
Stolbergs. Es liegt auch nahe, dass sich die beiden Führerpersönlichkeiten, Äbtissin Cäcilia de Hemptinne und Hochseelige Mutter aneinander rieben, zumal
Abt Primas de Hemptinne Hochselige Mutter auf jede Weise unterstützte".

Die spätere Korrespondenz zeigt ein sehr herzliches, schwesterliches
Verhältnis zu Maredret". Denn im Archiv der Abtei Maredret wird ein großer Stapel von Briefen v. Spiegels an de Hemptinne aufbewahrt. Danach
ist die Verbindung zum Professkloster durch alle Wirren der Zeiten bis
zum Tod von Äbtissin Cécile im Jahre 1946 nicht abgerissen, wenngleich
es während der folgenden Kriegsjahre 1914–1918 zu einer merklichen Ein-
trübung, fast Zerrüttung gekommen ist.[148]

KRIEGSAUSBRUCH UND FLUCHT NACH DEUTSCHLAND

Der Lebensweg der mittlerweile 40-jährigen Klosterfrau nahm eine uner-
wartete Wende durch die weltbewegenden Ereignisse im Sommer 1914.
Mère Bénédictes persönlichen Erinnerungen geben ein anschaulich sub-
jektives Bild. Da die Abteichronik und andere klostereigenen Dokumente
nicht zur Verfügung standen, stützt sich das Folgende im Wesentlichen auf
die biographischen Aufzeichnungen v. Spiegels.

Demnach ließ Äbtissin de Hemptinne am Montagmorgen des 29. Juni
1914 Mère Bénédicte nach dem Hochamt zu sich rufen, um über die Neuigkeit des Tages, die sie in der Zeitung gelesen hatte, mit ihr zu sprechen: Die
Ermordung des österreichischen Thronfolgers Erzherzog Franz Ferdinand
von Habsburg (*1863) und seiner Frau Sophie Herzogin von Hohenberg
(*1868) durch serbisch-bosnische Nationalisten in Sarajewo anlässlich eines Manöverbesuchs am Vortag, dem 28. Juni gegen 11.00 morgens: „Mir
wird…der Augenblick immer unvergeßlich bleiben. – Es überkam mich
eine Ahnung der kommenden Schrecken", erinnerte v. Spiegel die Situation.
Nach dem Attentat spitzte sich die Konfliktlage zwischen den 5 europäischen Großmächten – Deutschland und Österreich-Ungarn als den sog.
Mittelmächten einerseits, England, Frankreich, Russland als Triple-Entente
andererseits – sowie Serbien in der sog. Julikrise zu. Diese mündete schließlich über Ultimaten, militärischen Mobilmachungen und Kriegserklärungen
im 1. Weltkrieg, der fast 20 Millionen Soldaten und Zivilisten das Leben

kosten und unbeschreibliches Leid weltweit verursachen sollte. An dieser
Stelle muss die komplexe Vorgeschichte und der Beginn des Krieges nicht
dargestellt werden, es soll stattdessen versucht werden, konkrete Bezüge zu
den Folgen für die beiden belgischen Abteien zu knüpfen.[149]

Im Verlaufe des Juli 1914 verdüsterte sich der klösterliche Klausur-
frieden zusehends durch die politischen Eskalationen, über die man in
Maredret und Maredsous durch Zeitungsberichte und die persönlichen
Kontakte, die Abt Marmion u.a. zum Festungskommandeur von Namur
unterhielt, zeitnah informiert war. Nach der österreichischen Kriegserklä-
rung an Serbien am 28. Juli und dem deutschen Ultimatum an Russland
und Frankreich vom 31. Juli handelte die Klosterführung umgehend. Die
Abtei- und Gewerbeschule von Maredsous entließ alle Schüler, damit sie
„ungehindert heimkämen, weil die Lage sehr ernst sei". Dem deutschen
Ultimatum an Belgien vom 2. August, das die durch internationale Verträge verbürgte Neutralität des kleinen Landes außer Kraft setzen wollte,
folgte die Ablehnung durch den belgischen König Albert I. (1875–1934)
am 3. August. Daraufhin rückten deutsche Truppen in der Nacht vom 3.
zum 4. August in Belgien Richtung Lüttich ein, besetzten diesen Teil des
Landes und brachen damit die belgische Neutralität. In der Abtei wurde
die Stimmung patriotisch nationalistisch einerseits, deutschlandfeindlich
andererseits, so v. Spiegel. Gerüchte kursierten in Maredret und Maredsous über Kriegsverbrechen der Deutschen, die zu Beginn des Krieges
Orte zerstörten, mit brutalen Gewaltausbrüchen auch gegen Zivilisten
vorgingen, sinnbildlich in der nur 25 Kilometer entfernten Bischofsstadt
Namur, in Dinant und Löwen. Abt Columba Marmion nahm nun das Heft
in die Hand und informierte den Konvent in Maredret: Die „Aufregung
im ganzen Lande sei ungeheuer groß und kein Zweifel mehr, dass Belgien
der Schauplatz blutigster Kämpfe sein werde". Die Nonnen sollten Laza-
rettplätze zur Versorgung verwundeter Soldaten einrichten – Hl. Öl für
die letzte Ölung Todgeweihter würde vom Nachbarkloster geschickt. Auch
sollten sie alle Wertgegenstände in Sicherheit bringen.[150]

„Das wurde nun ins Werk gesetzt, mir aber gesagt, ich möge dabei nicht helfen,
damit ich nicht eventuell in die Verlegenheit käme meinen Landsleuten unsere
geheimen Schätze zu verraten!".

Äbtissin de Hemptinne gab Berichte über Gräueltaten deutscher Soldaten gegenüber Frauen, Kindern und Greisen wieder, die Mère Bénédicte
als „Schauermären" abtat. „Mein Hinweis auf den Widersinn solcher Gerüchte und die Versicherung, dass all das nichts als Erfindungen erschreck-

ter Gemüter sein könnten, fanden keinen Glauben. Man hatte nur Mitleid mit mir, weil ich mir solche Illusionen machte über meine Landsleute, dass ich sie überhaupt noch für Menschen hielt! (…) Wenn solche Schreckensnachrichten schon bis zu uns vordrangen und zwar in diesen allerersten Tagen des Krieges, wie mag es da erst außerhalb der Klausur unserer Mauern gewesen sein?" – fragte sich v. Spiegel.[151]

Abt Marmion war von der Regierung um Mitteilung über den Personenbestand der belgischen Abteien gebeten worden, woraufhin ab dem 5. August alle deutschen Mönche ausgewiesen wurden. Insgesamt 18 Mitglieder der 144 Personen zählenden Kommunität mussten das Männerkloster Maredsous verlassen. Sie machten sich gemeinsam mit den deutschen Benediktinern der von Maredsous 1888 gegründeten Abtei Keizersberg im etwa 90 Kilometer entfernten Städtchen Löwen auf den beschwerlichen Weg nach Deutschland, um dort Zuflucht in der Abtei Maria Laach und der Erzabtei Beuron zu finden. „Die deutschen Patres aus Maredsous und Löwen sind nach großen Mühsalen (sie mußten 5-6 Tage über die Ardennen wandern) in Laach angekommen" – verzeichnet die Chronik von St. Hildegard/Eibingen am 15. August 1914.[152]

Für Frauen galt am 5. August noch kein Ausweisungszwang. Nachrichten aus Deutschland von der Familie blieben aus, Briefe wurden nicht mehr zugestellt. Mère Bénédicte war in tiefster Sorge: „Und wo waren all die Meinigen? Waren die Brüder und Schwäger in den Krieg gezogen? Kamen sie als Feinde nach Belgien?…Ich konnte es mir gar nicht vergegenwärtigen, es stürmten so widersprechende Gefühle und Gedanken auf mich ein, dass ich wie betäubt war. Der Begriff ‚Krieg' war in unserm Friedensasyl einfach unfaßbar und es war alles so furchtbar plötzlich gekommen".[153]

Hätte sie geahnt, dass zwei ihrer Brüder nicht weit von Maredret ihren ersten Kriegseinsatz absolvierten, wäre sie gewiss noch aufgewühlter gewesen. Der 5 Jahre jüngere Bruder Raban hatte nach dem Abitur die Offizierslaufbahn eingeschlagen und gehörte als Hauptmann der Maschinengewehr-Abteilung/Kompanie des Garde-Schützen-Bataillons mit zu den ersten an die Westfront abrückenden Truppenteilen der 2. Armee, die am Überfall auf Belgien und der Schlacht um die nahe Maredret gelegenen Bischofsstadt Namur beteiligt waren. In Verbindung mit der Belagerung und den Kämpfen um Namur kam es zu grausamen Kriegsverbrechen. Inwieweit Raban v. Spiegel in diese involviert war, kann an dieser Stelle nicht geklärt werden. Den Aufzeichnungen seiner benediktinischen Schwester zufolge stand er in der Nacht vom 8. zum 9. August „vor Namur". Nach dem Einmarsch in Belgien wurde er im Garde-Reserve-Schützen-Bataillon geführt, welches nahe der Stadt Andenne am 20. und 21. August 1914 an blutigen Übergriffen gegenüber der Zivilbevölkerung beteiligt war. An seine Schwester schrieb er, dass er Belgien „gern wieder verlasse, um auf den östlichen Kriegsschauplatz zu gehen". Mit seinem Bataillon wurde er nach Oberschlesien befohligt, wo er am 12. Oktober 1914 nahe der Festung Iwangorod fiel.[154]

Der jüngste (Stief)Bruder Clemens, den Mère Bénédicte zuletzt vor ihrem Klostereintritt als 14-Jährigen gesehen hatte, schlug ebenfalls nach dem Abitur eine Offizierslaufbahn ein. Der inzwischen 28-Jährige nahm mit dem Westfälischen Jäger-Bataillon Nr. 7 als Teil der 13. Division vom 4. bis 7. August an der Eroberung Lüttichs, knapp 90 Kilometer von Maredret entfernt teil.[155] Clemens hat seiner Schwester später von seinen Kriegserlebnissen dort erzählt, wie sie in ihren Erinnerungen festhielt: „Das waren die beiden für Clemens so gefahrvollen Nächte von Lüttich und Heerlen, wo er sich das eiserne Kreuz verdiente, aber auch in größer Gefahr schwebte, das Schlimmste, was er auf dem Feldzug im Westen erlebte, wie er selbst sagte".[156] Clemens fiel am 18. Februar 1915 in Polen.

Der Lieblingsbruder Adolf v. Spiegel meldete sich freiwillig zum Kriegsdienst. Im Rittmeisterrang wurde er mit dem Reserve-Husaren-Regiment Nr. 5 am 11. August vom Güterbahnhof Paderborn/Nord zum Einsatz an die Westfront gebracht, wo er an den Kämpfen um Lüttich beteiligt war. Das Reserve-Husaren-Regiment blieb bis zur Demobilisierung 1918 im Westen im Einsatz. Adolf v. Spiegel überlebte den Krieg unversehrt, anders als seine beiden jüngeren Brüder und Schwager Max Graf von Merveldt, der im selben Regiment seine Dienstpflicht geleistet hatte und am 16. September 1914 bei Reims fiel. Kurz vor dem Ausrücken hatte v. Spiegel Olga v. Laffert am 5. August 1914 standesamtlich in Paderborn geheiratet, wie bereits ausgeführt.[157]

Von diesen Einsätzen und Militärplänen konnte Mère Bénédicte am 7. August 1914 nichts ahnen, als ihr Abt Marmion eröffnete, dass alle Deutschen ausgewiesen seien und Belgien umgehend zu verlassen hätten. Die Regierung könne „in keiner Weise für die Sicherheit irgendwelcher Deutscher sorgen…und müßten diese sehen, wie sie auf ihr eigenes Risiko so schnell als irgendmöglich über die Grenze kämen". Der Abt drängte auf unverzügliche Abreise. Er selbst plante, seine jungen wehrtüchtigen Mönche nach Irland in Sicherheit zu bringen, was er nach der Eroberung des 30 Kilometer entfernten Namur am 24. August 1914 durch die Deutschen auch umsetzte. Zuvor strömten Scharen von Flüchtlingen, Zivilisten, Soldaten und Verwundete in die Abtei, um Schutz zu suchen.[158]

Abt und Äbtissin verständigten den Erzabt in Beuron und die zur Beuroner Kongregation gehörende Frauenabtei St. Hildegard in Eibingen bei

Rüdesheim, dass demnächst – „so Gott will" – 2 Klosterfrauen aus Belgien
in Deutschland eintreffen würden, die eine neue klösterliche Heimat benötigten. Währenddessen sollte Mère Bénédicte mit 2 Deutschen, die zur Primiz eines verwandten Mönchs Maredsous besucht hatten, schleunigst und
ohne klösterlichen Habit in unauffälliger weltlicher Kleidung die Flucht
nach Deutschland antreten, begleitet von der deutschen Laienschwester
Katharina Haag. In der Nacht des 7. August galt es, geeignete Reiseklei-
dung zusammenzustellen, was sich als schwierig erwies, wie v. Spiegel anschaulich im folgenden schildert: Die Kleider der kürzlich eingetretenen
Postulantinnen passten der 40-Jährigen nicht, sodass die „für die Armen
zurückgelegte Garderobe…herhalten" musste. Ein „graues Reisekostüm,
Rock und Jacke…die mir an Länge allerdings bedeutend nachstand, das
aber durch umso ausgedehntere Breite ausglich. (…) Aber wie sollten wir
die kurz geschnittenen Haare…verbergen? (…) Wir konnten ja nicht wissen, dass die Welt, seitdem wir sie verlassen, um so vieles verrückter geworden geworden" ist. „Übrigens sahen wir in der Tat ‚verboten' aus und kann
ich es den Belgiern nachträglich wirklich nicht übel nehmen, dass sie uns
für verkleidete und somit gefährliche Subjekte hielten".

15 Jahre hatte die Klosterfrau keinen Schritt vor die Tür ihrer Abtei gesetzt. So trafen mit einem Mal zwei gänzlich unterschiedliche Welten – die
der abgeschiedenen klösterlichen Klausurgemeinschaft und die einer durch
technisch-industriellen Fortschritt gänzlich gewandelten Gesellschaft –
aufeinander. In hohem Maße verkompliziert durch die Ausnahmesituation
eines Krieges mit seinen Lebensgefährdungen. Für Benedicta v. Spiegel
bedeutete der offensichtlich von den eigenen Landsleuten vom Zaun ge-
brochene Krieg mit der völkerrechtswidrigen Besetzung des neutralen Belgiens, dass sie zwischen die Fronten zu geraten drohte.

„Immer noch schien es mir wie ein böser Traum, eben weil die Wirklichkeit
der gewohnten so ganz entgegengesetzt war und es schwer war, sich zumal
unter solchen Umständen in das seit fünfzehn Jahren ganz vergessene Treiben
der Welt hineinzufinden (…) Es war ein unbeschreiblich wehes Gefühl der
Verlassenheit".

Der Verbleib in ihrem Professkloster war vorerst zunichte gemacht, die
Abtei Maredret als Lebensmitte verloren. Doch mussten nicht alle Nonnen
mit deutschem Pass Belgien verlassen, denn zwei Schwestern aus der Familie von Stolberg blieben in Maredret über den Krieg hinaus.[159]

Mère Bénédicte musste erst einmal die unmittelbare Herausforderung
der Flucht nach Deutschland mit ihren Reisebegleitern meistern. Sie zeich-

net von den Erlebnissen ein lebendiges Bild: Als „Baronin Spiegel" mit der
schwäbelnden Schwester Katharina als „Kammerjungfer" bestieg sie am
frühen Morgen des 8. August 1914 ohne Ausweisdokumente, den Habit in
einem Koffer verpackt, in Begleitung eines Mönchs aus Maredsous und 2
weiteren Deutschen zunächst im nahegelegenen Mettet den Zug Richtung
Brüssel. Man hielt sie in ihrer Aufmachung, die allenthalben Aufmerksamkeit in dem kleinen Zug erregte, für als Frauen verkleidete männliche Spi-
one, ein verbreiteter Propagandatopos zu Kriegsbeginn, wie sie in ihren
Erinnerungen anmerkt. An der nächsten größeren Haltestelle – Fosse –
stiegen 2 Soldaten in den Zug und setzten sich den beiden verkleideten
Klosterfrauen fixierend gegenüber. In Tamines, das 14 Tage später Ort
eines deutschen Massakers an Zivilisten werden sollte, wechselten sie, von
den Soldaten durch die Menschenmenge eskortiert, in den Zug nach Brüssel. Sie setzten die Fahrt eingeschlossen in einem Abteil der 1. Klasse fort,
„wohl um uns leichter isolieren zu können". Die Fahrt über die Stadt Ni-
velles ins nicht weit gelegene Brüssel führte „durch prachtvoll fruchtbares
Land, wie ein großer Gemüsegarten, ganze Felder von Blumenkohl etc.
alles in üppigster Pracht und herrliche Blumenkultur". Trotz aller Anspannung hatte v. Spiegel ein offenes Auge für die landschaftliche Schönheit des
noch unversehrten Landstrichs. Endstation war vorerst ein Abstellgleis auf
dem Brüsseler Hauptbahnhof, von wo die Reisenden mit dem begleitenden Mönch in 2 Autos zum Verhör in eine Polizeistation gebracht wurden.
„Das war meine erste Autofahrt, ein durchaus unfreiwilliges Vergnügen,
das ich, durch sichere Klausur von der modernen Welt für immer geschie-
den, nie zu erleben gewähnt hatte".[160]
    Man muss sich vergegenwärtigen, dass diese Schilderung der überstürz-
ten Ausreise nach Deutschland – aus großem zeitlichen Abstand und das
Gelingen der Flucht vor Augen verfasst – ein idealisierendes Moment in-
nehat, das auch in der folgenden Passage sich ausdrückt, als v. Spiegel ihre
Angst in der kritischen Situation des Spionageverdachts im Brüsseler Poli-
zeiverhör mit Gottvertrauen bewältigt sieht: „Erklären läßt sich das wunderbar friedliche Gefühl nicht, das in dem Bewußtsein liegt, menschlicher-
seits alles von Gott zu erwarten. Man muß es selbst empfunden haben, wie
dann mit einem Mal jede Sorge und Unruhe verschwindet vor dem einen
Gedanken, der so mächtig das ganze Herz erfüllt, dass nichts geschehen
wird als was der liebe Gott will und zuläßt und das ist immer gut und kann
nicht anders sein".[161]
    Nach ihrer Darstellung hatte sie sich dazu entschieden, die Situation
ohne Beschönigung wahrheitsgemäß zu schildern. Der verhörende Beamte
überzeugte sich von dem klösterlichen Gewand im Koffer und prüfte ihr

handgeschriebenes Notizbuch mit Gebeten in 6 verschiedenen Sprachen: deutsch, französisch, englisch, italienisch, latein und hebräisch. Ob ihn die sprachgewandte Klosterfrau beeindruckte mit ihrer Schilderung, ließ v. Spiegel offen. Sie beschrieb, dass es dem Beamten unerklärlich blieb, warum der Abt von Maredsous – „einer in ganz Belgien so bekannten Abtei" – den angeblichen Klosterfrauen keine Bescheinigung oder Identitätsbestätigung mit auf den Weg gegeben hatte.

> „Als er sich so über Maredsous äußerte, fiel mir ein, dass ich ein Photo vom Vater Abt Primas in den Koffer gesteckt hatte. Ich fragte ihn, ob er den früheren Abt von Maredsous…de Hemptinne aus Gent gekannt habe. Durch ihn sei ich nach Belgien gekommen. Ich habe ihn sehr verehrt und sein Bild bei mir. Das zeigte ich dann und er erkannte es und diese Entdeckung machte den besten Eindruck".

Ausgestattet mit einem Passierschein fuhren die beiden Nonnen mit dem Mönch und den zwei weiteren deutschen Reisenden im Auto durch Brüssel zum Bahnhof und nahmen kurz nach 17.00 den Zug nach Antwerpen, unwissentlich begleitet von belgischen Geheimdienstkräften. Endstation war die kleine Grenzstadt Essen. „Und diese letzte Stunde auf dem Boden meiner zweiten Heimat widmete ich dem Breviergebet. Es war die erste Vesper des zehnten Sonntags nach Pfingsten.(…) Eine wahre Flut von Flüchtlingen entströmte den Waggons". Von den ersten Kriegstagen an kam es zu einer Massenflucht sowohl aus der belgischen Zivilbevölkerung aus Angst vor Übergriffen der deutschen Besatzungsmacht als auch von ausgewiesenen Deutschen. Ziel waren die neutralen Niederlande, die seit August 1914 förmlich von Flüchtlingen überrannt wurden, so v. Spiegel.[162]

Nach ihrem Fluchtbericht fanden sich die 4 noch immer treu von dem Mönch aus Maredsous begleiteten Deutschen in einer großen Menge eilig die Grenze passierender Menschen wieder. Es war ihnen gelungen, als Fuhrwerk „eine Art vorsintflutlichen Karren ohne Federn" für den Transport von Essen bis zum ca. 8 Kilometer entfernten Bahnhof Rosendaal auf der holländischen Seite zu ergattern. Die Grenze ließ sich problemlos passieren. Der Ort war von Flüchtenden überfüllt: „Da hatte sich die stündlich wachsende Flut der Flüchtlinge gestaut (…) Die einen ließen sich in irgend einer Ecke häuslich nieder… Die andern suchten abhanden gekommene Angehörige oder fanden verlorene wieder. Da wurde gegessen, gelaufen, geschrien, – da wurden Kinder gewaschen – Hunde gefüttert. Da spielten sich alle nur denkbaren Familienszenen ab".

Da an eine Unterkunft nicht zu denken war, entschlossen sich die Flüchtenden kurzerhand für den Zug, der gegen 22.00 nach Rotterdam weiterfahren sollte. „Um Platz zu bekommen, sollten wir Fahrkarten erster Klasse nehmen, da wir dann als erste auf den Bahnhof gelassen würden". Um Mitternacht kamen die Reisenden nach etwa 2 Stunden Fahrt im überfüllten Zug in der an der Rheinmündung gelegenen Stadt an. Benedicta v. Spiegel schildert, wie sie auf dem Bahnhof zufällig auf einen aus Rotterdam stammenden Pater trafen, der die aus Belgien ausgewiesenen deutschen Mönche von Maredsous und Löwen an die Grenze begleitet hatte. Wie dieser für eine Hotelübernachtung sorgte und wie die beiden wieder in ihre Habits gekleideten Klosterfrauen am frühen Sonntagmorgen des 9. August 1914 zunächst eine Hl. Messe besuchten.[163]

Nach dem Frühstück stand dann die letzte Etappe zur deutschen Grenze an, die sie auf einer dreistündigen Zugfahrt in das ca. 100 Kilometer entfernte Nymwegen zurücklegten. Von dort war es noch eine halbe Stunde Fahrt bis zum Grenzstädtchen Beek, wo sie sich von ihrem Reisebegleiter, „unserem treuen Beschützer mit herzlichem Dank für seine wirklich aufopfernde Sorge" trennten. Er machte sich auf den beschwerlichen Heimweg nach Maredsous. Benedicta v. Spiegel und ihre Reisebegleiter überquerten zu Fuß die Grenze. Erleichtert gegen 15.00 Uhr auf der deutschen Seite in Wyler im heutigen Kreis Kleve angekommen, wurden sie an der Grenzstelle zunächst festgesetzt, da sie sich ohne Ausweisdokumente nicht legitimieren konnten. Die gerade aus ihrem belgischen Mutterkloster in ihr deutsches Heimatland Geflüchtete legte ihrer eigenen Schilderung zufolge ein standesbewusstes Auftreten an den Tag: Sie fragte demnach, „ob ein Offizier dort das Kommando habe" und gab den Auftrag, dem Offizier zu sagen, „dass mein Geburtsname…Baronin Spiegel-Peckelsheim", sie „Schwester mehrerer preußischer Offiziere" sei und „nur mit einem Offizier verhandeln" würde. Letztlich wurde eine Verwandte ihrer Stiefmutter, die im nahe zur Grenze in Cleve wohnende verwitwete Luise Gräfin Holnstein telefonisch kontaktiert. Sie konnte dann vor Ort die Identität bestätigen, und die beiden Klosterfrauen verbrachten bei ihr nach langen Jahren die erste Nacht in Deutschland.[164] So endete am 9. August 1914 gegen 20.00 Uhr erfolgreich die Flucht vor dem gerade begonnenen Krieg mit einer ungeplanten Rückkehr in die Heimat. Mère Bénédicte wird fortan Benedicta genannt, von ihren Verwandten nach wie vor bei ihrem Mädchennamen Elisabeth oder dem Kosenamen „Lika".

Benediktinerinnenabtei Maredret, um 1910

In der Klausur der Abtei Maredret um 1910

Mère Bénédicte ca. 1910

Germain Morin

Abt Columba Marmion

IV. Zwischenzeit in der Heimat und der Abtei St. Hildegard bei Rüdesheim 1914–1918

10 MONATE BEI DER STIEFMUTTER IM EHEMALIGEN KLOSTER GEHRDEN

Die Strapazen der Reise und die innere Anspannung hatten Spuren hinterlassen, „die Nerven zu sehr erschüttert", sodass die Rückkehrerin aufgrund körperlicher und psychischer Schwäche nicht in der Lage war, sofort in ein neues Kloster einzutreten. Dennoch hatte v. Spiegel – ihren Erinnerungen zufolge – unmittelbar nach ihrer Ankunft in der Heimat in einem Brief an die Abtei St. Hildegard in Eibingen bei Rüdesheim darum gebeten, „ihr und der mit ihr ausgewiesenen Laienschwester…eine Zufluchtsstätte zu gewähren". Die dortige Äbtissin gab „sofort telegraphisch Nachricht" und hieß „beide herzlichst willkommen": „Für die beiden Mitschwestern werden in größter Freude Zellchen gerichtet". Nicht nur die zuständigen Ordensoberen wussten zeitnah von der gelungenen Flucht der Klosterfrauen nach Deutschland, auch die Familie v. Spiegel. Die zwei Jahre ältere Schwester Maria, mittlerweile verheiratet mit Ignatz von Twickel, brachte die beiden Nonnen im Auto nach Recklinghausen, wo das Ehepaar zu dieser Zeit lebte.[165] Im Auftrag des Beuroner Erzabts besuchte sie dort wenige Tage später der gleichaltrige Raphael Molitor (1873–1948) – Abt der nahegelegenen Abtei Gerleve bei Coesfeld. Von ihm erhielt die Abtei in Eibingen am 21. August 1914 die Mitteilung, „dass Frau Benedicta Spiegel schwer erkrankt sei und unter ärztlicher Behandlung bleiben…, deshalb vorläufig bei ihren Angehörigen verweilen müsse".[166] Ein zeitgleiches Schreiben der Eibinger Äbtissin an den Abt von Maria Laach bestätigt die Darstellung:[167]

> „Dass Fr. Benedicta v. Spiegel von St. Scholastica mit einer Laienschwester fliehen mussten, ist…bekannt. Sie bat mich von Cleve aus, sie aufzunehmen, ging aber von da aus nach Recklinghausen zu ihrer Schwester, um sich hierher begleiten zu lassen. Indes erfuhr ich…, dass ihre Gesundheit nach Aussage des

Arztes notwendig einer Kur bedürfe; somit wird sich ihre Ankunft hier verzögern. Da der Arzt äusserte, dass sonst eine seelische Störung zu befürchten wäre, bin ich natürlich froh, wenn sie hier gesund ankommt. Für diese beiden, armen Flüchtlinge, die viel durchgemacht hätten, möchte ich hochwst. Vater um Klausur-Licenz bitten".

Die bereits am 13. August 1914 hergerichteten „Zellchen" mussten also vorerst auf ihre neuen Bewohnerinnen warten. Erst 8 Monate später wird die Laienschwester Katharina Haag in Eibingen eintreffen. Benedicta von Spiegel wird nach weiteren 8 Wochen am 26. Juni 1915 folgen, mithin also 10 Monate in ihrer Familie zubringen. In Recklinghausen erreichte sie die Nachricht, dass Papst Pius X. (*1835) am 20. August 1914 gestorben war: „Mitten in den Heimsuchungen des furchtbaren Weltkrieges, in einem Moment, wo ganz Europa in Waffen steht und des Friedenshirten bedürfte – wird er abberufen". Auch von der Wahl des Nachfolgers Papst Benedikt XV. (1854–1922) am 3. September 1914 erfuhr sie dort.[168]

Als v. Spiegel sich reisefähig fühlte, übersiedelten die beiden Klosterfrauen von Recklinghausen zur Stiefmutter Charlotte. Diese war nach der Heirat des Sohnes Joseph mit Gertrud Freiin von Amelunxen (1887–1957) im Mai 1908 aus dem Schloss in Helmern ausgezogen, wohl auch um Konflikte mit der Schwiegertochter zu vermeiden. Die Witwe bewohnte seitdem einige Räume im 9 Kilometer entfernten ehemaligen Benediktinerinnenkloster Gehrden, das nach der Säkularisation zu einem Schloss umgebaut worden war. Erhalten blieben die romanische Pfeilerbasilika, der sog. Äbtissinnenflügel des Kreuzgangs und der ummauerte Klausurgarten: „Das war vertraute Umgebung".[169]

Doch der Krieg erschütterte die Familie und damit auch Benedicta v. Spiegel mit hohen Opfern: Binnen weniger Monate fielen an der Front:

- am 22. August 1914 bei Roux/Belgien: der Schwager ihrer Schwester Theresie, Otto von Borries (*1879)
- am 16. September 1914 bei Reims: ihr Schwager Max Graf von Merveldt (*1880), Ehemann der jüngsten (Halb)Schwester Ida
- am 12. Oktober 1914 bei Iwangorod: ihr 5 Jahre jüngerer Bruder Raban (*1879)
- am 23. Oktober 1914 westlich von Iwangorod: ein weiterer Schwager ihrer Schwester Theresie, Wilhelm Graf von Borries (*1871)
- am 16. November 1914 in Oporow: der Bruder ihres Schwagers Friedrich Graf von Merveldt (*1878)
- am 18. Februar 1915 ihr 12 Jahre jüngerer (Stief)Bruder Clemens (*1886) bei Augustów in Polen

„(…) der liebe Bub, unser Jüngster, der mir so sehr ans Herz gewachsen war… Das waren schwere Tage. Mama wurde sehr krank, das Herz wollte versagen, es war zu viel des Leides, auch für diese tapfere Frau" – beschrieb Benedicta v. Spiegel tiefe Trauer und großen Schmerz über die verlorenen nächsten Angehörigen. Sie hatte ihren jüngsten Bruder das letzte Mal im November 1914 wieder getroffen, als er nach einer Verwundung für 10 Tage Heimaturlaub erhalten hatte. Und ihn als vom Krieg gezeichneten, möglicherweise auch schwer traumatisierten jungen Mann erlebt, „der die Greuel des Krieges schaudernd gesehen hatte".[170]

„Jetzt sah ich ihn wieder, den sonnigen, noch so jungen Menschen als tiefernsten, in Not und Tod gereiften Mann, der oft wie abwesend in unserer Mitte weilte, dessen Blick dunkel war und in weite Fernen ging. Er hatte den Tod immer vor Augen, weil er so viel Trauriges erlebt hatte und voraussah, dass er nicht wiederkommen werde. Es waren tiefernste Stunden, die wir miteinander verlebten, weniger von den Ereignissen der Zeit als von der Ewigkeit geprägt".

Die benediktinische Tochter konnte ihrer Mutter in dieser schweren Zeit tröstend zur Seite stehen, aber gewiss hinterließ die Trauer um die gefallenen Angehörigen tiefe Spuren in ihrer Seele. Ihr Bruder Joseph, der aufgrund eines Herzfehlers nicht zum Kriegsdienst eingezogen worden war, holte 1915 die sterblichen Überreste seiner gefallenen Brüder nach Hause. Die Nichte Aloysia hielt in ihren Erinnerungen die Situation im Elternhaus in Helmern fest: „…eines Tages standen Särge bei uns in der Halle, und wir mußten jeden Morgen und Abend dort knien und beten. Es waren die Särge der beiden Brüder von Vater. Im ersten Weltkrieg war es noch möglich, die Gefallenen heimzuholen. So war mein armer Vater nach Rußland gefahren. Es muß eine furchtbare Reise gewesen sein. Es war gar nicht sicher, dass sie nun in dem angegebenen Grab lagen. So makaber, wie es war, kann man es sich gar nicht vorstellen. Der arme Vater stand nun vor den schon halb verwesten Leichen seiner so sehr geliebten Brüder. Mutter erzählte später, Vater wäre um Jahre älter geworden, als er von dieser Reise zurückgekommen sei. Die beiden Brüder wurden in einem Doppelgrab auf dem stillen Familienfriedhof in Fölsen – nahe Helmern – begraben".[171] Auf diesem kleinen Friedhof hat Benedicta von Spiegel 1914 auch erstmals am Grab ihres 8 Jahre zuvor verstorbenen Vaters gestanden.

Über den Tod ihres jüngsten Bruders hat sie den Beuroner Erzabt Ildefons Schober (1849–1918) verständigt, der sie in seiner Antwort vom 1. März 1915 bestärkte, ihrer Mutter in dieser schweren Situation beizustehen: „Es ist eine glückliche Fügung, dass Sie noch daheim sind". Der Wunsch, wieder im Kloster zu leben, wurde offenbar drängender, denn der Erzabt ließ ihr am 12. April 1915 schreiben, er freue sich sehr, „dass Sie nun endlich daran denken können in ihr reguläres Leben zurückzukehren, denn so still und fromm es gewiß auch in Gehrden ist, es zieht einen doch immer zurück in die monastische Familie". (…) Da jedoch auf absehbare Zeit eine Rückkehr nach Maredret nicht möglich ist, „sollten Sie sich mutig für Eibingen entschließen. Die Frau Äbtissin hat öfters schon dem Hochwürdigsten Vater versichert, dass Sie mit allen Leiden und Sorgen in St. Hildegard aufgenommen werden sollten. Ich bin überzeugt, dass Sie sich dort am Rhein, in dem wirklich schönen Kloster sehr gut einleben…werden".[172]

Der Gerlever Abt Raphael Molitor besuchte Benedicta v. Spiegel zweimal im ostwestfälischen Gehrden, offenbar im Auftrag des Beuroner Erzabtes Schober. Möglicherweise sprach er mit ihr über ihre weitere klösterliche Zukunft, denn in Eibingen war man – nachdem man dort aus Maredret offenbar Näheres über einige ihrer dem Klosterleben eher abträglichen Wesenszüge erfahren hatte – einem herzlichen Willkommen nicht wirklich zugeneigt: „Frau Benedicta Sp. wird also nächstes bei Ihnen ankommen… So Gott will geht es gut u. sind Sie nicht zu sehr durch ein fremdes Element gestört" – so ist wenig schmeichelhaft in einem Brief an die Äbtissin von St. Hildegard zu lesen.[173]

Am 23. April 1915 reiste die Laienschwester Katharina Haag, die bislang bei den Spiegels gewohnt hatte, in die Abtei St. Hildegard ab. Die Tochter half unterdessen ihrer Mutter noch beim Umzug von Gehrden auf ihren Witwensitz: die Burg in Peckelsheim. Sie befand sich wie das Gut Helmern ebenfalls im Besitz des Bruders Joseph, „wo sie ganz in der Nähe meines Bruders und seiner Familie nicht mehr so einsam war". Vor dem Eintritt in Eibingen besuchte v. Spiegel – begleitet von ihrer Mutter – die Erzabtei Beuron, um sich dieses neuen Lebensschrittes innerlich zu versichern und am Grab ihren großen Förderer, Abtprimas Hildebrand de Hemptinne zu bitten, „er möge vom Himmel aus meine weiteren Schritte lenken". Am 26. Juni 1915 betrat die Benediktinerin nach 10 Monaten endlich wieder die klösterliche Klausur.[174]

Was sie nicht wissen konnte: Die Äbtissinnen der beiden Beuroner Frauenklöster St. Hildegard in Eibingen und St. Gabriel in Prag hatten sich 4 Wochen vorher eingehend über den avisierten Neuzugang ausgetauscht. Äbtissin Adelgundis Berlinghoff (1849–1922) schrieb am 15. Mai 1915 an ihre Amtskollegin:[175]

„Wie geht es der guten Schwester Katharina? (Mar.). Dass Frau B. noch immer nicht reisefähig ist, ist wohl ein Glück für Sie, ein solcher Gast ist wohl nicht wünschenswert, aber vielleicht geht alles doch besser, als man denkt". Der Beuroner Erzabt Ildefons Schober „hat sie als ‚hochgradig hysterisch' bezeichnet, wie auch ihre Mutter es sei. Das ist aber <u>nur für Sie</u>. Möge der lb. Gott Sie so lange als möglich davor bewahren. Die Aebtissin von S. Scol. (Äbtissin Cécile de Hemptinne - Abtei Hl. Scholastica in Maredret GW) hätte am liebsten, wenn V. Erz. (gemeint Vater Erzabt Ildefons Schober GW) sie säkularisieren würde. Ich habe ihm dies mitgeteilt. Er scheint es gut zu verstehen, aber ich zweifle doch, dass er aus eigener Initiative einen solchen Schritt tun wird, es sei denn, dass Fr. B. es selbst verlangt, dann wären alle Schwierigkeiten gelöst. Derartige Schwestern taugen nicht für unser Leben".

Die Voraussetzungen waren nach dieser Korrespondenz von höchster abteilicher Stelle denkbar ungünstig für ein gelingendes Einleben in der neuen klösterlichen Klausur. Und so sollten die nächsten 3 Jahre bis zum Kriegsende auch zu einem persönlichen Desaster werden. Die grundsätzlichen Zweifel an ihrer klösterlichen Eignung begleiteten Benedicta v. Spiegel im rheinischen Eibingen durchgehend. Erstmals konnte dazu unveröffentlichter Schriftwechsel mit zum Teil markigen Worten der Äbtissinnen von St. Hildegard und St. Gabriel herangezogen werden. Die ausgewerteten Dokumente gewähren seltene Einblicke in die psychischen Nöte einer Ordensfrau einerseits, in die weitgehende Hilflosigkeit der Klosterleitung ihnen gegenüber andererseits.

FREMDSEIN IN DER ABTEI ST. HILDEGARD

Die Abtei St. Hildegard in Eibingen liegt malerisch oberhalb von Rüdesheim im heutigen Gebiet des Weltkulturerbes Oberes Mittelrheintal. Hervorgegangen aus den ersten Klostergründungen der heiligen Hildegard von Bingen (1098–1179) mussten die letzten Bewohnerinnen nach der Aufhebung des Klosters ihre Heimat 1814 verlassen. Die erst im 17. und 18. Jahrhundert neu eingerichteten Gebäude wurden zum Teil abgerissen, die restlichen Häuser als Schule, Rathaus u.a. genutzt. Die Klosterkirche, in der bis heute die Reliquien der Hl. Hildegard aufbewahrt werden, ist als Pfarrkirche St. Hildegard neu konsekriert worden. Ein Kilometer entfernt konnte der Neubau der neoromanischen Klosteranlage in den Jahren 1900 bis 1904 oberhalb der Weinhänge im Rheingau durch tatkräftige finanzielle Förderung von Fürst Karl zu Löwenstein-Wertheim-Rosenberg errichtet werden. Die Familie v. Spiegel unterhielt – wie beschrieben – persönliche Verbindungen zu den Fürsten Löwenstein. So soll – nach v. Spiegels Lebenserinnerungen – Fürst Karl ihrem Vater seinerzeit in der Bauphase

1902 vorgeschlagen haben, seine Tochter nach Eibingen zu holen; ein Plan, der bekanntlich nicht realisiert wurde. Ebenso wie Maredret zur Beuroner Kongregation gehörend gestalteten die künstlerisch talentierten Mönche der Beuroner Kunstschule die zentralen Klosterbauten von St. Hildegard: Kirche, Bibliothek und Chor. Versierter Architekt der Abtei war der seit 1902 im Kloster Maria Laach lebende Pater Ludger Rincklake (1851–1927), der u.a. auch den Bau der Abtei St. Josef im westfälischen Gerleve entwarf. 1904 wurde Regintrudis Sauter (1865–1957) als Gründungspriorin eingesetzt und 1908 einen Tag nach der Abteikirchweihe durch den Limburger Bischof Dominikus Willi (1844–1913) als Äbtissin benediziert; ein Amt, das sie 50 Jahre innehatte und prägend ausfüllte.[176] Auf die 9 Jahre ältere Äbtissin wird Benedicta v. Spiegel kurz nach ihrer Ankunft treffen.

Die im sog. „badischen Geniewinkel" Meßkirch 1865 geborene Josefine Sauter wuchs mit 11 Geschwistern auf, verlor mit 14 Jahren ihren Vater und trat 1883 in das Benediktinerinnenstift Nonnberg in Salzburg ein, wo sie inspiriert vom Reformgeist Beurons eingehend mit dem liturgischen Leben, Choral, Latein- und Bibelstudien vertraut gemacht wurde. Mit der Einkleidung 1884 erhielt sie den Namen Regintrudis. Sie sprach fließend französisch, unterrichtete zeitweise diese Fremdsprache und spielte die Orgel in der Nonnberger Klosterkirche. Zwei Jahre nach der Profess 1887 wurde sie als Mitglied einer Gründungskolonie gemeinsam mit Adelgundis Berlinghoff – der späteren Äbtissin – nach St. Gabriel in Prag gesandt. Dort wirkte Sauter an der Gründung des ersten Frauenklosters der Beuroner Kongregation mit, und wurde 1900 zur Novizenmeisterin ernannt.[177] Mit diesen Erfahrungen brachte sie optimale Voraussetzungen für die Gründung des ersten Beuroner Frauenklosters in Deutschland mit. Ihre Aufgabe in der noch jungen Abtei St. Hildegard bei Rüdesheim bestand vor allem im Aufbau und der inneren wie äußeren Konsolidierung.

Der Stifter – Fürst Karl zu Löwenstein – hatte das Kloster mit seinem ganzen Grundbesitz „zu freier Verfügung feierlich geschenkt". Zuvor hatte die Äbtissin von Solesmes auf die umfangreichen Mitgiften der beiden dort lebenden Töchter des Fürsten verzichtet und damit den Klosterneubau in erheblichem Maße mit befördert.[178] Zu den Äbtissinnen der beiden anderen Frauenklöster der Beuroner Kongregation in Prag und Maredret unterhielt Sauter gute Beziehungen, die sich u.a. in einem gemeinsamen Treffen 1912 zur Abstimmung zeremoniell liturgischer Fragen in der Prager Abtei St. Gabriel und einem regen Briefwechsel manifestierten. Mit dem 1913 neu ins Amt gewählten Abt von Maria Laach Ildefons Herwegen teilte sie die Auffassung einer autoritätsbetonten Klosterführung. In ihrer Lebensbeschreibung heißt es: „Mutter Regintrudis nahm ihr Amt sehr ernst und allumfassend. Sie verlangte einen fraglosen Gehorsam, einen Gehorsam bis in die kleinsten Details".

Bis in die 1930er Jahre „galt in St. Hildegard die ganz strenge Klausur", wonach die Nonnen nicht einmal für dringend notwendige medizinische Behandlungen das Kloster verlassen durften. Regintrudis Sauter übte das Äbtissinamt bis ins hohe Alter von 90 Jahren aus. Erst 1955 vollzog sich der Generationenwechsel in der Abteiführung. 3 Jahre zuvor hatte die Stadt Rüdesheim sie anlässlich der Feier ihres 65-jährigen Ordensjubiläums (sog. Eiserne Profess) mit der Ehrenbürgerwürde ausgezeichnet für ihre hohen Verdienste um die Abtei, die – wie es in der Ehrenbürgerurkunde heißt – „zu einem Kulturzentrum geworden ist, welches weit über die Grenzen unseres Vaterlandes hinaus Bedeutung erlangt hat".[179] Äbtissin Regintrudis Sauter starb 1957 hochbetagt und erblindet mit 92 Jahren in ihrer Abtei.

Im Jahr des Kriegsausbruchs 1914 lebten in St. Hildegard insgesamt 61 Schwestern, darunter 31 Chorfrauen, 21 Laienschwestern, Postulantinnen und Novizinnen.[180] Der Konvent sollte in den Folgejahren auf über 100 Mitglieder anwachsen. In den Annalen von St. Hildegard vom 26. Juni 1915 ist festgehalten: „Nach der Vesper kommt endlich die zu Anfang des Krieges aus Belgien vertriebene Mitschwester: Mere Benedicte von Spiegel in die Klausur. (…) Unserer teuren Hochw. Mutter Äbtissin ist es eine wahre Freude, der armen Mitschwester, die manches durchmachen mußte, vorläufig ihr Kloster ersetzen zu können". Und am 6. Juli 1915 durfte der Neuankömmling von den Erlebnissen der Flucht in der Recreation erzählen: „Sie hatten infolge des Nationalitätenhasses und der Spionenfurcht schreckliches auszustehen, aber beim nachträglichen Erzählen kam auch die komische Seite zum Ausdruck, für deren Auffassung und Wiedergabe Mere Benedicte kein übles Talent hat".[181]

Doch offenbar stellte sich schnell heraus, dass Konvent, Mère Bénédicte und die 9 Jahre ältere Äbtissin nicht harmonierten. Die Voraussetzungen waren von Anfang an denkbar ungünstig auch aufgrund der bereits vorgefertigten negativen Meinung über den Neuzugang. In ihren Erinnerungen formulierte sie: „(…) habe mich dort aber nie wirklich eingewöhnt. Das war mir seinerzeit ein schwerer Kummer, zumal es ja immer klarer zutage trat, je länger der Krieg dauerte, dass mit einer Rückkehr nach Belgien nicht zu rechnen sei.(…) Doch gedenke ich dankbar auch der drei im Rheingau verlebten Jahre, denn sie haben mir manch nützliche Erfahrung und viele einsam stille, bereichernde Stunden gebracht".

In den Annalen von St. Hildegard heißt es lapidar: „Bei uns konnte sie sich nicht stabilisieren".[182]

Zu den Gründen sind einige Hinweise der Korrespondenz zu entnehmen, die v. Spiegel mit zwei Äbten führte, um Rat zu erhalten in der für sie offenbar schwierigen Situation. Möglich, dass sie aufgrund der Fluchterlebnisse und Trauer um nahe Angehörige aus dem inneren Gleichgewicht geraten und nicht belastbar war? Möglich, dass sie sich durch die streng hierarchisierte, auf unbedingtem Gehorsam beruhende Klosterführung in St. Hildegard und die damit einhergehende strikte Handhabung der Klausur eingeengt fühlte? Möglich, dass es zwischenmenschlich nicht harmonierte? Wahrscheinlich, dass verschiedene Faktoren zusammenkamen und eine bedrückende atmosphärische Stimmung erzeugten. Eine überaus aufschlussreiche Quelle stellen zudem die Briefe dar, welche die beiden Äbtissinnen von St. Hildegard und St. Gabriel über die Jahre ausgetauscht haben, von denen jedoch nur die der Prager Äbtissin an ihre Eibinger Amtskollegin erhalten sind. Zunächst jedoch zu der Korrespondenz mit den Äbten:

Die Briefe, die Benedicta v. Spiegel nach Beuron sandte, sind nicht erhalten, aus den Antworten ist zu schließen, dass sie schon früh den Vorsatz gefasst hat, nicht länger in Eibingen zu bleiben. Schon 3 Wochen nach ihrer Ankunft am 11. Juli 1915 beschwor sie Erzabt Ildefons Schober in Beuron, der sie nach dem oben zitierten Briefauszug der Prager Äbtissin als „hochgradig hysterisch" bezeichnet hatte: „Solange der böse Krieg dauert, werden Sie nun doch wohl (...) in Eibingen bleiben müssen" und appellierte 1 Jahr später erneut: „Was er (der Erzabt GW) Ihnen früher gesagt wiederhole er gerne: Sie sollen recht geduldig, dankbar u. voll Vertrauen in Gottes Führung ausharren".[183]

Im Krieg war es ihr möglich, die Korrespondenz mit ihrem Professkloster Maredret weiterzuführen, und auch die Abtei St. Hildegard stand mit dem Schwesterkloster in ständigem Briefkontakt, wie den Annalen zu entnehmen ist. Den Einträgen zufolge war die Situation trotz Krieg in Maredret nicht lebensbedrohlich, jedoch von Not und Armut beschwert. St. Hildegard blieb vom Krieg weitgehend verschont, doch nicht „zuletzt fand auch der damalige Patriotismus...ein lebhaftes Echo in der Kommunität. Alles nur eben Mögliche wurde gespendet". Obwohl Deutschland und Belgien Kriegsgegner waren, und die Konvente verständlicherweise in Heimatliebe je auf der Seite ihres Landes standen, kam es nicht zu Feindseligkeiten oder persönlichen Zerwürfnissen zwischen den Frauenabteien, die im Krieg regelmäßigen Briefkontakt unterhielten [184]. Dennoch forcierte der Krieg die Trennung innerhalb der Beuroner Kongregation.

Die Beförderung der Briefe über die Frontlinien stellte der Gouverneur der Festung und Provinz Namur, der aus Bayern stammende Generalleutnant Karl Freiherr von Hirschberg (1855–1927) sicher: Er schrieb am 23. Juni 1915 an Benedicta von Spiegel:[185]

„Selbstverständlich stehe ich nach wie vor zur Beförderung Ihrer und anderer Ordensschwestern Korrespondenz mit Maredret stets und gerne zur Verfügung. Mein Erster Ordonnanz-Offizier, Graf von Pocci, ist seit langem damit beauftragt, den ganzen Schriftverkehr des Benediktiner-Ordens zu prüfen und zu befördern (…) Auch für Beuron wird es ähnlich gehalten. Ich bitte Sie daher, durchaus keine Bedenken zu haben und ruhig die Briefe an die Adresse meines I. Ordonnanz-Offiziers Grafen von Pocci, hier einzusenden, da ja dadurch immer eine raschere und sichere Besorgung gewährleistet ist".

Von diesem Anerbieten machte sie sichtlich Gebrauch. Denn in Eibingen nahm v. Spiegel wieder ihre Übersetzungstätigkeit auf und feilte an der bereits in Maredret begonnenen Übertragung von Germain Morins Werk „L'Idéal monastique". Ende Oktober 1915 sollte ihre Translation nach Maredret geschickt werden, unter Zuhilfenahme des oben erwähnten kunstsinnigen, schriftstellernden Ordonnanzoffiziers Franz Graf von Pocci (1870–1938). Dieser schrieb ihr am 29. Oktober: „Ich bitte mir das in Ihrem liebenswürdigen Schreiben vom 26. Oktober angekündigte Schriftstück, Übersetzung des ,Ideal monastique' einzusenden. Ich bin natürlich überzeugt, dass es vollkommen einwandfrei ist, es muss aber doch durch mich gehen, damit ich die Uebersetzung nachprüfen kann. Hierauf werde ich sie dem Kloster Maredret zugehen lassen".[186]

KONFLIKTE UM GERMAIN MORIN, UNGLÜCKLICHES KLOSTERDASEIN

Während das Manuskript sich auf dem Weg in das belgische Kloster befand, hatte sich dort die Stimmung gegenüber dem gelehrten Autor und Mönch von Maredsous Germain Morin verdüstert. Anlass war das vom Weihbischof des Erzbistums Paris Alfred Baudrillart (1859–1942) im Jahr 1915 herausgegebene Buch „La Guerre Allemande et le Catholicisme", das zugleich auch auf deutsch unter dem Titel „Deutscher Krieg und Katholizismus" in Paris veröffentlicht wurde. Thema des Buches war die Frage nach den Kriegsursachen, die dahingehend beantwortet wurde, dass „die deutschen Katholiken durch den Krieg an der Seite ihres protestantischen Kaisers gegen die katholischen Länder Belgien und Frankreich den Katholizismus verraten hätten". Heftige Reaktionen auf beiden Seiten waren die Folge. Katholische Akademiker in Deutschland gewannen Germain Morin, eine Rezension dieses Buches für die Verbandszeitschrift des Kartellverbandes der katholischen deutschen Studentenverbindungen „Academia" zu verfassen. Morin ergriff darin Partei für die deutsche Seite und verurteilte „Abscheu empfindend als Katholik und nicht minder als Franzose das Pamphlet".[187] Diese öffentliche Parteinahme wurde als Affront und Verrat des eigenen Vaterlandes und der belgischen Klosterheimat bewertet, Morin in Namur angeklagt und sowohl in Frankreich als auch in Belgien zur Persona non grata erklärt. Damit war ihm eine Rückkehr verwehrt, der Konflikt zog sich über Jahre hin. Die Kriegszeit verbrachte Morin in der Schweiz und kehrte auch nach dem Versailler Frieden nicht mehr in sein Heimatkloster zurück. An Benedicta von Spiegel schrieb er bezugnehmend auf diese Kontroverse im September 1919:[188]

„Aus Maredsous hat mir unser neuer Prior geschrieben, dass meine Rückkehr dadurch einfacher wäre, wenn ich einen Artikel gegen Deutschland schreiben würde. Das sind Dinge, die mir schwer auf dem Herzen liegen. Wie können intelligente Menschen so blind werden? Was ich geschrieben habe, tat ich nicht als Politiker, sondern als Mitglied der großen christlichen Gemeinschaft; von daher erlaubt es mir mein Gewissen nicht, meine Worte zurückzuziehen: Lieber das Exil bis zum Ende".

Vor dem Hintergrund dieser durch den Krieg entstandenen klösterlichen Spannung traf offenbar Benedicta Spiegels Übersetzung von Morins Abhandlung in Maredsous ein. Am 28. Mai 1916 schrieb der Abt von Maria Laach, Ildefons Herwegen, an die Übersetzerin, er hätte von Pater Raymond (Thibault 1877–1962) – engem Mitarbeiter von Abt Marmion in Maredsous – gehört, „eine Übersetzung von D. Morins L'idéal monastique sei zur jetzigen Zeit eine Taktlosigkeit. Diese Auffassung teile ich durchaus nicht. (…) Ich möchte daher den Wunsch erneuern", Sie „wollen nochmals die Arbeit übernehmen und damit manchem strebsamen Gläubigen einen tieferen Einblick in den Geist des monastischen Lebens zu vermitteln". Abt Herwegen hatte während eines 2-jährigen Aufenthaltes in Maredsous Germain Morin und seine Forschungsarbeit kennen- und offenbar auch schätzen gelernt. Wenige Jahre später wird er den wirtschaftlich notleidenden Morin finanziell unterstützen und ihm Maria Laach als Zufluchtsort anbieten.[189] Von Spiegel sah sich durch diesen Brief bestärkt und informierte den Abt 2 Tage später über ein Schreiben, in welchem der Maredsouer Pater Raymond die Herausgabe ihres im Oktober 1915 gesandten Manuskripts verweigert: „Der eigentliche Weigerungsgrund von D. Raymond liegt in der Stellungnahme des D. Germain der Schrift: la guerre allemande et le catholicisme und damit indirekt nach dortiger Auffassung Maredsous gegenüber, sowie in den daraus entstandenen Folgen seiner Verurteilung in Namur". Aus ihrer Sicht sprach nichts gegen die Herausgabe der Schrift: „Schließlich hat doch das vor 20 Jahren verfaßte ‚Idèal' mit dem Krieg und seinen Folgen nicht das geringste zu tun und wird man ja wohl auch in Maredsous zu dieser vernünftigen Einsicht kommen".[190]

Dem war aber nicht so. In Maredsous fand man den Zeitpunkt für eine Publikation der Übersetzung weiterhin deplaziert. Entsprechend erhielt v. Spiegel über das „kaiserliche Gouvernemant" eine Postkarte von Abt Columba Marmion, in der es knapp sinngemäß heißt: „Die ganze Bibliothek von M. ist in Sicherheit, ich weiß nicht, ob D.R. (gemeint wohl Dom Raymond Thibault GW) in der Lage sein wird, Ihnen das Manuskript zu schicken. Finden Sie, es ist der richtige Augenblick für eine Herausgabe, das finde ich nicht. Ist der Abtprimas um Rat gefragt worden?".[191] Doch in der Erzabtei Beuron wurde das Übersetzungsprojekt unterstützt, wie einem Brief von Sebastian v. Oer, Sekretär des Erzabtes Schober, vom 21. November 1916 zu entnehmen ist. Von Oer war für Benedicta Spiegel kein Unbekannter, hatte er das Vorwort zu ihrer 1912 erschienenen Übersetzung über Pius de Hemptinne verfasst. Er schrieb ihr:

„Ich würde es auch für Sie begrüßen wenn Sie durch eine so verdienstvolle Arbeit dem Mitbruder einen Dienst erweisen…könnten. Es wird zwar nicht ganz leicht sein; aber D. Germain schreibt klar u. lapidar. Sie verfügen nicht nur über genügend Kenntnis der französischen Sprache sondern auch über eine gewandte Feder". Die Lage von Germain Morin schätzte er im gleichen Schreiben wie folgt ein: „Sie wissen, dass der Arme – wie es ihm…sein Abt geschrieben hat – auf unabsehbare Zeit von seinem Kloster u. Vaterland verbannt ist. Er dachte darum eine Professur in Freiburg i.d. Schweiz anzunehmen; aber er wird auch dort als ein ‚Abtrünniger' behandelt werden. Es ist schade um einen Mann, der in gewisser Hinsicht ganz einzige Kenntnisse u. Talente hat".[192]

Mit Bedacht hat Morins deutsche Übersetzerin in der strengen Klausur der Eibinger Abtei an der Übertragung des „monastischen Ideals" weitergearbeitet. Darin übertrug sie Sätze wie: „Ohne Zweifel hat Gott in weiser Absicht…eine größere Mäßigung eingegeben, denn sicherlich hätte das abendländische Mönchtum sich niemals so ausgebreitet und eine solche Macht entfaltet, wenn es sich hinter die strengen Übungen eines übertriebenen oder um seiner selbst willen gepflegten Büßerlebens verschanzt hätte".[193] Inwieweit der durch Morin ausgelöste Klosterkonflikt sich auf die Situation der Übersetzerin in Eibingen auswirkte, ist nicht überliefert.

Abgesehen von der skizzierten Konfliktlinie wurden jedoch im Laufe des Jahres 1916 die Misstöne über v. Spiegels Aufenthalt in der Abtei St. Hildegard schriller. Unversöhnlich liest sich, was die Prager Äbtissin Adelgundis Berlinghoff am 8. Juli 1916 an ihre Amtskollegin in Eibingen schrieb: „Ich glaube, dass Fr. B. Sp., wo sie auch sein mag, mit der Zeit ein Hauskreuz" wird und „ich trage aufrichtiges Mitleid mit" der Abtei Maredret, „ein solches Mitglied haben zu müssen".

Im November fragt sie an: „Ist Frau Be. Sp. noch bei Ihnen u. geht noch alles gut!". Zum Ende des Jahres spitzte sich der Konflikt offenbar weiter zu. Denn am 5. Dezember 1916 beantwortet der Sekretär des Erzabtes, Sebastian v. Oer, dessen Nichte Scholastica ebenfalls Nonne in St. Hildegard war, ein offenbar aufwühlendes Schreiben einer aufgebrachten Benedicta v. Spiegel wie folgt: „Ihr Brief…hat mich…augenblicklicherweise sehr berührt". Der Erzabt „will noch gar nicht recht glauben". Man könne auch „gar nichts tun als man nicht genaue authentische Nachrichten hat über Tatsache, Anschuldigung, Urteil … Ich habe 1 Karte nach Maredsous geschrieben u. um Auskunft gebeten. (…) Im Fall der Gr. Hemptinne hat man uns auch benachrichtigt". Und weiter sollte auch der Abtprimas benachrichtigt werden. „Dank für die Briefe D.G.".[194] Deo gratias.

Die Aussicht, in ihr Professkloster zurückzukehren, hatte sich möglicherweise durch das beharrliche Festhalten an der Buchübersetzung des ‚abtrünnigen‘, deutschlandaffinen Germain Morin als unrealistisch erwiesen. Schwerwiegender dürfte aber der Zweifel der Äbtissin de Hemptinne an der grundsätzlichen Eignung für das Klosterleben gewogen haben. Diese Einschätzung bestätigt ein weiterer Brief der Prager Äbtissin Adelgundis Berlinghof an die Eibinger Amtskollegin Regintrudis Sauter, wenn es darin Mitte November 1917 heißt: „Es wäre doch sehr wünschenswert, wenn Sie die Fr. B. Sp. los würden, es ist kein gutes Element u. ich habe Mitleid mit Ihnen, von St. Scol. (gemeint St. Scholastica Abtei Maredret GW) schrieb man nur, dass sie nie Beruf gehabt habe. Und ist doch ein armes Wesen, ohne Zweifel erblich belastet".[195] Das schroffe Urteil, dass Benedicta v. Spiegel die Berufung für ein monastisches Leben fehle, war nach diesem Briefzeugnis bei allen 3 Äbtissinnen der Beuroner Kongregation einhellig. Das bisherige Klosterleben ein Irrweg – welch ein vernichtendes Urteil. Die Ursache schoben die Klosteroberen auf eine ‚erbliche Belastung‘. Empathie, Verständnis, Hilfsangebote sind in diesen Zeilen nicht zu lesen. Stattdessen persönliche Ablehnung, die auch Ausdruck einer Überforderung gewesen sein kann. Die ausgewerteten Archivalien lassen die Schwierigkeiten und Seelennöte hinter den Klostermauern von St. Hildegard nur erahnen.

Aufschluss auf ihre ganz individuelle Sicht gibt ein undatiertes Gedicht, dass v. Spiegel in einer Reihe eigener Dichtungen mit autobiographischen Anleihen verfasst hat. Darunter finden sich Gedichte auf die gefallenen Brüder, über die Verwüstungen der Heimat durch den Krieg und über die verflossene idealisierte Jugendzeit. Ihrem inneren Verlassenheitsgefühl gab sie Ausdruck in der Gedichtzeile: „mich hat der Schmerz geküßt". Unter dem Titel „Zwiegespräch" fasste v. Spiegel in Versform, wie sie nach bitteren Erfahrungen mit Menschen Trost bei Gott suchte:[196]

„Ihm gestehe, wie in hartem Ringen
Der Natur verletzter Stolz sich bäumte,
Und sein sanftes Wort die Wogen glättet
Innern Meeres, das in Unmut schäumte,
Weil der Menschen hart verwerfend Urteil
Reiner Absicht stilles Tun verkannte,
Gott- und Menschenliebe edles Streben
Eitel Selbstsucht, Brut der Sünde nannte.
O des Undank! Könnt ich je vergessen
was Du schuldlos, Herr, für mich erduldet!
Wenn mich Menschen ungerecht verklagten,
Minder dennoch war's, als ich verschuldet.
Schwollen hoch des Lebens Bitterkeiten,
Brannten tief geheime Herzenswunden …"

Es waren keine günstigen Zukunftsperspektiven für Benedicta von Spiegel. Und die politische Lage führte zu Konflikten der Klöster untereinander.

KRIEG UND KAISER SPALTEN DIE KLÖSTER

Der Fortgang des Krieges und die Besetzung der Region um Namur durch deutsche Truppen überlagerten und verstärkten die Konflikte – mit Auswirkungen auf das Innenleben der Klöster in Belgien, deren Mitglieder verschiedenen Nationen angehörten. Der klösterliche Zusammenhalt bröckelte mit gravierenden Folgen auch für den Fortbestand der Beuroner Kongregation in seiner bisherigen Form. Unter dem Einfluss der Kriegserlebnisse, der Präsenz deutscher Soldaten, dem erstarkenden patriotischen Nationalbewusstsein wuchs die antideutsche Stimmung. Schon am 11. November 1915 schrieb der Abt von Maredsous Marmion, der sich zu dieser Zeit in Irland aufhielt, an den Beuroner Erzabt Schober, dass aufgrund der Auseinandersetzungen und ihrer Folgen nach Kriegsende „die weitere Abhängigkeit der Benediktinerklöster Belgiens und Englands von der Erzabtei Beuron nachteilig und inpraktikabel ist. Das Wohl unserer Häuser… gebietet, dass wir unverzüglich Mittel und Wege für diese Abtrennung finden und dabei zugleich in herzlicher Freundschaft vereinigt bleiben". Damit stand die Trennung von Beuron – dem Gründungskloster Maredsous' – unmissverständlich im Raum.

Im 3. Kriegsjahr lagen die Nerven offenbar blank, wie der Gerlever Abt Raphael Molitor nach einem Besuch in Maredret Adelgundis Berlinghoff schilderte: Die Äbtissin von Maredret „habe ihn sehr erregt empfangen u. über alles geklagt, was ihnen zugefügt worden sei. Die Aufregung sei so groß gewesen, dass sie mit den Händen gestikuliert u. das Gitter (Sprechgitter GW) krampfhaft gerüttelt habe". Und weiter heißt es in dem Brief: Der Seckauer Abt Laurentius Zeller (1873–1945) – auf ihn wird zurückzukommen sein – „schaut düster in die Zukunft, auch für die Kongregation, in die schon viel zu viel Spaltgeist eingedrungen sei". Tatsächlich erfolgte nach dem Krieg die Errichtung einer eigenständigen belgischen Kongregation, die durch ein Breve von Papst Benedikt XV. am 20. Februar 1920 besiegelt wurde, sodass die Trennung nach 57 Jahren vollzogen wurde.[197]

Zu einer kompromittierenden Situation war es am 23. Juni 1916 gekommen, als Kaiser Wilhelm II., der eine Vorliebe für die Benediktiner der Beuroner Kongregation hatte, Maredsous und Maredret besuchte. Abt Marmion beschloss, „während dieses Besuches…nicht anwesend zu sein, sondern den Nachmittag bei den Benediktinerinnen in Maredret zu verbringen". In der Abtei St. Hildegard wurde dieses Ereignis offenbar mit Unverständnis in den Annalen notiert. Darin heißt es: „Der Abt Columba soll sich unter aller Kritik betragen haben, indem er sich davon gemacht und bei einer Begegnung dem Kaiser den Gruß versagt habe. Dies nicht zu bezeichnende Betragen hat jedenfalls einen gegenteiligen Eindruck gefunden bei der…Äbtissin von Maredret, mit welcher sich der Kaiser eine halbe Stunde lang unterhalten haben soll".

In den Erinnerungen des Prior Albert Hammenstede (1876–1955) aus Maria Laach, der Kaiser Wilhelm II. bisweilen begleitete, u.a. auch in Eibingen wird die Besuchssituation wie folgt dargestellt: „Aus seiner Sympathie für uns Benediktiner besuchte er auch die große belgische Abtei Maredsous, nachdem er sich vorher angemeldet hatte. Abt Columba Marmion…war aber so wenig geneigt, den Kaiser zu empfangen, dass er als Jockey verkleidet das Kloster in dem Augenblick verließ, in dem der Kaiser es betrat. Dieser begab sich auch zur nahegelegenen Frauenabtei Maredret, wo die Schwester des ersten Abtprimas Hildebrand den Äbtissinnenstab führte. Sie empfing den feindlichen Herrscher, weil sie sich berufen fühlte, ihm wie eine zweite heilige Hildegard seine und die Sünden seines Volkes vorzuhalten".

Gegenüber Hammenstede soll der Kaiser gesagt haben: „Ich kam mir hinter dem eisernen Sprechzimmergitter, das mich von der Äbtissin trennte, wie ein gefangener Löwe vor".[198]

Im Dezember 1916 wurde es dann gefährlich für die Abtei in Maredsous, als deutschen Besatzungstruppen in Klosternähe ein größeres Waffenversteck aushoben. Von der Existenz dieses beim französischen und belgischen Rückzug 1914 zurückgelassenen Depots hatten die Mönche offenbar Kenntnis. Es kam zur Verhaftung von 5 Ordensleuten, unter denen sich mit dem Prior und dem Novizenmeister die zwei engsten Vertrauten von Abt Marmion befanden, der zwar selbst „von der Liste der Schuldigen" gestrichen worden war. Aber da „mehrere Klöster in Belgien den deutschen Behörden große Schwierigkeiten bereiteten", müsste „an Maredsous ein Exempel" statuiert werden – so formulierte es ein deutscher General gegenüber dem Erzabt Schober, der im Sinne Maredsous intervenierte. In der Abtei St. Hildegard vermerkten die Annalen vom 1.12.1916: „Aus Maredret kommen sehr traurig klingenden Briefe, die verblümt andeuten, dass einige Mönche aus Maredsous mit der deutschen Regierung in Conflict gekommen sind. Man bangt um ihr Schicksal". Die problematische Situation konnte durch Beuroner ‚Interventionen bei den Militärbehörden in Namur und Berlin bereinigt werden'. In der Konsequenz verstärkten die Vorkommnisse vor Ort und die politischen Entwicklungen insgesamt bei Abt Marmion den Entschluss eines Bruchs mit den deutschen Klöstern. Und das obwohl die deutschen Beuroner Klöster für die Aufnahme von Schweizer Anleihen der durch den Krieg in finanzielle Schieflage geratenen belgischen Abteien bürgten.[199]

Vor dem Hintergrund des Konflikts zwischen den Beuroner Klöstern ist der Brief zu lesen, den der Sekretär des Erzabtes Schober, Sebastian v. Oer, am 4. Januar 1917 nach Eibingen an Benedicta v. Spiegel schrieb und in dem er grundsätzlich ihre Optionen für die Zukunft erläuterte:[200]

„Es ist ja dieses ein eigentümliches und außergewöhnliches Verhältnis, in dem Sie sich befinden (…) Eine Rückkehr nach Maredret ist ja vorerst u. in absehbarer Zeit ausgeschlossen, denn auch nach Beendigung des unglücklichen Krieges wird die emotionale Erregung noch lange nachwirken u. würde…entweder dort Ihre Rückkehr hinausschieben oder Sie würden sich im Kloster dort erst recht unglücklich u. vereinsamt fühlen. Da Sie an Übertritt in eine andere Congregation wohl selbst nicht denken, bleibt eben nur übrig, sich in St.

Hildegard so gut als möglich einzuleben u. zu Hause zu fühlen. Und sollte das nicht möglich sein? Bei uns Mönchen kommt es sehr häufig vor, dass solche, die zur Aushilfe in irgendeiner Eigenschaft in ein anderes Kloster geschickt werden, dort in Gehorsam ausharren u. auch ohne in dasselbe eingegliedert zu sein oder die Rechte der Conventualen zu haben, doch ihr klösterliches Leben voll u. ganz dort üben u. glücklich dabei sind, weil es eben so der Wille Gottes u. der Oberen ist".

Der Erzabt…„wünscht nichts mehr als dass Sie sich glücklich und zufrieden fühlen sollten. Er versteht sehr wohl, dass Sie sich nach dem Professkloster zurücksehnen; aber er möchte Ihnen doch den Rat geben, in dem Willen der Oberen den Willen Gottes zu sehen und sich ihm in wirklichem Vertrauen zu fügen. Sollte es wirklich konkrete Gründe geben, die es Ihnen verwehren, sich in St. Hildegard heimisch zu fühlen, so möchte" der „Erzabt, dass Sie ihm diese in aller Offenheit (Sie dürfen geschlossen schreiben) auseinandersetzen. Ebenso dürfen Sie ihm sagen, was u. wie Sie über die Zukunft denken. (…)

Die Nachrichten über Maredsous, die wir durch den Gouverneur von Namur erhielten, sind allerdings nicht erfreulich. Es sind große ‚Unklugheiten' vorgekommen u. wird es wohl nicht ganz ohne Ahndung abgehen". Der Gouverneur ist „ein zugänglicher Katholik u. uns sehr wohlgesinnt. Von der Abtei direkt haben wir nichts gehört".

Hält man sich nach dieser offenen Einschätzung die Situation v. Spiegels vor Augen, ergibt sich ein Bild der Ratlosigkeit. Die Entscheidung, dass eine Rückkehr nach Maredret ausgeschlossen ist, brachte die Ordensfrau in einen tiefen inneren Zwiespalt: Belgien war von deutschen Truppen immer noch besetzt, das Kriegsende nicht absehbar, die patriotische Stimmung antideutsch. Persönliche Spannungen im Verhältnis zu Äbtissin de Hemptinne, die sie „erst wieder 2 Jahre nach dem Kriege" im Professkloster aufnehmen wollte, machten die Lage in Maredret nicht einfacher. in Eibingen lastete ein schwerer Druck auf ihr, Disharmonien mit der Äbtissin und wahrscheinlich auch mit Teilen des Konvents ließen sie nicht heimisch werden, das Leben in Eibingen war kriegsbedingt karg; „gut ist, dass Fr. B. äußerlich nichts anmerken läßt".[201] Das dritte Frauenkloster der Beuroner Kongregration lag in Prag und kam im Krieg als Zuflucht wohl kaum in Frage. Nach den Briefen der dortigen Äbissin Adelgundis Berlinghoff zu schließen, wäre sie dort auch nicht willkommen gewesen. Einen Wechsel in eine andere Kongregation konnte sie sich offenbar zu diesem Zeitpunkt nicht vorstellen. Die autoritätsbewusste Äbtissin Regintrudis Sauter hätte sie aushilfsweise in ein anderes Kloster entsenden können, wo sie allerdings nicht Mitglied des Konvents mit den damit verbundenen Rechten wäre. Alternativ blieb ihr, sich in St. Hildegard einzufügen. Oder: Aus der klösterlichen Gemeinschaft auszutreten und damit für alle sichtbar einzugestehen, auf dem selbstgewählten Lebensweg gescheitert zu sein.

Auch war der Beuroner Erzabt Ildefons Schober lebensgefährlich erkrankt und nicht in der Lage, ihr mit einem Ratschlag weiterzuhelfen. Die Entscheidung legte er dem Nachfolger Hildebrand de Hemptinnes im Amt des Abtprimas: Fidelis Freiherr von Stotzingen (1871–1947) – vor 1913 Abt von Maria Laach und „treuer Berater und…Freund der Äbtissin Regintrudis Sauter" – in die Hände: „Nun scheint es…eine Fügung Gottes", dass der „Abt.Primas nach St. Hildegard kommt. Ihm lassen Sie…alles vertrauensvoll sagen u. sich seinen Entscheidungen fügen u. darin Gottes Willen sehen", schrieb der Sekretär des Beuroner Erzabts, Sebastian v. Oer, kurze Zeit später am 18. Januar 1917.[202]

Zum Zeitpunkt, als der Brief abgefasst wurde, war der Abtprimas bereits in der Abtei eingetroffen. Er blieb im frostigen Eibingen bis zum 20. Januar , wie der Chronik zu entnehmen ist. Ob es zu einem Gespräch mit v. Spiegel kam, ist nicht belegt und lässt sich aus dem weiteren Briefwechsel nicht schließen. Wahrscheinlich ist es, denn alle Beteiligten bewegte die Frage, was aus der Ordensfrau werden sollte. Fidelis v. Stotzingen hatte sich über ihre seelische Verfassung mit den Äbtissinnen der Beuroner Klöster ausgetauscht, wie aus einem weiteren Brief der Prager Abtei St. Gabriel zu schließen ist: „Was wohl mit Frau B. Sp. werden wird? Denkt Sie daran, bei Ihnen zu bleiben? Hat dieselbe auch bei Ihnen die außerwöhnlichen Zustände, von den der…Abtprimas so viel erzählte!".[203] Die Frage kann nach zugänglicher Quellenlage nicht beantwortet werden.

Benedicta von Spiegel harrte auch im Kriegsjahr 1917 in St. Hildegard aus. Sie begegnete dort Kaiser Wilhelm II., der am 4. Juli 1917 die Abtei von seinem nahegelegenen Hauptquartier in Bad Kreuznach aus besuchte, an der Klosterpforte empfangen vom Prior der Abtei Maria Laach Albert Hammenstede. Dieser führte den Kaiser gemeinsam mit Regintrudis Sauter durch das Kloster. In seinen Erinnerungen beschreibt er den Besuch anschaulich: „Als die beiden großen Türflügel sich öffneten, sah man die Äbtissin in Kukulle und mit Stab, umgeben von der Corona ihrer Nonnen…feierlich dastehen. Sie reichte ihren Stab ruhig und gemessen ihrer Kapellanin und ging einen Schritt auf den Kaiser zu. Der nahm ihre Hand und küßte den Ring, was sie mit graziöser Eleganz geschehen ließ. Nun ordnete sich der Zug: voran der Kaiser mit der Äbtissin, dann die Priorin und ich, dann je eine Nonne in Kukulle und ein Generalstabsoffizier. Es war mittelalterlich-romantisch". Der Kaiser wechselte auch mit Benedicta v. Spiegel ein Wort, wie sie in ihrer Lebensbeschreibung festhielt:

„Zu mir sagte der Kaiser, als er hörte, dass ich Flüchtling aus Belgien sei und eigentlich der Abtei Maredret angehöre: ‚Ach, das kenne ich, bin dort gewesen. Ihre Äbtissin hat mich schlecht behandelt, sie war sehr unfreundlich und hat mich nicht in die Klausur gelassen‘“.

Prior Hammenstede schloss seine Schilderung des Besuchs: „Es folgte wieder an der Klausurtür die feierlich-herzliche Verabschiedung. (…) Er beauftragte mich, mich zu erkundigen, was er der Äbtissin wohl zum Andenken an den Besuch schenken könne. Ich schlug ihm natürlich sein Portrait vor, das auch bald eintraf. (…) Dazu setzten mir die Nonnen als Abendbrot ein Stück schlechten Kriegsbrotes und verdünnten Wein vor“.[204]

Nach einem Schlaganfall im Juli 1917 resignierte Ildefons Schober als Erzabt von Beuron am 8. November 1917. Zum Nachfolger wurde am 25. Januar 1918 der erst 30-jährige Raphael Walzer gewählt und – nach dem Tod Schobers 4 Wochen später – auch zum Vorsitzenden der Beuroner Kongregation.[205]

Wie in Maredret auch konzentrierte sich Benedicta von Spiegel weiterhin auf die geistige Arbeit. Allein in ihrer Zelle konnte sie so womöglich den klösterlichen Spannungen zeitweise entkommen und sich von seelischen Bedrängnissen ablenken. Möglich wäre zudem, – so die Auskunft einer die Verfasserin beratenden Psychotherapeutin – dass sich Phasen depressiver Stimmung mit übersteigertem Tatdrang abwechselten und sie zu hoher Produktivität führten. Vor Weihnachten 1917 war ihre Morin-Übersetzung soweit geprüft und abgeschlossen, dass sie in einem Schreiben an den Laacher Abt Herwegen über Verlage reflektierte, die für den Druck in Frage kämen und den Abt um ein Vorwort bat. Columba Marmion hatte den „Vorbehalt“ formuliert, „dass Maredsous in keiner Weise genannt werden dürfe“; diesem wurde entsprochen. In der Erzabtei Beuron hatte sich zwischenzeitlich ein Mönch ebenfalls an die Übertragung aus dem Französischen gesetzt, worüber der Autor des Werks, Germain Morin, seine Übersetzerin informierte: „Aus Beuron erfahre ich, dass ein gewisser P. Luc auch eine Übersetzung anfertigen möchte. All dies sind Bemühungen, die zweifelsohne zu nichts führen – hoffe ich; denn es täte mir sehr leid, wenn Sie von einem weniger gewandten Konkurrenten ausgebootet würden“. Die wenig kollegial anmutende Konkurrenz zwischen Mönch und Nonne um die Morin-Übersetzung wird v. Spiegels Stimmung nicht gehoben haben.[206]

Nach langem Hin und Her erschien das „Monastische Ideal“ schließlich 4 Jahre nach Kriegsende 1922 im Theatiner Verlag München – ohne

Einleitung und Vorwort. Das Titelblatt enthielt nur die nötigsten Informationen: „Mönchtum und Urkirche" – so der deutsche Titel – von Dom Germain Morin O.S.B. Übersetzt von Frau Benedikta von Spiegel O.S.B.". Es handelte sich um Band 3 der Veröffentlichungen des Verbandes der Vereine katholischer Akademiker zur Pflege der katholischen Weltanschauung. 1949 sollte eine zweite Auflage erfolgen. Eine konkurrierende Übersetzung ist in Beuron nicht zustande gekommen.

LICHTBLICK IM ALTMÜHLTAL

Anfang 1918 sah Benedicta v. Spiegel endlich einen Silberstreif am Horizont: Die Äbtissin der Abtei St. Walburg im bayerischen Altmühltal hatte eine „Einladung" ausgesprochen. Diese hatte ihren Weg nach Eibingen gefunden – offenbar auf energisches Betreiben der Mutter und einer der Schwestern, mutmaßlich der 1 ½ Jahre älteren Maria Freifrau v. Twickel.

Damit eröffnete sich nach 3 Jahren die Möglichkeit, St. Hildegard mit Gesichtswahrung zu verlassen: „Vor kurzem wurde mir durch meine liebe Mutter und eine meiner Schwestern das so überaus gütige Anerbieten hochwürdiger Frau Aebtissin mitgeteilt, mir in der altehrwürdigen Abtei der Hl. Walburgis Gastfreundschaft zu gewähren" – schrieb Benedicta v. Spiegel an die Äbtissin von Eichstätt Karolina Kroiß – und fuhr fort, bezugnehmend auf die letzten in Eibingen verbrachten Jahre: „Hochwürdige Frau Aebtissin von St. Hildegard, die mich mit den herzlichsten Grüßen beauftragt hat, und all ihre lieben Töchter haben sich diesen Lohn seit nahezu drei Jahren in überreicher Weise verdient durch die liebevollste und großmütigste Gastfreundschaft. Und dieses unter den besonders in hiesiger Gegend so äußerst schwierigen Lebensbedingungen der Kriegszeit". Ihre „liebe Schwester Antonie Marie Hiltensperger in Dietramszell - wie Hochwürdige Frau Aebtissin, bin auch ich ein Salesianerkind", zu der sie seit dem 1 1/2-jährigen Aufenthalt in Dietramszell als 16-Jährige den Kontakt gehalten hatte, wurde sogleich beauftragt, den Bericht über die Flucht aus Belgien zu schicken, sodass die St. Walburger Äbtissin „ihr ‚Kriegskind' schon ein wenig kennenlernen" konnte. Gewiss geschah die Übersendung angesichts der Vorkommnisse der Eibinger Zeit auch, um ein bestimmtes – positives – Bild von sich zu zeichnen. Ein Brief der Mutter Charlotte v. Spiegel flankierte diese Absicht, als sie an Äbtissin Kroiß schrieb, dass sie „dieses Kriegskind" ihrem „mütterlichen Herzen und Schutz" anvertraue. Der Paderborner Bischof habe vor kurzem in einem Gespräch seine Freude über den Wechsel der Tochter nach Eichstätt ausgedrückt, „nach seiner Erfahrung sei Eichstätt zu jeder Zeit mit

Gastfreundschaft…den Christen…wie eine Heimstatt geworden". Es geht
aus dem Brief nicht klar hervor, ob sie sich auf Bischof Karl Joseph Schulte
(1871–1941) oder Weihbischof Heinrich von Lanzenauer (1861–1925) bezog; letzterer hatte in Eichstätt studiert.[207]

Warum die Wahl auf St. Walburg fiel, ist nur zu vermuten: Die Initiative ging von der Stiefmutter und einer Schwester aus. Üblicherweise
spielten persönliche Beziehungen in der Familie die entscheidende Rolle.
Großmutter Ida war mit einem Grafen von Holnstein aus Bayern verheiratet gewesen, eine Familie mit traditionellen Beziehungen zum bayerischen Königshaus, was sich auch im Familienwappen dokumentiert, einem
Wittelsbacher sog. „Bastardwappen". St. Walburg wiederum verdankt den
Wittelsbacher Königen den Fortbestand und die Erhebung zur Abtei 1914.
Von der Freundschaft der Urgroßeltern zum verstorbenen Eichstätter Bischof Karl August Graf von Reisach (1800–1869) war im 1. Kapitel kurz
die Rede. Die St. Walburger Äbtissin Kroiß unterhielt seit ihrer Ausbildung
zur Lehrerin im Kloster Oberroning Beziehungen zu den Salesianerinnen.
Benedicta von Spiegel blieb zeitlebens den Salesianerinnen in Dietramzell
verbunden, die – wie beschrieben – in die Anbahnung des Kontakts einbe-
zogen waren. Offensichtlich hatten Mutter und Schwester mit ihren weit
vernetzten Beziehungen das ihnen Mögliche in die Wege geleitet, der für
alle Seiten unglücklichen Situation eine zuträgliche Richtung zu geben und
dafür wahrscheinlich sehr freimütig auch die Zustimmung der Eibinger
Äbtissin Regintrudis Sauter erlangt. Inwieweit sie die Äbtissin von St. Walburg über ihre persönliche Einschätzung der wechselfreudigen Nonne in
Kenntnis setzte – darüber kann nur spekuliert werden; übliche Gewohn-
heit wäre ein eingehender Informationsaustausch wohl gewesen.

Auch der Abt von Seckau, Laurentius Zeller, war am Procedere des
Klosterwechsels beteiligt. Er wird zum vertrauten Ratgeber Benedicta v.
Spiegels in dieser Zeit der persönlichen Krise werden, worauf noch einzugehen ist. Im Januar 1918 hielt er Exerzitien in St. Hildegard. „Während
der Exerzitien wurde mir der Vorschlag gemacht einer Einladung nach St.
Walburg in Eichstätt Folge zu leisten.… Abt Laurentius, dem ich die Sache
unterbreitete, riet mir, auf den Vorschlag einzugehen. Seitdem sind die nötigen Schritte geschehen, um alle Wege zu ebnen, und wird meine Mutter
mich in den nächsten Tagen hier abholen und nach Eichstätt geleiten". Die
Prager Äbtissin Adelgundis Berlinghoff freute sich mit ihrer Amtskollegin
über den Weggang:[208]

„Dass Sie Aussicht haben, B. Sp. in St. W. (St. Walburg Eichstätt GW) unterzu-
bringen, ist ein glückliches Ereignis für Sie, an dem ich freudigst Anteil nehme.

Sie soll ungünstig über St. H. (St. Hildegard GW) sprechen, wie ich hörte, – ein schlechter Lohn für die Liebe mit der man sie empfangen und Gastfreundschaft gewährte. St. Scol. (St. Scholastica Maredret GW) wird auch froh sein, sie los zu werden. (…) St. W. wird aufsitzen mit ihr, fürchte ich".

Ohne Nachtreten ging es offenbar nicht. Am Montag, dem 4. März 1918 verließ Benedicta v. Spiegel nach 2 Jahren und 9 Monaten die Abtei St. Hildegard. Ihre Mitschwester Katharina Haag, die sie im August 1914 auf der Flucht von Maredret nach Deutschland begleitet hatte, kehrte am 19. September 1918 nach Erhalt eines Passierscheins nach Maredret zurück und blieb dort bis an ihr Lebensende im August 1925. Grundsätzlich war demnach eine Rückkehr in das belgische Professkloster nicht ausgeschlossen, sodass im Falle v. Spiegels wohl die dargestellten persönlichen Hinderungsgründe ausschlaggebend waren. Ein erhellendes Licht werfen die Annalen von St. Hildegard auf die Verabschiedung der beiden Nonnen aus Maredret: Im nahezu empathischen Eintrag zum Weggang der Klosterfrau Katharina Haag vom 18.09.1918 heißt es: „Abends verabschieden wir uns von der lieben, guten Soeur Catherine… Über drei Jahre war sie bei uns, eine stets fleißige, regeltreue, freudig arbeitende Laienschwester. Ihre Freude, nun wieder in ihr Profeßkloster…zurückkehren zu können, ist groß".

Ganz nüchtern ohne Verabschiedung hingegen der Eintrag am 4. März 1918:

„Heute verläßt uns Mere Benedicta von Spiegel… Bei uns konnte sie sich nicht stabilisieren, weshalb sie sich heute nach St. Walburga in Eichstätt begeben hat. Unsere Gebete und besten Wünsche begleiten die liebe Mitschwester".

Die 44-Jährige reiste gemeinsam mit ihrer Mutter im Zug über Würzburg, wo sie vorher noch einen Augenarzttermin wahrnahm, Richtung Altmühltal. Bei ihrer Ankunft in Eichstätt abends am 5. März fühlte sie sich „wie von einem Alpdruck befreit".[209] Dennoch lastete eine schwere Hypothek auf ihr, schließlich war ihr bedeutet worden, dass sie keine Berufung zum Klosterleben habe. Noch eine weitere Nonne – diesmal aus St. Gabriel in Prag – trat zur gleichen Zeit nach Eichstätt über, was die beiden korrespondierenden Äbtissinnen zu der sarkastischen Einschätzung brachte: „Die dorten bekommen dann ja eine Musterkarte aus unseren… Klöstern".[210]

Unter diesen Vorzeichen schlug Benedicta v. Spiegel im bayerischen Altmühltal ein neues Lebenskapitel im Frühjahr 1918 auf; begleitet von beharrlicher Wegführung und seelischer Orientierung durch den damaligen Abt von Seckau, den fast gleichaltrigen Laurentius Zeller. Nach den Erfahrungen in Maredret und Eibingen durfte in Eichstätt nichts mehr schiefgehen, und die psychische Disposition der jetzt 44-Jährigen, deren „Herz gewöhnlich die Oberherrschaft über den Verstand behielt" – wie es im oben zitierten graphologischen Gutachten hieß, konnte zum Fallstrick werden – so kann man die eindringlichen Briefe des Seckauer Abtes interpretieren. Psychologisch einfühlsam begleiteten seine Ratschläge v. Spiegel in der Anfangszeit in St. Walburg. Die erstmals behandelten ausführlichen Briefe des Abtes gewähren einen fast intim zu nennenden Einblick in motivierende Menschenführung. Auf sie sei im folgenden Kapitel eingegangen.

Abtei St. Hildegard in Eibingen bei Rüdesheim um 1910

Äbtissin Regintrudis Sauter

Abt Ildefons Herwegen

Erzabt Ildefons Schober

Pater Sebastian von Oer

Äbtissin Karolina Kroiß, ca. 1914

Abt Laurentius Zeller, ca. 1924

Im Abteigarten von St. Walburg mit Blick auf die Altmühl um 1920

V. Ein neuer Lebensabschnitt:
Abtei St. Walburg in Eichstätt 1918–1926

BEGLEITER AM SCHEIDEWEG: ABT LAURENTIUS ZELLER

Der in Riedlingen an der Schwäbischen Alb 1873 geborene Gärtnersohn Karl Zeller trat mit 19 Jahren in die Abtei Beuron ein, wechselte 2 Jahre später in das von Beuron während des preußischen Kulturkampfes gegründete Kloster Seckau in der Steiermark, wo er 1895 seine Profess ablegte. Das 4-jährige Studium an der Benediktinischen Hochschule San Anselmo in Rom schloss Zeller nach der Priesterweihe 1899 mit der Promotion ab. Nach einigen Jahren als Lehrer am Gymnasium in Seckau und einem Lehrauftrag für Dogmatik in Rom wurde er 1908 zum 2. Abt der Abtei gewählt, nachdem sein Vorgänger Ildefons Schober neuer Erzabt der Beuroner Kongregation wurde. 1913 zum Visitator der brasilianischen Benediktinerkongregation befördert brachten ihn mehrere erfolgreiche Visitationsreisen in den Folgejahren nach Brasilien. 1921 folgte seine Ernennung zum Apostolischen Administrator der brasilianischen Abteien. Auch in den folgenden Jahrzehnten führte er im päpstlichen Auftrag verschiedene offenbar unter den Benediktinern gefürchtete Visitationen der Klöster, u.a. in Österreich durch, setzte dabei Äbte ein und ab, was ihm im Orden den Namen des versierten „Abtstöters" einbrachte. Zur Zeit, als die Übersiedlung Benedicta v. Spiegels nach Eichstätt in Vorbereitung war, hatte sich Laurentius Zeller als dienstältester Abt der Beuroner Kongregation nach der krankheitsbedingten Resignation des Erzabts Schober Anfang 1918 Hoffnungen auf dessen Nachfolge gemacht. Doch der knapp 30-jährige Beuroner Mönch Raphael Walzer war bei der Wahl am 25. Januar 1918 erfolgreich mit der Folge, dass ihm Zeller Jahrzehntelang mit persönlicher Ablehnung begegnete.[211]

Die ersten Monate des Neuankömmlings in der Abtei St. Walburg begleitete Abt Laurentius mit eindringlichen Ratschlägen, die er in regelmäßigen Briefen nach Eichstätt schickte. Sie werfen ein Licht auf die innere Verfasstheit der Adressatin und die herausfordernde Situation – für alle Seiten. Am 19. März 1918 antwortete er aus dem österreichischen Seckau auf einen ihrer Briefe:[212]

„Ehrwürdige Frau Benedikta, in Christo geliebte Tochter! Nach Erhalt Ihres letzten Briefes aus Eibingen sah ich natürlich mit Spannung der ersten Nachricht aus St. Walburg entgegen und freue mich sehr, dass sie so gut lautet. (…) Doch ich habe vermutet, dass die Veränderung wohltuend auf Sie wirken wird, denn ich war ja Zeuge Ihrer Zwangslage und habe gesehen, dass sie über Ihre Kräfte geht. Nun atmen Sie auf, ich gönne es Ihnen, aber es ist ein Aufatmen der befreiten Natur, und darum heißt es immerhin, vorsichtig sein. (…) Benützen Sie die Erleichterung der Natur, um eine neue innige Hingabe an den Herrn zu suchen (…) Es grüßt und segnet Sie von Herzen Ihr in Christo ganz ergebener +Laurentius O.S.B.".

Vor dem 25. Juni 1918 hatte der Abt St. Walburg und seinen Schützling besuchen können, worauf er in einem weiteren Brief Bezug nimmt: „Ich denke selbst mit Vergnügen an den Besuch in Eichstätt zurück und freue mich, dieses ehrwürdige Heiligtum meines Ordens kennen gelernt zu haben. Ich habe noch einen recht guten Eindruck erhalten von dem dort wahrgenommenen Geist einfacher Frömmigkeit, der so wohltuend auf die Seele wirkt, die sich nicht an Äußerlichkeiten hängt. Pflegen Sie recht diesen Geist der Frömmigkeit". Benedicta v. Spiegel hatte den Abt offenbar mündlich ins Vertrauen gezogen über alle persönlichen Verletzungen der zurückliegenden Jahre.

Er bewertete aus dem Mitgeteilten die Beziehung der nun 44-jährigen Klosterfrau zu Äbtissin Cécile de Hemptinne in Maredret: „Neu war mir, was Sie über Ihr Verhältnis zu Madame gesagt haben; nun verstehe ich alles besser und kann meinen Rat, in St. Walburg zu bleiben, nur bekräftigen. Ich habe aber auch inniges Mitleid mit Ihnen, dass Sie eine so harte Prüfung durchmachen mußten. Das hat der Herr zugelassen, ohne Zweifel zum Heile Ihrer Seele, nun kommt alles darauf an, dass Sie selbst, was Sie erfahren oder erlitten haben, aus Gottes Hand hinnehmen, und das Unrecht verzeihen und nach Möglichkeit aus dem Sinn schlagen, um kein Gefühl der Erbitterung aufkommen zu lassen. (…) In St. Josef habe ich gleich nach Maredret an Madame geschrieben und hoffe, dass sie Ihren Schritt verständnisvoll aufnimmt; bis heute habe ich keine Nachricht".[213]

Die endgültige Entscheidung für Eichstätt war demnach gefallen. Eine Antwort aus Maredret erhielt Laurentius Zeller auch: „Frau Äbtissin Cécile hat mir gedankt für die Bemühungen um Sie; auch die Frage der dos hat sie berührt, sie will dieselbe herausgeben, sobald es möglich ist, unter den gegenwärtigen Umständen geht es nicht, doch meine ich, Sie sollten bei der Großmut der Frau Äbtissin von St. Walburg (…) diese Frage nicht weiter bemühen; durch die hl. Profeß sind Sie Gottes und der hl. Kirche

Eigentum geworden (…), haben also…das Recht von der hl. Kirche erhalten zu werden, und dieser hl. Dienst enthebt uns aller zeitlichen Sorgen, die Vertreter der kirchlichen Autorität haben sie zu tragen". Äbtissin de Hemptinne schrieb zur gleichen Zeit an den Abt von Gerleve, Raphael Molitor, der sich wiederum an die Eichstätter Äbtissin wandte:

> „Soeben bittet mich die…Äbtissin von Maredret, Ihnen…& Ihrem ehrwürdigen Convent den innigsten Dank für das ausserordentlich grossmütige Entgegenkommen auszusprechen. Die Frau Äbtissin ist darüber sehr getröstet (…) Ich habe vor längerer Zeit die Eingabe nach Rom aufgesetzt & dem…Bischof von Eichstätt zugesandt. (…) Mit der Bitte, Frau Benedicta meinerseits zu grüßen & mit erneutem Dank".

Der Klosterwechsel bedingte den Austritt aus der Beuroner Kongregation. Die Profess wurde am 9. September 1918 auf die Abtei St. Walburg übertragen, d.h. alle damit verbundenen Rechte und Pflichten gingen auf das neue Heimatkloster über. Die Mitgift (dos) stand nach dem Ordensrecht unbestritten St. Walburg zu. Dort war es seit Jahrhunderten fester Brauch, dem Professnamen den der Gottesmutter Maria (ab 1662) und zusätzlich den der Mutter Marias – Anna – (ab 1707) beizufügen, sodass die neu aufgenommene Chorfrau fortan den Namen Maria Anna Benedicta trug.[214]

Der Eichstätter Bischof Leo v. Mergel (1847–1932) hatte mit Schreiben vom 29. August 1918 gestattet, „dass Fr. Benedicta von Spiegel…in die Benediktinerinnenabtei zur hl. Walburga in Eichstätt übertrete, nachdem der Konvent der Abtei gemäß Schreiben der hochw. Mutter Äbtissin vom 1. Juni 1918 deren Aufnahme fast einstimmig beschlossen hatte. Wir stellen demnach die genannte Fr. Benedicta von Spiegel, die bereits seit einigen Monaten im Konvent St. Walburga weilt, unter die ständige rechtmäßige Leitung der Äbtissin von St. Walburg und ordnen an, dass sie künftig den Mitgliedern des Konvents beigezählt werde und allen Pflichten nachzukommen habe, die den Gliedern der Ordensfamilie der Abtei St. Walburg obliegen".[215] Damit war ihre Aufnahme nach dem mehrheitlichen Placet des Konvents offiziell bestätigt.

Ihr geistlicher Lehrer aus der Zeit in Maredret Germain Morin, der nicht in sein Kloster nach Maredsous zurückkehren und diesen Bruch im Leben nachempfinden konnte, schrieb ihr unmittelbar nach der bischöflichen Verfügung aus seinem Schweizer Exil: „Nicht ohne starke brüderliche Sympathie habe ich über den großen Wandel erfahren, der in Ihr Schicksal plötzlich eingetreten ist. (…) Für Sie, wie Sie es auch sagen, ist der Fall be-

sonders schmerzlich, zuerst brechen zu müssen, und sich neu hinzugeben.
Es ist eine besonders heroische Tat, die ich für meinen Teil nicht wagen
würde, sie einer Seele aufzuzwingen. Aber da Gott Ihnen die Kraft dazu
gegeben hat, danke ich ihm dafür und ich gratuliere Ihnen. Schließlich,
wie St Benedikt sagt, ist die Frage nach dem Ort und sogar nach der Lebensweise weniger wichtig: Je weiter man im Leben fortschreitet, je mehr
man aus Erfahrung versteht, dass ‚das einzig Notwendige' Gott und seinen
Nächsten zu lieben ist".[216]

Abt Laurentius Zeller wurde in seinen Briefen an Benedicta v. Spiegel
nicht müde, auf Selbstkontrolle, Mäßigung ihrer Ichbezogenheit und Einordnung in die Klostergemeinschaft zu insistieren. Im Herbst 1918 wandte
er sich mit Ratschlägen erneut an seinen Schützling:

> „Es freut mich, dass Sie mir erlauben, so ganz offen zu sein und die Wahrheit
> zu sagen, wie ich sie im Herzen trage. Ja Sie tun gut, alle Regungen des Herzens
> u. Geistes zu überwachen. (…) Sie werden finden, dass es ein Ding gibt, das
> Ihre Gedanken und Affekte sehr viel und sehr lebhaft in Anspruch nimmt,
> und doch nicht Gott ist. (…) Und dann denken Sie nach, wie Gott der Herr
> sich bemüht hat, Ihr Herz und Ihren Geist zu gewinnen, er hat es versucht mit
> Liebe – wie viele Wohltaten! – er hat es versucht mit Strenge – wie viele Leiden
> und Enttäuschen hat Ihnen der Herr geschickt, um Ihnen die Sorge für das
> liebe ‚Ding' zu verleiden – nun was bleibt Ihnen übrig, als zu sprechen: (…)
> weg mit den ‚mädchenhaften Freuden u. Thränen wegen dieser Kleinigkeiten
> u. Äußerlichkeiten, die das liebe ‚Ding' umgeben. (…)
> Wenn ich aber diese Losschälung vom Ich und diese vorbehaltlose Hingabe an
> Gott so entschieden betone, will ich nicht den Stoizismus predigen (…), denn
> ich weiß dass wir Menschen Gefühle haben, und sie nicht austilgen können,
> auch nicht wollen; halten Sie Maß in den Gefühlen, welche Ihre lebhafte Natur
> mit sich bringt, aber die Liebe zwingt mich an Ihrer Freude doch innigen Anteil
> zu nehmen und Sie zur Aufnahme in St. Walburg zu beglückwünschen".

Ein Monat später richtete er folgenden eindringlichen Handlungsappell
an seinen Schützling, dessen Schwächen er klar vor Augen hatte:

> „So werde ich mit der Wahrheit nicht zurückhalten, sondern Meißel u. Hammer
> zur Hand nehmen… Das einzige Hindernis der Vollkommenheit ist unsere un-
> geordnete Eigenliebe mit dem weiten Felde ihrer unseligen Betätigung; denn
> die Vollkommenheit besteht nach der Lehre des hl. Thomas…in…der Liebe
> zu Gott, der jede habituelle ungeordnete d.i. läßlich sündhafte Eigenliebe…
> ausschließt. Es ist also überaus wichtig, dass wir zunächst diese Anhänglichkei-
> ten kennen lernen und dann sie bekämpfen. Um die Regungen der Eigenliebe

kennen zu lernen, müssen wir auf die Bewegungen unseres Gemütes achten, besonders auf Freude u. Traurigkeit, auf Furcht u. Hoffnung, oder besser: Befürchtungen und Hoffnungen; wir werden finden, dass unsere Natur sehr verdorben ist, und sich der Herrschaft der göttlichen Liebe…noch nicht in allem unterwerfen will, wir werden finden, dass das ganz verachtungswürdige Ich sich auf den Thron setzen will…; und wir werden unserem Ich einen Kampf bis aufs Messer anregen, aber bald finden, dass nur Gott der Herr uns heilen kann (…) Überwachen Sie einmal Ihre Gemütsbewegungen, und sie sind leicht wahrzunehmen, denn sie sind in Ihrer Seele lebhaft, sehr lebhaft, und sagen Sie mir, was Sie alles für Entdeckungen machen, nicht wahr? (…) Doch es wäre nicht recht, wenn Ihre Wachsamkeit nur um das Ich herumflattern würde; wir Menschen müssen uns immer vor Einseitigkeit hüten (…), so muß auch die Seele nicht bloß auf sich sehen, um sich verachten zu lernen, sondern immer auch auf Gott, und dies noch mehr; in ihm und ihm gegenüber müssen wir uns betrachten, um mit der Selbstverachtung die Bewunderung seiner Größe zu verbinden (…) - Nun bin ich aber wieder ganz professorenhaft geworden".

Zum Schluss ermahnte der Abt sie, vorsichtig im Reden zu sein, da ihm zugetragen worden war, sie hätte sich abträglich über die Abtei St. Hildegard geäußert.[217] Die Briefe lassen auf eine im Umgang mit Menschen erfahrene, sich psychologisch einfühlende Persönlichkeit schließen. Die Gefährdungen des Klosterlebens, die sozialen Schwierigkeiten und Konflikte einer zusammengewürfelten Gemeinschaft standen Laurentius Zeller klar vor Augen, und er bot Hilfe und Orientierung an. Sein Schützling, mit bitteren Erfahrungen und Verletzungen in den vergangenen Jahren beschwert, beherzigte die verständnisvollen Ratschläge. Eine lebenslange Verbundenheit nahm in diesen Monaten ihren Anfang.

KLOSTERHEIMAT

Ganz offenbar hat Benedicta v. Spiegel in St. Walburg rasch eine klösterliche Heimat gefunden. An Ostern 1919 schrieb sie euphorisch klingend an den Abt von Maria Laach, Ildefons Herwegen:

„Hochwürdigster Vater Abt werden sich gewiß freuen zu hören, dass es mir hier sehr gut geht. Ich habe mich im trauten Heiligtum der Hl. Walburga sehr schnell eingelebt und fühle mich schon ganz heimisch hier. (…) Ich bin dem lieben Gott sehr dankbar, dass er mich hierher geführt hat, denn ich habe hier gleich den inneren Frieden wiedergefunden, der mir unter dem mehr oder weniger unerklärlichen Druck, wie er in Eibingen auf mir lastete, nicht beschieden war".

Jedoch war die Entfremdung zu der Abtei im Rheingau nachhaltig: „Auf mehrere Briefe und Karten nach St. Hildegard erhielt ich keine Antwort, sodass ich die Korrespondenz aufgeben zu müssen glaubte". Da der Briefverkehr durch die Eibinger Äbtissin ordnungsgemäß überwacht wurde, wird sie möglicherweise eine Korrespondenz mit der missliebigen Nonne – so sie denn aus der Mitte des Konvents überhaupt gewollt war – unterbunden haben. Das Gefühl, eine neue Heimat gefunden zu haben, bestätigt sie dem Abt von Maria Laach ein halbes Jahr später noch einmal: „Vielleicht freut es…Herrn Abt zu hören, dass es mir sehr gut geht. Trotz der schweren Zeiten und der vielen Sorgen die sie mit sich bringen, fühle ich mich sehr glücklich unter dem Schutze der Hl. Walburga und danke dem l. Gott alle Tage, dass er mich eine so liebe, neue Heimat finden ließ".[218]

Ihre Ankunft in St. Walburg am Mittwoch, dem 6. März 1918 beschrieb v. Spiegel in ihren Lebenserinnerungen folgendermaßen: Ich „wurde im Sprechzimmer von der Frau Äbtissin und den ehrwürdigen Seniorinnen erwartet, um in die Klausur geführt zu werden. Das geschah in Verbindung mit einer sehr hübschen, kleinen Feier, die mich sehr erfreute, weil sie in harmonischer Weise benediktinischen Ernst und ungezwungene Herzlichkeit ausdrückte. Wir gingen processionaliter in den Kapitelsaal, wo der ganze Konvent versammelt war, und jede einzelne begrüßte mich mit dem Friedenskuß, während das ‚Benedictus' gesungen wurde. Und so war ich in den Frieden St. Walburgs eingekehrt". Inwieweit der Äbtissin aus Eibingen Kritisches über den Neuzugang übermittelt worden war, ist nicht zu belegen. Die Erleichterung über den arrangierten Weggang der ungeliebten Nonne liest sich deutlich, wenn die Prager Äbtissin an ihre Eibinger Brieffreundin schreibt: „Zur Transferation von D. B. (Domina Benedicta GW) gratuliere ich von ganzem Herzen".[219]

Was für ein Ort war die Abtei St. Walburg in Eichstätt, als v. Spiegel 1918 dort Zuflucht fand?

EINE 900 JAHRE ALTE ABTEI

Die im Jahr 1035 gegründete Benediktinerinnenabtei St. Walburg in der an der Altmühl gelegenen Barockstadt Eichstätt kann anders als die Beuroner Klostergründungen auf eine jahrhundertelange Tradition zurückblicken. Die Patronin des Klosters, die um 710 in Südengland geborene Adlige Walburga folgte um die Mitte des 8. Jahrhunderts dem Vorbild ihrer älterer Brüder Willibald (um 700–787, 1. Bischof von Eichstätt) und Wunibald (um 701–761, Abt des Klosters Heidenheim) und brach in Begleitung einiger Gefährtinnen als Missionarin nach Deutschland auf. Nach dem Tod ihres Bruders Wunibald wurde sie mit der Leitung des Klosters Heidenheim betraut und erweiterte dieses um ein Frauenkloster. Der Todestag Walburgas im Kloster Heidenheim wird auf den 25. Februar datiert. Das Todesjahr ist umstritten und schwankt von 779 bis 790. Sie ist zunächst im Kloster Heidenheim bestattet worden.

Gut 100 Jahre später zwischen 870 und 879 fand die Umbettung der Gebeine Walburgas von Heidenheim nach Eichstätt statt, wo sie im Boden vor dem Chor der kleinen vor der Stadt gelegenen Heilig-Kreuz-Kirche erneut beigesetzt wurden. Zur gleichen Zeit erfolgte die Heiligsprechung. Kanonissinnen siedelten sich um die Grablege als Hüterinnen der Reliquien der fortan als Heilige verehrten Walburga an. Als Stiftung des Eichstätter Domherrn Leodegar Graf von Lechsgmünd-Graisbach (?–1074) und gefördert durch Bischof Heribert von Eichstätt (?-1042), der die Stadt zu seiner Residenz ausbaute, erfolgte am Fuße des Grabes mit den Reliquien eine benediktinische Klostergründung. Der Stiftungsbrief datiert vom 24. Juni 1035. Gestiftete Güter sicherten die materielle Basis des am 14. Oktober 1042 geweihten Klosters mit seiner Kirche. Die hl. Walburga wurde in der Folgezeit zu einer populären Heiligen mit Strahlkraft weit über das Altmühltal hinaus.

Und das bis heute: Im März 2021 wurden die „Verehrungspraktiken der hl. Walburga in Eichstätt" in das Bayerische Landesverzeichnis des Immateriellen Kulturerbes aufgenommen, Würdigung einer Jahrhunderte alten Glaubensüberzeugung. Zu den „Verehrungspraktiken" in Eichstätt gehört seit jeher das Sammeln einer sich an der Bodenplatte des Sarges bildenden Flüssigkeit, die in einer Schale aufgefangen wird. Schon im 9. Jahrhundert hatte man anlässlich einer erneuten Graböffnung zur Entnahme von Reliquien eine Entdeckung gemacht: Die Gebeine waren „mit wasserklaren Tropfen betaut". Den sog. Ölfluss erwähnte erstmals einer Chronik im Jahr 1078. Der auf den Zeitraum vom 12. Oktober (Übertragung der Gebeine der Hl. Walburga) bis zum 25. Februar (Todestag) festgesetzte, tatsächlich bis in den April regelmäßig auftretende Ölfluss ließ sich als Zeichen besonderer Nähe der Klosterheiligen deuten, an dem die gläubigen Pilger teilhaben konnten. Die Ausgabe dieses Walburgisöl genannten und von den Nonnen in zierliche Fläschchen abgefüllten, nach chemischen Untersuchungen als reines Wasser deklarierten Flüssigkeit trug mit dazu bei, dass das Eichstätter Benediktinerinnenkloster zu einer bedeutenden Wallfahrtsstätte anwuchs und bis heute ist.[220]

St. Walburg entwickelte sich zu einem überaus populären Wallfahrtsort, sodass im Jahre 1629 mit der Errichtung einer lichthell barocken, einschiffigen Kloster- und Pfarrkirche begonnen wurde: Nach Plünderungen, Gewaltexzessen und Zerstörungen der Klosterbauten durch schwedische Truppen während des Dreißigjährigen Krieges mussten die Gebäude jedoch neu errichtet werden. Die Ausstattung erfolgte reich mit Kunstschätzen, die bis in die Zeit des Barock hineinragen. Über die Jahrhunderte hinweg wechselten im Kloster Zeiten karger Krisen und kultureller Blüte. Die Säkularisation und die mit ihr verbundene Aufhebung der Klöster 1806 setzten einen jähen Schlussstrich. St. Walburg verlor seine klösterlichen Besitzungen, die veräußert wurden. Als Zugeständnis durften die gut 30 Klosterfrauen als Gemeinschaft zusammenbleiben. Fast 3 schwere Jahrzehnte standen den verbliebenen Nonnen mit knapp bemessenen Pensionen und aufgrund der Verfügung, keine Novizinnen aufnehmen zu dürfen, der unweigerlichen Gewissheit eines langsamen Ersterbens des klösterlichen Lebens bevor.[221]

Mit dem Regierungsantritt des bayerischen Königs Ludwig I. im Jahre 1825 fanden die Benediktiner in Bayern einen Fürsprecher, der u.a. das Kloster St. Bonifaz in München neu gründete und die Abteien Metten (1830), Scheyern (1837) und Weltenburg 1842) wiederbelebte. Und so führten die Bemühungen des verbliebenen Konvents um eine Wiedererrichtung des Klosters St. Walburg 1835 endlich zum Erfolg: König Ludwig I. schuf per Dekret die Grundlage für eine Neubelebung des Klosters, gebunden an eine unabdingbare Prämisse: Die St. Walburger Benediktinerinnen hatten fortan die städtische Mädchenschule zu führen und die Lehrerinnen zu stellen. Dies sollte sich als große Herausforderung für die verbliebenen Nonnen erweisen, die über keinerlei Erfahrung in Schulleitung und Unterrichtspädagogik verfügten. Die teils in privatem, teils in staatlichem Besitz sich befindenden Klostergebäude blieben gegen Übernahme der Baulast im Verfügungsbereich der Nonnen.[222] Platz für Schulräume war so gegeben.

1838 gründete der bayerische König den nach ihm benannten Ludwig-Missionsverein zur Unterstützung deutscher Katholiken, vornehmlich in Amerika. Über ihn sollten im Zeitraum von 1844–1868 mehr als 140.000 Gulden in die benediktinischen Klostergründungen in den USA fließen. Von der Benediktinerabtei Metten gingen die Neugründungen federführend aus. Der Mönch Bonifaz Wimmer wurde u.a. mit Handwerkern nach Amerika entsandt, um den Grundstein für die älteste Benediktinerabtei St. Vincent zu legen. Im Gefolge Wimmers siedelten sich die ersten Nonnen aus St. Walburg bereits 1852 in Amerika an. Damit war eine enge Verbindung, wenn auch schwierige Beziehung der Eichstätter Klosterfrauen mit der für sie ‚Neuen Welt' geknüpft, der Jahrzehnte später besondere Be-

deutung zukommen sollte – unter dem Abbatiat Benedicta von Spiegels.[223]
Vom letzten Drittel des 19. Jahrhunderts an prosperierte das Eichstätter Benediktinerinnenkloster, der Konvent wuchs. Eine Kleinkinderbewahranstalt für 2-6-Jährige wurde 1871 im sog. Marienhaus des Klosters eingerichtet. Die schon lange etablierte städtische Mädchenschule erhielt von der Stadt als Bauträger einen 1890 vollendeten Neubau auf dem Fundament des abgetragenen Klostergebäudes. Zugleich übernahm die Stadt fortan die Heizkosten und die Baulast des Schulgebäudes.[224] Die wirtschaftliche Lage konsolidierte sich, Gebäude konnten saniert und modernisiert werden.

DIE ERSTE ÄBTISSIN NACH DER WIEDERERRICHTUNG: KAROLINA KROIß

1902 wurde Karolina Kroiß (1862–1927) neue Priorin von St. Walburg, nachdem sie bereits 4 Jahre lang Assistentin der 83-jährigen Priorin Eduarda Schnitzer (1815–1902) gewesen war. Man kann es einen schnellen Aufstieg nennen: 10 Jahre nach ihrem Eintritt in das Kloster und 8 Jahre nach Ablegung der Profess stand sie an der Spitze der Klosterhierarchie. Als Tochter eines Lehrers, die bereits als 8-Jährige ihre Mutter verloren hatte, absolvierte Maria Kroiß eine Ausbildung zur Volksschullehrerin auf der Präparandinnenschule der Salesianerinnen in Oberroning bei Rottenburg. Kroiß arbeitete als Lehrerin in Metten, schlug dann aber einen anderen Lebensweg ein: Die 30-Jährige entschied sich für den Ordensberuf, wurde 1892 in das Kloster St. Walburg aufgenommen und erhielt den Ordensnamen Karolina. Ausgebildete Lehrerinnen waren dort gewiss willkommen, zumal ihre Interessen und Begabungen der Philosophie und Naturwissenschaft galten. Sechs Jahre war Kroiß als Lehrerin tätig, bevor sie zur Assistentin der greisen Priorin ernannt wurde. Eine Mitschwester, die sie persönlich kannte, charakterisierte Karolina Kroiß wie folgt: Sie zeichnete sich „durch schlichtes Wesen und milden Ernst (…) Verwaltungsgeschick und…zielbewußtes Streben" aus, erst bei näherem Kennenlernen legte sich diese Distanz, „Warmherzigkeit und mütterliche Güte" kamen zum Vorschein.[225]
10 Jahre nach Klostereintritt wählte der Konvent die nun 40-Jährige zur Priorin der Abtei. Die junge Frau übernahm 1902 eine verantwortungsvolle und herausfordernde Aufgabe, die sie trotz interner Widerstände mit pragmatischen Verstand meisterte. Durch Zukäufe vergrößerte Kroiß das Klostergelände und den Garten. Im sonnigen Südflügel entstanden neue,

komfortablere Klosterzellen für die Nonnen. St. Walburg wurde an die zentrale Wasserversorgung angeschlossen. Auch Gas- und Stromleitungen konnten zu Beginn des 20. Jahrhunderts in den Gebäuden verlegt werden. Der Einzug des technischen Fortschritts im Kloster begünstigte eine Verbesserung der hygienischen und gesundheitlichen Lebensumstände der stetig wachsenden Klostergemeinschaft. Deren Vertrauen hatte die Priorin mittlerweile gewonnen, wie sich an der einstimmigen Äbtissinwahl später eindrucksvoll bestätigen sollte. 1907 erfolgte die grundhafte Sanierung des Nonnenchors auf der Westempore der Kloster- und Pfarrkirche. Als ausgebildete Lehrerin richtete Karolina Kroiß ein besonderes Augenmerk auf die Verbesserung der schulischen Bedingungen. Ein Turnsaal (1910/11) entstand, eine Schulküche wurde eingerichtet, eine Nähschule eröffnet, 1912 die sanitären Anlagen der Schule erneuert.

Ihr besonderes Augenmerk lag mit Kriegsbeginn auf der offiziellen Führung eines Kindergartens, der sich der fortschrittlichen Fröbelpädagogik verschrieben hatte und später Elemente der Montessori-Pädagogik aufnahm. 1916 wurde Kroiß vom bayerischen König Ludwig III. mit dem Ehrenkreuz des König-Ludwigs-Ordens ausgezeichnet „für die Übernahme und Besorgung des Kinderhortes während der Kriegszeit zum Besten jener armen Kinder, deren Väter im Felde stehen, und der Aufsicht und Erziehung außer der Schulzeit bedürfen". Unter ihrer Ägide wurde zudem ein klostereigenes Gästehaus eingerichtet, in dem auch Wohnungen für die Spirituale – die seelsorgerischen Begleiter der Nonnen – und andere Geistliche vorgesehen waren.

1913 begann das Kloster mit der Herausgabe einer eigenen Zeitschrift, den monatlich erscheinenden Walburgisblättern, einer – wie es im Untertitel heißt – „illustrierten Monatsschrift zur Förderung der weiblichen Jugend". An die Zielgruppe der ehemaligen Schülerinnen und der Freunde des Klosters gerichtet, sollte mithilfe der Klosterschrift die Verbundenheit mit Schule und Stadt vertieft werden. Zahlreiche St. Walburger Ordensfrauen arbeiteten als Autorinnen und Illustratorinnen daran mit. Die Walburgisblätter erschienen 28 Jahre lange bis zu ihrem Verbot durch die Nationalsozialisten 1941 und wurden seitdem nicht wieder aufgelegt.[226] Dazu später mehr. St. Walburg prosperierte und lebte weiter auf unter der Führung von Äbtissin Karolina.

Mit dem 1905 zum Bischof von Eichstätt ernannten Leo von Mergel wechselte der Abt der Benediktinerabtei Metten, von der die erwähnten Klosterneugründungen in Amerika im 19. Jahrhundert ausgingen, an die Spitze des Bistums. Der Ordensmann fühlte sich naturgemäß den Klöstern seiner Diözese eng verbunden. Großen Wert legte er auf den liturgischen und geistlichen Kern des Klosterlebens. Die Bemühungen, die Benedikti-nerklöster St. Walburg und Plankstetten in den Rang von Abteien zu erheben, unterstützte er erfolgreich[227] – für die Eichstätter Benediktinerinnen ein Glücksfall.

Nachdem der bayerische König Ludwig III. bei Papst Pius X. die Erhebung von St. Walburg zur Abtei am 7. Februar 1914 erlangt hatte, wurde die bisherige Priorin Karolina Kroiß von ihrem Konvent am 11. April einstimmig zur Äbtissin gewählt und am 23. April durch den Eichstätter Bischof v. Mergel im Beisein der Tochter des bayerischen Königs, Adelgunde von Bayern (1870–1958), die der neugewählten Äbtissin das Brustkreuz am weiß-blauen Band anlegte, geweiht. Den Äbtissinnenstab stiftete der Mäzen und päpstliche Geheimkämmerer Theodor Freiherr von Cramer-Klett jun.; er war schon als Mäzen in Maredret begegnet, denn die dortige Abteikirche hat ihm einige ihrer Glasfenster zu verdanken, wie im Kapitel über Maredret und die Weihe der Abteikirche erwähnt. Dem Konvent gehörten zu dieser Zeit 57 Mitglieder an, darunter 27 Chorfrauen, von denen ungefähr die Hälfte als Lehrerinnen in der klösterlichen Mädchenschule unterrichtete.[228]

Nur kurze Monate nach der Abteierhebung befand sich Europa im 1. Weltkrieg. Äbtissin Karolina musste ihre Klostergemeinschaft durch die schweren Kriegsjahre führen, ein belastendes und herausforderndes Unterfangen. Als sie 4 Jahre nach ihrer Äbtissinwahl am 6. März 1918 Benedicta von Spiegel in der Klausur ihrer Abtei empfing, zehrten die zurückliegenden Aufbaujahre und die notbringende Kriegszeit wohl schon an ihren Kräften. Dabei standen die Folgen der deutschen Kapitulation mit Inflation, sozialen Verwerfungen und politischer Instabilität der Abtei noch bevor.

BENEDICTA v. SPIEGEL UND ÄBTISSIN KROIß

Neben den genannten durch die politischen Verhältnisse bedingten höchst verantwortungsvollen Aufgaben stellte in St. Walburg auch die innere Konsolidierung der klösterlichen Verfassung und Verwaltung einerseits, die Vertiefung des religiösen und geistlichen Lebens andererseits eine Herausforderung da. Denn selbst die Rituale der „abteilichen Tradition" waren keine gelebte Selbstverständlichkeit mehr. Benedicta von Spiegel hingegen konnte auf die lebendige liturgische Praxis, die sie in Maredret und Eibingen kennengelernt und eingeübt hatte, zurückgreifen und für den Konvent in St. Walburg fruchtbar machen. Die Chronik beschreibt dies bereits Ende März 1918 anschaulich:[229]

„An allen hohen Festtagen halten wir feierliche, abteiliche Vesper nach Anleitung von Frau Benedikta. Beim Einzug in den Chor spielt die Orgel festliche Weisen. An der Spitze des Konvents geht die Hochwürdige Mutter (…) Wir hatten gar keine Ahnung von dem Zeremoniell, das den Stab und seine Trägerin umgibt und wußten eigentlich gar nicht, was anfangen, um den Ehrenvorzug der abteilichen Würde in gebührender Weise zum Ausdruck zu bringen. Nach 100-jähriger Unterbrechung der Abtei war alles in Vergessenheit geraten, man handelte nach eigenem Empfinden und Bruchstücken alter Überlieferung. Wie von Gott und dem Krieg gesandt, kam diese Frau, die uns einführt in die Schönheit des heiligen Offiziums und besonders im Choralgesang verbessernd und neugestaltend eingreift".

Aber auch in praktischen Dingen der Landwirtschaft, der Pflanzung neuartiger Blumensorten im Garten überzeugte der Neuzugang. Ebenso konnte sie durch ihre theologischen Kenntnisse, ihre Erfahrungen im wissenschaftlichen Arbeiten, im Schreiben von Gedichten und Libretti, das durch Elternhaus, Beuroner Kunst und Kunsthandwerk geschulte ästhetische Verständnis, die polyglotten, den Menschen zugewandten Umgangsformen das Kloster bereichern. Die Abtei wiederum mit ihrer barocken Wallfahrtskirche und eindrucksvollen zweigeschossigen Walburgisgruft, den wertvollen Kunstschätzen, den traditionsreichen Räumlichkeiten, der Bibliothek mit historischen Handschriften und sog. „Barockbibliothek", dem bildungsbürgerlichen Umfeld mit Theologisch-Philosophischer Hochschule, der herausgehobenen Bedeutung als Bischofsstadt, der Verbundenheit mit einer Reihe adliger Familien bis hin zum bayerischen Königshaus strahlten mutmaßlich auf Benedicta von Spiegel eine anheimelnde Atmosphäre aus. Kurzum – es trafen glückliche Umstände auf beiden Seiten zusammen, die den stetig wachsenden Konvent mit seinen Ansprüchen ebenso zugute kamen wie der mit neuem Selbstbewusstsein gestärkten Klosterfrau, die ihre Talente entfalten konnte. Schon am 3. Oktober 1919 wurde sie Assistentin der Äbtissin.[230]

Es ist anzunehmen, dass Karolina Kroiß ihre Abtei nicht mit so eiserner Hand führte, wie es etwa für die in strenger Klausur lebende Klostergemeinschaft in St. Hildegard zu dieser Zeit praktiziert wurde. Zudem schwächte die Erkrankung die Äbtissin fortschreitend. Sie musste sich langen Kuraufenthalten unterziehen, fern der Abtei. Es ist auch zu vermuten, dass durch die Unterhaltung der Mädchenschule und des Kindergartens vielfältige Berührungen zur Lebenswelt außerhalb der Klostermauern bestanden und dadurch in der alltäglichen Praxis der Klosterklausur zwangsläufig Öffnungen erfolgen mussten. Möglicherweise ging St. Walburg auch

mit Problemen der innerklösterlichen Gemeinschaft offener um. Beispielsweise ist in einem Nachruf der Abtei in der Zeitschrift „Studien und Mitteilungen zur Geschichte des Benediktinerordens" davon die Rede, dass
ein verstorbenes Konventmitglied Schwierigkeiten hatte, „sich von allem
Weltlichen zu trennen". Und im Nachruf auf v. Spiegels verstorbene Vorgängerin als Priorin ist zu lesen: „Ein mehr als 50jähriges Ordensleben
bringt innere und äußere Probleme, deren Lösung manche Seele auf Jahre
hinaus beschäftigt, vielleicht auch beunruhigt und verwirrt. Auch unserer
lieben Heimgegangenen blieben solche Probleme nicht erspart".[231] Dieser
offene, seelische Konflikte der Ordensfrauen klar benennende Umgang
zeugt von einem weiten Verständnis des klösterlichen Lebens.

Möglich, dass gerade diese Seite der Klostergemeinschaft, nämlich sich
den Nöten der Ordensschwestern empathisch zuzuwenden, wesentlichen
Anteil daran hatte, dass sich v. Spiegel dort schnell heimisch fühlte. Sie
stabilisierte sich und übernahm Aufgaben in der Verwaltung der Abtei sowie der Pflege von Liturgie und Chorgesang: Nachdem sie ein knappes
Jahr nach ihrem Eintritt in St. Walburg Assistentin der Äbtissin geworden
war, folgte kurze Zeit später ihre Ernennung zur Priorin. Sie wurde Nachfolgerin der mit 72 Jahren zurückgetretenen, schwer erkrankten Priorin
Benedicta Jall (1848), die am 15. Januar 1921 verschied. 2 Monate später
starb zudem im Alter von nur 51 Jahren nach einer Operation die Subpriorin Michaela Mayer, die zugleich Novizenmeisterin und Schriftleiterin
der Walburgisblätter gewesen war. Innerhalb kurzer Zeit musste Karolina
Kroiß die zentralen klösterlichen Leitungsämter neu besetzen: Benedicta v.
Spiegel bekleidete fortan auch das Amt der Novizenmeisterin und die 10
Jahre ältere Luitgardis Brachat (1864–1953) wurde als Subpriorin ihre Stellvertreterin. Die Klosterfrauen im Priorat arbeiteten offensichtlich überaus
harmonisch miteinander. Denn v. Spiegel ernannte Luitgardis Brachat nach
der eigenen Äbtissinwahl 1926 zur Priorin, ein Amt, dass diese 21 Jahre
ausfüllen sollte bis zu ihrem 83. Lebensjahr.[232]

PRIORIN UND NOVIZENMEISTERIN

Als Priorin war Benedicta v. Spiegel Stellvertreterin der Äbtissin. In ihren
Zuständigkeitsbereich fielen innerklösterliche Angelegenheiten und der
Klosterhaushalt. Als Novizenmeisterin oblag ihr die Anleitung, Ausbildung und Prüfung des Klosternachwuchses. In den nun folgenden 6 Jahren lernte sie die Leitung einer Abtei mit stetig wachsenden Konvent von
verschiedenen Seiten kennen. Aufgrund der fortschreitenden Erkrankung

von Äbtissin Karolina Kroiß nahm sie weitere leitende Aufgaben wahr und wuchs in die Verantwortung der Abteiführung immer mehr hinein.[233]

Umfasste der klösterliche Haushalt kurz vor Kriegsausbruch 57 Chor- und Laienschwestern, so zählte er zum 1. Dezember 1923 bereits 84 Mitglieder. Täglich musste die Ordensgemeinschaft samt Gäste durch die große Klosterküche versorgt werden. Dazu kamen Bedürftige, an die an der von Äbtissin Karolina eingerichteten sog. Armenpforte Mahlzeiten und Lebensmittel verteilt wurden. Auch unterhielt die Abtei eine eigene Bäckerei. Zur Behebung des Platzmangels wurde 1925 ein Werkhaus fertiggestellt, in welchem Weberei, Schusterei, Schneider- und Schreinerwerkstätten untergebracht waren. Auch auf künstlerischem Gebiet suchten die Ordensfrauen zum Unterhalt des Klosters beizutragen u.a. in der Gestaltung liturgischer Gewänder und Textilien, der sog. Paramentik.[234] Mit Landwirtschaft und Gartenbau, der Betreuung der Pilgerreisenden, der Unterhaltung eines Kindergartens und der Mädchenschule stellte die Eichstätter Abtei ein Wirtschaftsunternehmen dar mit vielfältigen betriebsorganisatorischen Herausforderungen. An den Klostermauern im beschaulichen 85 Kilometer von Nürnberg entfernten Eichstätt machten die politischen und wirtschaftlichen Entwicklungen der Nachkriegszeit nicht Halt. Insbesondere die mit der Inflation infolge immenser Reparationszahlungen einhergehende Geldentwertung bei gleichzeitiger Preiserhöhung setzte auch dem Klosterhaushalt zu.

Die Abtei lag auf der Anhöhe des sog. Römerbergs fußläufig zum Stadtzentrum. Das mittelfränkische kreisfreie Eichstätt war aufgrund seiner geographischen Kessellage schon lange wirtschaftlich ins Hintertreffen geraten, was auch nicht durch den Anschluss an das Eisenbahnnetz ab 1870 behoben werden konnte. Denn die Strecke führte aus technischen und finanziellen Gründen nicht durch die Stadt, sodass der Bahnhof Eichstätt fünf Kilometer außerhalb lag. Stagnierende Einwohnerzahlen unter 8.000, die Schließung von Ämtern und bescheidene Kaufkraft waren u.a. die Folge.

Der Anteil der katholischen Bevölkerung lag bei über 90%. Für die Bayerische Volkspartei (BVP) – das bayerische Pendant zur katholischen Zentrumspartei in den anderen Ländern sowie im Reich – war Eichstätt eine Hochburg mit Wahlergebnissen in der Weimarer Republik von regelmäßig über 50%. Das politische Engagement des Eichstätter Philosophieprofessors Georg Wohlmuth (1865–1952), der von 1911 bis 1933 als Abgeordneter in den Landtagen und ab 1924 im parlamentarischen Spitzenamt des Fraktionsvorsitzenden in Nachfolge des zum bayerischen Ministerpräsidenten gewählten Heinrich Held (1868–1938) wirkte, trug

zu diesen Wahlerfolgen bei. Die Stadt war zugleich eine katholische Enklave im überwiegend protestantisch geprägten Regierungsbezirk Mittel-
frnaken.[235] Überproportional hoch war der Anteil der Beschäftigten im
öffentlichen Dienst, vor allem in Schulen, Verwaltung, Wissenschaft und
geistlichen Berufen. Eichstätt erhielt seine maßgebliche Prägung als Bischofsstadt mit Philosophisch-Theologischer Hochschule (ab 1924, zuvor
Lyzeum), mehreren Klöstern und einem barocken Stadtbild, das auf die
Bedeutung der Stadt als fürstbischöfliche Residenz vor der Säkularisation
1806 zurückgeht.

Die Abtei St. Walburg war seit langem dem kirchlichen Lyzeum und der
daraus 1924 hervorgehenden Hochschule sehr verbunden, kamen doch
von dort hochgebildete Wissenschaftler als Spirituale in die Abtei – zur
geistlichen Betreuung. Sie hörten die regelmäßige Beichte der Nonnen und
begleiteten die Feier der Liturgie als Hausgeistliche. Zur Amtszeit von Äbtissin Karolina Kroiß bekleideten dieses wichtige Amt u.a. der bedeutende
Gelehrte und Erforscher der mittelalterlichen Philosophie und Theologie
Martin Grabmann (1875–1949), von 1887 bis 1902 der Kunsthistoriker
Felix Mader (1867–1941), der sich als Gartenarchitekt auch um die Gartengestaltung der Abtei verdient machte, der Bauhistoriker Ferdinand von
Werden, der später während des 2. Weltkrieges an der Restaurierung des
Eichstätter Doms arbeitete, von 1914 bis 1923 der Pfarrer Dr. Gottfried
Meyer (1884–1964) und nach dem 15. September 1923 der Kirchenrechtler
und später entschiedene NS-Gegner Joseph Lechner (1893–1954); letzterer
zählte bald zu den engen Vertrauten der St. Walburger Priorin Benedicta.[236]

Im August 1921 wandte sich der immer noch aus seinem Heimatkloster
Maredsous verbannte Germain Morin an v. Spiegel. Aus der Abtei St. Peter
in Salzburg gratulierte er zum Priorat. Aber der Grund seines Schreibens
war ein anderer. Der 60-Jährige befand sich in einer tiefen Lebenskrise,
„immer größer werdender Traurigkeiten" und suchte Rat:

„Gerade habe ich…gelesen, dass Gott der Frau eine besondere Gabe für gute
Ratschläge verliehen hat. Dürfte ich in aller Bescheidenheit Sie fragen, ob Sie
einen Ausweg…aus meiner Situation sehen? Und damit Sie es leichter haben…,
werde ich Ihnen ganz offen sagen, war mir tief auf der Seele liegt. Ich bin müde
und desillusioniert von der Wissenschaft. (…) Ich würde gern meine letzten
Tage wo auch immer in der Stille und im Dunkeln verbringen, dabei mich einer
wie auch immer sehr bescheidenen und sogar körperlichen Tätigkeit widmen.
Sehen Sie einen Weg – wie auch immer – diesen Wunsch wahr werden zu lassen?".

Priorin Benedicta hat ihm postwendend geantwortet und – gewiss in Abstimmung mit Äbtissin Karolina – nach St. Walburg eingeladen. Aber: „Ihre Einladung, mich nach Eichstätt in Ihre ehrenwerte Familie zu begeben, ist entsprechend Ihrem ausgezeichneten Herzen: Jedoch erlauben Sie mir Ihnen ehrlich zu gestehen, dass dies nicht die Antwort zu dem augenblicklichen Bedürfnis meiner Seele sein könnte. Was ich bräuchte, ist ein Heim, das so dauerhaft wie möglich ist. (…) Sie haben keine Vorstellung, was es bedeutet, von einem Land zum anderen zu irren, wie ich es seit Monaten tue – in der momentanen Lage Europas (…)".

Germain Morin entsann sich an seinen Besuch in Eichstätt: „Was mich an Eichstätt erinnert, ist zuerst die Erinnerung an Sie, …der ruhige Charme dieses alten Städtchens und auch die Erinnerung, die ich an das Seminar und seine Bibliothek bewahrt habe". Dort wird er auch Bekanntschaft u.a. mit den Professoren Lechner und v. Werden gemacht haben, wie späterer Korrespondenz zu entnehmen ist. Benedicta v. Spiegel hat in ihrem Brief auch die Probleme mit ihrer Übersetzung des „L´idéal monastique" erwähnt: „´Das monastische Ideal´! Daran habe ich nicht mehr gedacht, aber nur um innerlich zu bedauern, dass Sie geruhten, sich daran derart zu interessieren. Ich hatte die Schwierigkeiten vorausgeahnt". Der Kontakt wird über die nächsten 2 Jahrzehnte nicht abreißen; doch bleiben Morins Briefe traurig gestimmt.[237] Ob ihm bewusst war, wie prägend vieles in seiner Schrift für die weitere Entwicklung seiner Übersetzerin sein wird?

Im März 1922 verlor v. Spiegels ältere Schwester Maria v. Twickel, die sich 4 Jahre zuvor für die Aufnahme in St. Walburg eingesetzt hatte, ihren Ehemann, der mit 49 Jahren starb. Die Witwe lebte seitdem mit ihrem 6 Jahre alten einzigen Sohn allein auf dem großen Gut Ermelinghoff nahe Hamm in Westfalen, wo sich schon bald häufiger Besuch ihrer 2 Jahre jüngeren Schwester einstellen wird.

Auch um die Gesundheit sowohl der St. Walburger Äbtissin wie ihrer Priorin schien es nicht gut gestellt – dies lässt sich aus einem Brief des Seckauer Abts Laurentius Zeller an v. Spiegel zu Silvester 1922 schließen: „Dann legt mir ihr Brief noch einen besonderen Wunsch nahe, denn Sie schreiben, dass nicht bloß die Gesundheit der Frau Äbtissin sehr schwach ist, sondern dass auch ihre Kräfte ins Wanken gekommen sind. (…) Tun Sie aber auch das Ihrige, um die Nerven wieder zur Ruhe zu bringen; das beste Heilmittel ist die Ruhe des Geistes, die Verankerung der Seele in Gott", um dann wie in den mahnenden Briefen von 1918 fortzufahren: „Wir sind freilich nicht unbeschränkt Herren über unsere Gedankenwelt u. die Regungen unseres Herzens, aber doch könnten wir mehr Gewalt über unsere Natur haben, wenn unser Glaube lebendiger, unsere Liebe inniger wäre. Doch wie komme ich dazu, Ihnen eine Predigt zu halten, die eigentlich mir gilt?".[238]

Ein Tag vor ihrem 49.ten Geburtstag starb am 30. Januar 1923 in Maredsous während einer Grippeepidemie Columba Marmion an einer Lungenentzündung. „Sie haben wohl erfahren, dass Abt Columba von Maredsous gestorben" ist. „Wir haben leider nur wenig Beziehungen zur belgischen Kongregation" – schrieb Laurentius Zeller an Benedicta v. Spiegel. In der Abteikirche von Maredsous befindet sich heute sein Grab.

Exerzitienvorträge, Predigten, Konferenzen und geistliche Schriften Marmions waren schon zu dessen Lebzeiten – ediert von seinem Sekretär Raymont Thibault – in drei Buchausgaben erschienen und von großer Popularität.[239] Diese Trilogie übersetzte v. Spiegel in den Folgejahren in Eichstätt aus dem Französischen ins Deutsche. Sie begann mit dieser Arbeit während ihres Priorats und neben den vielfältigen laufenden Aufgaben, die sie bewältigen musste. Im Paderborner Schöningh Verlag wurden die Ausgaben gedruckt. Der frühere Spiritual der Abtei, Martin Grabmann, würdigte Marmions Werk und deren Übersetzung später wie folgt: „Ich kenne keinen Theologen, der die großen theologischen Gedanken des hl. Thomas besonders über Christus in so tiefer und lebendiger Weise für die katholische Frömmigkeit fruchtbar gemacht hat als der verstorbene Abt Columba Marmion von Maredsous, dessen Werke durch die jetzige Äbtissin von St. Walburg in so feinsinniger Weise ins Deutsche übertragen worden sind".[240]

DAS INNERE REGELWERK: DIE SATZUNGEN

Um das Jahr 540 hatte der Ordensgründer, der Hl. Benedikt von Nursia (ca. 480–547), die nach ihm benannte Benediktsregel als Handreichung für die klösterlichen Gemeinschaften seines Ordens verfasst. Bestehend aus einem Prolog und 73 Kapiteln wurde die Benediktsregel ergänzt und modifiziert über die Jahrhunderte zur richtungweisenden abendländischen Mönchsregel. Nicht nur die Mitglieder des Benediktinerordens lebten und leben nach der Benediktsregel, sondern auch Zisterzienser und Trappisten.[241] Nach der Erhebung zur Abtei 1914 sahen die Benediktinerinnen in St. Walburg mit der Zeit eine Adaption des Regelwerks angepasst an die aktuellen Zeitverhältnisse als erforderlich an. Daran war auch v. Spiegel massgeblich beteiligt. Anfang 1923 standen die Satzungen der Abtei St. Walburg vor der Genehmigung durch den Bischof.[242] Intendiert war eine Präzisierung der äußeren Lebensform nach der klösterlichen Benediktsregel – angepasst den „Bedürfnissen und Schwächen unserer Zeit" – wie es darin heißt. Am 25. Februar wurde das 25 Seiten umfassende Regelwerk, das zu einzelnen Kapiteln der Benediktsregel zeitgemäße Modifikationen enthielt, vom Eichstätter Bischof Leo v. Mergel approbiert. Im Folgenden sei ein Blick in diese Aufschluss über die innere Gemeinschaftsstruktur der Abtei gebenden und lange Zeit geltenden Statuten geworfen:

Das Regelwerk beginnt mit einem zentralen Satz: „Das Kloster der Benediktinerinnen zu St. Walburg untersteht der Jurisdiktion des Bischofs von Eichstätt". So obliegt dem Bischof die Entscheidung über die Entlassung von Nonnen, die das ewige Gelübde abgelegt haben und „sich trotz oftmaliger Zurechtweisung nicht bessern" (28. Kap.), alle anderen können von der Äbtissin mit Zustimmung des Seniorinnenkapitels entlassen werden. Weiterhin ist dem Bischof die Abrechnung des Klosterhaushalts zum Jahresschluss vorzulegen (32. Kap.); auch muss er die Wahl einer neuen Äbtissin bestätigen und die Weihe vornehmen (Kap. 64).

Die erste Stelle in der Abtei nimmt die Äbtissin als „Mutter der Familie" ein, als solche wird sie von den Nonnen auch angesprochen. Alle Nonnen, welche die ewige Profess abgelegt haben, votieren in einer Kapitelabstimmung mit absoluter Mehrheit über wichtige Angelegenheiten der Abtei, worunter u.a. die Zulassung einer Postulantin zum Noviziat, Immobilienangelegenheiten, größere Baumaßnahmen und wichtige Fragen der inneren Verfasstheit des Kloster fallen. Eine Kapitelsekretärin führt über die Entscheidungen Protokoll. Neben dem Kapitel konstituiert sich in der Abtei ein Gremium aus „Seniorinnen" – bestehend aus Priorin, Subpriorin, Verwalterin (Cellularin), einem von der Äbtissin ernannten Mitglied sowie 2 vom Konvent gewählten Schwestern. Das auf 3 Jahre gewählte Seniorinnenkapitel entscheidet u.a. über zivilrechtliche Fragen im Konvent wie z.B. Erbschaftsangelegenheiten und hat beratende Stimme u.a. bei außerordentlichen Ausgaben und Bestrafung größerer Vergehen. Für beide Versammlungen gilt strenge Verschwiegenheit.

Es folgen knappe Regelungen der religiösen Übungen, zu denen täglich eine halbe Stunde „Betrachtung und geistliche Lesung" sowie Rosenkranzbeten, wöchentliches Beichten und jährliche „geistliche Übungen oder Exerzitien" gehören (4. Kap.). Breiteren Raum nehmen die Regelungen über die Schweigsamkeit ein (6. Kap.), zentral in Kirche, Chor, Sakristei, bei den Mahlzeiten im Refektorium, in den Schlafsälen und auf den Gängen. Ausgenommen sind die Stunden der „gemeinsamen Unterhaltung oder Rekreation", an der alle zur Teilnahme verpflichtet sind. Die Rekreation ist Bestandteil der Tagesordnung, in deren Zentrum das „göttliche Offizium" (Stundengebet) und die Konventmesse stehen, für die ausschließlich der gregorianische Choralgesang angewendet wird. Der Tagesablauf, der durch Glockenzeichen im ganzen Haus synchronisiert wird, ist in St. Walburg zur Zeit v. Spiegels wie folgt strukturiert: 4.30 Uhr Aufstehen, 5 Uhr Stundengebete Prim und Terz, dann Betrachtung, 6 Uhr Konventmesse mit hl. Kommunion, danach Frühstück. Im Anschluss Arbeit bis 9.00 Uhr, dann Stundengebete der Sext und Non; es folgt Arbeitszeit „bis zur Besuchung des Allerheiligsten mit Gewissenserforschung" um 11.45; dem Mittagessen um 12.00 Uhr schließt sich die Rekreation bis 14.00 an; 15.00 Vespergesang, dann „Vesperbrot und geistliche Lesung"; Arbeitszeit „bis zur Matutin und Laudes"; um 19.00 Uhr folgen der „Abendtisch, Rekreation, Abendgebet"; die Nachtruhe schließt spätestens um 21.00 Uhr den Tag ab (Kap. 47, 48).

Auch alltagspraktische Fragen sind in den Satzungen geregelt: Zuweisung einer eigenen Zelle, Schlafen mit Schleier, sparsamer Umgang mit elektrischem Licht (Kap. 22) oder beim Essen die Fastenregeln und die Fleischabstinenz wöchentlich Mittwoch, Freitag und Samstag (Kap. 39) oder das Gebot der Pünktlichkeit (Kap. 43) oder die Briefzensur, nach der alle ein- und ausgehenden Briefe „durch die Hände der Aebtissin" gehen müssen und die Klosterfrauen sich untereinander keine Briefe schreiben sollen (Kap. 54) oder das Vermeiden von „Privatfreundschaften" (Kap. 69) oder der Umgang mit der Klausur angesichts des vom Kloster unterhaltenen Schulbetriebes (Kap. 66). Der Einhaltung klösterlicher Disziplin dient das wöchentliche „Schuldkapitel", Gelegenheit eigene Verstöße vor dem Konvent anzuzeigen und eine Strafe anzunehmen: „Nicht nur schwere Vergehen, sondern auch leichtere Verfehlungen...sollen mit entsprechender Strafe belegt werden. Ja, es soll sogar alles, was immer durch menschliche Schwachheit auch in geringfügiger Sache gefehlt wird, durch demütige Genugtuung gesühnt werden" (Kap. 25). Andererseits: „Allen Obern ist es streng untersagt, ihre Untergebenen irgendwie zur Gewissenseröffnung zu zwingen. (…) Im Gegenteil, es ist recht nützlich, wenn sich" die Nonnen „mit kindlichem Vertrauen an ihre Obern wenden, um sich Rat und Weisung zu erbitten" (Kap. 46).

In den Satzungen werden zudem die Ämter der von der Äbtissin nach Beratschlagung mit den Seniorinnen zu ernennenden Priorin, Subpriorin (Kap. 21 u, 65) und der Cellerarin (Leiterin des Wirtschaftsbetriebes, Kap. 31) behandelt. Die Buchhaltung ist monatlich der Äbtissin, jährlich dem Seniorinnenkapitel vorzulegen. Ein eigenes Kapitel widmet sich der Eigentumslosigkeit der Konventschwestern, die mögliche Einkünfte an die Abtei abtreten müssen, und dem Verbot jeglichen Privateigentums (Kap. 33). Die Satzungen ordnen auch Stellung und Aufgaben der Laienschwestern oder Konversen, die in St. Walburg seit etwa Mitte des 15. Jahrhunderts bei körperlichen Arbeiten, wie Landwirtschaft, Küchendienst, Reinigung etc. eingesetzt werden, um die Konventschwestern zu entlasten (Kap. 57).[243]

Weiterhin enthalten die Statuten Regelungen für die Krankenpflege durch die Infirmarin in eigens dafür vorgesehenen Krankenzimmern und Gebetsregeln für verstorbene Nonnen (Kap. 36), die Ausbildung der Novizinnen (Kap. 58) und schließlich die Wahl der Äbtissin (Kap. 64), deren geheime Wahl mit Zweidrittelmehrheit durch den Konvent spätestens 4 Wochen nach dem Tod der Vorgängerin erfolgen muss. Wählbar ist, „wer das 40. Lebensjahr zurückgelegt hat, aus rechtmäßiger Ehe stammt und wenigstens seit 10 Jahren Professin ist". Und weiter heißt es in den Satzungen: „Die Aebtissin soll stets eingedenk sein, dass sie…die strengste Verpflichtung habe zu jeglichem guten Beispiel. Daher soll sie in Nahrung, Kleidung und Wohnung in ihrem ganzen äußeren Auftreten von der allgemeinen Lebensweise ihres Klosters nur soweit abweichen, als es die Notwendigkeit und ihre Stellung erfordern".

Aus den beschriebenen Satzungsregelungen lässt sich für Außenstehende vielleicht eine vage Vorstellung des klösterlichen Lebens in der Eichstätter Benediktinerinnenabtei zu Zeiten Benedicta von Spiegels erschließen. 11 Jahre später wurden bei der Umstrukturierung von Archiv und Bibliothek die Konstitutionen des Klosters von 1456 „neuaufgefunden". Sie sollten als Grundlage für die neuen Konstitutionen dienen, deren ersten Entwurf – wie es heißt – von der „gegenwärtigen Äbtissin M. A. Benedicta ausgearbeitet" wurde.[244] Dazu später mehr

1923 ist nicht nur das Jahr der Approbation der klösterlichen Satzungen. Es ist auch das Jahr, in dem der 30-jährige, im schwäbischen Megesheim geborene Eichstätter Domvikar und Kirchenrechtler Joseph Lechner (1893–1954) neuer Spiritual in St. Walburg wird. Nach der Priesterweihe 1917 studierte er Theologie und promovierte an der Ludwig-Maximilian-Universität in München – der Stadt, die Lechners Interesse an klassischer Musik und Theater „reiche Anregung" bot. 1923 wechselte er in die Bischofsstadt an der Altmühl. Eine Vertrauensbeziehung entwickelte sich zwischen der Priorin und dem fast 20 Jahre jüngeren Spiritual, der dieses Amt bis 1933 innehaben sollte. Lechner machte v. Spiegel wahrscheinlich auch mit seinem engen Freund Franz Xaver Wutz (1882–1938) – Professor für Exegese an der Eichstätter Hochschule, Priester und Marienverehrer – und seinen Schriften bekannt. Denn im Frühjahr 1924 warb sie beim Abtprimas der Benediktinischen Konföderation, Fidelis von Stotzingen, für die Forschungsergebnisse des Gelehrten in Fragen der Exegese.[245]

Die beiden Genannten werden bald ihre engen Freunde und bilden den Nukleus eines verschworenen Freundeskreises, der in der aufkommenden Weimarer Staatskrise besonderen Herausforderungen begegnen muss. Hierauf wird in einem späteren Kapitel näher einzugehen sein.

STELLVERTRETERIN DER SCHWERKRANKEN ÄBTISSIN

Das Jahr 1924 war für die Abtei ein sorgenvolles: Der ernste Gesundheitszustand der 62-jährigen Karolina Kroiß mit Lähmungserscheinungen machte einen mehrmonatigen Kuraufenthalt im Heilbad Krumbad nahe dem schwäbischen Krumbach, etwa 150 Kilometer entfernt von Eichstätt notwendig. Von Mai bis September stand Priorin Benedicta vertretungsweise an der Spitze der Abtei. Auch ganz profane Aufgaben waren zu bewältigen. So beaufsichtigte sie die erwähnten Bauarbeiten des geplanten Werkhauses, empfing Gäste im Sprechzimmer und hielt über Briefe ständigen Kontakt mit der Äbtissin, in denen sie über die Vorkommnisse in St. Walburg berichtete und Rat einholte. „Großer Betrieb, ich glaube 14 Personen im Sprechzimmer" – teilte sie im Sommer mit und weiter: „Sie wollen wissen wie es meinem Bein geht? Etwas besser, glaube ich, jedenfalls habe ich wieder mehrfach die Erfahrung gemacht, dass ich von Kuren u. Heilmitteln nicht viel vertragen kann. Ich bin für alles zu empfindlich u. muß alles nur in kleinstem Maße anwenden". Die kurende Karolina Kroiß benötigte orthopädisches Schuhwerk: „Bitte lassen Sie sich doch einfach die erforderlichen Stiefel machen (…) Rechnung einfach hierhersenden".

Die Priorin, die zu dieser Zeit auch das Amt der Novizenmeisterin bekleidete, schloss in ihrem Brief noch ein Problem mit einer Kandidatin an, die das Kloster offenbar als Versorgungsanstalt ansah: „Ich glaube wir können die…Maria…nicht behalten. (…) Der Gedanke des Opfers kommt ihr garnicht, ‚keine Sorgen, gutes Essen, angenehme Gesellschaft, schöner Garten, prachtvolles Haus. - mir fehlt ja nichts' - das gibt sie mir immer zur Antwort, anders äußert sie sich nicht, ist überhaupt sehr beschränkt. Was soll ich mit ihr machen?". Die Antwort von Äbtissin Karolina ist nicht überliefert, jedoch hat Priorin Benedicta die Aspirantin „entlassen", wie einem Brief vom 20.07.1924 zu entnehmen ist.[246]

Im Sommer 1924 beherbergten die Klosterfrauen im Gästehaus der Abtei anlässlich einer Priesterkonferenz eine ganze Reihe von Seminarteilnehmern: „Es geht zu bei mir wie im Taubenschlag – Hochbetrieb, gestern 8 im Sprechzimmer u. 9 drüben, Gäste 9 hier u. 2 drüben u. so u. so viele angemeldet". Zugleich ließ sie die Äbtissin teilhaben an familiären Neuigkeiten. Ihre 10 Jahre jüngere Schwester Ida hatte – nachdem ihr Mann Maximilian Graf Merveldt im September 1914 bei Reims gefallen war – am 1. Juli 1920 dessen älteren Bruder Ferdinand (1873–1958) geheiratet. Das Paar lebte mit 2 Töchtern aus erster Ehe und einer gemeinsamen 1922 geborenen Tochter auf dem barocken Wasserschloss Westerwinkel im Münsterland. Die Töchter werden ihre Tante späterhin in Eichstätt nicht nur besuchen, sondern eine liebevolle Beziehung zu ihr entwickeln: „Heute schrieb Ida um sich zu erkundigen, wie es Hochw. Mutter geht u. um Gebet zu erbitten. Sie soll im Februar wieder Mutter werden u. freut sich schrecklich. Hoffentlich wird es ein Bub". Der Wunsch sollte sich nicht erfüllen; im Februar 1925 erlitt Ida v. Merveldt eine Fehlgeburt.[247]

Nicht nur über den Klosteralltag, die Vielzahl an Aufgaben und Arbeiten berichtete v. Spiegel an die Kurende, auch ein Misston schlich sich ein. Sie schrieb über ein Gespräch mit dem Kapuzinerpater Gallus Hiller (1881–1951), der auf Besuch in seinem Eichstätter Professkloster war: „Sehr indiskreter Weise hatte er auch bemerkt, dass ‚Hochw. Mutter die Frau Priorin garnicht leiden kann.' ‚So was tut weh!' Furchtbar weh!", um sogleich in ihrem Brief mit Alltäglichem fortzufahren. Auf diese Äußerung wird in den folgenden Briefen kein Bezug mehr genommen. Aber man darf annehmen, dass – sollte diese Bemerkung tatsächlich erfolgt sein – ein wunder Punkt bei ihr berührt war. Denn die Sympathie der Äbtissinnen von Maredret und Eibingen hatte Benedicta v. Spiegel wie ausgeführt nicht für sich gewinnen können. Aber vielleicht wollte sie der Äbtissin durch diese negative Darstellung nur Lob und Anerkennung entlocken?[248]

Im August 1924 zeichnete sich nach 3 Monaten Abwesenheit die Rückkehr der Äbtissin aus der Kur ab, jedoch mit einer wesentlichen Veränderung: Eine Pflegekraft sollte fortan ständig in ihrer Nähe sein, da die vollständige Lähmung des Körpers voranschritt. Priorin Benedicta wählte in einem Brief nun folgenden heutzutage kindlich anmutenden Duktus:[249]

„Meine kleine Mutti, ich jammere so viel, so schrecklich viel u. kanns fast nimmer aushalten. Wann kommt meine kleine Mutti wieder? Ich will nicht drängen, solange die Kur dauert u. die Bäder Ihnen gut tun, aber wenn sie genügend sind u. kleine Mutti nicht gern noch länger dort bleiben will, dann soll's wiederkommen".

Während die schwerkranke Äbtissin in der Kur vergeblich auf gesundheitliche Besserung hoffte, waren Konvent und Priorin mit verschiedenen Anforderungen eingespannt: „Vom 1.-20. Sept. soll hier ein Turnkurs für Lehrer und Lehrerinnen sein von der Regierung aus, wird wahrscheinlich in unserem Turnsaal sein. (...) Ist Ihnen hoffentlich recht? Es ging sehr eilig". Auch sorgte die Abtei wegen einer schlechten Getreideernte vor:

„Wir haben 30 Ctr. Getreide gekauft". Eine ca. 150 Personen zählende „Gesellschaft von Kunstfreunden aus Deutschland u. Oesterreich, bestehend aus Herren u. Damen, Exzellenzen…" hatte die Einwilligung des Bischofs erwirkt, „dass auch St. Walburg einiges von seinen Schätzen zeigen solle (…), so einigten wir uns auf den Turnsaal, wo wir selbst herrichten konnten, machten dann ein großes Viereck von Tischen mit weißen Tüchern und stellten aus (…), alles mit beschreibenden Zetteln versehen". Der Spiritual Joseph Lechner „hatte die Führung übernommen, sodass wir zum Glück uns nicht zeigen brauchten… Es passierte zum Glück nichts, wir hatten uns aber vorgesehen u. alle Türen verschlossen, sodass erst nach Feststellung, dass alles in Richtigkeit" war „der Schwarm (circa 150 Personen) wieder entlassen wurde".[250] Der Konvent zeigte gesundes Misstrauen und Vorsicht im Umgang mit den Kunstschätzen der St. Walburger Abtei.

Ende August stand der Termin für die Heimkehr von Karolina Kroiß nach St. Walburg fest: Samstag, der 6. September 1924. Priorin Benedicta traf die Reisevorbereitungen und bestellte einen Wagen, der die Äbtissin abholen und nach Eichstätt bringen sollte, ca. 150 Kilometer Fahrtstrecke. Sie schrieb empathisch vorfreudig und eilfertig. Zugleich gibt der Brief Aufschluss über den nach wie vor ernsten Gesundheitszustand der Heimkehrenden. Der Konvent gab sich keinen Illusionen hin:[251]

„Liebste gute Hochwürdige Mutter, schrecklich viel haben wir noch zu tun u. ich schlafe schon überhaupt nicht mehr vor lauter Freude, dass ich bald meine Mutti wieder habe. Jetzt zählen wir noch die Tage, bald die Stunden, dann die Minuten (…) Dann die Ankunft. Ich denke Hochw. Mutter gehen dann gleich ins Priorat sich niederlegen, sodass wir den Abteihof schmücken. Bitte sodann um Mitteilung, ob Sie am Tag nach Ihrer Ankunft ganz zu Bett bleiben, wie ich annehme, damit wir dann den Altar im Priorat richten. Oder wünschen Hochw. Mutter später aufzustehen u. im Chor zu kommunizieren? Ich denke dass es besser sein wird das Te Deum erst einige Tage später zu singen, damit wir Sie zuerst nicht ermüden. (…) Sie dürfen sich nicht wundern, wenn wir bei der Ankunft nicht mit Pauken u. Trompeten kommen, wir wollen Hochwürdige Mutter schonen. Wenn ein Einkehren kurz vor der Ankunft hier erwünscht ist – ich meine damit Sie nicht zu elend ankommen – könnte es ja vielleicht auch in Nassenfels sein bei den Verwandten von Fr. Leodgari (…) Bitte um möglichst genaue Angabe all Ihrer Wünsche u. Vorschriften des Arztes auch in Bezug auf Essen (…) Ich küsse Ihre Hand (…) Ihr dankbares Kind Benedicta".

Nach der Heimkehr von Karolina Kroiß wuchs die Arbeitsbelastung für die Priorin in der Folgezeit durch das krankheitsbedingte Handicap der Äbtissin, „die seit so langer Zeit nur noch im Fahrstuhl unter uns weilt", weiter an. „Arbeit und Sorgen sind auf stärkere Schultern gelegt" – heißt es in der Chronik.[252] Die Exerzitien in den Herbstferien mit dem Abt des schwäbischen Klosters Neresheim, Bernhard Durst (1882–1966), mussten organisiert werden.

Die Verhandlungen eines Vertrages zwischen dem Bischöflichen Seminar und der Abtei St. Walburg, der die Übernahme der Haushaltsführung für das von der Diözese Eichstätt als Exerzitienhaus übernommene Schloss Hirschberg bei Beilngries durch Schwestern der Abtei regelte, waren zu führen. Benedicta v. Spiegel erreichte, dass die Diözese der Abtei den 1. Stock im nördlichen Turmhaus als Erholungsstätte der Klosterfrauen sowie detailliert abgestecktes Gartenland zum Gemüseanbau und zur Obstnutzung überließ. „Dafür übernimmt St. Walburg die Führung der Geschäfte und des Haushaltes auf dem Schlosse für die Exerzitien im Laufe des Jahres und für den Aufenthalt des Seminars in den Ferien" und: „Beide Vertragsteile verzichten gegenseitig auf Geldentschädigung". Ab 1925 sollte die Abordnung einiger „in der Geschäftsführung und im Haushalte tätigen Klosterfrauen" in die ca. 35 Kilometer von Eichstätt entfernte große Burg- und Schlossanlage im Altmühltal erfolgen. Für ihren Unterhalt dort war „auf Kosten der Schlossverwaltung" gesorgt. Den ausgehandelten Vertrag unterzeichneten am 14. November 1924 Äbtissin Karolina Kroiß und der Regens des Bischöflichen Seminars, Michael Rackl, der später Bischof von Eichstätt werden sollte.

Im Oktober besuchte der Abtprimas der Benediktinerorden, Fidelis von Stotzingen, die Abtei St. Walburg. Die klostereigene Zeitschrift „Walburgisblätter" gewann neue Abonnenten, nachdem „sie den schweren Kampf mit Kriegsteuerung und Inflation glücklich überstanden" hatte. Das Jahr 1924 schien – so das Resümee der Chronistin – „in etwas stabilere wirtschaftliche Verhältnisse einzulenken und uns von den wertlosen Papierbillionen zu befreien".[253]

Für das Jahr 1925 vermerkt die Chronik von St. Walburg: „In unserer Schule herrscht reges Leben. An Lehrerinnen fehlt es uns…nicht. Zu der bisher üblichen Schularbeit in den sieben Volksschulklassen, sechs Fortbildungsschulklassen, zwei Arbeitsschulen, Privatunterricht in neueren Sprachen und kaufmännischen Fächern kam am 4. November noch eine Haushaltungsschule. (…) Seit einiger Zeit haben wir uns auch auf das heute so wichtige soziale Arbeitsfeld hinausgewagt. Mehrere unserer Lehrerinnen arbeiten in der Jugendpflege mit". St. Walburg expandierte im Schulbereich und betreute zudem den katholischen Mädchenverein „Weiße Rose" und den Dienstmädchenverein, denen u.a. Räumlichkeiten für ihre regelmäßigen Treffen zur Verfügung gestellt wurden.[254]

Das Interesse am Eintritt in die Eichstätter Benediktinerinnenabtei wuchs. Damit lag St. Walburg ganz auf der Linie einer nach dem 1. Weltkrieg einsetzenden klösterlichen Aufwärtsbewegung: Zwischen 1919 und 1935 wurden zahlreiche weibliche Ordensniederlassungen neu gegründet. Die Zahl der Novizinnen stieg im gleichen Zeitraum um mehr als 35 % von 5.511 (1919) auf 7.488 (1935). „Zahlreich waren in den letzten Jahren die Nachfragen von Postulantinnen. Viele mußten wegen Platzmangels abgewiesen werden, ist doch unser Haus bis aufs letzte Plätzchen besetzt. Darum mußte Raum geschaffen werden" – hielt die Chronistin fest.

Im neu errichteten Werkhaus fanden Schreinerei, Schusterei und Weberei geeignete Räume. Intensiviert wurde die kunsthandwerkliche Produktion von Paramenten, Fahnen u.a.. Auch die im 15. und 16. Jahrhundert zu hoher Kunstfertigkeit in St. Walburg gebrachte Gobelinweberei wurde wiederbelebt. Aus der oberschwäbischen Benediktinerabtei Ottobeuren kam eine „Riesenkiste voll alter Paramente, kostbare wunderschöne alte Brokatstoffe, aber alles in verwahrlostem Zustand" an – erstanden in einem Trödlerladen – „verschleudertes Kirchengut aus der Säkularisation". Die geschickten Nonnen arbeiteten in den Klosterwerkstätten die Stoffe zu Messgewändern um.[255]

Die offensichtlich hohe Arbeitsbelastung der Priorin veranlasste Abt Laurentius Zeller im Mai 1925 zu einem weiteren wohlmeinenden Ratschlag: „Ihre eigene Sache hat der Herr an das Kreuz der Arbeit geheftet, gebe Gott, dass Ihr Leib die Last tragen kann; vielleicht haben Sie sich doch schon die eine oder andere Hilfe herangezogen. Ich würde Ihnen sehr empfehlen, dies zu tun, nicht nur in Ihrem eigenen, sondern noch mehr im Interesse der ganzen Familie. (…); freilich es dauert lang, bis jene Reife eintritt, die eine Teilung der Lasten zulässt".

Offenbar hatte v. Spiegel in ihrer Stellvertreterin, der 10 Jahre älteren, in Ebringen nahe Freiburg im Breisgau geborenen Subpriorin Luitgardis Benedicta Brachat ein vertrauensvolle Unterstützung gefunden. Denn nach der Äbtissinwahl ein Jahr später wird diese zur Priorin aufsteigen und in diesem Stellvertreteramt den größten Teil der Amtszeit v. Spiegels begleiten.[256]

Nach einer missglückten Operation verschlimmerte sich das Leiden der Äbtissin, sodass eine erneute Kur in Bad Krumbad notwendig wurde – ihre letzte Kur. Karolina Kroiß machte dort Bekanntschaft mit dem Cannstädter Arzt und Apotheker Dr. Haas, der kurze Zeit später mithilfe alter Heilkundebücher in St. Walburg in einem eigens für ihn als Laboratorium hergerichteten Raum zwei Rezepturen für hochprozentige Spirituosen entwickelte, denen heilende Wirkung bis heute nachgesagt wird. Der

Äbtissin Kroiß, Priorin v. Spiegel mit Konventschwestern, um 1924

Eichstätter Kräuterlikör und vor allem der Edelbachgeist – benannt nach dem unterhalb der Stadtmauer fließenden Bach – verhalfen der Abtei zu weiteren dringend benötigten Einnahmen in der schwierigen Zeit nach der Inflation. Beide Spirituosen werden mit den gleichen Ingredienzen seit Februar 1926 bis heute im Klosterladen von St. Walburg angeboten.[257]

Es war das letzte Projekt, das Karolina Kroiß anstoßen konnte. „Nach und nach wurde die Äbtissin vollständig gelähmt und verlor schließlich auch noch ihre Sprachfähigkeit". Am 14. August 1926 legte sie das Äbtissinamt mit 64 Jahren nieder und lebte noch fast ein Jahr im Kreise ihres Konvents. Mit der Wahl Benedicta von Spiegels zur 2. Äbtissin nach der Wiederbegründung der Abtei 1914 bereits 2 Tage nach der Resignation von Kroiß am 16. August 1926 und der zu Beginn des Buches beschriebenen Äbtissinweihe am 29. September wurde ein neues Kapitel in der Klostergeschichte aufgeschlagen.[258]

V. Äbtissin von St. Walburg 1926–1930er Jahre

AMTSANTRITT

Das Jahr 1926 begann für Benedicta v. Spiegel mit einem Besuch ihrer seit 16 Jahren verwitweten jüngeren Schwester Karola v. Amelunxen in Paderborn. Im Juli hielt sie sich wieder in heimatlichen Gefilden auf, so in ihrem Geburtshaus in Helmern, wo ihr Bruder Joseph mit seiner hochschwangeren Frau und 4 Kindern lebte und und das Gut unter schwierigen Bedingungen bewirtschaftete. Möglicherweise wollte sie sich auch ein Bild von den großen Wasserschäden infolge eines Sturzregens auf dem elterlichen Anwesen machen. Wahrscheinlich wird auch ein Wiedersehen mit dem ihr besonders verbundenen Bruder Adolf im nahe gelegenen Schloss Rheder auf dem Programm gestanden haben.[259] Über die Gründe, nach den langen Jahren erstmals die Klosterklausur zu verlassen, können nur Vermutungen angestellt werden. Naheliegend ist die Annahme, dass sie sich von den Anstrengungen der ihr in der Abtei auferlegten Arbeit und Verantwortung erholen wollte und dies mit einem Besuch ihrer Geschwister in Ostwestfalen verband. Kostengründe dürften auch eine Rolle gespielt haben. In den Folgejahren werden Erholungsreisen in die westfälische Heimat zu einer ihrer steten Gepflogenheiten.

Im Juli erschien im Schöningh Verlag Paderborn die von Spiegel übersetzte deutsche Fassung des Buches „Christus, das Leben der Seele" ihres früheren Lehrers, des 1923 verstorbenen Abts von Maredsous, Columba Marmion. Versehen mit einem Vorwort des ehemaligen Spirituals von St. Walburg, des zu dieser Zeit in München lehrenden Theologieprofessors Martin Grabmann, brachte der Schöningh Verlag das Werk heraus, dem bereits 1928 die 3. Auflage folgen sollte. Das Übersetzungsprojekt wurde in den kommenden 5 Jahren zielstrebig weiterverfolgt. Der Verleger Eduard Schöningh schrieb an sie:[260]

„Ehrwürdige Frau Priorin! (…) Wir hoffen, dass Sie mit der Ausstattung zufrieden sein werden. Den Preis haben wir uns bemüht möglichst niedrig anzusetzen (...) Glücklicherweise hatten Sie auch durch Ihr Entgegenkommen in der Honorarfrage es uns erleichtert, diesen Preis ansetzen zu können. Hoffentlich findet das Buch nun auch in Deutschland den erhofften Absatz, so dass wir mit Vertrauen an die Herausgabe der weiteren Bände schreiten können".

1926 intensivierte St. Walburg die Vorbereitungen für die Einrichtung einer land- und hauswirtschaftlichen Schule – der sog.„Haushaltungsschule". Obendrein wuchs in der Mädchenschule die Raumnot durch die Einführung der 8. Klassenstufe, sodass die Erweiterung der Schule um neue Klassenräume erforderlich wurde. Das bayerische Staatsministerium hatte der Abtei mit Entschließung vom 28. Juli 1926 das Gästehaus und das ehemalige Klosterrichterhaus, die beide um 1749 barockisiert worden waren, nach schwierigen Verhandlungen übereignet. Der Ausbau der beiden Gebäude, die als Marienhaus zusammengefasst wurden, begann an dem Tag, als Benedicta v. Spiegel vom Konvent mit der vorgesehenen Zweidrittelmehrheit zur Äbtissin gewählt wurde. Am 3. November 1926 sollte die „neueingerichtete landwirtschaftliche Haushaltungsschule...mit einem Kindergarten und einer Suppenanstalt für arme Kinder eröffnet" werden. „Möge Gottes Segen auf dieser ersten Neuschöpfung Hochw. Mutter Benediktas ruhen" – heißt es im Jahresrückblick der Abtei. Den von ihrer Vorgängerin an der Fröbel- und Montessori-Pädagogik orientierten Kindergarten, dessen offizielle Trägerschaft die Abtei bereits am 12. August 1926 übernommen hatte, führte v. Spiegel fort. Nach erfolgter Renovierung ließ sie ihr Wappen am Marienhaus anbringen, wo es sich bis jetzt befindet. Die Inschrift lautet: „M.A. Benedicta Abb. hanc domum ex toto restauravit MCMXXVI".[261] Das Marienhaus steht heute Gästen für Übernachtungen offen.

Spätestens mit der unter ihrem Abbatiat forcierten Expansion und der Eröffnung der neuen Bildungseinrichtungen mitsamt einem Schülerinnenheim im benachbarten Marienhaus ist St. Walburg in direkte Konkurrenz mit dem seit 1869 im Schulwesen Eichstätts ebenfalls engagierten „Institut der Englischen Fräulein" geraten, was in der Folge zu einem jahrelangen Schlagabtausch führen sollte. Auf die Zwistigkeiten wird noch einzugehen sein.

Königlichen Besuch konnte St. Walburg 14 Tage nach der Äbtissinwahl Ende August 1926 empfangen. Der Jahresrückblick der Abtei hält fest: „Am 31. August gab uns Sc. Königl. Hoheit Kronprinz Rupprecht mit dem Erbprinzen Albrecht die große Ehre seines Besuches. (...) Zwei Stunden weilte Sc. Königl. Hoheit mit Begleitung im Kloster, dessen Sehenswürdigkeiten aus alter Zeit mit großem Interesse und Verständnis besichtigt wurden". Begleitet wurden Kronprinz Rupprecht und Erbprinz Albrecht von Bayern (1905–1966), die später beide vor den Nazis ins Exil flüchten sollten, von einem Verwandten v. Spiegels stiefmütterlicherseits: Ludwig Graf von Holnstein (1868–1930). Für ihn war es ein besonderes Erlebnis, die Klausur der Abtei betreten zu dürfen. Er schrieb nach dem Besuch: „So kam es, dass mir die große Freude zuteil wurde, die Hochwürdigs- te Frau Äbtissin kennen zu lernen…und dass ich die, für Herren seltene Gelegenheit fand, das wunderschöne und interessante Kloster mit seinen ehrwürdigen…Bewohnerinnen auch im Innern sehen zu dürfen, dies wird mir stets eine schöne Erinnerung sein". Eingelegt in dieses Schreiben war ein aufschlussreicher Briefauszug – undatiert und ohne Namen –:[262]

„Beinahe die Hauptsache hätte ich natürlich fast vergessen, nämlich zu sagen, dass ich zufällig bei Holnstein zu Tisch war vorgestern u. er mir begeistert von dem Ausflug nach St. Walburg erzählte…Von der (ich bitte um Verzeihung) reizenden Äbtissin, die als vornehme Dame die Honneurs machte, von dem schönen Kloster, dem tadellos servierten Frühstück, das eben so gut war,… von der Liebenswürdigkeit der Frauen, den schönen alten Sachen. (…) Der Empfang sei auch so schön gewesen, nichts von Republik, ganz wie in früheren Zeiten u. das hat sicher wohlgethan".

Die persönliche Verbindung von Abtei und Äbtissin zum ehemals re- gierenden Wittelsbacher Königshaus bezeugte nicht nur der Besuch des Kronprinzen 1926. Mit seinen Schwestern Hildegard, die der Äbtissinwei- he beigewohnt hatte, und der 4 Jahre jüngeren Wiltrud pflegte v. Spiegel jahrelange persönliche Kontakte. Einige ihrer Aufenthalte in St. Walburg lassen sich konkreter datieren auf Herbst 1931, November 1933, Januar 1934 und Mai 1937. Von der Verbindung zeugen Briefe an die reisefreu- dige, kunstinteressierte Wiltrud Herzogin von Urach (1885–1975), die als Witwe nach nur kurzer Ehe die meiste Zeit im ehemaligen königlichen Jagdhaus in Oberstdorf lebte.[263]

Benedicta v. Spiegel konnte bereits auf ein erfolgreiches Dreivierteljahr zurückblicken, als sie – wie zu Eingang dieses Buches beschrieben – am Mittwoch, dem 29. September 1926 unter regem öffentlichen Interesse vom Eichstätter Bischof v. Mergel zur Äbtissin geweiht wurde: „Äußerst zahlreich waren die Gläubigen erschienen und folgten gleich den Gästen mit sichtlicher Anteilnahme den sinnvollen, altehrwürdigen Riten der Äb- tissinweihe. Die Klostergärtnerinnen hatten im Verein mit Kunstgärtnern unserer Stadt unter Benützung der von benediktinischen Mitbrüdern zur Feier des Tages gespendeten Ziersträucher und Blumen den aus alter Zeit ererbten Klosterkirchenschmuck wirksam ergänzt und einen würdigen Rahmen für die Feier geschaffen" – heißt es im Jahresrückblick der Abtei.[264]

WIRTSCHAFTLICHE KONSOLIDIERUNG

Am 10. Februar 1927 beging Benedicta v. Spiegel den 25. Jahrestag ihrer Profess mit einer Feier und Festgedichten. Die Gratulationen zur Silberprofess, zu der ein Andachtsbildchen die Hl. Walburga mit einem kniend betenden Mädchen darstellend gedruckt wurde, waren zahlreich. Aus ihrer Schulzeit bei den Salesianerinnen in Dietramszell gratulierte ihre frühere Lehrerin in liebevoll klingendem Ton: „Unser teures einstiges Kind! (…) Wie geht es Dir gesundheitlich? (…) In herzlicher Liebe… Deine alte mütterliche…Antonia Maria" Hiltensperger. Die Verbindung blieb über Jahrzehnte bestehen. Auch aus dem benachbarten Kapuzinerkloster sandte ein Pater Glückwünsche und: „Wir sprechen bei dieser Gelegenheit auch unseren innigsten Dank aus für alle entgegenkommende Güte. (…) Frau Äbtissin ergebendster P. Ingbert". Der Gratulant war der seit Sommer 1926 in Eichstätt wirkende Jugendseelsorger und als Studienhausleiter Verantwortliche für die Ausbildung des Ordensnachwuchses Ingbert Naab (1885–1935). Er war ebenso wie andere Kapuziner, darunter Pater Kosmas Behr (1885–1942), mit dem Theologieprofessor Franz Xaver Wutz befreundet. Wutz zelebrierte regelmäßig im Kloster die Messe. Die beiden Kapuziner gehörten bald dem Freundeskreis v. Spiegels an.[265]

Die neue Äbtissin setzte sich zielstrebig für die weitere innere Festigung der klösterlichen Gemeinschaft, die pädagogische Betreuung und Bildung der Schülerinnen in der kleinen Stadt und zugleich die Konsolidierung der Abtei in einer Phase großer wirtschaftlicher und sozialer Not ein.

In der Nachkriegsjahren – einer Zeit individueller, sozialer Entwurzelung und tiefer Verunsicherung – suchten viele Menschen verstärkt Halt und Hilfe im Glauben und seinen Ritualen. Das wachsende Interesse an religiös-spirituellem Zuspruch machte sich auch in Eichstätt bemerkbar. Immer mehr Pilgerinnen und Pilger wallfahrteten zur Gruft der Hl. Walburga. Die klösterlichen Devotionalien wie das Walburgisöl, Andachtsbilder oder der hochprozentige Edelbachgeist wurden stärker nachgefragt. Unter v. Spiegels Ägide erfuhr die Wallfahrt und das Brauchtum um die Klosterheilige besondere Förderung. In der Klosterrückschau ist zu lesen: „Von neu erwachender großer Verehrung unserer lieben Heiligen zeugen die vier großen Pilgerzüge aus Würzburg, Abensberg, Weiden, Nürnberg sowie viele kleinere, die in dem Jahr zum Grab der hl. Walburga kamen".[266] Die Abtei als Hort und Grablege der Heiligenreliquien übte Ende der 1920er Jahre große Anziehungskraft auf Gläubige aus. Zugleich brachte der Pilgerzulauf der Abtei dringend benötigte Einnahmen.

Letzterem diente auch das besondere Augenmerk, das v. Spiegel in der Folgezeit auf die Förderung künstlerischer und kunsthandwerklicher Betätigungsfelder legte. Die St. Walburger Ordensfrauen konnten dabei auf eine lange Tradition zurückblicken: In den neuen Ateliers arbeiteten die Nonnen an Miniatur- und Buchmalereien, Gobelins, Intarsien, Holz- und Scherenschnitten und dem Entwurf sowie der Anfertigung kunstvoller Messgewänder und anderer in Kirchenraum wie Liturgie verwandter Textilien. Die sog. Paramentik leitete die Äbtissin selbst, korrespondierte in den Folgejahren mit einer Vielzahl von Bischöfen und Äbten über die unterschiedlichsten Paramentikaufträge, die von den Klosterfrauen – selbst während des 2. Weltkrieges – ausgeführt wurden. Auch ‚weltliche' Arbeiten wie aufwendige Fahnen für Schützenvereine, beispielsweise die bis heute gut erhaltenen ihres Geburtsorts Helmern oder Rheder – Heimat ihres Lieblingsbruders Adolf – wurden von Nonnen der Abtei angefertigt und aufwendig bestickt. In Ausstellungen außerhalb des Klausurbereichs präsentierten die geistlichen Frauen ihre Kunstwerke und boten sie zum Verkauf an. Im Jahr 1930 beteiligte sich die Abtei in München an der deutschen Kunstausstellung. Einige künstlerisch hochbegabte junge Frauen traten in den nächsten Jahren in das Kloster ein, worauf noch einzugehen sein wird. Ein Platz in St. Walburg war begehrt und nicht für alle erreichbar: „Die Bitten um Aufnahme sind zahlreich – viele müssen Platzmangels wegen abgewiesen werden. Darum ist es die ständige Sorge unserer Hochw. Mutter, neuen Platz zu schaffen" – resümiert der Jahresrückblick 1927.[267]

Ein weiteres Interesse der naturliebenden Äbtissin galt der Gartengestaltung. Sie ließ einen Steingarten als Alpinum anlegen und Neuanpflanzungen vornehmen. Den historischen Schätzen der 900 Jahre alten Abtei, deren Bedeutung der Klostergemeinschaft präsent sein sollte, widmete sie ebenfalls ihre Passion. So forcierte sie die systematische wissenschaftliche Bearbeitung, Verzeichnung und Konservierung der reichen Kunstschätze, Handschriften, Archivalien und der Barockbibliothek. Im Zuge dieser Arbeiten wurden einige Jahre später auch die Konstitutionen der Abtei aus der Zeit der Klosterreform 1456 identifiziert. Diese dienten dann als Grundlage einer Neufassung, die 1937 abgeschlossen werden konnte. Dazu später mehr. Die vertiefende Pflege der Liturgie und des gregorianischen Chorals setzte Benedicta v. Spiegel fort, ebenso trug sie zur Verfeinerung der traditionellen jährlichen Fronleichnamsprozession im Kloster, der Gestaltung der Professen und christlicher Feste bei. Ihre in Maredret vor allem durch Germain Morin erworbenen theologisch-philosophischen Kenntnisse und methodisch eingeübte intellektuelle Neugier kamen ihr dabei zugute. Durch die intensive Auseinandersetzung mit dem monastischen Ideal Morins hat v. Spiegel Sätze ins Deutsche übertragen, die sich wie das Programm ihres Abbatiats lesen lassen:

> „Der geistige Blick des Mönches darf…nicht eng begrenzt sein. (…) Und kaum war das Gotteslob in unserer Mitte neu erblüht, so trieb sie auch derselbe Gedanke an, an jenen Unternehmen mitzuwirken, die…den segensreichen Einfluß der Kirche mehren sollen. Hier handelt es sich um eine wahrhaft christliche Erziehung der Jugend, dort sind es apostolische Missionen… auch zur Verbreitung des Glaubens in der Ferne. Anderswo sind es literarische oder künstlerische Arbeiten, die das rühmliche Streben…nach dem Wahren und Schönen unter uns fortsetzen sollen. Endlich ist es die wirksame Anteilnahme an der Lösung der großen sozialen Frage".

Schulen, Handwerksstätten, Kunst, Wissenschaft, Armenpforte und in wenigen Jahren neue Klostergründungen im Ausland umschreiben die Betätigungsfelder und das Engagement der Eichstätter Laienschwestern und des Konvents. In den Worten Morins: „In vielen Punkten hat sich das klösterliche Leben den Forderungen der Neuzeit anzupassen, wenn auch die Beschauung der göttlichen Dinge stets der Gipfel und Zielpunkt unseres Berufes bleibt".[268]

Vertieftes Wissen um monastische Religiosität und Mystik hatte v. Spiegel als junge Nonne auch durch die Vorträge von Abt Columba Marmion erworben. Seine Schriften, die sie in den ersten Jahren ihrer Amtszeit „in ein klassisch schönes Deutsch" übersetzte, versuchte die Äbtissin dem Konvent zu vermitteln: „Ganz besonders lag ihr am Herzen, uns durch ihre Vorträge die Heilige Schrift lieb zu machen. Sie bemühte sich in ihren Konferenzen, diese einzigartige Quelle für das Leben unserer Seele und auch für das kirchliche Stundengebet zu erschließen". Geprägt durch die beiden genannten intellektuellen Benediktiner entwickelte Äbtissin Benedicta eine besondere Wertschätzung für gelehrte und gebildete Geistliche über die Eichstätter Diözese hinaus.[269]

Genannt seien neben den späteren Eichstätter Bischöfen Konrad Graf Preysing und Michael Rackl, die bereits erwähnten Hochschullehrer Franz Xaver Wutz und Joseph Lechner, die Benediktineräbte Laurentius Zeller und Ildefons Herwegen; dazu zählten auch die Münchener Jesuitenpatres Georg von Waldburg-Zeil und der bekannteste jesuitische Denker seiner

Zeit: Erich Przywara, über den sie 1934 nach ihrer Amerikareise schrieb: Jesuiten in Omaha „interessierten sich sehr dafür, dass ich Pater Przywara gut kannte und wollten wissen, ob die Schriften ihres gelehrten Mitbruders in Deutsch leichter verständlich seien als in der englischen Übersetzung".[270] Und einen lebenslang stabilen Freundeskreis politisch Gleichgesinnter wird v. Spiegel auch bald finden.

„ICH GLAUBE AN DIE LIEBE"

„ Credo Caritati – Ich glaube an die Liebe" – war das Motto, unter das Benedicta von Spiegel 1926 ihr Abbatiat stellte. Möglicherweise handelt es sich um eine Anspielung auf die Bibelstelle in 1. Joh. 4,16. Dort heißt es: „Wir haben erkannt, dass Gott uns liebt und wir vertrauen fest auf die Liebe". Lateinisch: Et nos cognovimus, et credidimus caritati, quam habet Deus in nobis. Credo Caritati blieb für die St. Walburger Äbtissin offenbar kein Lippenbekenntnis. Sie, die die Härten der strengen Klosterklausur erlebt und – wie beschrieben – zweifelnd durchlitten hatte, wollte offensichtlich einen anderen: konzilianten Weg der Führung einschlagen. Möglicherweise auch orientiert an den eigenen Erfahrungen des liebevollen Elternhauses, in dem sie aufgewachsen war. Übereinstimmend heben Zeitzeugen, die sie persönlich gut kannten, hervor: „Unserer Hochwürdigen Mutter lag jedes Mißtrauen, jede kleinliche Beaufsichtigung ihrer Töchter fern. Es fiel ihr gelegentlich schwer, sich dem weiblichen Durchschnitt anzupassen" – so die enge Mitarbeiterin Brigitta zu Münster, eine entfernte Verwandte der Äbtissin mütterlicherseits. Ein von der Abtei verfasster Nekrolog bestätigte diese Sichtweise später: „Sie war ein großzügiger und weiter Mensch und hat auch ihren Töchtern, soviel es irgend ging, Freiheit gelassen und jede wertvolle Eigenart und Begabung in uns gefördert und vielfach auch entdeckt". Sie „hatte wenig Verständnis für weibliche Empfindlichkeit und Eifersüchtelei. Sie konnte auch oft nicht die Wirkung ihres starken Temperaments genau vorher berechnen".[271]

Gut möglich, dass diese den Mitmenschen empathisch zugewandte Haltung auch durch ihre Beschäftigung mit dem monastischen Ideal Morins inspiriert war, wie sie es seinerzeit übersetzt hatte:[272]

„Was ist eigentlich die Freude? Die Freude ist nicht eine Tugend, sondern eine Frucht der Tugend, und zwar der größten aller Tugenden, der Liebe. Sie ist der Zustand, in dem sich die Seele befindet, wenn sie das geliebte Gut bei sich hat. Freude ist also Liebe... Sie ist ein Ausruhen, eine passio... die sich im Körper und in der Seele mannigfach äußert, so z.B. durch eine Art Freudenschauer, Entzücken, Wonne und Begeisterung… Eine andere Äußerung der Freude ist der unwillkürliche Ausbruch der Stimme im Rufe, durch die die Seele ihre freudige Bewunderung ausdrückt, die Worte nicht wiederzugeben vermögen. Das ist alsdann der jubilus, das Jauchzen. Die Gesamtheit all dieser Äußerungen bildet den Zustand der Freudigkeit, der laetitia, – ein Wort, das sowohl das Spontane als auch die Überfülle der verschiedenen Formen bezeichnet, durch welche die innere Freude, das gaudium, sich nach außenhin kundgibt. (…) Wünschen wir, dass die Wasser dieser Freude immer klar und reichlich unter uns fließen, so müssen wir ihre Quelle schützen und weiten: die Liebe".

1948 besuchte die seinerzeit populäre britische Schriftstellerin und engagierte Sozialistin Ethel Mannin (1900–1984) Benedicta von Spiegel im amerikanisch besetzten Eichstätt. Sie berichtete über einen längeren Gedankenaustausch im oberen Sprechzimmer der Abtei:[273]

„Als ich ihr sagte, dass ich mich ein wenig vor der Begegnung mit der ‚bedeutendsten Frau von Eichstätt' gefürchtet hätte, fragte sie erstaunt und lächelnd: ‚Machen denn meine Töchter den Eindruck, als hätten sie Angst vor mir?' Ich versicherte ihr, dass alle die hingekommen waren um etwas auszurichten oder Kunstgegenstände zu bringen im Gegenteil sie sehr zu lieben schienen und sie sie ebenfalls. Da sagte sie, sie glaubte durch die Liebe regieren zu müssen, denn nur dadurch könne ein Glück bestehen. Glück und Güte sind aufeinander angewiesen, Zufriedenheit und Güte hängen voneinander ab. Sobald sie ein verdüstertes Gesicht sähe, gäbe sie nicht eher Ruhe, bis die Tochter ihr den Grund ihrer Traurigkeit anvertraute, auf dass durch solch liebevolles Verständnis das Glück wieder hergestellt würde".

Die hier aus der persönlichen Begegnung beschriebene Weitherzigkeit und Empathie bestimmten v. Spiegels Umgang mit den Klosterfrauen, ihren Freunden, Familienangehörigen und allen, die im oberen Sprechzimmer der hinter einem Gitter empfangenden Äbtissin ihre Nöte und Sorgen vortrugen und um Rat baten. Sie zeitigten Folgen für die Handhabe der Klosterklausur, öffneten Türen für menschliche Begegnungen, tolerierten und akzeptierten Verschiedenartiges in vielen Formen, verursachten Wirren und Probleme, trugen aber auch wesentlichen Anteil daran, dass St. Walburg halbwegs unbeschadet die schwere Zeit des Nationalsozialismus bestehen sollte; damit ist aber Jahre vorgegriffen, kehren wir zurück: Der Sommer ihres ersten Jahres als Äbtissin brachte prägende Ereignisse mit sich.

In St. Walburg trauerte die ganze mittlerweile auf über 100 Mitglieder angewachsene Ordensgemeinschaft um die emeritierte Äbtissin Karolina

Kroiß: „Am 5. Juli 1927 entschlief Mutter Karolina in den Armen von Äbtissin Benedicta von Spiegel, die ihr liebende Tochter und treu besorgte Mutter hatte sein dürfen" – heißt es im Nachruf des Klosters. 2 Tage später fand die Beisetzung unter „großer Anteilnahme weiter Kreise…in der alten Äbtissinnengruft statt". Unter den Kondolierenden war auch Laurentius Zeller, seit 1925 Abt von St. Matthias in Trier. Er schrieb an Benedicta v. Spiegel: „Die Nachricht vom Hinscheiden der guten Frau Äbtissin M. Carolina erfüllt mich mit aufrichtiger Teilnahme. Seit Jahren nehme ich ja innigen Anteil an allem Leid u. aller Freude der ehrwürdigen Walburgiabtei. (…) Wenn sie auch krank war und die ganze Sorge für das Haus in Ihre Hände gelegt hatte, war sie doch noch immer die Mutter des Hauses". Und er fand auch tröstende Worte für seinen langjährigen Schützling: Wenn Sie „sich jetzt einsam fühlen, wird auch Ihre Seele aus der neugewonnenen Verbindung mit dem Himmel Trost schöpfen".[274] Der Verstorbenen verdankte Benedicta v. Spiegel viel. Karolina Kroiß hatte sie unter schwierigen Bedingungen 9 Jahre zuvor in St. Walburg willkommen geheißen und der Entfaltung ihrer Begabungen Raum gegeben. Indem sie v. Spiegel frühzeitig mit verantwortungsvollen Leitungsämtern in der Abtei betraute, hatte sie den Grundstein für ihre Nachfolgerin gelegt.

DAS SPRECHZIMMER DER ÄBTISSIN

Das obere Sprechzimmer der Abtei St. Walburg grenzte an die 4 Zimmer große Wohnung, die Benedicta v. Spiegel als Äbtissin wie ihre Vorgängerinnen seit der 1. Hälfte des 18. Jahrhunderts im neuen Abteitrakt bewohnte, und deren Fenster auf den äußeren Klosterhof, der zu ihren Zeiten wie heute als Schulhof genutzt wird, blicken. In dem geräumigen lichtdurchfluteten Zimmer mit hohen Decken, Holzvertäfelungen, alten Gemälden, einem Kristallleuchter an der Decke und einem großen Tisch in der Mitte hatte sie schon als Priorin Besucher empfangen, als sie die schwerkranke Äbtissin Karolina Kroiß vertreten musste. Auch die Freunde werden dort häufiger zu Gast sein, vor allem Franz Xaver Wutz und Joseph Lechner. Das obere Sprechzimmer war auch der Ort, wo die erste Begegnung mit der ihr zur engen Freundin werdenden Therese Neumann 1928 stattfinden sollte. Es ist schwer vorstellbar, dass die Äbtissin bei diesen ihr vertrauten Besuchern hinter dem trennenden Gitter verharrte: „Heute abend ist Hr. ‚Wutzlein' da, im Sprechzimmer bei lieben Hochwürdigen Mutter. Da wird es wieder spät". Der „Professor erzählte liebsten…Mutter so viel. Er war bis ¼ vor 11 Uhr abends da".[275]

Die Klausurvorschriften wurden in St. Walburg offenbar weit und großzügig ausgelegt. Selbst Herrenbesuch empfing v. Spiegel abends nach dem Complet. Charakteristisch für sie war die gastfreundliche Aufnahme und Bewirtung von Gästen, wie es anschaulich Fürstin Maria Anna zu Oettingen-Wallerstein (1895–1978) beschrieb:

„Wir haben bei der Äbtissin Thee getrunken in ihrem prachtvollen Salon, sie ganz wie eine Äbtissin im Mittelalter, eine charmante grande Dame die uns ‚Du‘ sagte. Das ganze Kloster wie ein sehr gut gehaltenes großes Schloss mit den prachtvollsten Möbeln, Bildern und Kunstschätzen. Die Äbtissin hat einen großen Salon, ein kleines Schreibzimmer mit Chaiselongue daneben ein Tischerl mit Telefon, am Schreibtisch lauter Photographien. Ein großes Schlafzimmer mit wunderschönen Sachen. Wir haben eine exzellente Jause mit Sandwiches etc. bekommen“.

Zu Silvester 1929 schrieb Benedicta v. Spiegel an Fritz Gerlich, der auch zu ihren Gästen zählte: „Sehr verehrter, lieber Herr Doktor! Dieses Jahr soll nicht zu Ende gehen, ohne dass ich Ihnen nochmals recht von Herzen danke für all die genussreichen Stunden, die Sie mir im Laufe desselben geschenkt haben“.[276]

Ein paar Jahre später wird sie den nationalsozialistischen Machthabern im Sprechzimmer durch imposante Geste ihre Furchtlosigkeit demonstrieren. Die Journalistin Ethel Mannin beschrieb, wie die fast 1,80 m große v. Spiegel ihr „den mit Edelsteinen geschmückten“ Äbtissinnenstab präsentierte. Sie „erhob sich mit diesem um mir zu zeigen, wie sie die Nazis empfing. Man konnte sich leicht vorstellen, wie diesen ihre polternde militärische Großtuerei vor dieser Verkörperung von moralischer und geistiger Stärke verging“. Doch überwogen Besuche Hilfesuchender, die in der Hoffnung auf Unterstützung und Rat in der Benediktinerinnenabtei vorsprachen. Dazu eine Zeitzeugin aus ihrem direkten Umfeld: „Es ist fast unglaublich, mit welchen Anliegen man ins Sprechzimmer zur Äbtissin von St. Walburg kam… Wievielen Menschen hat sie hier geholfen und sie beraten! Wieviele Herzen durch ihre Liebenswürdigkeit gewonnen! Wieviel Kraft kostete ihr das Sprechzimmer…“.

Die vielen Besuche strengten v. Spiegel jedoch auch zusehends an, sodass sie in den folgenden Jahren aufgrund einer erheblichen Anzahl regelmäßiger Kuren wochen- und monatelang von der Abtei abwesend war: „Wenn man es den Leuten einfach sagt, dass liebe hochwürdige Mutter nicht zu sprechen ist, geht es auch“ – so ihre Sekretärin Sr. Laurentia Köppel (1886–1965).[277]

1929 UND DIE FRÜHEN 1930ER JAHRE, KONFLIKT MIT DEN „ENGLISCHEN FRÄULEIN"

Das Jahr 1929 war vor Ausbruch der Weltwirtschaftskrise in St. Walburg ereignisreich. Im Frühjahr erschien im Schöningh Verlag Paderborn der 2. Teil der Columba Marmion Trilogie in der Übersetzung v. Spiegels, versehen mit einem Vorwort von Abt Laurentius Zeller. Sie „beglückte …jede Chorfrau u. alle Novizinnen mit ihrem neuübersetzten Buch v. Marmion: Christus unser Ideal". Der Würzburger Bischof Matthias Ehrenfried äußerte sich sehr wohlwollend über ihre Übersetzung: „Ich lese jeden Tag darin und gewinne dies Buch von Tag zu Tag lieber. (…) Aufrichtig gratuliere ich…für die Übersetzung (…) Auch von anderer Seite habe ich schon viel Lobenswertes über diese Ihre Übersetzung gehört". Es gab noch mehr Positives zu bilanzieren: „Die neue Orgel konnte wirklich am 1. Mai benutzt werden. Großartig! (…) Jetzt ist auch die äußere Verzierung fertig – orginal – am vergangenen Sonntag wurde sie von H.H. Spiritual eingeweiht".[278]

Auf das Fest des Hl. Liborius Ende Juli ist ein Brief der Äbtissin an den Paderborner Domkapitular Kaspar Gierse (1872–1953) datiert. Der fast gleichaltrige Gierse war zu Besuch in St. Walburg und hatte offenbar eine „kostbare Gabe" mit im Gepäck: Eine Reliquie des Paderborner Bistumsheiligen, des Hl. Liborius. Mit „Blumen und Kerzen umgeben" wurde sie in die St. Walburger „Reliquienkapelle" gebracht, dankte v. Spiegel dem Paderborner Geistlichen. „Am Sonntag werden wir…ganz besonders mit Ihnen vereint sein und meiner lieben Heimatdiözese, Ihres…Oberhirten und aller Anliegen der teuren Heimat…ganz besonders Ihrer…gedenken. Muß ich Ihnen sagen, dass Ihr lieber Besuch mir eine sehr große Freude war? Ich glaube nicht, Sie wissen es ohnehin".

Der 4-seitige Brief zeigt die Verbundenheit mit ihrer „lieben Heimatdiözese". Sie erörterte Paderborner Bistumsangelegenheiten mit dem Domkapitular, der für sie offenbar auch beim stadtansässigen Schöningh Verlag vorstellig geworden war, welcher die Marmion-Übersetzungen herausgab. Und ganz vertraut schrieb sie Gierse: „Ich darf Sie aber bitten, mir jetzt und immer ganz offen Ihre Meinung zu sagen". Wenngleich die Nachlässe der Äbtissin und des Domkapitulars keine weitere Korrespondenz verzeichnen, ist davon auszugehen, dass die persönliche Verbindung in die alte Heimat weiterbestand. Über Kaspar Gierse wird die Gestapo 14 Jahre später urteilen: „Gierse wird als Schlüsselkraft der staatsfeindlichen Umtriebe im Generalvikariat in seiner Eigenschaft als päpstlicher Protonotar und Personal-Sachbearbeiter des Erzbischofs betrachtet".[279]

Unerfreuliches gab es zeitgleich aus St. Walburger Perspektive allerdings auch: Nachdem im September 1928 aufgrund der großen Schülerinnennachfrage die Schulgebäude um weitere Klassenräume und einen Turnsaal erweitert worden waren, verschärfte sich wenige Monate später der Konflikt um die Schulen mit dem Institut der Englischen Fräulein, die in Eichstätt seit 1869 ebenfalls Lehrangebote für Schülerinnen unterbreiteten. Sie unterhielten eine Mädchenoberschule mit Pensionat, eine Haustöchterschule sowie eine Lehrerinnenbildungsanstalt. Gleiche Schulformen in unterschiedlichen Trägerschaften führten zur Konkurrenz um die Schülerinnen, zumal das zu entrichtete Schulgeld eine wesentliche Einnahmequelle für beide Orden bedeutete. „Die infamen Grobheiten der Englischen Fräulein" veranlassten die Äbtissin in München im zuständigen Ministerium für Unterricht und Kultus vorstellig zu werden, denn es „kam am Charfreitag…ein Schreiben von der Regierung, dass den Engl. Fräulein freie Hand auch über unsere Klosterschule läßt. Das ist nun aber doch zu arg (…). Nun gibt es einen heißen Kampf auszufechten" – schrieb in verärgertem Duktus Sr. Laurentia Köppel.[280]

Diese schien den Zusammenhang jedoch etwas einseitig erfasst zu haben, denn es ging vor allem um die Frage, ob das Kloster auf den ihm bei der Wiederbelebung 1835 übertragenen Volksschulunterricht ein Monopol besäße, das auch durch veränderte Zeitumstände und neue Erfordernisse der Gegenwart unberührt bliebe. In der Beamtensprache des Ministeriums wurde geprüft, „ob das Kloster St. Walburg…ein durch eine spätere Entwicklung oder Veränderung unberührbares und unentziehbares Recht auf Besorgung der öffentlichen Mädchenvolksschule in Eichstätt erhalten hätte. Diese Frage wurde verneint". Äbtissin Benedicta führte dagegen ein Schreiben des Eichstätter Bischofs ins Feld: „Übrigens hätten die Englischen Fräulein…aus dem…Schreiben des…Bischofs Leo…ersehen können, dass der Bischof ihrem Monopol- und Expansivdrang in Eichstätt eine Grenze zu setzen wünschte".[281] Der Streit sollte sich in den kommenden Jahren fortsetzen u.a. um die Errichtung einer Haustöchterschule durch St. Walburg. Die 1. Provinzassistentin der Englischen Fräulein, M. Clotilde Gentner (1851–1934), schrieb am 5. Dezember 1933 an den 1932 neu ins Amt gekommenen Eichstätter Bischof einen 7-seitigen Schulbericht, der mit einem Antrag schloss: „Auf Grund dieser Erörterungen fühle ich mich im Interesse des Bestandes und des moralischen Rechtes des hiesigen Institutes verpflichtet den Antrag zu stellen, dass Euer Excellenz den in Aussicht stehenden neuen Wettkampf zwischen den beiden hiesigen Klöstern noch rechtzeitig entgegentreten mögen und den friedlichen Verzicht des Klosters St. Walburg auf die Errichtung einer Haustöchterschule vermitteln wollen".

Äbtissin Benedicta konterte mit einem scharfen Schreiben an denselben:

„Im Effekt ergibt sich bei unserm Verzicht wieder die alte Erscheinung: St. Walburg gibt in einem Punkt nach, nämlich der Haustöchterschule. Diese Nachgiebigkeit verlangt nach kurzer Zeit eine weitere in Bezug auf den notwendigen Kindergarten usf. (…) Ich darf…darauf hinweisen, dass man von uns nicht erwarten kann, wir sollten von uns aus Schritte unternehmen, um die uns zugedachte Schule von uns abzuwenden, nachdem wir…sowohl bei der Regierung wie beim Ministerium vorstellig wurden um die Genehmigung der Haustöchterschule für uns zu erreichen".

Die Form der Auseinandersetzung mit Beschwerdeschriften, Eingaben beim Bischof, persönlichen Herabsetzungen in Briefen blieb unversöhnlich, was für die als weitherzig bekannte Äbtissin Benedicta ungewöhnlich war. Dass der Konflikt bereits seit der frühen Zeit der Niederlassung des nach der englischen Gründerin Maria Ward (1585–1645) benannten Ordensgemeinschaft zu Brodeln begann, kann man in der Selbstdarstellung der Maria-Ward-Realschule Eichstätt noch heute nachlesen, – auch wenn die letzten Englischen Fräulein Eichstätt Ende 2019 verlassen haben. Dort heißt es: Die Englischen Fräulein „sollten…eine ‚Höhere Schule' für Mädchen errichten, nachdem sich die Abtei St. Walburg von einer derartigen Aufgabe damals überfordert sah".[282]

Die Verteidigung ihrer Schulen wurde von der Benediktinerin äußerst energisch betrieben. Ob eine Ursache für die verhärteten Fronten in persönlichen, vielleicht auch politisch motivierten Zwistigkeiten zu suchen ist, kann nicht geklärt werden. Doch fand sich folgender Hinweis bei den Recherchen: Von 1930 bis zur Schließung durch die Nationalsozialisten 1935 leitete zeitweise Dr. Dora Huber (1898–1996) die Mädchenoberschule der Englischen Fräulein. Die jüngere Schwester des am 13. Juli 1943 hingerichteten, der Münchener Widerstandsgruppe „Weiße Rose" angehörenden Professor Kurt Huber (1893–1943) war NSDAP-Mitglied. Biographische Ungereimtheiten sind mit ihrer Person verbunden, die an dieser Stelle zu erörtern, zu weit führen würden. In ihrem Entnazifizierungsverfahren jedoch beschwerte sich Dora Huber Jahre später, sie sei durch den Eichstätter Spruchkammervorsitzenden Dr. Simon Schorer (1895–1989), dem Freundeskreis der Äbtissin zuzurechnen, vorsätzlich nicht entlastet worden und erreichte eine Wiederaufnahme des Verfahrens.[283]

Was auch immer im Einzelnen eine Rolle für die Verwerfungen gespielt haben mag – in der Auseinandersetzung um die Schulen in Eichstätt haben letztlich beide Seiten verloren. Denn die christlichen Schulen sollten nur wenige Jahre später durch die Nazis geschlossen, die unterrichtenden Klosterfrauen entlassen und durch regimetreues Lehrpersonal ersetzt werden.[284] Hierauf wird noch näher einzugehen sein.

PERSÖNLICHES, KURAUFENTHALTE IN ERMELINGHOFF BEI HAMM

Die Eichstätter Äbtissin litt all die Jahre über an chronischem Bluthochdruck, Herzbeschwerden und anderen wahrscheinlich durch die hohe Arbeitsbelastung ausgelöste oder verstärkte Krankheiten. Regelmäßige, zum Teil mehrmonatige Kuraufenthalte außerhalb der Klostermauern wurden erforderlich. Vom 29. November 1929 bis 7. Mai 1930 – mithin ein halbes Jahr – verbrachte sie bei ihrer seit 1922 verwitweten älteren Schwester auf Gut Ermelinghoff nahe Hamm. Auf dem nach einem Brand 1875 im neugotischen Stil errichteten Landsitz fühlte sich Maria Freifrau Twickel einsam, denn ihr 14-jähriger einziger Sohn besuchte das Privatgymnasium der Jesuiten in Feldkirch – die Stella Matutina – fernab der westfälischen Heimat. Gesellschaft wird ihr willkommen gewesen sein. Ihr 20-jähriger Neffe Melchior von Borries (1910–2014), Sohn der jüngeren Schwester Theresie, wohnte während seiner Studienzeit in Münster im Haus. Benedicta von Spiegel wird dem Neffen während ihres Aufenthaltes wiederholt begegnet sein.

Ermelinghoff war erst Ende des 1. Weltkrieges in den Besitz von Ignaz (Ino) und Maria v. Twickel gekommen. Der Schwager der Äbtissin, Amtmann im Amt Recklinghausen, hatte unter den neuen politischen Mehrheiten in der Revolutionszeit 1918/19 keine Chance auf Weiterbeschäftigung und seine Stelle unfreiwillig zum 1. Juli 1919 aufgegeben. Ino Twickel engagierte sich in der kurzlebigen, die Weimarer Republik ablehnenden „Deutschen Vaterlandspartei". Zu diesem Zeitpunkt hatte er bereits Gut Ermelinghoff mit Ländereien aus der Erbmasse seines verstorbenen Vetters Friedrich v. Twickel (1847–1913) für die stattliche Summe von 500.000 Mark gekauft. Ermelinghoff, damals mit eigenem Bahnhaltepunkt zwischen Münster und Hamm, präsentiert sich bis heute als ein aus Torhaus, Speicher- und Brauhaus, Wirtschaftsgebäuden und Haupthaus verschiedener Epochen zusammengesetzter Gebäudekomplex inmitten einer großen Parklandschaft im englischen Stil und umgeben von einer Gräfte, die sich mit der Zeit zu kleinen malerischen Seen erweiterte. Zur weitläufigen Hofanlage gehört die im 17. Jahrhundert erbaute und bis heute vollständig in

der damaligen Baustruktur erhaltene St.-Bartholomäus-Kapelle mit Altar-
retabel, das später klassizistisch gefasst wurde. Äbtissin Benedicta wird die
Schlosskapelle bei ihrem Aufenthalt gewiss täglich zum Gebet aufgesucht
haben. Noch heute befinden sich kunstfertige, gut erhaltene Paramente aus
der Abtei St. Walburg im Fundus der Kapelle sowie die in der Klosterwerk-
statt gefertigte Schützenfahne, die an der Empore angebracht ist.[285]

Als Hausgeistlicher wirkte seit den 1920er Jahren der junge Theologe
und ehemalige Benediktinermönch Theodor Klauser (1894–1984). Er bereitete sich auf seine Habilitation vor und wurde später zu einem bedeutenden Kirchenhistoriker. Klauser blieb Maria v. Twickel über die Jahre eng
verbunden und hatte sie auch 1924 zu einem ersten Besuch der Schwester
nach Eichstätt begleitet. Jahre später erinnerte er sich daran: „Die Klugheit, die Weite des Blicks, der Humor und die Natürlichkeit der damaligen Priorin haben tiefen Eindruck auf mich gemacht und schon damals
war ich sicher, dass sie als Äbtissin eine neue Blütezeit des tausendjährigen
Convents herbeiführen würde". Klauser wird sich über das Wiedersehen
mit der „Frau Fürstäbtissin" – wie er sie in einem Brief nannte – gefreut
haben, bot zudem Ermelinghoff mit seinen kunstvoll holzgetäfelten oder
mit Delfter Kacheln dekorierten Räumen, stilvollen Möbeln und Gemälden ein ansprechendes Ambiente.[286]

Während dieses 6-monatigen Aufenthalts besuchte Äbtissin Benedicta auch ihre Geschwister und das Elternhaus in Helmern, wo ihre Nichte Aloysia von Spiegel mit 4 jüngeren Geschwistern lebte. Der Besuch in
der Heimat vermittelte der Benediktinerin offenbar ein anschauliches Bild
vom jetzigen Leben ihres Bruders Joseph und seiner Familie. „Wie ist es
doch schön, dass ich bei Euch sein konnte u. sehe alles so lebhaft vor mir
u. kann es mir so gut vorstellen".[287] In dem halben Jahr ihrer Abwesenheit
von der Abtei schrieb sie regelmäßig an ihren Konvent. Die Briefe zeugen
von inniger Verbundenheit. Am 31. März 1930 wandte sie sich an die klösterliche Gemeinschaft in Eichstätt:

„Ich darf also Ostern noch nicht daheim sein, für den Anfang möchte man
mir nicht gleich die Aufregungen der Kar- u. Ostertage zumuten. (…) Ich bitte
Euch nur um eines: macht es Euch u. mir nicht schwerer dadurch, dass Ihr
traurig seid. Sonst halte ich es nicht aus in der Stille der einsamen Karwoche,
die ich hier verleben werde. Sie soll mir recht zu innerlicher Vertiefung helfen,
ich habe ja sonst immer so wenig Zeit, für meine eigene arme Seele zu sorgen
u. muß doch auch einmal wieder Vorrat sammeln, aus dem ich Euch, meinen
lieben Kindern, dann mitteilen kann. (…) Ich umarme jede einzelne von ganzem Herzen, weil ich Euch alle so lieb, so lieb habe".

Anfang Mai holte der Eichstätter Freund Franz Xaver Wutz die Äbtissin in Ermelinghoff ab. Zum Abschied kam ein großer Teil der Familie noch einmal zusammen. Ein Erinnerungsfoto hielt die Gästeschar fest, darunter ihre Stiefmutter, 2 Schwestern, ihr Lieblingsbruder Adolf, Nichten, Neffen, Franz Xaver Wutz und Ferdinand Neumann. Auf ihn wird noch zurückzukommen sein.[288]

Der Nichte Aloysia, die ihre „Tante Lika" regelmäßig während ihres Münchner Kunststudiums in St. Walburg besuchte und später zu einer renommierten Malerin in Ostwestfalen werden sollte, hatten einige Klosterfrauen eine „frappante Charakterähnlichkeit" bescheinigt. Sie zeichnete in ihren mehrseitigen Aufzeichnungen um 1943 ein einfühlsames Persönlichkeitsbild:[289]

„Im Jahr 1930 kam sie nach Helmern. Wir haben ihr einen großartigen Empfang bereitet. (…) Sie konnte so herrlich fröhlich sein. Wir haben oft gelacht. Manchmal prallten aber auch die Gegensätze aufeinander. Für ihre tiefe kritiklose Gläubigkeit hatte ich wohl Bewunderung, konnte ihr aber darin nicht folgen. – Sie hat mir meine freiere Auffassung nie übelgenommen sondern liebte sehr die Diskussion. – Auch hatte sie eine Vorliebe für phänomenale Dinge. Ob das Hl. Öl war oder eine Therese Konnersreuth oder ein Brünnlein was im Garten entsprang od. eine Nonne die übergeschnappt war. (…) Aber trotz all dieser Eigenartigkeiten, die wohl zum Klosterleben führen, war sie ein sehr realistisch, praktisch denkender Mensch… Und außerdem hatte sie große Begabungen u. auf manchem Gebiet viel Wissen. (…) Sie war mir lange Jahre viel mehr als meine eigene Mutter. Ich habe sie geliebt und verehrt.(…)".

Die von der Nichte beschriebene Ambivalenz zeichnete v. Spiegels Persönlichkeit zeitlebens aus: Auf der einen Seite unbedingter Gottesglaube, tiefe Religiösität verbunden mit fundierter theologischer Kenntnis, zugleich verwoben mit dem Hang zu mystischen Phänomenen, der sich nicht nur in der fraglosen Loyalität zur stigmatisierten Therese Neumann zeigte. Sondern später in den beginnenden 1940er Jahren fand diese Neigung fast einen übersprungshaften Ausdruck, so etwa bei dem von der Nichte angedeuteten im Klostergarten entsprungenen „Brünnlein": „So erlebte ich viele Jahre später, als ich mal wieder von München aus in Eichstätt war, dass im Klostergarten aus irgendwelchen Gründen eine Quelle aus dem Boden kam. Viel Regen oder irgendwelche anderen Gründe waren wohl die nüchterne Ursache. Aber die Klosterfrauen, an ihrer Spitze Tante Lika waren außer sich vor Freude. Sie sahen schon ein zweites Lourdes entstehen, holten in Krügen das heilige Wasser, hielten die Hände hinein und badeten ihre Füße".[290]

Auf die von der Nichte erwähnten „übergeschnappten Nonnen" ist gesondert einzugehen. Es ist zu vermuten, dass dieser Wesenszug in den ersten 18 Klosterjahren zu befremdlichen Überreaktionen geführt haben mag, die von den Äbtissinnen von Maredret und Eibingen als „hysterisch" bezeichnet wurden, von Abt Marmion einen Exorzismus nahelegten oder ihre Eignung für das Klosterleben überhaupt in Frage stellten. Eine nervliche Überspanntheit, die nachweislich bei einigen Familienmitgliedern auftrat, mag diese Affinität zu übernatürlichen Phänomenen verstärkt haben. Später wird hierauf im Zusammenhang mit ihrem Lieblingsbruder Adolf zurückzukommen sein. Die Nichte fasste die Neigung lapidar in dem Satz zusammen: „Für Tante Lika aber waren Wunder selbstverständlich; sie war gar nicht glücklich, wenn nicht ab und zu ein Wunder geschah".[291]

Auf der anderen Seite zeigt sich eine pragmatisch nüchterne, selbst- und zielbewusst agierende Persönlichkeit, die offensichtlich unerschrocken alles für das Wohlergehen ihrer Abtei und der klösterlichen Gemeinschaft tat. Sie setzte sich mit Empathie für ihre Freunde wie für Hilfsbedürftige ein, knüpfte vielfältige beständige Kontakte und Freundschaften, die sie über lange Zeit aufrecht zu erhalten verstand. Prägnant beschrieb die schon zitierte Schriftstellerin Ethel Mannin die Wirkung ihrer Persönlichkeit:[292]

> „Sie besitzt Charme, Würde und Anmut. Sie hat die gewandten Umgangsformen einer Weltdame, wenigstens in dem Sinn, dass sie eine vielgereiste Frau ist, die mit hervorragenden Persönlichkeiten aller Nationen zusammenkam. Aber alles dies ist das wenigst bedeutende an ihr. Das Wichtigste tritt im Gespräch mit ihr zu Tage: dass sie eine völlig furchtlose Frau ist".

Einen Einblick in ihre Lebensauffassung, hervorgegangen aus selbst erlebten Krisen vermitteln die Zeilen, die sie lebensklug an ihre Nichte richtete:[293]

> „Nun weißt Du, mein Kleines, etwas dergleichen muß jeder Mensch durchmachen, aus dem was werden soll. Ohne Erfahrungen, Enttäuschungen, Hoffnungen u. Verzichte die den ganzen Menschen bis in die tiefsten Tiefen ausmachen u. durcharbeiten, wird kein Charakter, das Wertvollste im Menschen bleibt ungelöst, ein ungehobener Schatz. Insofern bin ich froh für Dich, dass Du solches durchlebt u. durchlitten hast. Du stehst dem Leben jetzt anders gegenüber, viel freier und losgelöster von Dir selbst, infolgedessen empfangsfähiger u. empfangsfreudiger zu allem bereit, was das Leben Dir geben will".

Die ihr zugesprochene geistige Weite und Toleranz gegenüber anderen, auch nicht unbedingt von ihr geteilten Auffassungen spiegeln sich in ihrer Vorstellung von der klösterlichen Klausur wider. Nicht nur, dass Äbtissin Benedicta diese für sich selbst weit auslegte – neben den häufigen Kuren machte sie auch Ausflüge zum Beispiel mit ihrem Freund Franx Xaver Wutz. Darüber berichtete die sie begleitende Sr. Laurentia: „…dann muß ich Ihnen noch sagen, dass ich mit liebsten Hochwürdigen Mutter herrliche Autofahrten mit…Professor Wutz machen durfte. Nach Württemberg… 2.x nach München + an den Walchensee". Auch mit Therese Neumann war sie auf Achse, wobei deren Brüder Ferdinand oder Hans als Chauffeure fungierten, z.B. durch das Fichtelgebirge, nach München und nach Nürnberg, wo beide das Reichsparteitagsgelände besichtigten. Oft waren ihre Schwestern und Nichten sowie Freundinnen tage- und wochenlang zu Gast in der Abtei – das belegen die vielfältigen Korrespondenzen.[294] Um die Klausur zu verlassen oder Besucher zu beherbergen, benötigte die Äbtissin im Grunde die Zustimmung des Bischofs als Aufsichtsbehörde. Keiner Quelle ist zu entnehmen, dass es in dieser Frage je zu Differenzen oder Schwierigkeiten gekommen ist.

DIE KLAUSURFRAGE

Über die Auslegung der für sie essentiellen Klausurfrage hat sich Äbtissin Benedicta Anfang der 1930er Jahre mit dem Abt von Scheyern Simon Konrad Landersdorfer (1880–1971), der ab 1936 als Bischof in Passau wirkte, ausgetauscht. Es ist ein lesenswertes Dokument, beinhaltet es eine grundlegende Sichtweise, die ihr nach den persönlichen Erfahrungen in Maredret und der strengen Klausurpraxis in Eibingen zur Überzeugung geworden ist. Die Äbtissin sprach sich für eine großzügige Auffassung in dieser für sie so zentralen Frage aus, damit ein für alle zuträgliches Klosterleben gelingen konnte. Die konkrete, praktische Umsetzung der Klausur wurde v. Spiegel ein Herzensanliegen.[295] An den Abt gewandt führte sie aus:

> „Wir in St. Walburg haben seit Jahrhunderten keine andere Lebensform, auch in Bezug auf die Klausur gehabt, als unsere jetzige. Es ergab sich diese unsere Praxis schon mit Rücksicht auf unseren früheren, weit verstreuten Wirtschaftsbesitz…, der ein häufigeres Verlassen des Klosters bedingte (…) Ich meine, man sollte die Frage der Klausurbestimmungen wie so manche andere überhaupt nicht von vornherein in diesem oder jenem Sinne entscheiden, sondern nur von Fall zu Fall. (…) Der Erfolg…fast überspannter Klausurmassnahmen ist dann

der, dass die Nonnen geistig und physisch verhungern. (…) Freilich gestehe ich gerne zu, dass, sobald man die Frauenklöster zum Zwecke der Lebensfähigkeit etwas mehr exponieren muss, eine viel strengere Sichtung der Klosterkandidatinnen notwendig wird; denn es ist zweifellos ein höheres Mass von monastischer Gesinnung und Zucht notwendig, um an exponierter Stellung die Ordensideale hochzuhalten, als in einem Klausurkloster strengster päpstlicher Observanz mit lauter vergitterten Fenstern, hohen Mauern und einem einzigen Ausgang, wo naturgemäss bei magerer Kost und bescheidenster physischer und geistiger Lebenshaltung auch manches ungeeignete und ungezügelte Element wenigstens in die äussere Form der klösterlichen Disziplin sich fügt oder fügen muss. Im übrigen bin ich der ganz unmassgeblichen Anschauung, dass man jene Klöster, die aus eigener Kraft und Energie, im Geiste der Kirche mit den Forderungen der Zeit fertig werden und sich ruhig entwickeln, auch ruhig sich entwickeln lassen soll. Unsere hl. Regel weiss doch nur davon, dass der Bischof die rechte Entwicklung des Klosters überwacht, und ist sie nicht im schönsten Sinne weitherzig, sodass sie nicht mit engen Vorschriften das Leben erstickt?".

Die St. Walburger Äbtissin berief sich demnach auf die Benediktsregel selbst und schickte abschließend noch ein kritisches Wort an ihren Amtskollegen: „Noch ein letztes, was mit vollem Freimut zu bemerken, ich… Herrn Abt um nachsichtigste Erlaubnis bitte. (…) Ist es nicht ein klein wenig wahr, dass die jetzige Zentralstelle unseres Ordens in übertriebener Ängstlichkeit alles und jedes, was im Orden vor sich geht nach Rom berichten zu müssen glaubt? Wäre es nicht einfacher und besser die Entwicklung dort, wo sie auf gesunden Prinzipien ruht und im Geiste der Kirche vorwärts schreitet zunächst abwartend gewähren zu lassen und etwas mehr Vertrauen in die eigene Kraft und den eigenen gesunden Geist des Benediktinertums zu setzen. Bei entgegengesetztem Verfahren muss ja schliesslich beim apostolischen Stuhl beinahe der Eindruck entstehen, als ob unser heiliger Orden es nicht mehr verstünde sich den Forderungen der Zeit von selbst anzupassen und dennoch sich selbst treu zu bleiben. So manch gewaltsamer Eingriff der letzten Jahre dürfte zweifellos bei Aussenstehenden diesen Eindruck erwecken…".

Benedicta v. Spiegel vertrat hier gegenüber dem Abt eine fortschrittliche Auffassung. Die Klöster, die wie St. Walburg durch den Schulbetrieb, künstlerische Aufträge u.a.m. nach außen „sich exponieren", tun gut daran, sich den Zeiterfordernissen gegenüber nicht zu verschließen. Die individuellen Begabungen sollten gefördert, Freiräume eröffnet werden, statt hinter strenger Klausur die Nonnen „geistig und psychisch verhungern" zu lassen. Drastische Worte wählte v. Spiegel, die sich womöglich beim Formulieren des Briefes an eigene Erfahrungen erinnert sah.

Weitere schwierige Probleme, mit denen die Klosterführung konfrontiert werden konnte, vertiefte v. Spiegel in einer anderen Korrespondenz. In Fragen der Gestaltung des klösterlichen Lebens hatte sich die Priorin des Magdalerinnenklosters Lauban in Schlesien in mehreren Briefen ratsuchend nach Eichstätt gewandt. Die beiden tauschten sich über die unterschiedlichsten Themen aus, so auch über die Frage nach der Auflösbarkeit der klösterlichen Gelübde, wenn etwa eine Nonne oder ein Mönch heiraten wollen.

Dazu die Meinung von Äbtissin Benedicta: „Nach der modernen Rechtsentwicklung aber sind die feierlichen Gelübde auch durch Dispens lösbar, gerade wie die einfachen. Der einzige Unterschied liegt darin, dass verschiedene kirchliche Behörden zuständig sind und dass die feierlichen Gelübde in einem anderen Sinne Ehehindernis sind als die einfachen (…) und Sie wissen ja selber, dass namentlich in Männerorden bei den Laienbrüdern die Auflösung feierlicher Gelübde und die infolge davon gegebene Dispens zur Eingehung von Ehen eine leider gar nicht mehr seltene Angelegenheit ist". Hier zeigt v. Spiegel eine realistische Sicht auf das Klosterleben.

Ein weiterer Gegenstand ihrer Korrespondenz war der sinnstiftende Wert der Arbeit, das Abwägen zwischen Vita contemplativa und Vita activa. Die Auffassung aus Eichstätt dazu war klar formuliert:

„…eine massvolle Tätigkeit kann sicher die Zeiten des Gebetes und der Betrachtung intensiver und inhaltsreicher gestalten, als wenn man ohne jede äussere Tätigkeit rein beschaulich lebt. Dass äussere Tätigkeit vielfach neue Kräfte auslöst und entfaltet und viele Klosterfrauen, denen die Gabe der ständigen Beschauung nicht so gegeben ist, viel glücklicher und zufriedener macht, ist eine allgemeine menschliche Erfahrung, die ich auch von meinem bescheidenen Gesichtskreise aus nur bestätigen kann".

Und ihrer Zeit voraus schien Benedicta von Spiegel zu sein, wenn sie weiter schrieb: „Auch meine ich, dass wir selbst…uns den Forderungen der Zeit nicht ganz entfremden dürfen, sondern ihnen Rechnung tragen sollten soweit das möglich ist, ohne von unseren Prinzipien etwas zu opfern".[296]

NEUFASSUNG DER KONSTITUTIONEN

Nach ihrer Amtsübernahme hatte die theologisch und kunsthistorisch gebildete Äbtissin die Neuordnung und wissenschaftliche Bearbeitung

der Kunstschätze, alter Handschriften und des Archivs angestoßen. Im
Zuge dieser Arbeiten wurden in der Abtei die fast 500 Jahre alten Re-
formstatuten von 1456 wiederentdeckt. Der Eichstätter Bischof Johann
III. von Eych (1404–1464) hatte gegen den Widerstand der seinerzeit
eher weltlich locker lebenden Nonnen in St. Walburg eine umfassende
Klosterreform durchgesetzt mit klaren Regeln für Klausur, Gebet und
klösterliches Leben. Diese Statuten und die „teilweise Mitbenützung
schon approbierter Statuten anderer Frauenklöster" dienten v. Spiegel als
Grundlage für eine Neufassung der St. Walburger Konstitutionen, deren
ersten Entwurf sie selbst verfasste. Vor allem der Kirchenrechtler Joseph
Lechner beriet mit ihr eingehend über das Regelwerk. „Zwischenfassun-
gen wurden wiederholt" den Eichstätter Bischöfen „vorgelegt und sodann nach einer letzten Revision in Rom zur Vorlage gebracht". Ein mü-
hevolles, jahrelanges Unterfangen. Erst 1937 konnten die Konstitutionen
endlich in Kraft treten. Im klösterlichen Selbstverlag gedruckt sollte jede
„Klosterfrau und Novizin…ein Exemplar dieser Statuten besitzen, damit
alle dieselben häufig nachlesen können, auf daß die hl. Regel und diese
Statuten ihnen zur Richtschnur ihres klösterlichen Lebens und Wirkens
werden".[297]

In Vorbereitung dieser Arbeiten hielt Benedicta v. Spiegel „Konferenzen über die Heilige Regel und Statuten", in denen sie dem Konvent kennt-
nisreich die Entwicklung des Mönchtums und das Wesen des benediktinischen Ordenslebens erläuterte – und dies in einer überaus persönlich
einfühlsamen Weise. An dieser Stelle sei das monastische Verständnis in
Grundzügen vorgestellt, aus dem heraus v. Spiegel die in der Spitze mehr
als 150 Mitglieder zählende Abtei führte und mit inhaltlichen Akzenten
prägte. Während der 24 Jahre ihres Abbatiats ist sie ihrer Auffassung treu
geblieben und hat dies auch immer wieder betont. Daher werden für das
folgende zudem Selbstzeugnisse aus den verschiedenen Jahren von 1934
bis 1947 herangezogen.

Die Grundregeln benediktinischen Ordenslebens charakterisierte Äbtissin Benedicta wie folgt: Der Begründer und Namensgeber Benedikt von
Nursia sei „diese ausgereifte, von festen Grundsätzen getragene Persönlichkeit erst geworden nach manchem Kampfe, nach Opfer und Entsagung
und durch vielerlei Erfahrungen". Die benediktinische Ordensregel „Ora
et Labora" deutete sie in folgenden Sätzen: „Das Gesetz der Arbeit gilt
für alle Menschen und unser heiligster Vater will, dass wir jede Arbeit verrichten nicht um ihrer selbst willen, sondern als Mittel zu einem höheren
Leben. Darin liegt das Geheimnis der Freudigkeit des benediktinischen
Pax, die den Frieden unermüdlicher Arbeit bedeutet. Lassen wir uns daher

immer wieder recht oft und gerne von unserm heiligen Ordensvater das Wort des Friedens sagen: Arbeite und sei nicht traurig!".

„Pax Benedicta" und „summa quies" (der benediktinische Friede, die höchste Ruhe) beschreiben die Sinngebung einer solchen Lebensführung. Sie sind für die Äbtissin „das eigentliche Kulturmerkmal des Benediktinerordens. Was dieser dann im einzelnen an großen und größten Kulturleistungen hervorgebracht hat, ging aus dieser höchsten Ruhe, aus dem benediktinischen Frieden hervor. Und das gilt auch noch für unsere Zeit".[298]

Ihre Auffassung von innerklösterlicher Struktur formulierte v. Spiegel gegenüber dem Konvent folgendermaßen: „Die Idee des hl. Benedikt war sonach die, eine Gemeinde von Mönchen heranzubilden, die verpflichtet sein sollten, als eine religiöse Familie im Kloster ihrer Profess unter einer Regel bis in den Tod ein Leben völliger Gemeinschaft zu führen, das ganz dem Dienste Gottes geweiht war, ohne sich durch übergrosse Strenge hervorzutun". Statt orthodoxer Disziplin betont sie soziales gemeinschaftliches Leben:

„Dieselbe Weite der Auffassung zeigen die Vorschriften der Regel ganz allgemein über Lebenshaltung, Kleidung und ähnliches. Benedikt legt in all diesen Dingen ein durchschnittliches Mass fest, von dem je nach den besonderen Umständen abgewichen werden kann und zwar meist im Sinne der Erleichterung. Dem Abt obliegt die Pflicht zu entscheiden, wie weit er sich den Umständen anzupassen habe".

Damit betonte sie zugleich, der Grundgedanke der benediktinischen Regel sei, „daß der Wille des Abtes das ganze Leben des Klosters bestimmen soll". Für die Schwestern leitete sie daraus die fraglose Anerkennung der Klosterhierarchie ab: „Gehorsam regelt unseren ganzen Tagesablauf. (...) Darum keine eigenen Wege gehen, nur der Gehorsam macht uns zu frohen Gotteskindern". Die Vorzüge, nicht in der Pflicht der Abteileitung zu stehen machte sie dem Konvent so schmackhaft: „Seien Sie doch froh, daß Sie keine Entscheidungen zu treffen haben, dann tragen Sie auch keine Verantwortung und Ihr Auge muß nie von Sorgen beschattet sein". In einem weiteren Schritt legitimierte sie diese die einzelne Klosterfrau entlastende Gehorsamspflicht: „Wir werden immer gerne und freudig gehorchen, wenn wir uns immer wieder sagen, Gott spricht durch den Mund der Vorgesetzten, was diese von mir verlangen, das will jetzt Gott von mir. Dieser klare Wille, in den Vorgesetzten Gott zu gehorchen, ist die notwendige Voraussetzung frohen Gehorsams". Wiederholt ist in diesem Buch von einer den Klosterfrauen zugewandten Auslegung der benediktinischen Ordensregel, vor allem auch der Klausurvorschrift die Rede. Diese entsprach ganz dem offenen empathischen Verständnis v. Spiegels, wie es sich auch in ihrem Bekenntnis zur Nächstenliebe „Credo Caritati", dem sie ihr Abbatiat verschrieben hat, ausdrückte. Sie setzte die Liebe zu Gott und die zum Mitmenschen ineins. „Aus dieser göttlichen Liebe muß dann die brüderliche Liebe zu unsern Mitmenschen hervorgehen, die wir alle, welcher Rasse, welchem Volk, welchem sozialen Stand sie angehören mögen, als Brüder in Christus ansehen müssen". Diese humanistische Haltung leitete Äbtissin Benedicta zeitlebens.

Nach den katastrophalen Auswirkungen der NS-Diktatur zog sie daraus Anfang 1947 den Schluss: „Wenn die Lehren, die einst Benedikt die Kraft gaben, die zerfallende und gärende Gesellschaft seiner Zeit…zu besseren Sitten zurückzuführen, auch heute wieder weithin anerkannt würden und Macht gewännen, so würde auch unsere Zeit sich zweifellos leichter wieder aus diesem furchtbaren Schiffbruch aufrichten, die Wunden der Dinge und Seelen heilen und ihre ungeheuren Leiden besser und glücklicher überwinden können".[299] Mit diesem Zitat zu ihrem monastischen Verständnis sei zurückgekehrt in die Vorkriegszeit mit ihren konkreten Ereignissen und zur erfolgreichen Approbation der von ihr als „eigenwillig" charakterisierten Statuten.

Im Mai 1936 konnte Äbtissin Benedicta an den Eichstätter Bischof berichten, „dass unsere Konstitutionen ohne irgendwelche Schwierigkeit in Rom die Genehmigung erhalten haben. Das ist ein für uns so freudiges Ereignis und eine so große Freude. (…) Exzellenz würden meine tiefe Freude noch besser verstehen, wenn Sie wüßten, wieviele Hindernisse zu überwinden waren, um diese ‚eigenwillige Form' der Statuten durchzusetzen". Die Statuten erschienen im Folgejahr im St. Walburger Selbstverlag in deutscher Sprache. Erfreut wandte sie sich an ihre belgische Amtskollegin in Maredret mit dem Angebot: „Hätten Sie daran Interesse, unsere Verfassungen zu sehen – endlich konnten sie gedruckt werden. Es wäre mir eine Freude, Ihnen ein Exemplar zukommen zu lassen. Leider habe ich keinen Druck auf Deutsch und Latein, es wäre zu teuer gewesen. Froh bin ich, dass diese wichtige Sache erledigt ist".[300] Auch dieses Projekt konnte sie erfolgreich abschließen.

FLORIERENDES KLOSTERLEBEN IN ST. WALBURG
ANFANG DER 1930er JAHRE

Den Forderungen der Zeit Rechnung tragen – dieser Maxime folgte die Abtei St. Walburg Anfang der 1930er Jahre, als die Auswirkungen der Weltwirtschaftskrise auch im beschaulichen Eichstätt nachhaltig spürbar wurden. Die Einnahmen aus dem Schulgeld waren eine tragende Säule für die ökonomische Leistungskraft der Abtei. Anfang 1930 lebten insgesamt 110 Ordensfrauen in St. Walburg. Bis Ende 1932 wuchs die Klostergemeinschaft auf 141 Mitglieder an, die alle beschäftigt und versorgt werden mussten.[301] In den Schulen und im Kindergarten waren zahlreiche Klosterfrauen als ausgebildete Lehrerinnen, Erzieherinnen und Rektorinnen tätig.

Bei der Mädchenvolksschule der Abtei St. Walburg handelte es sich – anders als bei den privaten Konfessions- oder Klosterschulen der Ordensgemeinschaften – um eine öffentliche Schule, die von der Stadt unterhalten wurde. Die zu dieser Zeit nur in Bayern weitverbreitete Lehrtätigkeit von Ordensgeistlichen an staatlichen Schulen ging – wie ausgeführt – auf König Ludwig I. zurück, der die Wiedereinsetzung der Klöster im 19. Jahrhundert an die Bedingung geknüpft hatte, dass die Orden öffentlichen Schulen führen sollten. Auch in St. Walburg gehörte der Schulunterricht zu einer wichtigen Aufgabe der Abtei. Geeignete Klosterfrauen absolvierten als nicht im Konvent lebende Oblatinnen ihre staatlichen Abschlüsse in der Lehrerbildung. Die Schulführung wurde der Abtei staatlicherseits vergütet. Denn die klösterlichen Lehrerinnen lebten entsprechend der Ordensregel besitzlos und erhielten für den Schuldienst kein individuelles Gehalt. Ebenso wenig erwarben sich die Nonnen Pensionsberechtigungen, sodass die Altersversorgung der Abtei oblag – eine für den Staat kostensparende Regelung.[302]

Wie konnte ein Klausurkloster diese Aufgabe bewerkstelligen, wenn die Ausbildungs- und Arbeitsorte außerhalb der Klausur lagen? Bereits um das Jahr 1910 hatte der Eichstätter Bischof v. Mergel in St. Walburg die Oblatur eingeführt „in Hinsicht auf die schulischen Erfordernisse wie auch auf die notwendig zu erledigenden Feldarbeiten (unsere Felder liegen alle ausserhalb der Klausur" – so v. Spiegel. Was bedeutete das konkret?

Äbtissin Benedicta erläuterte in zwei weiteren Briefen an die schon erwähnte Priorin des schlesischen Madgalenarinnenklosters in Lauban, wie die Aufgabe der Schulführung mit der Klosterklausur in Einklang gebracht wurde: Nach sechsmonatigem Postulat wurden alle „Kandidatinnen zu Oblaten eingekleidet". Die Einrichtung der Oblatur galt sowohl für die künftigen Chorfrauen wie für die Laienschwestern. Für erstere, um Nonnen nach dem ersten Lehramtsexamen „auf die Staatsprüfung für Lehrerinnen vorzubereiten"; für zweitere, „um Kräfte für die Bewirtschaftung unserer Felder zu gewinnen. Die Dauer dieser Oblatur ist verschieden und richtet sich ganz nach den Bedürfnissen des Klosters". Die Oblatinnen sind „nicht an die Klausur gebunden, wohnen aber innerhalb derselben und nehmen an allen klösterlichen Übungen teil, soweit sie nicht durch ihre Pflichten nach aussen verhindert sind. Diese Pflichten bestehen für die Choroblatinnen in den Schulwanderungen u.ä., für die Laienoblatinnen in der Versorgung der Ökonomie etc.". Erst nach der Oblatur erfolgt die Einkleidung als Novizin und die Ablegung der „ewigen" bzw. „einfachen" Gelübde für die Chorfrauen bzw. die Laienschwestern. Die Folge für das Kloster: „Durch den Nachwuchs ergänzt sich dann immer die nötige Zahl für die Aussenbedürfnisse". Für die ausgebildeten Lehrerinnen, die in der Regel Chorfrauen mit ewiger Profess waren, galt: „Unser Kloster hat... mehrere Ausgänge und steht in Verbindung mit mehreren Schulen, ohne dass die Klosterfrauen deswegen die Klausur verlassen müßten", „ein unterirdischer Gang führt" in die Haushaltungsschule hinüber" – so Äbtissin Benedicta auf eine diesbezügliche Anfrage.

Die Korrespondenz vermittelt auch eine Anschauung des Landwirtschaftsbetriebs der Benediktinerrinnen: „Ausser den...Schwestern und Oblatinnen beschäftigen wir drei Knechte auf der Ökonomie. Diese haben die Pferde zu versorgen und verrichten mit diesen die schweren Arbeiten wie Pflügen, Ackern, Einfahren von Getreide und Holz, etc. Diese Knechte verkehren nicht unmittelbar mit den Oblatinnen, sondern...die Frau Ökonomin bildet die Vermittlerin".[303]

Einer Mitschwester aus dem inzwischen aufgelösten Kloster im französischen Oriocourt gewährte v. Spiegel überdies einen detaillierten Blick auf den Habit in St. Walburg mit den ganz charakteristischen kunstvoll gefältelten Schleiern:[304]

„Schleier sowie Sturz bestehen aus genau rechteckigen Tüchern – es wird gar nichts gestärkt. Die Schleier...werden maschinell gefältet wenn sie feucht sind, dann im Backofen getrocknet und beim Aufsetzen rückwärts übereinandergesteckt. (…) Die Skapuliere werden unter dem Brustschleier getragen...sind rund ausgeschnitten und werden auf der Schulter geschlossen. Die Mäntel bestehen aus einem ganz geraden, oben an einer schmalen Passe angekräuselten Stück, die Weite derselben beträgt ca. 2,70 mtd., als zweimal die Länger eines doppelbreiten Stoffes".

Es versteht sich von selbst, dass Schleier, Überwürfe (Skapuliere), Mäntel, so gut wie alles in der Abtei in den eigenen Werkstätten gefertigt wurde.

In den beginnenden 1930er Jahren konnte St. Walburg eine ganze Reihe angehender Ordensfrauen aufnehmen. Darunter waren auch überaus künstlerisch versierte junge Frauen, die mit dazu beitrugen, dass diese Zeitspanne eine produktive Blütezeit für die Abtei wurde. Hervorragten die gelernte Buchbinderin Walburga von Bechtolsheim (1891–1966), die in den Klosterwerkstätten filigran handgearbeitete Bucheinbände und Holzschnitte anfertigte; Emmanuela (Bessy) Drey (1898–1973), eine jüdische Konvertitin, die in München angeleitet durch den benediktinischen Erzieher und Beichtvater im Hause Wittelsbach Rupert Jud (1871–1933) zum Katholizismus übergetreten war. Ihre Hauptaufgabe bestand „in der schriftstellerischen und künstlerischen Mitarbeit bei der Herausgabe … der…monatlich erscheinenden… Walburgisblätter". Mit ihrer Freundin Dorothea Brockmann hatte sie in München und Nürnberg Kunst studiert und folgte dieser nach St. Walburg. Die in Holzminden geborene Dorothea Brockmann (1899–1983) kann bis heute als eine der profiliertesten und künstlerisch vielseitigsten Ordensfrauen von St. Walburg gelten. Bekannt geworden durch ihre mehr als 6000 Scherenschnitte baute sie in der Abtei eine Werkstatt für mittelalterliche Buch- und Pergamentmalerei aus, in der handgeschriebene, kunstvoll illustrierte und mit echter Poliervergoldung ausgestattete Bücher, darunter mehrere Evangeliare entstanden. Aber auch Metalltreibarbeiten für Kreuzreliquiare und Tabernakeltüren, Postkartenreihen, Bilderbuch-Illustrationen und Freskenmalereien zählten zu ihrem vielbeachteten Oeuvre.[305]

Äbtissin Benedicta trug dafür Sorge, dass die in den klösterlichen Werkstätten entstandenen Arbeiten unterschiedlichen Kunsthandwerks auch Abnehmer fanden: „Wir haben nämlich zur Zeit eine Ausstellung von Paramenten u. von den Webereien von Frau Deocara, weil hier Priesterkonferenz ist, zu der viele Geistliche hier sind. Wir haben da Meßgewänder mit gewebten Stäben, Brocat-Meßgewänder ausgestellt, 4 wunderschöne…Mäntel, …ein in Leder eingelegtes großes Meßbuch… Leider haben wir die schönsten Sachen in München bei der deutsch. Kunstausstellung. Hoffentlich bekommen wir jetzt viele Bestellungen"[306] – begeisterte sich eine St. Walburgerin.

Nicht nur Kunsthandwerk wurde in der Abtei gefertigt und verkauft, sondern u.a. auch die Geflügelzucht ausgebaut:[307]

> „Letzte Woche war hier eine Geflügelausstellung…haben wir aber 1 Dtzd Hühner…ausgestellt – und Ehrenpreis – 1. Preis und 2. Preis bekommen. Nun werden wir nächstes Jahr, wie uns schon angekündigt wurde – wegen Bruteiern überlaufen werden. Aber es freut mich sehr für Hochw. Mutter, dass wir so gut abgeschnitten haben. Das kommt auch unserer Haushaltungsschule sehr

Königlicher Besuch in St. Walburg am 31. August 1926
v. li.: Generalvikar Klemens Wagner, Bischof Leo v. Mergel, Kronprinz Rupprecht v. Bayern,
Erbprinz Albrecht v. Bayern, Äbtissin Benedicta v. Spiegel

zu gute. Schwester Ambrosia hat sich auch recht geplagt, um alle gross zu bekommen. – Jetzt haben wir…ein ganz neues modernes Hühnerhaus – einen
Aufzuchtstall – gebaut. D.h. er kam fertig und wurde auf die Fundamente gesetzt… Der andere Hühnerstall reichte nicht mehr, und da die Haushaltungs-
schülerinnen auch Geflügelzucht lernen müssen, so soll das möglichst mit neuzeitlichen Mitteln geschehen".

Es war offenbar eine prosperierende Zeit für die Abtei. Der engagierte
Einsatz der Klosterfrauen auf den verschiedensten Arbeitsgebieten wurde
anerkannt, Paramentik und Kunsthandwerk nachgefragt, und es gab sogar
Geflügelzuchtpreise. Das Interesse möglicher Eintrittskandidatinnen flaute
nicht ab: „In den letzten 4 Wochen sind wieder mehrere neue gekommen,
unter anderem auch eine sehr nette junge Gräfin Waldburg Zeil. Mutter
und Geschwister brachten sie her, und 14 Tage darauf verunglückte die
arme Fürstin tödlich mit dem Auto". Am 14. August 1930 trat die jüngere
Schwester von Fürst Erich von Waldburg-Zeil, auf den noch einzugehen
ist, in St. Walburg ein; ein enges Vertrauensverhältnis wird sich zwischen

Erholung in Ermelinghoff bei Hamm 1930
1. R. v. li.: Prof. Franz Xaver Wutz, Mutter Charlotte, Äbtissin Benedicta,
Schwester Carola v. Amelunxen, Schwester Maria v. Twickel
2. R. mit Zigarre Bruder Adolf v. Spiegel, Sr. Laurentia Köppel, Neffe Christoph v.
Twickel, Nichten Brigitte v. Merveldt, Aloysia v. Spiegel,
rechts außen: Ferdinand Neumann aus Konnersreuth

Ludovica (1902–1991, mit Ordensnamen Walburga) und Äbtissin Benedicta entwickeln und das freundschaftliche Band des oberschwäbischen Fürstenhauses mit der Abtei verfestigen.[308]

Die Umtriebigkeit in der Abtei erhöhte aber zugleich die Arbeitsbelastung der Äbtissin. Sie „hat gegenwärtig recht viele Sorgen und Arbeit. Es kommt jeden Tag so vieles"; Benedicta v. Spiegel schrieb an ihre Nichte: „hab schrecklich viel zu tun…muß nur immer vorsichtig sein". Der Arzt hatte wegen Bluthochdruck salzlose Kost verordnet. Sie „muß immer noch diese gräßlichen salzlosen Gemüse essen, die alle den ganz gleichen Geschmack haben". Die Nichte Aloysia schickte zum Würzen Sauerampfer aus der ostwestfälischen Heimat, was offenbar eine gute Idee war: „1000 Dank für den köstlichen Sauerampfer, der…mir alle Tage sehr gut schmeckt u. das fehlende Salz ersetzt".[309]

Um 1930, als v. Spiegel zur Senkung ihres chronisch hohen Blutdrucks auf salzlose Kost umstieg, hatte sich in Eichstätt ein fester Kreis von Freunden zusammengefunden, die sich auch in der Abtei St. Walburg trafen und nicht nur Mensch-Ärgere-Dich-nicht miteinander spielten. Für das folgende Kapitel ist zunächst ein kurzer Blick zurück in den Herbst 1926 erforderlich.

VI. Freundin aus Konnersreuth

DIE STIGMATISIERTE THERESE NEUMANN

Nur wenige Tage nach den Feierlichkeiten ihrer Äbtissinweihe – Anfang Oktober 1926 – hatte Benedicta v. Spiegel einen vertrauten Eichstätter Freund zu Besuch: den 8 Jahre jüngeren Hochschullehrer Franz Xaver Wutz, der bei ihrer Konsekration verhindert gewesen war. Der in Eichstätt geborene Theologe und Priester genoss internationales Renommee als Spezialist für altorientalische Sprachen und die Rekonstruktion des hebräischen Urtextes des Alten Testaments. Er sprach fließend englisch, französisch und polnisch. Als kunstsinniger Schöngeist pflegte er ein Faible für den bayerischen Barock. Mit Benedicta von Spiegel – Nickname „Lady Abbess" – unterhielt er sich auf englisch. Sie charakterisierte ihn als „gerade und aufrichtig, klug und fromm", als einen „rein sachlichen, nüchternen Gelehrten mit dem Kindergemüt". An den Besuch erinnerte sie sich gut. Denn:[310]

> „Er kam...mir zu gratulieren und erzählte bei dieser Gelegenheit von einer Fahrt in die Oberpfalz... Dort habe er einige geistliche Herren getroffen, die ihm von den auffallenden Geschehnissen im nahegelegenen Konnersreuth erzählt und ihn aufgefordert hätten, mit hinzugehen. Er habe das nach einigem Zögern...getan und sei, von seinem ersten Besuch tief beeindruckt, am nächsten Tag wiederum, diesmal allein dort gewesen. Seine tiefe Beeindruckung sprach sich in allem aus, was er mir erzählte und ich war zunächst in etwa erschrocken, weil ich fürchtete, der gute Herr Professor möge...etwas zu leichtgläubig sein. Ich erlaubte mir daher, ihn dringend zu bitten er möge vorsichtig sein, in solchen Dingen solle man doch eher Skeptizismus...walten lassen".

Franz Xaver Wutz machte in dem nahe der tschechischen Grenze gelegenen Marktflecken Konnersreuth Ende September 1926 Bekanntschaft mit Therese Neumann (1898–1962). Die Tochter eines Schneidermeisters aus wirtschaftlich bedrückten Verhältnissen hatte nach dem Besuch der Werktags- und Sonntagsschulen von 1904–1914 bis zu ihrem 20. Lebensjahr auf dem Hof eines benachbarten Bauern schwere Männerarbeit leisten müssen, um die Familie mit 10 jüngeren Geschwistern zu ernähren, da der Vater als Soldat im Krieg war. Nach einem Unfall bei einem Brand am 10. März 1918 war sie gelähmt 7 Jahre ans Bett gefesselt. Über die zutreffende Diagnose gehen die Meinungen in der Literatur auseinander: Eine „Verrenkung des Rückgrats mit Klemmung eines Zentralnervenstrangs... was die langsam fortschreitende Lähmung (einschließlich Blasen-, Mastdarm- und Menstruationsstörungen)...schließlich die völlige Bettlägerigkeit und Erblindung Therese Neumanns bewirkt habe" – ist die eine Erklärung; „schmerzhafte Zerrung" und „Hysterie nach Schock" eine andere.[311]

Für die junge Frau muss es ein quälendes Leiden gewesen sein, als Pflegefall ständig umsorgt zu werden. Ihren Lebenswunsch, als Missionsschwester in Afrika zu wirken sah sie unumkehrbar zerschlagen. Stattdessen konnte sie in Untätigkeit keinen Schritt mehr in die Welt setzen, keiner Arbeit nachgehen, am Leben nur noch sehr eingeschränkt teilnehmen. Doch offenbar verzweifelte Therese Neumann nicht, sondern entwickelte in diesen für sie äußerst schweren Jahren, begleitet durch die Seelsorge des ihr vertrauten Konnersreuther Pfarrers Joseph Naber (1870–1967), eine innere Haltung der Leidbewältigung, aus der heraus sie ihrer Krankheit einen Sinn abgewinnen und ihrem leidvollen Leben eine positiv-produktive Richtung geben konnte: Als tiefgläubiger Mensch akzeptierte sie das ihr Gegebene als von Gott gewollt. Ihre schmerzhaften Krankheiten hatten den Sinn, mit und für andere zu leiden. Damit war ihr Ort in der christlichen Gemeinschaft markiert. Sie stand nicht außerhalb derselben, sondern war Teil von ihr. Der Sinn ihres Leidens wurde dann in den folgenden Jahren das Nach-Leiden der Passion Christi – mit drastischen Visualisierungen, die sie weltberühmt machen sollten.[312]

Zwischen dem 17. Mai und 30. September 1925 soll – so die mehr oder weniger einhellige Darstellung – eine vollständige Heilung der pflegebedürftigen Schwerkranken eingetreten sein. Das Augenlicht hatte sie bereits im Frühjahr 1923 wiedererlangt. Nach der wundersamen Heilung von Lähmung und Blindheit blieb Therese Neumann ihrer Lebenspassion treu bis zum Ende. Demnach durchlitt sie seit dem Frühjahr 1926 Qualen und Todesangst Jesu in einer Vision. Fortan soll sie – so ihre Anhänger – fast jeden Freitag die Passion durchlitten haben. Nach Beendigung der Leidenspassion beschrieben Augenzeugen, dass sie sich in einem sog. „gehobenen oder kindlichen Zustand" befunden habe, einer Art Zwischenwelt, in der sie nichts sehen konnte, aber Fragen der Besucher „hellsichtig" beantwortete. Es sollen sich Wundmale an Händen, Füßen und in Herznähe gezeigt haben, Kopf und Augen hätten geblutet. Unzählige Fotoaufnahmen, die meisten aufgenommen von ihrem Bruder Ferdinand gibt es davon, auch im Nachlass von Äbtissin Benedicta. Die Blutungen wurden mit großen Leinentüchern und Mullbinden gestillt. Bis zu ihrem Tod 1962 – so behaupteten Therese Neumann und ihre Verfechter – habe sie weder Essen noch Getränke zu sich genommen außer einer Hostie, oder auch nur einer halben während der täglichen Kommunion.[313] Gerade die für sich beanspruchte Nahrungs- und Ausscheidungslosigkeit sollte zahlreiche Skeptiker auf den Plan rufen und zu heftigen Auseinandersetzungen führen. Auch in den Kreisen der Eichstätter Äbtissin.

Der Bibelforscher Wutz hatte v. Spiegel wie anderen Freunden von den Visionen, den Stigmata und Blutungen erzählt. Auch wenn die St. Walburgerin erst 2 Jahre später der Stigmatisierten in ihrer Abtei das erste Mal persönlich begegnete, begleiten wird sie Therese oder Resl von Konnersreuth – wie sie bald genannt werden wird – seit diesem Tag bis an ihr Lebensende.[314] Franz Xaver Wutz wurde nach der Begegnung 1926 rasch Intimus der Familie Neumann und des Konnersreuther Pfarrers Naber. Überdies stellte er eine der Neumann-Schwestern – Ottilie (1902–1959) – ab 1929 als Haushälterin ein und ließ die beiden jüngeren Brüder Ferdinand (1911–1999) sowie Hans Neumann (1912–1984) während deren Gymnasialzeit und weitere Jahre in Eichstätt bei sich wohnen. Er sorgte sich um die jungen Männer, hatte für den „Unterhalt der beiden Brüder…grössere Aufwendungen…auch wenn" beide „ausserordentlich bescheiden" waren. Therese Neumann wird in den folgenden Jahren viel Zeit in Eichstätt im sog. Wutzhaus verbringen, möglicherweise auch den Plan eines Umzugs nach Eichstätt erwogen haben.[315] Und um sie wird sich ein Freundeskreis versammeln, dessen Mitglieder später von den Nationalsozialisten als „Konnersreuther Kreis" auch „Eichstätter Kreis" unter Beobachtung stehen wird. In den nächsten 2 Jahren finden die Freunde zusammen.

THE MIRACLE GIRL

Am Beerdigungstag von Karolina Kroiß am 7. Juli 1927 fuhr Franz Xaver Wutz im eigenen PKW mit einem früheren Münchener Freund von Eichstätt aus in das 150 Kilometer entfernte Konnersreuth. Er begleitete als Türöffner den Journalisten und katholischen Monarchisten Erwein Freiherrn von Aretin (1887–1952), der das Innenressort der zu dieser Zeit nationalistisch-konservativ geprägten Münchner Neuesten Nachrichten leitete. Der erste Hauptschriftleiter der von einem Konsortium rheinischer Schwerindustrieller 1920 übernommenen auflagenstärksten süddeutschen Zeitung war Fritz

Gerlich (1883–1934). Der Stettiner Calvinist Gerlich absolvierte nach der Promotion die Ausbildung für den höheren Archivdienst und arbeitete von 1911 am Kgl. Geheimen Staatsarchiv in München, bis er 1920 zum Chefredakteur der Münchner Neuesten Nachrichten berufen wurde. Der selbstbewusste Gerlich war als kenntnisreicher, kritischer Denker und scharfsinniger Publizist mit bisweilen cholerischem Temperament bekannt.[316] Er betraute v. Aretin mit der Mission, Therese Neumanns Stigmata, Visionen und Nahrungslosigkeit kritisch zu hinterfragen und als Schwindel aufzudecken. Der Eichstätter Professor und der Münchener Journalist blieben vom 7. bis 13. Juli in Konnersreuth, und v. Aretin konnte sich danach offenbar der faszinierenden Wirkung, welche die erlebten Vorgänge um Therese Neumann auf ihn ausübten, nicht mehr entziehen. Obwohl der Chefredakteur Gerlich wie auch der jüdische Herausgeber der Zeitung, Paul Nikolaus Cossmann (1869–1942) dem Bericht v. Aretins äußerst skeptisch begegneten, widmete sich am 3. August 1927 die gesamte Beilage „Die Einkehr" der Münchner Neuesten Nachrichten den „Erscheinungen von Konnersreuth". Erwein von Aretin war ein Coup gelungen:

> „Die Zeitung hatte es nicht zu bereuen. Jene Nummer mußte in zehn Tagen viermal nachgedruckt werden, der Artikel wurde in nicht weniger als 32 Sprachen übersetzt – sogar in jener der Irokesen ist er erschienen (…)".

10 Jahre später bewertete Cossmann in einem Brief an v. Aretin „jenen Artikel als die größte journalistische Sensation…, die er während der rund vierzig Jahre seiner publizistischen Tätigkeit erlebt habe". Die damals 29-jährige Therese Neumann, ihre Eltern, die 10 Geschwister, der Pfarrer und das gesamte Dorf mit seinen knapp 1000 Einwohnern standen plötzlich im Scheinwerferlicht der Weltöffentlichkeit. Das „Miracle Girl" wurde ein Hype. Die Folgen von „Resls" Berühmtheit für die nächsten Jahre waren: ein nicht abreißender Besucheransturm in Konnersreuth, körbeweise Post aus aller Welt. Der bekannte Theater- und Filmregisseur Max Reinhardt (1873–1943) plante 1928 einen Stummfilm über Therese Neumann unter dem Titel „The Miracle Girl". Die Hauptrolle sollte die amerikanischen Filmstar Lillian Gish (1893–1993) spielen.[317] Doch das Projekt wurde nicht umgesetzt.

Es entzündete sich zugleich ein medialer Schlagabtausch über die Authentizität der Stigmata, aber vor allem der Nahrungs- und Ausscheidungslosigkeit – eine Polarisierung zwischen Anhängern und Kritikern bis in höchste Kirchenkreise. Davon später mehr.

Den überaus skeptischen Chefredakteur der Münchner Neuesten Nachrichten Fritz Gerlich ließ die Geschichte nach dem enormen Presseecho auf den Artikel seines Ressortleiters v. Aretin nicht mehr los. Am 15. September 1927 machte sich der 44-Jährige auf den Weg nach Eichstätt zu Franz Xaver Wutz. Er wollte nun selbst das Phänomen Konnersreuth mit nüchtern analytischem Verstand entlarven. Tags darauf fuhren die beiden in das oberpfälzische Dorf zum Elternhaus der Therese Neumann. Ihr engster Vertrauter, Pfarrer Naber, wird Jahre später berichten, dass Gerlich „schon beim ersten Besuch eine besondere Begnadung für Resl's Sache gezeigt habe". Von „seelischer Erschütterung", „innerer Wandlung", „Damaskus-Erlebnis" ist in der Literatur die Rede, wenn der nachhaltige Eindruck, den die junge Frau auf den gewieften Journalisten gemacht hat, beschrieben wird.[318] Gerlich besuchte in den folgenden Monaten Therese Neumann wiederholt, verfasste mehrere Aufsätze und 1929 auch eine zweibändige Biographie – die erste überhaupt. Äbtissin Benedicta regte kurz nach Erscheinen eine englische Übersetzung von Gerlichs Buch über Therese Neumann an und empfahl als Übersetzer den Benediktinerabt des englischen Buckfast Abbey: Ansgar Vonier (1875–1938). Erfolg war Gerlichs Biographie nicht beschieden. Das hatte der Autor auch bald erkannt: „Hoffnungen auf mein Konnersreuth-Buch haben sich…als Fehlschlag erwiesen".[319] Vor allem aber konvertierte Gerlich unter dem Einfluss der Stigmatisierten zum Katholizismus.

Franz Xaver Wutz war nicht nur für v. Aretin und Gerlich die Brücke nach Konnersreuth. Bereits am 17. Mai 1927 hatte er in seinem Chrysler den 28-jährigen aus altem oberschwäbischen Hochadel stammenden Erich Fürst von Waldburg zu Zeil und Trauchburg (1899–1953) dorthin mitgenommen. Dieser hatte als Schüler ab 1909 das Max-Gymnasium in München besucht und wohnte während dieser Zeit im Institut Dr. Hornung – einem Internat, in dem der promovierende F. X. Wutz damals als Hausgeistlicher wirkte. Das Fundament für eine lebenslange Freundschaft der beiden wurde hier gelegt. Als jedoch Wutz 1911 einen Ruf auf die Professur für Exegese in Eichstätt annahm, verloren sich beide für die nächsten Jahre aus den Augen.

Wie für viele andere Familien war der 1. Weltkrieg ein tiefer Einschnitt im Leben des heranwachsenden Adligen. Sein älterer Bruder Erbgraf Eberhard war 1916 im Alter von 18 Jahren in Rumänien, sein Vater Fürst Georg in den letzten Kriegstagen an der Westfront gefallen. Erich selbst kehrte 1919 aus dem Kriegsdienst zurück und holte in München sein Abitur nach. Im Anschluss versuchte v. Waldburg-Zeil offenbar, sich in Vorbereitung der von ihm erwarteten Leitung des verzweigten Familienunternehmens in Windeseile eine „fundierte Allgemeinbildung anzueignen"[320], indem er sich an verschiedenen Fakultäten in den unterschiedlichsten Fächern gleichzeitig einschrieb. Die lange Liste seiner Studienfächer umfasste: Forst- und Volkswirtschaft, Staatswissenschaften, Philosophie, Kunstgeschichte und Geschichte.

Als Erich von Waldburg-Zeil 1920 volljährig wurde, trat er das aus einem ca. 9000 Hektar großen Grundbesitz und diversen Unternehmen bestehende Erbe an und wurde zugleich Chef des fürstlichen Hauses Waldburg-Zeil, eine äußerst anspruchsvolle Aufgabe, auf die „er überhaupt nicht vorbereitet worden" war, und die den 21-Jährigen vor große Herausforderungen stellte.[321] Im Frühjahr 1927 kreuzten sich die Wege des Fürsten und des Eichstätter Professors wieder, und Wutz erzählte ihm wie im Herbst 1926 vorher schon Äbtissin Benedicta von den Vorkommnissen in Konnersreuth. Der „äußerst skeptische Fürst Erich" konnte am 17. Mai erstmals eine Vision der Therese Neumann miterleben, was ihn nachhaltig beeindruckt haben muss, denn bald schon wird er zum engen Kreis der Freunde gehören und damit auch zu den entschiedenen Verfechtern der Konnersreutherin.[322]

Auf Unterstützung war diese in der Folgezeit auch angewiesen.

STREITFALL BIS HEUTE:
NEUMANNS NAHRUNGSLOSIGKEIT

Denn nachdem Franz Xaver Wutz und Erwein von Aretin am 13. Juli in Konnersreuth abgefahren waren, hat sich Therese Neumann vom 14. bis 29. Juli 1927 in ihrem Elternhaus einer intensiven medizinischen Beobachtung durch 4 vereidigte Krankenschwestern und regelmäßigen Untersuchungen durch 2 Ärzte unterzogen u.a. mit dem Ziel, ihrer behaupteten Nahrungslosigkeit auf den Grund zu gehen. Das Untersuchungsergebnis bestätigte vordergründig, dass die junge Frau keine Nahrung und Flüssigkeit aufnahm, wurde aber von einem der an der Studie beteiligten Mediziner dahingehend in Frage gestellt, als er Ungereimtheiten bezüglich der Urinmenge und -zusammensetzung feststellte und eine weitere Untersuchung unter klinischen Bedingungen forderte. Dieser Argwohn gegenüber den Untersuchungsergebnissen und die Diagnose „Hysteria maior" – schwerste Hysterie traumatischen Ursprungs – zudem unautorisiert durch die Patientin und ihre Familie in einem Fachblatt publiziert, sollte eine jahrelange unversöhnlich geführte Kontroverse nicht nur unter Medizinern, Anhängern und Gegnern, sondern bis in höchste kirchliche Kreise auslösen, die schließlich auch den Vatikan erreichte.[323] Es war die erste und einzige medizinische Untersuchung der Therese Neumann, die sich fortan unterstützt durch Elternhaus und Freunde jeder weiteren Begutachtung in Zukunft vehement verweigern würde.

Vermutlich unabsichtlich in Gang gesetzt hatte den Streit der in Erlangen forschende Professor für Psychiatrie und Neurologie: Dr. Gottfried Ewald (1888–1963).[324] In seinem in der Münchener Medizinischen Wochenschrift 1927 publizierten Untersuchungsbericht bestätigte der Psychiater die Authentizität der Stigmata und Blutungen aufgrund einer Indizienbeweisführung und setzte dieses Phänomen naturwissenschaftlich belegt in Parallele zu „einem von der Religion ganz abliegenden Gebiet, in der eingebildeten Schwangerschaft". Hinsichtlich der Nahrungslosigkeit konnte sich der Wissenschaftler jedoch nicht des Eindrucks erwehren, „dass hier irgend etwas nicht stimmt", ihm demnach „ein Loch in der Beobachtungsanordnung…innerhalb des Konnersreuther Milieus…entgangen sein" muss. Daher wäre eine Überwachung „in einer neutralen Klinik… unbedingt erforderlich" – schlussfolgerte er.

Gottfried Ewald fuhr fort: „Mir ist wohl bekannt, dass auch von anderen Stigmatisierten ähnliche Wunderdinge hinsichtlich Nahrungs- und Flüssigkeitsaufnahme berichtet wurden. Einige, die überwacht wurden, wurden entlarvt. Andere sind überhaupt nicht überwacht worden". D.h. bis dato lag kein medizinisch belegter Fall vor, der bestätigt, dass ein Mensch jahrelang nahrungslos existieren kann. Der Wissenschaftler zog den Umkehrschluss:

> „Bestätigen sich in der Klinik die unerhörten Angaben der Therese, was vorerst unglaublich erscheint, so würde sich die Wissenschaft vor ganz neuen Fragestellungen finden. Bis dahin lehne ich – und mit mir jedenfalls jeder andere Naturwissenschaftler auch – die Anerkennung der vorgeblichen Stoffwechselverhältnisse als nicht auf wissenschaftlich einwandfreier Basis gewonnen und nicht hinreichend geklärt, ab".

Der Arzt teilte in seinem Bericht von 1927 auch persönliche Eindrücke mit, die er von Neumann gewonnen hatte. Die etwa 160-165 cm große, 55 kg schwere Frau hatte den Arzt freundlich empfangen, „im Gegensatz zu den Eltern, war heiter…betrachtete mich forschend (…) sie wurde schnell zutraulich, plauderte fröhlich…, ging auf Scherze ein, zeigte nichts besonders Uebertriebenes, nur eine auffallende Gewandtheit und Schlagfertigkeit in der Konversation, was angesichts des Besuchertrainings seit Jahr und Tag nicht weiter wundernehmen kann" – so Ewald. Das eigentliche Problem machte er im „ungünstigen Einfluß" von Neumanns persönlichem Umfeld aus. Und hier ist wohl auch der Grund für die entschiedene

Ablehnung des Wissenschaftlers durch Familie und Freunde zu suchen: Insbesondere 2 Personen hob er hervor: Pfarrer Naber, dessen ständiges „Ausfragen über Erlebnisse, auch während der Ekstase…in das Vorlegen von Suggestivfragen und in ein Hineinfragen ausartet…, bis eine Zustimmung erfolgt". Und F. X. Wutz, über den er sich im Gutachten wie folgt öffentlich äußerte:

> „Wesentlich ungünstiger…scheint mir…der Einfluß eines anderen Geistlichen, dem ich die gute Absicht deshalb keineswegs absprechen will, der sehr häufig zu Besuch kommt und in seiner temperamentvollen Art ganz zweifellos ungemein viel in die Kranke hineinkatechisiert hat. So und nur so ist es zu erklären, dass Therese nun mit einem Male angefangen hat, aramäisch zu halluzinieren, während früher des Heilands Worte auf gut oberpfälzisch von ihr vernommen wurden. (…) Ebenso wurde berichtet, dass man gelegentlich aramäische Worte aus ihr herausfragen wollte, indem man ihr anbot, ‚hat es nicht so geheißen?' und nun einige aramäische Worte sagte… Es kann nicht wundernehmen, dass das Mädchen bei ihrem guten Gedächtnis auf diese Weise nun einige aramäische Worte gelernt hat, die sie gelegentlich dann zum Staunen der Umwelt wiedergeben mag".

Ewald sah u.a. in diesem Umgang mit Therese Neumann und ihrer von ihm diagnostizierten Hysterie einen wesentlichen Hinderungsgrund einer Genesung und insistierte aus medizinischem Blickwinkel: „Dem Arzt aber muß es hohe Zeit erscheinen, dass der Kult, der mit Therese Neumann getrieben wird, und der eine Gesundung der Kranken verhindert, endlich einmal ein Ende findet".[325]

Vor allem Franz Xaver Wutz schien getroffen zu sein und äußerte im November 1927 eine vernichtende Kritik, das Gutachten mache „wissenschaftlich einen jammervollen Eindruck" und sei über Seiten überdies ein Plagiat.[326] Therese Neumanns Vater äußerte sich über Aussagen in der medizinischen Abhandlung Ewalds ebenfalls mit harschen Worten: „Als kath. Bauer kann ich mir das nicht gefallen lassen von einem kommunistischen Ewald, wenn er auch Wissenschaftler ist".[327]

Die Lektüre des Ewaldschen Gutachtens aus der zeitlichen Distanz macht eine solche Einschätzung in der Sache nur schwer nachvollziehbar. Der Mediziner, dessen Biographie keine Nähe zu „kommunistischen" Zeitströmungen vermuten lässt und der 1940 öffentlich Stellung gegen das Euthanasie-Programm der Nationalsozialisten bezog, wurde nach Kriegsende zum vielleicht „bedeutendsten Lehrstuhlinhaber für Psychiatrie in Göttingen".[328] Auf ihn wird noch einmal eingehend zurückzukommen sein: Denn er wird nur wenige Jahre später in einem ganz anderen, sehr persönlichen Zusammenhang für Benedicta v. Spiegel von großer Bedeutung werden.

THERESE NEUMANN UND BENEDICTA v. SPIEGEL

Über das Verhältnis der Eichstätter Äbtissin zu Therese Neumann geben persönliche Aufzeichnungen Aufschluss, die v. Spiegel 1938/1940 verfasst hat. Eine sich in St. Walburg befindende Abschrift konnte für die Frage nach der Beziehung der beiden Frauen erstmals ausgewertet werden. Das Gleiche trifft auch auf einen Bericht der St. Walburgerin Brigitta zu Münster zu, den diese nach einem gemeinsamen Besuch in Konnersreuth vom 31.10. bis 3.11.1940 anfertigte. Weiterhin liegen dem Folgenden zahlreiche Briefe der Therese Neumann und des Konnersreuther Pfarrers Joseph Naber an v. Spiegel sowie eine Vielzahl weiterer Dokumente zugrunde. Im Mittelpunkt steht das Vertrauensverhältnis zu der 24 Jahre jüngeren Frau unter dem Eindruck der Visionen.

Auf die von Neumann und ihren Anhängern bis heute behauptete Nahrungs- und Ausscheidungslosigkeit kann ein gänzlich neues Licht geworfen werden. Denn bei den Recherchen ist ein Dokument „entdeckt" worden, dass in viele Ungereimtheiten Licht bringt. Dass Therese Neumann überdies politisch dachte und sich engagierte, wird sodann in einem der folgenden Kapitel über den Konnersreuther Kreis vertiefend behandelt.

Therese Neumann und Benedicta von Spiegel begegneten sich persönlich das erste Mal im Sommer 1928 in Eichstätt durch Vermittlung des gemeinsamen Freundes Franz Xaver Wutz. Die Äbtissin schilderte ihre Eindrücke:[329]

„Ihr Aufenthalt in Eichstätt sollte damals möglichst geheim bleiben; als daher Prof. Wutz mir telephonisch – wir sprachen immer englisch – mitteilte, dass er mir Resl bringen werde, bat er ich möge von diesem Besuch Niemandem Mitteilung machen und ihn nur persönlich und allein empfangen. (…) Als sie mir zum erstenmal gegenübertrat war sie mir wie eine liebe Vertraute, so als hätten wir uns schon längst gekannt. Zu meiner Freude sagte sie mir später einmal, dass ihr Empfinden ein ähnliches gewesen sei (…) Was mir vor allem auffiel, war der schöne Ausdruck ihrer klaren, blauen Augen, durch die man auf den Grund dieser lichten, gottnahen Seele zu blicken glaubte. Ich habe diesen ersten, tiefsympathischen Eindruck nie vergessen".

Auch Neumanns Intimus – dem Konnersreuther Pfarrer Joseph Naber – begegnete sie bei dieser Gelegenheit zum ersten Mal: „Soviel darf ich in ehrfurchtsvoller Bewunderung und herzlichster Dankbarkeit sagen, dass mein persönlicher Eindruck bei der ersten Begegnung dieser war, einem Mann von hoher Tugend und inniger Gottverbundenheit gegenüber zu stehen (…) kluge Diskretion, tiefe Demut, völlige Hingabe an den Willen Gottes und verständnisvolles Eingehen auf seine geheimnisreichen Absichten" waren „Pfarrer Naber wahrhaft in reichstem Maße gegeben. Ist er der Seelenführer der Therese Neumann? Pfarrer Naber selbst verneint diese Frage".[330] Damit hatte v. Spiegel die wichtige Frage nach dem Verhältnis der beiden berührt, über die die Meinungen bis heute weit auseinanderliegen. Für diese Biographie muss dem nicht näher nachgegangen werden.

Gegenseitige Sympathie bestand von allen Seiten. 10 Jahre nach dieser ersten Begegnung gab die Äbtissin ein Gespräch mit dem Priester wieder: „Erst neulich…sagte mir Pfarrer Naber, dass sein erster Eindruck von St. Walburg ein so guter gewesen sei, weil er damals gesehen habe, dass die Klosterfrauen ihrer Äbtissin ebenso mit Ehrfurcht wie mit Liebe zugetan seien. (…) Ich erwähne dies hier, weil das Urteil dieses gottnahen Mannes mir ungemein wertvoll ist und auch, weil Resl dieses Urteil bestätigte".

Schnell entwickelte sich eine vertraute Beziehung zu den beiden Konnersreuthern, welche zudem die Klostergemeinschaft miteinbezog. In St. Walburg las Pfarrer Naber ab und an die Messe und „Resl" war „alljährlich für kürzere oder längere Zeit…häufig bei uns". Der Bruder Ferdinand Neumann hielt die Begegnungen auf Fotografien und kleinen Filmen fest. „Wir wurden damals miteinander gefilmt, im Garten und im Hühnerhof. Wenn die Klosterfrauen kamen…, hörte Resl bereitwilligst ihre Anliegen, gab auf Wunsch guten Rat…und hatte ein gutes Wort für Alle und Jede. Ich habe dabei oft Gelegenheit gehabt, ihre Menschenkenntnis und Schlagfertigkeit zu bewundern" [331] – so die ausgesprochen wohlwollende Charakterisierung der Äbtissin.

Man kann von einer Freundschaft sprechen, die sich mit den Jahren intensivierte. Die Klosterfrauen nahmen regen Anteil an diesen Besuchen, wie der Brief einer St. Walburgerin aus dem Jahr 1930 erhellt:[332]

„An Fronleichnam Ende Juni hatten wir Besuch vom Reserl! Der liebste Besuch, der einem nie zuviel wird. Was sonst nicht aus dem Kloster geplaudert werden darf, kann ich Ihnen jetzt alles erzählen; wer sie kennt, den freut und interessiert ja alles, was sie angeht. Dem Resl selbst machte es sehr grosse Freude hierher zu kommen, besonders Hochw. Mutter wiederzusehen (…) Reserl war so munter und guter Dinge, es war ‚ihre beste Zeit' – ohne Passion; im Garten hatte sie das grösste Vergnügen am Pfau und an den vielen Hühnern und Küken, fütterte sie… wobei ihr Bruder mehrere Filmaufnahmen machte; es war eine reizende Szene. (…) Auch allerlei Blumen durfte sie sich aus unserem Alpinum mitnehmen, da man im Pfarrgarten in Konnersreuth auch ein Miniaturalpinum errichtet hat".

Die Schilderung mutet wie eine klösterliche Idylle unter Freundinnen an. Anlässlich dieses Besuchs konnte v. Spiegel das erste Mal eine Vision in der Abtei beobachten: „Ich sah sie damals zum erstenmal in solch außergewöhnlichem Zustand und es bewegte mich aufs tiefste als ich sie so im Arme hielt". Nach Beendigung der Schauung „sagte Prof. Wutz zu mir, ich könne jetzt mit Resl vertraulich reden wenn ich wolle und damit ich das ganz ungeniert tun könne, ging er…fort". In diesem „erhobenen Zustand" (der Eingenommenheit oder Exstase), an den sich Therese Neumann später – so die Darstellung – nicht erinnern sollte, wurde sie von verschiedenen Seiten in wichtigen Dingen befragt. Davon machten die Eichstätter Freunde regen Gebrauch. Wenn sie nicht persönlich vor Ort sein konnten, übermittelten sie Pfarrer Naber die Fragen, der die Antworten notierte und ihnen zuschickte. So praktizierte es vor allem Fritz Gerlich, der sich eng an den Antworten orientierte.

Auch Benedicta v. Spiegel hatte sich verschiedene Anliegen auf einem Zettel notiert: „Dann fing sie an mit mir zu reden (…) und sprach…im einzelnen von all den Dingen, die ich mir notiert hatte, ohne dass ich irgend eine Frage stellte".[333] Die Äbtissin thematisierte bei ihren Befragungen der Freundin im „erhobenen Zustand" vor allem Anliegen des Seelenheils. Auch wenn sie Neumann mit der Zeit über persönliche Probleme und Schwierigkeiten der Abtei ins Vertrauen zog, in ihrem Verständnis war die Thematisierung alltagspraktischer Fragen an die Freundin nach der Passion deplatziert. In einem Brief an einen (namentlich nicht genannten) Minister, der sie offenbar gebeten hatte, Fragen an Therese Neumann zu übermitteln, gab sie eine sehr deutliche, lebenskluge Antwort. Sie schrieb ihm im März 1932:[334]

> „Denn ich möchte Ihnen nicht verhehlen, dass ich persönlich zum Befragen einer Ekstatischen mich nicht verstehen könnte. Ich kann mir durchaus nicht denken, dass der liebe Gott die aussergewöhnliche Begnadigung einer Seele zu dem Zwecke zulässt, um Aufschlüsse zu erteilen, die nicht durch dringlichste Bedürfnisse des Seelenheils irgend jemandes motiviert wären. Ich meine vielmehr ganz unmassgeblich, es sei im Willen Gottes gelegen, dass wir den Verstand, den er uns zu dem Zwecke gegeben hat, damit wir nachdenken und die Weisungen seines Willens erforschen können, auch zu diesem Zwecke benützen, denn die Verantwortung für unsere Handlungen gründet ja in letzter Linie doch auf der freien Benützung unserer gottgeschenkten Kräfte".

Die Freundschaft wurde intensiver, tiefer. Wenn Therese Neumann nicht in die Abtei kam, besuchte v. Spiegel sie im großen Haus von F.

X. Wutz am Römerberg. Die Klosterklausur war offenbar kein Hindernis. Vielfach wurde sie dort Augenzeugin von Neumanns Visionen. Selbst in den verschiedenen Kurorten traf Neumann ihre benediktinische Freundin, und 1935 kam v. Spiegel zum ersten Mal nach Konnersreuth. Sie beschreibt in ihren Aufzeichnungen die Vorgänge um die Visionen der Neumann genau und detailliert: „Ich selbst habe nun schon oft Gelegenheit gehabt, den Ausdruck der verschiedensten Empfindungen und Erlebnisse auf ihrem Gesicht, wie in ihrem ganzen Gebaren zu beobachten: Freude, Erstaunen, Abscheu, Entsetzen, kindliches Vergnügen, wonniges Entzücken". Am 12. September 1931 konnte v. Spiegel eine Vision im Ökonomiehof der Abtei miterleben: „Noch im Zustand der Eingenommenheit nahm sie meine Hand und sagte, ich solle acht geben auf meine Gesundheit, es sei eine irrige, ganz ungenügende Diagnose gestellt worden, es fehle mir etwas ganz anderes. Das hat sich sehr bald als ganz zutreffend herausgestellt".[335] Das Vertrauen in Therese Neumann schien damals ein unbedingtes gewesen zu sein.

In ihren Konnersreuther Erinnerungen spart v. Spiegel die Jahre 1933 und 1934 weitgehend aus. Doch ist davon auszugehen, dass die häufigen Zusammentreffen auch in diesem Zeitraum, der große Bedrängnis und Sorgen über den Freundeskreis bringen sollte, stattfanden. Dies bestätigt ein Brief aus der Abtei vom Oktober 1934 an die Schwester der Äbtissin, Ida Gräfin Merveldt, in dem es heißt:[336]

> „Gestern hatten wir auch einen so lieben Besuch, Resl von Konnersreuth. Sie ist seit einiger Zeit hier und bleibt auch noch länger. Am vergangenen Freitag hatte sie das Passionsleiden. Diejenigen, die sie in ihrem leidenden Zustand sahen waren zutiefst erschüttert und sagten nur: die stirbt heute. Doch sie kam am nächsten Tag"…, wieder. (…) „Liebste Hochwürdige Mutter konnte so gut mit ihr reden. Wir alle durften auch mit ihr im Garten sein. Es ist zu nett die beiden zusammen…".

Im Mai 1935 legten Benedicta von Spiegel und Franz Xaver Wutz auf der Fahrt zur Kur nach Brambach einen Zwischenstopp in Konnersreuth ein. Es war ihr erster Besuch im Elternhaus von Therese Neumann. Um den 29. Oktober 1937 erlebte sie im Hause Wutz im Beisein des Eichstätter Bischofs Michael Rackl, „mehrerer geistlicher Herren und auch einigen Laien…eine längstersehnte Gnade: ich durfte Resl im Leiden sehen". Sie beschrieb die Vorgänge: „Als ich in Resls Zimmer geführt wurde, floß schon ein breiter Blutstreifen aus den Augen; ich durfte, am Fußende des Bettes sitzend, den verschiedenen Stationen des Leidensweges, die Prof.

Wutz jeweils mit kurzen Worten erklärte, folgen. (…) Doch muß ich gestehen, dass ich damals die Erklärungen kaum beachtete, – das Geschehen war mir so überwältigend, dass ich von allem andern was um mich vorging – (…) nichts bemerkte. Resl's Züge waren vom Schmerz so verändert, dass ich sie kaum erkannt haben würde. Sie war ganz und gar nur Schmerz, ich kann das was mich beeindruckte nicht anders in Worte fassen. Wiedergeben läßt sich das überhaupt nicht".

Es folgten weitere Passionsleiden, bei denen u.a. auch wieder – der Beschreibung v. Spiegels zufolge – der Eichstätter Bischof Rackl zugegen war. Sie fuhr mit der Schilderung einer intim anmutenden Handlung fort, welche die große Nähe der beiden Frauen dokumentiert:[337]

> „Ich fragte sie, ob ich sie waschen dürfe, weil ja ihre Mutter nicht da sei? ‚Schon recht', sagte sie, ‚du bist auch a Mutter'. Ich wusch ihr das Blut weg, das in dicker Kruste auf den Backen eingetrocknet war und vorsichtig mit warmem Wasser aufgeweicht werden mußte. Dennoch verursachte ihr die Waschung Schmerzen und es zeichnete sich, als das Blut weg war, ein breiter, entzündeter Streifen auf jeder Backe ab".

Benedicta von Spiegel reflektierte auch die Kritik an diesen von vielen äußerst skeptisch beäugten Vorgängen: „Wenn doch die ‚G`scheiteinwöllner' (Begriff von Therese Neumann für Pharisäer GW), die über Resl und das was an ihr geschieht ‚streng wissenschaftlich' urteilen wollen, wohl gar noch dazu ohne Konnersreuther Geschehnisse irgendwie aus eigener Anschauung zu kennen, wenn doch auch diese einmal still vor Resl's Leidensbett dem Kreuzweg des Herrn, den sie in all seinen Stationen so lebenswahr darstellt folgen möchten! – ich glaube, auch sie würden, von dieser eindrucksvollen Schau bezwungen, ihre Vorurteile aufgeben müssen, denn das ist nicht Menschenwerk, nicht Autosuggestion oder was immer, – an all das denkt man nicht, kann man nicht denken".[338]

Möglicherweise verband die beiden Frauen auch, dass beide mit psychischen Auffälligkeiten oder Wahnzuständen in Verbindung gebracht wurden, die zu dieser Zeit unter dem Begriff „Hysterie" firmierten. Therese Neumann durch Ärzte seit den 1920er Jahren; Benedicta v. Spiegel bis 1918 wie dargestellt durch die Äbtissinnen von Maredret und Eibingen sowie den Erzabt von Beuron.

Es gibt eine Reihe von Photographien, auf denen die Äbtissin mit Therese Neumann, Franz Xaver Wutz, Joseph Lechner u.a. auch beim Mensch-Ärger-Dich-Nicht-Spielen zu sehen ist. Ein Heiterkeit verströmendes Foto zeigt die Konnersreutherin mit der Äbtissin im Garten von St. Walburg an der Abteilinde mit 15 Klosterfrauen, die offensichtlich in freudiger Stimmung sind – datiert ist es auf 1939. Aus den 1930er Jahren stammt auch das Sommerbild, das die beiden Freundinnen mit großen Strohhüten vertraut sich anlächelnd zeigt, eine heile Idylle, an der im Hintergrund Vater Neumann, Professor Wutz und seine Haushälterin – Ottilie Neumann – teilhaben. Die letztgenannten Fotos sind am Ende dieses Kapitels zu sehen.

Therese Neumann schickte aus Konnersreuth wiederholt Mädchen und junge Frauen in die Abtei St. Walburg offenbar in der Absicht, sie zum Eintritt in das Kloster zu bewegen. So heisst es zum Beispiel in einem Brief vom 13. Oktober 1930: „Freue mich, dass die Mädchen kommen dürfen, die letztere wird Ihnen besonders gefallen; ist sehr brav u. fleißig. Jetzt hätte ich noch eine. Von einer lege ich das Zeugnis bei. (…) Sind brave Mädchen, die an Arbeit gewöhnt sind. Ich freue mich dass immer wieder eine sich dem lb. Heiland im Kloster opfern will". 1938 wohnte Therese Neumann in St. Walburg einer Profeßfeier von 9 Schwestern bei, darunter „eine Konnersreutherin, die sie uns geschickt hatte".[339]

Neumann zeigte zudem großes Interesse an den Gedichten v. Spiegels, die 1929 im Schöningh Verlag Paderborn unter dem Titel „Mein geistliches Jahr" erschienen waren. Bei einem Besuch der St. Walburgerin in Konnersreuth sah sie ihren Gedichtband, der mehr als 90 Gedichte religiösen und autobiographischen Inhalts umfasste, „auf dem Tischchen neben Resls Bett liegen… Auf meine freudig ausgedrückte Überraschung sagte Resl, daß sie nachts darin lese. (…) Nie hätte ich zu hoffen gewagt, daß der arme Ausdruck meines Empfindens diesem lieben Menschenkind etwas bedeuten könne; umso größer ist meine Freude".

Der musikbegabten Äbtissin fiel zudem auf, dass ihre Freundin „gar nicht musikalisch" war, so bei einer gemeinsamen Andacht an Silvester 1937: „Abends war ich mit Resl in der Jahresschlußandacht, wo sie mit Begeisterung und Andacht, jedoch wunderbar falsch das Tedeum mitsang". Und später in der Silvesternacht: „Ich ging zu ihr und wir sprachen noch lange über die verschiedensten Dinge, vor allem aber über die rasche Vergänglichkeit alles Irdischen und wie nahe uns eigentlich das Himmelreich ist".[340] Den Jahreswechsel 1937 verbrachten die beiden gemeinsam mit dem damals bereits todkranken Franz Xaver Wutz, Fürst Erich von Waldburg-Zeil und den Geschwistern Ottilie und Ferdinand Neumann. Am Neujahrstag schenkte Therese Neumann der Äbtissin ein Kreuz mit der Passion Christi, verbildlicht in 14 Medaillons.

Gut 3 Wochen später – am 25. Januar 1938 – wurde in der Runde die vorgebliche Nahrungslosigkeit Neumanns nach einer Vision im sog. „gehobenen, kindlichen Zustand" erneut zum Thema. Benedicta v. Spiegel hielt in ihrem Bericht fest, dass die Frage gestellt wurde:[341]

> „…warum sie nicht äße? worauf sie erwiderte, dass sie keinen Hunger hätte und dann sagte sie zu Prof. Wutz gewandt, dass sie ihm sehr dankbar sei, weil er ihr gerade dieserhalb so viel geholfen habe, ‚weisst, wie meine Leute mich so dressiert haben'. Sie meinte damit, daß ihre Angehörigen, vor allem die Mutter sie anfangs noch hätten zum Essen zwingen wollen, wenigstens eine Suppe sollte sie zu sich nehmen. Sie aber habe nicht essen können und damit man das nicht bemerke habe sie die Suppe auf ihre Topfpflanzen geschüttet, die davon eingegangen seien. Prof. Wutz hatte damals der Mutter zugeredet, man möge Resl in Ruhe lassen und sie nicht zum essen zwingen. Auf die Frage, wie es käme, dass sie nicht essen könne, antwortete sie: ‚Der Heiland will's halt nicht'".

Zweifel an dieser Sichtweise standen von Anfang im Raum, befeuert durch das oben bereits vorgestellte in einer Fachzeitschrift publizierte Gutachten des Arztes Gottfried Ewald. Auch maßgebliche Würdenträger der katholischen Kirche, allen voran der Regensburger Bischof, in dessen Diözese Neumann lebte, formulierten grundlegende Bedenken fortwährend als ceterum censeo. Aktuelle Relevanz hat die behauptete Nahrungslosigkeit Neumanns erneut gewonnen, nachdem 2005 durch den seinerzeitigen Regensburger Bischof ein Seligsprechungsverfahren eröffnet wurde. Es würde über den Rahmen dieser Biographie weit hinausgehen, diese Frage näher auszufalten, doch sind in Bezug auf die Abtei St. Walburg allgemein und ihre damalige Äbtissin Benedicta von Spiegel im Besonderen die folgenden Aspekte zu dokumentieren.

DAS PREKÄRE DER BEHAUPTETEN NAHRUNGSLOSIGKEIT

Zunächst steht nach wie vor die Aussage einer der vielen Nichten der Therese Neumann im Raum, die den Großteil ihres Lebens in St. Walburg verbrachte. Ihre schriftliche Äußerung wird von Skeptikern in der Literatur immer wieder herangezogen, um die behauptete Nahrungslosigkeit in Zweifel zu ziehen: Die 1927 geborene Theresia Härtl – 2. Tochter der jüngeren Schwester Anna (1900–1981) verbrachte viel Zeit bei ihren Großeltern und damit auch bei ihrer stigmatisierten Tante in deren Elternhaus. Als junge Frau machte sie eine schriftlich dokumentierte Aussage, wonach ihre Tante ein „eigenes Nebenzimmer" habe, „in das sie niemand hineinlässt. In diesem Nebenzimmer hat sie einen elektr. Kocher; auch einen

Nachtstuhl; die Th. H. (Theresia Härtl GW) hat in diesem Zimmer oft noch warmes Essen und benützten Löffel gesehen" – so ist in der Abschrift zu lesen.

Theresia Härtl wurde am 15. August 1953 als Postulantin in die Abtei St. Walburg aufgenommen und erhielt mit der ersten Profess 1955 den Ordensnamen Martha. Um die Gültigkeit dieser Aussage ist in der einschlägigen Literatur über Neumann Kontroverses zu lesen. Wenige Monate nach dem Tod ihrer Tante sah sich die Nichte im Kloster St. Walburg veranlasst, am 6. November 1962 festzustellen: „Ich…erkläre, dass ich meine Tante und Patin Therese Neumann niemals gesehen habe, dass sie irgend etwas gegessen oder getrunken hat, auch nicht in kleinsten Mengen".[342] Damit hat sie obenstehende Aussage jedoch bei genauem Hinlesen nicht widerrufen. M. Martha (Theresia) Härtl ist am 21. Januar 2018 in der Abtei St. Walburg verstorben. Von dieser letzten Erklärung konnte Äbtissin Benedicta keine Kenntnis mehr nehmen; jedoch von den Beobachtungen ihrer Nichte:

Seit dem Herbst 1929 war die älteste Tochter ihres Bruders Joseph mit Erlaubnis des Eichstätter Bischofs regelmäßiger Gast der Äbtissin, sie „alles erlernen zu lassen, was dort im Kloster an künstlerischer Arbeit betrieben wurde" – so die Erinnerungen von Aloysia v. Spiegel (1910–1993). Ihre Tante schickte sie 1929 mit „einigen Nonnen an Ostern nach Konnersreuth", wo sie eine Passion miterlebte, den Geschehnissen gegenüber aber skeptisch blieb.

> „Auch dass sie gar nichts aß, wollte mir nicht in meinen nüchternen Kopf. Zweifel wurden auch damals schon in mir wach. Therese war 1929 eine schlanke Frau. Als ich sie wiedersah, kurz vor dem Krieg…war sie eine dicke, unförmliche Gestalt. –Nichts gegessen in den 10 Jahren?".

Benedicta v. Spiegel hatte im Oktober 1938 mit Therese Neumann – chauffiert von Ferdinand Neumann – die in der Burg Peckelsheim wohnende Stiefmutter sowie ihre Schwestern auf Gut Ermelinghoff und Schloss Lembeck besucht und ihr bei dieser Gelegenheit das Elternhaus in Helmern gezeigt. Dort wurde der Nichte Aloysia, die sich zur Zeit des Besuchs bei ihren Eltern aufhielt, von der Köchin des Rittergutes, Maria Unverzagt (1917–2003) berichtet, sie hätte den Gast in den Abendstunden in der Schlossküche beim heimlichen Essen beobachtet. Aloysia Spiegel stand ihrer Tante sehr nahe – es ist davon auszugehen, dass sie der Äbtissin über das Beobachtete berichtet hat.[343] Diese wusste schon längst um die Problematik, wie noch auszuführen sein wird.

Mit den Zweifeln an der Nahrungslosigkeit stand die Nichte nicht allein. Vor allem der damalige Regensburger Bischof Michael Buchberger (1874–1961), in dessen Diözese Konnersreuth lag, hatte erhebliche Bedenken gegenüber der angeblichen Nahrungs- und Ausscheidungslosigkeit der Therese Neumann geltend gemacht und drang die Familie wiederholt energisch auf eine erneute medizinische Untersuchung in einer Klinik. Schon 1929 war das Verhältnis angespannt, wie in einem Brief zu lesen ist, den der Konnersreuther Pfarrer Naber an seinen Freund Wutz schrieb: „Bischof Buchberger ist unbelehrbar; was habe ich mir schon Mühe gegeben ihn aufzuklären über Th. und die Vorgänge bei ihr; er nimmt das an wie eine Wand, an die ich hinrede. Er hat sich verrannt".[344]

Die Äbtissin hatte ihre eigene Deutung für das Verhalten des Regensburger Bischofs. An Fritz Gerlich schrieb sie, aus dem Matthäus Evangelium (10,4) zitierend: „Merkwürdig, dass Regensburg so ungerecht verfährt, wozu doch gar keine Veranlassung gegeben wird. Aber „Der Jünger ist nicht über dem Meister" – das scheint mir die einzig plausible Erklärung dieses sonst unbegreiflichen Zustands. Pacelli wird hoffentlich durch P. Ingbert entsprechend informiert sein?".[345] Der apostolische Nuntius wird Jahre später eine Schlüsselrolle in dem Konflikt einnehmen. Dazu gleich mehr.

Kapuzinerpater Ingbert Naab, der zu dieser Zeit begann, sich publizistisch gegen den aufstrebenden Nationalsozialismus zu engagieren, berichtete Wutz über einen Besuch bei Bischof Buchberger Anfang September 1930: „Er vertritt im wesentlichen die Auffassung, dass es nicht in Ordnung sei, dass der Vater sich der Untersuchung widersetze. ‚Vielleicht auch der Konnersreuther Kreis' bemerkte er. Ich widerlegte ihm das als Unwahrheit (…) Auf den Vater war er sehr schlecht zu sprechen. Ebenso auf den Pfarrer. Von anderen Persönlichkeiten bemerkte er kein Wort (…) Die Nahrungslosigkeit und Untersuchung ist seine einzige Sorge. ‚Das wäre von unberechenbarer Tragweite. Auch protestantische Gelehrte haben mir gesagt, dann wäre der Materialismus vernichtet'".[346]

Und auch Therese Neumann scheint in ihrem Freundeskreis zu markigen Worten gegriffen zu haben. Denn einen Monat nach Naabs Gespräch mit dem Regensburger Bischof soll sie im „erhobenen Zustand" geantwortet haben: „Es wäre gut, wenn P. Ingbert in der Sache…mit dem Nuntius sich ins Benehmen setzte und zwar so schnell als möglich. Der Bischof von Regensburg hat vor kurzem, weil er auf der Bischofskonferenz wenig Beistimmung fand, nach Rom berichtet, dass man hier ungehorsam sei, dass der Pfarrer die Sache nicht verstehe, dass man die zuständige Stelle zu wenig beiziehe, die Sache nicht prüfen lasse und dergl. Das sei Haß vonseiten des Bischofs, der sich in seinem Amt von hier aus zurückgesetzt fühlt".[347]

In den Jahren 1932 und 1933 eskalierte der Konflikt, denn Thereses Vater Ferdinand Neumann (1873–1959) verweigerte beharrlich eine
weitere Untersuchung. Der Ton verschärfte sich. So schrieb der Regensburger Bischof an den Konnersreuther Intimus Joseph Naber: „Durch
das Schreiben des Herrn Neumann in Betreff einer neuen Untersuchung
seiner Tochter auf Nahrungslosigkeit ist eine sehr kritische Lage entstanden, die voraussichtlich sehr bald zu einer öffentlichen Anklage führen,
jedenfalls aber weiten Kreisen das Vertrauen nehmen und zum Ärgernis
gereichen wird. Ich bin daher gezwungen, das zu tun, was die Kirche…
vor dem Vorwurf schützt, dass sie nicht alles getan habe, was zur Erklärung des Falles und zur Hintanhaltung eines Irrtums oder gar einer Irre-
führung notwendig erschien". Bischof Buchberger bestellte den Pfarrer
nach Regensburg ein.

Naber konnte krankheitsbedingt oder wollte der Weisung nicht Folge
leisten und schrieb stattdessen 2 Tage später eine wortreiche Replik, in der
er eine öffentliche Auseinandersetzung ankündigte: „Da im Schreiben von
Euer Excellenz vom 8.9.32, das ich Neumann bekannt geben mußte, mit
einer Veröffentlichung der kirchlichen Besuchserlaubnisverweigerung für
den Fall gedroht war, dass eine neue Untersuchung nicht zugegeben würde, hat man sich…dahin geäußert, dass man eben gezwungen sein werde,
alles, was der Vater gegen die Untersuchung vorzubringen habe und wohl
größtenteils in seiner Antwort an Excellenz vorgebracht hat, auch in die
Öffentlichkeit zu bringen, da doch auch einfache Leute ein Recht auf Wah-
rung ihres guten und christlichen Namens hätten".

Interessanterweise hat an dieser Replik mutmaßlich der Eichstätter F.
X. Wutz mitgearbeitet, was aus seinen stenographischen Briefentwürfen zu
Nabers Schreiben zu schließen ist.[348] Und Äbtissin Benedicta hatte offenbar so wie alle aus dem Kreis Kenntnis von den Streitigkeiten, denn in ihrem Nachlass sind diese Schriftstücke aufbewahrt. Es ist sehr wahrscheinlich, dass die Freunde untereinander die Verfahrensweise beraten haben.

In einem langen Brief des Vaters Neumann an den Regensburger Bischof vom 17.10.1932 schrieb dieser dem geistlichen Würdenträger unversöhnlich tadelnd: „Die sonderbare Predigt im Dom zu Regensbg. über
meine Familienangelegenheit hat mich deswegen sehr verstimmt, weil Ihr
privates Schreiben der Öffentlichkeit preisgegeben wurde…Ich denke das
sind Geheimsachen, die nur zwischen Ihnen u. mir besprochen werden,
wenigstens solange sie nicht erledigt sind".[349]

Den wiederholten Aufforderungen zu einer klinischen Untersuchung
hat sich Therese Neumann, deren Wortführer ihr Vater und Pfarrer Naber
waren, über Jahre entzogen. Im Archiv St. Walburg wird ein weiterer an Bi-

schof Buchberger gerichteter und wohl von F.X. Wutz entworfener Briefauszug verwahrt. Das vollständige auf den 5. Januar 1937 datierte Schreiben fand seinen Weg nach Regensburg. Darin richtete der Vater Ferdinand
Neumann bemerkenswert unerschrocken und für einen Schneidermeister
elaborierte Worte an den Bischof, wenn es heißt:

> „Sie haben auf mein Schreiben Ihre Antwort an Pfarrer gerichtet. Da die Th.
> meine Tochter ist, lehne ich jede Form der Unterhandlung ab, solange Sie mir
> nicht direkt Antwort geben. Ich verlange nach wie vor den Wortlaut der römi-
> schen Anweisung, da ich nicht glauben kann, dass man in Rom, der Hüterin des
> Naturrechts, …, das Vaterrecht mißachtet. Ich bestehe auch auf einer direkten
> Verhandlung mit Rom deswegen, weil ich auf Grund vieler unangenehmer Er-
> fahrungen Regensburg als befangen ablehne. Die Art und Weise des Vorgehens
> (seitens Regensburg) erinnert mich sehr stark an die Methoden wie sie heute
> auf Grund des Sterilisierungsgesetzes üblich geworden sind. (…) Wir haben
> unsererseits nie einen Kult gewollt oder irgendwie gefördert, zu dem die Kirche
> Stellung nehmen müßte. Wir haben sogar niemals ohne Erlaubnis des Ordi-
> nariates einen Besuch angenommen, so dass unser Haus immer…Privathaus
> geblieben ist, indem der Vater allein zu bestimmen hat, was geschehen soll und
> nicht; dieses Recht lasse ich mir selbst auch sonst nicht nehmen".

Die strikte Verweigerung einer wissenschaftlichen Untersuchung der
Nahrungs- und Ausscheidungslosigkeit durch den Vater der Therese Neumann hatte letztlich zur Konsequenz, dass dem Regensburger Bischof seitens des Hl. Offiziums in Rom die Ausstellung weiterer Besuchsscheine
für Konnersreuth untersagt und die Ablösung des dortigen Pfarrers Naber
empfohlen wurde, was jedoch nicht geschah.[350]

Nach 1950 hat der Eichstätter Theologieprofessor und wichtigste Berater v. Spiegels – Joseph Lechner – rückblickend auf die bereits erwähnte
14-tägige Untersuchung der Therese Neumann im Jahr 1927 folgende Bewertung abgegeben, die wohl auch die strikte Verweigerung einer neuen
Untersuchung aus einem ganz anderen Blickwinkel mitbegründete: „Es
„wurden für die zuständige bischöfliche Behörde Protokolle bzw. Gutachten ohne Vorwissen und Zustimmung von Th.N. und ihrer Familie publiziert! Jeder, der als kirchlicher Richter u. dgl. an kirchlichen Verfahren
beteiligt war oder ist, weiss, wie sehr ein solches Vergehen den kirchlichen
Rechtsgepflogenheiten widerstreitet, dies deswegen, weil darin eine grobe
Verletzung der jedem Menschen zustehenden Persönlichkeitsrechte, ein
Sicheindrängen in den Familien- und Privatbereich liegt".[351]

Das war nicht der einzige – und wie sich im Folgenden zeigt – auch
nicht der wesentliche Grund. Lechner war tief involviert in das jahrelange

Täuschungsunterfangen des Eichstätter Freundeskreises, auf das sogleich einzugehen ist.

Therese Neumann selbst hat direkt gegenüber dem Regensburger Bischof stets die Form gewahrt und sehr höflich geschrieben, so wenn sie am 24. August 1932 darum bittet, dass zur Vermeidung von Kommerzialisierung keine weiteren Besuchserlaubnisse mehr ausgestellt werden sollen: „Wenn Sie so gut wären Hochwürdigster Herr Bischof u. keinen Erlaubnisschein mehr nach Konnersreuth oder gar an Konnersreuther schicken lassen würden! Da sind etliche Familien, die lassen sich Scheine schicken und verkaufen dann dieselben (…) Ich sage Ihnen…, ich bring gern jedes Opfer, um den lb. Heiland Freude zu machen und red den Leuten gern zu, zu tun was der lb. Heiland will u. tröste sie gern, wenn sie in Not sind und Kreuz zu tragen haben. Aber oft werd ich schon ungehalten, wenn es bloß Neugierde ist". Nachdem Therese Neumann den Brief an den Regensburger Bischof abgeschlossen hatte, wandte sie sich an ihre benediktinische Freundin in St. Walburg und schrieb:[352]

> „Eben bin ich mit meinem Schreiben an den Hochwürdigsten Herrn von Regensburg fertig. (…) Nun geht es gemütlicher, wenn ich an Dich lb. Frau Äbtissin schreibe u. ein wenig mich unterhalte…nachdem ich mich so zusammennehmen mußte. Weißt in Reg. wird mir doch jedes Wort kontrolliert. Aber ich hab meine Pflicht getan".

In einem Schreiben v. Spiegels vom Oktober 1940 heißt es fast distanziert: „Zwar bin ich…überzeugt, dass Therese Neumann seit vielen Jahren völlig nahrungslos lebt, doch ich kann mir nicht anmassen, Sie in die schwierigen Probleme die mit dieser Nahrungslosigkeit, in viel höherem Grade mit dem Mangel jeglicher Ausscheidung zusammenhängen, einzuführen. Auch auf dem schwierigen Gebiet der Stigmatisation bin ich nicht fachkundig". Damit hat die Äbtissin indirekt die Frage nach der biologischen Möglichkeit menschlicher Nahrungs- und Ausscheidungslosigkeit im Raum belassen, die Bischof Buchberger in der Gesprächswiedergabe durch Ingbert Naab 10 Jahre früher zugespitzt formulierte, dass bei positiver Beantwortung dieser Frage, „der Materialismus vernichtet wäre". Oder in der nüchternen Sprache des Naturwissenschaftlers wiederholt, dass „die vorgeblichen Stoffwechselverhältnisse als nicht auf wissenschaftlich einwandfreier Basis gewonnen und nicht hinreichend geklärt" sind.[353]

Die Problematik der Nahrungslosigkeit blieb ständiges Gesprächsthema im Freundeskreis. Ende 1931 oder Anfang 1932 wurde für die Überprüfung der Arbeitsunfähigkeitsrente, die Therese Neumann seit ihrem

Unfall bezog, eine ärztliche Untersuchung durchgeführt. „Die bezirksärzt-
liche Untersuchung ergab guten Ernährungszustand und reichliche Fett-
polster" – so Gerlich in einem bezeichnenden Brief.[354]

EIN „FROMMER BETRUG" – THERESE NEUMANN UND KARDINALSTAATSSEKRETÄR EUGENIO PACELLI

Ein neu aufgefundener Brief Erwein von Aretins an den engen Vertrauten der Äbtissin, Joseph Lechner, bringt neues Licht in das Dubiose um
die Nahrungs- und Ausscheidungslosigkeit der Therese Neumann und
die unversöhnlichen Auseinandersetzungen zwischen Befürwortern und
Gegnern. Anknüpfend an das Vorangegangene soll dieser im Folgenden
beleuchtet werden. Es ist ein bezeichnendes Dokument, das in der weitläufigen Neumann-Forschung erstmals ausgewertet wird. Und es ist von
erheblicher Brisanz.
Von Aretin schrieb am 18. Mai 1938 an Lechner in die Abtei St. Walburg
einerseits von der Sorge um Therese Neumanns Glaubwürdigkeit, andererseits von seiner vertrauensvollen Nähe zu Kardinalstaatssekretär Pacelli
(1876–1958), und wie sich beides miteinander verbinden ließe:[355]

> „Eine Verwandte von mir, die in Rom lebt, ist Schülerin Pacelli's gewesen, als
> er noch Religionsstunden gab und kommt mit ihm gelegentlich in alter Ver-
> trautheit zusammen. Durch sie habe ich an ihn alle Schriften gelenkt, die mir
> geeignet schienen in der Frage der ärztlichen Untersuchung unsern Standpunkt
> zu vertreten und ich habe auch von ihm die Versicherung erhalten, dass Rom
> nie unter den gegenwärtigen Verhältnissen eine solche ultimativ fordern würde,
> was, so wenig Rom hierzu berechtigt wäre, immerhin eine unangenehme Situ-
> ation schaffen würde".

Wer übermittelte v. Aretin und damit indirekt den Freunden in Deutschland derart bedeutungsschwere Nachrichten? Bisher ist die Identität der
italienischen Verwandten nicht eindeutig feststellbar. Bei einem näheren
Blick in den Familienstammbaum und die kritische Pacelli-Edition könnte
die Suche auf Ernestina Donna Ruffo della Scaletta (1880–1965) zulaufen,
seit 1915 Ehefrau von Erwein Graf Schönborn-Wiesentheid (1877–1942).
Aretins Cousin Erwein Otto Fürst von der Leyen (1894–1970) hatte sich
mit der fast 20 Jahre jüngeren Schwester von Ernestina vermählt: Maria
Nives Ruffo (1898–1971). So konnte der selbst mit der Italienerin Maria
Anna Gräfin von Belcredi (1888–1968) verheiratete v. Aretin eine weitere

„italienische Verwandte" aufweisen. In der kritischen Online Edition der Nuntiaturberichte Eugenio Pacellis sind Ernestina und auch ihr vielgereister Ehemann, der promovierte Arzt Erwein Graf Schönborn immer wieder verzeichnet, erstere mit einer Reihe von persönlichen Bitten an Pacelli, etwa Medikamente an ihre Mutter Ludovica, geb. de Borghese (1859–1928) nach Rom weiterzuleiten. Die dort residierende Familie Borghese zählte zum päpstlichen Hochadel mit direktem Zugang zum Vatikan, bekleidete eine Reihe apostolischer Hofämter und stellte in früheren Jahrhunderten Kardinäle und Päpste.[356] Vieles spricht also dafür, dass Ernestina Gräfin Schönborn mit dem damaligen Kardinalstaatssekretär Pacelli persönliche Kontakte pflegte. Vieles spricht zugleich dafür anzunehmen, dass sie als Mittelsfrau zwischen dem Konnersreuther Kreis und Pacelli fungierte. Zurück zu Aretins Brief an Lechner vom Mai 1938. Er fuhr darin fort: „Nun erhalte ich von dieser Seite einen Brief".

Die Verwandte schickte aus Rom eine Zusammenfassung der Gedanken des Kardinalstaatssekretärs zum Fall Therese Neumann. „Diese Zeilen sind sicher der Niederschlag eines langen Gespräches, das meine Verwandte diese Tage hatte". Sinngemäß schreibt sie ihm als Geheimnis nur für Dich („A te il segreto!"), dass sich Pacelli wundere („Lui (P.) si meraviglia"), dass man nicht einen guten Arzt und ebensolche Nonnen finden könnte, an die „Sie" (Th.N.) sich wenden könnte. („che non si possa travare un dottore molto buono e delle sorelle idem, dove „Lei" (Th.N.) potrebbe andare"). Nur um festzustellen, dass sie nicht isst („Solo per ‚feststellen' che non mangia"). Und die Verwandte fragt ihn, wie er – Aretin – das sehe („Cosa ne pensi?"). In diesem Falle wäre der Widerstand von Thereses Vater überflüssig, denn er hätte die Garantie, dass die Untersuchung NUR das Essen beträfe („Realmente non vedo perche il padre si dovrebbe opporre se avesse la garanzia che non si osserve che il mangiare?"). Diese Feststellung würde alle gegenteiligen Unterstellungen verwerfen – so Pacelli. („Lei (P) dice che questa Feststellung leverebbe tutte le supposizioni contrarie").

Aretin zitiert weiter aus dem Brief: „D-altra parte non bisognerebbe procurarle noie di altro genere, se il momento è contrario". (Andererseits sollte man damit keine Unannehmlichkeiten anderer Art für sie verursachen, wenn der jetzige Zeitpunkt dafür ungünstig ist). Und der Gedanke schließt: Aber es muss sicher möglich sein, kompetente und vollkommen sichere Leute zu finden, damit man in Zukunft die Wahrheit beweisen kann („a certo che sembre impossibile di non poter trovare brave gente e molto sicure, onde dare in seguito tutti i sorti provanda la verità") – soweit der paraphrasierte Gedankengang Pacellis.

Weitergedacht, ließe sich auf diesem Wege die Nahrungs- und Ausscheidungslosigkeit der Therese Neumann auf eine neuartige Wahrheitsebene heben. Wie wäre dies nun zu bewerkstelligen? Von Aretin übersetzt die Botschaft Pacellis an den Kirchenrechtler Lechner folgendermaßen:

> „Mein Gedankengang ist nun dieser: (…) Wäre es nicht denkbar, dass K. (gemeint: Konnersreuth GW) dazu bewogen werden könnte zu sagen: ‚Gut, ich setze mich mit einem Doktor meines Vertrauens zusammen, ich wähle mit ihm die Schwestern, ich rede mit bei den Beobachtungsmethoden, und es erfährt überhaupt niemand etwas davon, sondern das beeidigte Resultat wird in einem versiegelten Umschlag da und dort deponiert (z.B. in Rom) und wenn dann einer kommt und verlangt, so sage ich ihm: lieber Freund, das ist geschehen, das Ergebnis liegt beeidigt da und da fest, und was das Ergebnis ist, das geht Dich einen nassen Staub an. Rom wäre damit durchaus zufrieden: quod est in actis. – und kein Amtsblatt und nichts auf der Welt fordert weiterhin Kritik und Neugier der sog. Wissenschaft heraus".

Aretin bittet Lechner, „diesen Gedanken mit den Eichstätter so sehr vernünftigen Brüdern und mit der Frau Aebtissin zu besprechen. Ich bitte Sie den starken psychologischen Unterschied zu beachten, ob eine Aussage von mir angezweifelt wird oder ob ich ihre Richtigkeit beweise. Wenn ich z.B. dem Vater sage: ‚Ich glaube nicht, dass Deine Tochter nichts isst, bis Du es mir bewiesen hast', so ist der Vater über diesen Zweifel sehr mit Recht gekränkt. Wenn er selbst aber sagt: ‚Ich beweise Dir, dass…', so schaut die Sache ganz anders her".

Der Freundeskreis ging davon aus, dass der Regensburger Bischof weiter auf einer medizinischen Untersuchung der Therese Neumann in einer Klinik bestehen könnte. Diese Position sollte über eine eidesstattliche Erklärung der Nahrungs- und Ausscheidungslosigkeit unter selbstdefinierten Bedingungen gegenüber dem Vatikan ausgehebelt werden. Denn Rom „hat vor Regensburg das voraus, dass es in seinen Akten eine einwandfreie Sache haben will, und nicht wie Re (gemeint Regensburg GW) gewissermassen die Absicht hat, die Ungläubigen mit einer brillanten medizinischen Untersuchung in Bausch und Bogen zum Schweigen zu bringen, was eine törichte Utopie ist".

Damit zweifelt v. Aretin das zu Beweisende selbst indirekt an. Er wird in dem Brief an Lechner noch deutlicher, als er eine mögliche Verfahrensweise erläutert, für die jedoch zunächst der Vater Ferdinand Neumann die Erlaubnis geben müsste:

Zunächst wäre es wohl notwendig, mit Therese Neumann, „ihren Brüdern, der Aebtissin und ev. einem Arzt...den Gedanken durchzusprechen". Im positiven Falle – fährt von Aretin fort – „wäre ich z.B. dafür, nicht einen Feld-, Wald- und Wiesenarzt zu nehmen, sondern das Beste vom Besten, eine art von internem Sauerbruch, den man gut zahlt und dem Th.N. gewissermaßen sagt: ‚Ich behaupte nichts zu essen; bitte, untersuchen Sie die Sache und schicken Sie mir dann die Rechnung!', sodass sie die Auftraggeberin ist und nicht irgend ein bischöflicher Bürokratius".

Dem überschwänglichen Aretin mutet diese Konstellation selbst unwahrscheinlich an: „es wird bestenfalls darauf herauskommen, dass im Einverständnis mit dem Vater ein vertrauenswürdiger Mann und ebenso vertrauenswürdige Schwestern gewählt werden, was für Rom vollkommen genügen würde, da Rom über die Relativität aller medizinischen Weisheit hoffentlich seine bestimmte Meinung hat, und nur etwas im Akt Th.N. haben will".

Dieser Brief hat es in seiner brisanten Offenheit in sich. Er lässt klar durchblicken, dass sowohl die Eichstätter Freunde, darunter Äbtissin Benedicta als auch der bestens vernetzte Kardinalstaatssekretär Pacelli wissen, wie es tatsächlich um die behauptete Nahrungs- und Ausscheidungslosigkeit der Therese Neumann bestellt ist. Den medizinischen Beweis zu erbringen, wird für eine „törichte Utopie" gehalten. Dem wird argumentativ die „Relativität aller medizinischen Weisheit" entgegengesetzt. In diesem Verständnis gilt es, die Stigmatisierte vor einer klinischen Untersuchung unter allen Umständen zu bewahren. Soll damit ein Betrug gedeckt werden?

Das Phänomen Therese Neumann wurde und wird von ihren Gegnern immer wieder mit dem Vorwurf der Lüge und „Volksverdummung" konfrontiert.[357] Das im Brief in den Raum gestellte offensichtlich von Pacelli selbst angeregte Verfahren des ergebnisdeterminierten bezahlten Auftragsgutachtens, welches in den Archiven des Vatikans als stummer, objektiv unerreichbarer sog. Beweis unter Verschluss gehalten werden könnte, hätte Therese Neumann ein Stück weit unangreifbar gemacht. Und würde heute vielleicht sogar dem laufenden Seligsprechungsverfahren in die Hände spielen?

Warum hat sich Äbtissin Benedicta von Spiegel mit den Freunden auf das Alles eingelassen, offenbar wissend um die Unwahrhaftigkeit in diesem Punkt? War die Familie Neumann und der Kreis um sie überrascht von dem Medienhype und den zeitweise logistisch kaum zu bewältigenden Besuchermassen, von der nicht vorhersehbaren Wirkweite und -tiefe des Phänomens Therese Neumann auf Menschen verschiedener sozialer Schichten und das weltweit? War der Erwartungsdruck auf Neumann zu hoch? Gab es einen Punkt, von dem aus es kein Zurück von der behaupteten Nahrungs- und Ausscheidungslosigkeit mehr gab, ohne alle Glaubwürdigkeit zu verlieren? Und damit nicht nur der Person Therese Neumann, ihrem familiären Umfeld, dem Freundeskreis, allen, die an das Phänomen unbedingt glaubten oder glauben wollten und daraus Trost, Stärke und vieles mehr zogen, den größten anzunehmenden Schaden zuzufügen? Von dem Ansehensverlust für die katholische Kirche und ihrer Würdenträger ganz zu schweigen?

Möglicherweise kam noch etwas anderes hinzu, was sich spätestens im Agieren des Freundeskreises gegen die Nationalsozialisten verfestigte. Die Visionen, Blutungen und Stigmata der Therese Neumann kamen in den zeitgeschichtlichen Krisenzeiten seit 1918 mit ihren tiefgehenden menschlichen Entwurzelungen einer tröstenden „Wunderaffinität des breiten Volkes" entgegen.[358] Therese Neumann wurde zu einem positiven religiös verankerten Gegenbild zum Nationalsozialismus. Das in den USA zu dieser Zeit populäre „Miracle Girl" blieb standfest im religiösen Glauben und unbedingten Gottvertrauen inmitten eines totalitären, kirchenfeindlichen und menschenverachtenden aggressiven Gewaltregimes. Nicht zufällig charakterisiert eine neuere Studie aus den USA das Phänomen Therese Neumann als „disruptive power", als (zer)störende, auflösende Kraft im totalitären Kontext der NS-Zeit. Maßgeblichen Anteil daran hatte – so die aufschlussreiche Studie – ihr intellektueller Unterstützerkreis, der sie abschirmte und Angriffe abwehrte. „Therese Neumann's persistance as a public figure relied on the early development of an elite of followers that championed her cause with economic resources and high social standing".[359]

Stellt man die positive soziale und kulturelle Wirkung und Präsenz ihrer Religiosität und Spiritualität in den Mittelpunkt, wollte man dieser eine Art Unantastbarkeit verleihen – so könnten die theologisch und philosophisch gebildeten Konnersreuther Freunde sich in ihrer Skepsis gegen alle medizinischen Untersuchungen und wissenschaftlich psychiatrischen Erklärungsversuchen des Phänomens „Therese Neumann" auf den Handlungsgrundsatz gegenwärtigen und antizipierten Nichtwissens verständigt haben: Ignoramus et ignorabimus – „Wir wissen es nicht und wir werden es niemals wissen". Eine Position, die bis heute prägend ist in der Diskussion um Therese Neumann und die sog. Konnersreuther Phänomene.

Legt man den psychiatrischen Befund „von Resls unverkennbar dissoziativ-konversiven Symptomen" zugrunde – wie es in einer Studie von 2020 weiter heißt –, „so könnte ihre artifiziell/simulative bis täuschend

-betrügerische Nahrungslosigkeit insbesondere durch soziale Amplifikationen getriggert worden sein".[360]

Vor diesem Hintergrund lässt sich in dem zitierten Brief Erwein v. Aretins vom Mai 1938 der Gedanke des Kardinalstaatssekretärs Eugenio Pacelli, der 10 Monate später als Pius XII. zum Papst gewählt werden wird, als Anregung zu einer „Pia fraus" lesen – zu einem frommen Betrug in vermeintlich guter religiöser Absicht. Es sind bisher keine Dokumente ans Licht gekommen, die eine derartige Beweisführung mit eidesstattlicher Versicherung im Vatikan unterlegen. Ob eine diesbezügliche Nachfrage im Vatikanischen Apostolischen Archiv Aufschluss gäbe?

Pikanterweise hat 1927 der Therese Neumann untersuchende Psychiater Gottfried Ewald bereits in seinem umstrittenen Gutachten genau auf die Gefahr eines solchen Vorgehens hingewiesen, wenn er auf der „Notwendigkeit einer...Beobachtung zur Ausschaltung einer pia fraus" beharrte.[361] Dass der Therese Neumann umgebende engere Freundeskreis u.a. Äbtissin Benedicta von Spiegel, die ganz offensichtlich trotz klösterlicher Klausur an allen wichtigen Besprechungen und Entscheidungen maßgeblichen Anteil hatte, diese Frage eingehend diskutiert haben wird, darf man voraussetzen. Der Psychiater Ewald hatte in dieser Angelegenheit schon 1929 gegenüber einem Kollegen geäußert: „Wenn ich Ihnen persönlich einen guten Rat geben kann,...ist es der, dass Sie sich nicht ohne Not mit dieser Sache befassen möchten, ich wünschte, ich hätte es nie gemusst. Niemand kann Fanatiker überzeugen".[362]

Der ganzen Auseinandersetzung offenbar ungeachtet oder vielleicht gerade deswegen wurde im Auftrag des Eichstätter Bischofs Michael Rackl 1942 eine Befragung der Schwester Ottilie Neumann durchgeführt, in welcher diese die Nahrungslosigkeit für den Zeitraum zwischen 1929 und 1941 während der Aufenthalte ihrer Schwester in Eichstätt unter Eid bestätigte.[363] Über die Motive hierfür kann nur spekuliert werden. Möglicherweise sah man die Glaubwürdigkeit der Therese Neumann in Bezug auf die behauptete Nahrungs- und Ausscheidungslosigkeit weiterhin in Gefahr und damit auch die ihres Freundeskreises. Alle Freunde sind in dieser äußerst prekären Lage bis zuletzt nicht von ihrem gemeinsamen nach außen vertretenen Standpunkt abgerückt – wider besseren Wissens und sehenden Auges in der Absicht eines sog. frommen Betruges.

Geerdet in der Bewertung der Therese Neumann und der illusionierten Erwartungen vieler Anhänger zeigte sich der bereits mehrfach erwähnte, mit Äbtissin Benedicta und dem Freundeskreis in Verbindung stehende jesuitische Vordenker Erich Przywara (1889–1972), als er angesichts der enthusiastischen Besuche amerikanischer Besatzungssoldaten und -offiziere bei Therese Neumann in Konnersreuth 7 Jahre später – ab Mai 1945 – kommentierte:[364]

„Das ist nicht unser kern-bayrisch nüchternes und ur-natürliches ‚Resl', sondern das, wozu die ‚amerikanische Wallfahrt' nach dem Krieg sie für amerikanische Augen gemacht hat. Resl wie Pfarrer Naber haben die Sintflut von Besuchern damals verabscheut. Aber was sollten sie gegenüber den ‚Kreuzfahrern' machen, die doch wenigstens insofern ein Kreuzfahrer-Erlebnis haben mussten, dass sie sich einbildeten, sie hätten eine ‚mystische Heilige' aus den Händen der ‚Hunnen' befreit! Ich kenne Therese Neumann seit Jahren persönlich, wie auch mein alter, sehr nüchtern kritischer Freundeskreis Kardinal Preysing, Prof. Wutz... Sie ist so wenig ‚mystische Heilige', dass wir in unsern Gesprächen nie die Visionen berührt haben. Sie ist auch in Konnersreuth einfach die Krankenschwester und Sakristanin, ohne irgend eine ‚Gloriole'. Wenn Einfachheit, echte Demut und Natürlichkeit die guten, alten Kriterien sind, dann hat Resl glatt die Prüfung bestanden".

30 Jahre nach Przywara wird die schon mehrfach erwähnte enge Mitarbeiterin der Äbtissin, Brigitta zu Münster, an den Verfasser einer Biographie über Franz Xaver Wutz, steter Gastgeber Therese Neumanns bei ihren vielen Besuchen in Eichstätt, äußern: „Ich sagte schon..., dass Sie bei den unvermeidlichen Zusammenhängen mit Therese Neumann besser zurückhaltend in der Beurteilung sind".[365] Das Thema kann an dieser Stelle nicht weiter vertieft werden. Therese Neumann wird als vertraute Freundin von Äbtissin Benedicta auch weiterhin in diesem Buch präsent bleiben.

Von den „abschätzig unter dem reichlich unklaren Namen „Konnersreuther Kreis" zusammengefassten Freunden existiert eine Fotografie und offenbar auch nur diese eine, welche den inneren Freundeskreis zeigt. Aufgenommen wurde das Bild im oberen Sprechzimmer der Benediktinerinnenabtei St. Walburg in Eichstätt anlässlich der Konversion des Journalisten Fritz Gerlich am 29. September 1931, dem Festtag der Erzengel Michael, Gabriel und Rafael.[366] Der 29. September war zugleich der 5. Jahrestag der Äbtissinweihe Benedicta v. Spiegels.

Kurze Zeit nach Entstehen der am Ende dieses Kapitels abgedruckten Fotografie werden die Freunde mit ihrem Kampf gegen Hitler und den Nationalsozialismus beginnen. Öffentlichkeitswirksam und unbeirrt auf dem „Geraden Weg". Und möglicherweise spielte daher für den Freundeskreis ein weiteres Motiv eine zentrale Rolle, Therese Neumann mit einem „frommen Betrug" zu flankieren, nämlich der eigene Schutz. Einer der Freunde – Fritz Gerlich – wird im März 1933 von den Nationalsozialisten verhaftet, schwer misshandelt und 1934 ermordet. Die anderen geraten in das Visier der Gestapo, auch Neumann. So wie der Freundeskreis die Stigmatisierte umschirmte, war diese zugleich Gewähr des Schutzes jedes Einzelnen von ihnen. Wäre Therese Neumann des Betrugs tatsächlich überführt worden, hätte die Enttarnung auch schwerwiegende bis lebensbedrohliche Konsequenzen für den engen Unterstützerkreis gehabt. Vom Verlust jeder Glaubwürdigkeit aller Protagonisten und dem zu erwartenden propagandistischen Feldzug der Nationalsozialisten gegen die katholische Kirche ganz abgesehen. Damit ist den Geschehnissen jedoch vorgegriffen.

Der Freundeskreis war schon Jahre, bevor die Nationalsozialisten ihr diktatorisches Gewaltregime errichteten, von der ideologischen Gefahr überzeugt. Was sie als Christen dagegen unternahmen, davon handelt das folgende Kapitel.

Therese Neumann und Benedicta v. Spiegel
stehend v. li.: Vater Ferdinand Neumann, Franz Xaver Wutz,
Schwester Ottilie Neumann, 1930er Jahre

Äbtissin Benedicta und Therese Neumann, Januar 1938

Therese Neumann (re. m. weißem Kopftuch) in St. Walburg, 1939

Der Freundeskreis am 29.09.1931
Stehend v. li. n. re.: Kapuzinerpater Kosmas Behr, Konnersreuther Pfarrer Joseph Naber,
Prof. Dr. Franz Xaver Wutz, Fritz Gerlich, Fürst Erich von Waldburg-Zeil, der Neffe
Gerlichs: Dr. Ludwig Weitmann, Prof. Dr. Joseph Lechner; davor: Benedicta v. Spiegel,
Therese Neumann, Gerlichs Ehefrau Sophie, Kapuzinerpater Ingbert Naab

VII. Ein Freundeskreis gegen die Nazis

NATURRECHTLICHES WIDERSTANDSKONZEPT

Spätestens seit 1928 standen die ersten Freunde der Äbtissin – wie darge-stellt – in näherem Kontakt zu Therese Neumann, hatten ihren Geburts- und Wohnort Konnersreuth besucht oder waren ihr in Eichstätt begeg-net. Während sich der Kreis zunächst wie eine Art Verteidigungsring um die Stigmatisierte schloss, sich allen von außen herangetragenen Zweifeln entgegenzustellen suchte, veröffentlichte der Journalist Fritz Gerlich 1929 eine zweibändige Monographie. In dieser ersten Biographie über Therese Neumann überhaupt, versuchte er die Konnersreuther Geschehnisse mit Fakten untermauert zu rechtfertigen und damit Deutungshoheit zu gewin-nen. Während die Auseinandersetzung mit dem Regensburger Bischof in Gesprächen und Briefen eskalierte, tat sich zeitgleich ein erweiterter die Freunde verbindender gemeinsamer Horizont auf: Das tiefe Unbehagen gegen den erstarkenden Nationalsozialismus, dem sie nicht tatenlos zuse-hen, sondern christliche Werte entgegenstellen wollten. Die Freunde such-ten hierfür in ihrem unmittelbaren Umfeld Möglichkeiten der Einflussnah-me. Das wird im Folgenden beleuchtet.

Mit der Zeitung „Der Gerade Weg" etablierten sie über ihre individu-ellen Einflussfelder weit hinausgreifend ein öffentlichkeitswirksames Me-dium. Diese frühe Form katholischer Resistenz vor dem 30. Januar 1933 ist bemerkenswert, da zu diesem Zeitpunkt das totalitäre NS-Terrorregime und der Holocaust nicht in Ansätzen vorhersehbar waren. Das politische Engagement der Freunde ist zudem beachtenswert, weil sie im „Geraden Weg" auch Konflikten mit der christlich orientierten Zentrumspartei, der sie mangelnde Distanz zu den Nazis vorwarfen, nicht aus dem Weg wichen.

Das christlich-naturrechtliche Fundament, das den Kreis in ihren Wi-derstandsaktivitäten untrennbar in den folgenden Jahren verbinden sollte, hat der ehemalige Spiritual von St. Walburg, der zeitlebens im Gästehaus der Abtei wohnende Kirchenrechtler Joseph Lechner 1946 rückblickend auf die Ereignisse stringent formuliert. Grundlage ist das thomistische Naturrechtsdenken. Papst Pius XI. brachte dieses 1937 in der Enzyklika „Mit brennender Sorge" in Frontstellung zum nationalsozialistischen Gewaltsystem. Für Widerstandsbewegungen wie den Kreisauer Kreis stellte das neuscholastische Naturrechtsdenken eine zentrale Handlungslegitimation dar.

Unter den Eichstätter Freunden aus theologisch Gebildeten und Gelehrten darf eine vertiefte Kenntnis des neuthomistischen Naturrechts als vorausgesetzt gelten. Bemerkenswert ist im Rahmen der nationalsozialistischen Widerstandsforschung, dass bereits deutlich vor der sog. Machtergreifung Hitlers Anfang der 1930er Jahre in diesem Kreis ein stringentes Widerstandskonzept zugrunde gelegt war. Die Gestapo wird Jahre später in dem einige Jahre in Eichstätt lehrenden, auch als Spiritual in St. Walburg wirkenden namhaften Kenner des Thomas von Aquin: Martin Grabmann einen Spiritus Rector identifizieren und dessen Schüler – darunter aus dem Freundeskreis Joseph Lechner – als eine treibende Kraft katholischer Widerständigkeit ausmachen.[367] Die Argumentation soll im folgenden knapp skizziert werden:

Ausgangspunkt war die naturrechtlich begründete Würde des Menschen, wie sie auch später in Art. 1 des Grundgesetzes manifest wird. Lechner zitierte Papst Leo XIII.: „Es ist der Mensch vor dem Staat; infolgedessen war ihm durch die Natur ein Rechtsschutz von Leib und Leben schon geschuldet, bevor es überhaupt einen Staat gab". Wie gestaltet sich unter dieser Prämisse soziales Leben, das die Würde jedes Menschen als unantastbar anerkennt? Ohne den aufklärerischen kategorischen Imperativ Kants zu zitieren, leitete Lechner die grundlegende Maxime aus der Bibel her: „Was ihr wollt, dass euch die Menschen tun, das tut auch ihr ihnen." (Matth. 7,12; Lk 6,31). Man kann den Satz umkehren, ihn negativ formulieren und sagen: „alles, war ihr nicht wollt, das euch die anderen antun, das sollt ihr den anderen auch nicht antun". Auf dieser Grundlage bewertete Lechner die „so viel verlästerte Weimarer Verfassung vom 11. August 1919", die „eine Doppelreihe von Rechtsnormen voraussetzt und anerkannt, solche natürlicher und solche positiv-rechtlicher Art, solche, die aller gesellschaftlichen Rechtsbildung vorausgehen, und solche, die aus der Gesellschaft heraus sich erst bilden"; mit anderen Worten „Sittenvorschriften" und „Rechtsvorschriften". Das Verdienst der Verfassung sah er darin, dass „eine wuchtige Bresche in den in Deutschland fast allmächtigen Rechtspositivismus gelegt" worden war. Als die Weimarer Republik spätestens seit der Weltwirtschaftskrise 1929 in ihrem Bestand in ernste Gefahr geriet, „war eine der größten Unterlassungssünden der Zeit…, dass diese Bresche nicht wirksam erweitert wurde; denn naturrechtliche Auffassungen wären wohl die stärksten Hemmnisse gegen den Geist des totalitären Staates gewesen". Die Konsequenz nach der Machtergreifung 1933 war:

„So aber machte der Rechtspositivismus…es dem Nationalsozialismus und seiner sog. ‚Gesetzgebung' möglich, jede Ungeheuerlichkeit und jede Verge-waltigung der wahren Menschennatur, falls sie nur in juristische Gewandung eingekleidet und formal korrekt war, zu ‚legalisieren', z.B. den Massenmord an Geisteskranken und Krüppeln, an KZ-Häftlingen und politisch Unbeque-men…".

Und weitsichtig wies Lechner auf ein wesentliches mit dem Rechtspo-sitivismus verbundenes Problem der NS-Vergangenheitsbewältigung hin, das bis in die Gegenwart virulent ist: „Dieser verblendete Rechtspositi-vismus und all seine maßgebenden Vertreter, nach deren famoser Theorie diese Maßnahmen, weil ja vom ‚Staat' formal einwandfrei gesetzt, alle in Ordnung gewesen sind, müssen in weitem Umfang als die ideell Schuldi-gen an unserem entsetzlichen Unglück bezeichnet werden. Es sind freilich Schuldige, die wenn überhaupt, dann höchstens durch Zufall auf eine An-klagebank geraten". Schließlich verwahrte er sich auch gegen die gerade in den Anfangsjahren des Nationalsozialismus unter weiten Bevölkerungs-teilen populäre Ideologie, das Regime verteidige das sog. Abendland ge-gen den sozialistischen Bolschewismus: „Es war eine der kühnsten Lügen Hitlerischer Propaganda, seine Staatskonzeption als ‚abendländisch' zu deklarieren. In Wirklichkeit war sein sog. Kreuzzug gegen den Staatstotali-tarismus des Ostens nicht geboren aus einer innerlich berechtigten Ableh-nung; er erinnerte mehr an den Kampf zweier feindlicher Brüder".

Man darf davon ausgehen, dass Lechners kritische Zeitdiagnose, auch wenn sie in dieser prononcierten Form erst nach dem Ende des NS-Regi-mes formuliert wurde, in ihren Prämissen den Eichstätter Freundeskreis verband. Vor Weihnachten 1930 formulierte Fritz Gerlich:

„Meines Erachtens wäre schon ausserordentlich viel gewonnen für un-ser ganzes Volk und auch die Stellung des Katholizismus wäre in Deutsch-land eine gesicherte, wenn weiteste Kreise, auch der Nichtkatholiken wie-der in dem allgemein naturrechtlichen Sinne denken würden. Statt dessen erleben wir durch das Aufflammen der nationalsozialistischen Bewegung eine neue Welle des Materialismus. Der naturwissenschaftliche Materialis-mus des Darwinismus wird abgelöst durch den Rassematerialismus".

Darüber diskutierte Gerlich – wie er äußerte – „im Kreise meiner ka-tholischen theologischen Freunde…, dem Professor Wutz und dem Pater Ingbert Naab…und auch der Frau Aebtissin von St. Walburg in Eichstätt,

mit denen ich mich schon viel besprochen habe über diese Fragen". Von
„meinen Gesinnungsgenossen", von der „Unterhaltung mit meinen geistlichen Freunden in Eichstätt", von „einer Besprechung gemeinsam mit
meinen Eichstätter theologischen Freunden, die in meine Gedanken eingeweiht sind" – schrieb Gerlich. Alles deutet auf einen intensiven, vertrauensvollen Freundschaftsbund hin.[368]

EICHSTÄTTER FREUNDESKREIS,
KONVERSION FRITZ GERLICHS 1930

Der Zirkel zog aus dem gemeinsamen Naturrechtsverständnis konkrete
Konsequenzen: Ablehnung und Bekämpfung von jeglichem Extremismus
und seiner Programmatik von links und rechts. Der auf Volkssouveräni-
tät und demokratischer Gleichheit fußenden liberalen Weimarer Reichs-
verfassung stand der Freundeskreis jedoch gleichermaßen skeptisch gegenüber. Von ihrer politischen Verortung ist auch für Benedicta v. Spiegel
naheliegend, dass sie mit dem Status quo ante 1914 sympathisierte, mithin
der konstitutionellen, ständestaatlichen Monarchie. In deren sozialem Ge-
häuse war sie privilegiert aufgewachsen. Doch haben sich in den Archiven
keine Aussagen und Belege über ihre politischen Anschauungen finden
lassen. Auch nicht auf die Frage, ob ihre späteren Reisen in die gefestig-
ten Demokratien Amerikas und Englands Niederschlag in ihrer politischen
Weltanschauung gefunden haben.

Die Freunde diskutierten und bewerteten auf ihren Treffen das politische Geschehen und berieten über mögliche Aktivitäten einzelner Mitglieder in ihren jeweiligen Wirkungsbereichen.[369]

Das bekannteste Mitglied des Kreises, der Journalist Fritz Gerlich, war
1928 als Chefredakteur der Neuesten Münchner Nachrichten offenbar
nach 1927 vorausgegangenen Rechtsstreitigkeiten mit dem Reichskunst-
wart Dr. Edwin Redslob (1884–1973) und im Folgejahr mit dem bayerischen Kultusministerium aus der Redaktion entlassen worden und pro-
tegiert vom bayerischen Ministerpräsidenten Heinrich Held (1868–1938)
nach 9 Jahren Unterbrechung in den staatlichen Archivdienst in München
zurückgekehrt.[370] Gemeinsam mit Erich Fürst Waldburg-Zeil eröffnete
er nach langen Vorbereitungen 1930 den sog. Naturverlag – 1932 programmatisch umbenannt in Naturrechtsverlag. Geschäftsführer wurde
der spätere Mitbegründer des Verlags Schnell & Steiner: Johannes Steiner
(1902–1995). Der Fürst finanzierte mit einer großen Summe den Kauf
der Wochenzeitung „Illustrierter Sonntag", die in der Folgezeit zu einem

kritischen politischen Wochenblatt umgestaltet wurde und ab Januar 1932 unter dem Namen „Der Gerade Weg" erschien. Das – wie sich später herausstellen sollte – riskante finanzielle Engagement führte zu tiefgehenden Verwerfungen in der Fürstenfamilie: „Die Schlacht mit meinem Familienmitgliedern war eine böse Sache, besonders als sie die Höhe der im Naturrechtsverlag investierten Gelder erfuhren. (…) Die Lage von der Familie her ist noch immer sehr bedrohlich, aber es hat sich schon in der Sitzung gezeigt, dass sie nicht mehr können als der Heiland ihnen Macht gibt" – teilte v. Waldburg-Zeil seinem Freund Gerlich mit.[371]

Der Freundeskreis traf sich regelmäßig, „um zusammen über Probleme der aufgewühlten Zeit, über kirchliche und politische Fragen, über Konnersreuth…zu debattieren. Dr. Gerlich kam nämlich vor dem Einbruch des Nazismus fast jeden Sonntag…nach Eichstätt. Mancher Artikel im ,Geraden Weg' verdankt diesen Stunden seine Entstehung, andere Artikel, die Gerlich bereits mitbrachte, wurden durchbesprochen, gebilligt oder auch bemängelt oder umgestaltet, es wurden Pläne geschmiedet…" – so Joseph Lechner.[372] Demnach waren die Freunde nicht mit allem einverstanden, was der impulsive Gerlich, der sog. „Krakeeler" veröffentlichen wollte und tatsächlich drucken ließ. Auch der Kapuzinerpater Ingbert Naab stand in Eichstätt im Gegenwind: „Trotz aller Klarheit und Entschiedenheit müssen wir alles vermeiden, was die Leute unnötig reizt" – schrieb er offen an Gerlich. „Du siehst ja, dass sich keiner getraut, mitzuarbeiten. Gegen mich werden andauernd die größten Anstrengungen gemacht, von denen ich selten etwas sage… Man sagt nichts gegen das, was ich schreibe, außer von einigen wenigen…, aber man regt sich so auf, dass ich mit Dir zusammen arbeite und klagt mich an, dass ich damit Deine ,verletzende Schreibart' billige.[373] Gerlich geriet offenbar zusehends in eine Außenseiterposition, wie es Naab eindringlich formulierte: „Du hast nicht viele Freunde, die einen wirklichen Einblick haben und die gewillt sind, Dir zu helfen".[374] Die Freunde trafen sich in Eichstätt abwechselnd im Haus von Professor Wutz, der Äbtissin Benedicta „abends bei dem gemeinsamen Zusammensein in St. Walburg" – oder auf der Willibaldsburg bei den Salesianern.[375]

Anfang 1932 war Gerlich mit der Entwicklung des Zeitungsprojekts offenbar zufrieden, wenn auch die Finanzierungsfrage unsicher blieb: „Unser ,Gerader Weg' erwirbt sich einen sehr guten Leserkreis. (…) Wir werden auch in den Kreisen der Politik, Reichstagsabgeordneten usw. ebenso wie hier an der Bayer. Staatsregierung sehr aufmerksam gelesen,… Publizistisch dürfen wir also zufrieden sein".[376] Zugleich kamen aus der Partei des bayerischen Ministerpräsidenten Held – der BVP – persönlich angreifende

Repliken auf die öffentliche Kritik an der ambivalenten Haltung der Partei gegenüber den erstarkten Nationalsozialisten nach der Landtagswahl im April 1932. Aus dem Freundeskreis erwiderte der St. Walburger Spiritual Lechner in einem scharfen Brief an den BVP-Politiker Hans Rauch (1876–1936), der 1932/33 als Vizepräsident des Reichstages in Berlin amtierte und den „Geraden Weg" in einem zweiteiligen Artikel im Klerusblatt angegangen war: „…also muss ein Artikel ins Klerusblatt. Und da muss natürlich, ohne Namensnennung versteht sich, dem bösen Dr. Gerlich eins ausgewischt werden, da man in der Partei vermutet, dass das Publikum ohne Dr. Gerlich gar nicht gemerkt hätte, wie s……… und kurzsichtig die Politik der BVP in der letzten Zeit war und noch ist!"

Lechner verwahrte sich auch gegen Angriffe auf Gerlich wegen dessen Konversion zum Katholizismus: „Seien Sie froh, wenn Sie, ohne Ihr Verdienst, die Gnade des kath. Glaubens recht früh schon hatten und sie deswegen den geraden katholischen Weg gehen konnten; deswegen ist lange noch nicht gesagt, dass die Leute, die diese Gnade sich erst mühsam und unter grössten Opfern erkämpfen mussten in ihren ‚anderen Wegen' nicht gerade handelten. (…) Ihr Vorwurf ist unnobel und oberflächlich".[377]

Wohlwollende Unterstützung erfuhr das Zeitungsunternehmen durch den Münchner Kardinal Michael von Faulhaber (1869–1952). Der Verlagsgeschäftsführer des „Geraden Wegs" zitierte nach einer bischöflichen Audienz am 9.11.1932 Faulhaber mit den Worten: „Ich werde also den ‚Geraden Weg' noch mehr als bisher, wo ich kann, befürworten…".[378]

Die Taktik des gemeinsamen Zeitungsprojekts der „subkutanen Vermittlung naturrechtlicher Vorstellungen" bestand einerseits in der aggressiven Bekämpfung der NSDAP und Adolf Hitlers mittels moralischer Diskreditierung. Andererseits verfolgten die namentlich unterzeichnenden Autoren Fritz Gerlich und Pater Ingbert Naab die konsequente „Entmythologisierung" der nationalsozialistischen Ideologie in redundanter moralisierender Sprache: „Die Aufsätze der beiden Autoren wirken immer ein wenig einfach gestrickt, fast banal. (…) Hier steht schlicht die Evidenz des Guten und Vernünftigen gegen die Banalität des Bösen und Mythischen". So eine vereinfachende Einschätzung, die man nicht unbedingt teilen muss, wenn man etwa die Beiträge in der Ausgabe vom 12.07.1932 analysiert. Dazu später Näheres. Für die Nationalsozialisten wurden die Zeitung und ihre Autoren zum „Feind", mit letztlich tödlichen Konsequenzen kurz nach deren Machtübernahme.[379] Äbtissin Benedicta unterstützte die Verbreitung nach Kräften, etwa indem sie für die „unabhängige, großzügige, katholische" Zeitung auch im ostwestfälischen Adel warb. An Gerlich schrieb sie im Februar 1931:

„Sehr gerne will ich mich in Ihrem Interesse betätigen soweit mir das möglich ist. Hoffentlich nicht ohne Erfolg. Ich sende sofort die 20 Nummern an mir bekannte Adressen und bitte, mit der Sendung fortzufahren, bis ich andere Nachricht gebe oder eventuell eine grössere Anzahl von Nummern verlange (…) Auf gutes Wiedersehen freut sich Ihre herzlich ergebene M. Benedicta v. Spiegel".

In ihrem Verwandtenkreis kursierte der „Gerade Weg", wie ein Schreiben des Schwagers Melchior Borries an Fritz Gerlich vom Juni 1932 belegt: „Bravo mein lieber Herr Dr. Gerlich!… Senden Sie mir bitte einige Probennummern der letzten 4 Nummern zu". Zugleich hatte v. Spiegel den Kontakt zwischen ihrem Schwager und Gerlich eingefädelt, damit letzterer seine Berliner Verbindungen für einen Zwischenkredit ihres Bruders Joseph über die nicht unbeträchtliche Summe von 200.000 Reichsmark fruchtbar machen sollte, „um die Amerikaanleihe von 380 000 Mk durch Ankauf von Dollarbonds abzustoßen und damit die Last für das Gut tragbar zu machen". Bei den Freunden vermischte sich Politisches mit Familiärem und Finanziellem; bei der Äbtissin sehr weltliche Interessen obendrein.[380]

Die Beziehungen im Freundeskreis wurden in dieser politisch aufgeladenen Zeit zum Ende der Weimarer Republik enger, der Ton freundschaftlich vertraut. Äbtissin Benedicta schickte kurze Notizen an ihre Freunde „ins Wutzpalais", wie sie den zentralen Treffpunkt: das Haus von Franz Xaver Wutz nannte. Vor allem die Konversion Gerlichs – „das grösste Glück meines Lebens…die Aufnahme in die einzig wahre Kirche Christi" – am 29. September 1931 und die anschließende Feier im oberen Sprechzimmer von St. Walburg bei Äbtissin Benedicta vertieften die persönlichen Bande. Gerlich bedankte sich nach der Feier bei ihr und fasste seine Gemütsregung in den Worten zusammen: „Deswegen kann ich Ihnen auch so gestehen, dass ich mich bis jetzt noch nicht in das normale Dasein zurückgefunden habe, gegenüber der hohen Freude, die mich immer noch voll beherrscht, erscheint mir das Leben um mich herum recht gleichgültig. Und dieses Glück verdanke ich nicht zum wenigsten Ihrer Freundschaft und Opferfreudigkeit".[381]

Die Firmung Gerlichs vollzog Kardinal v. Faulhaber am 9. November diskret in seiner Hauskapelle in München im Beisein von Therese Neumann, Pfarrer Naber und F. X. Wutz. Der 48-jährige Gerlich echauffierte sich 3 Tage später kindlich anmutend in einem Brief:[382]

„Mein Firmpate Wutz hat sich aber sehr schlecht benommen. Es ist hier Landessitte, dass der Firmling von seinem Paten eine möglichst goldene Uhr bekommt und von ihm zu einer Rundfahrt mit dem Dampfer auf dem Starnberger See eingeladen wird. Wutz hat sich hartnäckig geweigert, mir eine solche Uhr zu schenken und statt der Rundfahrt hat er mir erklärt, ich dürfte auf seine Kosten ein Dutzendmal Karussellfahren. Bei dem Frühstück habe ich mich bei Sr. Eminenz über meinen Firmpaten beklagt… Wutz war aber nur dazu zu bestimmen, die 12 Karusellfahrten auf 20 zu erhöhen. Sie sehen… wir sind immer noch die Alten geblieben".

Der Freundschaft schien das keinen Abbruch getan zu haben. Der wichtigste Mitarbeiter des gemeinsamen Zeitungsprojekts war zweifellos der ebenfalls zum Freundeskreis zählende Kapuzinerpater Ingbert Naab. Er verfasste vielbeachtete Presseartikel gegen die Nationalsozialisten – auch außerhalb des „Geraden Wegs". Anlässlich seines 25. Ordensjubiläums 1930 beschrieb er fast vorausahnend den hohen sozialen Druck, der mit seinem Engagement einherging:[383]

„Mir will scheinen, dass mich der lb. Gott zu Arbeiten berufen hat, die sehr viel Kreuz mit sich bringen werden. Manchmal möchte meine Seele davor zurückschrecken und ich ging lieber einen zwar arbeitsreichen, aber doch ruhigeren und weniger angefochtenen Weg. Aber ich muss mich doch immer mit grosser Gewalt zurückreissen und will das Kreuz nicht von mir stossen. Von Natur aus bin ich sehr schüchtern und gerade ich soll immer kämpfen und soll Gelehrten und Bischöfen entgegentreten, soll die Angriffe einer weiten Welt auf mich nehmen und die schiefen Urteile von Mitbrüdern ertragen. Das geht mir oft stark gegen die Natur. (…) Was wird noch alles kommen? Wenn ich nur sicher bin, dass ich den Willen des Heilandes erfülle, dann ist's mir gleich,…ob ich eine Aufgabe erfüllen muss, die stets verkannt oder gar angefeindet wird".

Ab Dezember 1930 veröffentlichte der auch als Jugendseelsorger in Eichstätt tätige Pater Naab in seiner an einen Leserkreis aus der katholischen Studentenschaft gerichteten Monatsschrift „Der Weg" eine scharfe Kritik an der nationalsozialistischen Bewegung. Erstes Angriffsziel war das 1930 erschienene Werk des NS-Ideologen Alfred Rosenberg: Der Mythus des 20. Jahrhundert. Darin propagierte der Herausgeber des Völkischen Beobachters den Rassismus und Antisemitismus der NSDAP und attackierte die Kirche und im besonderen den Katholizismus. In den darauf folgenden Artikeln fokussierte Pater Naab seine Kritik verstärkt auf die Person Adolf Hitlers. Naab versuchte mit einer weiteren Zeitschrift „Das neue Leben" die „studierende Mädchenwelt" zu erreichen. Als allgemeines Ziel seiner Publikationsorgane hatte der Kapuziner formuliert: „die katholische Vertiefung und Ergänzung der durch die höheren Lehranstalten vermittelten Bildung" – eine Intention, die im katholisch geprägten Eichstätt mit seiner Theologisch–Philosophischen Hochschule einen geeigneten Nährboden finden konnte.[384] Pater Ingbert Naab wurde zum wortmächtigen Co-Autor von Gerlichs Wochenschrift „Der Gerade Weg".

KATHOLISCHER MÄDCHENVEREIN „WEIßE ROSE"

Die große Bedeutung, die im Eichstätter Freundeskreis der katholischen Jugendbildungsarbeit zugemessen wurde, dokumentiert sich auch im Engagement der Abtei. Den katholischen Mädchenverein „Weiße Rose" betreute St. Walburg pädagogisch und organisatorisch, etwa durch das Bereitstellen von Versammlungsräumlichkeiten. Zu der späteren namensgleichen Münchner Widerstandsgruppe kann bis dato keine Verbindung hergestellt werden. Der in Bayern ansässige 1906 in München unter dem Namen „Gute Freundin" von Fürstin Sophie zu Oettingen-Spielberg (1857–1941) zunächst für katholische jungen Arbeiterinnen gegründete Verein wandelte seinen Namen später um und benannte sich nach der vereinseigenen Zeitschrift „Weiße Rose". Ab 1929 wurde im eigenen Verlag zusätzlich für die Vereinsvorstände die „Blätter der weißen Rose" herausgegeben. Sitz des weiblichen Jugendvereins war das Leohaus in München, das zu dieser Zeit als Zentralstelle der bayerischen katholisch-sozialen Vereine fungierte.[385]

Die Abtei war wichtiger Anlaufpunkt für die Eichstätter Ortsgruppe der Weißen Rose ebenso wie den hiesigen Dienstmädchenverein. Welchen Einfluss die Benediktinerinnen auf die christlichen Bildungsinhalte und die Vereinstätigkeit der Mädchen und jungen Frauen in der Stadt ausübten, lässt sich nicht im Einzelnen ermitteln. Jedenfalls waren Räume der Abtei zentraler Treffpunkt und im katholischen Glauben ein gemeinsame Grundüberzeugung gegeben.

Schwer nachvollziehbar ist die Einschätzung in der Forschungsliteratur, die katholischen Mädchengruppen seien „von der Politisierung weitgehend unberührt" geblieben. Diese Bewertung rührt wohl eher daher, dass das Augenmerk nach wie vor auf den männlichen katholischen Jugendorganisationen liegt, wie eine Vielzahl von Veröffentlichungen über diese zeigt. Die weiblichen Vereine, darunter die Weiße Rose und ihre Mitglieder stellen nach wie vor ein Forschungsdesiderat dar. Den Quellen sind Hinweise zu entnehmen, dass sich nach dem 30. Januar 1933 Mitglieder der Eichstätter Weißen Rose aktiv im Widerstand gegen das NS-Regime vor Ort engagierten, etwa bei der Verteilung von politischen Flugblättern. Darauf wird noch zurückzukommen sein.

Gestapo und Sicherheitsdienst der NSDAP waren sich mithin in ihrer Einschätzung des etwa 20.000 Mitglieder starken in 500 Vereine untergliederten süddeutschen Jugendverbands einig: Die Weiße Rose sei „vor allem der Verein, der gegen den Bund der deutschen Mädchen arbeitet". Der „Tätigkeitsbericht des Diözesansekretariats f. weibl. Jugendpflege, Eichstätt über das Kalenderjahr 1935" kann von der Gegenseite wie eine Bestätigung dieser Einschätzung gelesen werden. Am Anfang steht eine klare Verortung: „Christi Wort und der Geist des Evangeliums verlangt es, dass wir, trotz einer neuen Zeitwende unseren Glauben pflegen, schützen, aus dem Glauben leben, auch draussen in der Welt, nicht bloss allein, sondern zusammen". Demnach war 1935 die katholische Mädchenorganisation in Eichstätt sehr rege. So hielten sie Tagungen auf dem von St. Walburg betreuten Schloss Hirschberg ab. Auch die eigene Verbandszeitschrift „Weiße Rose" erschien weiter. 150 Besuche wurden empfangen, Partnervereine in der Region besucht, mit 300 Postein- und 700 Postausgängen rege Korrespondenz gepflegt, 12 Zeitschriften waren abonniert. Die 900-Jahrfeier der Eichstätter Abtei, auf die noch einzugehen ist, wurde in „hellen Scharen" besucht. Die katholische Mädchenorganisation ließ sich offenbar auch nicht durch staatliche Repressalien einschüchtern. Der Geschäftsbericht vermerkt dazu nüchtern: „Bei der polizeilichen Haussuchung wurden sämtliche Akten und Vereinsabzeichen beschlagnahmt". Und der Bericht schließt mit der Teilnahme an der Bischofsweihe von M. Rackl, wo die Geschäftsführerin „ein Bekenntnis des Glaubens, ein Bekenntnis der Liebe, ein Bekenntnis der Gemeinschaft sprechen" durfte.[386] Alles spricht dafür, den in der Weißen Rose organisierten katholischen Mädchen in Eichstätt Mut und Resistenz zu bescheinigen.

DIE KATHOLISCHE TATGEMEINSCHAFT VON ERICH FÜRST WALDBURG-ZEIL

Ein weiteres Betätigungsfeld im Bereich der Jugendbildung, wenngleich exklusiv elitär, schuf Erich Fürst Waldburg-Zeil Hand in Hand mit einigen seiner Eichstätter Freunden. 1930 hatte er nicht nur mit Fritz Gerlich den Naturverlag gegründet und die Wochenschrift „Illustrierten Sonntag" übernommen, sondern auch vom 9. bis 12. August auf sein Schloss zu Zeil bei Leutkirch zu einer Zusammenkunft junger katholischer Adliger eingeladen. Gerlich hielt den Einleitungsvortrag unter dem Titel „Der Geisteskampf der Gegenwart".
    Offenbar hatte der Fürst mit den Münchner Jesuiten seinen Plan erörtert und um Unterstützung ersucht. Seinem Cousin, dem dortigen Jesuiten-

pater Franz-Georg Waldburg-Zeil, teilte er kurz nach der Tagung folgendes mit: „Für die versprochene Gebetshilfe danke ich Euch sehr (…) Also Samstag nachmittag Ankunft der jungen Leute. Liste liegt bei, viel Westfalen und Rheinländer, wenig Bayern. (…) Ich habe grosse Hoffnungen, wenn ich mich auch über die Schwierigkeiten nicht hinwegtäuschen will. (…) Im übrigen habe ich immer noch leise Gefühle als ob trotz der anfänglich begreiflicherweise vorsichtigen Einstellung Eures Provinzials der Geist des hl. Ignatius doch noch eine Rolle in der Sache spielen könnte".[387]

Die Teilnehmer der Tagung verständigten sich auf die Gründung der sog. „Katholischen Tatgemeinschaft" (KTG) mit klar definiertem pädagogischen Ziel: In mehrtägigen Schulungskursen sollten junge katholische Adlige auf christlichem Fundament zu einer Gemeinschaft zusammengeschweißt werden und das argumentative Rüstzeug erhalten, um sich deutlich gegen die herrschenden Zeitströmungen, vor allem des Nationalsozialismus und des Bolschewismus abzusetzen. Der Kapuziner Ingbert Naab sollte mit der Erarbeitung eines pädagogischen Fernunterrichtprogramms betraut werden, was dieser aber nicht einlösen konnte. An der zweigeteilten Spitze standen als „weltlicher Führer" Fürst Waldburg-Zeil und als „geistlicher Führer" der Abt der wiedergegründeten, zur Beuroner Kongregation gehörenden Benediktinerabtei Neuburg bei Heidelberg: Adalbert Graf Neipperg (1890–1948).

Regelmäßige Zusammenkünfte folgten, u.a. auf Schlössern von Adligen und in den Benediktinerabteien Neuburg und Maria Laach, in Münster und auch in Bonn – dort mit einem Vortrag des katholischen Philosophen Alois Dempf (1891–1982).[388] Neben der starken Betonung der katholischen Glaubenspraxis trug die christlich konservative KTG die Grundüberzeugung der neuthomistischen Naturrechtsgeltung, aus der sie u.a. das Diktum ableitete: „Wir brauchen keine Rassenidee". Wenngleich ständestaatliche Vorstellungen in Verbindung mit Ressentiments gegenüber politischen Parteien und dem Parlamentarismus vorherrschten, sahen sich die Mitglieder mehrheitlich in parteipolitischer Nähe zu Zentrum und Bayerischer Volkspartei (BVP).[389] Der Geschäftsführer der KTG, Hans-Georg Freiherr von Mallinckrodt (1904–1990), der auch zeitweise in der Redaktion des „Geraden Wegs" mitarbeitete, formulierte die Stoßrichtung der KTG mit folgenden markigen Sätzen: „Was uns zusammenhält ist das Kreuz des Leidens und des Kampfes… Die katholische Jugend wird sich in den kommenden Jahren in ungeahnter Weise zusammenschließen müssen im Gebete, ebenso wie in der allen erkennbaren Tat. Wir müssen zur katholischen Front kommen, die ständig kampfbereit und geschlossen dasteht".

Zur gleichen Zeit wurde seitens der bayerischen Genossenschaft katholischer Edelleute, in der einige der KTGler Mitglied waren, bemängelt,
dass die Außenwirkung der KTG äußerst begrenzt sei. Sie stellte den Sinn
einer solchen Vereinigung grundsätzlich in Frage, bemängelte die Kosten,
„das Verschwommene an der KTG" und zentral: „Eine andere Gefahr
scheint…in der politischen Richtung zu liegen (…)". Es formierte sich
auch im westfälischen Adel Widerstand gegen die KTG nach den Treffen
in Münster, an denen junge Aristokraten aus den bekannten Adelsfamilien
teilgenommen hatten, darunter Boeselager, Elverfeldt, Solms, Fürstenberg,
Merveldt, Schell, Magnis, Beverförde, Salm Reifferscheidt, Galen. Löwenstein u.a.m. Erich Waldburg-Zeil notierte: „Der Führer unserer Gegner,
Baron Lüninck (Hermann) trat als Gegner auf und stiftete Unfrieden".[390]
Hermann von Lüninck (1897–1975) und vor allem sein Bruder Ferdinand
spielten zu dieser Zeit im familiären Umfeld der Äbtissin eine nicht unwe-
sentliche Rolle. Dazu später mehr.

Fürst Erich Waldburg-Zeil hat sich zusehends aus der KTG zurückgezogen und sein Amt als „weltlicher Führer" im Oktober 1932 niedergelegt,
wohl auch weil ihm „die wirtschaftlichen Mißverhältnisse zu Hause…über
den Kopf gewachsen" waren. Persönliche Differenzen taten das ihre. Er
resümierte 1941 den Misserfolg der KTG:

> „Noch heute halten wir Freunde dick zusammen (…) Das eigentliche Ziel aber,
> die Schaffung einer Zelle, die das geistige und politische Leben erneuern soll,
> ist uns versagt geblieben".

Angemerkt sei, dass der Fürst 1948 ein Deckengemälde für seine
Schlossbibliothek in Auftrag gab, das den Titel des gleichnamigen Vortrags
von Fritz Gerlich 1930 trug: „Der Geisteskampf der Gegenwart".[391] Zu
der Zeit, als Erich Waldburg-Zeil sich mit dem Gedanken des Rückzugs
aus der KTG trug, waren die Eichstätter Freunde schon längst in eine neue
Phase im Kampf gegen den Nationalsozialismus getreten. Denn ab 1931
hatte sich der Kreis zusehends zu einer verschworenen Runde verfestigt,
verbunden in der einigenden Ablehnung der Nationalsozialisten, deren
Aufstieg sie nicht tatenlos zusehen sondern entgegentreten wollten. Einer
scharfsinnigen politischen Analyse sollte ein kämpferischer Frontalangriff
folgen. Davon handelt das folgende Kapitel.

GEMEINSCHAFTSPROJEKT „GERADER WEG"

In den beginnenden 1930er Jahren vor der sog. Machtergreifung Hitlers waren sich die Freunde offenbar bewusst, wie schwierig ihr Unterfangen werden würde, welchen Anfeindungen sie ausgesetzt sein könnten. Sie rückten enger zusammen. So versicherte Äbtissin Benedicta im Januar 1931 Fritz Gerlich: „Ich meine, dass wir beide uns gerade wegen unserer beiderseitigen Offenheit so gut verstehen".[392]

Eichstätt mit seiner zu 90 Prozent katholischen Bevölkerung war zu dieser Zeit eine Hochburg der Bayerischen Volkspartei (BVP). Die NSDAP konnte bei Wahlen weniger als 25% der Stimmen erzielen. Zugleich lag die Stadt als katholische Enklave inmitten des protestantisch dominierten Regierungsbezirks Mittelfranken. Dort erfuhr die NSDAP schon früh großen Zulauf und verbuchte Wahlerfolge. Doch auch im katholisch geprägten Milieu Eichstätts wuchs allmählich die politische und soziale Akzeptanz der braunen Partei. Ab 1929 führte der frühere Hausarzt der Abtei St. Walburg, Dr. Walter Krauß (1881-1961) die Ortsgruppe. Seit 1930 NSDAP-Kreisleiter in Eichstätt gehörte Krauß für kurze Zeit von April bis Oktober 1933 dem bayerischen Landtag an. Von 1934 an fungierte er in Personalunion auch als 1. Bürgermeister der Stadt Eichstätt und gab zudem das NS-Presseorgan „Eichstätter Anzeiger" heraus.[393] Als ehemaliger Vertrauensarzt des Klosters war er Äbtissin Benedicta persönlich bekannt. Sie wird im Mai 1936 in einem Brief an Bischof Rackl über ihn äußern, „dass der Mann innerlich zerrissen und unglücklich ist, im Grunde ein armer Kerl, den man nicht ganz aus der Hand lassen darf. Es wird der rettende Augenblick für ihn noch kommen und da findet er dann leichter Anschluß, wenn nicht alle Brücken abgebrochen sind". Die weiteren Vorgänge werden zeigen, dass sich die Äbtissin in dieser Einschätzung wohl getäuscht hat.[394]

Im Sommer 1931 änderte die von Waldburg-Zeil finanzierte Wochenzeitung „Illustrierter Sonntag" nicht nur ihr Erscheinungsbild, indem die Überschriften in rote Farbe gesetzt und rot unterlegt wurden, sondern die Beiträge konzentrierten sich mit dem Leitartikel von Fritz Gerlich „Hitler und Wilhelm II." vom 13. Juli 1931 fortan auf scharfe Attacken gegen die NSDAP und ihren Führer Adolf Hitler. Doch nicht nur die Person Hitlers rückte in den Vordergrund. Die zum 1. Januar 1932 in „Gerader Weg" umbenannte Wochenzeitung ging dazu über, die gesellschaftlichen und wirtschaftlichen Kräfte, die der NSDAP den Weg zum Erfolg bahnten, scharf zu attackieren.

Es würde vom Thema dieses Buches zu weit weg führen, die politisch scharfe Publizistik des „Geraden Wegs" eingehend zu behandeln. Forschungsliteratur dazu ist im Anhang genannt. Nicht alle Artikel schrieben Gerlich oder Naab. Es erschienen mehrere Beiträge u.a. verfasst von dem seinerzeit populären katholischen Vortragsredner Kaplan Helmut Fahsel (1891–1983), dem Journalisten Wilhelm Kiefer (1890–1977), dem Theologen Anton Seitz (1869–1951) und dem Redakteur und Geschäftsführer der Katholischen Tatgemeinschaft Hans-Georg von Mallinckrodt. Eine ganze Reihe von Artikeln sind ohne Nennung eines Autors im „Geraden Weg" abgedruckt worden. Belegt ist, dass der Freundeskreis die verschiedenen Beiträge Gerlichs und Naabs inspirierte, diskutierte und redigierte. Wahrscheinlich verfassten sie auch ohne klare Autorenschaft eigene Artikel.

Der damalige St. Walburger Spiritual Lechner wird nach dem Krieg über den Kreis resümieren, dass sie sich nach Gründung des „Geraden Wegs" häufig getroffen hätten zu antinationalsozialistischen Gesprächen: „the circle of Dr. Gerlich, who met often…in order to hold antinationalsocialistical conferences". Und der in der Redaktion mitarbeitende Neffe Gerlichs, der Jurist Ludwig Weitmann (1904–1979), konnte nicht nur dessen Nachlass vor den Nazis retten, sondern er wird nach dem Krieg in einem Personalverfahren erklären, dass die Gestapo nach dem 1. Juni 1933 gegen ihn ermittelt habe: „Gegenstand ihrer Erhebungen war zunächst die Art meiner Betätigung an der Zeitung meines Onkels und die Urheberschaft an gewissen anonym erschienenen Artikel, die teilweise tatsächlich meiner Feder entstammten". Für F. X. Wutz ist bezeugt, dass er „Mitarbeiter der Zeitschrift: Der Gerade Weg" war. All das legt nahe, dass auch die anderen Eichstätter Freunde zur Feder gegriffen haben.[395]

Nur für Äbtissin Benedicta kam aufgrund ihrer Stellung und der benediktinischen Ordensregel eine öffentliche Positionierung in weltlich-politischen Fragen grundsätzlich nicht in Frage, wenngleich eines ihrer Gedichte: „St. Benedict" in der Ausgabe vom 11.12.1932 des „Geraden Wegs" abgedruckt wurde.[396]

Für große Vertrautheit mit dem akademischen Milieu der Hochschulen, wie sie etwa bei den Professoren Lechner und Wutz als vorausgesetzt gelten darf, spricht beispielsweise der Artikel im „Geraden Weg" über die nationalsozialistische Hetzkampagne gegen den Theologen Günter Dehn (1882–1970) – ein „Universitätsskandal", der sich in München 1931 gegen den renommierten Staatsrechtler und Nazigegner Hans Nawiasky (1880–1961) wiederholte mit dem Ziel: „Die nationalsozialistische Demonstriererei hat übrigens nur den Zweck, die weniger mannesmutigen unter den Professoren einzuschüchtern".[397]

Für den Fortgang dieses Buch ist es ergiebig, ein spezielles Thema zu fokussieren, mit dem sich der „Gerade Weg" auseinandergesetzt hat. Die

Sichtung der zwischen Juni 1931 und Januar 1933 bis zum Verbot des „Geraden Wegs" erschienenen Artikel zeigt, dass der Verbindung zwischen Wilhelminismus und Nationalsozialismus, den Beziehungen zwischen Hitler, den Hohenzollern und dem Adel seitens der Redaktion ein besonderes Gewicht für den Erfolg der nationalsozialistischen Bewegung zugemessen wurde. Ausgehend von einem Artikel Gerlichs im Juli 1931 kumulierte die Kritik in den Beiträgen der Ausgabe vom 10. Juli 1932. Diese frappierend inhaltsreiche Ausgabe des „Geraden Wegs" ist gespickt mit kenntnisreichen Hintergrundinformationen und einer tiefen intellektuellen Durchdringung, sprachlich verdichtet, zugleich von eingängiger, auch für den Laien nachvollziehbarer argumentativer Stringenz. Davon gleich mehr.

DER „GERADE WEG"
GEGEN HITLER UND DIE HOHENZOLLERN

Zunächst soll der Leitartikel vom 12.07.1931 beleuchtet werden. Dieser Beitrag scheint bemerkenswert, weil er den „Rechtsradikalismus" Hitlers parallelisiert mit dem Führertum Wilhelm II. und frappierende Ähnlichkeiten im Gestus der Paraden mit Musik und Tusch, dem militärischen Auftreten in Uniformen mit „Ordens- und Abzeichenflitter", der politischen Rhetorik des „leichtfertigen Versprechens einer schönen Zukunft", dem „Rasse-Reden" von der Überlegenheit der arisch-germanischen Rasse, dem „Eindringen Homosexueller in leitende Stellungen" – eine Anspielung auf Philipp Graf zu Eulenburg (1847–1921) und Ernst Röhm (1887–1934) –, selbst der Geschmacksvorlieben beschreibt: „Sehen Sie sich das Braune Haus mit seinem von Hitler selbst verherrlichten Prunk sowie seinem Senatorensaal und die wenig geschmackvolle Einrichtung des Berliner Schlosses an". Gerlich parallelisierte in seinem Artikel die Intoleranz und Gewaltbereitschaft der Nationalsozialisten mit der Zeit des Wilhelminismus; dies ist um so erstaunlicher, als Fürst Waldburg-Zeil und der den Freunden nahestehende Erwein v. Aretin zeitlebens überzeugte Monarchisten waren und auch Benedicta v. Spiegel ständestaatlichen Herrschaftsvorstellungen nicht ablehnend gegenüber gestanden haben mag, wenngleich keine direkten Äußerungen von ihr überliefert sind. Gerlich formulierte zuspitzend:

> „Man könnte Seiten füllen…mit den Parallelen zwischen Wilhelm II. und Hitler. Und ebenso mit Parallelen zwischen dem unverantwortlichen Gerede wilhelminischer Staatsmänner und Militärs und solcher der Hitlerbewegung.

Auch das Köpfe-rollen-lassen, das Bedrohen der politisch Andersgesinnten mit Niederschießen hat ja seine Parallele in ähnlichen Redensarten Wilhelms II. und seiner Mitarbeiter aus der Kampfzeit gegen die Sozialdemokraten. Dass natürlich der Katholik nicht national zuverlässig ist, dass jede vertiefte geistige Kultur auf Ablehnung stößt und der Gummiknüppel die geistigen Beweise ersetzt, rundet nur das Bild der hitlerischen Feldwebelkultur, die auch dem wilhelminischen Zeitalter eigentümlich war".

Den Unterschied zwischen beiden markiert die Legitimationsbasis ihrer Macht: Hitler sei durch freie Zustimmung der Millionen seiner Gefolgschaft zu seiner heutigen Machtstellung gelangt. „Diese Gefolgschaft breiter Volksmassen sowie vieler Großindustrieller und jüngerer und älterer Akademiker, also auch führender Kreise des deutschen Volkes,…stellt ein freiwilliges Bekenntnis zu seiner Politik…dar." Hingegen: „Die Entschuldigung für die Duldung des Verhaltens Wilhelms II., dass ein in Jahrhunderte alter monarchistischer Tradition lebendes Volk auch einmal einen ungeratenen Thronerben mit Geduld ertrüge…, fällt also bei der Zustimmung zu Hitler fort".[398] Gerlich bediente sich in diesem Artikel eines in sozialistischen, kommunistischen und linksliberalen Medien der Zeit verwandten Deutungsmusters der Verbindung zwischen NS-Bewegung, dem im Exil lebenden Hohenzollern-Kaiser und dem preußischen Militarismus. Er verwendet ein linkes Narrativ für seine dezidiert christlich-konservative Kritik. Dass die Wahlerfolge das politische Programm der NSDAP demokratisch legitimieren, war den Eichstätter Freunden ein großer Dorn im Auge.

KARDINALBRIEF, ATTACKE AUF „1000 PRINZEN"

Vor allem die Reichspräsidentenwahl 1932 mobilisierte ihre Kräfte. Aus der Wahl vom 13. März mit 5 Kandidaten gingen der Amtsinhaber Paul von Hindenburg und seine Herausforderer am rechten und linken Rand – Hitler und Ernst Thähmann (1886–1944) – für die am 10. April stattfindende Stichwahl hervor. Vor der entscheidenden Abstimmung erschien in der Ausgabe vom 20. März 1932 des „Geraden Wegs" ein offener Brief von Pater Ingbert Naab platziert unter dem Titel: „Herr Hitler, wer hat Sie denn gewählt?". Darin sprach sich der Verfasser für die Wiederwahl Hindenburgs aus und attestierte den NSDAP-Anhängern politische Unreife. Mitten in der heißen Wahlkampfphase war das Echo auf diesen offenen Brief so enorm, dass er als Flugblatt in einer Auflage von 1.250000 verbreitet wurde; mehr als 1000 der rund 4700 in der Weimarer Republik erschienenen Tageszeitungen druckten Naabs Essay nach.

Benedicta von Spiegel kommentierte in einem Brief an Fritz Gerlich die neueste Ausgabe des „Geraden Wegs": „Herrlich ist Ihre letzte Nummer! Ich glaube, es ist zum großen Teil die Freude darüber, dass es mir in den letzten Tagen so viel besser geht".

Zur gleichen Zeit hatte sie Hindenburg ihre Unterstützung signalisiert und „ihm das kleine Kunstwerk" – einen graphisch von Sr. Dorothea Brockmann gestalteten Spruch übersandt: „Es fiel mir ein, dass das dem guten, alten Herrn vielleicht Freude machen würde u. Freund Wutz der die Miniatur gestern sah, sagte es sei wirklich ein Kunstwerk".[399] Der 84-jährige Hindenburg setzte sich in der letzten Reichspräsidentenwahl der Weimarer Republik gegen seine Herausforderer durch.

Am 1. Juni 1932 tauschte der wiedergewählte Reichspräsident das Kabinett des Zentrumspolitikers Heinrich Brüning (1885–1970) gegen ein zum größten Teil aus parteiunabhängigen Regierungsmitgliedern bestehendes Präsidialkabinett unter dem westfälischen Reichskanzler Franz von Papen (1879–1969) aus. Vermutlich der damalige NS-Propagandaleiter Joseph Goebbels titulierte die neue Regierung spöttisch als „Kabinett der Barone". Wenige Wochen vorher hatte v. Spiegel an ihre Nichte von „trostloser Lage" und „bedrohlicher Zeit" geschrieben. Die Freundin Therese Neumann, die sich im Sommer 1932 öfters in Eichstätt und der Abtei aufhielt, wählte ähnliche Worte. Was war geschehen? 1931 noch hatte Gerlich im „Geraden Weg" gegen die Politik des damaligen Reichskanzlers Brüning heftig polemisiert. Mit der Entlassung Brünings und dem neuen Reichskanzler v. Papen befürchteten die Freunde, dass die Nationalsozialisten der Regierungsmacht bedeutend näher kommen könnten.[400]

In einem Brief der sich im Nachlass der Äbtissin befindet, ist als handschriftliche Notiz zu lesen: „Kardinalbrief, geschrieben i. Eichst.". Damit ist ein Brief gemeint, den Therese Neumann von Eichstätt aus an den Münchner Kardinal v. Faulhaber sandte. Sie schrieb darin von „düsterer Zeit" und breitete ihr Anliegen wie folgt aus :

„Auf einmal kam wie ein Blitz der Gedanke, dass wenn wir in Bayern den guten ehrlichen, tiefgläubigen Dr. Br. (Brüning) an der Spitze hätten, er uns helfen könnte, da er doch sich auch etwas traut. (…) Und so entschloß ich mich …an Sie zu wenden. Vielleicht könnten Sie irgend etwas tun. (…) Das was ich Ihnen jetzt im Vertrauen geschrieben, soll man nicht wissen. Bloß wäre es ein Ausweg unser Land zu retten. Sie sind doch offen und ohne Furcht…Herr Kardinal! Tun Sie…was Sie können, damit wir nicht zugrunde gehen und die Gottlosigkeit siegt. (…) Es muß nach außen hin etwas geschehen. Sie kennen schon so Wege und Mittel".

Gerlich wird in der übernächsten Ausgabe des „Geraden Wegs" die Überlegung aufnehmen und öffentlich fordern: „Süddeutschland muß Brüning das Mandat anbieten". Die politischen Vorgänge bereiteten den Freunden offenbar große Sorge und Bedrückung. Im gleichen Brief schilderte Therese Neumann, dass Pater Naab „so recht gebrochen und traurig" zu den Freunden kam und gesagt haben soll: „Die Volkspartei sollte mehr Schneid haben".[401]

Der „Gerade Weg" vom 10. Juli 1932 eröffnete einen Frontalangriff gegen die adeligen Unterstützer und Parteimitglieder der NSDAP und titelte in roter Schrift: „1000 Prinzen und ein Schlosser".[402] Namentlich wurden neben Kronprinz Friedrich Wilhelm, Prinz August Wilhelm von Preußen und der 2. Frau des abgedankten Kaisers eine Reihe von Vertretern aus dem deutschen Hochadel, Aristokraten mit militärischen Funktionen und Großgrundbesitzer als aktive Förderer der Nationalsozialisten wie an einem Pranger aufgelistet, unter den Namen der Zusatz „usw., usw.". Man muss diese Attacke auch vor dem Hintergrund lesen, dass es im deutschen Adel seit Anfang der 1930er Jahren zu einer sich vertiefenden Spaltung zwischen einem sich völkisch rechts radikalisierenden, vornehmlich im westfälischen und norddeutschen Adel verbreiteten Lager und einem betont christlich konservativen, im Kern antinationalsozialistisch positionierten, vorzugsweise im bayerisch-süddeutschen Gebiet verorteten Lager gekommen war. Letzterem sind aus dem näheren Umfeld der Eichstätter Freunde Erwein von Aretin, Konrad Graf Preysing – seit 1932 Bischof von Eichstätt –, die Brüder Grafen Galen aus Münster sowie auch der Sohn des Begründers der Abtei St. Hildegard bei Rüdesheim, Aloys Fürst Löwenstein zuzurechnen und dessen Schwiegersohn Erich Fürst Waldburg-Zeil.[403]

Gerlich erörterte in dieser Ausgabe unter der Überschrift „Wiedereinsetzung des Hohenzollern-Kaisertums", ob die Nationalsozialisten die Rückkehr des Kaisers aus seinem holländischen Exil und damit eine Restauration der politischen Verhältnisse vor 1914 unterstützen. Und aus dem katholisch-konservativen Blickwinkel heraus, den wahrscheinlich die streng katholischen Eichstätter Freunde dem konvertierten Calvinisten Gerlich vermittelten, sah man die Gefahr eines Wiederauflebens der Allianz zwischen Hohenzollern und Protestantismus und des beide verbindenden Antikatholizismus. Die Frage, ob Hitler die Rückkehr Wilhelm II. an die Macht tatsächlich unterstütze, ließ Gerlich Mitte Juli 1932 offen: „Ob nun Hitler sich mehr von seiner Scheu vor der Verantwortung oder mehr von seinem Machtstreben leiten lassen wird, kann man natürlich nicht sicher voraussagen". Von „der Selbsthinrichtung des Hohenzollernhauses vermittels Hitlerei" schrieb zur gleichen Zeit Erich von Waldburg-Zeil in einem Brief. Ein Satz, der in der aktuellen Debatte um den Vorschub, den die Hohenzollern den Nationalsozialisten leisteten, bemerkenswerte Aktualität gewinnt.[404]

Die Breitseite gegen die protestantische Hohenzollernfamilie, die Nationalsozialisten und ihre Unterstützer vornehmlich im protestantischen Adel wurde in der Ausgabe des „Geraden Wegs" vom 10. Juli 1932 durch eine subtil verpackte Kritik ergänzt an den weitverbreiteten Unterstützerkreisen, die sich in einem in der damaligen Öffentlichkeit wenig bekannten exklusiven Club als politische Drahtzieher im Hintergrund Ende 1924 etabliert hatten: Der Deutsche Herrenklub und im besonderen sein Berliner Ableger, programmatisch inspiriert durch den Verfasser des Werks „Das Dritte Reich" – Arthur Moeller van den Bruck (1876–1925). Das Redaktionsnetzwerk des „Geraden Wegs" streifte mit dem Hinweis auf den exklusiven Herrenklub das familiäre Umfeld der Äbtissin, was im folgenden zu vertiefen ist. Zum Verständnis muss zuerst etwas weiter ausgeholt werden.

VIII. Politische Risse in der Familie von Spiegel

DER SALON VIKTORIA v. DIRKSEN

Der Adelshistoriker Stephan Malinowski hat eine treffende Charakterisierung des Phänomens „Deutscher Herrenklub" gegeben als „kontrollierte Zusammenführung ausgesuchter Teilgruppen aus Adel und Bürgertum". Der Herrenklub „glich einer Konzentration ökonomischen, sozialen und kulturellen Kapitals, einem per Kooptationsverfahren behutsam erweiterten Kreis handverlesener ‚Herren' aus Adel und Bürgertum, die politische Macht in fast allen strategischen Bereichen der Gesellschaft repräsentieren". Mit dem bereits erwähnten aus westfälischem Adel stammenden Reichskanzler Franz von Papen stand ab Juni 1932 ein prominentes Mitglied des zur damaligen Zeit ca. 5000 Mitglieder zählenden Deutschen Herrenklubs an der Spitze der Reichsregierung, weitere Clubmitglieder bekleideten Ministerämter.[405]

In der bereits zitierten Ausgabe des „Geraden Wegs" vom 10. Juli 1932 wird dieser Zusammenhang in der einfachen Wendung ausgedrückt, der „Herrenklub in Berlin" gälte als „das Kindbett des Kabinett…Papen". In Hinblick auf die Bedeutung der anstehenden, stark polarisierenden Reichstagswahl vom 31. Juli 1932, die der NSDAP einen starken Stimmenzuwachs bringen sollte, warnte der „Gerade Weg" vor der politischen Einflussnahme des Herrenklubs: „wir besprechen hier nicht die Politik wie sie die Reichsregierung betreibt, sondern wie sich der Herrenklub die Politik dieser Reichsregierung denkt. Aber dies allein genügt schon, unseren Lesern zu zeigen, welche Bedeutung die Wahlen vom 31. Juli haben". Die aufmerksamen Leser des „Geraden Wegs" hatten bereits in der vorangegangenen Ausgabe anhand zitierter interner Schreiben aus dem Herrenklub erfahren können: „Das neue Kabinett wird nicht nur von den Nationalsozialisten toleriert, sondern hat die ausdrückliche Zustimmung des ‚Führers'". Mit den an den Münchener Kardinal v. Faulhaber etwa zeitgleich gerichteten Worten Therese Neumanns: „Schauts doch zur Zeit in unserm armen Lande traurig aus. Die Feinde arbeiten und triumphieren und die Unsern sehen ruhig zu. (…) Es scheint, die Hölle sei jetzt losgelassen".[406]

Mitglied im 1927 konstituierten Ehrenpräsidium des Deutschen Herrenklubs war bis zu seinem Tod der einflussreiche kaiserliche Geheime Legationsrat und Kunstsammler Willibald von Dirksen (1852–1928). Am 1. Juni 1918 hatte er in 2. Ehe die 22 Jahre jüngere Viktoria Freifrau von Paleske, die sich für die neue Eheschließung hatte scheiden lassen, geheiratet. Ihr nur 8 Jahre jüngerer Stiefsohn Herbert von Dirksen (1882–1955) gehörte ebenfalls dem Herrenklub an und residierte seit 1928 als deutscher Botschafter in Moskau. Seiner Stiefmutter stand v. Dirksen – so seine Memoiren – skeptisch gegenüber, insbesondere infolge der Erbstreitigkeiten um das Testament des Vaters.[407] Die Stiefmutter führte seit den 1920er Jahren und auch nach dem Tod ihres Mannes einen Salon in ihrer repräsentativen Villa in der Margarethenstraße 11 nicht weit entfernt vom Botanischen Garten in Berlin Tiergarten. Ihre Beweggründe waren wohl weniger, sich ein anregendes geistiges Umfeld zu schaffen, als die Intentionen des Herrenklubs nachahmend eine Begegnungsstätte mit politischem Einfluss zu kreieren. Und das gelang. Bestens vernetzt fungierte ihr Salon als Schaltstelle, in der anfangs restaurative Adlige mit den aufstrebenden Nationalsozialisten diskret auf Tuchfühlung gehen konnten.

Mit Beginn der 1930er Jahre hatten sich – das musste selbst der skeptische Stiefsohn einräumen – [408] die „wirklichen gesellschaftlichen Erfolge" von Dirksens und ihres Salons soweit etabliert, dass dort Adolf Hitler, Joseph Goebbels und andere hohe NS-Parteifunktionäre mit führenden Vertretern des Hochadels, u.a. Kronprinz Wilhelm und seinem Bruder Prinz August Wilhelm von Preußen in Verbindung traten. Wie nah sich Gastgeberin und Salonbesucher kamen, zeigt das Detail, dass Viktoria von Dirksen zu den 18 geladenen Gästen der Hochzeit von Joseph und Magda Goebbels am 19. Dezember 1931 zählte. Die Bewertungen in der raren Forschungsliteratur, die sich mit Dirksen befasst, sind sich in einem Punkt einig: „Der politische Salon der Viktoria von Dirksen in Berlin, mit seiner Klientel von ausländischen Diplomaten, Adeligen und Großindustriellen, blieb dem NS-Regime…ein sehr wichtiges Forum".[409] Dass die Beziehungen zwischen dem Salon der Viktoria von Dirksen und dem Deutschen Herrenklub über die persönlichen Mitgliedschaften ihres Mannes, Bruders und Stiefsohns hinaus eng verknüpft waren, manifestiert sich darin, dass der Herrenclub nach der Machtübernahme der Nazis als „Deutscher Klub" neu begründet wurde und sich folgender Richtlinien verpflichtete: „Der Deutsche Klub soll der gesellschaftlichen Sammlung nationalgesinnter unabhängiger Persönlichkeiten dienen". Fallengelassen wurde damit die in einem ersten Entwurf enthaltene Formulierung: „Der Deutsche Klub soll der gesellschaftlichen Sammlung von Persönlichkeiten dienen, die dem Staat und der Führung ergeben, sich zu völkischer Verantwortung verpflichtet fühlen".[410]

Mit dem Deutschen Klub, der sich nach einem Erlass Ernst Röhms vom Februar 1934 mit seinen rund 490 Mitgliedern auch für persönliche Mitgliedschaften der SA öffnete, ging die Gründung der nach Viktoria von Dirksen benannten Dirksen-Stiftung einher, in deren Kuratorium zeitweise der damalige Münchner Polizeipräsident Heinrich Himmler (1900–1945) und SA-Stabschef Ernst Röhm saßen. Stiftungszweck war die Kontaktpflege zwischen den traditionellen Eliten und führenden Parteifunktionären. Viktoria von Dirksen stellte 1934 ihre ins Stiftungsvermögen eingebrachte Privatvilla in der Margarethenstraße 11 nach Umbauten als neues Refugium für die Klubmitglieder zur Verfügung. Vermietet von der Dirksen-Stiftung an den Deutschen Klub für 25.000 Reichsmark jährlichen Mietzins – eine Konstruktion, die nach Darstellung Herbert v. Dirksens nicht zuletzt der finanziellen Konsolidierung der Stiefmutter dienen sollte.[411]

In der Familie von Spiegel wurden die Umtriebe der Salondame mit Argusaugen registriert, bestanden doch ziemlich enge verwandtschaftliche Bande.

VERWANDTSCHAFTLICHE BANDE
v. DIRKSEN UND v. SPIEGEL

Die betriebsame und geschäftstüchtige Hitlerförderin entstammte dem protestantischen Patriziergeschlecht von Laffert und wuchs gemeinsam mit ihren beiden Geschwistern u.a. auf Gut Lehsen 30 Kilometer von Schwerin entfernt auf. Ihre 5 Jahre jüngere Schwester Olga von Laffert hatte – wie bereits ausgeführt – 1914 den wohlhabenden Grund- und Brauereibesitzer Adolf Baron von Spiegel geheiratet, den Lieblingsbruder und einstige Spielgefährten der Eichstätter Äbtissin. Sie hatte – wie ebenfalls beschrieben – trotz familiärer Widerstände gegen die Beziehung versucht, eine Annullierung der ersten Ehe ihrer zukünftigen Schwägerin mitzubewirken – ergebnislos. Das Verhältnis zwischen Olga und Benedicta v. Spiegel war zu dieser Zeit vertrauensvoll. Dies belegen Briefe im Archiv der Abtei St. Walburg. Zu den anderen Geschwistern, die der Verbindung reserviert bis ablehnend gegenüberstanden, blieben die Beziehungen angespannt.

Während Viktoria v. Dirksens Eintritt in die NSDAP mit der Mitgliedsnummer 1 373 464 belegt ist, trat v. Spiegels Schwägerin Olga der Hitler-

Partei schon früher am 1.12.1931 bei: Mitgliedsnummer 818 043. Der älte-re Bruder der beiden Schwestern, der Schriftsteller Karl August v. Laffert, war 1930 in die NSDAP eingetreten und Mitglied der SS, zuletzt im Rang eines Obersturmbannführers. Seit 1932 gehörte er dem Deutschen Her-renklub, sodann dem Deutschen Klub seiner Schwester an.[412]

Die Sympathien der Schwägerin und Schwippschwägerin für die Nati-onalsozialisten wird der politisch interessierten Äbtissin nicht verborgen geblieben sein. Auch hielt ihr impulsiver Bruder Adolf als Skeptiker ge-genüber der NSDAP in der ostwestfälischen Heimat mit seiner Ablehnung nicht hinter dem Berg, worauf noch einzugehen ist. Die Rolle des Her-renklubs hatte der ganze Freundeskreis im Blick, wie die Artikel im „Ge-raden Weg" bezeugen. Erich von Waldburg-Zeil war überdies mit einer Reihe adliger Clubmitglieder persönlich bekannt, beispielsweise mit dem reaktionären Eugen Graf Quadt (1887–1940), über den er 1932 an Gerlich schrieb: „Quadt ist Mitglied des Berliner Herrenclubs den er natürlich als harmlos hinstellt".[413]

Die familiäre Situation im Haus des Bruders der Äbtissin spitzte sich zu dieser Zeit zu: Auf dem malerisch in einem großen Park gelegenen Schloss Rheder hatte Adolf von Spiegel möglicherweise auch den Schulungen der Katholischen Tatgemeinschaft Räumlichkeiten geboten, so die Erinnerung des seinerzeitigen Geschäftsführers Hans-Georg von Mallinckrodt. Sollte dies zutreffen, dann gewiss mit aktiver Unterstützung seiner benediktini-schen Schwester und ihrer Verbindungen in den Eichstätter Freundeskreis. Franz Xaver Wutz hatte er persönlich spätestens bei seiner Schwester Ma-ria von Twickel im Mai 1930 kennengelernt, als dieser die Äbtissin mit seinem Auto abholte, davon zeugen gemeinsame Fotos. Auch hatte er sei-ne Schwester wiederholt in Eichstätt besucht. Sie wird ihm ihre Freunde vorgestellt haben.

Die Schwägerin Olga blieb ihrer älteren Schwester Viktoria über die Jahre verbunden. Einkaufstouren führten sie regelmäßig in die Reichshauptstadt. Beide hatten ihren Töchtern den Vornamen Erika gegeben. In den Erin-nerungen von Benedicta Spiegels jüngerer Schwester – Theresie von Bor-ries – heißt es über die Schwägerin Olga: „Und sie sehnte sich fort, sie war keine Frau fürs Land, sondern eine Frau für die Stadt. Ihre Schwester hatte einen Baron Dirksen geheiratet, Botschafter, der einen großen Salon in Berlin führte, in dem angeblich auch Hitler einige Male erschien. Kurz und gut, das war es, was sie sich wünschte und nicht draußen auf dem Lande als Landfrau zu leben".[414] Viktoria von Dirksen hat ihre Schwester offensichtlich auch eine Zeitlang im ostwestfälischen Rheder besucht, bis es zum Rauswurf durch den Schwager Adolf kam:[415]

„Er warf…die Frau von Dirksen hinaus, die in Berlin einen vor und nach der sogenannten Machtübernahme viel besuchten und auch in offiziellen Niederschriften häufig genannten ‚politischen Salon' unterhielt und mit Hitler, Goebbels und vielen anderen führenden Persönlichkeiten des ‚Dritten Reiches' enge freundschaftliche Beziehungen unterhielt. Diese exaltierte Dame fiel" Adolf von Spiegel „derart auf die Nerven, dass er ihre weiteren Besuche in Rheder ein für allemal unterband".

Der Einfluss der bestens vernetzten Berliner Schwägerin auf die Ehefrau blieb offenbar bestehen. Anders ist es kaum erklärlich, dass auf der Hochzeit von Olgas Tochter aus erster Ehe, Erika Bartels (1901–1979), mit dem Architekten Guido Graf Gatterburg (1905–1972) Ende September 1937 auf Schloss Rheder ein Gast zugegen war, zu dem im Hause Spiegel bisher keine näheren Kontakte bekannt gewesen waren: Prinz August Wilhelm von Preußen. Nach den für die Familie bitteren Erfahrungen im Kulturkampf, etwa dem langjährigen Berufsverbot für den Vater als Landrat, waren die Spiegels wie eine Reihe der streng katholischen westfälischen Adelsfamilien in großer Distanz zu den Hohenzollern. Doch 1937 klang das ganz anders. In der Dankesadresse von Adolf und Olga v. Spiegel heißt es: „Und als die Trauung…vollzogen und die erste Strophe des schönen Liedes ‚Großer Gott, wir loben Dich' gesungen war, verließ das junge Paar die Kirche, gefolgt von Sr. Königlichen Hoheit Prinz August Wilhelm von Preußen, Sohn Sr. Majestät des ehemaligen Kaisers und König mit meiner Frau am Arm. Es folgte meine Wenigkeit in Husarenuniform mit der geachtetsten Dichterin Deutschlands, der Gräfin Juliana von Gatterburg geb. von Stockhausen mit ihren wunderschönen Augen".

Juliana von Stockhausen, Schwägerin des Bräutigams, (1899–1998) war eine erfolgreiche Schriftstellerin, deren meist historische Romane und Erzählungen vom Katholizismus der Autorin geprägt waren. Es existiert eine Fotografie der elegant gewandeten Hochzeitsgesellschaft auf der Freitreppe von Schloss Rheder.[416] Der Hohenzollernprinz ist darauf nicht zu sehen, und von Mitgliedern der Familien von Spiegel, allen voran den Geschwistern, fehlt jede Spur. Offenbar schwelten die innerfamiliären Spannungen so sehr, dass die Teilnahme an der Hochzeit sanktioniert wurde. Auch die Lieblingsschwester in St. Walburg dürfte den SA-Mann aus der Hocharistokratie wenig goutiert haben.

ADOLF v. SPIEGEL IM FADENKREUZ DER NAZIS

Die erwähnte Danksagung – leicht modifiziert – ließ Adolf v. Spiegel in verschiedenen Zeitungen veröffentlichen. Das in der Dankesadresse erwähnte Lied nach der Trauung änderte er dabei von „Großer Gott, wir loben Dich" in das Eingangslied des Deutschen Hochamts von Michael Haydn (1737–1806): „Hier liegt vor Deiner Majestät im Staub die Christenschar" für die Zeitungen. Das Ganze wurde von den totalitären Machthabern als ein Affront der besonderen Art aufgenommen. Für die NSDAP, Gau Westfalen-Nord hatte diese „monarchistisch gehaltene Danksagung das Ansehen der nationalsozialistischen Bewegung und das Ansehen eines führenden Nationalsozialisten, des SA.-Obergruppenführers Prinz August Wilhelm von Preussen, in der Öffentlichkeit herabgesetzt und beschädigt". Die Veröffentlichung „auch in zahlreichen anderen Zeitungen des Reiches" hatte offenbar Weiterungen zur Folge und „bis zu den höchsten Stellen der Führung des Reiches grosses Aufsehen erregt"…„das Ansehen der Bewegung herabgesetzt und gefährdet".[417]

Seiner klösterlichen Schwester sehr ähnlich gründete Adolf v. Spiegels Ablehnung der Nazis im katholischen Glauben. Die NSDAP-Kreisleitung monierte beispielsweise, er habe „an katholischen Feiertagen, an denen auf Anordnung des Führers gearbeitet werden sollte, in seinem Betrieb nicht arbeiten lassen. Ferner hat er bei unwichtigen Anlässen in der katholischen Pfarrkirche in Rheder für seine Gefolgschaft Gottesdienste abhalten lassen". Und der NSDAP-Kreisleiter in Göttingen ergänzte: „Der Gruß ‚Heil Hitler' ist ihm völlig fremd, und auch sonst scheint er für den Nationalsozialismus noch nicht zu haben zu sein".[418]

Die gegensätzlichen politischen Einstellungen der Eheleute auf Schloss Rheder, der Überdruss der Ehefrau am Landleben, vielleicht auch das aktive politische Engagement Olgas, der Schwägerin Viktoria und des Schwagers SS-Obersturmbahnführer Karl August v. Laffert für die Nazis mögen neben amourösen Affären das ihre dazu beigetragen haben, dass die Ehe allmählich zerrüttete: Olga v. Spiegel „war eine glühende Verehrerin Hitlers…dessen Bilder in ihrem Zimmer sie täglich mit frischen Blumen schmückte". Adolf v. Spiegel „warf diese Blumen regelmässig fort" – heißt es in einem Anwaltsschreiben.[419]

Schon Jahre vor der erwähnten Eheschließung der Stieftochter 1937, die Adolf v. Spiegel adoptierte, hatte sich der Bruder der Äbtissin wiederholt in für ihn gefährliche Situationen durch lautstarke hitlerkritische Äußerungen manövriert, die denunziert wurden. Die Einschätzung seiner Anwälte: „Schwere Nachteile standen" ihm „besonders dadurch bevor, dass er nach 1933 aus seiner Ablehnung und feindseligen Einstellung gegen das Hitlerregime kein Hehl machte und häufig, auch in der Öffentlichkeit, Äusserungen tat und Handlungen beging", die von der Ehefrau „nur durch ihre besonders guten Beziehungen zu Parteidienststellen und zu führenden Persönlichkeiten unterdrückt oder ausgeglichen werden konnten".[420] Die Reißleine wurde bereits das erste Mal im Herbst 1935 gezogen, als Adolf v. Spiegel in die Landes-Heil- u. Pflegeanstalt Göttingen eingeliefert wurde. Direktor war der Lehrstuhlinhaber für Psychiatrie, der bereits im Zusammenhang mit Therese Neumann vorgestellte Prof. Dr. Gottfried Ewald. Er beschrieb den Fall wie folgt:

> „Die Aufnahme in der (offenen) Nervenklinik war jedesmal gleichzeitig bedingt durch ärztliche Erwägungen, besonders aber auch durch politische Hintergründe insofern als Herr Baron v. Spiegel…sich durch wüste, manisch-enthemmte Beschimpfungen der nationalsozialistischen Partei und deren Führern aller Sorten so ungeheuer gefährdete, dass nur durch sofortige Unterbringung in der Nervenklinik ihm der nötige Schutz vor Gestapozugriff oder KZ. gewährt werden konnte. Durch Verhandeln mit einer verständigen Parteistelle wurde dann der rechtlich ja eigentlich unmögliche Zustand vereinbart, dass Herr Baron v. Spiegel nur mit meiner besonderen Genehmigung nach Rheder zurückkehren und arbeiten durfte, ohne je entmündigt zu sein".

Mehr als 10 Jahre begleitete Gottfried Ewald seinen Schützling umsichtig: Im Juli 1941 „hatte sich Herr Baron wieder politisch durch seine ungehemmten Reden gegen Hitler und die nationalsozialistische Parteiführung in der Öffentlichkeit aufs äußerste gefährdet (…) Ich mußte ihn durch ärztliche Attestierung seiner augenblicklichen Unzurechnungsfähigkeit gegenüber Kreis- und Gauleiter in Schutz nehmen, obwohl ich wußte, dass ich mich und seine Position hierbei gefährdete, zumal ich nicht einmal Parteimitglied war. (…) Auch die letzte Unterbringung in Göttingen…im Dezember 1944 bis Februar 1945 geschah im wesentlichen unter diesem schützenden Gesichtspunkt; ging es doch gerade darum, den Baron nun auch noch über die letzten Klippen hinweg zu bringen und vor einem politischen Unglück zu bewahren, ehe der Krieg zuende war".[421]

Der Landrat des Kreises Höxter, Karl Wolff (1904–1993), hatte im Januar 1945 an Gottfried Ewald geschrieben:

> „Der Kreisleitung und mir war zu Ohren gekommen, dass Baron v. Spiegel außergewöhnlich heftige Angriffe gegen den Führer und die Partei gerichtet hatte. (…) Es war dringend erforderlich, ihn in strenge Schutzhaft zu nehmen.

Wenn die Gestapo den Fall aufgegriffen hätte, wäre der Baron sicher in ein Konzentrationslager gekommen… (…) Aus Rücksicht auf Frau Baronin, die alte Pgn. ist… haben wir diesen inoffiziellen Weg gewählt".

Ehefrau Olga v. Spiegel formulierte den gleichen Sachverhalt in unmissverständlichen Worten: „Mit hilfe der Partei ging er dann zu Professor Ewald in die Heilanstalt".[422] Umfangreiche Briefwechsel der Eheleute v. Spiegel mit dem Göttinger Psychiater belegen die überlebenswichtige Bedeutung, die ihm bei diesen Schutzmaßnahmen zukam. Inwiefern die Beziehungen der Ehefrau und der Schwägerin Viktoria v. Dirksen in einflussreiche NSDAP-Kreise zudem eine Rolle gespielt haben könnten, kann bisher aufgrund fehlender Quellen nicht beantwortet werden.[423]

Gottfried Ewald, der im ersten Weltkrieg seinen linken Arm durch eine Infektion verloren hatte, war am 15. August 1940 vom Leiter der Reichsarbeitsgemeinschaft Heil- und Pflegeanstalten Professor Werner Heyde (1902–1964) zusammen mit anderen Direktoren psychiatrischer Einrichtungen nach Berlin, Tiergartenstraße 4 in die Zentraldienststelle T4 eingeladen worden. Dort präsentierte Heyde den Anwesenden einen Gesetz-Entwurf zur Euthanasie ‚unheilbarer Kranker'. An der systematischen Erfassung und Ermordung, der sog. „T4-Aktion", sollten die Direktoren durch Begutachtung der Patienten mitwirken und so über Tod und Leben der ihnen Anvertrauten entscheiden. Ewald war der Einzige unter den Teilnehmern, der in der Sitzung und auch in schriftlichen Eingaben Einspruch gegen das Euthanasie-Programm der Nationalsozialisten einlegte, das in den Folgejahren Zehntausenden von Menschen das Leben kostete.

Vor diesem Hintergrund ist verständlich, dass Ewalds Schutzaktion ihm selbst und auch seinem Patienten höchst gefährlich werden konnte. Der Zwiespalt zwischen Gesetzestreue und hippokratischem Eid, zwischen Gehorsamspflicht und Gewissen schien Gottfried Ewald innerlich stark bewegt zu haben. Letztlich gelang es ihm, einen Teil der in seiner Göttinger Klinik zur Ermordung vorgesehenen Patienten u.a. durch vorzeitige Entlassung und Zurückstellungsanträge zu retten.[424]

Ewalds beherztes Eintreten hat Adolf v. Spiegel wahrscheinlich vor Schlimmerem bewahren können. Seine Schwester in St. Walburg muss einen eigentümlichen Widerspruch empfunden haben, dass gerade der Arzt, der bei ihren Eichstätter Freunden und besonders bei Therese Neumann nachtragend einen denkbar schlechten Leumund hatte, für ihren eigenen Bruder eine Art Lebensversicherung war. Die Sorge um den ihr wesensverwandten nur 1 Jahr jüngeren Bruder Adolf wird sie durch die ganzen folgenden Jahre des Nationalsozialismus begleiten. Über das kriminelle

Ausmaß des Euthanasieprogramms war die Äbtissin nicht erst seit den beherzten Predigten des Münsteraner Bischofs Clemens Graf Galen im August 1941 im Bilde, sondern durch einen erschütternden Brief aus einer Pflegeanstalt, der die Abtei im November 1940 erreichte. Darauf wird noch einzugehen sein.

ZERWÜRFNIS DER BRÜDER IN HELMERN UND RHEDER

Schwelende Sorgen um die persönliche Sicherheit des Bruders haben die Äbtissin jahrelang nicht los gelassen. Doch damit nicht genug.

Die Spannungen innerhalb der Familie dürften weiter zugenommen haben, als der 4 Jahre jüngere Bruder der Äbtissin – Joseph v. Spiegel – im März 1933 in die NSDAP eintrat (Mitglieds-Nr. 2171021). Er reihte sich in die lange Reihe Aufnahmewilliger ein, die in die Partei drängten, bevor zum 30. April eine Aufnahmesperre verhängt wurde, die bis 1937 bestand. Nur wenige Wochen später, am 23. April 1933 wurde v. Spiegel vertretungsweise mit der Verwaltung des Landratsamts in Warburg beauftragt, nachdem er zuvor 26 Jahre lang sein Gut geführt hatte und keiner professionellen Tätigkeit in öffentlichen Verwaltungen nachgegangen war. Ab 1. November 1933 bekleidete er das Amt des Landrats, bis er am 15. Januar 1943 um seine Entlassung aus dem Staatsdienst ersuchte.[425] Weiterhin fungierte Spiegel als Kreisforstfachberater der NSDAP, war von April 1933 bis April 1937 Mitglied des Nationalsozialistischen Kraftfahrzeugkorps (NSKK, Nr. 011241) im Range eines Sturmführers, seit dem 1. Juli 1935 finanziell förderndes Mitglied der SS (FM Nr. 528.129) sowie Mitglied in den angeschlossenen Verbänden der Nationalen Volkswohlfahrt (ab 01.06.1934, Nr. 2184590) und dem Reichsbund der Deutschen Beamten (seit 01.07.1934, Nr. 889767).[426]

Um 1920 hatte er sich zudem in der antirepublikanischen, paramilitärischen Organisation Escherich engagiert. Deren Gründer – der bayerische Forstrat Georg Escherich (1870–1941) – war bestens vernetztes Mitglied des besagten Deutschen Herrenklubs und auch des ihm nachfolgenden Deutschen Klubs. Die Verbindung zu Escherich bestand in den 1920er Jahren fort, wie der Korrespondenz mit dem befreundeten Ferdinand von Lüninck über einen mehrtägigen Sommerbesuch Escherichs und Redeauftritte beim Landwirtschaftlichen Hauptverein Paderborn, dessen Vorsitzender wiederum v. Spiegel war, belegt.[427]

Eine enge Freundschaft verband den Bruder der Äbtissin mit dem überzeugten nationalsozialistischen Regierungspräsidenten des preußischen Regierungsbezirks Minden: Adolf Freiherr von Oeynhausen (1877–1953). Dieser hatte Hitler während seines für den Erfolg der Nazis überaus wichtigen Wahlkampfes in Lippe im Januar 1933 auf dem Familiensitz Gut Grevenburg beherbergt und später dem Reichsführer SS Heinrich Himmler die Wewelsburg bei Paderborn als „Reichsführerschule SS" anempfohlen. Joseph Spiegel hatte das Landratsamt v. Oeynhausen zu verdanken – eine Personalie, die der Mindener Regierungspräsident gegen alle Widerstände der örtlichen NSDAP-Kreise durchsetzte. So schrieb er an den für die Berufung zuständigen preußischen Innenminister Hermann Göring (1893–1946): „Wenn er auch erst im Winter offiziell Mitglied der Bewegung geworden ist, so ist doch seine einwandfreie nationale Gesinnung bestens bekannt. Er ist z.B. seinerzeit sehr stark aktiv für die Escherich-Bewegung eingetreten und hat sich damit stets in dem politisch ganz dem Zentrum verfallen gewesenen Kreise durchaus für die Ideen des Führers eingesetzt".

Joseph v. Spiegel selbst räumte in seinem Lebenslauf vom 3.11.1933 die späte Mitgliedschaft in der NSDAP ein, „obwohl ich schon jahrelang für die Partei geworben habe". Mit Widerständen hatte er die ganzen Jahre seiner Amtszeit zu kämpfen, die seitens der örtlichen NSDAP so begründet wurden: Die „Schwierigkeiten hatten ihren Grund in der gegen den Willen der gesamten Parteigenossenschaft erfolgten Berufung des Freiherrn von Spiegel zum Landrat des Kreises Warburg".[428] Der Warburger Landrat und und sein Freund: der Mindener Regierungspräsident wurden 10 Jahre später fast zeitgleich in den Ruhestand versetzt. Letzterer, da „die Haltung v. Oeynhausens in der Kirchenfrage seit langem zu Schwierigkeiten mit der Partei Anlaß gegeben habe".[429] Die Gründe bei Joseph v. Spiegel waren ähnlich gelagert. Dazu später mehr.

Zu Beginn der Machtübernahme 1933 mag sich der Bruder der Äbtissin von den Nationalsozialisten eine Verbesserung der prekären wirtschaftlichen Lage seiner Familie, deren Gut in Helmern sich seit Längerem in einer finanziellen Schieflage befand, erhofft haben. Benedicta v. Spiegel hatte wie erwähnt den Kontakt zu Fritz Gerlich hergestellt, um dessen gute Verbindungen in die Finanzbranche für eine Umschuldung des Gutes zu nutzen. Der Posten des besoldeten Landrats war unter diesen schwierigen finanziellen Bedingungen mehr als willkommen. Auch die Spiegelschen Kinder in Helmern begeisterten sich für die NSDAP: „Alle waren ja eingegliedert, Raban führte die Hitlerjugend und Titta den BDM". Die Nichte der Äbtissin, das älteste der Kinder des Bruder Joseph: Aloysia – häufiger Gast in St. Walburg – hatte im Januar 1933 persönlich Bekanntschaft mit Adolf Hitler auf der Grevenburg bei Adolf v. Oeynhausen gemacht. Sie

hielt ihre Eindrücke unbedarft fest: „Ganz einfach, schlicht und selbstverständlich gab er jedem die Hand und setzte sich in unseren Kreis. (…)
Mir fiel damals die nette Art auf und der freundschaftliche Ton in welchem Hitler mit seinen Leuten umging. (…) Lange schwebte mir noch das
Bild vor Augen. – Was ging wohl in dem Kopf dieses grossen Menschen
vor?".[430]

Unter den Brüdern blieb das Verhältnis äußerst angespannt. Möglicherweise sah sich Joseph v. Spiegel, der am 17. August 1934 den Diensteid auf
den Führer geleistet hatte, durch den widerständigen Bruder kompromittiert.[431] Der Brauereibesitzer Adolf v. Spiegel war u.a. aufgrund seines gesellschaftlichen Engagements in Ostwestfalen eine bekannte und beliebte
Persönlichkeit, sodass eine Festnahme durch die Gestapo mit Sicherheit
Aufsehen erregt hätte. Möglicherweise hat der Landrat seinen Bruder veranlasst, Aufnahmeanträge in die Partei zu stellen, nachdem im April 1937
die NSDAP ihre Mitgliedersperre wieder aufgehoben hatte. Sein Antrag
aus diesem Jahre wurde am 9.11.1937 von der NSDAP-Kreisleitung in
Höxter abgelehnt. Angesichts der beschriebenen nazikritischen Äußerungen kann man die ernste Absicht des Parteiaufnahmeantrages anzweifeln.
Ein zweiter Antrag von 1939 wurde dann zunächst positiv beschieden,
vom Gaugericht Westfalen-Nord im April 1941 jedoch verworfen.

Die NSDAP-Kreisleitungen in Höxter und Göttingen drängten den
Warburger Landrat, „dafür zu sorgen, dass sich der" Bruder „wieder in
Behandlung des…Nerven-Spezialisten in Göttingen begibt". Gottfried
Ewald wiederum wurde latent gedroht, „dass hier staatspolizeilicherseits
eingegriffen werden muss, wenn sich das Verhalten des von Spiegel nicht
ändert".[432] Da die Geschwister einen vertrauten Umgang miteinander
pflegten, wussten auch die Schwestern von den Umständen. Ob es Zufall
war, dass 1939 auch die Äbtissin mit dem Gedanken spielte, wie ihr Bruder
aus Nützlichkeitserwägungen einen Antrag auf Aufnahme in die NSDAP
zu stellen?.[433]

Benedicta v. Spiegel, die in der Familie mit ihrem Taufnamen Elisabeth
gerufen oder „Lika" genannt wurde, hatte die innerfamiliäre Konfliktlage
klar vor Augen. Auch im Kloster war bekannt, dass dem Bruder Adolf
„ihre große Liebe, aber auch ihre größte Sorge galt". Sie unternahm verschiedentlich Versöhnungsversuche zwischen den Brüdern: „Wieder war
Onkel Adolf in der Familie. Und wie wir es schon öfter erlebt hatten, wollte T. Lika die beiden Brüder versöhnen. Alles schien auch gut zu sein. Aber
Feuer und Wasser mischt sich eben nicht. Und so kamen auch diese beiden
verschiedenen Menschen sich gegenseitig innerlich nicht näher". Olga v.
Spiegel berichtete von einem Streit im Oktober 1944: „Krach und Zerwürf-

nisse zur Genüge. Mit seinem Bruder... Es kam fast zu Tätlichkeiten".[434]

Die Äbtissin, die mit ihren Eichstätter Freunden so entschieden gegen Hitler und den Nationalsozialismus eintrat, nach 1933 einen zähen Kampf auf verschiedenen Ebenen ausfechten musste und die Repressalien des Regimes in vielfältiger Weise kennenlernte oder selbst in Bezug auf St. Walburg zu spüren bekam, befand sich in einer familiär zerrissenen Situation, deren Extreme ihre beiden Brüder markierten und zwischen denen es bis zu ihrem Lebensende keine Versöhnung geben sollte. Man kann sich vorstellen, dass die ihren Geschwistern empathisch verbundene Äbtissin diesen unlösbaren persönlichen, durch die politische Bedrohung existentiellen Konflikt als schwere Bürde mit sich herumtrug.

Inwieweit die „besonders guten Beziehungen zu Parteidienststellen und zu führenden Persönlichkeiten", die Olga v. Spiegel auch aufgrund ihrer Schwester Viktoria v. Dirksen unterhielt, ihrer benediktinischen Schwägerin im Laufe der Jahre zugute kamen, bleibt vorerst ein weites Feld der Spekulation. Von der ostwestfälischen Heimat richtet sich der Blick wieder nach Eichstätt.

Gartenfest am 16. Mai 1934 im Haus der Familie Goebbels
v. li. n. re.: Reichspressechef Walther Funk (1890-1960), Adolf Hitler, Magda Goebbels
(1901-1945), Reichspropagandaminister Joseph Goebbels,
Viktoria von Dirksen, Sigrid von Laffert (1916-2002) – Verwandte v. Dirksens und
zeitweise Begleiterin Hitlers –, Wehrwirtschaftsführer August Diehn (1874-1942)

Mit ihrem Bruder Joseph und Schwägerin Gerta v. Spiegel, ca. 1940

Landrat Joseph v. Spiegel (v. h.) begrüßt am 24.03.1936 Rudolf Hess in Warburg

Bruder Adolf v. Spiegel, ca. 1940   *Prof. Dr. Gottfried Ewald*

IX. Persönliche Verbindungen

Während 1932 die Wochenzeitung der „Gerade Weg" publizistisch erbittert gegen die Wahlerfolge der Nationalsozialisten ankämpfte, der Eichstätter Freundeskreis die Artikel und die politische Lage diskutierte, das „Reisebüro des Geraden Wegs" u.a. Fahrten nach Rom und zu den Passionsspielen im ältesten deutschsprachigen Passionsspielort Erl/Tirol organisierte, schrieb Äbtissin Benedicta von „bedrohlicher Zeit" und „trostloser Lage". Am 20. Juni 1932 starb der 75. Eichstätter Bischof Leo von Mergel, in dessen Amtszeit die Erhebung von St. Walburg zur Abtei 1914 und die Konsekration der neu gewählten Äbtissin Benedicta 1926 gefallen waren. Im „Geraden Weg" vom 26.06. erschien ein Nachruf: „Der älteste deutsche Kirchenfürst, Bischof v. Mergel, ist im Alter von 84 Jahren in Eichstätt gestorben. Er war der einzige Bischof Deutschlands, der einem geistlichen Orden angehörte".[435] Vor seiner Wahl zum Bischof von Eichstätt 1905 hatte Leo v. Mergel 7 Jahre als Abt des Benediktinerklosters Metten gewirkt. Die Beisetzung in der Bischofsgruft, „die tags zuvor die Benediktinerinnen von St. Walburg mit frischem Tannengrün und lebenden blühenden Rosen geschmückt" hatten, erfolgte unter großer öffentlicher Teilnahme am 23. Juni 1932.[436]
Es begann die Suche nach einem Nachfolger.

DER JÜDISCHE KONVERTIT BRUNO ROTHSCHILD IM EICHSTÄTTER FREUNDESKREIS

Am Tag der Beisetzung des Bischofs erreichte ein Eilbrief von Therese Neumann die Äbtissin, „in dem sie mich bat, dass ihr Schützling Bruno Rothschild am 2. Juli seine Primiz bei uns feiern dürfe, was natürlich mit großer Freude zugesagt wurde". Für die Benediktinerin war die Primiz des zum Katholizismus konvertierten Rothschild das „zweite besonders selige Heimsuchungsfest" in ihrem Leben, wie sie in ihren Erinnerungen schrieb. Es sollte „eine ganz intime, wirklich himmelsnahe Feier" werden.[437]
Der Freundeskreis hatte sich des jüdischen, im unterfränkischen Lohr geborenen Apothekers Bruno Rothschild (1900–1932) angenommen. Je-

ner hatte 1924 erhebliches Aufsehen in seiner Heimatstadt erregt. Der für Lohr zuständige Rabbiner Dr. Siegmund Hannover (1880–1964) schilderte die Vorfälle wie folgt: Rothschild „hat in der Zeit der Hochflut der nationalsozialistischen Bewegung in einer öffentlichen Versammlung in seiner Verteidigung des Judentums gewisse Angriffe auf den Stifter der christlichen Religionen und des Christentums gerichtet, die ihm außerordentlich übel vermerkt wurden und zur Anklage wegen Gotteslästerung führten. Nach längeren Verhandlungen ist er dann durch den Einfluß der kath. Geistlichkeit, bei der seitens seiner Familie Hilfe gesucht wurde, entweder frei gesprochen oder nur sehr gering bestraft worden. Die jüdische Öffentlichkeit Lohrs hat ihn seinerzeit in einer öffentlichen Erklärung aus einem bei uns Juden leider häufig vorzufindenden Angstgefühl heraus abgeschüttelt, und es wurde mir gesagt, dass dieser Tag auf den jungen Mann, der in ehrlicher Weise das Judentum vertreten zu müssen glaubte, einen verheerenden Einfluß ausgeübt habe".[438]

Der nach Sicht des Rabbiners in harscher Weise aus der Gemeinde ausgestoßene 24-Jährige verlor die Bindung zu dem in seiner Familie tief verwurzelten jüdischen Glauben. Im Jahr 1927 machte Rothschild, der als Apotheker seinen Lebensunterhalt verdiente, Bekanntschaft mit der 1922 konvertierten jüdischen Philosophin Edith Stein. Eine lose Freundschaft entstand zwischen den beiden Suchenden. Rothschild begegnete ungefähr zur gleichen Zeit Therese Neumann in Konnersreuth und konvertierte durch sie bestärkt 1928 zum katholischen Glauben. Die Konnersreutherin – selbst Taufpatin – schrieb an Franz Xaver Wutz, der „Heiland... wünsche, dass Du die Taufpatenstelle übernehmen möchtet... Er wird Dir gefallen und Du wirst mit ihm noch viel Freude erleben".

Den jüdischen Eltern hingegen verursachte die Konversion Unverständnis und Leid.[439] Nach Taufe in Konnersreuth und Firmung durch Bischof v. Mergel übersiedelte Rothschild nach Eichstätt, um Theologie zu studieren mit dem Ziel, katholischer Priester zu werden. Er wurde dort vom Freundeskreis hilfsbereit aufgenommen und galt bald als „Resl Schützling".

Nach erfolgreichem Studienabschluss und der Priesterweihe im Dom durfte Bruno Rothschild im Nonnenchor der Kloster- und Pfarrkirche St. Walburg seine erste feierliche Messe zelebrieren. „Nach der Feier war im Sprechzimmer Frühstück und mittags das Mahl. (...) Der ganze Konnersreuther Freundeskreis war anwesend" – heißt es in der Chronik der Abtei. Wie sehr einzelne Teilnehmer ergriffen waren, zeigen die Erinnerungen der Äbtissin: „Nach dem Festessen, bei dem Prof. Wutz eine Dankesrede halten wollte, sie aber vor Rührung nicht zu ende brachte ...".[440]

Dunkle Schatten lagen über dieser Konversion. Schon bei der Taufe 1928 war Bruno Rothschild ins Visier der vom fränkischen NSDAP-Gauleiter Julius Streicher (1885–1946) herausgegebenen antisemitischen Wochenzeitung „Der Stürmer" geraten. Diese titelte: „Der getaufte Rothschild…Judenmanöver in Konnersreuth". Im Vorfeld der Primiz kam es im Mai 1932 zu einem weiteren antisemitischen Artikel. 3 Wochen nach der Primiz in der Kloster- und Pfarrkiche St. Walburg wurde der Jungpriester erneut angefeindet: „Der Jude wird…von deutschen Frauen und Männern die Beichte entgegennehmen". [441] Angesichts dieser öffentlichen Denunziationen werden die Freunde ihren Schützling innerlich bestärkt haben. Zeitgleich waren sie aber selbst in die Auseinandersetzungen mit den Nationalsozialisten über den „Geraden Weg" involviert. Die Stimmung wird angesichts der labilen politischen Lage, der Wahlerfolge der NSDAP, der Straßenkämpfe und des aggressiven Antisemitismus getrübt und besorgt gewesen sein, zumal der „Gerade Weg" vom 4. August 1932 an wegen polemischer Artikel für 4 Wochen verboten worden war.[442]

In jenem August 1932 trat Bruno Rothschild seine erste Stelle als Kaplan im ca. 60 Kilometer von Eichstätt entfernten Arberg in der St. Blasius Pfarrei an, körperlich geschwächt und mitgenommen auch durch die Hetzkampagnen. Seine chronische Herzschwäche verstärkte sich bemerkbar. Trotz Krankheit fuhr er an Weihnachten nach Lohr, um aus der Entfernung die jüdische Beisetzung seines am 22. Dezember verstorbenen Vaters zu begleiten. Auf dem Rückweg erlag Bruno Rothschild im Nürnberger Bahnhof an Heiligabend einer Herzattacke. Er wurde in Konnersreuth beigesetzt. Sein Tod wird nicht nur Therese Neumann „eine tief schmerzliche Wunde" geschlagen, sondern den Kreis der Eichstätter Förderer und Unterstützer innerlich bewegt haben. In der katholischen Presse wurde Anteil am Schicksal des Konvertiten genommen. So heißt es in einem kurzen Nachruf, dass der „überaus fromme und demütige Priester…von einem Herzschlag getötet" wurde. „In seiner Seelenheimat Konnersreuth wurde er mit größter Liebe zur ewigen Ruhe geleitet".[443]

Bruno Rothschild war nicht der Einzige jüdischen Glaubens, der von Therese Neumann inspiriert und begleitet den Weg zum Katholizismus fand. Am Neujahrstag 1932 hielt sich der österreichische Sozialdemokrat und Publizist Benno Karpeles (1868–1938) in Konnersreuth auf. Fritz Gerlich schrieb anlässlich seines Besuches dort: „Anwesend war…Dr. Karpeles aus der Familie des Begründers der Internationalen Transportfirma Schenker & Co. Dr. Karpeles, ein Jude, ist heute ein Mann in den Sechzigern. (…) Das Konnersreuth-Erlebnis hat ihn veranlasst jetzt mit allem Nachdruck seine Konversion zu betreiben. Wäre es nach seinem Wunsch gegangen, so hätte er schon zu Weihnachten konvertiert. Da Dr. Karpeles natürlich auch Schwierigkeiten zu überwinden hat, darf ich Ihnen diese Sache nur vertraulich mitteilen". Die nach bisherigem Forschungsstand noch schwer einschätzbare Verbindung zwischen den beiden blieb bestehen. Karpeles versorgte Gerlich mit Informationen, und im Herbst 1932 wird Gerlich bei dem Österreicher anfragen, ob ein Teil des „Geraden Wegs" in Wien gedruckt werden könnte.[444]

EIN NEUER BISCHOF IN EICHSTÄTT: KONRAD GRAF PREYSING

Die Suche eines Nachfolgers für den im Juni 1932 verstorbenen Bischof Leo v: Mergel führte zu einem unerwarteten Ergebnis. Das Domkapitel schien den Eichstätter Domkapitular und Hochschulkollegen der Professoren Wutz und Lechner, Prof. Dr. Ludwig Bruggaier (1882–1970), favourisiert zu haben. Dieser machte sich offenbar schon konkrete Gedanken über die Haushaltsführung im bischöflichen Palais und erwog, Klosterfrauen von St. Walburg mit dieser Aufgabe zu betrauen. So will es der Würzburger Bischof Matthias Ehrenfried von seiner Schwester Juliana aus der Abtei erfahren haben:[445]

> „ Wenn ich mich nicht täusche, rechnet H. B. (Herr Bruggaier GW) sicher mit der Ernennung zum Dominus Reverendissimus. (…) Die Schwägerin des H. B. hat in allem Ernste meine Schwester gefragt, ob es ratsam und wünschenswert sei, für den Haushalt im Palais Klosterschwestern einzuführen. (…) Ich gönne jedem das dornenreiche Amt eines Bischofs. Est enim martyrium incruentum, sed perpetuum".

Der Plan zerschlug sich. Stattdessen ernannte Papst Pius XI. am 9. September 1932 Dr. Konrad Graf Preysing (1880–1950) zum 76. Eichstätter Bischof. Dass sich der einflussreiche Kardinalstaatssekretär Eugenio Pacelli – der spätere Papst Pius XII. – für die Wahl seines ihn auf einer Reihe von offiziellen Reisen begleitenden Freundes aus seiner Zeit als apostolischer Nuntius in Deutschland gegen Widerstände durchgesetzt hat, steht für die Forschungsliteratur außer Frage. Sachlich vermeldete ein zeitgenössischer Zeitungsartikel, dass bei der Besetzung des Eichstätter Bischofsstuhls „die seit längerem zu beobachtende Gepflogenheit beibehalten" wurde, „den Oberhirten einer vakanten Diözese nicht dieser selbst zu entnehmen".[446] Das traf zu dieser Zeit in Bayern auf Würzburg, Regensburg und Augsburg zu.

Für die Eichstätter Äbtissin war der neue Bischof kein Unbekannter. Als Jugendlicher hatte sich v. Preysing häufiger bei seinen Cousinen Stolberg im ostwestfälischen Westheim aufgehalten. Die Stolberger Grafenfamilie waren Nachbarn und Freunde der Familie v. Spiegel. Die St. Walburgerin behielt die Jugendzeit im Gedächtnis und gratulierte anlässlich der Bischofsernennung: „Wenn ich auch nicht hoffen darf, dass Euer Exzellenz sich meiner geringen Person aus längst vergangenen Tagen (Stolberg-Westheim) noch erinnern". Vor allem mit ihrem jüngerem Bruder Joseph war der fast gleichaltrige v. Preysing aus Jugendjahren gut bekannt. An ihre Nichte Aloysia v. Spiegel schrieb Äbtissin Benedicta: „Sag doch Deinem l. Vater dass unser neuer Bischof sich neulich gleich nach ihm erkundigte u. mir 2 mal herzliche Grüße für ihn auftrug (…) Ich bin sehr froh über diese Lösung aus vielen Gründen".

In die Vorbereitungen der Bischofsweihe am 28. Oktober war die Abtei vielseitig eingebunden: Die 83-jährige Mutter des Bischofs, die sich in der katholischen Frauenbewegung engagierende Hedwig von Preysing (1849–1938), wohnte in St. Walburg; weitere Gäste waren zu beherbergen und zu bewirten. Die Äbtissin wandte sich daher mit einer Bitte an ihre Nichte in der ostwestfälischen Heimat:

„Mein liebes Herz – willst Du Deinen guten Vater bitten um einen Fasan für mich falls man jetzt einen solchen schießen kann. Ich hätte so gern einen für die alte Mutter des Bischofs, die am 26. zu uns kommt u. einige Tage bei uns bleibt. (…) Zur Weihe…kommen 24 Gäste zum Wohnen u. 40 zum Essen, also gibt es…Arbeit in Hülle u. Fülle".

Die Festlichkeiten gelangen. In einem praktisch organisatorischen Bericht adressiert an das Elternhaus der Äbtissin in Helmern heißt es: Der Fasan „wurde am Sonntag vom Hochwürdigsten Herrn Bischof u. der Frau Gräfin Mutter verspeist. Er sei wunderschön zart gewesen (…) Die Eichstätter feierten auch so viel sie nur konnten. Der 1. Bürgermeister, der alles leitete, hat es großartig verstanden. Wir hatten zum Wohnen 30 Personen im Spiritualhaus. Zum Essen hatten wir mittags am Weihetag 40 od. 42 Personen (Frühstück, Abendessen…) , am 2. Tag war nur mehr die engste Familie da so 30 Personen. Liebste Hochwürdige Mutter war mit den Leistungen unserer Küche sehr zufrieden. Sie hatte ja alles selbst bis in das Kleinste angeordnet. Mit einem Wort, es war herrlich!".[447] Wer war dieser neue Eichstätter Bischof, dessen Wahl v. Spiegel so sehr begrüßte?

Konrad Graf von Preysing-Lichtenegg-Moos entstammte altem weitverzweigtem bayerischen Adel und schien zunächst nach dem Jurastudium eine Diplomatenlaufbahn anzustreben. Seine akademische Ausbildung erweiterte er durch ein Theologiestudium mit Promotionsabschluss. Nachdem er die Priesterweihe empfangen hatte, machte der Münchner Erzbischof Franziskus von Bettinger (1850–1917) v. Preysing 1913 zu seinem Assistenten. Nach dem Tod des Bischofs wirkte er als Domprediger an der Frauenkirche und leitete ab 1928 das Referat für Presse, Film und Funk im Münchner Metropolitankapitel unter Kardinal Michael v. Faulhaber. Vor 1920 hatte er in München den päpstlichen Nuntius Eugenio Pacelli kennengelernt, mit dem ihn eine lebenslange Freundschaft verbinden sollte.

Für v. Preysing blieb das adlige Herkunftsmilieu prägend. Er war Mitglied in der einflussreichen Genossenschaft katholischer Edelleute in Bayern, die christlich konservativ orientiert zugleich einen exklusiven Kreis aus Mitgliedern altbayerischer Adelsfamilien umfasste mit guten Kontakten zum ehemals regierenden bayerischen Königshaus und sich abgrenzte gegen rechtsradikale und militaristische Tendenzen in anderen Adelsverbänden. Zugleich jedoch unterstützte v. Preysing vermutlich auch finanziell als „Gönner" den in München ansässigen „Deutschen Jungadel", der neben Sport „zur Wehrhaftmachung des Einzelnen" Vorträge im Themenkreis von „Fragen des Christentums, des Deutschtums und des Adels" durchführte und in der Satzung geregelt hatte, dass die Mitgliedschaft durch „jüdische Heirat" erlösche. Die zweiwöchentlichen Vorträge fanden im Münchner Ableger des oben bereits erwähnten „Herrenklubs" statt, der im repräsentativen Preysing Palais in der Münchner Residenzstraße logierte.[448]

NETZWERKE: PREYSING, STOLBERG, le FORT

Mit Benedicta von Spiegel verband ihn das aristokratische Sozialmilieu, welches vielfältige persönliche Verbindungen und Verwandtschaftsverhältnisse mit einschloss. Graf Preysing war eng vertraut mit seiner 10 Jahre jüngeren Cousine mütterlicherseits: Elisabeth Gräfin Stolberg-Stolberg (1890–1985). Von 1916 bis zu seinem Tod 1950 korrespondierten die beiden und sahen sich regelmäßig, auch in Eichstätt. Die im westfälischen Westheim ansässige Familie v. Stolberg kannte Benedicta v. Spiegel von Kindesbeinen an durch viele gemeinsame Unternehmungen. Man lebte nicht weit von einander entfernt, wie in einem früheren Kapitel beschrieben. So war Elisabeth Stolberg öfters Gast in St. Walburg und kurierte dort u.a. ein Magengeschwür aus.

Eine ihrer Verwandten: Imagina Prinzessin zu Stolberg-Stolberg (1901–1982) hielt sich ebenfalls häufiger in Eichstätt auf. Sie soll zum „engsten

Freundeskreis" der Äbtissin gezählte haben. Leider geben die ausgedünnten Nachlässe keine Belege für diese Zuschreibung der Sekretärin v. Spiegels. Wie ihre Cousine Elisabeth unverheiratet – lebte die an religionsphilosophischen Fragen interessierte, schriftstellernde Prinzessin auf dem Familienschloss im Fachwerkstädtchen Stolberg im Harz.[449] Imagina zu Stolberg stand in näherem Kontakt zu dem bekannten schon öfters erwähnten Jesuiten Erich Przywara, der sie mehrmals auf Schloss Stolberg besuchte, dort Privatmessen las und offenbar wichtige Anregungen für seine Sicht Martin Luthers gewann. Die Gastgeberin hielt den Besuch in Fotografien fest. Auch v. Preysing und v. Spiegel unterhielten Verbindungen zu dem empfindsamen, gesundheitlich jedoch angeschlagenen Jesuitenpater. Nach dessen Tod wird Imagina v. Stolberg ihre besondere Wertschätzung in einem Brief an die Haushälterin des Paters, Sigrid Müller, ausdrücken: "Wir alle, seine ,Alten' haben Einer wie der Andere Dinge der Tiefe von ihm empfangen, wie von Niemanden sonst".

Freundschaftliche Beziehungen unterhielten auch Przywara und die 1926 konvertierte Schriftstellerin Gertrud Freiin von le Fort (1876–1971).[450] Mit ihrer im westfälischen Minden geborenen Landsmännin pflegte zudem Benedicta v. Spiegel einen vertrauten Umgangston, las mit Gewinn ihre Bücher. 1934 schrieb sie ihr: „Und darf ich noch sagen, daß mein allerallerliebstes Buch ‚Die Letzte vom Schafott' ist. Was Du uns mit diesem Buch gegeben, kann ich nicht sagen".

Diese 1931 erschienene Novelle griff eine historische Begebenheit aus der französischen Revolutionszeit auf, als dem staatlichen Terror ein Frauenkloster zum Opfer fiel und mit einer Ausnahme alle Nonnen durch die Guillotine hingerichtet wurden. Das Thema der kirchlichen Repression durch ein Gewaltregime gewann nach der Machtübernahme der Nationalsozialisten brennende Aktualität. Die Äbtissin konnte in dem Stoff subtile Ähnlichkeiten mit der Bedrohungssituation ihres Kloster erkennen. Den Brief schickte sie an le Fort wenige Wochen, bevor sie nach Amerika aufbrechen sollte, um dort eine Heimstatt für ihr Kloster zu finden, sollte es zum Äußersten kommen. Dazu später mehr. Die Verbindung der beiden Duzfreundinnen bestand bis mindestens 1947 belegbar fort. Auch v. Preysing war im übrigen von dem Lieblingsbuch der Äbtissin, einer „Erzählung von Angst und Gnade" sehr angetan. Gertrud von le Fort hielt er – so in einem Brief von 1933 für die „bedeutendste Schriftstellerin deutscher Zunge katholischer Konfession".[451]

Man wird von einem festen Set persönlicher und verwandtschaftlicher Verbindungen sprechen können, zu dem auch die Familie Waldburg-Zeil zählte. Zu Fürst Erich und seiner Schwester Walburga, die 1930 in die

Eichstätter Abtei eingetreten war, bestanden verwandtschaftliche Beziehungen des neuen Eichstätter Bischofs. Graf Preysings Großmutter Anna und Fürst Erichs Urgroßvater waren Geschwister. Man kann sich gut vorstellen, dass die Äbtissin und Fürst Waldburg kopfnickend v. Preysings Satz von 1949 zugestimmt hätten: „Und für mich ist die geruhsame Zeit vor 1914 doch ein bißchen wie ein verlorenes Paradies". Die Nationalsozialisten werden vor 1935 in einem undatierten Vermerk über v. Preysing darauf abheben, dass der „ganze katholische Adel…auf seiner Seite" sei. „Höchste Vorsicht daher angebracht".[452]

Bei so vielen Gemeinsamkeiten entwickelte sich rasch ein besonderes Vertrauensverhältnis zwischen den Geistes- und Milieuverwandten. Bischof und Äbtissin sahen sich offenbar mehrmals wöchentlich und schätzten sich hoch: „Er kommt so fleißig zu liebsten Hochwürdigen Mutter, in jeder Woche mindestens 1mal, meistens aber öfter. Er bespricht alles mit" ihr. „Ist das nicht ein großer Trost und ein großes Glück!". Über Benedicta v. Spiegel, „mit der ich in regem Gedankenaustausch war und geblieben bin", wird Konrad v. Preysing 18 Jahre später urteilen:

> „Eine Persönlichkeit mit dieser vielfältigen Begabung wie sie ist gewiß selten. Sie gehörte zu einem jetzt aussterbenden Typus, der im eigentlichen Sinne Bildung besaß, selbst ohne fachliche Ausbildung".

Die Äbtissin wiederum wird beim Weggang Preysings aus Eichstätt 1935 urteilen: „Wir werden nie einen solch gütigen, verständnisvollen, klugen und vornehmen Oberhirten wieder bekommen können".[453]

Graf Preysing gewann in der Stadt offensichtlich schnell allgemeine Wertschätzung. „In Eichstätt hat sich Bischof Konrad in kürzester Zeit die Verehrung des Klerus, die begeisterte Liebe des Volkes und das Vertrauen der weltlichen Behörden erworben. Er war auch der Gründer des Bistumsblatts ‚St. Willibalds-Bote'" – heisst es emphatisch in der Chronik der städtischen Kolpingfamilie.[454]

Bei soviel geistiger Nähe war es eine Selbstverständlichkeit, dass Bischof v. Preysing vom Eichstätter Freundeskreis mit offenen Armen aufgenommen wurde. Die politische Lage zum Ende des Jahres 1932 wurde alles andere als rosig beurteilt: „Wenn es in jeder Hinsicht endlich einmal besser werden würde! Es ist wirklich sehr traurig! Armes Vaterland! - - -". Von einem späteren engen Mitarbeiter v. Preysings wird der Einfluss des Freundeskreises auf den Bischof in Bezug auf seine Ablehnung und Gegnerschaft gegenüber dem Nationalsozialismus als zentral bewertet: „Von Preysing erinnerte sich dankbar der Informationen aus dem Kreis, die ihn vor jeder Täuschung über das Hitlersystem bewahrt hatten".[455]

Hatte das Jahr 1932 v. Spiegel einen ihr freundschaftlich verbundenen neuen Bischof gebracht, so schloss es mit der Sorge um einen der Freunde aus dem Eichstätter Kreis. Der Kapuzinerpater und wichtigste Mitautor des „Geraden Wegs" Pater Ingbert Naab war im Dezember 1932 ernstlich erkrankt und erhielt täglichen Krankenbesuch des ihm verbundenen Bischofs, mit dem er auch die politische Lage erörterte: „Mit dem Bischof besprach er alle Fragen, um abzuwenden, was noch abzuwenden wäre".[456] Die Machtübernahme der Nationalsozialisten stand bevor. Bedrückt schrieb Therese Neumann am 19. Januar 1933 an ihre Freundin in die Abtei und schickte ihr Andachtsbilder für die St. Walburger Klosterfrauen, die sich auf die Reise nach Amerika machten:[457]

> „Lb. gute Frau Äbtissin! (…) Vergelt's Gott (…) Auch für alles was die Meinen in Eichstätt an Liebe und Güte durch dich erfahren. Ich freue mich so stark auf ein baldiges Wiedersehen. Ist man doch ziemlich mürbe u. müde von dem in letzter Zeit Erlebten. Anbei etliche Bildchen, womit du deinen Kindern eine kl. Freude machen kannst. Ist doch ein großes Opfer für sie, wenn sie von daheim fortziehen. Ich weiß ja, wie die Kinder an dir hängen. (…) Besonders aber sei du recht innigst gegrüßt von deiner Resl".

Einen Tag vor dem 59.ten Geburtstag der Äbtissin wurde Adolf Hitler zum Reichskanzler ernannt, einen Tag nach ihrem Geburtstag, am 1. Februar 1933 der Reichstag aufgelöst und eine Neuwahl angeordnet.

Konrad v. Preysing mit seiner Mutter Hedwig v.   Elisabeth v. Stolberg-Stolberg um 1910
Preysing 1932

X. Verfolgung und Ängste im Eichstätter Freundeskreis 1933

VERHAFTUNG GERLICHS, ERSTE FLUCHT NAABS

Die Reichstagswahl am 5. März sicherte zwar der Bayerischen Volkspartei (BVP) in Eichstätt die absolute Mehrheit mit 52,2% – trotz 8% Stimmenverlust. Dennoch errang die NSDAP durch die Mobilisierung bisheriger Nichtwähler in der Stadt einen fast 12prozentigen Stimmengewinn auf 33,3%. In Bayern wurde die NSDAP mit 43,1% der Stimmen stärkste Kraft vor der abgeschlagenen BVP mit 27,2 %. Reichsweit resultierte aus der Wahl eine Mehrheit der Sitze für die Nationalsozialisten, zudem die Mandate der Kommunistischen Partei Deutschlands (KPD) noch vor der konstituierenden Sitzung aufgrund der sog. Reichstagsbrandverordnung annulliert wurden.[458]

4 Tage nach der Wahl übernahmen die neuen Machthaber die Regierung in Bayern. Auch in Eichstätt besetzten sie die kommunalen Schaltstellen durch ihr genehme Parteigänger, allerdings zunächst mit einer wichtigen Ausnahme: Der seit 1919 amtierende, der BVP angehörende Bürgermeister Otto Betz blieb aufgrund seiner Verwaltungserfahrung noch ein ganzes Jahr im Amt und wurde erst im Mai 1934 durch den NSDAP-Kreisleiter und früheren Hausarzt der Abtei St. Walburg – Dr. Walter Krauß – abgelöst. Der Gauleiter Mittelfranken, Julius Streicher, überreichte dem „1. nationalsozialistischen Bürgermeister Eichstätts...die goldene Amtskette und führte ihn in sein Amt ein". Krauß sollte in den kommenden Jahren aggressiv gegen die Eichstätter Kirchenvertreter vorgehen und auch die St. Walburger Äbtissin vehement attackieren. Den seit 1929 amtierenden BVP-nahen Bezirksamtsvorstand/Landrat Dr. Eugen Hornstein (1881–1963) – am 14. März 1933 mit sofortiger Wirkung beurlaubt – ersetzte der protestantische Jurist Dr. Georg Roth (1884–?), der das Amt jedoch zwei Jahre später im Zuge eines Parteiausschlussverfahrens schon wieder verlor.[459]

Doch mit den politischen Umbrüchen vor Ort nicht genug. Die steten und scharfen Angriffe des „Geraden Wegs" auf die Nationalsozialisten

und im besonderen die Person Hitlers hatten zu einer erbitterten Feind-
schaft geführt. Ob dem Kreis zu dieser Zeit bekannt war, dass die Nazis
einen „Spitzel" in die Redaktion eingeschleust hatten, der später daran mit-
wirkte, v. Waldburg-Zeil zu erpressen, muss offen bleiben. Jedenfalls nahm
für Benedicta v. Spiegel und ihren Kreis eine gefährliche Entwicklung ihren Lauf. Denn gleich am ersten Tag der nationalsozialistischen Machtübernahme in Bayern, am 9. März 1933, stürmten in München SA-Leute
die Redaktionsräume des „Geraden Wegs". Sie misshandelten den Freund
Fritz Gerlich brutal und nahmen ihn ohne Rechtsbeistand, Verhör und Anklage in sog. „Schutzhaft" in das in der Ettstraße gelegene Polizeipräsidium
mit. Vier Tage später verbot der damalige kommissarische Polizeipräsident
von München Heinrich Himmler auf der Grundlage der Verordnung des
Reichspräsidenten „zum Schutz von Volk und Staat" den „Geraden Weg"
zunächst bis zum 10. April 1933. Das Zeitungsprojekt war jedoch endgültig beendet. Der Chefredakteur Fritz Gerlich sollte nicht mehr auf freien
Fuß kommen.[460]

Der Freundeskreis hatte wohl geahnt, dass Gerlich mit der Machtübernahme Hitlers in Lebensgefahr geraten würde und Vorkehrungen getroffen.
Auf Betreiben und mit den guten Kontakten Waldburg-Zeils war eine
Fluchtoption in die Schweiz vorbereitet worden. Schon vor der Reichspräsidentenwahl im Frühjahr 1932 stand zudem ein Konto „bei der Bank
von Ragaz mit einem Guthaben von rund 4500 Schweizer Franken" für
Gerlich zur Verfügung. Dieser hatte jedoch eine Flucht ausgeschlagen und
geriet sehenden Auges in die für ihn tödlich endenden Fänge der Bayerischen Politischen Polizei, die seit dem 1. April 1933 von SS-Führer Heinrich Himmler geführt wurde.[461]

Für den obendrein gesundheitlich angeschlagenen Pater Ingbert Naab,
der Mitte 1932 den in Millionenauflage gedruckten Artikel „Wer hat Sie
denn gewählt, Herr Hitler" verfasst hatte, befürchteten die Freunde ein
ähnliches Schicksal. Einen Tag nach der Verhaftung Gerlichs verließ dieser fluchtartig sein Kloster und tauchte bis zum Ende des Monats in dem
ebenfalls von Kapuzinern bewohnten, etwa 80 Kilometer entfernten Kloster Maria Birnbaum im historischen Wittelsbacher Land unter. Dort besuchte ihn Konrad v. Preysing gemeinsam mit Franz Xaver Wutz: Der Bischof erinnerte sich Jahre später: „Ich denke noch an meinen zweimaligen
Besuch in ‚Maria Birnbaum' mit Professor Wutz, wohin wir mit unkennt-
lich gemachter Autonummer fuhren".[462]

Ab April war Naab dann wieder in seinem vertrauten Eichstätter Umfeld. Es sollten die letzten Wochen bei den Freunden sein. Zu dieser Zeit
hielt bereits ein Nazifunktionär seine schützende Hand über den Eich-

stätter Widerstandskreis. Ihm war es letztlich mit zu verdanken, dass die Freunde die langen Jahre des NS-Gewaltregimes überlebten. Wer war dieser Mann?

DER UNENTDECKTE HELFER:
NS-PARTEIFUNKTIONÄR FRIEDRICH STOER

Als „Fritz Stöhr" erwähnt ihn kurz der Historiker Rudolf Morsey in seiner verdienstvollen Gerlich-Biographie. Dort ist zu lesen, er sei im 1. Weltkrieg „Kopilot von Rudolf Hess gewesen" und mit F. X. Wutz bekannt, dem er zu einem „Schutzbrief" von NSDAP-Gauleiter Adolf Wagner (1890–1944) in München verholfen habe. Als Straßenbauingenieur habe er in Ebnath nahe Konnersreuth einen „kleinen unrentablen Steinbruch" betrieben und zudem wäre er „NSDAP-Kreisleiter in Kemnath" gewesen. Letzteres entspricht nicht den historischen Tatsachen. Kreisleiter war von 1933 bis 1935 Christian Knodt (1895–?).⁴⁶³ Und auch sonst ist einiges abgesehen von der falschen Namensschreibung an dieser Charakterisierung nicht ganz stimmig, wie die Spruchkammerakte des in Sachsen bei Ansbach/Mittelfranken geborenen Johann Leonhard Friedrich Stoer (1896–1973) belegt. Diese konnte für die Biographie erstmals ausgewertet werden. Die darin enthaltenen Stellungnahmen und Zeugenaussagen – namentlich von Äbtissin Benedicta, Fürst Waldburg-Zeil und seinem Generalbevollmächtigten Simon Schorer, Joseph Lechner, Pfarrer Johannes Kraus sowie von Ferdinand Neumann und Bischof Rackl – enthüllen einen selten offenen Blick auf den Eichstätter Freundeskreis und seine Widerstandsaktivitäten. Sie zeigen zugleich, wie ein NSDAP-Mitglied, zuletzt im Rang eines SA-Obersturmbannführers jahrelang subversiv gegen das Naziregime agierte. Zwischen den Zeilen der protokollierten Zeugenvernehmungen ist das Staunen des fragenden Richterkollegiums förmlich zu spüren. Um es vorweg zu nehmen: Das Urteil der Spruchkammer vom 21.10.1947 fiel eindeutig aus. Der mehr als 2 Jahre als Kriegsgefangener internierte Stoer wurde in die Gruppe V. der Entlasteten eingestuft.⁴⁶⁴

Den Spruchkammerunterlagen sind zunächst biographische Details zu entnehmen: Stoer nahm am 1. Weltkrieg als Pilot der bayerischen Jagdstaffel 35 teil, wurde zum Leutnant befördert und lernte dort kurz vor Kriegsende den späteren Stellvertreter des „Führers" Rudolf Hess (1894–1987) kennen. Der zwei Jahre ältere „Hess war ein alter Staffelkamerad von mir und war mir besonders dadurch bekannt, weil wir als Letzte unserer Staffel mit unseren Maschinen heimgeflogen sind nach dem ersten Weltkrieg" –

so die Aussage gegenüber dem Gericht. Die beiden hielten dann während Stoers Ingenieurstudium in München den Kontakt aufrecht.

Nach dem Diplom verließ Stoer vor dem November 1923 und Hitlers Bürgerbräu-Putsch München, stieg als Teilhaber und Geschäftsführer in das „Schotterwerk" seines Schwiegervaters im oberpfälzischen Ebnath ein. 1928 traf er erneut auf den mittlerweile zum Privatsekretär Hitlers avancierten Hess – ein Treffen mit Folgen, denn: „Im Laufe unserer Unterhaltung sagte mir Hess, dass die NSDAP die einzige Rettung für ein neues, friedliches Deutschland sei. Ich kannte Hess als einen wahrheitsliebenden Menschen und schätzte ihn als guten Kameraden".

Stoer trat also am 1.11.1928 unter der Mitgliedsnummer 104720 in die NSDAP ein, wurde am 1.09.1929 SA-Mitglied und engagierte sich in der Partei seines Heimatortes Ebnath. Er gehörte damit zu den sog. „Alten Kämpfern" mit einer Mitgliedsnummer unter 300.000: „Ich war überzeugt, wo Hess ist, muss es auch anständig und korrekt zugehen".[465]

Etwa zur gleichen Zeit trafen Stoer und der 14 Jahre ältere Franz Xaver Wutz bei gemeinsamen Bekannten zum ersten Mal aufeinander. Trotz diametral entgegengesetzter politischer Anschauungen schätzten sich die beiden offenbar. Nach der Zeugenaussage von Simon Schorer waren beide „sehr viel miteinander zusammen". Ferdinand Neumann, der Wutz öfters zu den Treffen mit Stoer begleitete, bestätigte Gespräche über den Nationalsozialismus „und ich habe festgestellt, dass Stoer sich als Idealist gezeigt hat. Er hat mir dann aber später gesagt, dass er sich innerlich vom NS abgewandt hat". Innere Distanz muss er wohl schon bald nach der „Machtergreifung" verspürt haben, denn er warnte nach der Festnahme Gerlichs im Mai 1933 Franz Xaver Wutz und Ingbert Naab vor deren eigenen drohenden Verhaftung. F. Neumann bestätigte, „dass sich Stoer öfter mit Pater Naab getroffen hat", und Fürst Waldburg-Zeil ergänzte in seiner Zeugenaussage: „War Pater Naab in Gefahr, verhaftet zu werden, ist Stoer zur Beratung beigezogen worden, was mit Pater Naab geschehen soll". Der gesamte Freundeskreis schenkte dem Nationalsozialisten seit dieser Zeit sein Vertrauen, wie die Aussage Schorers verdeutlicht:[466]

„Ich habe Stoer dadurch kennengelernt, dass er dauernd in unseren Kreisen verkehrte. Wir haben niemals Angst gehabt, dass er uns etwas tut.(…) Wir haben in seiner Gegenwart alles besprochen, wir hatten niemals das Gefühl des Zweifels".

Anfang 1934 stellte Fürst Waldburg-Zeil Stoer als Geschäftsführer seines Sägewerks in Altmannshofen ein. Dieser beteiligte sich auch finanziell mit einer Einlage an dem Unternehmen. Er rückte einerseits auch räumlich näher zu den Eichstätter Freunden, nahm andererseits das Amt des Kreiswirtschaftsberaters an und wurde 1936 zum SA-Sturmbannführer befördert. Wie passen Parteikarriere in der NSDAP und die Unterstützung eines entschiedenen Widerstandszirkels zusammen? Ein eher seltenes Verhalten unter „Hitlers Parteigenossen", wie die jüngsten Studien des Faschismusforschers Jürgen W. Falter belegen. Diese Frage beschäftigte auch die Spruchkammer im Entnazifierungsverfahren. Stoer gab folgende Antwort:

> „Um meinen Freunden helfen zu können, war Voraussetzung, dass ich einen möglichst hohen Rang bekleidete. Es war im Interesse meiner Freunde, dass ich 1936 zum Sturmbannführer befördert wurde (...) Das war ja gerade das Kunststück. Im allgemeinen musste ich als Nazi gelten, sonst hätte ich meinen Freunden nicht helfen können".

Die Richter der Spruchkammer wollten auch wissen, ob keine Sorge einer Denunziation bestanden habe, worauf der als Zeuge vernommene v. Waldburg-Zeil antwortete: „Nein, da hatte ich absolut keine Bedenken. Auch wusste ich, dass Stoer alter Parteimann war, während auf der andern Seite Stoer wusste, dass meine Freunde und ich grundsätzlich Gegner des NS waren". Der Fürst führte weiter aus: „Ich hatte den Eindruck, dass der eigentliche Bruch Stoers mit dem Röhm-Putsch zusammenhing... Ich habe ihn aber gebeten, seine Ämter zu behalten und sogar weitere zu übernehmen. Der Betroffene sagte mir einmal, er könnte den Posten des Kreiswirtschaftsberaters übernehmen. Ich habe ihm zugeredet und gesagt, dass es wichtig sei, wenn dieser Posten nicht in Nazihänden liegt. Dadurch konnte Stoer ganz erhebliche Dinge schützen". Das Gericht führte in seinem Urteilsspruch zu Stoers Hilfe für den Fürsten aus: „Es gelang ihm, die seine Person betr. Akten bei der Gestapo unschädlich zu machen..., persönliche Bedrohung mit dem Kz abzuwenden". Ferdinand Neumann präzisierte: „Ich weiss, dass in vielen Fällen, als Schwierigkeiten mit der Partei aufgetreten sind, Stoer eingeschritten ist, auch in Klosterangelegenheiten".[467]

Äbtissin Benedicta hatte schon im Juni 1946 ein Attest über den ihr „seit vielen Jahren bekannten" Stoer geschrieben, das im Spruchkammerverfahren hinzugezogen wurde. Ihre Einschätzung:

> „Stoer ist Protestant; das hat ihn aber nicht gehindert, sowohl mir wie der mir zur Leitung anvertrauten altehrwürdigen Benediktinerinnenabtei St. Walburg ein treuer Freund zu sein. St. war auch alter überzeugter Nationalsozialist; er glaubte – freilich irrtümlicherweise – in der nationalsozialistischen Bewegung

ein Mittel sehen zu können, sein Vaterland nach dem Zusammenbruch von 1918 wieder zu Wohlstand und Ansehen zu bringen. Die Zugehörigkeit zur Partei hat ihn aber gar nicht gehindert, Ungerechtigkeiten der Partei in Wort und Tat zu verurteilen, sowie mich und meine Abtei wiederholt gegen Übergriffe der Partei selbstlos zu schützen".

Benedicta v. Spiegel nannte im Folgenden zwei sehr konkrete Hilfen, auf die noch zurückzukommen sein wird. Friedrich Stoer wird mindestens bis zu seiner Einberufung zur Luftwaffe am 26. August 1939 v. Spiegel und den Freundeskreis begleiten und mit riskanten Aktionen unterstützen. Dazu später mehr. Nachdem sein Duzfreund Rudolf Hess am 10. Mai 1941 nach England geflogen war und dort in Kriegsgefangenschaft geriet, versiegten wohl die guten Kontakte in die NSDAP-Spitzenebene. Niemand in der Wehrmacht und der Partei hatte Verdacht geschöpft. Im Frühjahr 1942 wurde der ‚mittelgroße und schlanke' „Motor-Sportflieger" Stoer zum Major befördert. In einer Kriegsbeurteilung vom 24. Februar 1944 ist zu lesen: „Als altes Parteimitglied und Obersturmbannführer der S.A. ist in ihm das nationalsozialistische Ideengut stark veranlagt. (...) Geistig gut veranlagt; körperlich belastungsfähig" habe er einen „Hang zur Eigenbrödelei".[468] Zurück nach Eichstätt.

WANKENDER BODEN

Die Nationalsozialisten waren auch im beschaulich katholisch anmutenden Eichstätt auf dem Vormarsch, hatten 1922 bereits eine Ortsgruppe der NSDAP und der SA gegründet. Zunächst versuchten sie einen Weg des assimilierenden Andockens an die gewachsenen kirchlichen Milieustrukturen und Sozialrituale zu beschreiten, so das Ergebnis der einschlägigen lokalen Untersuchungen. Im Bestreben, die parteieigenen Jugendorganisationen in der Stadt zu etablieren und gleichzeitig die konfessionellen Jugendverbände zurückzudrängen, geriet auch die Benediktinerinnenabtei in den Focus, denn St. Walburg „hatte fast das ganze weibliche Erziehungswesen in der Hand, den Mädchenverein ‚Weiße Rose' sowie den Dienstmädchenverein".

Die „Führerin der „Weißen Rose" in Eichstätt, Anni Spiegl (1915–1975), trat in die Wehr- und Schutzorganisation der BVP: die sog. Bayernwacht ein, deren hiesige Ortsgruppe sich im Frühjahr 1932 konstituiert hatte. Auch Therese Neumanns Schwester und Haushälterin im Wutz'schen Haus Ottilie Neumann wurde 1932 Mitglied der Bayernwacht,. Diese veranstaltete am 13. Juli des Jahres „eine gewaltige Kundgebung" mit einem

Vortrag des Kapuzinerpaters Ingbert Naab über „Die Aufgaben der Jung-
männer im Kampfe um den christlichen Staat". 8 Monate später hieß es im
Regierungspräsidentenbericht vom 22. März 1933: „Einer genauen Beobachtung wird – namentlich im Bezirk Eichstätt – die weitere Tätigkeit der
Bayernwacht bedürfen, deren Fortbestand überhaupt vom Standpunkt der
nationalen Bewegung aus nicht wünschenswert ist und den Keim zu künftigen Konflikten in sich schließt". Zum 13. April 1933 wurde die Bayernwacht, die vom BVP-Politiker Fritz Schäffer (1888–1967) geführt wurde,
aufgelöst.[469] Er wird als Rechtsvertreter der Abtei noch eine Rolle spielen.

Zunächst begünstigend für die Akzeptanz der Nationalsozialisten in
katholischen Kreisen wirkte, dass die deutschen Bischöfe Ende März 1933
das Verbot einer Mitgliedschaft in der NSDAP für ihre Diözesanen aufgehoben hatten. Als Gegenreaktion darauf folgte jedoch im Sommer das
Verbot einer Doppelmitgliedschaft in konfessionellen und nationalsozialistischen Jugendverbänden durch Reichsjugendführer Baldur von Schirach
(1907–1974).[470]

Äbtissin Benedicta war nach der Verhaftung Gerlichs am 9. März 1933
offenbar verunsichert und eingeschüchtert. So berichtete sie Bischof v.
Preysing, dass am 15. März an der Klosterpforte eine Hakenkreuzfahne
abgegeben worden sei, die in der Klosterschule aufgehängt werden sollte.
Sie nahm Rücksprache mit dem noch amtierenden Bürgermeister der BVP
Otto Betz: „Herr Bürgermeister bat mich, die Fahne einfach in die Schule
legen zu lassen, er werde Sorge tragen, dass bei allenfalsiger Hissung jener
Fahne auch eine weiss-blaue Fahne gesetzt werde. Um 10 ½ wurde die
grosse weiss-blaue Schulfahne zugleich mit der kleineren Hakenkreuzfahne im Schulgebäude ausgehängt. Wer dies veranlasst hat, ist mir unbekannt.
Wir haben uns in dieser Angelegenheit passiv verhalten".[471] Immerhin
überragte die bayerische Landesfahne die Hakenkreuzfahne an Größe.

Im März 1933 drohte F. X. Wutz unmittelbare Schutzhaft. SA-Kräfte
wollten den Hochschullehrer, der sich im Auto seinem Wohnhaus näherte,
abpassen. Doch konnte ihn seine Haushälterin Ottilie Neumann warnen.
„Sie hatte inzwischen von Bischof Preysing gehört, dass Wutz verhaftet
werden soll. Sie sorgte dafür, dass der Prof. nicht das Auto verließ. Wir fuhren also sofort an den S.A. Männern vorbei Richtung Ingolstadt", hielt der
jüngere Neumann-Bruder Ferdinand in einem Erinnerungsbericht fest.[472]
Wutz hat über das Geschehen später auch mit Erich v. Waldburg-Zeil gesprochen, der darüber aussagte, dass dieser dem Nationalsozialismus „ra-
dikal, gegnerisch, ablehnend" gegenüberstand. „Dr. Wutz flüchtete von
Pfarrhaus zu Pfarrhaus. Nachdem er mehrere Tage gehetzt wurde, fuhr er
zu Stoer und dieser hat ihn dann herausgehauen. (…) Nur der Tatsache,

dass Dr. Wutz geflüchtet ist und die Haushälterin ihm noch rechtzeitig sagen konnte, dass er verhaftet werden sollte, ist es zu verdanken, dass dies nicht geschah". Joseph Lechner bestätigte, dass Stoer mit dem zu ihm nach Kemnath geflüchteten Wutz „persönlich nach Eichstätt zurückgefahren" sei und „ihn vor dem Zugriff der Gestapo gerettet", „ja ihm sogar einen Schutzbrief verschafft" habe.[473]

Am 17. Mai – 14 Tage nachdem der Eichstätter Stadtrat Adolf Hitler und Gauleiter Julius Streicher, Herausgeber des antisemitischen „Stürmer" – zu Ehrenbürgern der Stadt ernannt hatte, besuchten Therese Neumann und Franz Xaver Wutz die Äbtissin zu einem „Gespräch über allerlei Geschehnisse und Sorgen". Im Nachlass v. Spiegels findet sich eine auf den 17. Mai datierte Postkarte, auf die Neumann handschriftlich vermerkt hat: „Habt nur weiter Vertrauen. Laßt Euch durch nichts beirren, (ja)". Man kann sich vorstellen, dass die Dreierrunde über die Angst einflößenden Maßnahmen des Regimes gesprochen haben.

Der 17. Mai 1933 war auch der Tag nach der erneuten stundenlangen nächtlichen schweren Misshandlung ihres Freundes Fritz Gerlich im Münchner Gefängnis, über die am 19. Mai 1933 im „Vorarlberger Volksblatt" berichtet wurde. Gerlichs jüdischer Mithäftling Stefan Lorant (1901–1997) – ebenfalls Journalist – hatte einen Bericht über die Misshandlung verfasst. Der mitinhaftierte Erwein v. Aretin, dessen Artikel über Konnersreuth 1927 Therese Neumann zu internationaler Bekanntheit verholfen hatte, konnte den Bericht aus dem Gefängnis schmuggeln. Es war demnach bekannt, dass Gerlich seit dem 9. März in einer „Dunkelzelle" saß und im Verhör die Verfasser der anonymen Artikel im „Geraden Weg" trotz massiver Gewalt nicht preisgab.[474]

Es ist davon auszugehen, dass die Freunde in Eichstätt vom Schicksal Gerlichs und auch um die Gefahr für sie selbst wussten. Gerlichs gesundheitlich angeschlagene Ehefrau Sophie, der Neffe Ludwig Weitmann, Erich Fürst Waldburg-Zeil, der Geschäftsführer des aufgelösten Naturrechtsverlags Johannes Steiner und Franz Xaver Wutz konnten den Gefangenen mehrfach besuchen und sich ein Bild von seinem Zustand machen. Alle Interventionen zugunsten des Häftlings auch seitens verschiedener Bischöfe liefen letztlich ins Leere.

Während Gerlich im Gefängnis seines Schicksals harrte, appellierte der Eichstätter Bischof in einem dezidierten Schreiben vom 31. Mai 1933 an die Fuldaer Bischofskonferenz, dass sich die katholische Kirche klar vom nationalsozialistischen Gedankengut, den „Verstößen gegen das Sittengesetz" abgrenzen und den Gläubigen Maßstäbe zur sittlichen Beurteilung der neuen Machthaber an die Hand geben müsse. Dies sei unabwendbar, denn: „Wir müssen uns bei einem wahrscheinlich kommenden Konflikt auf diesen Hirtenbrief berufen können". Gehör fand v. Preysing bei seinen Amtskollegen nicht.[475]

Im Juni 1933 begannen die Ermittlungen der Gestapo gegen Gerlichs Neffen Ludwig Weitmann, um die Urheber namentlich nicht gekennzeichneter Artikel im Geraden Weg zur Rechenschaft zu ziehen, die Gerlich auch unter der Folter nicht verraten hatte.

Der vertrauliche Berichterstatter der Regierung von Ober- und Mittelfranken an die bayerischen Staatsministerien und das Reichsinnenministerium vermeldete für den 20. Juni 1933: „Bezeichnend für die Einstellung der katholischen Geistlichkeit wenigstens von Eichstätt…zum heutigen Staat ist auch die Tatsache, dass die sämtlichen kirchlichen Gebäude in den Landesfarben, nie in den Reichsfarben beflaggt werden. Ich erblicke darin eine bewußt beabsichtigte Sabotierung der Reichsfarben und eine bewußte Ablehnung des heutigen Staates". Eichstätt war dann auch im Juni von der allgemeinen Verhaftungswelle in Bayern betroffen, die vor allem Mitgliedern der Bayerischen Volkspartei und Wortführern des politischen Katholizismus galt. In Schutzhaft kamen in der Stadt der ehemalige BVP-Landtagspräsident G. Wohlmuth, die Theologen Joseph Rindfleisch (1903–1985) und Joseph Gmelch (1881–1945) – Hauptschriftleiter des Klerusblattes – in dem Joseph Lechner aus dem Freundeskreis eine ganze Reihe von Artikeln veröffentlichte.[476]

Die Brisanz der politischen Lage infolge dieser auch Eichstätt treffenden Verhaftungswelle Ende Juni ließ die Freunde um die Sicherheit von Ingbert Naab fürchten. Gewarnt durch Stoer kam es zur überstürzten Flucht des Paters. In den folgenden ihm verbleibenden knapp 2 Lebensjahren führte ihn eine Odyssee durch verschiedene Klöster in Deutschland, der Schweiz, Tschechien und Frankreich. Preysing hielt sich beim Fluchtaufbruch Naabs im Haus von F. X. Wutz auf. Er erinnerte sich an die dramatische Situation: „Doch ich weiß wohl, dass ich mit ihm und Wutz im Hause von Wutz zusammen war, als er eben nach Dietfurt gebracht werden sollte und…waren sie weggefahren und ich verließ das Haus, als schon die Polizei hineinkam. Auch an die Flucht in die Schweiz erinnere ich mich und an die bangen Tage, die ich zugebracht hatte, bis seine glückliche Rettung mir bekannt wurde". Informiert waren auch Abtei und Äbtissin: „In der Ferne aber beteten die Nonnen des Benediktinerinnenklosters St. Walburg in Eichstätt um Gottes Schutz und Segen so lange bis Nachricht von der gelungenen Flucht käme".

Von September 1933 bis März 1934 soll sich Naab im Kapuzinerkloster Maria Sorg auf der tschechischen Seite des Erzgebirges aufgehalten haben. Ein Brief des Paters an seinen Freund Wutz ist hingegen überschrieben:

„Über die Rheinpfalz, 22.11.1933". Darin berichtet er seinem Freund, dass es ihm gesundheitlich wieder gut ginge und er öfters seinen Aufenthaltsort wechsle:[477]

> „Neuigkeiten erfahre ich keine, da ich mich ganz zurückhalte. Briefwechsel unterhalte ich auch keinen. Es kann mir auch niemand schreiben, da ich niemanden meinen Aufenthalt angebe. Er ist übrigens auch nicht immer gleich. Hier und da finde ich eine Vermittlungsstelle, die es mir besorgt. (...) Sorgen mache ich mir keine. Es steht alles in Gottes Hand. Wenn meine Gegner wüßten, welch ruhiges, friedliches Leben sie mir besorgt haben, würde es sie reuen, etwas gegen mich unternommen zu haben! Ich habe mir schon lange Jahre gewünscht einmal ein ganz ruhiges völlig abgeschlossenes Jahr zu haben, in dem ich mich ganz den Angelegenheiten meiner Seele und stiller Arbeit widmen könnte. Dieses Jahr habe ich jetzt und so hat unser Herrgott die Pläne der Gegner dazu benützt, mir das zu schenken, was mir meine Obern nicht geben konnten. Freilich hat man auch in der Fremde vieles zu tragen, was einem recht hart fallen kann. (...) Ich bete täglich, dass sich alles so gestalten möge, wie es für unser Vaterland am besten ist. Wir Menschen sind ja in all diesen Dingen nicht gescheit genug. (...) Dein getreuer immer dankbarer Freund Ingbert".

Sicher war die St. Walburger Äbtissin über die Lebenszeichen Pater Ingberts unterrichtet, schließlich befindet sich die Abschrift des zitierten Briefes in ihrem Nachlass. Auch „Fürst Zeil kam immer mehr unter Druck wegen seiner Tätigkeit mit Dr. Gerlich". Nicht nur, dass die verlustreiche Finanzierung des „Geraden Wegs" „ihn und sein Haus an den Rand des Ruins gebracht" hatte. Es folgten Hausdurchsuchungen und Gestapo-Verhöre, bis v. Waldburg-Zeil 1939 zur Wehrmacht eingezogen wurde. Die Bedrohungslage im Waldburg-Zeil'schen Schloss wurde als so ernst eingestuft, dass während der gesamten Zeit des sog. Dritten Reiches „ein bestimmter Fluchtweg aus dem Schloss offen gehalten wurde, damit die Fürstin sich mit den Kindern...im Notfall auch nachts in Sicherheit bringen konnte". Fürst Erich verbrachte die Nächte – wie sein Sohn später beschrieb – „dreiviertel Jahre mit dem Telefon auf dem Nachttisch, um im letzten Augenblick noch entfliehen zu können, wenn sie ihn holen wollten" – „sie": die Gestapo. Waldburg-Zeil gab über seine eigene Situation und die Unterstützung durch Friedrich Stoer Folgendes zu Protokoll:[478]

> „Ich stand damals unter sehr schwierigen Verhältnissen. Ich war Besitzer der Zeitung ‚Der Gerade Weg', dies war das schärfste Organ, das gegen Hitler gerichtet war. Ich war infolgedessen...in sehr prekärer Lage. Stoer...hat sich auch für mich sehr eingesetzt, als ich beinahe schon mit beiden Füssen im KZ war".

Auch die stigmatisierte Therese Neumann blieb in Konnersreuth nicht verschont von einer Hausdurchsuchung am 26. Juni 1933 und Observierungen in den folgenden Jahren. Keiner aus dem Kreis hatte wohl mit derartiger Härte und brutaler Konsequenz der Nazis auf ihr Zeitungsprojekt gerechnet. In einer Meldung der Gendarmeriestation Konnersreuth vom 21. Juli 1933 über die „Einstellung des Konnersreuther Kreises zur neuen Staatsordnung" ist zu lesen, dass die „Geistlichkeit und die Familie Neumann eine gewisse Zurückhaltung an den Tag" legten.[479]

Offenbar hatte sich unter den Freunden nach der Verhaftung und wiederholten Misshandlung Gerlichs, der Flucht Naabs und der Beinahe-Festnahme von Wutz eine sorgenvoll bedrückte Stimmung ausgebreitet. Die verschiedenen Hausdurchsuchungen und Verhöre durch die Gestapo verstärkten verständlicherweise die Angst, entdeckt und verhaftet zu werden. Zumal ein größerer Teil der Artikel im „Geraden Weg" ohne Autorennennung erschienen war und die Gestapo die Urheber zu ermitteln versuchte. Sollten die Nationalsozialisten beweisen können, dass mit Äbtissin Benedicta die Abtei St. Walburg, mit Lechner und Wutz zwei Professoren der Philosophisch-Theologischen Hochschule in Eichstätt involviert waren, wären möglicherweise Kloster und Hochschule mit in den Konflikt hineingezogen worden. Zur gleichen Zeit bot der für die Hochschule verantwortliche Bischof Preysing massiven Widerstand auf, um eine nationalsozialistische Ideologisierung der Studentenschaft durch staatlich verordnete studentische Arbeitsdienste abzuwehren.[480] Was konnte der Kreis in dieser problematischen und unübersichtlichen Gemengelage tun?

EICHSTÄTTER PROFESSOREN
UND DAS TREUEBEKENNTNIS ZU ADOLF HITLER

Im November 1933 unterzeichneten bis auf eine Ausnahme alle Eichstätter Theologieprofessoren das „Bekenntnis der Professoren an den deutschen Universitäten und Hochschulen zu Adolf Hitler und dem nationalsozialistischen Staat". Darin lautete der zentrale Satz: „Aus dieser Überzeugung heraus richtet die deutsche Wissenschaft an die Gebildeten der ganzen Welt den Appell, dem Ringen des durch Adolf Hitler geeinten deutschen Volkes um Freiheit, Ehre, Recht und Frieden das gleiche Verständnis entgegenzubringen, welches sie für ihr eigenes Volk erwarten".[481] Anders ausgedrückt: Die Unterzeichnenden appellieren an die internationale Öffentlichkeit um ebenbürtige Akzeptanz für die politischen Ziele der Nationalsozialisten. Die Absicht war unmissverständlich an die „Vertreter der deutschen Wissenschaft" formuliert als „Heroldsruf zu einmütiger, geschlossener, treuer Gefolgschaft hinter dem deutschen Führer Adolf Hitler". Die Erklärung sollte auf einer „bedeutungsvollen Kundgebung" mit Reden renommierter Wissenschaftler wie dem Philosophen und Rektor der Freiburger Universität Martin Heidegger (1889–1976) und einem der bedeutendsten Chirurgen seiner Zeit Ferdinand Sauerbruch (1875–1951) am 11. November 1933 in einer Unterschriftenaktion besiegelt werden.[482]

Es bestand kein Zwang diese Erklärung zu unterzeichnen. Ganze Universitäten wie die in München haben sich offenbar grundsätzlich der Unterschrift verweigern können. Den gut vernetzten Eichstätter Theologen und ihren Beziehungen u.a. zu ihrem in München lehrenden Spiritus Rector Martin Grabmann konnte dies wohl bekannt gewesen sein. Insgesamt haben 46 Professoren an den vier bayerischen Philosophisch-Theologischen Hochschulen Eichstätt, Passau, Regensburg und Dillingen unterzeichnet. Es ist hier nicht der Raum, Zustandekommen und Instrumentalisierung dieses Bekenntnisses darzulegen. Man kann wohl ausschließen, dass die 13 Eichstätter Unterzeichner Anhänger des Nationalsozialismus geworden sind. Ob Blauäugigkeit, Naivität oder Einschüchterung ausschlaggebend waren, dazu fanden sich bisher in den Archiven und den Nachlässen der Genannten keine Belege.

Über die Gründe für die Eichstätter Unterschriften unter das „Bekenntnis der deutschen Professoren" wurde viel spekuliert. Von einem „Fauxpas der Professoren" ist die Rede, der mit der Abwesenheit von Bischof Preysing in Rom erklärt wird. „Es ist davon auszugehen, dass er, hätte er davon gewusst, die Unterschrift nicht gestattet hätte". Diese Erklärung ist nicht schlüssig, da das offizielle Schreiben mit der Bitte um Unterschriften um den 23.11.1933 in Eichstätt eintraf, als v. Preysing bereits von seiner Romreise zurückgekehrt war, wie Besuchereinträge in seinem Gästebuch belegen. Eine weitere in die gleiche Richtung zielende Interpretation hält fest, dass den „meisten Professoren der Hochschule zu Anfang der dreißiger Jahre die Dimension der nationalsozialistischen Herrschaft noch nicht voll bewusst gewesen" sei.[483]

Daran sind erhebliche Zweifel angebracht nicht nur aufgrund der strikt ablehnenden Haltung der Professorenkollegen Lechner und Wutz gegenüber den Nationalsozialisten, sondern auch durch das dezidierte Handeln des für die Hochschule zuständigen Bischofs gegen eine ideologische Infiltration der Studentenschaft. Hinzu kam, dass die Zielrichtung der Unterschriften in dem Anschreiben klar formuliert war, wie oben ausgeführt. Da offenbar die Unterschriften der Eichstätter Professoren am 9.1.1934 nach Dresden gesandt und ein Druckkostenzuschuss von 50 RM für die

Veröffentlichung zugesagt wurden, war genug Zeit gegeben, sich mit Preysing abzustimmen. Zumindest 2 der Unterzeichner, Georg Wohlmuth und
Generalvikar Karl Kiefer, waren am 26.12.1933 Gäste des Bischofs.[484] Es
ist davon auszugehen, dass die Aktion von Preysing gebilligt wurde. Was
kann der Grund für diesen Kotau gewesen sein?

Vielleicht lässt sich aus den vorgetragenen Problemlagen folgende –
leider bisher nicht auf Quellen zu stützende – mangels dessen eben aus
Plausibilitäten sich herleitende Motivation begründen: Aus dem Wissen
um die spezifische Situation in Eichstätt, dem persönlichen Umgang mit
dezidierten Nazi-Gegnern wie Pater Naab und allgemeiner Gefährdungs-
angst wollte man im Rahmen der eigenen Möglichkeiten eine Art Schutz
aufbauen für die Hochschule und einzelne Mitglieder des Lehrkörpers:
durch die geschlossene Unterzeichnung des Bekenntnisses. Und damit
nicht die Namen der Kollegen Lechner und Wutz allein standen oder diese
vielleicht nicht unterzeichneten, haben die Eichstätter Professoren en bloc
in gegenseitiger Unterstützung ihre Namen darunter gesetzt: der Liturgi-
ker Ludwig Eisenhofer (1871–1941), die Theologen Georg Heidingsfelder
(1887–1943), Karl Kiefer (1866–1940, Generalvikar Preysings) und Joseph
Kürzinger (1898 –1984), der Naturwissenschaftler und Fossilienspezialist
Franz Xaver Mayr (1887–1974), die späteren Eichstätter Bischöfe Michael
Rackl (1883 –1948) und Joseph Schröffer (1903–1983), der Mathematik-
professor Johannes Ev. Stigler (1884–1966), der frühere Spiritual von St.
Walburg und Kunsthistoriker Ferdinand v. Werden, der Ethiker Michael
Wittmann (1870-1948), schließlich der frühere Landtagsfraktionsvorsit-
zende der BVP und kurzzeitig von der Gestapo in Schutzhaft genommene
Georg Wohlmuth. Und auch die Freunde der Äbtissin Joseph Lechner und
Franz Xaver Wutz.

SOLITÄRER ENTSCHLUSS IN ST. WALBURG

Ungefähr zur gleichen Zeit fasste auf dem Römerberg in ihrem Kloster
Äbtissin Benedicta, von der im Dezember 1932 ein Gedicht im „Geraden
Weg" abgedruckt worden war und die ihre Freunde nach Kräften unter-
stützte, angesichts der Bedrohungssituation in St. Walburg einen sehr ei-
genen Entschluss, der sie unter den Äbtissinnen und Äbten im Deutschen
Reich zu einem Solitär werden ließ: Im Falle einer Vertreibung durch die
Nationalsozialisten musste eine sichere Heimstatt für den Konvent gefun-
den werden. Dass dieser Ort nicht in Deutschland sein konnte, lag auf der
Hand. Der Blick richtete sich nach Übersee, auf Amerika. Die Vorberei-

tungen begannen. Sie konnte zu diesem Zeitpunkt nicht ahnen, dass 1940 bis 1942 mehr als 300 kirchliche und klösterliche Einrichtungen dem sog. Klostersturm der SS und Gestapo zum Opfer fallen sollten und sich zahllose Klosterinsassen auf die Suche nach einer neuen Heimstatt aufmachen mussten.[485]

Die Zeit hielt weitere Ereignisse in St. Walburg bereit: Zum 1. Juli 1933 löste der aus der Oberpfalz stammende Johann Schindler (1880–1953), der seit 1922 als Stadtpfarrer in Weißenburg gewirkt hatte, Joseph Lechner als Spiritual von St. Walburg ab. Konvent und Äbtissin blieben Lechner, dem „einflußreichen Mann von St. Walburg", nicht nur durch räumliche Nähe eng verbunden – er wohnte mit Vater und Haushälterin im Gästehaus der Abtei. Sondern er wird die Abtei durch alle Fährnisse der kommenden Jahre begleiten.[486] Dazu später mehr.

Auch der oben bereits angeführte Konflikt mit den Englischen Fräulein um die Schulen eskalierte weiter mindestens bis in das Jahr 1934 hinein, diesmal um die Haustöchterschule. Aus betriebswirtschaftlichen Gründen – so die Begründung der Äbtissin – rechtfertigte die Kleinheit von Eichstätt nur eine Schule. Sie erhöhte den Druck auf den Bischof, eine Entscheidung zu treffen. Ihre Freundin Therese Neumann war mit der Angelegenheit vertraut. Sie wandte sich an Franz Xaver Wutz,[487]

„Ihnen meine Sorge um die gute Frau Äbtissin" zu „schreiben. (…) Und ich bin mir jetzt sicher dass die edle, gute Frau ein für sie furchtbares Kreuz drückt. Soviel ich Einblick habe, hat sie eine schwere Sorge wegen einer Schule, welche ihr Hochwürdigster Herr Bischof nicht geben will, sondern den Englischen. (…) Ich will aber den lb. Heiland keine Ruhe lassen, bis er die Gesinnung des Hochwürdigsten Herrn ändert. Er darf doch nur ein Wort sagen und die ganze Sache wäre geregelt … Ich denke für die jungen Dinger (Haustöchter denke ich nennen sie sich) wäre doch der Geist, der in St. Walburg herrscht weitaus besser als der Geist bei den Englischen".

Insgesamt war es eine verstörende, sorgenvoll bedrohliche Zeit für v. Spiegel. Aus der Haft in München schrieb der Freund Fritz Gerlich und bat Wünsche an die „mir freundschaftlich sehr zugetane ehrwürdige Frau Aebtissin" auszurichten: „Nehmen Sie auch von mir die herzlichsten Glück- und Neujahrswünsche an, die ich auch der Frau Äbtissin auszurichten bitte derer und deren Konvent ich…täglich gedenke".

Die Pläne reiften, um an die seit knapp 100 Jahren bestehenden Verbindungen St. Walburgs nach Amerika stärker anzuknüpfen und in dem zunehmend kirchenfeindlichen Umfeld in Deutschland eine mögliche

Zufluchtsstätte im Falle einer Ausweisung oder Beschlagnahmung für ihren Konvent vorzubereiten. Mit dem befreundeten Eichstätter Bischof v. Preysing tauschte sie sich über ihr Vorhaben aus und stieß auf Skepsis, woran sie ihn 13 Jahre später, als er selbst eine Reise nach Amerika plante, erinnerte: „´Wie kann man nur nach Amerika!' Wissen Eminenz noch?".[488]

Äbtissin Benedicta v. Spiegel und Eichstätter Hochschulprofessoren, vor Nov. 1935, v.l.n.r.: unterste Stufe: Josef Schröffer, Ludwig Eisenhofer, Michael Rackl; 2. Stufe: Michael Wittmann, v. Spiegel; 3. Stufe: Johannes Ev. Stigler, Georg Heidingsfelder; oberste Stufe: Joseph Lechner, Joseph Kürzinger, Ferdinand von Werden

XI. Klostergründung in Amerika 1934

BENEDIKTINISCHE PIONIERINNEN

Amerika war für das fast 900 Jahre alte St. Walburg kein unbekanntes fernes Land. Nur wenige Jahre nachdem der Mettener Mönch Bonifaz Wimmer 1846 das erste Benediktinerkloster in den USA – St. Vincent in Latrobe/ Pennsylvania – gegründet hatte, äußerte er bei einem Besuch in Eichstätt 1851 „den Wunsch, Benediktinerinnen in Nordamerika zu erhalten, denn bis dahin waren solche noch nicht hingekommen". Dem Wunsch wurde nach Abwägungen entsprochen, und am 12. Juni 1852 verließen die ersten 3 Nonnen St. Walburg. In den kommenden Jahrzehnten sollten weitere folgen. Die ersten Gründungen entstanden unter äußerst harten Lebensbedingungen und zudem persönlichen Schwierigkeiten mit Abt Wimmer. Dennoch wurden die Verbindungen der Eichstätter Benediktinerinnen mit Amerika dichter und fester. Und das obgleich der Vatikan bereits früh die kirchenrechtliche Unabhängigkeit der neuen Gründungen von der deutschen Mutterabtei bestätigte und sie mit Datum vom 6. Dezember 1859 unter die Rechtsaufsicht des Bischofs stellte, in dessen Diözese das jeweilige Kloster sich befand.[489]

Man kann die St. Walburger Ordensfrauen als benediktinische Pionierinnen in den Vereinigten Staaten bezeichnen. Eine Dokumentation der Abtei gibt Aufschluss über die Amerikagründungen. Danach traten seit den beginnenden 1920er Jahren die amerikanischen Gründungen verstärkt an die Mutterabtei mit der Bitte heran, ihnen Kandidatinnen zu senden. Zur gleichen Zeit erlebte St. Walburg einen großen Zulauf an klösterlichem Nachwuchs, sodass das Kloster diesen Bitten entsprechen konnte. Zur Vorbereitung hatte v. Spiegel nach ihrem Amtsantritt 1926 ein sog. ‚amerikanisches Noviziat' im Internat der abteieigenen Haushaltungsschule eingerichtet, in welches die Kandidatinnen, die sich zur Entsendung nach Amerika verpflichtet hatten, aufgenommen wurden. Sie erhielten „eine monastische Kurzausbildung und wurden in verschiedenen Arbeitsbereichen des Klosters eingesetzt. Vor allem mussten sie sich selbst ihren Habit

nähen, mit dem sie bereits nach wenigen Monaten provisorisch eingekleidet wurden, um auf die Reise in die Staaten geschickt zu werden. Man
nannte diese Einkleidung ‚schwarze Einkleidung‘, da die Kandidatinnen
nicht, wie die Novizinnen einen weißen, sondern einen schwarzen Schleier
erhielten. Die Ordenstracht erleichterte ihnen die Ausreise und bewirkte
eine Ermäßigung des Fahrpreises. (…) Beim Eintritt in ihre Bestimmungs-
klöster mussten sie jedoch ihren Ordensweg jeweils wieder neu als Postulantinnen beginnen".[490] Man kann sich vorstellen, dass für die meist jungen
Frauen die Reise in ein unbekanntes Land vermutlich ohne ausreichende
Sprachkenntnisse herausfordernd gewesen sein muss. Die nicht einfache
Eingewöhnung in das Klosterleben vollzog sich ebenfalls erst am Bestim-
mungsort in kulturell gänzlich anderem Lebensumfeld.

Von 1929 bis 1932 waren in New York ca. 5 Nonnen aus St. Walburg
mit der Führung des Hauses St. Elisabeth betraut – eines vom dortigen
katholischen Frauenbund finanzierten Heimes für ausgewanderte Dienst-
mädchen. Teile ihrer Gehälter schickten sie in die von der Wirtschafts-
krise mitgenommene Eichstätter Mutterabtei. „Um noch mehr Geld an
das Heimatkloster schicken zu können, gingen sie zum Betteln". Haus St.
Elisabeth diente zudem als erste Anlaufstelle für die mit dem Schiff über
die Atlantikpassage anlandenden ‚amerikanischen Novizinnen‘.

Auch die im Frühjahr 1931 von Äbtissin Benedicta auf die Reise geschickten mehr als 10 Klosterfrauen steuerten als erste Station in der Neu-
en Welt Haus St. Elisabeth an. Sie waren dazu vorgesehen, in der über 500
Kilometer westlich von New York liegenden Erzabtei St. Vincent/Latrobe
den Haushalt zu führen. Denn es fehlte dort an Arbeitskräften: „Die Erzabtei litt zu dieser Zeit wegen Fehlkalkulationen in China, die Schulden
in Millionenhöhe verursachten, unter großen wirtschaftlichen Problemen.
Die Bank drohte wegen der immensen Schulden das Kloster zu pfänden.
Es musste Angestellte entlassen". Die St. Walburger Klosterfrauen arbeiteten in den Klöstern ihrer benediktinischen Mitbrüder nicht unentgeltlich:
„Alles für diese ihre Dienste verdiente Geld sandten die Schwestern nach
St. Walburg, das in der Zeit der wirtschaftlichen Depression verarmt, diese
finanzielle Unterstützung dringend benötigte". Ende Januar 1934 schifften
sich 10 weitere Nonnen nach Amerika ein.[491]

Benedicta von Spiegel machte sich im April mit ihrer Assistentin und
zwei weiteren Klosterfrauen auf den Weg zum Hafen Bremerhaven. Mo-
tiviert zu dieser Visitationsreise war sie anfangs nicht, wohl aufgrund der
anhaltenden Sorgen und ihrer fragilen Gesundheit. An ihren Schwager Ferdinand Graf Merveldt schrieb sie:

„Ich hab' bis jetzt noch gar keine Lust, aber es muß sein, es wartet viel auf mich. Und hier hatte ich jetzt auch viel Arbeit u. viel Verdruß. So fahre ich zunächst allerdings nur für 3-4 Tage nach Trauchburg im Allgäu. (…) Das ist im Zeil'schen Schloß, das ich als Ferienaufenthalt für uns brauchen darf. Sehr schön u. angenehm".

Fürst Erich hatte ab 1934 das Schloss Neutrauchburg bei Isny zeitweise Benediktinerinnen, u.a. aus St. Erentraud in Kellenried, wo seine Tante Placida Altgräfin v. Salm-Reifferscheidt-Raitz (1874–1943) als Priorin wirkte, sowie St. Walburg als Erholungsstätte zur Verfügung gestellt.[492] Es werden 6 Jahre ins Land ziehen, bis das Schloss zur Zufluchtsstätte der Kellenrieder Benediktinerinnen vor den Nationalsozialisten werden wird; dazu später Näheres.

Auch Therese Neumann „hatte mir zu dieser Reise, die mich große Überwindung kostete, wiederholt zugeredet und versichert, ich werde sie nicht zu bereuen haben. Die Folgezeit hat ihr recht gegeben". Mit ihrer Schwester Maria v. Twickel und ihrer Schwägerin Gertrud v. Spiegel (1887–1957), die sie im März 1934 in St. Walburg besucht hatten, wird sie auch über die Reisegründe gesprochen haben. An die Äbtissin ihres Professklosters, Cécile de Hemptinne, schrieb sie zur gleichen Zeit: „Wie gern würde ich auf dem Rückweg bei Ihnen vorbei kommen, aber ich glaube nicht, dass es möglich sein wird. Ein schweres Kreuz ist diese Reise und alles, was ich davon haben werde…belastende schwierige Lösungen, keine große Freude…".[493] Die vor ihr liegenden 2 ½ Monate in Amerika hielten dann wider Erwarten viele freudvolle Erlebnisse bereit.

„THE FIRST LADY ABBESS EVER TO COME TO AMERICA"

Die Äbtissin führte während ihrer Reise Tagebuch, anhand dessen sich die Route detailliert rekonstruieren lässt. Zudem verfasste sie einen ausführlichen Bericht, den sie auch an ihre Familie schickte und der über ihre Reiseeindrücke, vor allem über die Menschen, die sie traf, anschaulich Auskunft gibt.[494] Auf diese biographischen Dokumente kann das folgende Kapitel erstmals zurückgreifen.

In Bremerhaven von ihren Schwestern Ida v. Merveldt und Maria v. Twickel verabschiedet – begleiteten die beiden Nichten Maria Charlotte und Brigitte Merveldt (1913–1979) ihre Tante auf der Reise bis Southampton. Am 13. April 1934 schiffte sich die Reisegesellschaft auf der ,Bremen' ein. Die ,Bremen' war zu dieser Zeit mit 2228 Passagieren – davon 811 in der 1. Klasse – ein prestigeträchtiger deutscher Schnelldampfer, ein Luxusliner mit ausgesuchtem Interieur, frequentiert von internationaler Prominenz. Das Kommando führte der damals bekannte Kapitän Leopold Ziegenbein (1874–1950), der seinen Gast sogleich zum Tee einlud und das Schiff zeigte. Der Reisebericht gibt Aufschluss, wie v. Spiegel als V.I.P. behandelt wurde. Sie selbst hat eine Reihe von Erinnerungsstücken wie Fotografien, Speisekarten, ein Autogramm von Commodore Ziegenbein etc. von dieser Reise mitgebracht. „Und wie gut ist der lb. Heiland! Es sind mehrere Priester an Bord, sodass wir jeden Tag mehreren hl. Messen beiwohnen können". Für die Morgenmesse wurde der Ballsaal umfunktioniert. Die Reiselust der Äbtissin scheint beim Betreten des Schiffs offenbar zurückgekehrt zu sein. An ihre Nichte Aloysia v. Spiegel schrieb sie: „Unsere Reise war erst sehr stürmisch, dann schön (...) Man sieht allerlei Köstliches an Natur u. Menschen".[495]

Als sie 6 Tage später in ihrer Kabine 1. Klasse in New York einlief, erwarteten sie bereits Fotografen und Reporter, sodass „am nächsten Tag mein lachendes Bild in allen Zeitungen erschien". Da in Amerika Äbtissinnen unbekannt waren, wurde sie offenbar zum Medienereignis: „The First Abbess ever to come to America". „„I am deligthed to be here' she said in...perfect English" – titelten die Zeitungsblätter. Besonderes Interesse erregte ihr diamantenbesetztes Äbtissinnenkreuz mit einer Elfenbeinminiatur der Hl. Walburga: „The Lady Abbess has a special pectoral cross of historical interest, studded with diamonds containing a miniature on ivory of St. Walburga".

Zu den politischen Verhältnissen in Deutschland wollte sie sich verständlicherweise nicht äußern: „She declined to discuss the religious effects of the rise of Hitlerism in Germany, or other political subjects". Nicht nur die Presse, sondern auch der deutsche Generalkonsul Johannes Borchers (1887–1972), der am 1.10.1933 die Geschäfte in New York übernommen hatte und sie bis zur Schließung der Konsularbehörden in den USA im Juni 1941 führen sollte, erwartete sie bei ihrer Ankunft, „der liebenswürdigerweise gekommen war um mich zu begrüßen und mir seine Dienste anzubieten. Er erkundigte sich nach meinen Reiseplänen in U.S.A. und versicherte mich seines Schutzes, solange ich in Amerika weilen werde".[496]

In den nächsten 2 ½ Monaten besuchte v. Spiegel mit ihrer Sekretärin Sr. Laurentia Köppel eine Vielzahl von Klöstern, deren Wurzeln auf St. Walburg zurückgehen. Sie wurde teils im Auto chauffiert. Vor allem jedoch mit der Eisenbahn reiste sie von New York über verschiedene Abstecher bis nach Boulder/Colorada an die Ausläufer der Rocky Mountains und zurück über Chicago.

„Ich profitiere sehr davon, dass es in Amerika keine Äbtissin gibt, so bin ich was besonderes, momentan die Sensation und das haben die Amerikaner gern und ich kann es mir gut gefallen lassen".

Äbtissin Benedicta legte mit ihrer Begleitung mehr als 6000 Kilometer zurück, begegnete auf ihren Reisewegen einer Vielzahl von Menschen, bewunderte die landschaftliche Schönheit und die Sehenswürdigkeiten des Landes, lernte die amerikanische Wesensart schätzen, war Ehrengast auf Dinnerpartys. Zum Ende der Reise telefonierte sie mit dem amerikanischen Präsidenten Franklin D. Roosevelt (1882–1945). Sie hatte keine Zeit gefunden, ihn auf der Rückreise im Weißen Haus zu besuchen – so ihr Reisebericht. Vor allem aber gewann sie einen anschaulichen Eindruck ihres Ordens gut 80 Jahre nach der ersten Gründung in Amerika und vom Leben der benediktinischen Mitschwestern. Das Ziel ihrer Reise – „weil ich im Westen Amerikas irgend ein Besitztum kaufen wollte um eine größere Sicherheit für meine Töchter zu begründen" – sollte sich auch verwirklichen.[497]

Zunächst besuchte v. Spiegel das erste benediktinische Kloster in Amerika: St. Vincent in Latrobe/Pennsylvania. Dorthin hatte sie 1931 zehn Klosterfrauen entsandt, um die finanziell angeschlagene Abtei mit Arbeitskräften zu entlasten. „Ich mußte alles ansehen, das Feld ihrer Tätigkeit genau kennen lernen, allen miteinander und jeder Einzelnen meine Zeit widmen". Ein weiteres wichtiges Ziel war das erste amerikanische Benediktinerinnenkloster überhaupt, welches seit 1852 unter Führung St. Walburger Nonnen stand: Sie erreichte St. Marys Elk-County/ Pennsylvannia am 25. April:

„Wir sahen dort das mehr als bescheidene erste Klösterlein, ein Holzbau von größter Armseligkeit. Ich dachte mir bei diesem Anblick, dass die ungemein große Ausbreitung der Benediktinerinnen in U.S.A. sich aus dieser Grundlage tiefster Armut erklärt. Mit großer Freude konnten wir…in allen von St. Walburg ausgegangenen Benediktinerinnen-Klöstern feststellen, dass die amerikanischen Mitschwestern sehr viele unserer alten Bräuche und Gewohnheiten treu beibehalten haben und noch heute üben. Das mutet doppelt erfreulich an in diesem Lande ohne Tradition, wo alles neu und wurzellos ist".

Im Abteiarchiv findet sich eine Übersicht der „nordamerikanischen Niederlassungen, die sich von St. Walburg in Eichstätt herleiten": Für die Zeit von der Erstgründung 1852 bis 1949 sind insgesamt stattliche 29 Gründungen aufgelistet.[498]

Die Reise führte nach Indianapolis – ein Ort, der v. Spiegel zu einer sozialkritischen Überlegung in ihrem Amerikabericht veranlasste: „In der

„Stadt der Indianer' sieht man aber nichts von den einstigen Besitzern dieses Landes, die so grausam ausgetilgt wurden, dass nur sehr spärliche Reste von Überlebenden in einigen Reservations vorhanden sind, wo dieses, der Jagd in weitester Freiheit gewohnte Volk ein kümmerliches Dasein fristen muß. Indianer wie Neger sind entrechtet. Es scheint aber, dass die weiße Rasse soviel Ungerechtigkeit und Härte wird bitter büßen müssen".

In der am westlichen Ufer des Mississippi gelegenen Stadt St. Louis erwarteten die Reisenden am 9. Mai erneut der deutsche Konsul Johannes Borchers, aber auch „Photographen, Reporter, Interviews". Sie resümierte einige Zeit später: „Ich habe die Reise und alles genossen, bis auf die Reporter und Photographen. Die Gier der Amerikaner nach Sensation ist groß: Ich war die erste Äbtissin, die Amerika besuchte. Ich fühlte mich wie das unglückliche Objekt dieser Sensation". In St. Louis traf sie eine Schwester des Münsteraner Bischofs Clemens v. Galen: Franziska (1867–1938) und eine Cousine des Eichstätter Bischofs: Maria v. Preysing (Lebensdaten n.e.), die als Nonnen im dortigen Sacré-Coeur-Kloster lebten. „Lady Abbess" reiste nicht als Fremde durch Amerika. Auf persönliche Beziehungen zu Ordensangehörigen, darunter auch Adlige konnte sie zurückgreifen. Zudem: Sie reiste privilegiert: „Dank der Vermittlung guter Freunde war uns ein Reisepaß zugesichert worden…nämlich mit völliger Freifahrt" der „Missouri-Pacific Bahn, die wir nun durch den ganzen Westen benützen sollten". Allgegenwärtig auf der Amerikareise war auch ihre Konnersreuther Freundin, die ihr offenbar eine Art Autogrammkarten mit auf die Reise gegeben hatte: „Dass ich ,Theresa Newman' kenne, macht mich doppelt zur Sensation…überall, wohin ich auch komme. Und wenn ich jemandem eine ganz große Freude machen will, schenke ich etwas sehr Kostbares: ein Bildchen mit Resels Unterschrift, das wird als Heiligtum hoch in Ehren gehalten". ,The miracle Girl' war in Amerika sehr populär, spätestens nachdem v. Aretins Zeitungsbericht ihr zu weltweiter Berühmtheit verholfen hatte, wie geschildert.[499]

EIN NEUES KLOSTER IN COLORADO

In der 1886 gegründeten Benediktinerabtei Holy Cross – seit 1924 im neugotischen Stil in Canon City/Colorado eingerichtet – kam v. Spiegel dem eigentlichen Ziel ihrer Reise sehr nah. Dort führten die 10 am 28. Januar 1934 abgereisten St. Walburger Klosterfrauen die Hauswirtschaft:

„Hier ist der Kreis der Meinen viel kleiner wie in St. Vincent, aber auch hier machen alle frohe Gesichter und es wäre auch kaum begreiflich, wenn es anders sein sollte, denn es ist wunderschön hier und für alle Bedürfnisse der Schwestern, seelische wie körperliche, ist bestens gesorgt. (…) Nicht nur die Patres sondern alle Menschen hier sind so besonders freundlich und so dankbar den Schwestern gegenüber, die hier im Missionsland eine wirkliche Mission zu erfüllen haben; das ist sicher der beste Lohn für das Opfer des Fortgehens vom lieben St. Walburg".

Im gleichen Atemzug schwärmte sie von der landschaftlichen Schönheit: „Und das Land ist wundervoll, das Klima unvergleichlich köstlich, warm und kühl zugleich, herrlich gesund. (…) Die wundervollen Fahrten durch Colorados Märchenland werden noch lange durch meine Träume gehen. (…) Nur müßte man rund um den Kopf herum Augen haben um so viel Schönes zugleich sehen zu können".[500]

Während des Besuchs in Holy Cross erfuhr v. Spiegel am 10. Mai 1934, dass die Abtei ihre östlich von Boulder gelegene Farm verkaufen wollte, „weil ihr die nötigen Arbeitskräfte fehlten. Da hier eine Missionsstation, also eine Kirche und ein Priester vorhanden waren, so fiel diese notwendige Voraussetzung einer Schwesternniederlassung schwer in die Wagschale. Außerdem gefiel mir die Lage in der schönen Gegend am Fuß der Rockymountains sehr gut und da nun noch der Besitzer der benachbarten Farm, ein deutscher Landwirt, mir versicherte, dass der Boden sehr gut und ertragreich sei, so entschloß ich mich schnell, diesen Besitz zu erwerben" – resümierte sie die schnelle Kaufentscheidung

Der zuständige Diözesanbischof in Denver, Urban John Vehr (1891– 1973) gab umstandslos seine Zustimmung. „Nun war also der doppelte Zweck meiner Reise nach Colorado erreicht. Ich hatte ein frohes Wiedersehen und glückliches Beisammensein mit meinen lieben Töchtern erlebt und deren Zukunft, soweit es in meinen Kräften stand, gesichert". Mit dem von den St. Walburger Nonnen in St. Vincent verdienten Geld erwarb die Äbtissin für 15.000 Dollar die 160 acre (1 acre = 0,4 ha) große Farm, die zu dieser Zeit noch verpachtet war. Der Notarvertrag wurde am 20. Juni 1934 in Omaha/Nebraska unterzeichnet. Im nächsten Jahr sollten die ersten Eichstätter Klosterfrauen mit der Neugründung beginnen und ein Priorat errichten, um „bei einer eventuellen Vertreibung durch die Nationalsozialisten aus dem Kloster eine Zufluchtsstätte zu haben". Vor Ort durch die Nonnen aus dem ca. 200 Kilometer entfernten Holy Cross unterstützt, mussten auch die Mitschwestern in St. Vincent für die finanzielle Ausstattung mit Sorge tragen.

Die im Folgejahr nach Boulder entsandten Klosterfrauen sollten mit der Einrichtung ihrer neuen Wirkungsstätte unter ärmlichsten und schwierigsten Bedingungen beginnen. In der Zeit des Nationalsozialismus waren die amerikanischen Klosterfrauen ganz auf sich gestellt und halfen sich untereinander. Die St. Walburger Schwestern in Holy Cross sandten per Scheck jährlich erspartes Geld. Äbtissin Benedicta hatte am 20. Juni 1934 ein Darlehen in Form eines „Deed of Trust" über 9800 Dollar aufgenommen, welches in den kommenden Jahren bis zum Juli 1939 in jährlichen Tranchen ausgezahlt werden sollte.[501]

Wie sich bald herausstellen sollte, konnte die Neugründung aus Deutschland keine finanzielle Zuwendung mehr erwarten, denn zum einen verhinderte das novellierte Devisengesetz der Nazis die Überweisung von Geld. Zum anderen sollte St. Walburg durch die Schließung seiner Schulen durch die Nationalsozialisten unter hohen wirtschaftlichen Druck kommen. Trotz dieser Hemmnisse und anfänglicher Härten gelang das Unternehmen. Innerhalb von 10 Jahren gedieh der Convent of St. Walburga in Boulder so gut, dass die Klosterfrauen nach dem 2. Weltkrieg an ihre Mitschwestern in Eichstätt etwa 4000 Care-Pakete schicken konnten, um die größte existentielle Not im Mutterkloster zu lindern.

Vom Zweck der Neuerwerbung konnte im offiziellen Sprachgebrauch von St. Walburg nach 1933 keine Rede sein. So heißt es in der 1935 von der jüdischen Konvertitin Sr. Emmanuela Drey anonym verfassten Festschrift zur 900-jährigen Gründung der Abtei: „Einige Stunden entfernt … ist eine Farm mit bescheidenen Holzgebäuden, Kirche und Pfarramt von Boulder sind ganz nahe. Es ist Missionsgebiet im ‚wilden Westen', dort sollen unsere Klosterfrauen, so Gott es fügt, im Jubiläumsjahr 1935 die Bewirtschaftung des Gutes übernehmen, das St. Walburg erworben hat, und für die viele Kilometer im Umkreis verstreuten Katholiken ein Zentrum katholischen Lebens sein". Der Äbtissin von Maredret vermittelte sie ihre Beweggründe für den Besuch: „…ich mußte sehr weit reisen, um meine lieben Töchter zu besuchen, von denen ich 94 in Amerika habe. (…) Sie sind unsere finanzielle Unterstützung und sichern unser Dasein hier. Wenn nicht, dann hätte ich dieses große Unternehmen nicht angefangen".[502]

Äbtissin Benedicta konnte mit dem bisherigen Reiseverlauf hochzufrieden sein. Zugleich sorgte sie sich auf der weiteren Reise um ihre labile Gesundheit. Doch galt es, nützliche Kontakte zu knüpfen oder zu intensivieren und Freunde zu treffen: „Nun sollte der Teil der Reise angehen, vor dem ich mich immer schon etwas gefürchtet hatte, denn es handelte sich um die notwendigen Besuche und die damit viel mehr noch als ich gedacht verbundenen Ermüdungen".

Über Atchison/Kansas, wo ihr der Diözesanbischof von Leavenworth Unterstützung für Boulder versprach, ging die Route zur Benediktinerabtei Conception in Nodaway County /Arkansas. Dort traf v. Spiegel am 31.

Mai Pater Martin – mit bürgerlichem Namen: Paulus Graf Stolberg (1882–1973) –, der sich als junger Mann öfters in ihrem Elternhaus in Helmern aufgehalten hatte.

Für die Fahrt nach Omaha wurde „mit Hilfe meines guten Freundes und Landsmanns Monsign. Sinne" ein Auto organisiert. Ihr Freund, der im ostwestfälischen Elsen bei Paderborn geborene Prälat Bernhard Sinne (1878–1961) wirkte seit 1904 als Pfarrer in der St. Maria Magdalena Kirche in Omaha. In Omaha wurde der Kaufvertrag für Boulder unterschrieben. Auf Vermittlung von Prälat Sinne war ihre Gastgeberin dort für die nächsten Tage bis zur Abreise am 5. Juni Ophelia Hayden (1889–1972). Die Tochter aus einer irischen Einwandererfamilie, die in das von ihrem Vater gegründete Kaufhausunternehmen ,Hayden Brothers' eingestiegen war, engagierte sich vornehmlich als Charity- und High-Society-Lady. Benedicta v. Spiegel beschrieb Ophelia Hayden in ihrem Reisebericht als „die denkbar liebenswürdigste Gastgeberin, die uns eine Reihe der elegantest eingerichteten Zimmer, ihr Auto und ihren prachtvollen Garten ganz und gar zur Verfügung stellte" und dem Gast „zu Ehren eine Dinnerparty, zu der alle kirchlichen Größen Omaha's geladen waren", gab.[503]

Von dort führte die Reise nach Chicago (8. Juni), wo sich v. Spiegel die Weltausstellung „A Century of Progress" ansah. In Cleveland (9. Juni) traf sie den aus der Nähe von Regensburg stammenden, in die USA ausgewanderten Bischof Joseph Schrembs (1866–1945): „Ich hatte einige geschäftliche Fragen mit Sr. Exzellenz zu erledigen und fand bei diesem gütigen Bischof ungemein lebhaftes Interesse und verständnisvollsten Rat". Ein weiteres Ziel der Rückreise waren die Niagarawasserfälle (11. Juni). Die persönlichen Eindrücke von den Amerikanern, denen sie in den zurückliegenden Wochen begegnet war, fasste v. Spiegel wie folgt zusammen: „Diese so selbstverständliche Gastfreundschaft ist ungemein ansprechend, man fühlt sich bei gänzlich fremden Menschen sofort daheim, weil sie so einfach, herzlich und verstehend sind" – einerseits. Andererseits berichtete Sr. Walburga Waldburg-Zeil an ihren Bruder Fürst Erich im Juni: „Wie es ihr wirklich geht wissen wir auch nicht so recht, sie klagt nur über entsetzliche Hitze und über die Zudringlichkeit der Amerikaner". Und am 27. Juni 1934 schrieb Sr. Walburga nach Trauchburg:[504]

„Sie hat die Niagarafälle gesehen und ist sehr sehr beeindruckt davon. Sie musste ihre verschiedenen Reisen abkürzen und schleunigst nach St. Vincenz zurückkehren, wegen gänzlicher Erschöpfung, und aus Furcht vor völligem Zusammenbruch. Dort erholt sie sich zum Glück rasch, besonders auch, weil die fürchterliche Hitze nachgelassen hat".

So kehrte Äbtissin Benedicta mit ihrer Assistentin Sr. Laurentia wieder in die Erzabtei St. Vincent zurück und ruhte sich dort einige Tage aus. Zum Abschied traf sie den Bischof von Pittsburgh Hugh Charles Boyle (1873–1950), der „seiner aufrichtigen Freude darüber Ausdruck gab, dass unsere Schwestern in seiner Diözese so gut und segensreich wirkten. (…) Abschied nehmen ist immer schwer – das brachte mir die Nachtfahrt nach New York recht tief zum Bewußtsein. War es ja ein weiter, weiter Weg, der vor uns lag, würde ich je noch einmal die große Reise wagen können um meine lb. Töchter in Amerika wiederzusehen?".[505] Es blieb die einzige Reise in die Neue Welt, die Äbtissin Benedicta in ihrem Leben unternehmen sollte. Sie hatte im Januar 1934 ihr 60. Lebensjahr vollendet, und aufreibende Jahre im Kampf gegen die Repressionen des NS-Regimes sollten noch vor ihr liegen.

Nach ihrer Ankunft in New York am 24. Juni besuchte v. Spiegel den Demokraten und späteren Gouverneur von North Carolina Clyde R. Hoey (1877–1954), den sie auf einer Dinnerparty kennengelernt hatte:

„Mister Hoey, ein besonderer Freund des Präsidenten Roosevelt, wollte mich durchaus mit diesem bekannt machen. Ich mußte jedoch wegen Mangel an Zeit ablehnen. Er rief ihn aber,…, telefonisch an und da mußte auch ich einige Worte mit ihm wechseln. (…) Mit selbstverständlichstem Entgegenkommen stellte Mister Hoey mir sein Auto zur Verfügung (…) und wir lernten die Sehenswürdigkeiten New Yorks auf die angenehmste Weise kennen".

Der letzte Besuch in der Stadt galt der Church of St. Anselm and St. Roch, wo sie „den eben angekommenen Pater Prior Hammenstede von Maria Laach" traf, den geschäftliche Gründe in die USA führten. Hammenstede war v. Spiegel das erste Mal während ihrer schwierigen Zeit in St. Hildegard in Eibingen begegnet, als er Kaiser Wilhelm II. bei dessen Besuch in der Abtei Anfang Juli 1917 begleitet hatte, wie weiter oben ausgeführt. Er hielt in seinen Lebenserinnerungen fest, dass er mit Benediktinerinnen in New York gesprochen habe, „die kurz zuvor den Besuch der Äbtissin Benedicta von Spiegel aus Eichstätt gehabt hatten und von ‚Lady Abbess' noch ganz fasziniert waren. Sie hatte ihnen ihr Bild hinterlassen, das sie darstellt, wie sie auf hohem Barockstuhl sitzt, angetan mit Kukulle und Pontifikalhandschuhen, und in der rechten Hand mit Eleganz und Energie den hohen Äbtissinnenstab hält. Alte Codices bilden dazu den würdigen Hintergrund. Nicht übel" – so sein lakonischer Kommentar.[506]

DUNKLE AHNUNG AUF DER RÜCKREISE:
DIE ERMORDUNG GERLICHS

Auf der Rückfahrt zum Hotel erfuhr v. Spiegel, dass in Deutschland et-was Schwerwiegendes geschehen sein muss: „‚Revolution in Germany‘ war überall angeschlagen, sodass ich, furchtbar erschrocken, mir die neu-esten Zeitungen bringen ließ und daraus ersah, daß traurige Ereignisse in Deutschland sich abspielten, wenn es auch nicht ersichtlich war, was ei-gentlich los sei. (…) Wir saßen die ganze Nacht am Fenster in quälende Gedanken versunken: wie mag es daheim aussehen, wie geht es all unseren Lieben?".

Am nächsten Tag, dem 1. Juli 1934 schifften sich ‚Lady Abbess‘ und Sr. Laurentia in New York für die Rückreise auf der ‚Bremen‘ ein, „über-rascht, dass so viele liebe Menschen, manche sogar von weiter, gekommen waren, um uns noch einmal zu sehen und uns gute Reise zu wünschen". Beim Betreten der Kabinen „sahen wir uns in einen herrlichen Blumengar-ten versetzt. Der Generalkonsul hatte einen prachtvollen Rosenstrauß… gesandt und alle sonstigen Bekannten mit Blumen und allerlei Andenken uns zu erfreuen gesucht. Wir fanden Bonbonnieren, feinstes Gebäck in schöner Verpackung, Obstkörbe, Telegramme, Briefe usw. Die Besichti-gung und Lesung all dieser Liebeszeichen war uns in den nächsten Tagen eine nützliche Zerstreuung, wenn sorgende Gedanken uns die Heimat in Blut und Tränen zeigten. Man konnte ja nichts Sicheres erfahren, denn die Radiomitteilungen waren verschwommen und undurchsichtig, sodass diese Unsicherheit die Sorge nur vermehrte".[507]

In der Nacht vom 30. Juni zum 1. Juli ermordeten Kommandos der SS unterstützt von Gestapo und Reichswehr nicht nur die Führung der SA und ihren Stabschef Ernst Röhm, sondern ca. 150 bis 200 weitere als Gegner der Nationalsozialisten eingestufte Menschen, von denen etwa 90 namentlich bekannt sind. Der Freund Fritz Gerlich wurde in der Nacht vom 30. Juni von „zwei Beamten der Bay. Pol. Polizei aus dem Polizeige-fängnis abgeholt" und in das 30 Kilometer außerhalb Münchens gelegene KZ Dachau gebracht. Laut Ermittlungsbericht vom 23.05.1949 „steht fest, dass am Tage darauf, 1.7.34,…der Koffer des Dr. Gerlich in das Polizei-gefängnis zurückgebracht wurde, in dem sich die Wäsche und die blutige Brille von Dr. Gerlich befand". Weiter heißt es in dem Polizeibericht: „Es dürfte erwiesen sein, dass die Erschießung Dr. Gerlichs…von höchster Stelle angeordnet worden ist. (…)". Und „dass Dr. Gerlich unmittelbar nach seiner Einlieferung in das Lager Dachau durch den ehemaligen Ar-restverwalter Johann Kantschneider…erschossen wurde". Ob der für seine Brutalität berüchtigte Kantschneider (1897–1945) der Mörder Gerlichs war und wann die Erschießung genau stattgefunden hat, bleibt bis heute ungeklärt.[508]

Vermutlich ohne genaue Kenntnis dieser Vorgänge erreichte Äbtissin Benedicta am 6. Juli Southampton an der Südküste Englands. Der schottische Pilot und spätere Spion Lord William Forbes-Sempill (1893–1965), der ihr auf das Schiff „köstliche duftende, mir ganz unbekannte weiße Blüten brachte", (…) „sprach die dringende Bitte aus, ich möge nicht nach Deutschland fahren, sondern zunächst in England neuere Nachrichten abwarten". Der Kontakt zu dem konvertierten Sempill war vermutlich über Verbindungen zu Therese Neumann zustande gekommen, „die er schon seit langem kannte von Eichstätt". Möglicherweise besuchten auch seine Töchter Anne (1920–1995) und June (1922–1941) die St. Walburger Klosterschule. Ein Beleg für die Präsenz in Eichstätt ist, dass die beiden Mädchen mit ihrer Mutter Eileen Lady Sempill (1890–1935) im Oktober 1934 Bischof v. Preysing besuchten. Ob Sempill auf der ‚Bremen' der Äbtissin die Nachricht von der Ermordung Gerlichs überbrachte, über die am 4. Juli die Londoner „Times" berichtet hatte, ist bisher nicht zu belegen. Nach fast dreimonatiger Abwesenheit erholte sie sich in Deutschland zunächst 12 Tage bis zum 24. Juli bei ihrer Schwester auf Gut Ermelinghoff.[509] Spätestens dort wird v. Spiegel vom tödlichen Schicksal des Freundes erfahren haben.

Abtei Holy Cross Boulder, von Äbtissin Benedicta gegründet

St. Walburger Benediktinerinnen auf dem
Weg nach Amerika 1931

Karte von Äbtissin Benedicta an ihre Nichte, 19.04.1934

Benedicta v. Spiegel mit ihren Nichten Maria Charlotte und Brigitte von Merveldt
auf der „Bremen“ April 1934

XII. Widerständigkeit, Klosterjubiläum, Konflikte 1934–1937

SUBVERSIVE RESISTENZ

Die Zeitungen in Deutschland erwähnten die Ermordung Gerlichs mit keinem Wort. Dagegen kursierten Kopien ausländischer Berichte über die Gewalttat nachweislich in Augsburg, Regensburg und Speyer.[510] „In Konnersreuth hat die Nachricht, dass Dr. Gerlich erschossen worden sei, erhebliche Aufregung verursacht" – heißt es im geheimen Lagebericht der Regierung vom Juli 1934. Zur gleichen Zeit am 31.07.1934 erging durch die von Heinrich Himmler geführte Bayerische Politische Polizei der Auftrag, dem „sogenannten ‚Konnersreuther Kreis', der offenbar als Brutstätte für Greuelnachrichten in Betracht kommt,…größte Aufmerksamkeit zu schenken. Alle festgestellten Verfehlungen sind selbstverständlich strafrechtlich unnachsichtig zu erfassen". Man geht sicherlich nicht fehl in der Annahme, dass die Freunde des ermordeten Fritz Gerlich äußerst beunruhigt und verunsichert gewesen sein müssen.

Die deutschen Bischöfe schwiegen beharrlich zu den Ereignissen. Dazu wiederum schwieg der nach dem „Röhm-Putsch" aus Deutschland emigrierte Publizist Waldemar Gurian (1902-1954) nicht. Der zum Katholizismus Konvertierte veröffentlichte im Schweizer Exil unter dem Pseudonym ‚Stefan Kirchmann' eine 24-seitige Schrift mit dem Titel: „St. Ambrosius und die deutschen Bischöfe", worin er das Episkopat aufforderte, die Morde des sog. „Röhmputschs" öffentlich als durch das Hitlerregime begangene Verbrechen zu benennen. Er klagte an: „Auch zu der Erschießung des katholischen Publizisten Gerlich…haben die Bischöfe bisher nichts öffentlich gesagt. Die deutschen Bischöfe schweigen. (…) Dieses Schweigen droht zu einer furchtbaren Vertrauenskrise zu führen".[511]

Die Witwe Gerlichs erhielt erst am 23. Juli – 10 Tage nach der Reichstagsrede Adolf Hitlers mit Einzelheiten zum „Röhmputsch" – die amtliche Todesnachricht. Am 28. Juli zelebrierte Franz Xaver Wutz ein Requiem für den ermordeten Freund in der Kirche der Münchner Benediktinerabtei St. Bonifaz. Sophie Gerlichs Tochter aus erster Ehe – Anna Hertha Kolm –

wird später über die Zeit nach der Ermordung ihres Stiefvaters bemerken: „Meine Mutter…hat seit der Zeit kümmerlich gelebt und mußte sich mit ein paar Pfennigen Lebensversicherung durchschlagen".[512]

Wahrscheinlich vor Weihnachten 1934 erreichte v. Spiegel ein Brief des schriftstellernden Benediktiners Maurus Carnot (1865–1935) aus dem Schweizer Kloster Disentis. Der Pater fragte an, ob die Äbtissin ein Kreuz aufbewahren oder an Therese Neumann weitergeben könne, das Fritz Gerlich aus Staniolpapier seiner Schnupftabak-Verpackungen gefertigt hatte und im Januar 1934 dem Mithäftling Michael Freiherr von Godin (1896–1982) kurz vor dessen Haftentlassung schenkte mit den Worten: „Ich fertigte dieses Kreuz in den Tagen nach dem Foltertag, dem 18.V.1933, an, als ich wund am ganzen Körper, unfähig mich geistig mit anderem zu beschäftigen, auf meiner Pritsche lag". Godin ließ das Kreuz Pater Maurus übergeben mit einem begleitenden Brief:[513]

> „ Also…schreiben Sie ruhig…an die…Äbtissin von Eichstätt…Teilen Sie ihr bitte auch gleich mit, dass ich die Reliquie als Erbe des engeren Kreises um Resl betrachte. Wenn sie es selbst nicht aufbewahren will, wegen der drohenden kommenden Ereignisse…, dann bewahren Sie es als Treuhänder auf".

Dem Brief zufolge hatte Gerlich v. Godin, der 1923 die Polizeieinheit geleitet hatte, die den Hitler-Ludendorff-Putsch in München auflöste, offenbar über den inneren Freundeskreis ins Vertrauen gezogen. Im Nachlass der Äbtissin fand sich das Staniolkreuz nicht. Eine diesbezügliche Anfrage im Pfarramt Konnersreuth bleibt bis dato unbeantwortet.

Es wäre ab diesem Zeitpunkt anzunehmen gewesen, dass die Ermordung Gerlichs und die Flucht Ingbert Naabs ins Ausland die Widersetzlichkeit der Freunde gegen das Naziregime gebrochen hätten. Offenbar war trotz aller Verunsicherung das Gegenteil der Fall. Der Neffe Gerlichs, Ludwig Weitmann, fasste in einem Rückblick zusammen:

> „Vom 1. August 1934 an, dem Tag meiner Versetzung…nach München, nahm ich wieder regere Beziehungen zu dem besten Freunde meines Onkels, dem Professor…Franz X. Wutz, auf. In seiner Hausgemeinschaft lebten die mir gleichfalls schon seit langem bekannten Brüder Ferdinand und Hans Neumann. Durch sie kam ich mit einem Kreis in Berührung, der sich ernsthaft mit dem Gedanken trug, der widerspruchslosen Hinnahme nationalsozialistischer Willkür entgegenzutreten und der Bevölkerung durch die Tat zu demonstrieren, dass noch nicht aller Widerstandswille gegen die Gewaltherrschaft Hitlers gebrochen sei (…) Als die zweckmäßigste Art des Widerstandes wurde für das

Inland die Verbreitung illegaler Flugschriften, für das Ausland die Berichterstattung über besondere Vorkommnisse innerhalb Hitler-Deutschlands erachtet. Demgemäß wurde die Arbeitsteilung vollzogen".

Weitmann benannte als Autoren die Professoren Wutz und Lechner. Später kam der seit 1936 in Eichstätt als Dompfarrer wirkende Johannes Kraus hinzu (1890–1974). Dieser wurde bald in den Freundeskreis aufgenommen und für die Nazis zu einem der Hauptgegner in Eichstätt. Denn bis zu seiner letzten Verhaftung 1940 und dem anschließendem Weggang aus der Stadt 1941 gab er dem Protest gegen die kirchlichen Repressionen der Nazis in seinen Predigten stimmgewaltig Ausdruck. Weitmann fuhr in seiner Stellungnahme fort:

„Während den einen in erster Linie die Herstellung der Flugblätter oblag (…) hatten die Brüder Neumann und ich als die jüngeren die Verbindung mit dem Ausland aufrechtzuerhalten und die Flugschriften zu verbreiten. (…) Aus dieser Zusammenarbeit entsprangen die zu Tausenden verbreiteten Vervielfältigungen der Predigten des bekannten Dompfarrers Kraus…und endlich die Serie der unter dem Pseudonym ‚Michael Germanicus' im In- und Ausland weitbekannt gewordenen Kampfblätter".

Der von Weitmann genannte Joseph Lechner wird in seinem Entnazifizierungsverfahren bestätigen:„Während der Herrschaft des Nationalsozialismus beteiligte ich mich an der Verfassung und Verbreitung von Flugschriften unter einem Decknamen, den ich aber nicht preisgeben möchte". Im Januar 1946 präzisierte Lechner seine Aussage über die Aktivitäten des Freundeskreises: „From this circle of the Nazi-adversaries in Eichstätt proceeded a series of pamphlets and propagandistic writings… One of the most impressive of these writings was the widely known ‚letter to Goebbels' from Michael Germanicus which recklessly exposed the socalled administration of justice in front of the German publicity and much farther".

Und Ferdinand Neumann sagte nach Kriegsende übereinstimmend aus, „dass ich in die Schweiz gefahren bin, um dort Flugblätter und Druckschriften gegen die Nazis zu holen".[514]

Eine plausibel erscheinende Vermutung sei an dieser Stelle zu Weitmanns Formulierung von der zweckmäßigen Art des Widerstandes in Form von „Berichterstattung über besondere Vorkommnisse innerhalb Hitler-Deutschlands" für das Ausland formuliert: Auch wenn es bisher keine Belege dafür gibt, so scheint es unter diesem Gesichtspunkt lohnenswert, die 1940 in London erschienene Dokumentation basierend auf ungenannten anonymen Quellen aus Deutschland zu beleuchten: The Persecution of the catholic church in the third Reich. Facts and documents translated from the German, zusammengetragen durch den Jesuiten Walter Mariaux (1894–1963). Darin sind auffallend viele Berichte über Eichstätter Kirchenvorkommnisse enthalten, so Ansprachen von Bischof Rackl 1936, die Auseinandersetzungen um Dompfarrer Kraus, der Streit um die Konfessionsschulen bis zum Abdruck des populären Michael-Germanicus-Flugblatts. Der Autor des letzteren, Joseph Lechner, wird nach dem Krieg selbst auf eben diesen hier beschriebenen Zusammenhang mit eindringlichen Worten aufmerksam machen.

Denkbar ist zudem, dass einige der von Eichstätt in die Schweiz geschmuggelten Dokumente in die Hände des bereits erwähnten Publizisten Waldemar Gurian gelangten. Gurian gab in der Schweiz gemeinsam mit dem ebenfalls aus Deutschland ausgewanderten Journalisten Otto Michael Knab (1905–1990) anonym die sog. Deutschen Briefe heraus. Aus der katholischen Emigration informierten die Deutschen Briefe über die Kirchenverfolgung im nationalsozialistischen Deutschland für den Zeitraum von 1934 bis Mitte April 1938. Darin finden sich wiederholt Hinweise auf die Morde um den 30. Juni 1934, namentlich auch auf Fritz Gerlich, die Aktivitäten von Dompfarrer Kraus und Bischof Rackl. Das Projekt wurde im Frühjahr 1938 aufgegeben. Denn Gurian und Knab emigrierten vor Beginn des 2. Weltkrieges in die USA.[515]

Zurück nach Eichstätt. Einzelne Mitglieder des Kreises haben unabhängig voneinander in Kontakt zu anderen aktiven Gegnern der Nationalsozialisten gestanden. Ferdinand Neumann erklärte nach dem Krieg, dass sein „Berater und Verteidiger" der 1939 verhaftete Adolf v. Harnier (1903–1945) war, „der in der Münchner Widerstandsgruppe mit Dr. Jos. Müller und Hundhammer aktiv tätig war". Der sog. Harnier-Kreis wurde kurz vor Ausbruch des 2. Weltkrieges von den Nationalsozialisten zerschlagen, Harnier starb 1945 im Zuchthaus an Hungertyphus. Es finden sich in der Forschungsliteratur Hinweise, dass zudem Erich v. Waldburg-Zeil nach dem Verbot des „Geraden Wegs" den Harnier-Kreis über Verbindungen zu dem Widerstandskämpfer Josef Zott (1902–1945) mit Geld versorgt habe. Auch Zott wurde 1939 verhaftet und im Januar 1945 wegen Hochverrats hingerichtet.

Weiter gab Lechner in einem Entlastungsgutachten für Simon Schorer an, dass dieser „beyond the circle of Eichstätt" in Kontakt stand zu Persönlichkeiten, die ‚ohne Rücksicht auf ihr eigenes Leben gegen das NS-Regime kämpften'. Konkret benannte er den im katholischen Widerstand sich engagierenden Bamberger Rechtsanwalt Hans Wölfel (1902–1944), „who was ececuted on July 3rd 1944". Schorer hatte den 7 Jahre jüngeren Wölfel 1939 in Fürst Erichs Leutkircher Familiendomizil kennengelernt. Wölfels Schwager Rudolf Rauh (1908–1973) leitete dort das Waldburg-Zeil'sche Gesamtarchiv und erhielt regelmäßig Besuch von seiner Schwester und ihrem Mann. Es ist nicht auszuschließen, dass es weitere individuelle Kontakte in Widerstandskreise gegeben haben könnte. Doch bleibt vieles bis heute im Dunkel.[516] Der Freundeskreis selbst war offenbar ab Mitte 1934 zu konspirativer Widerstandsarbeit übergegangen. Eine Schreibmaschine aus der Abtei St. Walburg wird dabei eine Rolle spielen.

Das Jahr 1934 war jedoch nicht nur durch die gravierenden politischen Geschehnisse geprägt. Der reguläre Klosteralltag mit seinen unterschiedlichsten Erfordernissen ging weiter. Für Benedicta v. Spiegel hielt die Zeit zudem Begegnungen mit ihren beiden Schwestern Ida und Maria in der ostwestfälischen Heimat bereit wie auch Besuche der Freundin Therese Neumann. Die Äbtissin „konnte so gut mit ihr reden" [517], sich über Persönliches austauschen.

900-JÄHRIGES ABTEIJUBILÄUM 1935

Der Blick auf das folgende Jahr rückte das 900-jährige Gründungsjubiläum der traditionsreichen Abtei im Jahre 1035 in den Mittelpunkt. Pläne und Weichenstellungen hatten schon 1934 begonnen. Die Festvorbereitungen der St. Walburger Benediktinerinnen fielen mit dem Volksentscheid vom 13. Januar 1935 und der vollständigen Rückkehr des Saarlandes zum Deutschen Reich zusammen. Spiegels Freund F. X. Wutz, musste „bei der Saarabstimmung…aus Eichstätt weg, weil die Gestapo ihm auf den Versen war. Es wird im Januar oder Februar gewesen sein, da war er im Unterschlupf bei Stoer" – erinnerte Jahre später der Waldburg-Zeilsche Generalbevollmächtigte Simon Schorer die Ereignisse.

Derweil nahm die Ausgestaltung der Feierlichkeiten zum 900. Abteijubiläum konkrete Gestalt an, und auch der untergetauchte Freund war wieder rechtzeitig aus seinem Unterschlupf zurück. Einladungen ergingen an verschiedene Äbte, von denen sich einige mit Jubiläumspredigten an der Festwoche vom 1. bis 8. Mai beteiligten. Sieben Äbte – 6 Benediktiner und 1 Zisterzienser – leisteten der Einladung folge: Im Gästebuch von Bischof Preysing sind für den 4. Mai 1934 verzeichnet: der Abt von Plankstetten Jakobus Pfättisch (1883–1960), der sich der Kooperation mit den Nationalsozialisten verweigerte; der Abt von Metten Corbinian Hofmeister

(1891–1966) – Widerstandskämpfer gegen den Nationalsozialismus um Admiral Wilhelm Canaris (1887–1945); der Abt von Ettal Angelus Kupfer (1900–1951), dessen Abtei Ort konspirativer Treffen u.a. von Dietrich Bonhoeffer (1906–1945), Johannes Neuhäusler (1888–1973) u.a. wurde; der Zisterzienser Stephan Geyer (1880–1955), ab 5.11.1935 Abt von Seligporten, den die Gestapo von 1938 an mit Verhören, Hausdurchsuchungen etc. schikanierte; der Abt von Weltenburg Emmeram Gilg (1887–1973) sowie der Augsburger Abt und Nazigegner Placidus Glogger (1874–1941); schließlich der Abt von St. Matthias in Trier Laurentius Zeller. Dieser hatte – wie beschrieben – den Neubeginn Benedicta Spiegels in St. Walburg 1918 aktiv begleitet und sagte eine Predigt über den „Vorsehungsgedanken" zu. Die Äbtissin schrieb an ihn, bevor sie erneut zur Erholung ihre Abtei verließ:

> „Sehr herzlich danke ich auch für die gütigen Fingerzeige, meine Erholung betreffend. (…) auch finde ich es überflüssig, so viel Geld auszugeben, wenn man doch fast immer im Hause liegen muss. Luftveränderung und Ruhe wird aber dringend gewünscht und so werde ich wohl zunächst zu meiner Schwester gehen, was viel einsamer und bedeutend näher ist und vor allem nichts kostet. (…) der Erholung bin ich bedürftig, das fühle ich selbst recht sehr".

Der labile Gesundheitszustand aufgrund chronischer Krankheiten wie Bluthochdruck, Herzschwäche und Diabetes verbunden mit den großen Belastungen, welche die Leitung der Abtei mit ihren mehr als 100 Bewohnerinnen bedeutete, machte erneut eine Kur notwendig. Und so fuhr die gesundheitlich Angeschlagene für die nächsten März- und Aprilwochen wieder einmal zu ihrer älteren Schwester Maria v. Twickel nach Ermelinghoff. Von dort lenkte sie die weiteren Vorbereitungen des bevorstehenden Abteijubiläums und kehrte erst um den 12. April wieder nach St. Walburg zurückkehren.[518]

Bei ihrer Schwester traf sie sich mit dem von Repressalien der Nationalsozialisten betroffenen Abt der Zisterzienserabtei Hardehausen, Alfons Heun (1898–1984). Und sie fand Zeit für einen Brief an Cécile de Hemptinne in ihrem Professkloster Maredret. „Da ich meine liebe Abtei verlassen mußte, fand ich, dass dies das beste Sanatorium ist. Das Haus ist bequem und der Park sehr weitläufig und ohne Erhebung, denn ich darf keine steilen Wege gehen. Ich werde also hier ein paar Wochen bleiben, in der Hoffnung mich schnell zu erholen…". Ihr Gesundheitszustand war offensichtlich wenige Wochen vorher sehr kritisch gewesen, denn sie fuhr in dem Brief fort: „Vor 2 Monaten habe ich die letzte Ölung bekommen, und 3 Wochen danach fürchtete man erneut, dass ich die Erde verlassen würde. Meinen armen Kindern tat es so leid, und sie haben so viel und so gut gebetet, dass dem Herrn nichts anderes einfiel, als mich hier unten noch ein bißchen zulassen. Es ist nur eine Aufschiebung – Möge ich sie richtig nutzen!".

Der Brief enthielt auch eine nachdrückliche Einladung zum 900.ten Abteijubiläum im Mai 1935. „Ich bitte Sie, mich nicht als indiskret zu betrachten, wenn ich es wage, Sie zu bitten, zu uns zu kommen, um mit uns zu feiern. (…) Die Freude, Sie zu sehen, wäre so groß in unseren Herzen, insbesondere in meinem". Neben der Äbtissin von Maredret lud sie dem Brief zufolge auch die Äbtissin der Benediktinerinnenabtei Nonnberg in Salzburg, Virgilia Lütz (1869–1949) ein. Ob die genannten der Einladung folgten, muss offen bleiben. Denn erwähnt wurden sie während der Feierlichkeiten nicht, und auf den zahlreichen Fotografien der Feierlichkeiten sind anders als die Äbte keine Äbtissinnen dokumentiert.[519]

Der Abt von St. Stephan in Augsburg, Placidus Glogger, erkundigte sich penibel nach der Kleiderordnung für die Prozession: „Es würde die Äbte sehr verdriessen, wenn die Bischöfe den Stab hätten und sie nicht; das weiss ich von anderen Gelegenheiten". Und kritisch merkte er an:„Gott gebe, dass alles gut verläuft und dass der Zeithintergrund auch ein wenig dazu passt. Heute ‚geht es auf…in München. Der Kardinal lässt ein Hirtenwort verlesen und grosse Versammlungen in den Kirchen halten zum Schutz der Konfessionsschule. Denn gegen diese geht der nächste Angriff der ‚Beschützer des Konkordats'. Beten".[520]

Obwohl in Artikel 23 des am 20. Juli 1933 zwischen Deutschland und dem Vatikan geschlossenen Reichskonkordats die Beibehaltung und Neueinrichtung katholischer Bekenntnisschulen garantiert war, unterliefen die Nationalsozialisten in den Folgejahren diese Bestimmung, was auch in St. Walburg zu zähen Kämpfen um den Erhalt der Schulen führen wird. Dass der Konflikt bereits 1935 virulent war, zeigen auch die Berichte zur kirchlichen Lage für Mittel- und Oberfranken. Darin heißt es für den 8. Mai 1935: „Als eine Rückwirkung des Kirchenstreites…ist es anzusehen, dass gegen die Deutsche Gemeinschaftsschule stärker als je angegangen wird, sodass das Eintreten nationalsozialistischer Kreise für die Gemeinschaftsschule ihnen schlankweg den Vorwurf der Christenfeindlichkeit eintrug".[521] Die antikirchliche Schulpolitik der Nazis, die auch der Eichstätter Äbtissin jahrelang zermürbende Auseinandersetzungen aufzwang, warf ihre Schatten schon voraus.

Während des Aufenthaltes bei ihrer Schwester in Ermelinghoff musste v. Spiegel vom Tod eines weiteren Eichstätter Freundes erfahren haben:

Der Mitautor des „Geraden Wegs", Pater Ingbert Naab, im Sommer 1933 mithilfe der Freunde vor den Nazis ins Exil ins Ausland geflüchtet, erlag am 28. März 1935 in einem Krankenhaus in Straßburg seinem schweren Leberleiden und wurde 2 Tage später auf dem Friedhof des Kapuzinerklosters Strassburg-Königshofen beigesetzt.

Von Ermelinghoff aus besuchte die Äbtissin gemeinsam mit ihrer Schwester im 40 Kilometer entfernten Münster den dortigen Bischof Clemens Graf von Galen (1878–1946), wohl auch um ihm über ihre Begegnung mit seiner Schwester Franziska während der Amerikareise 1934 zu berichten. Er erteilte St. Walburg den Auftrag „eines Wandteppichs zum Schmuck meiner Hauskapelle", machte dazu detaillierte Gestaltungsvorgaben bis zum Anbringen seines Wappens und hoffte, „dass der von St. Walburg zu liefernde Schmuck für kommende lange Zeit die bischöfliche Kapelle zieren wird". Der ein Jahr später gelieferte Wandteppich gefiel dem Münsteraner gut. Er ist aber wahrscheinlich bei einem Bombenangriff im 2. Weltkrieg zerstört worden.[522]

Zurückgekehrt nach St. Walburg stand die Klärung der letzten organisatorischen Details an. Die Festwoche wurde minutiös vorbereitet. Am 27. April wandte sich v. Spiegel an den Eichstätter NS-Bürgermeister Walter Krauß: „Die herkömmliche Begehung der Walburgis-Festwoche soll in diesem Jahre aus Anlass des Jubiläums feierlicher gestaltet werden. Es handelt sich aber um nur rein kirchliche Feiern. (…) Darf ich bitten, uns, wie auch sonst immer bei derartigen Anlässen die Hilfe der Schutzmannschaft sowie der Sanitätskolonne gütigst zur Verfügung stellen zu wollen".

Für die erwarteten Pilgerzüge beantragte v. Spiegel bei der Deutschen Reichsbahn eine Fahrpreisermäßigung, die ihr mit kleinen Änderungen gewährt wurde:

„Um recht vielen, besonders auch der ärmeren Bevölkerung Gelegenheit zu geben zum Heiligtum der hl. Walburga pilgern zu können, möchten wir der verehrlichen Reichsbahnverwaltung ein Gesuch um Fahrpreisverbilligung unterbreiten (…) Es sind schon verschiedene Pilgerzüge aus der Gegend von Bamberg, aus dem Chiem- und Ilmgau angesagt und vor allem sind aus allen Pfarreien der Diözese Pilger zu erwarten".

Am Ende wurden es tausende Pilger, die in der 8000 Einwohner zählenden Stadt an der Festwoche teilnahmen. Ein Verzeichnis der Eichstätter Gasthäuser erstellte die Abtei für die Organisatoren der Pilgergruppen, „die anlässlich der Jubiläumsfeierlichkeiten…ein Mittagessen (Suppe, Kalb- oder Schweinefleisch mit reichlich Beilage) zum Preis von Mk. 1,--

einschl. Trinkgeld verabfolgen. (…) Neben der Adresse steht die Zahl der Gäste, die das Haus aufnehmen kann. (…) Aus sozialen Gründen wolle man auch die kleineren Betriebe berücksichtigen".

Auf den am 7. Juni 1934 eingeführten sog. Staatsjugendtag, demzufolge alle Angehörigen der Hitlerjugend für Parteiveranstaltungen an den Samstagen vom Schulunterricht freigestellt wurden, nahm das Kloster geschmeidig Rücksicht: „Eine kleine Änderung im Programm musste leider auch noch vorgenommen werden. Die nachmittägliche Kinderandacht" musste auf Montag verschoben werden, „infolge des eingeführten ‚Staatsjugendtages' sind die Kinder Samstag nachmittags nicht mehr frei".[523]

Zwei Festschriften zum Abteijubiläum gab St. Walburg heraus, von denen sich eine an wissenschaftliches Fachpublikum, eine zweite – kleinere, anonym von der jüdischen Konvertitin Sr. Emmanuela Drey verfasst – an ein breiteres Publikum wandte. Letztere lag schon 1934 gedruckt vor. Die Festschrift wurde „gratis" an verschiedene Klöster, auch nach Maredret und Eibingen gesandt sowie u.a. an Bischof Clemens Galen nach Münster, den Bischof und den Generalvikar ihrer Heimatdiözese Paderborn, an ihre Stiefmutter und Geschwister und auch an „Ing. Stoer". Er war der einzige Parteigenosse, dem v. Spiegel die Jubiläumsschrift dedizierte. Andere nationalsozialistische Repräsentanten standen nicht auf der Liste, jedoch der letzte demokratisch gewählte Eichstätter Bürgermeister Otto Betz. Eine Vielzahl an Glückwünschen gingen in St. Walburg ein, darunter auch von Äbtissin Regintrudis Sauter aus St. Hildegard: „In Dank und Bitte sind wir während Ihrer Jubeloktav mit Ihnen vereint. Möge der Abschluss dieser ‚900' Segensjahre zugleich der Anfang einer neuen Zeitepoche für Ihr liebes Kloster sein, die an Fruchtbarkeit für das Reich Gottes der vorausgegangenen nicht nachsteht".[524]

SYMBOLTRÄCHTIGES FEST MIT POLITISCHER BOTSCHAFT

Die Choreografie der 7-tägigen Jubiläumsfeierlichkeiten, offenbar Hand in Hand mit Bischof v. Preysing gestaltet, überließ nichts dem Zufall. Morgendliche Predigten um 9.00 Uhr, Pilgerandachten um 14.00 Uhr, Chorgesänge der Nonnen und des Domchors, abendliche Litaneien des Domkapitels um 19.30 Uhr, Wallfahrtsprozessionen, Festpredigten mehrerer Benediktineräbte; auch ein Bruder des Bischofs – der Landshuter Stadtpfarrer Albert Graf Preysing (1883–1946) – beteiligte sich mit einer Predigt.[525]

Den Auftakt gab der 1. Mai. Dieser symbolträchtige von den Nationalsozialisten eingeführte „Tag der nationalen Arbeit" wurde seit 1934 als

„Feiertag des deutschen Volkes" mit Beflaggung, Maibaum und Festum-
zügen inszeniert – auch in Eichstätt. Das „Timing" war wohl absichtsvoll
gewählt: Während die NS-Feierlichkeiten in Eichstätt um 19.00 mit einer
„Tanzunterhaltung, zu der alle Volksgenossen eingeladen sind", ausklan-
gen, wurde zeitgleich mit feierlichem „Geläute aller Glocken der Stadt"
das Klosterjubiläum eröffnet. Über die Eröffnungsfeier der Festwoche berichtete die Eichstätter Volkszeitung am 2. Mai 1935: „…frohe Menschen
machen sich auf…zur Walburgiskirche…, die sie im Festschmuck empfängt. Es wehen die Fahnen, die gelbroten Bänder (…) Drei Gruppen von
Menschen sind es auch, die dies Jubelfest angeht: natürlich die Klosterfrauen, aber auch die Stadt, die im äußeren Bild und im inneren Leben mit
St. Walburg verwachsen ist; und nicht minder die ganze Diözese". Um die
Vielzahl der Gläubigen teilhaben zu lassen, hatte die Abtei eine technische
Premiere vorbereiten lassen:

> „Zum erstenmal in der Geschichte unserer Stadt wurde auch die moderne
> Technik in den Dienst des Gotteshauses gestellt: Von der Firma Gebr. Grö-
> bel-Eichstätt wurde eine Lautsprecheranlage in der Kirche eingebaut, die eine
> Uebertragung der gottesdienstlichen Handlungen und Predigten von der Kir-
> che in den unteren Chor, in die Gruft und in den großen Schulhof – in welchem
> auch ein großer Altar aufgestellt ist – ermöglicht. Die Anlage arbeitet tadellos,
> so dass man auch außerhalb der Kirche alles mithören und miterleben kann".

Ein Glanzpunkt der Festwoche sollte die sog. Jungfrauenweihe sein, das
öffentliche Gelöbnis, ein geweihtes Leben zu führen. Normalerweise fand
die Zeremonie im Klausurbereich des Nonnenchores unter Teilnahme der
engsten Verwandten statt. Äbtissin Benedicta hatte hierfür ein öffentlichkeitswirksames Procedere auf das Programm gesetzt: „Der zweite Tag
der Jubiläumswoche…wird ein ganz seltenes, heiliges Schauspiel bieten.
(…) Wie in alter Zeit wird die erhabene Feier wiederum in die Öffentlichkeit verlegt, so dass die ganze Gemeinde der Gläubigen daran teilnehmen
kann".
Es war nicht irgendeine Novizin, die geweiht wurde, sondern die
Schwester des von den Nazis leidgeprüften Freundes Erich Waldburg-
Zeil: Walburga. Ein großer Teil der fürstlichen Familie war zu diesem symbolhaften Ereignis angereist. Der bereits erwähnte Cousin Franz-Georg
Walburg-Zeil – Jesuitenpater in München – wirkte sechs Tage als Serien-
prediger der Einkehrwoche in St. Walburg und appellierte eindringlich an
die Adresse der katholischen Eltern: „Vor allem den Kindern den Heiland
nicht verwehren! (…) Das ist die einzige Rettung für unsere Jugend; (…)

Die Eltern sollen die Kinder wie einst zu Christi Zeiten zum Heiland hin-
führen, die Eltern sollen den Kindern Beispiel sein. In dieser Bewegung
den Glauben zu stärken…kommt es auf jeden Einzelnen an. Solange wir
zum Heiland…stehen, solange bleibt unser Glaube unerschüttert".[526]

Der enge Vertraute der Äbtissin – Joseph Lechner – hatte gleich zu
Beginn eine überaus kritische öffentliche Jubiläumspilgerpredigt unter
dem Titel: „Bedeutung der Orden in unserer Zeit" gehalten und darin formuliert: „Der katholische Ordensgedanke ist der wirkungsvollste Protest
gegen unsere Zeitirrtümer und bietet ein wunderbares Heilmittel gegen
unsere Zeitkrankheiten". In seinen weiteren Ausführungen griff Lechner
wieder den Naturrechtsgedanken des Eichstätter Freundeskreises auf und
setzte diesen der kirchenfeindlichen nationalsozialistischen Ideologie mit
deutlichen Formulierungen entgegen:[527]

„ Wir sehen da heute den Versuch, ‚einen neuen Glauben und ein neues Evangelium' zu predigen, das ‚nicht das Evangelium Christi' ist… Es ist der Versuch,
an Stelle des echten und unverfälschten Glaubens einen armseligen Glaubens-
und Religionsersatz zu bringen, der Versuch ein neues Heidentum einzuführen
(…) Das Wesen des Heidentums ist genau Umkehr des Christentums: Während
dem Christentum an erster und letzter Stelle…Gott und seine Ehre steht (…),
stellt die heidnische Gesinnung an Stelle Gottes…die geschöpflichen Werte!
(…) Man darf niemals das, was Gott geschaffen und den Menschen gegeben,
und das was nur anvertraut ist zum rechten Gebrauch im Rahmen göttlicher
Ordnung…, man darf…niemals, wie es manche tun, irdische Werte, wie die
Werte der Blutgemeinschaft und Rasse, die Werte: Nation und Volk, die Werte:
menschlicher Ehr und Freiheit zu Idolen, zu Götzen an Stelle des wahren und
einen Gottes setzen (…) das wäre der Geist des Antichrist".

Das Einverständnis der Äbtissin zu Lechners deutlicher Kritik an der
Kirchenpolitik der Nationalsozialisten, am völkischen Rassismus der NS-
Ideologie und dem Personenkult um Adolf Hitler darf vorausgesetzt wer-
den. Die Klosterfeierlichkeiten blieben nach außen ungestört. Doch ins
Visier der das Jubiläumsfest beobachtenden Nazis geriet der Würzburger
Bischof Matthias Ehrenfried – St. Walburg durch regelmäßige Besuche
seiner dort lebenden Schwester Juliane eng verbunden. Im Bericht der
Kreispropagandaleitung heißt es über die Jubiläumspredigt Ehrenfrieds:
„Anläßlich der 900-jährigen Bestandsfeier des Klosters St. Walburg kam
die gegnerische Weltanschauung mehr wie sonst üblich zu Wort. – Bischof Störenfried von Würzburg hat in der Kirche eine Predigt gehalten,
die eine Schutzmaßnahme verdient gehabt hätte. Bei dieser Gelegenheit
konnte man durch die überaus zahlreiche Beteiligung an der 900-Jahrfeier,

namentlich seitens der Frauen, ersehen, dass die schwarze Front arbeitet und ihre Mitläufer hat".[528]

Dennoch oder gerade deswegen: Die St. Walburger Jubiläumswoche stellte in den Augen vieler ein glanzvolles Ereignis der mit 8.000 Einwohnern beschaulichen Bischofsstadt dar, an dem nach Schätzungen 50.000 Gläubige teilnahmen. Die Eichstätter Volkszeitung berichtete: „Tausende und nochmals Tausende von Festgästen waren aus nah und fern in die altehrwürdige Bischofsstadt gekommen, um an der Jubelfeier des Klosters St. Walburg teilzunehmen. (…) Als…Bischof Konrad in feierlichem Zuge…– in welchem man neben Mitgliedern des Domkapitels auch die Aebte von 7 Benediktinerklöstern bemerkte – in den großen Schulhof von St. Walburg einzog, da war dieser bereits so dicht von Gläubigen gefüllt, dass die mit der vom Dome ausgezogenen Prozession gehenden Andächtigen keinen Einlaß mehr finden konnten. Nach dem feierlichen Gottesdienst… herrschte in den Straßen der Stadt ein Gedränge und Geschiebe, wie man es nur ganz selten in unserer Stadt gewohnt ist".

Auch die hiesige katholischen Mädchenorganisation „Weiße Rose" hatte zum Abteijubiläum eingeladen. Im Jahresbericht 1935 liest sich das wie folgt: „Kath. Jungmädchen und Jungfrauen haben unserer Einladung Folge geleistet und sind am letzten Tage…der 900-Jahrfeier…in hellen Scharen gekommen, um zu beten und ihren Glauben zu bezeugen. Unser Dank ward zum Gelöbnis:…wir stehen…in weltumspannender, katholischer Liebe".[529]

Äbtissin Benedicta war mit dem Bischof, den kirchlichen Würdenträgern, der nazikritischen Ansprache Lechners, der symbolhaften öffentlichen Jungfrauenweihe der Schwester des unter Observation der Gestapo stehenden Erich Waldburg-Zeil, der Mobilisierung einer großen Zahl von Gläubigen und der minutiösen Organisation eine öffentlichkeitswirksame Demonstration kirchlicher Einigkeit gelungen.

BETRÜBNIS ÜBER v. PREYSINGS WEGGANG

Nach der Abreise der Gäste und dem Aufräumen kehrte wieder Ruhe ein in der Abtei. Doch hatte der Trubel der Feierlichkeiten v. Spiegels Gesundheit angegriffen. Sie fuhr zu Kur und Erholung in das Radiumbad Brambach im Vogtland. Zuvor aber besuchte sie zum ersten Mal Therese Neumann in ihrer Heimat in Konnersreuth und blieb dort über Nacht. Die Freundin hatte ihre Teilnahme an der Festwoche aufgrund der vielen Menschen und dem zu erwartenden Aufsehen um ihre Person abgesagt. „Anderntags begleitete uns Resl im Auto nach Brambach und war dort sehr besorgt, dass ich ein geeignetes Zimmer bekäme und alle Voraussetzungen für eine gute Erholung fände".[530] Möglicherweise haben v. Spiegel die Gerüchte um die Nachfolge des seit März 1935 vakanten Berliner Bischofsstuhls mit in die Kur begleitet.

Am 5. Juli 1935 ernannte Papst Pius XI. Konrad Graf Preysing zum neuen Bischof von Berlin, obwohl dieser bedeutet hatte, nur höchst ungern Eichstätt verlassen zu wollen. Äbtissin Benedicta bat in einem Brief vom 7. Juli 1935 den Abtprimas der Benediktinischen Konföderation Fideles von Stotzingen, dem Papst die beiden zum 900-jährigen Abteijubiläum erschienen Festschriften zu überreichen:

> „Damals aber ging immer die Rede von der bevorstehenden Ernennung unseres Bischofs für Berlin, dass Se. Exzellenz nicht wünschte, sich in Rom irgendwie in Erinnerung zu bringen. Nun aber ist die Entscheidung gefallen und zwar so gefallen, dass wir unsern geliebten Oberhirten verlieren…und mir deswegen soeben erklärte, dass er nicht mehr gut die beabsichtigte Überreichung der Festschrift von St. Walburg an den Heiligen Vater vornehmen könne. Sein Nachfolger aber kann natürlich noch weniger in Frage kommen, weil ja das Bild und Geleitwort unseres bisherigen Bischofs das Buch einführt. (…) Dass wir über den Fortgang unseres lieben Bischofs sehr betrübt sind, brauche ich nicht zu betonen. (…) Für St. Walburg ist dieser Verlust geradezu unersetzlich. Wenn Se. Exzellenz auch kaum drei Jahre bei uns war, so war er uns in dieser verhältnismäßig kurzen Zeit doch als treu besorgter Vater und verständnisvollster Hirte innigst ans Herz gewachsen. Ich bin sehr traurig, dass er uns verlassen muss und das Gleiche würde jeder seiner Diözese sagen".

Die Äbtissin hat ihr großes Bedauern offenbar auch im Begleitschreiben an den Vatikan ausgedrückt. Kardinalstaatssekretär Pacelli antwortete ihr: „Ich vertraue darauf, dass das Opfer, welches das Bistum Eichstätt durch Hingabe seines Bischofs hat bringen müssen, Eichstätt ebenso wie Berlin Gottes besonderen Segen bringen werde". Zeitlebens werden sich Konrad v. Preysing und Benedicta v. Spiegel vertraut verbunden bleiben, was sich nicht nur in ihrer regelmäßigen Korrespondenz, sondern auch in seinen Besuchen der alten Eichstätter Wirkungsstätte zeigt. 10 Jahre nach der Bischofsweihe in Eichstätt erinnerte v. Preysing in einem Schreiben an die Äbtissin melancholisch seine Zeit in der Altmühlstadt: „,Was vergangen, kehrt nicht wieder, aber ging es leuchtend nieder, strahlt es lange noch zurück'. Ich glaube, so sagt Goethe, und für mich strahlt es wohl für alle Zeit leuchtend zurück, so sehr, dass einer meiner Vertrauten hier vom Eichstätter Mythos spricht". Über die offizielle Verabschiedung des

Bischofs 1935 findet sich ein ausführlicher Bericht in der Chronik der Kolpingfamilie: „In Hochrufen, Händeklatschen wurden dem Scheidenden begeisterte Ovationen dargebracht".[531]

Zum Nachfolger Preysings wurde der bisherige Regens der Philosophisch-Theologischen Hochschule Michael Rackl gewählt und am 21. Dezember 1935 zum Bischof geweiht. Er war in Eichstätt und St. Walburg kein Unbekannter, hatte er in der Stadt nach dem Abitur studiert, seine Priesterweihe empfangen und als Hochschullehrer gewirkt.[532] Rackl wird in den folgenden politisch überaus schwierigen Jahren zur wichtigen, geschätzten Vertrauensperson v. Spiegels werden, wenngleich es zu einer ähnlich empathischen Beziehung wie zu Konrad v. Preysing nie kommen wird, was wohl auch den verschiedenen Herkunftsmilieus geschuldet war.

ERSTE SCHARMÜTZEL MIT DEN NAZIS

Hatten sich die Eichstätter Freunde um Fritz Gerlich spätestens ab 1932 mit der NSDAP und deren zentralen Führungsfigur Adolf Hitler vor allem öffentlichkeitswirksam publizistisch auseinandergesetzt, war der Kreis seit der Ermordung Gerlichs in der Nacht vom 30. Juni auf den 1. Juli 1934 zu geheimen widerständigen Aktivitäten übergegangen. Das Jahr 1935 markierte den Beginn der Auseinandersetzungen der Abtei St. Walburg mit dem NS-Regime. Eine knappe Zusammenfassung der Äbtissin über „Die Abtei St. Walburg im NS.Kirchenkampf" enthält als ersten Eintrag: „Im Jahre 1935 kam ein Schreiben von der NS.-Behörde, durch das die Aufhebung des Kindergartens mitgeteilt wurde. Ich habe darauf nicht geantwortet, das Schreiben vernichtet und den Kindergarten weiterführen lassen". Obwohl der Kindergarten bereits 1935 amtlich aufgehoben war, blieb er für die nächsten Jahre weitgehend unbehelligt in Betrieb.

Wie v. Spiegel sich beherzt vor die ihr Anvertrauten stellte, belegt ein Vorkommnis vom 2. September 1935, über das sie eine Lehrerin der Haushaltungsschule umgehend informierte: „Gestern abend…zog die H.J. …an unserem Marienhaus vorbei. Plötzlich entstand…ein Tumult. Der Scharführer läutete an und behauptete, es sei von einem bestimmten Fenster des Marienhauses aus Wasser auf die H.J. gegossen worden. Die Lehrerinnen… holten die Schülerinnen…sämtlich Mitglieder des BDM. Keine der drei hatte jedoch Wasser hinuntergegossen, was die jungen Mädchen wiederholt beteuerten. (…) Die Lehrerin liess mit einer Taschenlampe die Strasse ableuchten, es fand sich nicht die geringste Spur von Wasser, nur faules Obst…, was aber auch nicht von den drei jungen Mädchen abgeworfen wurde".

Die Äbtissin sah sich aufgrund „dieses Tatsachenberichtes"…veranlasst, gegen die Anschuldigung…energisch zu protestieren". Worauf der NSDAP-Kreisleiter Krauß mit einer eidesstattlichen Erklärung des Gefolgschaftsführers H. Bauer antwortete, sodass Aussage gegen Aussage stand. Die Kreisleitung bewertete den Vorfall jedoch nicht als „politische Angelegenheit", sondern als „unüberlegte Handlung der Mädchen gegenüber ihren Schulkameraden". Äbtissin Benedicta hielt grundsätzlich in einem weiteren Schreiben dagegen: „Ich bin mit Ihnen der Auffassung, dass dem Vorfall an sich eine tiefere Bedeutung in gar keiner Weise beizumessen ist. Hingegen scheint uns die Tatsache untragbar, dass den Hitlerjungen eine höhere Glaubwürdigkeit zugemessen wird als anderen Volksgenossen und dass der Scharführer ohne weiteres erklären darf, die Mädchen hätten die Tat geleugnet. Demgegenüber sehe ich mich veranlasst neuerdings für die Glaubwürdigkeit der drei beschuldigten, meiner Obhut anvertrauten Mädchen einzutreten".[533]

Noch waren es scheinbar harmlose Geplänkel. Doch der Ton für die anstehenden Kontroversen war damit gesetzt, und v. Spiegel wird sich – soweit es die Quellen belegen – in dieser Standfestigkeit treu bleiben, auch als die Lage später bedrohlich wird.

Drei Tage nach dieser Auseinandersetzung schrieb sie an ihre Nichte: „…denn nur aus eigenster Erfahrung lernt man, wie es ist um dieses innere Freisein, weil man ja auch nur selbst sich innere Fesseln anlegen kann. Man muß sein Leben leben so wie der l. Gott es fügt – in dem rechten Gottvertrauen das ja kein müßiges Hinwarten, sondern ein stetes Vorangehen an seinen Grund ist, wird alles recht und gut". Geborgen in unverbrüchlichem Gottvertrauen wird die Äbtissin versuchen, statt vor den Herausforderungen des Lebens zu harren diese zu meistern. Das war auch nötig, denn Sorgen und Probleme hielt das Jahr 1935 weitere bereit: Im Herbst musste ihr Bruder Adolf das erste Mal von seinem betreuenden Psychiater Gottfried Ewald für ein halbes Jahr in die geschlossene Abteilung des Sanatoriums Rinteln eingewiesen werden. Die Umstände der verschiedenen bis zum Kriegsende erfolgenden Klinikaufenthalte wurden bereits dargelegt.[534]

VERURTEILUNG WEGEN DEVISENVERGEHEN

Und dann war da noch v. Spiegels Geldstrafe wegen einer Devisenangelegenheit. Am 4. Februar 1935 trat das Gesetz über die Devisenbewirtschaftung in Kraft, das ein Kooperationsverbot mit dem Ausland beinhaltete.

Das Gesetz erschwerte für St. Walburg die Überweisung finanzieller Hilfen an die Klostergründungen in Amerika, wie auch umgekehrt Geldzuwendungen aus dem Ausland nach Eichstätt. Offenkundig wurde alsbald nach Inkrafttreten des Gesetzes ein Verfahren gegen Benedicta v. Spiegel eröffnet. „Nach Mitteilung der Polizeidirektion Nürnberg-Fürth…wurde die Äbtissin des Ordens Sankt Benedikt, Kloster Sk. Walburg Eichstätt am 21.10.1935 wegen Zuwiderhandlung gegen das Devisengesetz…zu 2200,- Rmk. Geldstrafe und 42,42 Rmk. Kosten verurteilt". 2200 Reichsmark entsprechen heute knapp 10.000 Euro. Schlimmeres konnte offenbar der mit den Schwierigkeiten vertraute Parteigenosse Friedrich Stoer verhindern. Dazu v. Spiegel:[535]

> „St. Walburg hat wegen seiner Filialen in U.S.A. und England seit je Beziehungen zum Ausland. Dies brachte es mit sich, daß mancherlei Devisenangelegenheiten zu erledigen waren. Aus einem solchen Falle wollten nazistische Behörden ein Devisenvergehen konstruieren, um Anlaß zu finden, unser Kloster aufzuheben. Stoer trat sofort für uns ein, reiste eigens in unserem Interesse nach Berlin und wandte durch sein furchtloses Auftreten die Sache zu unseren Gunsten".

Bisher konnte nicht recherchiert werden, über welche Kontakte Stoer konkret in Berlin Schlimmeres für v. Spiegel abwenden konnte. Schwieriger zu bewältigen für die Äbtissin waren die Herausforderungen durch die zunehmenden antisemitischen Maßnahmen der Nationalsozialisten. Davon handeln die beiden folgenden Abschnitte.

DIE JÜDIN LUISE LÖWENFELS IN ST. WALBURG?

Ein Aufnahmegesuch der aus Oberfranken stammenden Jüdin Luise Löwenfels (1915–1942) zu „Jahresbeginn" 1935 steht mit Fragezeichen im Raum. Bat die Ungetaufte um Aufnahme in die Abtei? Fraglich, denn die grundlegende Voraussetzung für den Klostereintritt war die katholische Religionszugehörigkeit. Die Taufe soll erst im November 1935 stattgefunden haben. Oder bewarb sich die gelernte Kindergärtnerin um eine Stelle im klostereigenen Hort? Die Chronik von St. Walburg für das Jahr 1935 hält offensichtlich keinen Beleg dafür bereit, dass die 20-Jährige bei Äbtissin Benedicta um Aufnahme oder „Zuflucht" ins Kloster gebeten hat. Da die Annalen in der Zeit des Naziregimes klosterintern aus Schutzgründen bereinigt wurden, muss offenbleiben, ob es zu der persönlichen Begegnung im Sprechzimmer gekommen ist, die in der Literatur erwähnt wird.

Feststeht: Löwenfels wurde nicht in St. Walburg aufgenommen und auch nicht als Kindergärtnerin eingestellt. Eine antisemitische Motivation der „Eichstätter Benediktinerinnen", die „konsequenterweise…die Jüdin und spätere Nonne…auf der Suche nach Zuflucht…abgewiesen hätten", muss als haltlose Unterstellung bewertet werden. Zuletzt in zwei Publikationen 2018 und 2019 formuliert, können die beiden Autoren ihre Behauptung nicht mit historischen Fakten belegen.[536]

Gegen diesen Antisemitismusvorwurf spricht schon die grundsätzliche Ablehnung der Blut- und Rassenideologie durch den Eichstätter Freundeskreis wie ausgeführt. Und im besonderen sei auf den persönlichen Einsatz der Äbtissin für die jüdischen Konvertiten Bruno Rothschild und Sr. Emmanuela Drey verwiesen. Auch die Familie v. Spiegel war vom nationalsozialistischem Antisemitismus betroffen, wie im nächsten Absatz auszuführen ist. Von dem Frankfurter Kaplan Richard Keuyk (1894–1968) – Vertrauter von Luise Löwenfels wie auch von Edith Stein – wird die Aussage in der Literatur überliefert, dass sich unter den wenigen Habseligkeiten von Luise Löwenfels „ein kostbarer Rosenkranz aus Jerusalem, den ihr die Äbtissin von St. Walburg in Eichstätt geschenkt hatte", befunden haben soll. Dies ist historisch nicht belegt. Doch gesetzt der Fall: Wäre v. Spiegel der Jüdin ablehnend gegenüber gewesen, hätte sie ihr wohl kein wertvolles Trost spendendes Geschenk gemacht. Das kurze Leben der Luise Löwenfels fand für sie ein schreckliches Ende. Nach ihrer Flucht vor der Judenverfolgung der Nazis nach Holland wurde sie 1940 in den Orden der Armen Dienstmägde Jesu Christi im niederländischen Geleen-Lutterade aufgenommen und führte den Ordensnamen Aloysia. Die 27jährige Klosterfrau ist nach Auschwitz deportiert und am 9. August 1942 ermordet worden. Das Bistum Limburg eröffnete im Jahr 2015 ein Seligsprechungsverfahren.[537]

VERWANDTER IN EXISTENZNOT:
DER JÜDISCHE ARZT AUREL v. SZILY IN MÜNSTER

Im familiären Umfeld von Äbtissin Benedicta fanden die Nürnberger Gesetze zur Diskriminierung und Verfolgung der jüdischen Bevölkerung vom September 1935 einen unmittelbaren Niederschlag. Die Verwandte Walburga Freiin v. Spiegel (1888–1981) – als Sportassistentin an der Universität Münster tätig – lernte dort den seit 1929 verwitweten Professor für

Augenheilkunde Aurel v. Szily (1880–1945) kennen und heiratete ihn am 12. Mai 1932.

Der aus einer jüdischen Budapester Arztfamilie stammende v. Szily hatte nach dem Staatsexamen als Arzt, Privatdozent, später als außerplanmäßiger Professor hauptsächlich an der Universitätsaugenklinik Freiburg gewirkt. Während des 1. Weltkrieges war er als fachärztlicher Berater des XIV. Armeekorps tätig und versorgte zahllose kriegsbedingte Augenverletzungen in der Freiburger Klinik. Seine Erfahrungen flossen ein in den von ihm verfassten Atlas der Kriegsaugenheilkunde, ein Standardwerk, das im 2. Weltkrieg bei der Behandlung von Augenverletzungen als Hilfsmittel diente. Ausgezeichnet wurde v. Szily mit dem Eisernen Kreuz 2. Klasse und dem badischen Kriegsverdienstkreuz. 1924 erhielt er den lang ersehnten Ruf auf eine ordentliche Professor an der neugegründeten Universitätsaugenklinik in Münster. Das sich bald einstellende wissenschaftliche Renommee verdankte die Einrichtung vor allem ihrem ersten Direktor. Der 1925 mit dem Graefe-Preis der Deutschen Ophthalmologischen Gesellschaft ausgezeichnete Forscher stand „insgesamt 14mal auf Berufungslisten" deutscher Universitäten. Szily galt 1935 mit seinen innovativen Forschungen international als einer der bedeutendsten Ophthalmologen und war auf dem Höhepunkt seiner Karriere, als der 55-Jährige infolge der Nürnberger Gesetze im Oktober zwangsbeurlaubt und zum Ende des Jahres in den Ruhestand versetzt wurde.

Seine Ehefrau brachte alle Verbindungen der Familie v. Spiegel in Gang. Sie wandte sich u.a. an den mit dem Bruder der Äbtissin befreundeten Oberpräsidenten von Westfalen Ferdinand v. Lüninck sowie an den Reichsfinanzminister Johann Graf Schwerin v. Krosigk (1887–1977). Von diesen Ereignissen wusste die St. Walburger Äbtissin sicherlich nicht nur über ihre Nichte Aloysia, die regelmäßig bei dem Ehepaar Szily in Münster zu Gast war. Bisher finden sich keine Belege, dass die Benediktinerin sich persönlich für die Verwandten einsetzte und ihre freundschaftliche Verbindung etwa zu Friedrich Stoer – dem schon vorgestellten Duzfreund von Rudolf Hess – aufbot. Doch enthält ein undatierter Brief Walburga v. Szilys an Ferdinand v. Lüninck eine aufschlussreiche Passage, die hier wiedergegeben sein soll:

„Da wir aber auf Grund von vertraulichen Mitteilungen annehmen dürfen, dass Reichsminist. Hess persönlich geneigt ist den Entschluss des Führers weitherziger auszulegen, wäre es sehr zu begrüssen, wenn man Herrn Staatssekr. Stuckart veranlassen könnte, vor allem die prinzipielle Ansicht von Hess einzuholen (…) Damit wären zugleich auch alle Einflüsse ausgeschaltet, welche sich uns jedesmal wieder von seiten der Kreise entgegenstellen, die ein Interesse daran haben (ob selbst, oder für ihre Freunde, ist ja gleichgültig), meinen Mann nicht mehr zur eigenen Arbeit kommen zu lassen".

Wieder einmal war der Stellvertreter des Führers, Rudolf Hess, involviert, worüber Walburga v. Szily ‚vertraulich' Kenntnis hatte. Durch eine Ausnahmeregelung wurde am 13.08.1937 die Zwangspensionierung des renommierten Wissenschaftlers rückwirkend in eine Ruhestandsversetzung mit „Emeritierungsbezügen" umgewandelt. Ein kleiner Erfolg. Doch alle weitergehenden Bemühungen, v. Szily wieder in einem Forschungsinstitut der Universität Münster zu beschäftigen, blieben indes trotz internationaler Proteste erfolglos, und auch Rudolf Hess wirkte später – wie Quellen belegen – aktiv an der Isolierung des Wissenschaftlers mit.[538]

Fortwährende Schikanen durch Kollegen, vor allem seines Lehrstuhlnachfolgers Oswald Marchesani (1900–1952), persönliche Demütigungen, zunehmende finanzielle Sorgen infolge des Berufsverbots mündeten im August 1939 in einer offenen Drohung der Gauleitung unter Alfred Meyer, der im weiteren Verlauf des Buches noch eine Rolle spielen wird. An „Frau v. Szily, geb. Freiin v. Spiegel" ließ er schreiben: „Die Gauleitung weist daraufhin, daß weitere Bemühungen in dieser Angelegenheit für Sie nachteilige Konsequenzen nach sich ziehen müssen".[539]

Das Ehepaar v. Szily hatte am 15. Mai 1939 den Antrag auf Verlegung des Wohnsitzes nach Ungarn gestellt, dem der Kurator der Münsteraner Hochschule Ende Mai bat „zu entsprechen, weil dadurch die Interessen der Universität, insbesondere auch der Augenklinik wesentlich gefördert werden". Rückschlüsse auf das ideologische Klima in der Universitätsleitung lässt seine Formulierung zu, bei Szily „tritt damit eben seine Mentalität als Jude besonders deutlich hervor. Es darf dabei allerdings nicht übersehen werden, daß ihm seine Ehefrau – von Szily lebt in zweiter Ehe mit der Freiin von Spiegel (westfälischer Adel) – bei seinem Streben nach Geltung besonders hilfreich ist".

Die Beiden emigrierten im September 1939 nach Budapest. Dort eröffnete v. Szily eine Privatpraxis und setzte unter erschwerten Bedingungen seine Forschungsarbeit fort. 1941 entzogen ihm die Nationalsozialisten die deutsche Staatsbürgerschaft. Ein Jahr darauf verlor er seine Pension. Und am 9. Oktober 1942 erhielt der Wissenschaftler Post von seiner Bank: „Laut Mitteilung des Chefs der Sicherheitspolizei des SD, Berlin, ist Ihr Vermögen dem Reich verfallen erklärt". Nicht nur von materieller Not und ständiger Sorge um die Sicherheit seiner Familie waren die folgenden Jahre geprägt; Szilys Schwägerin aus erster Ehe, Else Mautner, wurde 1944 in

Auschwitz, ihr Ehemann 1945 in Polen ermordet. Sein älterer Bruder Pál (1878–1945) – ebenfalls Mediziner – starb an den gesundheitlichen Folgen eines NS-Lageraufenthaltes.

Aurel v. Szily überlebte die Deportationen und Ermordung der jüdischen Bevölkerung in Ungarn 1944, der mehr als 450.000 Menschen zum Opfer fielen und auch die schweren Kämpfe um Budapest. Die Stadt wurde am 13. Februar 1945 von der Roten Armee eingenommen. Kurz nach Kriegsende wurde v. Szily am 1. September 1945 auf den Lehrstuhl für Augenheilkunde in seiner Geburtsstadt berufen. Er starb jedoch 13 Tage später an einem Darmleiden und wurde auf dem Kerepescher Friedhof beigesetzt. Seine Witwe Walburga kehrte nach ihrer Ausweisung aus Ungarn 1949 in die ostwestfälische Heimat zurück. Seit dem 28. März 2012 erinnert ein „Stolperstein" vor der Augenklinik der Universität Münster an Aurel von Szily.[540]

Zurück zum Ende des Jahres 1935, als die wenigsten eine Vorstellung von der historisch beispiellosen Brutalität des NS-Terrorregimes hatten. Für Benedicta v. Spiegel war das Jahr mit dem eindrucksvollen Abteijubiliäumsfest ereignis- und erfolgreich, zugleich jedoch von vielen persönlichen und familiären Sorgen verschattet. Sie plante einen Erholungsaufenthalt im bistumseigenen Exerzitienhaus Schloss Hirschberg bei Beilngries im Altmühltal, dessen Haushaltsführung seit 1925 in den Händen St. Walburger Klosterfrauen lag. An den Nachfolger Preysings – Michael Rackl – schrieb sie Anfang November, sie würde „für einige Tage nach Hirschberg fahren, um ein wenig auszuruhen von den vielen Aufregungen und großen Sorgen der letzten Zeit. Es war schon schlimm und ist immer noch nicht ganz zu Ende. Meine Nerven haben stark gelitten. Ich möchte in Hirschberg wieder schlafen können".[541] Schlaflose Nächte wird jedoch auch das Jahr 1936 für sie bereithalten.

RINGEN UM DIE SCHULEN

Den Nationalsozialisten waren bei ihrem Vorhaben, die Jugenderziehung ideologisch und organisatorisch zu monopolisieren die konfessionellen Schulen ein Dorn im Auge. Als Maßnahmen dagegen sollten zunächst die klösterlichen Lehrkräfte aus den öffentlichen Schulen und Kindergärten entlassen werden, bis in einem weiteren Schritt die christlichen Bekenntnisschulen durch die sog. „Deutsche Volksschule" als Gemeinschaftsschule im Ganzen ersetzt werden konnten. Begleitend dazu drangen die Nazis auf die Entfernung der Kreuze aus den Klassenzimmern, die Abschaffung des Schulgebets und des Religionsunterrichts. In Bayern waren im Jahr 1936 die konfessionellen Privatschulen im Bereich der Mädchenbildung mit etwa 70% Anteil stark vertreten. Ihre Verdrängung und anschließende Aufhebung geschah auf mehreren Ebenen. Neben der Entlassung des klösterlichen Lehrpersonals wurden finanzielle Schritte zur Schwächung eingeleitet, indem staatliche Zuschüsse gekürzt und die Schulen der Steuerpflicht unterworfen wurden. Gegen die entsprechenden Vorschriften und Schritte, die zwar nicht reichseinheitlich, sondern in regional unterschiedlichen Einzelmaßnahmen umgesetzt wurden, regte sich alsbald Widerstand – auch in Eichstätt.

St. Walburg unterhielt eine allgemeine Volksschule für Mädchen, eine Fortbildungsschule und private Nähschule zur Ausbildung im Schneiderinnenhandwerk, eine dreiklassige Haustöchterschule sowie eine Haushaltungsschule. Doch handelte es nicht um Privatschulen in eigener Trägerschaft, sondern um staatliche Bildungseinrichtungen. Der Schulbetrieb oblag den Benediktinerinnen von St. Walburg. Daher waren eine Reihe von Klosterfrauen als Lehrerinnen und Erzieherinnen tätig, auch die Rektorin und ihre Stellvertreterin gehörten dem Konvent an. Die Einnahmen aus den Verdiensten der Lehrerinnen sowie das Schulgeld waren feste kalkulatorische Größen im Klosterhaushalt.[542]

Zunächst provozierten die Eichstätter Nationalsozialisten die Abtei durch eine symbolhafte Aktion: „Haben Exzellenz bemerkt, dass man eben damit beschäftigt ist, an den hohen Felsen direkt über unserem Kloster ein großes Hakenkreuz im Stein auszuhauen? Das ärgert uns furchtbar, aber was kann man tun? Ich fürchte, da hilft kein Protest" – schrieb die Äbtissin Mitte Januar 1936 an Bischof Rackl. Einen Monat später ist sie mit der ernsten Frage konfrontiert, dass die St. Walburger Mädchenvolksschule eine nationalsozialistische Leiterin erhalten könne. Sie wandte sich erneut an Rackl:[543]

„Ich glaube…schon gesagt zu haben, dass die Verzögerung in der Ernennung unserer Frau Hiltraut, um die ich schon lange eingegeben habe, mir auffällig sei. Das erklärt sich nun durch die Absicht uns eine nationalsozialistische Schulleiterin zu geben. Was das für unsere Lehrerinnen, ja für die ganze Schule bedeuten würde, liegt auf der Hand. Ich frage mich nun, ob es angezeigt ist, der Ernennung zuvorzukommen durch einen diesbezüglichen Schritt bei der Regierung? (…) Ich darf mir also eine Ernennung von anderer Seite nicht ohne weiteres gefallen lassen. (…) Die Sachlage ist besonders verhängnisvoll deswegen, weil die in Aussicht genommene Persönlichkeit von uns nach jeder Richtung hin abzulehnen ist. (…) Sie hat in Pollenfeld und Umgebung den verderblichsten Einfluß ausgeübt. (…) Die Angelegenheit ist also von großer Bedeutung".

Offenbar ist es zu der Besetzung der Rektorinnenstelle durch eine parteiangehörige Lehrerin nicht gekommen, denn in den folgenden Briefen v. Spiegels an den Bischof spielt die Personalie keine Rolle mehr. Stattdessen kam als neues Problemfeld die Bekämpfung und das Verbot kirchlicher Zeitungen durch die Nationalsozialisten hinzu. Denn auch die seit 1913 von der Abtei herausgegebenen, monatlich erscheinenden Walburgisblätter sah v. Spiegel im Frühjahr 1936 in ihrem Bestand bedroht. Sie hielt sich zur gesundheitlichen Erholung vom 20. Februar bis 20. März erneut bei ihrer Schwester Maria v. Twickel auf Gut Ermelinghoff auf, denn: „Wenn man immer so viele Menschen um sich hat wie ich, ist diese Ruhe und Einsamkeit wirklich erfrischend". Mindestens eine Sorge hat sie mit nach Westfalen genommen:[544]

> „ Es handelt sich um die Walburgisblätter, deren Weiterbestehen wie es scheint gefährdet ist. Ich kann mir das zwar nicht recht erklären, denn von Politik oder ähnlichem ist in ihnen nie die Rede gewesen! (…) Wenn nötig, könnte auch… Dr. Gmelch mit gutem Rat helfen. Wenn die Einstellung der Herausgabe unvermeidlich ist, sollte man doch wenigstens die Abonnenten anderweitig für die kath. Presse retten, meine ich. Es ist doch hoffentlich nicht zu verstehen, dass auf einmal alle kath. Zeitschriften aufhören?".

Der erwähnte Studienprofessor Josef Gmelch war bereits im April 1934 aus dem Staatsdienst entlassen worden und wirkte als stellvertretender Schriftleiter des Eichstätter Klerusblattes bis zu dessen Verbot 1943. Der Vertraute der Äbtissin – Joseph Lechner – wird nach dem Krieg im Zusammenhang seiner Tätigkeit während der NS-Zeit zu Protokoll geben: „Später nahm ich, fast stets auf Ansuchen des verstorbenen Prälaten Dr. Gmelch, im ‚Klerusblatt' zu gewissen Auslassungen in der NSDAP-Presse kritische Stellung". Und man ist versucht mit den Worten von Äbtissin Benedicta hinzuzufügen, um die „Abonnenten anderweitig für die kath. Presse zu retten"; mit den Worten Lechners, nicht zuletzt um diese „in einer klaren Linie im Kampfe gegen den Nationalsozialismus zu festigen".[545]

Bei ihrer Schwester erhielt sie aus der Abtei Nachricht über den Eingang eines stattlichen Geldbetrages von 5500 Mark durch Fürst Erich Waldburg-Zeil, der als Rückzahlung eines Kredits deklariert war: „Mein Schuldregister Ihnen gegenüber wird allmählich sehr lang" – schrieb sie an den Freund, der sie am 29. Februar in Ermelinghoff besucht hatte.[546]

Der Erlass des bayerischen Kultusministeriums über die Außerdienstsetzung der Ordensschwestern als Lehrkräfte an den katholischen Volksschulen läutete das Ende der konfessionellen Schulen, auch in Eichstätt ein. Wohl auch wegen der Existenzsorgen um ihre Schule war v. Spiegels Gesundheit zu dieser Zeit so angegriffen, dass sie sich Anfang Juni in der Thalkirchener Klinik in München einer Herzbehandlung unterziehen musste; „nur habe ich Raubbau getrieben mit meinem Kräften und das Herz sei sehr schwach". In der Münchener Klinik nahm sie von einer nazikritischen Predigt des Eichstätter Bischofs Kenntnis und schrieb ihm: „Zuerst aber meine tief dankbare Freude ausdrücken…, dass Exzellenz sich durch die in jeder Hinsicht bedrohlichen Wolken nicht hindern ließen, die feierliche Prozession zu halten. (…) Diese Verherrlichung des urchristlichen Heilands ist ja in unserer Zeit dringender…als je".

Die Predigt Bischof Rackls am von Prozessionen begleiteten Jugendsonntag, 7. Juni 1936, hatte aus Sicht der Nationalsozialisten vor Ort ein außerordentlich „unliebsames Aufsehen" erregt, weil er gegen die neuheidnische nationalsozialistische Ideologie formulierte: „Wenn eine solche Weltanschauung auftritt,…dann muß der Katholik wissen: Wenn ich dieser Weltanschauung beitrete, bin ich nicht mehr katholisch; denn ich habe eben meinen katholischen Glauben verleugnet. (…) Rosenbergs Buch ‚Der Mythus des 20. Jahrhunderts' ist vom Hl. Vater auf die Liste der verbotenen Bücher gesetzt worden, und zwar deswegen, weil er die Fundamente des Christentums darin untergräbt".[547]

Während des etwa 4-wöchigen Klinikaufenthaltes schrieb v. Spiegel an ihren Lebenserinnerungen für den Konvent – jedoch mit Unterbrechungen, „weil ich plötzlich sehr elend wurde infolge von Experimenten, die meiner Natur nicht entsprachen, wie z.B. künstliche Sonne, wo ich schon die natürliche nicht vertrage. (…) Ich war also mit Schüttelfrost, Erbrechen und Herzschwäche hundeelend und drei Ärzte und ebensoviele Schwestern ratlos um mich her, weil alle Spritzen und modernen Hilfsmittel versagten". Ihre in München Kunst studierende Nichte Aloysia und „der hübsche und sehr gescheite Pater Waldburg" – Cousin Fürst Erichs, der das Abteijubiläum mit einer Serienpredigt unterstützt hatte – besuchten sie. Der jesuitische Gelehrte Erich Przywara nahm zu ihr Kontakt auf, um die Aufnahme einer belgischen Nonne in St. Walburg zu empfehlen, was v. Spiegel erst einmal nicht positiv entscheiden wollte.[548] Der Klinikaufenthalt gestaltete sich trotz verordneter Ruhe nicht nur kontemplativ, zumal sich in Eichstätt der Widerstand gegen die geplante Entlassung der klösterlichen Lehrerinnen verstärkte.

Am 21. Juni 1936 wurde ein Hirtenbrief der Bayerischen Bischofskonferenz gegen die geplante Aufhebung der Klosterschulen und die Entlassung der Ordensfrauen aus dem Schuldienst von den Kanzeln verlesen, auch in Eichstätt. Bischof Rackl hatte gegen das am 20. Juni ergangene

Verbot der Verlesung Einspruch eingelegt, da es seiner Meinung nach gegen die Bestimmungen des Reichskonkordats verstoße. Trotz des Verbots wurde die Stellungnahme der Bischöfe auch im Eichstätter St. Willibaldsboten abgedruckt. Als Folge des Hirtenbriefes initiierten eine Woche später der Pfarrer der St. Walburger Kloster- und Pfarrkirche Gustav Debatin (1874–1961) und der zum 1. Januar 1936 nach Eichstätt berufene Dompfarrer Johannes Kraus eine Unterschriftenaktion gegen die Auflösung der klösterlichen Schulen. „Der Stadtkommissar ordnete die Beschlagnahme der Listen an, inzwischen waren sie in die Hand des Bischofs gelangt, der versicherte, sie vernichtet zu haben". Die Aktion wurde wochenlang fortgesetzt, um die Bevölkerung weiter gegen die geplanten Maßnahmen zu mobilisieren. „Die Sammlungen von Unterschriften für Erhaltung der Klosterschulen dauern an. In den Kirchen werden zum Teil regelmäßige Gebete für die Erhaltung der klösterlichen Schulen verrichtet" – so die Regierungsberichte.[549] Im Ergebnis liefen die Aktionen ins Leere.

Trotz aller Eingaben und Protestschreiben, die in den folgenden Monaten von Äbtissin Benedicta an verschiedene Stellen gesandt wurden, setzte sie sich aus grundsätzlicher Sorge um den großen Konvent wohl schon während ihres Klinikaufenthalts mit Alternativen auseinander. Denn von staatlicher Seite wurde ihr mitgeteilt, dass die Gebäude nach Aufhebung des Schulbetriebes für andere Zwecke benötigt werden würden. Die amerikanische Gründung steckte 1936 noch in den Kinderschuhen. Die Nonnen dort bauten und reparierten Gebäude und lebten zudem in großer Armut. St. Walburg entsandte 4 weitere Klosterfrauen nach Amerika, um die Neugründung in Colorado zu unterstützen.[550] Boulder konnte demnach zu diesem Zeitpunkt nur schwerlich als Zufluchtsstätte eines etwa 150 Mitglieder umfassenden Klosters dienen. Gab es eine bessere Lösung?

KLOSTERGRÜNDUNG IN ENGLAND

Mitten in diesen Überlegungen erreichte zwischenzeitlich ein Brief aus England die Äbtissin. Ein ihr bekannter Benediktiner aus der Abtei St. Augustine's Ramsgate/Kent wollte sie auf den Verkauf der sich in Privatbesitz befindenden ehemaligen Klostergebäude St. Mildred's in Minster in der Nachbarschaft aufmerksam machen.

St. Mildred gilt als das älteste Kloster in England, gegründet um das Jahr 670. Zugleich ist es das älteste bewohnte Haus auf der Insel. Für St. Walburg symbolisiert es zudem einen besonderen Ort: Denn von der nicht allzuweit entfernten Küste waren Mitte des 8. Jahrhunderts die Geschwister Willibald, Wunibald und Walburga zu ihren Missionsreisen nach Deutschland aufgebrochen. Erhalten gebliebene Briefe des Hl. Bonifatius belegen, dass die Missionsarbeit in Deutschland u.a. durch Geschenke wie Bücher, Geld und Paramentik aus Minster in Thanet, einem Vorgängerkloster von Minster Abbey, unterstützt wurde.[551] Es bestand demnach eine geschichtsmächtige Verbindung zwischen Minster Abbey und der Klosterheiligen Walburga in Eichstätt, die zudem eine Nichte des Missionars Bonifatius gewesen sein soll.

Am 6. August 1936 machte sich die wieder genesene Äbtissin auf den Weg nach England, worüber sie ihre Nichte Aloysia informierte – „ich fahre morgen früh Auto bis Würzburg dann Bremen übermorgen mit der Columbus nach England". Statt den Schnelldampfer Columbus zu nutzen, wäre sie lieber über Belgien gereist: „Leider kann ich nicht durch Belgien fahren, hätte mich gefreut Maredret wiederzusehen. Es jähren sich jetzt gerade die Tage meiner Flucht gleiche Tage, gleiches Datum – 22 Jahre!". Über die regelmäßige Korrespondenz mit Äbtissin Cécile de Hemptinne blieb Benedicta v. Spiegel ihrem belgischen Professkloster verbunden und bedauerte, dass der geplante Besuch ausfallen musste: „Leider werde ich nicht über Belgien reisen, denn meine schwache Gesundheit erlaubt mir keine aufregenden Risiken, und da es so viele Grenzen zu überschreiten gäbe…es ist ein großes Opfer, denn meine Vorfreude war groß, Sie…und alle anderen so lieben Seelen wiederzusehen".[552]

In der Grafschaft Kent angekommen nahm v. Spiegel die ehemalige Abtei – einen aus der Normannenzeit stammenden zweiflügeligen Steinbau – in Augenschein und traf sich mit dem Eigentümerehepaar, das die Abtei bislang bewohnt hatte. Beide Parteien einigten sich über die Verkaufsdetails. Aufgrund der verschärften Devisenregelungen in Deutschland war es St. Walburg nicht möglich, Gelder nach England zu transferieren, sodass die amerikanischen Tochtergründungen einen Trust zum Kauf von Minster Abbey ins Leben riefen. Im Folgejahr wurde der Kauf vollzogen. Die ersten Klosterfrauen aus St. Walburg begannen, die Abteigebäude herzurichten und eine Landwirtschaft zur Selbstversorgung aufzubauen. Der enge Bund mit den amerikanischen Schwesterklöstern sicherte den Aufbau finanziell. St. Mildred's Abbey wurde unter kargen Startbedingungen mit benediktinischem Leben erfüllt. Existentiell für das Gelingen der Neugründung war die Unterstützung durch die gut 100 Kilometer nördlich von Minster liegende Abtei East Bergholt. Nicht nur, dass die Abtei Nonnen aus St. Walburg offiziell einlud und aufnahm, wo sie – wenn nötig – die englische Sprache lernen konnten und mit den Landessitten vertraut gemacht wurden. Sondern die Äbtissin von East-

Bergholt handelte für Benedicta von Spiegel stillschweigend treuhände-
risch: „Offiziell vertritt sie mich, denn es gibt für mich augenblicklich
keinen anderen Weg, es wäre viel zu gefährlich" – schrieb v. Spiegel an de
Hemptinne nach Maredret.[553]

Gleich nach ihrer Rückkehr am 23. August 1936 verbrachte sie „sehr
ermüdet u. angegriffen" zunächst einige Tage bei ihrer Schwester in Ermelinghoff, wo sie zudem ein schmerzhaftes Nierenleiden auskurierte.[554]

NIEDERLAGE IM SCHULKAMPF

Ein Schreiben der in Ansbach ansässigen mittelfränkischen Regierung vom
24. Oktober 1936 gab der Abtei die Aufkündigung der Schulführung bekannt. Äbtissin Benedicta leitete dieses umgehend an Bischof Rackl weiter:
„Die Würfel sind gefallen. Was soll ich tun? Schriftlich protestieren? In welcher Weise? (…) Soll ich zu persönlicher Aussprache jemand verlangen?".
10 Tage später folgte der amtliche Bescheid des Eichstätter Bürgermeisters
Krauß, „dass mit dem Widerruf der Genehmigung zur Schulführung an
der Mädchenvolkshauptschule St. Walburg durch klösterliche Lehrkräfte
ab 1. Januar 1937 gerechnet werden muß… Die gleiche Kündigung bringe
ich hinsichtlich der Mädchenberufsschule zum Ausdruck", heißt es darin lapidar. Die Antwort der Abtei war ein förmliches Protestschreiben an
den Bürgermeister, das dieser an die Regierung in Ansbach weiterleitete,
die wiederum das Bayerische Staatsministerium für Unterricht und Kultur
einschaltete. Von dort erhielt v. Spiegel eine abschlägige Antwort auf ihre
hier vereinfacht zusammengefasste Argumentation, die Schulen seien am
7. Juli 1835 in einem hoheitlichen Stiftungsakt begründet worden, und ihr
Betrieb durch St. Walburg könnte folglich nicht von der Stadt gekündigt
werden, da überhaupt kein kündbares Rechtsverhältnis zwischen Abtei
und Stadt bestände.[555]

Diese Argumentation wies der geschäftsführende bayerische Kultusminister Ernst Boepple (1887–1950) zurück. Er rechtfertigte, allein die Regelungen in Art. 24 des novellierten bayerischen Schulbedarfsgesetzes kämen
zur Anwendung, wonach die Schulführung in St. Walburg „nach freiem
Ermessen der Verwaltungsbehörde von der Kreisregierung jederzeit und
ohne Einschränkung ausgesprochen werden" könne. Da es sich eben um
eine öffentliche, von der Stadt unterhaltene Pflichtschule geführt von Ordensgeistlichen handle und nicht um eine private Konfessionsschule hätten für St. Walburg die Regelungen sowohl des bayerischen Konkordats
von 1924 als auch des Reichskonkordats von 1933 keine Rechtswirkung

– schlussfolgerte der Beamte. Die Äbtissin imformierte umgehend den Bischof.[556]

„Da diese Antwort an alle Ordinariate und an die Ordensoberen geschickt wird, muß ich wohl auch, soweit dies noch nicht geschehen ist, mein Schreiben an all diese schicken! Und wohl vor allem an den Nuntius diese Antwort. Die nun immer greifbarere Gewißheit, dass uns künftig alle Einnahmen fehlen werden, ist mir allmählich doch sehr bedrückend. Ich habe noch keinen rechten Ersatz. Ein Angebot des Fürsten Zeil uns jeden Monat eine bestimmte Summe 3000 M zu <u>schenken</u>, möchte ich nur in äußerster Not annehmen. Dies kann allerdings schnell kommen. (…) Es ist ja allerdings leider nichts mehr unerhört im lieben deutschen Vaterland.
Gestern wurde mir ferner mitgeteilt, dass…bei uns feierlich H.J. Flaggenhissung stattzufinden habe. Das werden wir natürlich nicht tun! Ich sende auch das diesbezügliche Schreiben mit. (…) Gestern war Gfn. Galen, Schwägerin des Bischofs von Münster bei mir. Da oben ist es ebenso traurig".

Die Situation der Abtei hatte sich in kurzer Zeit problem- und konfliktbehaftet entwickelt – nicht nur durch die Weigerung, die Parteifahne auf dem Klostergelände zu hissen. Die bedrückenden wirtschaftlichen Aussichten verdichteten sich, als mit den unabwendbar scheinenden Schulschließungen die Einkünfte aus der Schulführung wegfielen, klösterliche Lehrerinnen ohne Pensionsberechtigungen arbeitslos wurden und auch die Schulgelder nicht mehr flossen.

Die Erörterung der Rechtsgrundlagen für die Entlassung des klösterlichen Lehrpersonals und die Entziehung der Schulführung in St. Walburg war für das bayerische Kultusministerium offenbar von grundsätzlicher Bedeutung, denn Boepple hatte seine Antwort an alle bischöflichen Ordinariate „und die Leitungen der weiblichen Ordensgesellschaften" geschickt.

In einem letzten Versuch, die Schulschließung noch abzuwenden, richtete v. Spiegel am 3. Dezember 1936 ein Schreiben an den NSDAP-Reichsstatthalter von Bayern, Franz Ritter von Epp (1868–1947). Der Brief, an dem mutmaßlich ihre Freunde F. X. Wutz und – aus dem Duktus zu schließen – im besonderen der Kirchenrechtler J. Lechner mitgearbeitet haben dürften, liest sich als unbeugsame Stellungnahme und erinnert in manchen Passagen stilistisch an Artikel im „Geraden Weg". Die bereits beschriebene Argumentation bezüglich der fehlenden Rechtsgrundlage für die Schließung nimmt v. Spiegel wieder auf. Sodann fokussiert sie in ihrem Schreiben das faktische Berufsverbot für die Nonnen: „Ich muss daher die nackte Tatsache feststellen: Deutsche Frauen, welche gewissenhaft und treu dem

Vaterland gedient, welche von der Behörde für den öffentlichen staatlichen Dienst am Volk in feierlicher Form in Eid genommen wurden, welche ihrem Diensteid nach bestem Wissen und Gewissen nachgekommen sind und denen eine ausdrückliche Anerkennung von Seiten des Staates hierfür geworden ist, deutsche Frauen, sage ich, werden einzig und allein deswegen aus den Schulen ausgewiesen, weil sie ‚Nonnen' sind; es wird ihnen nur deswegen, weil sie das Ordenskleid tragen, die Zulassung zur Verwendung im öffentlichen Dienst abgesprochen, sie werden also um ihres Ordenskleides willen zu Staatsbürgern minderen Rechtes qualifiziert".

In Anspielung auf den Namen des Briefadressaten Ritter von Epp heißt es weiter: „In dem Augenblick, da man uns so wehe tut, wird es mir nicht verübelt werden können, wenn ich als Frau sage: Ritterlich ist eine solche Sprache nicht". Die Äbtissin übte im weiteren Verlauf beherzt allgemeine Kritik an der nationalsozialistischen Kirchenpolitik und umfassenden sozialen Kontrolle:

„ Wenn man aber bedenkt, wie im neuen Deutschland die Ordensleute systematisch in der öffentlichen Meinung diffamiert werden und ihnen so schon der Zugang zu jeder Betätigung von vorneherein moralisch verlegt ist, und wenn man ausserdem bedenkt, dass bei dem alles umfassenden Organisationssystem für einen freien Erwerb und damit für einen Lebensunterhalt fast überhaupt kein Raum mehr bleibt, so wird es…so gut wie undenkbar sein, eine Umstellungsmöglichkeit – wenigstens im deutschen Vaterland – ausfindig zu machen".

Damit hat sie die Folgen der Kirchenkampfmaßnahmen klar benannt, nämlich dass den Orden in Deutschland über kurz oder lang die Existenzgrundlagen entzogen werden. Unausgesprochen stellte v. Spiegel zugleich auch in den Raum, ihrer Ordensgemeinschaft außerhalb des „deutschen Vaterlandes" eine Option zu schaffen. In der Schlusspassage schlägt der Brief eine rhetorische Volte, indem Zitate aus dem NSDAP-Parteiorgan „Völkischen Beobachter" und offiziellen Verlautbarungen montiert werden, um die NS-Machthaber offen zu desavouieren:[557]

„ Ich muss aber zum Schlusse gestehen, dass mir eines vor allem unverständlich ist, nämlich dies, warum die Führung einer Mädchenschule durch klösterliche Lehrkräfte der Abtei St. Walburg, welche seit 900 Jahren in allen Wechselfällen der Geschichte mit Volk und Heimat verbunden war und blieb, sich nicht in die neuen Verhältnisse sollte eingliedern lassen können, zumal im Rahmen eines Staates, in welchem ,noch niemals…einzelne Staatsmänner, geschweige denn deren gesamte Reichsregierung, sich so grundsätzlich auf den Boden des Christentums gestellt hat, wie Adolf Hitler und die von ihm zur Mitarbeit berufenen Männer seiner Regierung' (Völkischer Beobachter 1933 Folge 75 vom 16. März), eines Staates, der nach den massgeblichen Erklärungen seiner Führung unter Respektierung der Konkordate ,den christlichen Konfessionen einen ihnen zukommenden Einfluss einräumen und sicher stellen' will, der ,die Kräfte des Christentums unentbehrlich für den sittlichen Wiederaufstieg des deutschen Volkes' hält, der ,in den christlichen Konfessionen wichtigste Faktoren der Erhaltung unseres Volkstums' sieht; ich sage: ich kann es gar nicht verstehen, warum gerade dieser, auf Christentum und christliche Kirchen fundierte Staat jenes Recht uns nehmen will…'".

Eine Reaktion des bayerischen Reichsstatthalters v. Epp auf diesen beherzten Brief vom 3. Dezember lässt sich bisher nicht in den Archiven auffinden. Unterstützung erhielt die Äbtissin vom Vorsitzenden der bayerischen Bischofskonferenz, dem Münchener Kardinal v. Faulhaber, der sich zu einer Entgegnung veranlasst sah, in der er am 14.12.1936 die Konkordate dahingehend auslegte, dass mit dem Erwerb der Lehrbefähigung auch eine Anstellung der klösterlichen Lehrerinnen verbunden sei. Daraufhin wiederholte der Kultusminister seine Argumente und spitzte zu, dass im Falle von St. Walburg die „Bestimmungen der Konkordate ,wertlos'" seien (…) „die Erörterung über diese Angelegenheit…als abgeschlossen" betrachtet würde.[558]

Die Abtei St. Walburg verlor alle Schulen: 1937 die Volksschule, Fortbildungsschule und die Nähschule für Weißnähen und Damenschneiderei verbunden mit der fristlosen Entlassung von insgesamt 17 Lehrerinnen. 1941 folgten die Haushaltungsschule und die dreiklassige Haustöchterschule mit insgesamt 10 weiteren Entlassungen. Auch die „Fortbildungskurse für Schneidermeisterinnen und Abendkurse zur Vorbereitung auf die Gesellen- und Meisterinnenprüfungen" fielen weg. Private Schulstunden wurden untersagt. Der offiziell bereits 1935 aufgehobene Kindergarten musste 1941 schließen „wegen Kohlemangel"; offenbar waren zu diesem Zeitpunkt die großen Mengen Torf als Heizmaterial für den Winter, mit denen Erich von Waldburg-Zeil die Abtei lange Zeit unterstützt hatte, versiegt. Um sich die Schulgebäude nicht ganz aus der Hand nehmen zu lassen und weil die Stadt die Kosten für einen Hausmeister einsparen wollte, ging St. Walburg einen Vertrag ein, der gegen eine jährliche Entschädigung von 600 Reichsmark Reinigung, Heizung und andere hausmeisterähnliche Arbeiten regelte. Die finanzielle Situation wird in den folgenden Jahren äußerst prekär werden.[559] Das Jahr 1936 endete mit Sorgen und Bedrängungen. Darüber schrieb v. Spiegel in ihrem Weihnachtsbrief an Bischof Rackl:

„Und ein wenigstens zeitweises Vergessen all des Dunklen und Traurigen dieser gottlosen Zeit, das wünschen wir auch (…). Exzellenz wissen ja ohnehin dass uns vorgestern die Schule genommen worden ist. Es gab viele Tränen auf Seiten der Kinder und ihrer Eltern, aber was hilft das! Unsere Lehrerinnen sind tapfer, wenn auch sehr bedrückt. Wenn ich nur erst jede wieder in geeigneter Beschäftigung hätte, sodass ihnen keine Zeit bleibt zum Grübeln. Gestern hat der l. Gott uns noch ein neues Kreuz geschickt".

Das beste Arbeitspferd, das die Abtei für 1.500 RM erst im Frühjahr gekauft hatte, war eingegangen.

„Das ist ein schwerer Schlag, aber der l. Gott wird es wieder recht machen. Ich liege…in meinem Elend und jeder Tag bringt eine andere schlechte Nachricht. Jetzt will man uns die unteren Räume der Schule nicht lassen oder die Zimmer der Aebtissin beschlagnahmen für den Hausmeister der Schule! – Beides lassen wir uns nicht gefallen, gegen solches Gesindel kann man nur mit…Widerstand operieren. (…) Man will uns…die Haltung des Kindergartens unmöglich machen. Da können wir also nicht nachgeben. So könnte ich noch vieles schreiben, aber morgen ist Weihnachten – da muß man alles…Trübe vergessen".

Über ihre großen Sorgen setzte Äbtissin Benedicta auch Cécile de Hemptinne im belgischen Maredret in Kenntnis: „Ab dem 1. Januar wurden uns unsere Schulen – dadurch unsere Einkommen – entzogen. Ich habe vergeblich in höchster Instanz geklagt. Sie können sich vorstellen, was das an zusätzlichen Sorgen bedeutet. Und doch gibt es Schlimmeres. (…) Ich muß immer noch einen Teil des Tages im Bett verbringen, dieser Gesundheitszustand ist ein schwer zu ertragendes Kreuz. (…) Augenblicklich stellt uns der Herr auf die Probe – gerade haben wir 4 unserer Pferde verloren, ein schrecklicher Verlust. Sie kosten zur Zeit recht viel Geld".[560]
Zu all den greifbaren Sorgen um die Abtei schwelte seit Mai ein heftiger Konflikt der Äbtissin mit ihrem Spiritual Johann Schindler, seit 1933 Nachfolger Lechners. „Hatte inzwischen sehr unangenehme…Auseinandersetzungen mit…Herrn Spiritual. Danach dürfte das…Zusammenleben…unmöglich geworden sein. Ich konnte mich schließlich nicht enthalten zu sagen, dass mein Vertrauen gänzlich erschüttert sei", teilte sie dem Bischof in drastischen Worten mit. Offensichtlich fehlte ihr die mentale Unterstützung durch den Beichtvater, der qua Amt eine besondere Vertrauensstellung im Abteileben innehatte. Erst Ende Dezember rang sich v. Spiegel dazu durch, den Spiritual in seiner Stellung zu belassen. „Viele meiner Töchter haben ihn ja sehr gern als Beichtvater, er kann also mei-

netwegen ruhig bleiben, es wird ja jetzt wohl die Zeit vorüber sein, wo ich seiner Hilfe am notwendigsten bedürft hätte. Und dann wird es auch weiter so gehen. Vielleicht läßt ihn jetzt das Mitleid mehr Interesse haben für das, was St. Walburg angeht". 5 weitere Jahre bis 1942 wird der Spiritual sein Amt weiter ausüben, was auf eine längerfristige Beruhigung der Konfliktlage hinzudeuten scheint.

Zum Ende des Jahres 1936 lagen v. Spiegels Nerven blank: „Es war...ein Verzweiflungsschrei, denn ich hatte mich all diese letzte Zeit so elend und so ganz verlassen gefühlt. Aber ich finde mich schon wieder zurecht".[561] Ihre Familie war über die Schulschließungen im Bilde und nahm Anteil an den Nöten der Schwester. Im Hause ihres Bruders Joseph v. Spiegel, seit 1933 Landrat des Kreises Warburg, wurde darüber gesprochen, ob die freundschaftliche Verbindung des Landrates zu dem Regierungspräsidenten in Minden Adolf v. Oeynhausen möglicherweise genutzt werden könnte für die Belange der Schwester. Diese wandte sich am 5. Januar 1937 an den Bischof:[562]

„Soeben bekomme ich von meiner Schwägerin die Anfrage, ob sie mit dem Reg.Präsidenten und Gauleiter Frhr. v. Oeynhausen zu mir kommen dürfe und zwar zu dem Zweck, den Führer für uns zu interessieren? Hitler ist nämlich oft bei dem Baron Oeynhausen zu Gast auf dessen Schloß Grevenburg. Baron Oeynhausen ist Protestant, aber ein vornehmer Charakter soviel ich weiß, persönlich kenne ich ihn nicht. Wenn nun auch dieser Besuch an sich indifferent ist, so möchte ich ihn doch nicht veranlassen ohne die Genehmigung Ew. Exzellenz. Denn es wird eben infolge des Besuches der Führer bestimmt auf Eichstätt und St. Walburg aufmerksam gemacht werden. Ist das zu wünschen oder besser zu vermeiden? Für Rückgewinnung der Schule wird es ja wohl zu spät sein, aber es könnte vielleicht ein gewisser Schutz für das Kloster sein? Eine Aufklärung über die Eichstätter Verhältnisse könnte natürlich damit verbunden werden. Darf ich Euer Exzellenz bitten mir mitzuteilen, ob ich den Besuch erbitten oder abschlagen soll?".

Die Antwort des Bischofs ist nicht bekannt, jedoch lässt sich ein Besuch des Mindener Regierungspräsidenten in der Abtei bis heute nicht belegen. Zur gleichen Zeit hatte der jüngere Bruder der Äbtissin, Landrat Joseph v. Spiegel, seine Tochter Benedicta (1922–2011), ohne die erforderliche offizielle Genehmigung als Beamter einzuholen, auf die private, katholische Oberschule im Ursulinenkloster in Ahrweiler geschickt und sie dort bis kurz vor Schließung der Schule zu Ostern 1940 belassen. Auf die behördlich veranlasste Anfrage seines Freundes Adolf v. Oeynhausen, „aus welchen zwingenden Gründen Sie Ihre Tochter...nicht einer öffentlichen Schule zugeführt haben", antwortete der katholische v. Spiegel, „weil es einmal hier keine derartige Schule gibt".[563]

ESKALATION ZWISCHEN KIRCHE UND NS-STAAT DURCH KARDINAL MUNDELEINS REDE 1937

In dieser bedrängten Situation sich verschärfender Auseinandersetzungen mit den Machthabern rückten Äbtissin und Bischof in der Folgezeit enger zusammen. Sie nahm Anteil an der Bürde des Bischofsamts und freute sich zugleich über die zahlreichen solidarisierenden Spenden. An Ostern 1937 schrieb sie an Rackl: „…wir hoffen und wünschen von Herzen, dass Euer Exzellenz trotz aller Sorgen und Betrübnisse ein frohes Osterfest feiern können. Auf jeden Karfreitag folgt ja ein Ostern – das wird auch so sein für die hl. Katholische Kirche in Deutschland. (…) Wir können nur beten für unsere bekannten und unbekannten Wohltäter, durch die der liebe Gott seinen Kindern zur Hilfe kommt".

Eine Woche vorher – am Palmsonntag – war die päpstliche Enzyklika „Mit brennender Sorge" in den Diözesen verteilt und von den Kanzeln verlesen worden. Der Vatikan wandte sich darin gegen den eskalierenden Kirchenkampf in Deutschland und gegen die Vertragsbrüche des Reichskonkordats von 1933. Eine Folge war, dass auf Befehl Hitlers vom 6. April 1937 u.a. die sog. Sittlichkeitsprozesse gegen sexuellen Missbrauch in kirchlichen Einrichtungen, vor allem gegen Ordensgeistliche im Schuldienst verschärft und propagandistisch ausschlachtet wurden. Reichspropagandaminister Goebbels notierte in sein Tagebuch: „Noch lange Debatte mit dem Führer über Kirchenfrage. Er begrüßt die radikale Wendung der Pfaffenprozesse. (…) Wir müssen die Kirchen beugen und sie uns zu Diensten machen. Das Zölibat muß auch fallen. Die Kirchenvermögen eingezogen werden, kein Mann vor dem 24. Lebensjahr Theologie studieren. Damit nehmen wir ihnen den besten Nachwuchs. Die Orden müssen aufgelöst, den Kirchen die Erziehungsberechtigung genommen werden".[564]

Den Berichten der Regierungspräsidenten über sog. staatsfeindliche Bestrebungen zufolge „sind Stadt und Bezirk Eichstätt zum Brennpunkt des Kampfes des politischen Katholizismus geworden". Öffentlichkeitswirksam angeführt von Dompfarrer Johannes Kraus, dessen Predigten „als Druckschriften über ganz Deutschland verbreitet" wurden. Und weiter heißt es im Bericht: „Die Vorgänge in Eichstätt sind auch im Ausland bekannt geworden. Die Basler Nachrichten brachten sie". Der im Haus von

Franz Xaver Wutz lebende Ferdinand Neumann bestätigte im Entnazifizierungsverfahren des gemeinsamen Freundes Friedrich Stoer das Verfassen und Verbreiten von Flugblättern in In- und Ausland durch den Eichstätter Freundeskreis. In seinen Erinnerungen formulierte Dompfarrer Johannes Kraus, dass ihm Äbtissin Benedicta bei allen Auseinandersetzungen „verständnisvoll" beigestanden hätte.[565]

Zu der aufgeheizten Stimmung in Eichstätt trug die Predigt des Eichstätter Bischofs am 12. April bei, in welcher er sich mit vehementer Begründung der von der Gestapo verfügten Ausweisung des Dompfarrers Kraus aus seiner Diözese widersetzte – und erfolgreich mit seinem Protest war. In dieser vielbeachteten Predigt nahm Rackl auch die Verdrängung der Kirche aus dem öffentlichen Leben auf und thematisierte den verlorenen Kampf um die Klosterschulen, wie die Kirche „mehr und mehr aus der Schule hinausgedrängt werden soll". Nach Auskunft des in Eichstätt lebenden Dr. Simon Schorer ließ sich der Bischof durch ihn und vor allem durch Franz Xaver Wutz zu dieser dezidierten Verteidigung des Dompfarrers und Freundes der beiden bewegen.[566] Bankdirektor Schorer geriet selbst im Bemühen seine Kinder dem ideologischen Zugriff der Nazis zu entziehen, in Konflikt mit HJ-Führung und Schulleitung. Äbtissin Benedicta hatte von diesen Auseinandersetzungen genauere Kenntnis, „da ich Dr. Schorer bei der Abfassung der notwendigen Schriftstücke oftmals zur Seite stand". Sie wird Schorer im Entnazifizierungsverfahren mit einem Gutachten, einem sog. „Spiegelbrief" entlasten. Es ist bislang das einzig bekannte Dokument, in welchem Benedicta von Spiegel offen über ihre Freunde schrieb:[567]

> „Mit Freimut darf ich deswegen es aussprechen und ich glaube auch zu sprechen im Namen meiner verstorbenen Freunde (Dr. Gerlich, P. Ingbert, P. Kosmas, Dr. Wutz), die alle Gegner des Systems waren: Wir empfinden es als ein schweres Unrecht, wenn Dr. Schorer aus seiner durch Gewissenhaftigkeit und Tüchtigkeit erworbenen Stellung entfernt wird".

Die von Schorer und Wutz offenbar maßgeblich angeregte Predigt von Bischof Rackl am 12. April rief breite zustimmende Resonanz hervor und ließ die Kirchengemeinde enger zusammenrücken. Eine Unterschriftenaktion zum Verbleib von Johannes Kraus mobilisierte die Gläubigen, sodass der Pfarrer letztlich nur mit einem Verbot des Religionsunterrichts an den Schulen belegt wurde. Seine Predigten hielt er ebenso unbeirrt weiter wie diese mutmaßlich über das Netzwerk der Freunde im Geheimen verbreitet wurden.

Zur Eskalation des Konflikts zwischen Kirche und NS-Regime führte im Frühsommer die Rede des angesehenen mit dem amerikanischen Präsidenten Roosevelt befreundeten Kardinals von Chicago, George Mundelein (1872–1939), dessen familiäre Wurzeln in Paderborn liegen. Dem Kardinal zu Ehren, der die theologische Hochschule St. Mary of the Lake gegründet hatte, nannte sich 1924 ein Vorort von Chicago in „Mundelein" um. Äbtissin Benedicta hatte Mundelein, wo vom 20.-24. Juni 1926 der Eucharistische Weltkongress stattgefunden hatte, während ihrer Amerikareise besucht.[568]

Kardinal Mundelein verurteilte auf einer Diözesankonferenz vor geschlossenem Publikum von ca. 500 Zuhörern im Priesterseminar von Quigley am 18. Mai 1937 nicht nur harsch die Unterdrückung der katholischen Kirche in Deutschland sowie die Aufhebung der Grundrechte und Rechtsstaatlichkeit durch die Nationalsozialisten, sondern griff Goebbels, den er einen „verschrobenen Propagandaminister" nannte, und Hitler direkt persönlich an. Er argumentierte, dass die Verdrängung der Konfessionsschulen und der katholischen Jugendverbände Hand in Hand gehe mit den Sittlichkeitsprozessen. Die in Deutschland gleichgeschaltete „Presse verhehlt nicht die Hoffnung der Regierung, dass die Prozesse bedeutend dazu beitragen werden, den Glauben der Öffentlichkeit in katholische Erziehung zu erschüttern. (…) Der Kampf geht darum, die Kinder uns fortzunehmen. (…) Ihr werdet vielleicht fragen, wie eine Nation von 60 Millionen Menschen…sich in Furcht und Knechtschaft einem Ausländer unterwerfen kann, einem österreichischen Tapezierer, und – wie mir gesagt wird – einem schlechten dazu". Der Kardinal stellte fest: „Niemals vorher war die Kirche in Deutschland so hilflos, wie sie heute ist – nicht einmal in den Tagen des Kulturkampfes". Und seine Schlussfolgerung lautete: Solidarität: „Das wenigste, was wir für die Kirche in Deutschland tun können, ist die Bezeugung unserer offenen Sympathie in dieser Stunde der Prüfung". Denn: „Wir schulden ihnen etwas; sie haben beigetragen zum Aufbau unserer Kirchen in den Vereinigten Staaten". Gut möglich, dass Mundelein, der Mitglied des benediktinischen St. Vincent Seminars in Latrobe war, hier auch an die Bedeutung der deutschen Benediktiner für die Kirchen in Amerika gedacht hat.

Ob durch eine Indiskretion oder vorsätzlich – die Rede Mundeleins wurde in der Presse veröffentlicht, und das hatte Folgen.[569] Goebbels vermerkte in seinem Tagebuch: „Cardinal Mundelein aus Chicago macht gemeine Ausfälle gegen Führer, mich und das Reich. Zweifelt die Richtigkeit unserer Pfaffenprozesse an. Ich lasse die deutsche Presse scharf dagegen los (…) Die Auslandspresse hetzt weiter gegen uns. Auf allen Gebieten. Es ist schon eine Kunst, da ruhige Nerven zu behalten". In den folgenden Tagen setzte sich der Propagandaminister an eine Gegenrede, die er auf einer Massenkundgebung am 28. Mai in der Berliner Deutschlandhalle vor ca. 20.000 Zuhörern hielt mit Direktübertragung aller Rundfunkstationen. In dieser sog. Brandrede drohte Goebbels der gesamten Kirche in drastischen Worten mit Vernichtung.

Die Resonanz war zwiespältig und bewegte sich zwischen frenetischem Beifall der Anhänger, Betroffenheit innerhalb katholischer Kreise, publizistischer Gegenwehr und einem diplomatischen Notenwechsel der Reichsregierung und des Vatikan zwischen dem 24. Mai und 24. Juni 1937. Darin fragte der federführende Kardinalstaatssekretär Pacelli rhetorisch: „Was hat die Deutsche Regierung getan, was gedenkt sie in Zukunft zu tun gegen die niederträchtigen Beschimpfungen und Verächtlichmachungen, die schmachvollen Verleumdungen, die Tag für Tag in deutschen Zeitungen und Zeitschriften, wie in Reden auch prominenter Persönlichkeiten erfolgen gegen Kirche, kirchliche Einrichtungen, Papst, Kardinäle, Bischöfe, Priester u.s.w. (…) Die Deutsche Regierung hat…gegen all das nichts getan". Einen Monat später nahm Pacelli direkten Bezug auf die Goebbelsrede, „durch gewisse Reden staatlicher Amtsträger sind Störungsmomente in die diplomatische Diskussion hineingetragen worden, deren Schwere der Hl. Stuhl der Deutschen Regierung nicht verschweigen kann".

Der maßgebliche Goebbels-Biograf Helmut Heiber urteilte über die mit großer Schärfe auf niedrigem Niveau geführte Propaganda des Ministers, dass seine Rede „daneben" gegangen sei, auch weil sich der große Teil der katholischen Bevölkerung angegriffen fühlte.[570] Der frühere Eichstätter Bischof v. Preysing hatte schon im Vorfeld der Goebbels-Rede eine 17-seitige Eingabe zu den Kirchenkampfmaßnahmen der Nationalsozialisten verfasst und diese allein in eigenem Namen nach der Rede an den Propagandaminister, alle weiteren Reichsminister sowie an seine Amtskollegen geschickt. Kenntnis von dieser Eingabe hatten offenbar auch die Eichstätter Freunde, wie sich gleich zeigen wird.[571]

DAS MICHAEL-GERMANICUS-FLUGBLATT VON JOSEPH LECHNER

In Eichstätt hatten die Freunde die Goebbels-Rede aufmerksam verfolgt, und v. Spiegels Vertrauter Lechner setzte sich an einen offenen „Brief an den Herrn Reichsminister für Volksaufklärung und Propaganda". Auf einer Schreibmaschine der Abtei St. Walburg wurde das mit dem Pseudonym „Michael Germanicus" – der latinisierten Form des „Deutschen Michel" – unterzeichnete Flugblatt getippt aus Gründen der Vorsicht. Da Lechner mit Vater und Haushälterin im Gästehaus gegenüber der Abtei wohnte, waren die Wege kurz, und alles spricht dafür, dass v. Spiegel wie die anderen Freunde mit dem Inhalt schon in der Entstehungsphase vertraut waren. Es gibt Indizien, dass bei der Abfassung oder Endredaktion des Briefes die oben erwähnte Eingabe von Preysings bekannt war, da einige vom Bischof verwendete Argumentationsmuster sich auch im Goebbels-brief wiederfinden: Kenntnis muss Lechner zudem von zumindest einer der zitierten Noten aus dem Vatikan gehabt haben, denn er erwähnt sie in seinem Brief. Diese waren den Bischöfen gewiss bekannt, aber sie wurden nicht veröffentlicht: Möglich wäre, dass der Berliner Bischof Preysing seine persönliche Eingabe und die Note der befreundeten Äbtissin zugänglich gemacht hat.[572] Auch die Weitergabe durch den Eichstätter Bischof käme in Betracht. Jedenfalls war der Verfasser des Briefes bestens aus kirchlicher Perspektive informiert. Das Resultat traf den adressierten Reichspropagandaminister derart, dass er alle Hebel in Bewegung setzte, um den Urheber dingfest zu machen. Was ist der Inhalt der weitverbreiteten Flugschrift?[573]

Der Michael-Germanicus-Brief setzt gleich im 2. Absatz mit der Note des Vatikan ein, in der die Aussagen Kardinal Mundeleins zum NS-Unrechtssystem und den Sittlichkeitsprozessen verteidigt werden: „Sie sind ja im Besitz der Macht! Freilich hat dieser Besitz das Regime nicht vor der unglaublichen Blamage gerettet, die es mit seinem mißglückten Einspruch beim Apostolischen Stuhl sich holte". Der Brief verteidigt sodann die kirchliche Seite, wonach die Bischöfe bei vorkommenden Missbrauchsfällen eingegriffen hätten: „Die Bischöfe haben, soweit sie zur Kenntnis solcher Dinge innerhalb des kirchlichen Rechtsbereichs kamen…mit jenen Mitteln eingegriffen, die ihnen zur Verfügung standen. (…) Die von Ihren dienstgefälligen Staatsanwälten zur Schau getragene Entrüstung war daher ziemlich überflüssig".[574]

In der Preysing-Eingabe wird die gleiche Argumentation benutzt, wenn es heißt: „Das deutsche Episkopat hat…in einer ganzen Reihe von nachgewiesenen Sittlichkeitsvergehen und Verbrechen kirchliche Strafen verhängt" und dagegenstellt: „Es ist ein offenes Geheimnis, dass der nationalsozialistische Staat mit Vorbedacht und größter Konsequenz Sittlichkeitsverbrechen und andere Straftaten, die in seinen eigenen Reihen vorkommen, der Öffentlichkeit vorenthält.[575] Bei Michael Germanicus wird dieses Vertuschen viel angriffslustiger formuliert: „Die Partei deckt überhaupt jeden Sumpf in ihren eigenen Reihen grundsätzlich zu, solange nicht irgendwelche Unbequemlichkeiten entstehen. Sie haben sich, Herr Goebbels, in Ihrer Partei…eine eigene Parteigerichtsbarkeit eingerichtet, die nach zahlreichen Erfahrungen aus ganz Deutschland nur dazu da ist, die braunen Rechtsbrecher der ordentlichen Gerichtsbarkeit zu entziehen".

Während v. Preysing in seiner Eingabe an Goebbels akribisch die Gesamtzahl der Missbrauchsverfahren gegen Geistliche auf 0,23 % beziffert, heißt es im Michael-Germanicus-Brief: „Sie haben...die Behauptung aufgestellt, dass ,in Deutschland unzählige Geistliche und Ordensleute gegen das Gesetz verstossen haben'(...) Herr Goebbels! Ganz abgesehen davon, dass man die Geistlichen und Ordensleute ganz wohl zählen kann...".[576] Bischof v. Preysing gab sich in seiner Eingabe keiner Illusion hin: „Ich habe nicht die Hoffnung, dass eine Bitte, begründet durch die Schäden an den Lebensinteressen der Kirche in Deutschland, den Staat veranlassen wird, den Propagandafeldzug gegen die Kirche in der Öffentlichkeit einzustellen". Dagegen schließt der Michael-Germanicus- Brief kämpferisch: „Sorgen Sie sich nicht um die Kirche! Die Kath. Kirche wird unwürdige Elemente in ihren Reihen zu beseitigen wissen, und sie wird reformieren, was reformbedürftig ist. Sorgen Sie sich um Ihre Partei! Dort herrscht — wie aus Ihren eigenen Verlautbarungen hervorgeht — die Verderbnis aus Grundsatz! Und im Dienste dieser gesetzlichen Verderbnis steht gegenwärtig die deutsche Justiz. Das ist nun einmal eine gerade aus Ihrer Rede sich ergebende Tatsache, und diese Tatsache ist es, worüber alle wahren deutschen Männer und Frauen und alle Freunde des deutschen Volkes in der Welt entsetzt sind".[577]

Nicht fehlen durfte in Lechners Brief ein Hinweis auf den 1934 von den Nazis ermordeten Freund Fritz Gerlich. Den Namen stellte er nicht solitär, sondern verknüpfte ihn mit anderen Opfern aus dem katholischen Milieu, „welche Herr Göring...ermorden liess". Namentlich nennt das Flugblatt ohne eine weiterführende Vertiefung an dieser Stelle: den Leiter der katholischen Aktion Erich Klausener (*1885), den ehemaligen BVP-Politiker Gustav von Kahr (*1862), den Rechtsintellektuellen Edgar Jung (*1894), der ab 1924 für die Neuesten Münchener Nachrichten unter dem Chefredakteur Fritz Gerlich gearbeitet hatte und im Zentrum einer Widerstandsgruppe in der Vizekanzlei Franz v. Papens stand, sowie den mit Jung befreundeten Fritz Beck (*1889), Gründer des Internationalen Studentenwerks in München. Als letzter wird der Musikkritiker Willi Schmid (*1893) aufgeführt, der ebenfalls für die Neuesten Münchener Nachrichten Kritiken schrieb und wohl Opfer einer tragischen Verwechslung wurde.

Der Michael-Germanicus-Brief wurde deutschlandweit verbreitet und auch in englischer Übersetzung in die Dokumentation über „The persecution of the catholic church in the third reich" aufgenommen. Um vom Eichstätter Ursprung abzulenken und eine umfängliche Verteilung des Flugblatts zu gewährleisten, setzte Dompfarrer Johannes Kraus seine Verbindungen zu Geistlichen ein, die im 1. Weltkrieg als Soldaten zum Einsatz gekommen waren und sich in einer geheimen sog. Acies ordinata zusammengeschlossen hatten. Vor Ort in Eichstätt beteiligten sich auch wieder Mitglieder der katholischen Mädchenorganisation „Weiße Rose" an der Verbreitung. Aus dem Eichstätter Freundeskreis hatten konkret der Gerlich-Neffe Weitmann und die in der Wutz'schen Hausgemeinschaft lebenden Brüder Ferdinand und Hans Neumann „die Verbindung mit dem Ausland aufrechtzuerhalten, um die Flugschriften zu verbreiten". Konkret benannte Weitmann neben den Predigten des widerständigen Dompfarrers Kraus den Michael-Germanicus-Brief sowie einen bisher nicht ermittelten „Offenen Brief an Gauleiter Wagner".[578]

Durch Reproduktion, Verteilung, Versendung oder Weitergabe des Flugblatts wurde der Goebbelsbrief zu einem der weit verbreitetsten Flugblätter gegen das Naziregime. Bereits am 11.07. 1937 druckte unter dem Titel „Die Stimme des geknechteten Volkes" die katholische Exilwochenschrift „Der deutsche Weg", herausgegeben von dem Jesuiten Friedrich Muckermann (1883–1946), das Flugblatt. Der Verfasser des Flugblatts wurde von den Nazis als „im kanonischen Recht gut bewanderte Persönlichkeit" identifiziert. Sie urteilten: Der Brief „enthält die bösartigsten Beleidigungen und Entstellungen". Verhöre, Durchsuchungen und Verhaftungen folgten reichsweit. In führenden nationalsozialistischen Kreisen wurde der sog. Goebbelsbrief als „eines der übelsten Pamphlete, die erschienen sind", bewertet.[579]

Entdeckt wurden weder der Verfasser noch die Schreibmaschine von St. Walburg, auf der das Original geschrieben worden war. Lechner hat sich selbst nie zur Urheberschaft des Michael-Germanicus-Flugblatts geäußert, sondern sich lediglich im eigenen Entnazifizierungsverfahren als Verfasser und Verbreiter „von Flugschriften unter einem Decknamen, den ich aber nicht preisgeben möchte", bekannt. 1946 wurde in einer Monographie über den Klerusverband als Verfasser des Goebbelsbriefes der „Priester Dr. J. L. in Eichstätt" – zweifellos Joseph Lechner – identifiziert, was mit der Darstellung des Gerlich-Neffen Weitmann von 1947 übereinstimmt.[580]

Zum Ende dieses Abschnitts noch folgende Anmerkung: Unter dem Pseudonym „Prof. Dr. Germanicus" erschienen in der österreichischen katholischen Zeitschrift „Schönere Zukunft" zwischen 1935 und Oktober 1937 mehrere geschichtsphilosophische Artikel. Eine Stil- und Textanalyse lässt es überaus fraglich erscheinen, dass der historisch und literarisch bewanderte Verfasser identisch ist mit dem Autor des Michael-Germanicus-Briefes, dem Kirchenrechtler Joseph Lechner.[581]

SORGEN ZUM JAHRESENDE

Mitten in dieser Zeit der eskalierenden politischen Auseinandersetzungen zwischen NS-Regime und katholischer Kirche, befeuert durch die Rede des Chicagoer Kardinals Mundelein, machten sich zwei amerikanische Benediktineräbte auf den weiten Weg nach St. Walburg. Am 7. September 1937 gab es ein Wiedersehen mit dem Erzabt von St. Vincent/Latrobe, dem Benedicta v. Spiegel auf ihrer Amerikareise drei Jahre zuvor mehrfach begegnet war. Abt Alfred Koch (1879–1951) wird über die Mitschwestern in den USA und die Fortschritte der neuen Gründung in Boulder berichtet haben. Es ist davon auszugehen, dass die Beiden die politische Lage und mögliche Konsequenzen für die Zukunft von St. Walburg und der Tochtergründung mit erörtert haben.

Auch der Abt der Erzabtei St. Meinrad/Indiana, der 1933 das Tochterkloster Marmion in Aurora/Illinois gegründet hatte – Namensgeber war der verstorbene Abt von Maredsous Columba Marmion, dessen Werke wie ausgeführt v. Spiegel übersetzt hatte – besuchte das Eichstätter Kloster. Abt Ignatius Esser (1890–1973) machte insgesamt in 19 deutschen Abteien Station, wie er gegenüber Kardinal v. Faulhaber in München äußerte. Der amerikanische Benediktiner interessierte sich besonders dafür, Therese Neumann kennenzulernen, ein Wunsch, den ihm die St. Walburger Amtskollegin selbstredend erfüllen konnte. Beide ließen sich von Ferdinand Neumann im Auto von F. X. Wutz nach Konnersreuth chauffieren und verbrachten die Nacht dort, bevor alle vier gemeinsam nach Eichstätt zurückfuhren. Der „Abt, der ungemein glücklich und dankbar war", sagte v. Spiegel, „dass er zutiefst überzeugt sei von der Wahrhaftigkeit und der übernatürlichen Ursache des Konnersreuther Geschehens".[582]

Ganz und gar nicht überzeugt von den Konnersreuther Phänomenen war nach wie vor der Regensburger Bischof Buchberger, in dessen Diözese Therese Neumann mit ihrer Familie lebte. Rekurrierend auf den Bericht des Psychiaters Gottfried Ewald, den dieser bereits 10 Jahre zuvor veröffentlicht hatte, nahm der Bischof einen neuen Anlauf und wiederholte im kirchlichen Amtsblatt vom Dezember 1937 öffentlich die Forderung nach einer klinischen Untersuchung der Nahrungs- und Ausscheidungslosigkeit der Stigmatisierten: „Den Zweifeln und dem Streit kann nur eine neue, ärztlich geleitete und überwachte Untersuchung ein Ende bereiten". Aus der beharrlichen Verweigerung einer solchen zog der Bischof den Schluss: „Bei dieser Sachlage kann die kirchliche Behörde keine Verantwortung übernehmen für die Wirklichkeit der behaupteten Nahrungslosigkeit und für den Charakter sonstiger außergewöhnlicher Vorgänge in

Konnersreuth". In der Angelegenheit hatte sich der Bischof auch an Wutz gewandt: „Man schreibt so viel von den großen Opfern und Leiden der Therese Neumann und dieses verhältnismäßig kleine Opfer, das die Kirche von ihr wünscht, will sie nicht bringen? Ich kann das nicht begreifen".[583]

Die Fronten waren verhärtet. Längst ging es nicht mehr nur um die Glaubwürdigkeit Neumanns. Der Konflikt hatte sich auf die politische Ebene verlagert. Die Eichstätter Freunde nahmen Anstoß am öffentlichen Agieren des Regensburger Bischofs. Das ist aus einer angriffslustig kritischen Replik des Freundes und Beraters der Äbtissin – Joseph Lechner – zu schließen. Der Verfasser des Goebbels-Briefes formulierte nach 1945:

„Während nämlich die Leute um Th.N. (Therese Neumann GW) wie schon während des Aufstiegs des Nazismus, so nun auch während seiner höchsten Machtentfaltung aus völliger Klarheit über den Gang der Ereignisse einen ausdauernden und gefahrvollen Kampf gegen die diabolischen Mächte des Nazismus führten, sah man in Regensburg andere Dinge; (…) es erfreute der Regensburger Domchor…den ‚Führer' auf dem Obersalzberg mit seinen Liedern (…) und es wurde die Begrüssung des Führers noch auf dem letzten Parteitag, jenem ‚Großdeutschlands' eingeleitet mit dem ‚herrlichen ‚Wach-Auf'-Chor aus den ‚Meistersingern' von dem Regensburger Domchor…wundervoll gesungen (…). Das war freilich nicht die Welt der in diesen Dingen so völlig richtig sehenden, von der Gestapo bespitzelten und doch furchtlos so Manchen mit außernatürlicher Hilfe warnenden Th.N. Aus dieser Welt kamen Dr. F. Gerlich, ferner der nach dramatischer Flucht in der Verbannung gestorbene P. Ingbert Naab und die anderen Leute".

Vordergründig zielt Lechners scharfe Missbilligung auf den umstrittenen Regensburger Domkapellmeister Theobald Schrems (1893–1963), der sich und den Chor dem Nazi-Regime andiente und gerade im Jahr 1937 zu einer größtenteils von Hitler finanzierten Südamerika-Tournee aufbrach. Im Blick dürfte Lechner den dieses Handeln billigenden und unterstützenden Bischof Michael Buchberger gehabt haben.[584]

Äbtissin Benedicta wog sich mit ihrem Freundeskreis 1937 vielleicht ähnlich wie 1933/34 nach Verhaftung und Ermordung Gerlichs in einer gefährdeten Situation, denn sie hatte aktive Beihilfe beim Verfassen des Goebbels-Briefes geleistet – wahrscheinlich über das Bereitstellen der Schreibmaschine hinaus. Sie war in den Entstehungsprozess eingebunden und hatte möglicherweise auch Wege der Vervielfältigung und Verteilung eröffnet. Dies muss zum jetzigen Zeitpunkt jedoch Vermutung bleiben.

Ob Zufall oder nicht: Über Goebbels hatte sich auch ihr Bruder Adolf in Ostwestfalen erregt und zur gleichen Zeit, als die Flugblätter kursierten, „anlässlich eines Betriebsappelles seiner Brauerei am 9.10.1937 staatsfeind-

liche Äußerungen getan insbesondere Reichsminister Dr. Goebbels angegriffen". Dies war mit Anlass für die erneute Einlieferung in die offene
Abteilung der Göttinger Nervenklinik durch den behandelnden Psychiater
Ewald. Vom 15. bis 31. Dezember 1937 verbrachte der Bruder, dem der
Arzt „schwankende manische Erregungszustände" attestierte, seine Zeit in
der Klinik entweder ohne sich der Gefährdung bewusst zu sein oder diese
mit Aktionismus überspielend. „Während seiner Aufenthalte wurde von
ihm ununterbrochen gefeiert, bald mit bald ohne Erlaubnis, war er unterwegs oder an den Abenden auswärts".[585]

Sorgen gab es für die Eichstätter Äbtissin zum Ende des Jahres 1937
zuhauf und an allen Enden. „Ich weiß" – schrieb sie an Cécile de Hemptinne nach Belgien – „dass auch bei uns dicke Wolken am Horizont des politischen Lebens aufkommen".[586] Nicht nur die politischen Entwicklungen
belasteten sie, auch im Freundeskreis bestand Anlass zu Sorge: Seit November kurte sie mit Unterbrechungen im württembergischen Ditzenbach,
wo sich auch Franz Xaver Wutz wegen seiner schweren Diabetes zu einem
Erholungsurlaub – „den ersten und letzten seines Lebens" – aufhielt. Es
gesellten sich zeitweise Therese, Ferdinand und Ottilie Neumann dazu.
Der 55-jährige Wutz muss die ständige Observierung der Gestapo als ihn
bedrückende Belastung empfunden haben. Denn Erich v. Waldburg-Zeil
wird später aussagen, dass der gemeinsame Freund dadurch „sehr schwere
Gesundheitsschäden erlitten" habe. „Dies ist dann wenige Jahre darauf
ganz zum Ausbruch gekommen".[587]

Die Besorgnis um den Erkrankten wuchs, als dieser am 14.12. einen heftigen Rückfall erlitt. Benedicta v. Spiegel pendelte nach ihrer Rückkehr aus
der Kur mehrfach die 200 Kilometer zwischen dem Kurort und Eichstätt
hin und her. „Ich habe furchtbare Sorge gehabt und habe sie noch, denn
es drückt mich so arg, dass ich fortgefahren bin, obgleich er mich unter
Tränen bat dazubleiben" – schrieb sie an Bischof Rackl, der sich wiederum
an Weihnachten beschwörend an Wutz wandte: „Eben erzählt mir Frau
Äbtissin von Dir. (…) Du mußt wieder gesund werden, ich befehle es Dir.
Du darfst nicht von uns scheiden…In treuester Freundesliebe grüßt Dich
herzlichst Dein Bischof und Bruder Michael".[588]

Die drei im Eichstätter Haus des Kranken lebenden Neumann-Ge-
schwister – Ottilie, Ferdinand und Hans – feierten Weihnachten gemeinsam mit dem Schwerkranken in Ditzenbach. Wutz´ Haushälterin schilderte
die Weihnachtstage in einem Brief an Benedicta v. Spiegel:

„So öffneten wir all unsere lb. Sachen von St. Walburg, von Hofmühl u. Emslander…v. Pfarrer… und waren alle recht fröhlich. (…) Ja und Hr. Prof. Lech-

ner hat auch so nett geschrieben. (…) Sie haben uns doch so viel in Not u. Elend in Ditzenbach geholfen. Sind uns beigestanden wie eine Mutter. Das können wir im Leben nie vergelten".

Der erwähnte Besitzer der Eichstätter Hofmühlbrauerei Dr. Richard Emslander gehörte seit einiger Zeit zum Eichstätter Freundeskreis und unterstützte diesen tatkräftig, indem er beispielsweise den Nachlass Gerlichs auf dem Areal seiner Brauerei versteckte. Zum Jahreswechsel 1937/38 reisten Äbtissin Benedicta und Erich Waldburg-Zeil nach Ditzenbach zu Wutz und den Neumann-Geschwistern. Doch hat v. Spiegel am 29. Dezember kurz vor der Abfahrt noch eine beunruhigende Neuigkeit erreicht, die sie sogleich Bischof Rackl mitteilen musste:[589]

„Frau Elisabeth, die soeben aus Amerika heimgekehrt ist, erzählt dass dort gerade vor ihrer Abreise durch Radio die Nachricht verbreitet wurde, in Deutschland sei ein Gesetz ergangen, nach dem alle Güter der Kirchen und Klöster enteignet werden sollten. Das sei zwar vorläufig noch geheim gehalten, aber durch Indiskretion im Ausland bekannt geworden".

In der historischen Rückschau lassen sich aus kirchlicher Perspektive die Sittlichkeits- und Devisenprozesse, der Abbau der konfessionellen Schulen, die Erfassung der klösterlichen Vermögens- und Besitzverhältnisse, deren verschärfte steuerliche Behandlung u.a.m. als vorbereitende Maßnahmen auf den in den Kriegsjahren erfolgenden Klostersturm einordnen. Dass Äbtissin Benedicta weitsichtig sehr früh die existentielle Bedrohung ihrer Abtei durch die Nationalsozialisten erkannt hatte und Konsequenzen im Rahmen des ihr Möglichen zog, ist an den Tochtergründungen im amerikanischen Boulder 1934/35 und dem englischen Minster 1936/37 ablesbar. Ihr wird daher klar vor Augen gestanden haben, dass die vorgenannten Maßnahmen der Nationalsozialisten die Existenzgrundlage der Klöster immer weiter beschnitten.

Ob sie wusste, dass in den in der Schweizer katholischen Emigration publizierten „Deutschen Briefen" schon 1935 vom Klostersturm die Rede war, 1936 über die „Erdrosselung von Klosterschulen" geschrieben und 1937 die „Zermürbungstaktik" der Nazis analysiert wurde, kann nicht geklärt werden. Dort heißt es: „Zunächst wird eine gewisse Kloster-Kontrolle kommen…eine sie allmählich absterben lassende ‚Kontrolle'. Der Zugang von jungen Novizen wird erschwert werden. Die bereits begonnene Ausschaltung aus dem Erziehungswesen wird ebenso vollendet werden wie die Entkonfessionalisierung des Volksschulwesens. – Auf der geistigen Front

wird man die katholischen Verlage, Kirchenblätter usw. noch mehr einschüchtern. (…) Aber das entscheidende Mittel, auf das sich die Nationalsozialisten am meisten verlassen zu können glauben, ist die systematische
Zermürbung".[590] In dieser Bewertung stimmte v. Spiegel sicher überein.
Und die seelische und körperliche Zermürbung spürte sie allemal leidvoll.

900jähriges Abteijubiläum 1935

Sr. Walburga v. Waldburg-Zeil am
Tag der Jungfernweihe 1935

Prof. Dr. Aurel v. Szily vor 1939

Äbtissin Benedicta mit Klosterfrauen 1934

Joseph Lechner und Benedicta v. Spiegel mit St. Walburger Klosterfrauen auf Schloss Hirschberg

XIII. Klösterlicher Existenzkampf 1938–1941

NACH DEM TOD VON F.X. WUTZ

Die ersten Wochen in Eichstätt waren voller Sorgen auch um den schwerstkranken Franz Xaver Wutz. Die Freunde schätzten seinen Zustand als so lebensbedrohlich ein, dass dringend die Nachlassfrage des alleinstehenden Professors geregelt werden musste. Benedicta v. Spiegel, die zu Krankenbesuchen die Klosterklausur regelmäßig verließ, teilte dem Bischof mit: „So habe ich…mit Resl gesprochen, die auch sehr wünschen würde, dass die Sache geordnet wäre…Ottilie kam dazu und sagte Herr Professor habe ihr einmal gesagt wegen des Hauses sei alles geordnet (…) Nur wegen des literarischen Nachlasses ist sicher nichts festgelegt". Im sog. Wutzhaus hatten sich über Jahre die Freunde getroffen. Gemeinsame Stunden, Gespräche, Arbeit an Texten für den „Geraden Weg" verbanden sie mit dem Haus, welches dadurch für die Freunde einen hohen ideellen Wert gewann. Sie suchten Wege, diese Zufluchtsstätte für sich zu erhalten. Außerdem lebten 3 Geschwister Neumann im Haus, und Therese Neumann wohnte bei ihren häufigen Besuchen in Eichstätt ebenfalls dort.

Am 19. März 1938 starb der 56-jährige Franz Xaver Wutz an einem Schlaganfall in seinem Haus. Mir „selbst war das Herz so weh, dass ich nur schwer Fassung bewahrte" – erinnerte sich Äbtissin Benedicta. Dompfarrer Johannes Kraus nahm am 22. März die Beerdigung vor und hielt die Trauerrede. „Bei der Beerdigung…erlebte der Friedhof eine Kundgebung, die in ihrer Eigenart kaum mehr wiederholbar ist". Eingefunden hatte sich eine „schier unübersehbare Zahl von Priestern (mehrere hundert)…neben den Männern und Frauen fürstlicher und adeliger Herkunft, neben den Männern der Gelehrsamkeit… schritten die Männer und Frauen des einfachen Volkes" – beschrieb der Freund Joseph Lechner die Beisetzung in seinem Nachruf.[591]

Fürst Waldburg-Zeil schilderte seine Eindrücke Erwein v. Aretin, der nach seiner Entlassung aus dem KZ Dachau im Mai 1934 zurückgezogen im Schwarzwald lebte: „Dass Konrad Preysing bei der Beerdigung war, wirst Du wissen, ebenso die Aebte von Scheyern und Augsburg, von denen der eine frisch aus dem Gefängnis und der andere frisch von sehr unangenehmen Auseinandersetzungen kam. Konrad war gedrückt und sieht entsetzlich schwarz in die Zukunft". „Die Beerdigung war größer wie die manches Bischofs, es wurden etwa 3000 Menschen auf dem Friedhof geschätzt". Vier Wochen später besuchte Benedicta v. Spiegel mit Therese, Ottilie und Ferdinand Neumann den Münchner „Waldfriedhof um schöne Kreuze anzusehen wegen eines späteren Denkmals für Professor Wutz".

Die Trauer unter den Freunden war groß. Wenige Tage nach der Beisetzung äußerte v. Spiegel: „…habe so viel durchgemacht, zumal durch den Tod des guten H. Prof. W.". Bei Ferdinand Neumann war der Schmerz im 6. Todesjahr noch präsent, wie er an Joseph Lechner 1944 schrieb: „Ich darf sagen, für mich bedeutete dieser Tod…der schwerste Schlag meines Lebens".[592]

Fragen um das Erbe des materiellen und immateriellen Nachlasses von Franz Xaver Wutz bewegten die Freunde: „Sollte man dort nicht den… Kreis zusammenberufen, um zu beraten"? Fürst Erich hatte seinen Generalbevollmächtigten Simon Schorer beauftragt, „sämtliche Verpflichtungen zu sammeln, die Träger derselben intern gebunden. Schorer ist angewiesen, mit den Erben dahin zu verhandeln, dass das Haus im Sinne unseres Freundes erhalten bleibt. Es wird mich eine gewisse Auszahlung an die Erben kosten" – tauschten sich v. Walburg-Zeil und v. Aretin Ende März 1938 aus. Schon Anfang April konnte verbindlich geregelt werden, dass aus dem Freundeskreis der Fürst Eigentümer des Hauses wie auch der Rechte am wissenschaftlichen Nachlasses wurde.[593] „Das Haus soll dann zur Bewohnung unter gewissen Bedingungen dem wissenschaftlichen Nachfolger unseres Freundes…gegeben werden, der von bekannter Stelle als geeignet auch für die Weiterführung der anderen Traditionen bezeichnet wurde".

Ein halbes Jahr später besuchten Therese Neumann und Erich Waldburg-Zeil Bischof Rackl auf Schloss Hirschberg, „wo wir die Wiederbesetzung des Wutz'schen Hauses mit einem Geistlichen, Professor Schröffer endlich durchbringen konnten. Damit ist auch mir ein großer Stein vom Herzen".[594] Die Freunde waren sich offensichtlich einig, dass Joseph Schröffer, der spätere Nachfolger Rackls auf dem Bischofsstuhl geeignet war, auch die ‚anderen Traditionen' im Hause Wutz fortzusetzen.

Das sog. Wutzhaus wird in den folgenden Jahren ein wichtiger Zufluchtsort für die Freunde und weiter von Bedeutung für die Aktionen gegen das NS-Regime bleiben. Äbtissin Benedicta bezeichnete es gar als „Zu Hause". Therese Neumann verbrachte bei ihren Eichstätter Aufenthalten weiterhin Tage und Wochen dort. Für die Brüder Hans und Ferdinand Neumann

war das Haus seit Schülerzeiten ihre Heimstatt. Die Schwester Ottilie verwaltete das Anwesen. Die zu Lebzeiten Wutz' erteilte Genehmigung, in
der Hauskapelle Messen zu zelebrieren, bestand auch nach seinem Tod
fort. So empfing Therese Neumann dort die Kommunion. Im April 1938,
als Äbtissin Benedicta mit den Neumann-Geschwistern vom Besuch des
Münchner Waldfriedhofs nach Eichstätt zurückkehrte, traf sie im Haus
des verstorbenen Freundes den Kapuzinerpater Kosmas Behr, der zum
erweiterten Freundeskreis zählte, sich aber im Hintergrund hielt. Er fungierte vor seinem Weggang aus Eichstätt 1935 als Guardian des Kapuzinerklosters und war offenbar zu Besuch aus dem Kloster Mainburg angereist,
wo er bis August 1938 als Superior wirkte:[595]

„Er erzählte…mir wie schön es gewesen sei in der Stille und wie leicht es doch
sei, in solcher Einsamkeit gesammelt und mit dem lieben Gott vereint zu bleiben.
Ich darauf, dass es eigentlich recht arg sei, wenn man durch gar so viele Pflichten abgelenkt, der Sehnsucht nach Gott nicht nachgehen könne, so dass diese
schließlich immer mehr erkalten müsse. So erführe ich leider nur gar zu sehr, wie
wahr es sei ‚je älter, desto kälter'. (…) Pater Kosmas…meinte, um mich zu trösten, wir seien halt schwache Menschen und stete Gottverbundenheit sei schwer".

ZERMÜRBUNGEN, SORGEN UM DAS KLOSTER
IN ENGLAND

Die Anforderungen der täglich zu bewältigenden Probleme und die Schwierigkeit, diese mit dem an Gebetsritualen ausgerichteten Klosterideal des benediktinischen „Ora et Labora" in der Klausur in Einklang zu halten, haben der
Äbtissin offenbar sehr klar vor Augen gestanden. Zur anspruchsvollen Aufgabe, den großen rund 150 Nonnen umfassenden Konvent zu führen, kam
die besondere politische Situation unter dem Nazi-Regime mit seinen Repressionen gegen die Orden und ihre Betätigungsfelder im sozialen Leben hinzu.
Nachdem v. Spiegel – wie in früheren Kapiteln beschrieben – unter der strengen, einengenden Klosterklausur in Maredret und vor allem in Eibingen so
gelitten hatte, war sie nach ihrem Übertritt 1918 nach St. Walburg aufgeblüht
– auch durch die ihr anvertrauten, ihre Persönlichkeit entfaltenden Aufgaben.
Die Konfrontation mit ständig neuen Problemen nicht nur, aber hauptsächlich durch die Nationalsozialisten ließ sie empfinden, dass sie das monastische
spirituelle Ideal vernachlässigte oder vernachlässigen musste. Auch gesundheitlich zermürbend in Anspruch genommen, suchte sie zusehends erholende
Ruhe außerhalb der Abtei in Kurbädern oder bei ihrer Schwester.

Längst führte sie kein abgeschiedenes Leben mehr hinter den Mauern der Klosterklausur. Dies konnte sie auch deswegen tun, weil der Konvent sie offenbar verlässlich unterstützte und seit der Äbtissinwahl 1926 die erfahrene Priorin Luitgardis Brachat in der Lage war, sie nach Möglichkeit zu entlasten. Über die strengen Klosterhierarchien weit hinausreichend war die emotionelle Bindung zwischen den Ordensfrauen und ihrer Äbtissin offenbar von Vertrauen und Verlässlichkeit geprägt. Dieser Zusammenhalt sollte sich in den bald folgenden Kriegsjahren in besonderer Weise bewähren.

Über ihre Probleme sprachen die Freunde uneingeschränkt miteinander. Therese Neumann versuchte ihre benediktinische Freundin nach einer von Joseph Lechner in der Wutz'schen Hauskapelle gelesenen Messe hinwegzutrösten: „Mach dir nicht zu viel Sorge, es wird alles wieder recht. Sei nur zufrieden, aber hab Acht auf Deine Gesundheit, das ist wichtig". Zur gleichen schrieb die Äbtissin dem Bischof von „diesen unchristlichen Tagen", die „viele Sorgen und Anliegen" mit sich brächten.[596]

Im Juni 1938 hielt der Hausarzt der Abtei erneut eine "Erholungspause für sehr notwendig"… Ich fühle das ja auch selbst, so ungern ich weggehe, aber hier ist ein Ausruhen wirklich unmöglich". Erich Waldburg-Zeil fuhr Benedicta v. Spiegel und seine die Äbtissin auf der Reise begleitende Schwester Walburga zur Kur nach Kronburg bei Zams in Tirol. „Ich lege nun alle meine Sorgen – es sind daran momentan sehr viele – in Gottes Hand und in das Herz meines Bischofs", verabschiedete sie sich von Rackl.

Zu den Sorgen zählten auch die vermehrten Versuche staatlicher Stellen, die klösterlichen Handlungsräume zu verengen. In einem weiteren Brief an Rackl erwähnte v. Spiegel einen Plan, „die uns zustehenden unteren Räume der Schule, die wir natürlich nicht hergeben wollen zu enteignen… wir müssen…schärfsten Protest einlegen und nur der Gewalt weichen". Hinzutraten Konflikte um die Einstellung neuen Lehrpersonals, das gegenüber staatlichen Stellen politische Zuverlässigkeit und arische Abstammung nachweisen musste. Den Widerstand gegen den Einstellungsantrag der klösterlichen Lehrerin „Studienassessorin Margareta…Herkenrath als Lehrkraft für die englische Sprache und den französischen Wahlunterricht" vom 17. Juni 1938 begründete der NS-Kreisleiter einen Monat später beispielhaft auf künftige Kontroversen vorausweisend: „Herkenrath… steht seit Jahren durch ihr Wirken als Lehrerin an klösterlichen Schulen… unter kirchlichem Einfluss und der Weg ins Kloster ist die Folge ihrer Weltanschauung. Als angehende Ordensfrau bei den Benediktinerinnen in St. Walburg…ist sie auch politisch an die Weisungen der kirchlichen Oberbehörde gebunden. Das hiesige bischöfliche Ordinariat…hat seine feindliche und verneinende Einstellung zum Nationalsozialismus bisher bewiesen, weshalb der Herkenrath auf Grund ihrer streng kirchlichen Bindungen politische Zuverlässigkeit nicht ohne weiteres zuerkannt werden kann".[597]

Mit dem befreundeten Abt von St. Matthias in Trier, Laurentius Zeller, teilte sie ihre Besorgnisse. Er schrieb ihr tröstend: „Mit meinem Dank verbinde ich aber die Versicherung, dass ich den Herrn bitte, Ihnen in dem neuen schweren Schlage, der Sie getroffen, beistehen zu wollen. Verzagen Sie nicht". Möglicherweise ist mit dem „schweren Schlag" die erneute 3-wöchige Einweisung ihres Bruders Adolf in die Göttinger Nervenklinik und ihre Begleitumstände gemeint?.[598]

Etwa zur gleichen Zeit im Frühsommer 1938 wähnte sich der Gerlich-Neffe Ludwig Weitmann in besonderer Gefahr einer Verhaftung durch die Gestapo und floh mithilfe der Neumann-Brüder in die Schweiz. Zuvor hatte er den brisanten Nachlass von Fritz Gerlich, den er im März 1933 bei der Verhaftung seines Onkels in München dem Zugriff der Nazis entziehen konnte, dem Brauereibesitzer Richard Emslander übergeben, der diesen auf dem weitläufigen Gelände seiner Hofmühlbrauerei versteckte, bis ein sicherer Ort gefunden war.[599]

Die Auseinandersetzungen zwischen den hiesigen NS-Verantwortlichen, der Kirche vor Ort und dem von Spiegel unterstützten Dompfarrer Kraus, der Kampf um die konfessionellen Schulen und Jugendarbeit, das Abhängen von Kreuzen u.a.m. hatte eine toxische Atmosphäre zwischen Partei und Kirche in Eichstätt zur Folge. In erster Linie wurde diese dem NSDAP-Kreisleiter und Eichstätter Bürgermeister Walter Krauß zugeschrieben, der zunehmend an Rückhalt in Eichstätt verlor. Affären, Gerichtsprozesse und Gerüchte, dass Krauß eine 4. Ehe mit einer dreißig Jahre jüngeren Frau schließen wolle, waren dann nur noch Anlass für öffentliche Reaktionen im streng katholischen Milieu der Stadt und führten letztlich zu seinem Rücktritt; „sein Ausscheiden wurde nicht bedauert" – so ein zeitgenössisches Urteil. Personelle Neubesetzungen waren die Folge. Die bisher in Personalunion vereinigten Ämter wurden von da an auf verschiedene Nationalsozialisten aufgeteilt. Kreisleiter für die nächsten 3 Jahre bis zu seiner tödlichen Verwundung im Krieg wurde der Lehrer Martin Haberl (1904–1941).[600]

Als rechtskundiger Bürgermeister folgte Anfang 1939 der Jurist Dr. Edgar Emmert (1908–1974), NSDAP-Mitglied seit 15.05.1930 (Mitgliedsnummer 293.946). Der Protestant war zuvor als Regierungsrat im Bezirksamt des oberfränkischen Ebermannstedt tätig gewesen. Im Februar 1940 wurde er zum Wehrdienst einberufen und kam u.a. als Offizier bei einem Nahkampf-Fliegerverband in Russland zum Einsatz. De facto führte der

Malermeister und Stadtrat Fritz Grünwedl als 2. Bürgermeister die Amtsgeschäfte, zumal Emmert 1943 „auf die Planstelle des Landrats in Landsberg am Lech berufen" wurde. Grünwedl war daher bis 1944 Ansprechpartner auch für Äbtissin Benedicta, bevor es zu einer Neubesetzung des
Bürgermeisteramts kam.[601]

Das Landratsamt wiederum führte seit dem 05.04.1938 der 33-jähri-
ge regimetreue Jurist Josef Bäuml (1905-?). Es war der vierte Wechsel im
Landratsamt seit 1933. Bäuml erfüllte seine Aufgabe offensichtlich zur vollen Zufriedenheit seiner Vorgesetzten. Seit 1.09.1930 Mitglied der NSDAP
(„Altpg.", Mitgliedsnummer 297781) und seit Februar 1933 SA-Angehöri-
ger sei er „mit den schwierigen Verhältnissen in Eichstätt fertig geworden.
(…) Gegen seine Widersacher setzte er sich überzeugend durch", heißt es
in einem Beförderungsantrag vom Oktober 1942.[602] Mit ihm wird Äbtissin
Benedicta einige Auseinandersetzungen auszufechten haben.

Im August 1938 erhielt die Abtei, deren Post überwacht wurde, zum
ersten Mal Besuch von der Gestapo „und verlangte in die Klausur eingelassen zu werden, um Einsicht in unsere Wirtschaftsführung zu nehmen. Als
Vorwand diente ein Brief aus Irland, der eine kleine ausländische Geldnote
enthielt (für hl. Öl)… Da die Gestapo nichts zu beanstanden fand, konnte
ich sie nach einer Viertelstunde wieder entlassen (…) Solche Besuche mußte ich häufiger empfangen" – hielt v. Spiegel fest.[603]

Im gleichen Monat brach die Äbtissin erneut zu einer Reise auf, um
das junge Tochterkloster in Minster zu besuchen: „Nun wünsche ich, dass
der Herr Ihnen helfe in England alles gut ordnen zu können…", gab Abt
Laurentius Zeller ihr mit auf den Weg. Dort erwartete sie die bedrückende
Nachricht, dass die mit der Leitung des Aufbaus betraute englischstämmige
Nonne Columbana Plomer unheilbar an Krebs erkrankt sei. Zudem war es
erforderlich, die potentielle Nachfolgerin erst in der Sprache und den Sitten des Landes bei den befreundeten Benediktinerinnen in der mehr als 100
Kilometer nördlich gelegenen Abtei East Bergholt/Sussex ausbilden zu las-
sen. Über die Probleme schrieb v. Spiegel aus Minster an Äbtissin Cécile de
Hemptinne in ihr Professkloster nach Maredret. Der jahrelangen regelmäßigen Korrespondenz zwischen beiden ist zu entnehmen, dass ihr Verhältnis
inzwischen ein vertrauensvolles geworden war. „Madame und verehrte liebe
Mutter, diesmal hatte ich gehofft, in Maredret vorbei kommen zu können
(…) Aber es ist wieder mal unmöglich. Ich habe nur ein Transitvisum für
Belgien und kann also keinen Halt machen. Graf Laubespin, Belgiens Botschafter, hat…versichert, dass er mir das Visum gern geben würde, aber dafür müßte ich mich nach London begeben, was nicht möglich ist (…) Das
stimmt mich schon traurig (…) Die liebe Priorin,…Mutter Columbana, ist

von einem Lungenkrebs getroffen; er ist unheilbar (…) Dies ist eine wohl ziemlich harte Probe für uns, denn diese Stiftung ist noch sehr jung und Mutter Columbana ist die einzige Engländerin unter meinen Töchtern. Ich mußte mich sehr schnell für die neue Priorin entscheiden".

Ihre Wahl war auf die ehemalige Lehrerin Hiltraud Weinschenk gefallen (1888–1941), die sie auf der Reise nach Minster begleitete und wenige Tage vorher polizeilich in Eichstätt abgemeldet worden war. Äbtissin Benedicta setzte ihren Brief nach Maredret fort:

> „Wir leben auf einem Vulkan und wenn sich das Regime weiter hält, kann man kaum glauben, dass die Klöster überleben werden. Dies ist übrigens der Grund, warum ich hier anfangen mußte. (…) Besonders interessant ist für uns die Tatsache, dass die Heilige Walburga von hier losging, um nach Deutschland zu kommen. Ganz in der Nähe befindet sich der Hafen (…) Unsere liebe Schutzherrin wird hier vorbeigegangen sein, und da es noch viele Reste von diesem Gebäude aus dem Jahre 738 gibt, ist es gerade berührend, dass unser Herr uns hier her geführt hat. Dieser Gedanke gibt mir Mut… Mit sozusagen nichts anzufangen ist sehr schwierig, aber der Herr hilft uns auf bewundernswürdige Weise".

Äbtissin Benedicta kehrte mit einem großen Bündel Sorgen aus England zurück. Materiell konnte das Tochterkloster aufgrund der Devisenrestriktionen des NS-Regimes nicht durch St. Walburg unterstützt werden, sondern allein durch die amerikanischen Niederlassungen. Die Leitung des Aufbaus war durch unheilbare Krankheit der als Priorin vorgesehenen Nonne gefährdet, sodass adäquater, mit Landessprache und -sitten geläufiger Ersatz erst ausgebildet werden musste. Vor ihrer Abreise ließ sie in Minster einen Klosterfriedhof als letzte Ruhestätte für die noch kleine Ordensfamilie anlegen: „Jedoch stimmt es mich traurig, dass das Erste, was ich hier diesmal einrichten mußte, ein Friedhof im Kloster ist". Und sie schließt ihren Brief an Äbtissin de Hemptinne, den sie fern ihrer Heimat, „wo alle Briefe kontrolliert werden", nach Belgien abschickte: „Ich wollte meine Abwesenheit von Deutschland nutzen, um mit mehr Offenheit Ihnen schreiben zu können".[604]

Wieder zurück in Deutschland unternahm v. Spiegel im Herbst mit Therese Neumann, chauffiert von Ferdinand Neumann, eine Reise nach Ostwestfalen, um ihrer Freundin die Heimat zu zeigen. Sie besuchten nachweislich das Geburtshaus in Helmern und am 2.10.1938 gemeinsam mit der Stiefmutter die ältere Schwester v. Twickel in Ermelinghoff.[605]

Nur wenige Tage nach ihrer Rückkehr erschien v. Spiegel das Ausbleiben des Walburgisöls als unheilbringendes Omen. Nach jahrhundertealter Klostertradition erwarteten die Ordensfrauen das Einsetzen des Öl-flusses, jährlich am 12. Oktober – dem Tag der Umbettung der Gebeine der Hl. Walburga in den Hochaltar der Klosterkirche – und verstanden den Ölfluss als ein „Kommen der hl. Walburga". Verzögerungen wurden demzufolge seit langer Zeit in der Abtei mit Sorge aufgezeichnet. Am 16. Oktober 1938 deutete Äbtissin Benedicta in einem Brief an Bischof Rackl das Ausbleiben angesichts der Gemengelage von Problemen: „Das hl. Oel hat nicht, wie gewöhnlich, am 12. Oktober angefangen zu fließen …Wir sind sehr traurig. Denn seit 133 Jahren ist das nicht mehr vorgekommen und wir können es…nur als bedrohliches Zeichen für unser liebes Kloster auffassen". Die Freunde hatten ebenfalls Kenntnis von der Verzögerung. Erich v. Waldburg-Zeil teilte am 27. Oktober Erwein v. Aretin mit: „Bei den St. Walburgerinnen war große Aufregung, weil heuer seit der Säkula-risation zum erstenmal das Oelwunder auszubleiben schien. Am 9. Tage einer Novene der guten Klosterfrauen hat sich der Oelfluß…doch wieder eingestellt".[606] Der Konvent wird erleichtert gewesen sein.

DIE NOVEMBERPOGROME 1938 IN EICHSTÄTT
UND DER WESTFÄLISCHEN HEIMAT

Die staatlich initiierten und gelenkten Novemberpogrome gegen die jü-dische Bevölkerung am 9.11.1938 trafen in Eichstätt einen Tag später die letzten dort noch lebenden Mitglieder der Familie Schimmel. Wer von ihnen sich am 10.11.1938 in der Stadt befand, kann nicht mit Sicherheit festgestellt werden. Es könnten die unverheirateten Berta (62 Jahre) und Mathilde Schimmel (59 Jahre), der verwitwete Albert sowie der leicht be-hinderte Ludwig Schimmel (beide in den 50ern) und dessen Schwestern sowie Friedrich Schimmel vor Ort gewesen sein. Auch Frau und Tochter des bereits inhaftierten Wilhelm Schimmel hielten sich möglicherweise in Eichstätt auf, als sie sich vor den randalierenden Nationalsozialisten in ih-rem Haus in der Pfahlstraße 17 unweit des ehemaligen jüdischen Betsaals im Haus Pfahlstraße 45 verstecken mussten. Inwieweit die kolportierte Er-zählung zutrifft, dass die bedrohten jüdischen Bürger einer Inhaftierung entgingen, weil Landrat Bäuml sie aus der Stadt zu Verwandten nach Augs-burg bringen ließ, kann zur Zeit nicht verifiziert werden. Die Chronik der Kolpingfamilie hielt über das Novemberpogrom fest: „In Eichstätt kam es zu einer größeren Demonstration beim Juden Schimmel, dem die Fenster eingeworfen wurden. Binnen 8 Tagen wurden die Juden Eichstätts aus dem Stadtbereich verwiesen". War bereits 1933 der Anteil der jüdischen Bevölkerung in Eichstätt mit unterdurchschnittlichen 0,3 % sehr gering, wurde im Monatsbericht des Regierungspräsidenten Ober- und Mittelfranken vom 8.12.1938 vermeldet, dass Eichstätt „judenfrei" sei.[607]

Das stimmte nicht ganz. Denn in der Abtei St. Walburg lebte seit Jahren die jüdische Konvertitin Emmanuela Drey, deren Situation durch die nach dem Novemberpogrom sich häufenden Androhungen führender Nationalsozialisten zur „Vernichtung" der Juden lebensbedrohlich wurde und deren Verbleib bei Bekanntwerden auch die Abtei in Gefahr bringen konnte.[608] Äbtissin Benedicta wird in diesen Tagen besonders alarmiert gewesen sein und fieberhaft nach einer Rettungsmöglichkeit gesucht haben.

In ihrer ostwestfälischen Heimat im Kreis Warburg wurden in der Nacht vom 9. zum 10. November 1938 jüdische Geschäfte, Wohnungen und Häuser sowie eine ganze Reihe von Synagogen schwer beschädigt oder gar zerstört, ein Teil der jüdischen Männer in Konzentrationslager deportiert. Der Bruder der Äbtissin, Landrat Joseph v. Spiegel, hatte von den Bürgermeistern seines Kreises Berichte über Personen- und Sachschäden angefordert, um sie an die zuständige Gestapo Bielefeld weiterzuleiten. Er versah die Berichte aus den Kommunen seines Kreises mit einer Einschätzung der Stimmung: „Gefühlsmäßig ersieht man hieraus auch die vorsichtige Beurteilung der Aufnahme und der Stimmung in der Bevölkerung durch diese. Allgemein fasse ich mein Urteil dahin zusammen, dass überwiegend die Bevölkerung der Aktion in der durchgeführten Weise mit Zerstörung der Wohnungen, Synagogen usw. verständnislos gegenübersteht. Er herrscht darüber aber ein allgemeines Schweigen".

Joseph v. Spiegel war wie sein Amtskollege in Eichstätt klar und umfassend im Bilde über die in seinem Kreis durchgeführten Pogrome der sog. „Reichskristallnacht". Sein Freund und Förderer, der Mindener Regierungspräsident Alfred v. Oeynhausen formulierte in einem Schreiben an den Preußischen Ministerpräsidenten Hermann Göring noch dezidierter: „Über die von der Partei befohlene Aktion vom 9. und 10. November herrscht dagegen – wie auf Verabredung – betretenes Schweigen. Selten äußert sich offene Meinung. Man schämt sich. (…) Die Staatsautorität und das Ansehen der Partei haben einen Schlag erlitten. Die Bevölkerung reagiert instinktiv auf das Tiefste".[609]

In Eichstätt dagegen berichtete die NSDAP-Kreispropagandaleitung: „Bei der Judenaktion war das Volk restlos in der Hand der Partei". Der Bruder der Äbtissin hingegen stellte die negativen Folgen u.a. für die anstehende Sammlung des Winterhilfswerks (WHW) für bedürftige „Volksgenossen" in den Raum: „Ob die Aktion sichtbare Auswirkungen, besonders auf das WHW, haben wird, vermag ich zur Zeit nicht anzugeben".

Zeitgleich rief der Eichstätter Bischof Michael Rackl einen Tag nach der Pogromnacht in einem Brief gerade für eine Unterstützung des Winterhilfswerks auf und bedankte sich bei allen, „die um der Liebe Christ willen das Winterhilfswerk unterstützen und fördern".[610]

Das allgemeine Schweigen zu den Verbrechen des 9. November 1938 erstreckte sich auf die Kirchen und ihre Vertreter. Dabei konnten die Angriffe auf Synagogen von der konfessionell verwurzelten Bevölkerung auch als Sakrileg empfunden werden. In diesem Sinne formulierte der Landrat des Warburger Nachbarkreises Höxter: „Sehr bedenklich ist die Beschädigung der Synagogen aufgenommen, da die kath. Bevölkerung in ihrer bekannten Achtung vor äußeren sakralen Einrichtungen in diesen Synagogen vielmehr religiöse Stätten, wie Bollwerke des Judentums sah. Die Vermutung, dass eine gleiche Aktion eines Tages auch die Kirchen treffen könne, ist verschiedentlich aufgetaucht". Die Judenpogrome als Zeichen für das, was auch den Christen durch die Nationalsozialisten widerfahren könne, führte zu der Auffassung, dass der Antisemitismus zugleich antichristlich sei.[611] Eine höchst besorgniserregende Aussicht.

Äbtissin Benedicta, schon vor Hitlers Machtergreifung 1933 – wie dargestellt – einig mit ihren Freunden in der scharfen Ablehnung der nationalsozialistischen Rassenideologie, setzte nun alle Hebel in Bewegung für die Rettungsaktion der jüdischstämmigen Nonne in ihrem Konvent einerseits, für die Sicherung ihrer Abtei anderseits.

ZÄHES RINGEN MIT DEN NAZIS, GELUNGENE RETTUNGSAKTION

An 31. Januar 1939 – v. Spiegels 65. Geburtstag – besuchte Laurentius Zeller, von Papst Pius XI. inzwischen zum Titularbischof von Doryläum erhoben, ein letztes Mal die Äbtissin in Eichstätt, um Abschied zu nehmen. Er „wußte allerlei zu erzählen, allerdings nichts Erfreuliches". Seit 19.12.1938 Erzabt der brasilianischen Benediktinerkongregation schiffte er sich alsbald nach Brasilien ein, begleitet von dem jüdischstämmigen Beuroner Pater Paulus Gordan (1912–1999), der gerade noch seine Priesterweihe empfangen hatte und sich durch die Ausreise vor den Verfolgungen der Nazis in Sicherheit bringen konnte.[612] Es sollte das letzte Wiedersehen mit Laurentius Zeller sein.

10 Tage später starb hochbetagt Papst Pius XI. „Es kam die Trauerbotschaft aus Rom. Möge dieser große und heilige Papst uns bald den Frieden erbitten", schrieb v. Spiegel an Bischof Rackl. Am 2. März 1939

wurde Eugenio Pacelli an seinem 63. Geburtstag zum Papst gewählt. Pius XII. war der Äbtissin kein Unbekannter. Sie vertraute – wie ausführlich beschrieben – mit ihrem Freundeskreis um Therese Neumann auf seinen Schutz. Im gleichen Brief berichtete v. Spiegel auch von einem unangenehmen Besuch des Eichstätter Bürgermeisters Emmert, mit dem sie einen Vertrag über die „unteren Schulräume" aushandeln musste. Sie begegnete ihm mit Misstrauen: Er „schaute sich interessiert nach allen Seiten um. (…) Heute schickt er mir nun den fertigen Vertrag. Schon unterschrieben. Das darin gezeigte, weitgehende Entgegenkommen will mir nicht gefallen. Ich habe den Eindruck, dass das nur deswegen geschieht, weil man vorhat, uns alles zu nehmen".[613]

Die Sorgen ließen Äbtissin Benedicta in den nächsten Monaten nicht zur Ruhe kommen: „Die letzten vierzehn Tage gehören zu den schwersten meines Lebens. Jeder Tag brachte eine neue sorgenschwere Nachricht und dabei läßt meine Gesundheit sehr zu wünschen". Zumindest ein Lichtblick zeigte sich am Horizont: „es ist jetzt wirklich Aussicht dass die Angelegenheit der Frau M. Emmanuela eine befriedigende Lösung findet. Das wird mich von einer schweren Sorge befreien". Wie konnte ihr das gelingen? Die St. Walburgerin hat in ihrem Attest für die Spruchkammer Leonberg beschrieben, wie NS-Parteigenosse Friedrich Stoer seinen Einfluss geltend machte, um die notwendigen Ausreisepapiere zu beschaffen:

„Als wir angesichts der mehr und mehr sich verschärfenden Maßnahmen gegen die jüdischen Staatsbürger zum Entschluß kamen, der drohenden Gefahr vorzubeugen und unsere Mitschwester nach England zu schicken, kam uns wieder Herr Stoer zur Hilfe. Zur Beschaffung der für die Ausreise notwendigen Papiere reiste er mit mir persönlich nach München und nur mit seiner Hilfe gelang es mir, trotzdem die Angelegenheit völlig aussichtslos erschien, die Paß- und die übrigen Formalitäten zu erledigen und in der Folge die Ausreise nach England durchzuführen. Unsere Mitschwester verdankt letztlich Herrn Stoer ihr Leben".

Emmanuela Drey konnte Deutschland unbehelligt Richtung Vereinigtes Königreich am 11. April 1939 verlassen, lebte sich in der englischen Tochtergründung Minster Abbey gut ein und wurde von Äbtissin Benedicta schon bald zur Priorin ernannt.[614]

Zur gleichen Zeit streute die NS-Frauenschaft Gerüchte, v. Spiegel hätte „mit Juden in Amerika Verbindung", die ihr Geld zukommen ließen, was sich unglücklich traf, da St. Walburg gerade 2 Schecks über 800 und 130 Dollar „auf der städtischen Sparkasse eingelöst" hatte.[615]

Der Erhalt des klösterlichen Kindergartens stand wieder einmal in Frage, wobei Bürgermeister Emmert bei einem Besuch im Sprechzimmer „sagte, dass er uns den Kindergarten gern erhalten würde, dass er aber nicht frei sei in seinen Entscheidungen". Um die Situation zu verbessern, hatte ihr Friedrich Stoer dazu geraten, sich „in die Partei einschreiben zu lassen. (…) Natürlich bin ich zu jedem persönlichen Opfer bereit, kann aber nicht umhin gleichzeitig zu sagen, dass ich es in diesem Falle für durchaus unwirksam halte. Dabei lasse ich die prinzipielle Seite…ganz außer Betracht", so v. Spiegel voller grundsätzlicher Zweifel in einem Brief an Rackl.[616]

Der Konflikt mit den Englischen Fräulein schwelte im Sommer 1939 ebenfalls weiter. „Ich wollte nicht unnötig böses Blut machen". Zugleich vertiefte sich ihr persönliches Vertrauensverhältnis zum Eichstätter Bischof, der sie regelmäßig besuchte, um besonders prekäre Anliegen mündlich zu besprechen und ihr zur Seite stand: Die „Güte und das teilnehmende Verständnis eines ernsthaft väterlichen Herzens lassen mich den mir bevorstehenden Dingen mutiger entgegentreten". Probleme mit einzelnen Klosterfrauen beschäftigten sie obendrein: Eine Nonne war in Minster nicht in die kleine Klostergemeinschaft integrierbar und musste schlussendlich zurückberufen werden nach St. Walburg.[617] Die Entlassung der zahlreichen als Lehrkräfte in den ehemaligen Klosterschulen arbeitenden Nonnen blieb ebenfalls nicht ohne psychische Folgen, zumindest für eine ehemalige Lehrerin konstatierte Benedicta von Spiegel, dass sie „immer mehr aus dem Gleichgewicht kommt, seit sie nicht mehr in der Schule tätig ist".[618]

Hinzu traten erneut ernste gesundheitliche Probleme, die schließlich zur Absage einer für Juli 1939 geplanten Reise nach Minster führten. „Ich bin nun also nicht nach England gefahren und ich glaube, dass es besser ist, denn ich fühle mich oft garnicht recht gut". Ihrem Konvent gegenüber offenbarte sie in einem Brief zeitgleich: „Es war wohl gut, dass ich nicht gefahren bin, der Aderlaß war eine Mordsschinderei aber sehr notwendig, Blutdruck 300".

Am 6. Juli empfing v. Spiegel dennoch „sehr netten Besuch" vom Berliner Bischof Konrad v. Preysing, der sie offenbar aufbaute. Denn eine weitere schlechte Nachricht teilte sie dem Konvent mit: „Leider ist der gute Pater Kosmas schwer krank. Hatte gestern Schlaganfall, liegt einseitig gelähmt in München". Der Kapuzinerpater Kosmas Behr hatte bis zu seinem Weggang aus Eichstätt zum Freundeskreis um Fritz Gerlich gehört. Er verstarb 1942 und wurde im Kapuzinerkloster Immenstadt im Oberallgäu beerdigt.

Die Reise nach England traten im Sommer 1939 ihre Vertrauten Laurentia Köppel und Walburga Waldburg-Zeil ohne die Äbtissin an, um möglicherweise weitere Entsendungen von Konventmitgliedern vorzubereiten. Bereits im April und Mai hatten sich erneut St. Walburger Schwestern in die Tochtergründungen nach Amerika und England auf den Weg gemacht.[619]

Ob der Versuch gelang, im August noch weitere Ausreisen, wegen denen v. Spiegel in München beim britischen Generalkonsul John Eric Maclean Carvell (1894–1978) vorstellig wurde, vor Kriegsbeginn zu realisieren, blieb fraglich: „Die Paßfrage ist sehr schwierig. Wenn ein Ausweg gefunden werden kann, wird der Konsul sicher helfen. (…) Es scheint Eile geboten. Denn auch dort, im britischen Konsulat war Kriegserwartung". Kurz nach ihrem Termin bei Carvell wurde dieser am 17. August 1939 aufgrund des sich anbahnenden Kriegsausbruchs nach London abberufen. Jahrzehnte später kam an die Öffentlichkeit, dass Carvell während seiner nur 16-monatigen Konsularzeit in Deutschland 300 jüdische Männer aus dem KZ Dachau gerettet hat, indem er ihnen „Palestine Certificates" genannte Ausreiseurkunden ausstellte. 2018 wurde er posthum mit der Medaille „British Hero of the Holocaust" geehrt.[620] Für wessen Ausreise sich Äbtissin Benedicta im August 1939 mit hohem persönlichen Engagement beim britischen Konsul eingesetzt hat, ist nach wie vor nicht bekannt.

1939 – BESCHLAGNAHMUNG ST. WALBURGS?

Drei Wochen nach dem Besuch v. Spiegels beim britischen Konsul setzten die Nationalsozialisten mit dem Überfall auf Polen das Fanal des Zweiten Weltkrieges. In Eichstätt verstärkte sich zur gleichen Zeit der staatliche Druck auf die Abtei St. Walburg. Die von der Vorgängerin Äbtissin Karolina Kroiß eingerichtete Armenpforte zur Versorgung Bedürftiger mit Essensgaben und dem Allernotwendigsten wurde verboten. Denn die Nationalsozialisten wollten mit Winterhilfswerk und NS-Volkswohlfahrt die kirchlichen Fürsorgetätigkeiten zurückdrängen und völkisch okkupieren.[621]

Staatliche Stellen forderten erneut, dass die Abtei Räume für verschiedene Zwecke zur Verfügung stellen sollte. Äbtissin Benedicta bewertete diese Maßnahmen als bedrohliche Vorboten einer allgemeinen Beschlagnahmung ihres Klosters, zumal die Immobilien sich in öffentlicher Hand und nicht im Eigenbesitz befanden, was eine Inbesitznahme erleichtern würde. Im ersten Kriegsmonat 1939 suchte ein „Herr vom Bezirksamt" v. Spiegel im Auftrag des Landrats Bäuml auf „mit der Aufforderung, einen Teil des Klosters als Lazarett zur Verfügung zu stellen. Ich erklärte…, dass das leider nicht möglich sei. ‚Es handelt sich hier um nationale Opfer' –

‚Meine nationale Gesinnung hat noch nie jemand in Zweifel gezogen, ich würde es auch niemandem raten'" – so schilderte sie das Gespräch dem Bischof und zeigte zugleich Verhandlungsgeschick: „Ich möchte aber gern jedes nur mögliche Entgegenkommen zeigen… Dann habe ich das neu hergerichtete Haus angeboten und erklärt, dass wir gern Küche, Hausarbeit und alles Nötige an Arbeit u. Pflege übernehmen würden. Der Herr hat sich das Haus angesehen, das ihm sehr gut gefiel. Ich habe mit dem Landrat am Telefon verhandelt, habe aber bei allem <u>deutlich</u> gespürt, dass es <u>nicht</u> um ein Lazarett geht, sondern um Besitznahme des Klosters".

Sie wandte sich an den Bischof: „Nur was soll ich nun tun? Auf keinen Fall doch nachgeben? Was bleibt uns aber möglich bei Anwendung von Gewalt? (…) Ich bin selbstverständlich bereit alles, auch meine Freiheit aufs Spiel zu setzen, aber was gebietet hier die Klugheit? Das Kloster ist Staatseigentum". Und sie schloss abschließend mit der skeptischen Frage – „schützt uns noch das Konkordat? Wohl überhaupt nicht mehr?"".[622]

Die Schilderung zeigt, wie die St. Walburger Äbtissin strategisch versuchte, das Kloster zu erhalten, die staatlichen Stellen dabei nicht vor den Kopf zu stoßen und nur soweit nachzugeben, wie es unbedingt erforderlich war, um eine eskalierende Konfrontation zu vermeiden. Eine Strategie, die sich auch Bischof Rackl zu eigen machte, wie sich in dem zur gleichen Zeit schwelenden Konflikt um das Abhängen des Kreuzes im Schulgebäude von St. Walburg zeigte. Er schrieb ihr: „Und hier soll ein Benediktinerinnenkloster mithelfen, dass das Kreuz aus der Schule entfernt wird? Ich meine, nie und nimmer! Einstweilen wird der Auftrag nicht ausgeführt, ohne etwas zu sagen oder zu begründen. (…) Werden dann Kreuz und Herz-Jesu-Statue trotzdem entfernt, dann ist es eben ein Verhängnis, das wir über uns ergehen lassen müssen".

Der politische Druck wuchs auch auf die noch verbliebenen St. Walburger Schulen und erforderte weitere Abwehranstrengungen seitens der Abteiführung. Die Äbtissin beschrieb dem Bischof wiederholt Situationen, mit denen sie sich durch NS-Kommunalpolitiker in Gestalt des Landrates oder des Stadtchefs konfrontiert sah:

„Gestern war der Bürgermeister bei mir in Schulangelegenheit. Der um diese Jahreszeit immer fällige Kampf wird uns auch heuer nicht erspart bleiben. Die Stadt will uns die Haustöchterschule nehmen. Daß das nicht ganz einfach geht, habe ich sehr deutlich zu verstehen gegeben. Der Bürgermeister ist heute beim Ministerium. So müssen wir vorläufig abwarten. Und hoffen und beten, daß der Gegenseite die Schwierigkeiten so sehr über den Kopf wachsen, daß sie gern die Finger davon lassen".

Von zermürbenden „Sorgen und Kümmernissen, die mir gerade jetzt sehr reichlich zugemessen sind", wird v. Spiegel auch die kommenden Jahre berichten. „Die Kreisleitung schikaniert uns auf jede Weise".[623] Sorgen bestimmten seit Kriegsbeginn auch ihr familiäres Umfeld. Die verwandte Walburga v. Spiegel war mit ihrem jüdischen Ehemann Aurel von Szily – wie beschrieben – in dessen ungarische Heimat emigriert und sah einer ungewissen Zukunft entgegen. Und knapp 2 Monate nach Kriegsbeginn teilte sie Bischof Rackl mit: „Meine Schwester Twickel schreibt mir eben dass ihr einziger Sohn morgen an die Westfront ausrückt. Die arme...Schwester bittet demütig und innig um Euer Exzellenz Segen und Gebet für ihr Kind".[624] Die seit 17 Jahre verwitwete Maria von Twickel hatte zu ihrem 23-jährigen einzigen Sohn Christoph Bernhard (1916–1943) eine enge Bindung und wird bedrückt in die Zukunft geschaut haben.

GEFAHRVOLLE KONFRONTATION: KLOSTERENTEIGNUNGEN

Am 10. Mai 1940 begann der Westfeldzug. Wehrmachtsverbände griffen das neutrale Belgien völkerrechtswidrig an und stießen in die Ardennen vor. Schon 3 Tage später setzte der Abtprimas der benediktinischen Konföderation Fidelis v. Stotzingen die St. Walburger Äbtissin in Kenntnis von der Evakuierung ihres Professklosters Maredret durch die belgische Militärbehörde. „Alle mußten das Kloster verlassen". Gut 2 Monate später kehrten die Insassinnen in die unversehrte Abtei wieder zurück.

„Von den Nonnen hielten sich einige während der Kämpfe, die übrigens...sehr heftig waren, in der Nähe auf und sind nach deren Ende sofort zurückgekehrt" – informierte der Gerlever Abt Raphael Molitor und fügte für Außenstehende kryptisch, für Benedicta v. Spiegel höchstwahrscheinlich entschlüsselbar hinzu: „Die Nachtschmetterlinge sind, unmittelbar bei uns, in den letzten Nächten weniger lästig gewesen. Mit der Bitte um Ihre Gebetshilfe in einem schweren Anliegen, verbleibe ich mit verehrungsvollem Gruß".

An Cécile de Hemptinne schrieb die St. Walburgerin einfühlsam: „Hoffentlich sind alle gut zurückgekommen und alles ist relativ gut verlaufen? Wir sehr ich gern von Ihnen persönlich hören würde! Vielleicht kommt mit etwas Glück eine einfache Karte an. (…) Sie werden zwischen den Zeilen lesen können, was sich mein Herz wünscht, Ihnen sagen zu können".[625] Zur gleichen Zeit verschärfte das Hitlerregime seine Maßnahmen gegen die Kirchen. Nachdem der größte Teil der Bekenntnisschulen den staatlichen, rassenideologisch ausgerichteten Schulen gewichen war, richtete sich der aggressive Fokus unter anderem auf die verbliebenen kirchlichen Zeitungen, und im besonderen gegen die Klöster und Orden. Mit dem im September 1940 erlassenen Verbot des Eintritts von arbeitsfähigen deutschen Staatsbürgern in Orden und Klöster war deren Fortbestehen existentiell bedroht.[626] Denn ohne personellen Nachwuchs ließ sich der Bestand langfristig nicht erhalten, ein Prozess, der sich im Falle von St. Walburg mit mehr als 150 Bewohnerinnen über Jahrzehnte hinziehen konnte. Schnelleren Erfolg der Zerschlagung klösterlicher und kirchlicher Einrichtungen versprach deren Säkularisierung und Enteignung. Der sog. Klostersturm begann in der 2. Hälfte 1940 und wurde von einem geheimen Erlass des NSDAP-Reichsleiters Martin Bormann (1900–1945) vom 13. Januar 1941 flankiert. Der Hitlervertraute hatte darin an alle Gauleiter geschrieben, die Klöster könnten „einer allgemein geeignet erscheinenden Verwendung" zugeführt werden,, da „die Bevölkerung keinerlei Unwillen" zeigen würde. Eine an der Wirklichkeit vorbeigehende irrige Einschätzung, wie sich bald erweisen sollte.[627]

Unter dem Kommando des Reichsführers SS und Polizeichefs Heinrich Himmler wurden von 1940 bis Mitte 1942 im sog. Altreich, in Österreich, Luxemburg und den Niederlanden mehr als 300 Klöster und kirchliche Einrichtungen willkürlich beschlagnahmt und enteignet.[628] Meist unter dem vagen Vorwand der Staatsfeindlichkeit besetzten Gestapo und Polizei die Einrichtungen, zogen Immobilien und Wertgegenstände ein und vertrieben Klosterfrauen und Mönche, die hastig einige Habseligkeiten zusammenpackten. Nachwuchsstopp und Klostersturm mussten alle Betroffenen in entsprechenden Aufruhr versetzen.[629]

Äbtissin Benedicta hatte schon vor Kriegsausbruch mit den Klostergründungen in Amerika und England Vorkehrungen für den Fall der Vertreibung aus St. Walburg treffen wollen. Was sie in den ersten Kriegsmonaten wohl noch nicht wissen konnte: Bald sollten fast alle Kontakte zu den Tochterklöstern in Amerika und England abreißen, sodass diese als Zufluchtsstätten ausfallen würden. Der Krieg kappte die Verbindungen der Abtei St. Walburg mit den amerikanischen und englischen Tochtergründungen. Die Gegend um Minster mit seinem Flugplatz wurde Militär-Zone, das Kloster geräumt. Die wenigen Eichstätter Nonnen fanden Zuflucht bei den benediktinischen Mitschwestern in Teignmouth Abbey in Devon. Nach dem Tod der schwerkranken Priorin Columbana Plomer 1939 führte die von Äbtissin Benedicta bestimmte Hiltraud Weinschenk für 2 Jahre die exilierte Gruppe an. Sie starb jedoch schon 1941 und wurde in Teignmouth bestattet. Ihr folgte als Priorin die vor den Nationalsozialisten gerettete jüdische Konvertitin Emmanuela Drey, die mit der kleinen Gruppe 1944 nach Minster Abbey zurückkehren konnte.[630] Damit ist aber schon um Jahre vorgegriffen.

Vermutlich hatte sich v. Spiegel mit ihren Freunden, allen voran Erich Fürst Waldburg-Zeil beraten, und nach Ausweichmöglichkeiten gesucht. Für den Fall, dass die vielen Klosterinsassinnen St. Walburg aufgeben müssten, hatte sie vorgesehen, „dass ich die Jüngeren meiner Töchter, die noch ihre nähere Familie haben, dorthin schicken würde, womöglich immer zu zweien oder mehreren". Den Plan teilte sie der Äbtissin von St. Hildegard/Eibingen im Dezember 1939 mit. Regintrudis Sauter hatte sich offenbar mit einer Anfrage um Aufnahme von Klosterfrauen an ihre ehemalige Schutzbefohlene von 1915 bis 1918 gewandt, der sie vor mehr als 20 Jahren noch die Klosterbefähigung grundsätzlich abgesprochen hatte. Diese wiederum zeigte sich bereit, „10-12 Ihrer Töchter aufnehmen" zu können „und da das für Sie keine große Hilfe bedeuten wird, habe ich mich anderweitig um Unterkunft bemüht" und gefunden bei der fürstlichen Familie v. Waldburg-Zeil. „Evtl. stünde auch Schloß Kißlegg zur Verfügung, wo Sie alle unterkommen könnten".[631] Hilfesuche und Hilfsangebot zeigen zum einen, dass sich die Äbtissinnen offenbar einander die alten Zerwürfnisse nicht weiter nachtrugen. Zum anderen wird auch deutlich, wie einig sich die Klöster untereinander über die aufziehenden Gefahren waren und wie solidarisierend sie sich zu unterstützen versuchten.

Mit dem Eichstätter Bischof stand Benedicta v. Spiegel weiterhin in regem Austausch. Im August schilderte sie Rackl ausführlich die vielen Krankheitsfälle unter den Schwestern, bezeichnete sich selbst als „sorgenbeladene Mutter", belastet durch verschiedenste Problemlagen. „Die letzten Wochen waren in mehr als einer Hinsicht schwer belastet. Aber es kann ja nicht anders sein auf dieser Welt". Ihre Gesundheit war Mitte des Jahres wieder einmal so angegriffen, dass sie in das schon bewährte vogtländische Bad Brambach zur Kur fuhr. Doch dort fand sie keine innere Ruhe und erwog bald schon, am 23. September 1940 wegen wichtiger Angelegenheiten und Sorgen in der Abtei zurückzukehren. Ferdinand Neumann beriet sich mit Joseph Lechner und schrieb v. Spiegel aus Eichstätt, vermutlich aus dem Haus des verstorbenen Freundes F. X. Wutz: „H. Prof. sieht in den derzeitigen Verhältnissen durchaus keinen Grund, wonach Sie die Kur sofort abbrechen müßten. (…) Wie schon erwähnt, kann ich natürlich jederzeit fahren".[632]

Im November 1940 fiel dem Klostersturm die Benediktinerinnenabtei St. Erentraud im oberschwäbischen Kellenried zum Opfer. Erst 1924 als Kloster der Beuroner Kongregation gegründet, war die Anlage im neobarocken Stil in den 1920er Jahren neu erbaut worden. Die Nachricht von der Beschlagnahmung durch die Volksdeutsche Mittelstelle – zuständig für die Umsiedlung sog. „Volksdeutscher" aus Ost- und Südosteuropa – hatte sich offenbar in Windeseile verbreitet. Schon am 11. November schrieb die Äbtissin aus ihrer zweiten Kur des Jahres in Bad Brambach an den Eichstätter Bischof :

> „Mein Herz ist sehr schwer von Sorgen, wie Exzellenz sich leicht denken können. Es kommen ja so viele betrübende Nachrichten und wenn wir Mitschwestern von Kellenried aufnehmen müßten so möchte ich vorher jedenfalls daheim sein. (…) Hier stehen geräumige, vollständig eingerichtete Häuser leer und verschlossen – wozu muß man dann die Klöster ausräumen? Und sollen die Klosterfrauen verhungern und verfrieren? (…) Unter solchen Umständen ist das Fernsein von daheim sehr schwer und ich weiß nicht, ob da irgendeine Kur helfen kann".

Die Kellenrieder Priorin war nicht direkt an die mit ihrem Neffen Waldburg-Zeil befreundete Eichstätter Äbtissin herangetreten. Stattdessen hatten sich die Bischöfe von Eichstätt und Rottenburg über die Möglichkeit, Kellenrieder Benediktinerinnen in St. Walburg aufzunehmen ausgetauscht. Der Großteil der vertriebenen Nonnen fand Zuflucht auf Schloss Zeil bei Leutkirch im Allgäu. Dabei wird sicherlich den Ausschlag gegeben haben, dass die Priorin von St. Erentraud eine Tante des Schlossherrn gewesen ist.[633]

Zu den Befürchtungen, ein ähnliches Schicksal wie die Benediktinerinnen aus Kellenried – die Vertreibung aus Eichstätt – erfahren zu müssen, kamen weitere Probleme, die v. Spiegel Anfang November in Konnersreuth ihrer Freundin Therese Neumann anvertraute: „Dann sprachen wir noch von den großen Sorgen, die Hochwürdige Mutter gerade in diesen Tagen bedrängten. Resl war schon vorher sehr darauf eingegangen (bes. England und eine drohende Haussuchung in St. Walburg)". Hin und her schwankend, ob ein Abbruch der Kur und die vorzeitige Rückkehr nach Eichstätt richtig wären, ließ sie Neumann von Brambach aus um Rat fragen. Der Konnersreuther Pfarrer Naber teilte ihr am 14. November mit: „Heute erhielt ich durch Theres Neumann…folgende Antwort auf Ihre Frage: Vorläufig ruhig dort bleiben. Sie braucht ja notwendig Erholung. Ihr momentan schwaches Herz würde…Aufregungen daheim nicht gut durchhalten. Das Beste, bevor sie heimfährt, sich erst noch kräftigen".[634]

„ EUTHANASIE" – EIN ERSCHÜTTERNDER BRIEF

Nach mehreren Wochen Abwesenheit kehrte v. Spiegel Anfang Dezember 1940 nach St. Walburg zurück. Dort wird sie von mindestens einer ihrer Klosterfrauen in sorgenvoller Angst erwartet worden sein: Schwester Elisabeth Rattinger (1864–1943). Die 76-jährige Landgerichtsratswitwe war nach dem Tod ihres Mannes 1914 in St. Walburg eingetreten und hatte 1917 ihre Profess abgelegt. Aus ihrer Ehe war ein Sohn hervorgegangen. Rainer Rattinger, Jahrgang 1886, lebte seit 1937 in der Heil- und Pflegeanstalt für geistig und körperlich Behinderte der Barmherzigen Brüder Reichenbach in der Diözese Regensburg. Unter dem Siegel absoluter Verschwiegenheit hatte er von dort Anfang November 1940 einen Brandbrief an seine Mutter geschrieben, der sich als erschütterndes Zeitzeugnis liest:[635]

„Liebe Mama!
Es ist möglich, dass dieser Brief mein allerletzter ist, denn ich habe in den letzten Tagen Dinge erfahren, dass mir geradezu die Haare zu Berge stehen. – Die am 13. Sept. 40 von hier nach Eglfing überführten Juden sind bereits in Abraham's Schoß! Es unterliegt keinem Zweifel, dass von Zeit zu Zeit eine Partie Pfleglinge in irgendwelche staatliche Anstalten transferiert werden, wo sie ins Jenseits befördert werden, sei es durch ein Gift im Essen, eine Spritze, ‚um recht gut schlafen zu können', eine starke Narkose, etc. – Ich hörte, dass in allen derartigen Anstalten Krematorien seien, wo die Leichen der getöteten Patienten verbrannt werden. Es heißt dann, der und jener ist an der oder jener Krankheit ganz einfach verstorben, die Angehörigen bzw. der Vormund wird verständigt, womöglich wird die Asche zugesandt, nobler Weise!!! –
Die Kranken werden in Autos mit bemalten Fenstern oder mit Milchglas versehenen Fenstern wegtransportiert, in eine ganz fern liegende Anstalt, wo sie total von der Außenwelt abgeschlossen sind, an niemand mehr schreiben können, keinen Besuch mehr empfangen usw. –
Selbstredend ist wohl, dass man da ohne Priester und Versehenwerden sterben muss, wie entsetzlich das ist, kann ich Dir nicht schildern (…) Ich weiß natürlich nicht, wann und unter welchem Schub ich da dabei sein werde. – In einer klösterlichen Anstalt wird so etwas nicht ausgeführt, das kann man sich vorstellen! – Für mich ist die ganze Sache nichts anderes als eine Hinrichtung! –
Die ganze Sache wird natürlich verhältnismässig unauffällig gemacht, nie zuviel Menschen auf einmal getötet, dass es nicht auffällt.(…)
Ich habe Dr. Gerbl bereits geschrieben…, bekam aber eigentümlicherweise noch keinerlei Antwort; am Ende ist er gar selbst ein Anhänger und Verfechter dieser schrecklichen Sache! Die letzten Wochen wurden merkwürdigerweise allerhand junge Leute entlassen. Ich vermute, dass man solche junge Menschen noch vor der Vernichtung bewahren will!!!!!!! (…)

Drei gefährliche Momente spielen bei mir meiner Ansicht nach mit: 1) bin ich als erbkrank erklärt… 2) bin ich…für dauernd anstaltspflegebedürftig geschrieben. 3) bin ich daher unter die unheilbar Siechen eingereiht! – Ich mache mich jedenfalls auf's Schlimmste gefaßt! (…) Jetzt wäre es mir weit lieber, ich wäre längst gestorben, denn immer in dieser furchtbaren Angst und Unruhe leben, ist scheußlich. (…)

Schreibe mir auf diese inhaltsschwere Nachricht einen kurzen, nach Möglichkeit tröstenden Brief (…)

Bitte, größtmögliche Vorsicht sowohl mit diesem Brief als auch mit der unbedingten Geheimhaltung des Inhaltes desselben! Solche Dinge weiterverbreiten, wäre lebensgefährlich (…)

Nun grüße ich Dich, natürlich auch die Hochwürd. Mutter Äbtissin…als Dein Dich liebender, dankbarer Sohn".

Elisabeth Rattinger hat sich ihrer Äbtissin anvertraut, und aus einem kurzen Vermerk in Gabelsberger Stenographie auf dem Brandbrief des Sohnes ist zu ersehen, dass auch Joseph Lechner Kenntnis des Inhalts hatte.[636]

Seit Sommer 1940 waren von der systematischen Ermordung Behinderter in eigens dafür eingerichteten Tötungsanstalten, der sog. T4-Aktion, auch die kirchlichen Pflegeheime betroffen. Aus der Reichenbacher Pflegeanstalt wurden 15 jüdische Heimbewohner im September 1940 in die Heil- und Pflegeanstalt Eglfing-Haar verlegt. Es handelte sich um die ersten Reichenbacher Todesopfer, von deren Schicksal Rainer Rattinger Kenntnis und seiner Mutter berichtet hatte. Nachdem die Pflegeanstalt umfangreiche Fragebögen über jeden einzelnen Heimbewohner an das Reichsinnenministerium schicken musste, erzwangen die Nationalsozialisten im Mai 1941 die Räumung, um Kinder aus „luftgefährdeten Gebieten" aufzunehmen, wie es in der Vereinbarung mit dem Rodinger Landrat Anton Schöndorf (1904–2007) hieß. Daraufhin wurden ca. 400 Heimbewohner auf insgesamt 4 Transporten deportiert und ermordet. Den größten Teil von ihnen verlegten die Nationalsozialisten zunächst in die Pflegeanstalten Mainkofen oder Regensburg und von dort weiter in die Tötungsanstalt Hartheim im Schloss Hartheim bei Linz/Österreich. Etwa 70 vornehmlich in der Landwirtschaft beschäftigte Bewohner und 26 Hilfsschüler blieben zurück in Reichenbach.

Teilte der 55-jährige Rainer Rattinger das Los der 400 Heimbewohner? Im Bewohnerbuch ist verzeichnet, dass er im Mai 1941 „ausgetr.", meint wohl „ausgetragen" wurde. Auf den Deportationslisten findet sich sein Name nicht. Nachdem Reichenbach ab dem Sommer 1947 wieder den Betrieb als Pflegeeinrichtung aufgenommen hatte, wurde auch das Bewohnerbuch weitergeführt. Darin findet sich als Vermerk: „wiedergekommen 10.4.47 wieder verlassen 28.2.50". Demnach ist Rainer Rattinger vor der Tötungsmaschinerie gerettet worden.[637] Auf welche Weise er dem Schicksal entrinnen konnte, wer ihm dabei half, und wo er die 6 Jahre zwischen 1941 und 1947 Unterschlupf fand, wird wohl im Ungewissen bleiben müssen.

Mehr als 70.000 Menschen verloren bei der T4-Massentötung binnen eines Jahres ihr Leben, bevor Hitler im August 1941 den systematischen Krankenmord aufgab. Dennoch wurden in den Heimen die Mordaktionen dezentral fortgesetzt, etwa durch Mangelversorgung der Kranken mit Nahrung und Medikamenten. Nicht zuletzt der deutlich vernehmbare Protest gegen die Euthanasie, wie er von kirchlicher Seite am öffentlichkeitswirksamsten in der Predigt des Münsteraner Bischofs Clemens Graf Galen vom 3. August 1941 zum Ausdruck kam, gab mit den Anstoß zur Einstellung der systematischen Tötungsaktion, die viele Menschen unabhängig von ihrem Glauben tief bewegte und in Zweifel stürzte. Die Galen-Predigten zirkulierten nicht nur in Deutschland – auch in der Abtei St. Walburg –, sondern wurden im ausländischen Rundfunk gesendet und kommentiert. Protest artikulierten auch die Bischöfe von Berlin, Rottenburg und Limburg sowie der Paderborner Kapitularvikar Augustinus Philipp Baumann (1881–1953), der die nach dem Tod des Bischofs vakante Diözese vertrat. Er wies in einem Schreiben vom 12.08. 1941 an den Landeshauptmann der Provinz Westfalen Karl-Friedrich Kolbow (1899–1945) auf die öffentliche Stimmung hin:[638]

„Der katholischen Bevölkerung unseres Bistums hat sich eine ungeheure Erregung über diese ihr vollkommen unbegreiflichen Vorgänge bemächtigt. Was an Gerüchten über die letzten Tage der dem Tode Geweihten und ihre alles menschlichen Gefühls bare Behandlung auf den Abrufstationen und beim Abtransport im Umlauf ist, wird diese Erregung noch steigern".

KLOSTERSTURM: HANDLUNGSSTRATEGIEN FÜR DIE FRAUENKLÖSTER

Doch nicht nur die von den Nazis euphemistisch „Euthanasie" genannten Krankenmorde stießen vielerorts auf vehemente Ablehnung. Auch der zeitgleich durchgeführte planmäßige Angriff auf klösterliche Einrichtungen sowie die Vertreibung von Nonnen und Mönchen, die nicht nur Bischof Galen als „Klostersturm" anprangerte, verletzten verbreitet das

Rechtsempfinden in der Bevölkerung. Wie rabiat die Nationalsozialisten vorgingen, veranschaulicht die Schilderung der Besetzung der Abtei St. Hildegard in Eibingen. Am 1. Juli 1941 wandte sich der Limburger Bischof Antonius Hilfrich (1873–1947), in dessen Jurisdiktionsbereich die Abtei lag, mit einem Protestbrief an den Reichsinnenminister Wilhelm Frick (1877–1946). Das Schreiben kursierte in den Klöstern und fand sich auch im Nachlass der Eichstätter Äbtissin. Darin schilderte der Bischof:[639]

„Am Nachmittag des 1. Juli d. J. erschienen Beamte der Geheimen Staatspolizei…in der Abtei St. Hildegard…und eröffneten den Klosterfrauen: ‚das Besitztum ist beschlagnahmt; bis morgen 12 Uhr müssen Sie das Kloster verlassen‘. Beschlagnahmt wurde das gesamte Besitztum, einschließlich Klosterkirche, alles Inventar, auch das für gottesdienstliche Zwecke benutzte.

Am folgenden Tage mussten alle Klosterfrauen…das Kloster verlassen. Barmittel durften sie nicht mitnehmen, sondern lediglich einige Gegenstände, die ihnen zum persönlichen Gebrauch gedient hatten. (…) In den vorhergehenden Wochen war eine Anzahl Klosterfrauen von Beamten der Geheimen Staatspolizei vernommen worden, weil angeblich Verdacht auf Übertretung der Verordnungen …bestand. (…).

Die Vorgänge, dazu mitten in schwerer Kriegszeit, haben die Bevölkerung im Rheingau aufs tiefste erregt (…).

Dass aber ohne Nachweis einer Verfehlung 113 Frauen das Heim genommen wird und über 80 derselben ohne jede Barmittel in ein fremdes Haus verbracht werden, ist weder vor dem Gesetz noch vor dem deutschen Rechtsempfinden noch vor der Menschlichkeit zu rechtfertigen. (…) Solche Vorgänge spalten die Volksgemeinschaft…“.

Benedicta v. Spiegel wird Anteil genommen haben am Schicksal der ihr zum Teil persönlich bekannten Benediktinerinnen, hatte sie der Eibinger Äbtissin doch im Dezember 1939 bereits angeboten, einige Klosterfrauen in Eichstätt aufzunehmen. Eine Offerte, die Regintrudis Sauter nicht in Anspruch genommen hat. In der Abteichronik ist zu lesen, dass die Klosterfrauen bei der Abreise aus Eibingen „einer Leibes- und Gepäckvisitation unterworfen“ wurden – „die dabei Abnahme von Wertgegenständen enthüllte deutlich die Beweggründe für das ganze Vorgehen“. Zunächst in 2 Autobussen nach Dernbach zu den dort ansässigen Barmherzigen Schwestern gebracht, teilte die 76-jährige Äbtissin Regintrudis Sauter die Ausgewiesenen in 13 Gruppen auf. Diese machten sich auf den Weg zu verschiedenen Orten. Sauter selbst fand mit 3 Mitschwestern bis zum Kriegsende „Exil“ bei der Familie der Freiherren von Fürstenberg auf deren sauerländischem Schloss Körtlinghausen. Vermittelt wurde dieser Zufluchtsort durch eine aus der westfälischen Adelsfamilie von Wolff Metternich stammenden Eibinger Nonne. Von Körtlinghausen aus koordinierte die Äbtissin mit ihren Vertrauten den in mehrere Teile zersprengten Konvent. „Die Gruppenverteilung war aber nicht endgültig. Im Laufe der vier Jahre führten die verschiedendsten Faktoren zu Verschiebungen wie auch zu Auflösung und Neubildung ganzer Gruppen".[640] Erst nach Kriegsende konnten die Ausgewiesenen aus allen Richtungen in ihr Heimatkloster zurückkehren. St. Hildegard war kein Einzelfall.

In kurzer Zeit wurden auch in Bayern mehrere Klöster beschlagnahmt. Über die Vorgänge am 6. Mai 1941 in der Trierer Abtei St. Matthias, deren Abt bis 1938 Laurentius Zeller – langjähriger vertrauter Ratgeber der Äbtissin – gewesen war, hatte v. Spiegel detaillierte Kenntnis durch ein Schreiben des dortigen Bischofs Franz Rudolf Bornewasser (1866–1951): „Man ließ den Patres 1 Stunde Zeit, um das Allernotwendigste zu packen (…) Aber um so tiefer frißt sich die Verbitterung in die Herzen ein und droht zu einer wachsenden Abneigung und Ablehnung der Staatsführung zu werden". Über die Enteignungen in Münster am 12. und 13. Juli 1941 informierte Bischof Galen in einer „Nachricht zur Information des Klerus (…) Die Ordensleute mußten in wenigen Stunden mit geringem Gepäck ihre Besitzungen verlassen und sind aus Westfalen und Rheinland ausgewiesen".[641]

Durch die Berichte und anderweitig verbreitete Informationen stand Benedicta v. Spiegel das brachial rücksichtslose Vorgehen der Nationalsozialisten vor Augen. Die Sorgen um die mehr als 150 Klosterfrauen und das wertvolle Inventar der Abtei bereiteten ihr sicherlich schlaflose Nächte. Es war und ist bis heute nicht klar erkennbar, nach welchen Kriterien die Nazis Klöster beschlagnahmten, andere verschonten. Wenn ein systematischer Plan eher nicht zu vermuten war, sondern man von situationsbedingten Beschlagnahmungen ausgehen muss, machte dies die Lage der Betroffenen nicht einfacher, da es schwierig war, Vorkehrungen zu treffen., Der Klostersturm konnte jede klösterlichen Einrichtung treffen – ob politisch kritisch oder unauffällig, angepasst, gut vernetzt, ob abgelegen oder innerörtlich, ohne Präferenz der Orden, ob Frauen- oder Männerklöster.[642]

Aus „Sorge für gefährdete beschauliche Orden" wurde für die Frauenklöster in den Diözesen seitens der Bischöfe eine Handlungsanweisung datiert auf den 18. Juni 1941 vorgelegt, die „überdiözesan" ausgerichtet sein sollte, so der bereits erwähnte Limburger Bischof Hilfrich. Vorangestellt war eine Übersicht der Frauenklöster nach Orden differenziert mit Stand 31.10.1938. Für Eichstätt waren darin 169 Benediktinerinnen ausgewiesen. Ziel der Handreichung war es, Maßnahmen zu ergreifen, um im Falle einer

Klosterbeschlagnahmung und Vertreibung eine erzwungene Heimkehr der Ordensfrauen in ihre Familien zu verhindern und stattdessen die Unterbringung in caritativen Einrichtungen vorzubereiten. „Es scheint, dass vor allem die Krankenhäuser sich für den Einsatz der Ordensfrauen eignen. Einmal fehlt es in denselben an Arbeitskräften. Dann bieten auch die vielseitigen Aufgaben in Pflege, Haushalt, Wäscherei, Garten Möglichkeit, die Ordensfrauen ihren Kräften und Fähigkeiten entsprechend einzusetzen. Jede Gruppe kann ja nicht nur vollarbeitsfähige Ordensfrauen umfassen; sie muß vielmehr ein und die andere ältere oder arbeitsbehinderte Ordensfrau mitdurchhalten". Man wollte auch nicht erst den Ernstfall der Vertreibung abwarten, sondern umgehend praktische Schritte ergreifen:

„Es dürfte geraten sein, möglichst bald einige kleine Gruppen klausurierter Schwestern…in Krankenhäuser zu schicken, die später Schwesterngruppen aufnehmen sollen. Zweck ist: Sie sollen schon jetzt in die Arbeit eingeführt werden, ein Krankenpflege-Praktikum machen, um später ihren Mitschwestern bei deren Einsatz im Hause behilflich sein zu können. Das Einleben in die ungewohnten Verhältnisse und Arbeiten ist leichter, wenn es freiwillig erfolgt, als wenn es in der Aufregung nach der Verbringung aus dem Kloster geschehen muß. Sollte Letzteres nicht eintreten, so dürfte es kein Schaden sein, wenn ein oder die andere Schwester etwas in der Krankenpflege erfahren ist".

Für die Beschäftigung von Nonnen in der Krankenpflege sollten die Caritasdirektoren in den Diözesen mit den Krankenhausleitungen Tuchfühlung aufnehmen, „dass sie nach persönlicher Besprechung miteinander einen bestimmten Plan vorlegen (nicht brieflich)". Die Klosterleitungen wiederum waren angehalten, „ein Verzeichnis der Ordensfrauen mit Angabe des Alters, der Ausbildung, der bisherigen Tätigkeit, des Gesundheitszustandes" zu erstellen und einem vom Bischof beauftragten Geistlichen auszuhändigen sowie die Schwestern bereits „in kleineren Gruppen" aufzuteilen.

Wie noch auszuführen sein wird, hat Äbtissin Benedicta ob in Kenntnis dieser Pläne oder nicht bereits gezielt Vorsorge getroffen, eine Reihe ihrer Klosterfrauen in der Krankenpflege ausbilden lassen und in verschiedenen Krankenhäusern und Lazaretten in Bayern bis Kriegsende eingesetzt. Und ihre Eibinger Amtskollegin hat nach der Beschlagnahmung des Klosters – wie beschrieben – ihre Schützlinge in Gruppen an mehrere Einsatzorte geschickt. Die Ordensfrauen bereiteten sich, soweit es in ihren Möglichkeiten lag, vor.[643]

LETZTE SCHULSCHLIEßUNG IN ST. WALBURG, PROZESSE UM DAS KLOSTEREIGENTUM

Doch weitere Bedrängnisse lasteten auf der Abtei. So unterband Reichspropagandaminister Goebbels mit Verweis auf den kriegsbedingten Papiermangel das weitere Erscheinen des Großteils der Kirchenzeitungen. Die Chronik von St. Walburg vermerkt: „Mai 1941 Verbot der ‚Walburgisblätter' (29. Jahr)". Damit war das Ende der Klosterzeitschrift besiegelt. Auch nach dem Krieg sollten die Walburgisblätter keine Neuauflage erfahren – bis heute. Zur gleichen Zeit informierte v. Spiegel den Eichstätter Bischof über Begehrlichkeiten der Wehrmacht, das klostereigene Marienhaus zu kaufen oder zu mieten. Aber „wir können da nichts entscheiden, das ist Sache der Partei (...) Im übrigen bringt gerade diese Belegschaft sehr viel Ärger und Verdruß" – auch mit gezielten Provokationen: So hatten dort einquartierte BDM-Mädchen linientreu Kreuze und Heiligenbilder aus dem Marienhaus entfernt. Prompt erfolgte die Gegenreaktion.[644]

„Frau Gabriela hat daraufhin...die anderen Bilder und den großen von den Mädels sehr geliebten Spiegel entfernt worauf sie sehr klein geworden sind, nachdem sie erst sehr unverschämt waren. Ich werde heute diese und andere ähnliche Angelegenheiten mit dem Kursleiter besprechen. Denn das können wir nicht einfach geschehen lassen...Es ist ein ständiger Kampf um dies und jenes, das macht so müde".

Schwerwiegend für die wirtschaftliche Situation der Abtei war die Verfügung des bayerischen Kultusministeriums vom 08.03.1941, die v. Spiegel etwa auch zu dieser Zeit erreichte. Darin wurde bestimmt, „dass die im Abbau befindliche dreiklassige Mädchenmittelschule der Benediktinerinnenabtei St. Walburg in Eichstätt samt dem dazugehörigen Heim mit Ende dieses Schuljahrdrittels zu schliessen ist. Der Bürgermeister der Stadt Eichstätt und die Leiterin der genannten Schule ist von der Schliessung sofort zu verständigen. Der Vollzug ist zu überwachen, die erfolgte Schliessung von Schule und Heim mir anzuzeigen". Gleichzeitig musste die noch intakte Haushaltungsschule ihren Betrieb einstellen, "weil das Marienhaus für Kinderlandverschickungslager verwendet wurde" – resümierte v. Spiegel. Für gut ein Jahr diente die Klosterimmobilie als KLV-Lager der Unterbringung von Kindern, die vornehmlich aus bombardierten Städten evakuiert wurden.
St. Walburg hatte damit die letzten Schulen verloren, 10 weitere klösterliche Lehrerinnen wurden arbeitslos. Nach mehr als 100 Jahren war die

Abtei einer ihrer wichtigsten öffentlichen Aufgaben seit der Neubelebung 1835: der städtischen Mädchenschulbildung beraubt. Ein Verlust auch mit erheblichen wirtschaftlichen Einbußen für das Kloster.[645]

Die exemplarisch für die Eichstätter Abtei geschilderten Repressalien des NS-Regimes waren kein Einzelfall und schlugen sich in der Stimmung der Bevölkerung nieder. Im Monatsbericht der zuständigen Regierung Ansbach ist für den 8. August 1941 vermerkt: „Die Bevölkerung ist z.T. wegen der Maßnahmen auf religiösem Gebiet (Entfernung der Kruzifixe aus den Schulen, Abschaffung der kirchlichen Gebete in den Schulen, Schließung konfessioneller Kindergärten, Einstellung des Erscheinens der kirchlichen Blätter u. dgl.) immer noch stark beunruhigt".[646]

Die Eichstätter Abtei war wiederholt Ziel der Gestapo, so auch 1941. Diesmal „kamen zwei Gestapo-Leute um Nachforschungen über das Walburgisöl einzuziehen. Sie hatten einen österreichischen Pfarrer, Dr. Waitz, verhaftet, weil er ein Gläschen Walburgisöl einer Kranken gegeben hatte, deren Mann – ein Nazi – in Innsbruck eine Untersuchung der Flüssigkeit vornehmen ließ, wobei festgestellt wurde, dass es kein Öl sei. Die Gestapo hoffte nun bei uns einen Betrug entdecken zu können und war sehr überrascht, als ich…sagte, das Walburgisöl sei kein eigentliches Öl, die Bezeichnung sei nur symbolisch. Ich mußte ein Protokoll diktieren…". Überlegungen in SS-Kreisen, Reliquien und Devotionalien zu untersuchen und als Fälschungen bloßzustellen, kursierten schon seit längerem, sodass Äbtissin Benedicta offenbar gewappnet war.[647]

Zu allen wirtschaftlichen Beschneidungen durch die Nationalsozialisten kam ein jahrelanger Rechtsstreit vor dem Reichsfinanzhof (RFH). Gestritten wurde über die grundsätzliche Frage, ob das Vermögen einer Klosterfrau mit dem Eintritt in den Orden auf denselben übergeht. Das Gericht bejahte dies mit der Konsequenz, das Kloster hätte Schenkungssteuer für die Vermögenswerte der Schwestern zu entrichten. Für St. Walburg argumentierte der Kirchenrechtler Lechner dagegen: Das Vermögen ginge erst dann in das Klostereigentum ein, wenn die Nonne „tatsächlich im Kloster bis zu ihrem Ende gepflegt wird und dort stirbt". Dies sei jedoch nicht zwingend der Fall: „Vielmehr besteht die Möglichkeit a) dass die Schwester aus dem Kloster entlassen wird… b) dass die Schwester…aus freien Stücken saekularisiert wird und in die Welt zurückkehrt… c) dass das Kloster selber, wie eine Menge anderer Klöster, aufgehoben wird". Diese Spitze gegen den Klostersturm konnte sich der Kirchenrechtler im Auftrag der Abteiführung nicht verkneifen. Die Rechtsauffassung, das Vermögen der Ordensleute ginge mit dem Eintritt auf das Kloster über, hätte – neben der Entrichtung einer Schenkungssteuer – zur Folge gehabt, dass bei einer

Beschlagnahmung – etwa durch die Gestapo – der neue Eigentümer in die Vermögensrechte des bisherigen Inhabers einträte. Das musste aus Sicht der Äbtissin unter allen Umständen vermieden werden.

Die Frage der Entrichtung von Schenkungssteuer auf das Vermögen und die Mitgiften (dos) der Ordensleute beschäftigte eine Reihe von Klöstern und schwelte als Konflikt über Jahre. Um das Eigentum der Ordensgeistlichen vor dem staatlichen Zugriff zu schützen, hatte die Religiosenkongregation im Vatikan als für die Orden zuständige päpstliche Zentralbehörde äußerst diskrete Verfügungen erlassen. Demnach konnten die Ordensleute von ihrem Armutsgelübde entbunden werden mit der Folge, dass ihnen ihre Mitgiften als persönliches Eigentum zugerechnet werden mussten. Der Dispens vom Armutsgelübde sollte sicherstellen, dass bei einer Beschlagnahmung des Klosters dessen Mitglieder nicht gänzlich mittellos wären. Diese Verfügung sollte streng geheim nur mündlich in die Klöster übermittelt werden. Es spricht vieles dafür, dass v. Spiegel und ihre Mitstreiter Kenntnis davon hatten, argumentierten sie doch ganz auf dieser Linie vor Gericht: Die St. Walburger Professformel enthielte explizit kein Armutsgelübde, und die Abtei hätte die Pflicht, das „eingebrachte Vermögen mündelsicher anzulegen und nicht für Ordenszwecke zu verwenden".

Vor Gericht vertrat St. Walburg der frühere BVP-Politiker Fritz Schäffer, der als Rechtsanwalt seit 1934 für diverse Klöster in Vermögensfragen tätig war. Nach Kriegsende sollte Schäffer als kurzfristiger erster bayerischer Ministerpräsident von Mai bis September 1945 und späterer erster Bundesfinanzminister im Kabinett Adenauer von 1949 bis 1957 Karriere machen. Die Rechtsbeschwerde, die Schäffer auf der Grundlage von Lechners Ausführungen gegen das Urteil des Reichsfinanzhofs einreichte, enthielt eine grundsätzliche Kritik an der nationalsozialistischen Rechtsauffassung in Hinblick auf die Klöster. Denn er argumentierte: Der Reichsfinanzhof ging davon aus, „dass angeblich die katholischen Ordensgenossenschaften als ihren Hauptzweck betrachten ‚das Streben ihrer Mitglieder nach christlicher Vollkommenheit'…Es wird weiter gesagt, dass dieser angebliche Zweck…das innere und äussere Gepräge geben und dass katholische Ordensgenossenschaften damit Wege gehen, die ‚bewusst zu einer inneren und äusseren Absonderung führen' und dass ‚eine solche Haltung der nationalsozialistischen Weltanschauung widerspricht'". Die Rechtsbeschwerde der Abtei St. Walburg wurde am 12.11.1941 abgewiesen und die Schenkungssteuer für rechtens erklärt.[648]

Der Rechtsstreit muss im weiteren Kontext der Maßnahmen des NS-Regimes gesehen werden, die Klöster wirtschaftlich zugrunde zu richten –

etwa durch eine Steuergesetzhandhabung seit 1934, welche den Orden die Gemeinnützigkeit einer Vielzahl ihrer Tätigkeiten aberkannte und folglich der Vermögens- und Körperschaftssteuer unterwarf. Auf der Grundlage eines Urteils des Reichsfinanzhofs vom 22.03.1941 wurden den Klöstern dann ihr Rechtsstatus als Körperschaften des öffentlichen Rechts aberkannt und Steuerforderungen gemäß Vermögens-, Einkommens- und Gewerbesteuer erhoben. Zur gleichen Zeit begann die heiße Phase der Enteignungsmaßnahmen des Klostersturms. Über die ganzen Jahre verfolgten die Nationalsozialisten den Plan, kirchliches und klösterliches Vermögen einzuziehen. Dazu musste dieses zunächst planmäßig erfasst werden, womit schon 1934 begonnen worden war.[649]

So berichtete der Kreisamtsleiter Gregor Höfler (1888–1960) – seit 01.10.1930 NSDAP-Mitglied (Nr. 332.851) –, im Oktober 1941 an die Gauleitung Franken über die Abtei St. Walburg:

> „Anstelle der bisherigen Erziehungs- u. Unterrichtstätigkeit, die durch die Ausschaltung klösterlicher Lehrkräfte aufgehoben wurde, widmet sich das Kloster jetzt hauptsächlich folgender Betätigung: Handarbeit, Kunstmalerei, Kunstweberei, Buchbinderei, Land- u. Gartenwirtschaft, Likör- u. Edelbachgeist-Herstellung, Reinigung der städt. Mädchenschule, Haushaltsführung von 3 KLV-Lagern, von denen eines zu einem Lazarett umgestaltet wurde… Das Kloster hat eine gut geführte Landwirtschaft in Grösse von 107 Tgw. Äcker und Wiesen, ferner 5 Tgw. Gartenland (…). Das Kloster ist sehr reich. Es ist ein sehr altes Kloster, das über viele, zum Teil sehr wertvolle Kunstschätze verfügt. Die Gesamtwerte einschl. Gebäude, Landwirtschaft usw. dürften in die Millionen gehen“.

Die in diesem Bericht erwähnten „Tagwerke“ (Tgw.) umfassten in Bayern etwa 3400 Quadratmeter, sodass man bei insgesamt 112 Tgw. Land- und Gartenwirtschaft von etwa 38 Hektar von der Abtei bewirtschaftetem Land ausgehen kann.

Der NS-Kreisamtsleiter hatte nicht nur über St. Walburg, sondern auch über weitere kirchliche Einrichtungen in Eichstätt – namentlich das Ordensseminar St. Benedikt, das Kapuzinerkloster, das Collegium St. Wunibaldi, das Haus der Pallotiner und das Institut der Englischen Fräulein – berichtet und am Ende den Vergleich gezogen, wonach „zweifelsohne die Abtei St. Walburg auch für die Kirche die wichtigste“ sei. Aufschlussreich an dem Bericht ist die abschließende Einschätzung: „Für das Wirtschaftsleben der Bevölkerung waren die sämtlichen Einrichtungen von allergrößter Bedeutung. Ein großer Teil der Handwerker und insbesondere die Lebensmittelgeschäfte zogen einen erheblichen Teil ihrer Einkünfte aus diesen Anstalten".

Der ökonomische Stellenwert der klerikalen Anstalten für das städtische Einkommen war schon 4 Jahre zuvor mokiert worden, wenn es hieß: „Zum Schluß sei noch festgestellt, daß die Eichstätter Geschäftswelt nach wie vor in großer Abhängigkeit geschäftlicher Natur mit dem Klerus steht. Der Klerus besitzt Mittel und ist daher in der Lage, durch Vergebung von größeren Arbeiten gewisse Kreise des Handwerks von ihm abhängig zu machen. Diese Abhängigkeit erweitert sich selbstverständlich zwangsläufig auf das politische Gebiet".[650]

Es bleibt spekulativ, in der ökonomischen Stärke der Eichstätter kirchlichen Einrichtungen und ihrer Rolle als Auftraggeber der heimischen Wirtschaft, einen Grund zu suchen, warum die Abtei, die in der Stadt dem zitierten Bericht zufolge eine Schlüsselstellung innehatte, vom Klostersturm verschont blieb. Oder muss man in der konstatierten wirtschaftlichen Abhängigkeit nicht gerade einen Grund für die Zerschlagung kirchlicher Strukturen sehen? Vielleicht lag es auch an der schützenden Hand des Duzfreundes von Rudolf Hess und Unterstützers des Eichstätter Kreises Friedrich Stoer. Erich v. Waldburg-Zeil gab als Zeuge im Spruchkammerverfahren Friedrich Stoer zu Protokoll: „Ja, meistens sind wir von aussen gewarnt worden und Stoer hat sich dann eingesetzt, dass die bevorstehenden Massnahmen entkräftet wurden". Möglicherweise hatten sich auch die Verbindungen der Äbtissin über ihre verwandtschaftlichen Beziehungen in führende Parteikreise herumgesprochen. Doch hatten sowohl Stoer als auch die Schwägerin ihres Bruders Viktoria v. Dirksen 1941 ihren Einfluss längst verloren. Eine Rolle könnte auch die internationale Vernetzung v. Spiegels in den USA und Großbritannien gespielt haben. Mutmaßende Fragen, die bisher anhand der Archivalien nicht geklärt werden konnten.[651]

ST. WALBURG UND
DER AUSSCHUSS FÜR ORDENSANGELEGENHEITEN

Im Sommer 1941 waren die Klöster und kirchlichen Einrichtungen durch das Zusammenwirken einer Vielzahl der von den Nationalsozialisten ergriffenen Maßnahmen unter hohen existentiellen Druck geraten. Für das klösterliche Führungspersonal eine enorme Verantwortungslast, wie exemplarisch an der Eichstätter Äbtissin gezeigt. Auch die zuständigen Bischöfe waren unter Handlungszwang gesetzt. Auf ihrer Plenartagung in Fulda vom 24. bis 26. Juni 1941 – zwei Tage nach dem deutschen Angriff auf die Sowjetunion – reiften unter einigen von ihnen Überlegungen, einen Ausschuss für Ordensangelegenheiten zu gründen, der Handlungsoptionen gegen die Beschlagnahmungen und Enteignungen vorbereiten und koordinieren sollte. Vorsichtig formuliert hatten die Bischöfe während der 12 Jahre des Dritten Reichs in Haltung und Handeln gegenüber dem NS-Regime nicht zu einer gemeinsamen Linie finden können. Und so lassen sich als Unterstützer des Ausschusses vornehmlich die Bischöfe von Berlin, Konrad v. Preysing, von Fulda, Johann Dietz (1879–1959), und von Passau, der ehemalige Abt von Scheyen, Simon Landersdorfer, mit dem sich Äbtissin Benedicta vor Jahren eingehend über die Klausurfrage ausgetauscht hatte, nennen.

Die Bedeutung des lange Zeit weitgehend unbekannten, sich im Sommer 1941 konstituierenden Ausschusses für Ordensangelegenheiten ist mittlerweile detailliert dokumentiert. Er gilt in der Forschung heute als eines der wenigen kirchlichen Gremien, die systematisch Widerstand gegen das NS-Gewaltregime organisierten. Es ist hier nicht der Ort, den Ausschuss eingehend zu behandeln, doch sei zu den maßgeblich handelnden Mitgliedern angefügt: Neben den genannten Bischöfen waren 4 Ordensleute und ein Laie federführend: Die Ordensoberen Augustin Rösch (1893–1961, Provinzial der oberdeutschen Provinz des Jesuitenordens) und Laurentius Siemer (1888–1956, Provinzial der Dominikanerprovinz Teutonia), weiterhin der Jesuit Lothar König (1906–1946) und der Dominikaner Odilo Braun (1899–1981). Schließlich gehörte der katholische Jurist Georg Angermeier (1913–1945), der Justitiar der Würzburger Diözese unter dem mit Äbtissin Benedicta befreundeten Bischof Matthias Ehrenfried war, als Laie dem Ausschuss an. Verbindungen zum Kreisauer Widerstandskreis über den später hingerichteten Helmut James Graf Moltke (1907–1945) hatten von den Ausschussmitgliedern Bischof Konrad Preysing sowie die Jesuiten Lothar König und Augustin Rösch. Letzterer bestimmte seinen Mitbruder Alfred Delp (1907–1945), regelmäßig an den Treffen auf Gut Kreisau teilzunehmen und Positionen der katholischen Kirche für die Zeit nach dem Ende des Hitlerregimes zu erarbeiten.[652]

Was konnte das Gremium gegen den Klostersturm ausrichten? Neben Bestandsaufnahmen der tatsächlich stattfindenden Klosterenteignungen und Informationsaustausch darüber, dem Aufbau eines Kommunikationsnetzwerks, Eingaben bei der Fuldaer Bischofskonferenz, Denkschriften und beratenden Tätigkeiten trat der Ausschuss auch mit konkreten Empfehlungen an die Ordensgemeinschaften heran. Zur Sicherung von Geldmitteln sollten auf die bürgerlichen Namen der Ordensleute Sparbücher eröffnet werden, deren Verfügungsvollmachten im Falle einer Beschlagnahmung nicht vom Kloster auf den neuen Rechtsnachfolger übergehen, sondern erlöschen sollten. Diese Empfehlung wurde auch in St. Walburg übernommen. „Die Mitgiften und sonstigen Vermögen…sind… Privateigentum der einzelnen Schwestern und werden bei der Bank auch als solche geführt" – eine Rechtsposition, die im Auftrag von Äbtissin Benedicta ihr Vertrauter Lechner gegenüber dem Reichsfinanzhof formuliert hatte. Ob in der Abtei St. Walburg Konten auf die bürgerlichen Namen der Klosterfrauen eröffnet wurden, lässt sich nicht belegen. Es ist wohl wahrscheinlich, zumal der zum Eichstätter Freundeskreis gehörende Dr. Simon Schorer als ehemaliger Direktor der Bayerischen Hypotheken- und Wechselbankfiliale Eichstätt die Abtei in dieser Frage beraten haben wird. Eine diesbezügliche Recherche hat ergeben, dass heute keine Konten mehr nachweisbar sind.[653]

Der Ausschuss empfahl weiter, dass im Falle der Beschlagnahme die Klosterinsassen nur bei Gewaltanwendung die Gebäude räumen und die Abteiführungen keine Dokumente unterschreiben sollten.

Als erfolgreichste und praktikabelste Schutzmaßnahme gegen Enteignungen klösterlicher Einrichtungen erwies sich, Nutzungsvereinbarungen nach dem am 1. September 1939 erlassenen „Gesetz über Sachleistungen für Reichsaufgaben", dem sog. Reichsleistungsgesetz zu schließen. Gut ein halbes Jahr nach Inkrafttreten dieses Gesetzes nahm der Jurist Paulus van Husen (1891–1971) seine Tätigkeit im Wehrmachtsführungsstab auf. Als stellvertretender Leiter der Abteilung für personelle und materielle Leistungsgesetze fiel in seine Zuständigkeit u.a. genau die Inanspruchnahme von Gebäuden gemäß dem Reichsleistungsgesetz. Unstrittig ist in der Forschung, dass der bekennende Katholik van Husen sich für die Einhaltung der Gesetzesbestimmungen gegenüber kirchlichen Einrichtungen einsetzte. Unbestritten sind auch seine Verbindungen zum Kreisauer Kreis, den beiden Mitgliedern des Ordensausschusses Augustin Rösch und Lothar König und zu Claus Schenk Graf von Stauffenberg, der sich am 14. Juli 1944 in Husens Haus in Berlin Grunewald mit anderen Widerständlern traf. Unbestritten ist auch seine langjährige Freundschaft mit dem Schwager der Eichstätter Äbtissin: Ferdinand Graf Merveldt. Die Verbindung blieb 44 Jahre bis zum Tod des Grafen unverbrüchlich, denn v. Husen schrieb es Merveldts Umsicht zu, dass er im 1. Weltkrieg im Jahr 1916 bei Verdun eine schwere Typhuserkrankung überlebt hatte.[654] Ob Äbtissin Benedicta Kontakt zu v. Husen aufgenommen hat oder der Schwager sich verwandte, muss aufgrund fehlender Dokumente offen bleiben.

Die St. Walburgerin verfolgte indes eine klare Strategie. Schon im Zuge der Schulschließungen sicherte sie der Abtei einen Vertrag über Reinigungs- und Wartungsarbeiten der Schulgebäude. Ab 1941 führte St.

Walburg den Haushalt der in den Klostergebäuden untergebrachten KLV-Lager. Ebenso war – wie dem oben zitierten Vermögensbericht des NS-Kreisamtsleiters zu entnehmen ist – ein Lazarett eingerichtet. In den Folgejahren wird v. Spiegel weitere Verträge nach dem Reichsleistungsgesetz zur Sicherung des Klosters abschließen. Zugleich eröffnete sie damit neue Einkommensquellen und für die ihr anvertrauten Klosterfrauen, darunter viele arbeitslos gewordene Lehrerinnen, neue Betätigungsfelder.

Die nachhaltigen Proteste in der Bevölkerung gegen die Enteignung kirchlicher Einrichtungen artikulierten sich vielerorts, so auch in Eichstätt in einer Unterschriftenaktion, als im Frühjahr 1940 der Zwangsverkauf des Klosters der Englischen Fräulein an die Stadt bevorstand. „Dadurch wurde in die Bevölkerung eine erhebliche Unruhe getragen (…) Nunmehr wird bekannt, dass die Wehrmacht beabsichtigt, die Räume…für Lazarettzwecke zu verwenden. Der Verdacht liegt nahe, dass die kirchlichen Stellen nur deshalb versucht haben, die Gebäulichkeiten der Wehrmacht zur Verfügung zu stellen, um ihre Überlassung an die Stadt zu verhindern" – ist in einem Regierungsbericht festgehalten.[655] Die Nationalsozialisten hatten demnach im Blick, dass das Reichsleistungsgesetz zum Schutz kirchlicher Einrichtungen instrumentalisiert werden konnte.

War das NS-Regime zu Beginn des Klostersturms von geringem Interesse bis zur Gleichgültigkeit seitens der Bevölkerung ausgegangen, erwies sich dies als krasse Fehleinschätzung. Der weitverbreitete Unmut über die kirchlichen Repressalien deutete auf eine verschlechterte politische Stimmung hin. Mangelnde allgemeine Akzeptanz konnten die Machthaber, nachdem der Krieg an der Ostfront eröffnet war, nicht gebrauchen. Mit Führererlass vom August 1941 stoppte Adolf Hitler den Klostersturm im sog. Altreich und in Österreich. Davon hatten die Bischöfe und folglich auch die Klosterverantwortlichen in den Diözesen rasch Kenntnis. Die Arbeit des Ausschusses für Ordensangelegenheiten nahm jetzt erst an Fahrt auf. Seine Mitglieder reisten als Kuriere quer durch Deutschland, koordinierten Informationen, überbrachten Textentwürfe und traten für ein entschiedenes öffentliches Engagement der Bischöfe gegen das Unrechtsregime und seine Menschenrechtsverletzungen ein.

Zwischen dem 22. November 1941 und dem 11. November 1943 reisten die Ausschussmitglieder Odilo Braun, Lothar König und Georg Angermeier auch mindestens 4-mal zu Konsultationen nach Eichstätt wahrscheinlich zu Bischof Rackl.[656] Ob sie dort auch in Kontakt mit der St. Walburger Äbtissin kamen, lässt sich bisher nicht ermitteln. Letztlich war die Mehrheit der Bischöfe nicht zu dem vom Ordensausschuss geforderten entschiedenen Eintreten zu bewegen.

Äbtissin Benedicta und die jüdische Konvertitin Sr. Emmanuela Drey

XIV. Kriegszeit 1941–1945

FAMILIÄRE SORGEN UND GESUNDHEITLICHE PROBLEME

Aufwühlende sechs Monate lagen hinter Benedicta v. Spiegel. Die 2. Jahreshälfte 1941 brachte erneut familiäre Schicksalsschläge. Nur einen Monat nach Beginn des Russlandfeldzuges fiel am 26. Juli der 24-jährige Sohn ihres Bruders Joseph aus Helmern. Der Neffe Raban hatte nach dem Schulbesuch im Aloysiuskolleg Bad Godesberg 1928–1934 das Abitur in Warburg abgelegt und die Laufbahn für den höheren Forstdienst eingeschlagen. An den sechsmonatigen obligatorischen NS-Reichsarbeitsdienst schloss sich der Wehrdienst in Paderborn an. Mit Kriegsbeginn 1939 wurde v. Spiegel wie sein gleichaltriger bereits erwähnter Cousin Christoph v. Twickel – einziger Sohn der ältesten Schwester der Äbtissin – an die Westfront in Frankreich verlegt. Kriegseinsätze führten ihn nach Rumänien, Bulgarien und Griechenland. Der Kommandeur der Panzeraufklärungsabteilung 16, Henning v. Witzleben (1916–1999) hatte die Todesnachricht an die Familie übersandt. Demnach wurde Raban v. Spiegel als Führer einer Aufklärungsabteilung bei Iwachny in der Ukraine von Granatsplittern tödlich getroffen, Für den Bruder der Äbtissin, den Warburger Landrat, war der Tod des einzigen Sohnes, der das elterliche Gut erben sollte, ein einschneidender Schicksalsschlag, wie seine Tochter Aloysia in ihrem Tagebuch vermerkte.[657]

Während die Familie des Landrats trauerte, musste v. Spiegels Bruder Adolf sich erneut in stationäre Behandlung der Göttinger Universitätsnervenklinik begeben, nachdem er sich „wieder politisch durch seine ungehemmten Reden gegen Hitler und die nationalsozialistische Parteiführung...auf's äußerste gefährdet" hatte. Nach fast vier Monaten kurz vor Weihnachten konnte er die Klinik dann erneut verlassen.[658]

Die nervlichen Anspannungen, schweren Belastungen und drückenden Sorgen beeinträchtigten anhaltend die Gesundheit der St. Walburgerin. Aus der Kur im vogtländischen Brambach schrieb sie an ihre Nichte Aloysia v. Spiegel:[659]

„Wie Du siehst bin ich in der Verbannung, es ging nicht anders, ich war zu erledigt. (…) Dass alles so schnell ging mit meiner Abreise kam daher weil Resl ein paar Tag in Eich. war u. mich sehr elend fand u. darauf bestand, ich müsse herfahren u. zwar mit ihr über Kon. So kam es dass ich dort Allerheiligen verlebte. Nach der Vision…sagte R. zu mir dass sie im Himmel viele Soldaten gesehen habe. So viele junge ,auch den von Dir, weißt, den ich kenne. Den ganz Großen'. (…) Unser lieber Raban ist also sicher im Himmel. Ich hab zwar nicht daran gezweifelt, aber wie mein Herz gebebt hat u. wie mir die Tränen kamen, das brauch ich Dir nicht zu sagen. (…) Ich habe es Deinen lieben Eltern nicht geschrieben, weiß nicht wie sie diesen Dingen gegenüberstehen".

Sie selbst glaubte offenbar felsenfest an die Visionen ihrer Freundin Therese Neumann. Einen Monat kurte sich v. Spiegel in Brambach aus mit Erfolg – „der Blutdruck ist auf 180 heruntergegangen, also um mehr als 100 Grad gesunken". Gesellschaft leisteten ihr der Eigentümer der Eichstätter Hofmühlbrauerei Richard Emslander und Ferdinand Neumann. In Begleitung von Therese Neumann traf sie auf der Hinfahrt in Nürnberg den befreundeten Jesuitenpater Franz-Georg von Waldburg-Zeil. „Wir hatten…unsere helle Freude…Besonders als er dann noch in aller Öffentlichkeit seelenruhig alles mögliche heutzutage Unerwünschte (Nazizeit) von sich gab". Sie besuchte auch einige St. Walburger Klosterfrauen bei den Steyler Missionaren in Tirschenreuth, „die dort im Lazarett arbeiten". „Tirschenreuth kocht im Lazarett für die Verwundeten" – heißt es in der Chronik.[660] In den folgenden Kriegsjahren wurden eine Reihe von Klosterfrauen in der Krankenpflege weitergebildet und in verschiedene Einrichtungen zum Sanitätsdienst entsandt.

Auf der Rückreise nach Eichstätt legte die Äbtissin am 4. Dezember erneut einen Zwischenstopp in Konnersreuth ein und begegnete dort auch zwei Nichten Neumanns – Theresia und Benedikta Härtl, Töchter der jüngeren Schwester Anna. Theresia wird später – wie bereits beschrieben – die Nahrungslosigkeit ihrer Tante anzweifeln und ihr Leben als Nonne in St. Walburg verbringen. Die Äbtissin war Patentante ihrer einjährigen Schwester – Benedikta – und „von dieser Ausgabe ‚Kleinkind' wirklich entzückt, obwohl sie sonst kleine Kinder nicht sehr mag". Deren Mutter Anna Härtl wird bezugnehmend auf den Besuch wenige Wochen später schreiben: „Wir würden uns alle freuen, wenn Sie…nach Brambach wieder kommen, dass wir uns alle wiedersehen". Das Verhältnis zwischen der St. Walburger Benediktinerin und der Familie Neumann kann man als sehr familiär verbunden charakterisieren. Wohl deshalb hatte sie auch die Patenschaft für Therese Neumanns Nichte Benedikta übernommen. Davon zeugen Briefe der Härtls an die „Liebe Patin". Kirchenrechtlich war und ist Ordensleuten die Übernahme einer Patenschaft nicht gestattet.[661] Ob v. Spiegel davon Kenntnis hatte, lässt sich nicht mehr klären.

Der Winter, vor allem die Weihnachtstage waren in Eichstätt kalt und Heizmaterial Mangelware. Daher musste der Kindergarten, der eigentlich schon 1939 aufgehoben worden war und den v. Spiegel laut Chronik „einfach weitergeführt" hat, „wegen Kohlenmangel schließen".[662]

15 Tage nachdem das NS-Regime den USA am 11.12.1941 den Krieg erklärt hatte, berichtete sie an Bischof Rackl über einen Besuch des nationalsozialistischen Eichstätter Landgerichtspräsidenten und Verfassers historischer Bücher Oskar Fritsch (1883–1972). Er war mit Frau und Tochter in die Abtei gekommen „und trug mir die Bitte vor, dass wir ihm aus Anlass der Silberhochzeit eine kleine kirchliche Feier verschaffen möchten. (…) Es ist in etwa schwer die Bitte abzuschlagen, da die armen Leute so viel durchgemacht haben. Beide Söhne sind im Krieg gefallen, es bleibt ihnen nur eine Tochter (…) Wir könnten höchstens in unserem Chor…die Christbäume anzünden, das Krippchen beleuchten und ein Weihnachtslied singen. Und nachher sie zum Tee in die Abtei einladen" – so v. Spiegel, deren Zeilen Mitgefühl am Schicksal der Familie trotz deren Nähe zu den Nazis ausdrückten. Einen Tag vor Silvester erhielt die Äbtissin Kenntnis von der für Januar 1942 geplanten Einquartierung von „100 westfälischen" Kindern: „Es war gestern ein sehr ordentlicher Beauftragter der H.J. bei mir um dies mitzuteilen und nach etwaigen Wünschen zu fragen. Er sagte mir ‚im Vertrauen' daß nur die von Klosterfrauen betreuten Kinderlager wirklich gut geführt worden seien! Man lernt schon noch allerlei, auch auf der anderen Seite" – so ihr lakonischer Kommentar an Bischof Rackl.[663]

ZIVILER EINSATZ DER KLOSTERFRAUEN

Das 3. Kriegsjahr begann nach dem japanischen Überfall auf die amerikanische Pazifikflotte im Hafen von Pearl Harbour am 7. Dezember 1941 mit dem Eintritt der Vereinigten Staaten in die Anti-Hitler-Koalition. Die St. Walburger Kriegschronik hielt dieses für den weiteren Kriegsverlauf zentrale Ereignis fest. 20 Tage später, am 20. Januar 1942 kam in Berlin die sog. Wannseekonferenz zusammen: Sie wurde unter dem Vorsitz des Chefs der Sicherheitspolizei und des SD, Reinhard Heydrich (1904–1942), zum Initial der systematischen Deportation und Ermordung der europäischen Jüdinnen und Juden: den Holocaust. Während die Wannseekonferenz als „Geheime Reichssache" eingestuft der Öffentlichkeit verborgen bleiben sollte, traten die Folgen des Kriegseintritts der USA gegen Deutschland bald zu Tage.

Zu Jahresbeginn erreichte das Kloster die Nachricht von der Beschlagnahmung des Marienhauses für „60 Schüler der SS-Lehrerbildungs-Anstalt Eichstätt", was zunächst die Räumung als Kinderlandverschickungslager bis zum April zur Folge hatte. Auch diesmal verfolgte Äbtissin Benedicta die gleiche Strategie, einen Fuß in der Tür der klostereigenen Gebäude zu behalten, und schrieb an Bischof Rackl:

„…ich habe mich aber, um das Haus nicht völlig aus der Hand zu geben, bereit erklärt die Haushaltsführung weiterhin zu übernehmen (…) Es sind eben jetzt durchweg anormale Verhältnisse. Sehr froh und dankbar bin ich, dass meine lieben Töchter sich mit Würde und Einfachheit in die ungewohnten Situationen finden".

Der bayerische Kultusminister, in Personalunion auch Gauleiter im Gau München-Oberbayern, Adolf Wagner, „hat sich heute morgen persönlich mit Herrn Malermeister Kiendl ins Benehmen gesetzt, damit er sofort die tadellose Instandsetzung unseres Marienhauses in die Wege leite. Es scheint also die Angelegenheit dieser Lehrerbildungsanstalt dem Kultusministerium ein wichtiges Anliegen zu sein".[664]

Zur gleichen Zeit schloss v. Spiegel weitere Verträge nach dem schon erwähnten Reichsleistungsgesetz: Am 28. Februar 1942 die „Vereinbarung zwischen dem Heer über die Bewirtschaftung des Reservelazaretts Hirschberg", das im Hirschberger Schloss eingerichtet wurde. Dort hatten St. Walburger Klosterfrauen seit 1925 bereits den Haushalt des ehemaligen bischöflichen Exerzitienhauses geführt und waren mit den Örtlichkeiten bestens vertraut. Auf den 6. März war eine weitere Vereinbarung mit der Hitlerjugend über die Unterbringung von KLV-Kindern in der ehemaligen Haushaltungsschule datiert. In der Chronik heißt es:

„Von unseren Schwestern arbeiteten viele in Lazaretten und Krankenhäusern, im Büro, in der Küche und in der Krankenpflege. So hatten wir Frauen und Schwestern in Hirschberg, Beilngries, in Tirschenreuth, in Bruckberg bei Ansbach und im hiesigen Lazarett und Krankenhaus".

Für das Lazarett in Tirschenreuth verzeichnet die Januar-Chronik 400 neu aufgenommene Verwundete. In Hirschberg, wo die Schwestern kochten und die Wäsche pflegten, wurden ab Juni 1942 „schwerst-verwundete deutsche Soldaten" versorgt. St. Walburger Klosterfrauen wurden von Äbtissin Benedicta in die Heil- und Pflegeanstalt der Diakonissen von Neuendettelsau in Bruckberg entsandt, ein Ort mit düsterer Vorgeschichte. Dort sind 1940 und 1941 über 1200 Heimbewohner der T4-Mordaktion zum Opfer gefallen. Die Eichstätter Benediktinerinnen kamen in den Häusern Bruckberg I und II zum Einsatz, wo sie zunächst spanische Verwundete der „Blauen Division", ab März 1942 dann Wehrmachtssoldaten pflegten und versorgten.[665]

Der Krieg und seine Folgen für die Zivilbevölkerung prägten zunehmend den Klosteralltag, die täglichen Arbeitsabläufe und auch die liturgischen Handlungen. Die Chronik vermerkt die „Einführung von Vorabendmessen", befördert wohl auch durch das Verbot von Morgenmessen nach Alarmnächten. Äbtissin Benedicta stimmte den Konvent am Aschermittwoch 1942 auf die Fastenzeit ein: Die Bischöfe hatten „mit Rücksicht auf die gegenwärtigen Zeitverhältnisse und mit Rücksicht auf die durch die Lebensmittel-Rationierung von selbst gegebene Einschränkung…Dispens erteilt vom kirchlichen Fastengebot". Sie versuchte Mut zu machen: „Unser liebes St. Walburg soll umso mehr ein Garten der Wonne sein für den lieben Heiland, als er heutzutage in der Welt so viel und so schwer beleidigt wird".[666]

Die Steyler Missionare in Tirschenreuth entsandten ihren „Schreinerbruder" Proclus, um „Einrichtungen in unserer Schreinerei anzufertigen und uns Unterricht zu erteilen". Die „Kunstwerkstätten und die Paramentik konnten, dank der Vorsorge" der Äbtissin „den ganzen Krieg über weiterschaffen und vielen ausgebombten und zerstörten Pfarreien zu Hilfe kommen. Es erwuchsen uns mancherlei neue Aufgaben. So war es eine große Freude, unsern Soldatenpriestern Meßkoffer anfertigen zu können und sie mit den nötigsten Gegenständen zum Darbringen des hl. Meßopfers auszustatten" – heißt es in der Chronik.

Aufträge kamen auch aus der Familie: Spiegels Schwager Ferdinand von Merveldt hatte als Präsident des adeligen Damenclubs einen „von den Benediktinerinnen…künstlerisch gestalteten Chormantel" in Auftrag gegeben, den er der Clubpräsidentin v. Twickel (1862–1946) zum 80. Geburtstag „für die Hauskapelle in Stovern" – ihrem im Emsland gelegenen Familienbesitz – überreichte. St. Walburg wurde zudem mit Aufträgen während der Restaurierungsarbeiten des Eichstätter Doms in den Jahren 1938 bis 1945 bedacht. So malte die begabte Klosterkünstlerin Dorothea Brockmann Ende Mai 1942 das von Bischof Rackl gewünschte Motiv „wie sich der Hirsch nach den Wasserquellen sehnt" über den „Eingang der Taufkapelle…al secco", wie der Leiter der Restaurierungsarbeiten Ferdinand v. Werden in seinem Tagebuch festhielt. Benedicta v. Spiegel nahm das Werk bei einem Besuch im Dom in Augenschein und machte dem Bischof ein Kompliment: „Dann darf ich Euer Exzellenz danken, dass ich den Dom anschauen durfte. Ich finde ihn wundervoll (…) Da haben Exzellenz wirklich eine der schönsten Kathedralen".[667]

Wie fragil die allgemeine Lage einzuschätzen war, führten die zunehmenden Bombardements deutscher Städte vor Augen, die am 30./31. Mai in der Rheinmetropole Köln mit dem sog. „1000-Bomben-Angriff" der Royal Air Force schwerste Zerstörungen verursachten: „Ob der Kölner Dom gelitten hat? Der Angriff muß ja furchtbar gewesen sein" – zeigte sich v. Spiegel gegenüber dem Bischof besorgt. Für die eigene große Abteianlage mitten in der Stadt traf St. Walburg Sicherungsmaßnahmen. Die Speicher der vielen Abteigebäude wurden entrümpelt „gegen Brandgefahr", im Chor „feste, zugsichere Läden wegen Luftschutz" angebracht.[668]

Bei aller Geschäftigkeit lasteten Sorgen schwer auf der Äbtissin, die sie mit dem Bischof persönlich besprechen wollte: „Allerlei was ich auf dem Herzen habe, sage ich dann mal allein". Im Osterbrief an ihn schrieb sie von ermutigendem Gottvertrauen: „Gott…ist ja der einzige wahre Trost in all dem furchtbaren Leid, das jetzt auf der Menschheit lastet…". Informationen über die Folgen der Klostersturmaktion der Nationalsozialisten trafen in Eichstätt regelmäßig ein: „Soeben erfuhr ich durch direkte Nachricht von Salzburg, dass die Abtei Nonnberg nicht aufgehoben ist (…) Bertholdstein hingegen und auch Münsterschwarzach seien gänzlich aufgehoben und enteignet". Die Benediktinerinnen der Prager Abtei St. Gabriel waren 1924 auf das Schloss Bertholdstein in der Steiermark umgezogen. Zu der inzwischen verstorbenen Äbtissin von St. Gabriel Adelgundis Berlinghoff hatte v. Spiegel zwischen 1916 bis 1918 indirekte biographische Berührung, als diese sich mit ihrer Eibinger Kollegin über v. Spiegels Nichteignung für das Klosterleben austauschte. Die Beschlagnahmung dieses Klosters und die Ausweisung der Insassen folgte – wie auch bei der Benediktinerabtei Münsterschwarzach – dem gleichen Muster.[669]

AUS DEM INNEREN GLEICHGEWICHT

In der Klostergemeinschaft war das Zusammenleben in der kriegsbedingten Ausnahmesituation 1942 alles andere als reibungsarm. Die 30-jährige Sr. Annuntiata hatte im Dezember 1933 ihre Profess abgelegt und war laut Chronik im Januar 1942 „erkrankt unheilbar". Die offenbar geistig Verwirrte wurde mindestens zwei Mal wegen Tobsuchtsanfällen in medizinische Behandlung außerhalb der Abtei gebracht. „Es ist mir sehr arg, dass ich das Kind hergeben mußte, aber die Notwendigkeit zeigte sich so deutlich, dass ich nicht anders konnte" – so Benedicta von Spiegel an Bischof

Rackl. Sr. Annuntiatia ist zu einem späteren Zeitpunkt offenbar genesen wieder in die Abtei St. Walburg zurückgekehrt.[670]

Seit 1939 stand v. Spiegel in einem immer enger werdenden Austausch mit einer jungen Frau aus Würzburg, die sich des öfteren in der Abtei aufhielt. Sie duzte die Äbtissin ab 1940 in ihren Briefen, was ungewöhnlich war, da nur ihre Verwandten, Standesgenossen und Therese Neumann das vertraute „Du" verwendeten. Die 1915 geborene Ernestine Ferrari schrieb über ihre Visionen, Stigmenanzeichen an Händen, Füßen und unter der rechten Rippe, riet ihrer benediktinischen Briefpartnerin, Höhensonne zu meiden und fragte schließlich am 16. Januar 1942 an: „Bitte, ich möchte…in St. Walburg in Eichstätt als Chorfrau Gottes Willen erfüllen". Offenbar war v. Spiegel das Ganze nicht geheuer, denn sie zog den ehemaligen Spiritual Joseph Lechner ins Vertrauen. Bei ihm fanden sich die Briefe, auch der letzte der Mutter Emma Ferrari vom 12. September 1942, in dem diese nach Eichstätt schrieb, sie müsse ihre Tochter „heute in die psychiatrische Klinik nach Würzburg" bringen, der behandelnde Arzt habe „von ausgesprochener Geisteskrankheit" gesprochen. Nach mehreren Suizidversuchen wurde Ernestine Ferrari über Jahre in verschiedenen geschlossenen psychiatrischen Einrichtungen behandelt und entging dabei den fortdauernden Krankenmorden in den Heil- und Pflegeanstalten bis zum Kriegsende.[671]

Nach den nüchternen 13-seitigen Aufzeichnungen der mittlerweile 32-jährigen Nichte der Äbtissin – Aloysia –, die sich im Oktober 1942 in St. Walburg aufhielt und über die vorausgegangen Monate ausführlich berichtete, war ihre Tante zu dieser Zeit offenbar bisweilen in apokalyptischer Weltuntergangsstimmung. Sie deutete in einer Form von Wunderglauben eine Wasserstelle im Klostergarten zum „Gnadenbrünnlein" um, und die Tobsuchtsanfälle von Sr. Annuntiata machten diese zu einer Art „Gnadenkind". Von einer Reise um Pfingsten mit unbekanntem Ziel zurückgekehrt, schrieb v. Spiegel in ungewohnt verschwörerischem Duktus an den Bischof: „Ich habe viel, sehr viel erlebt, viele erschütternde…Stunden. Ich habe ernste und schwerwiegende Mitteilungen bekommen und wichtige Aufträge für Euer Eminenz".

Möglicherweise verstärkt wurde die angespannte Situation durch die Ankunft eines Dominikanerpaters, der sehr schnell das Vertrauen der Äbtissin und dadurch beträchtlichen Einfluss auf sie gewinnen konnte. Sie „behandelte ihn unendlich liebenswürdig und schon bald war er Spiritual im Kloster. (…) – jeder Wunsch wurde ihm erfüllt. Niemand weniger als die Frau Äbtissin persönlich saß stundenlang bei ihm und hörte seine Vorträge an!" – so die Nichte, die den Dominikaner in St. Walburg erlebt und im November 1942 ihre persönlichen Eindrücke schriftlich zusammengefasst hatte.[672]

Es handelte sich um Pater Heinrich Maria Christmann (1890–1965). Er war im Sommer 1942 in St. Walburg eingetroffen. Christmann, aufgewachsen in Arolsen, wo sein Vater das Amt des Rechnungsrats an der Domänenkammer des Fürsten zu Waldeck bekleidet hatte, studierte nach Ordensgelübde 1910 und Priesterweihe 1916 Philosophie und Naturwissenschaften in Köln und Freiburg. Das leidenschaftliche Interesse des musischen und rhetorisch begabten Dominikaners galt der Philosophie und deren didaktischen Vermittlung in Vorlesungen, u.a. im 1926 gegründeten Studienkonvent St. Albert in Walberberg im Rheinland. Er wurde als „mitreißender Kantor und Organist" charakterisiert. Seit 1932 Hauptschriftleiter der deutschen Ausgabe von Thomas v. Aquins „Summa theologica" übersetzte und kommentierte er Werkteile des theologischen Denkers, auf dessen Naturrechtskonzeption sich die Äbtissin und ihr Eichstätter Freundeskreis um Fritz Gerlich in ihrem Widerstand gegen die Rassenideologie der Nationalsozialisten als moralisches Fundament immer bezogen hatten.

So war es kein Wunder, dass geistige Nähe, Empathie, vielleicht auch eine Art Seelenverwandtschaft die beiden schnell verband, zumal Christmann nach der Enteignung des Klosters Walberberg am 16.07.1941 wie seine Mitbrüder von der Gestapo aus Rheinland und Westfalen ausgewiesen worden war.[673] Nachdem er Anfang Mai 1942 auch den Regierungsbezirk Düsseldorf, wo er bei den Ursulinen Unterschlupf gefunden hatte, wegen „angeblich staatsabträglicher Äußerungen" verlassen musste, führte ihn sein Weg nach Salzburg. Aufgrund seiner Vorträge über christliche Anthropologie in der Salzburger Kapuzinerkirche verhängte die dortige Staatspolizeidienststelle ein Aufenthaltsverbot für den Reichsgau Salzburg. Um ihm dieses mitzuteilen, wurde er „fieberhaft gesucht". Die Gestapo Düsseldorf erteilte der Gestapo Essen am 8. August 1942 den Auftrag: „Ich bitte, festzustellen, was Christmann treibt und seine Betätigung bis zum Eingang weiterer Weisungen unauffällig zu überwachen". Dass er sich inzwischen in Eichstätt aufhielt, war offensichtlich nicht bekannt. Die Nichte notierte im November 1942:

> „Eines Tages kam in Eichstätt ein ziemlicher zerlumpter, wenig ansprechender Geistlicher an. In Westfalen und Rheinland hatte er sich unmöglich gemacht und wurde von der Gestapo verfolgt, in Berlin hatte er ziemlich gehungert und in Eichstätt fand er ein warmes Nest".

In St. Walburg wirkte der Dominikaner unbehelligt über ein Jahr: „Ab 1. Juli 1942 nach Spiritual Schindler folgt P. Heinrich Maria Christmann, Dominikaner aus Walberberg. Spielt Orgel. Seine Schwester Sr. Caecilia ist

Organistin in Varensell, erteilte unseren Schwestern Orgel-Unterricht" –
heißt es in der St. Walburger Kriegschronik.[674] Demnach hielt sich Christ-
manns Halbschwester, eine in Klavier- und Orgelspiel professionell ausgebildete Benediktinerin aus dem mehr als 500 Kilometer von Eichstätt
entfernten ostwestfälischen Benediktinerinnenkloster Varensell – auch in
St. Walburg auf, Indiz für engere persönliche Bindungen.

„Eine sehr glückliche Zeit bedeutete für" Sr. Caecilia (1896–1952) „ein
längerer Aufenthalt in der Abtei St. Walburg/Eichstätt, wo sie den dortigen
Organistinnen weiterhalf im Orgelspiel. Sie fühlte sich sehr wohl in der
schönen Abtei mit der alten Kultur, und…Frau Äbtissin Benedicta nannte
sie ,ihr kleines Leihkind'". Benedicta v. Spiegel wird den neuen Spiritual
ihrer Mutter und ihrer Schwester Maria v. Twickel vorgestellt haben. Beide
wollten vom 8. Juli an für mindestens eine Woche in St. Walburg zu Besuch
bleiben.[675]

Gedeihlich scheint die Seelsorgetätigkeit des Dominikaners in St. Walburg auf längere Zeit nicht gewesen zu sein. Möglicherweise war den auf-
sichtsbefugten Stellen die konfliktreiche Personalie auch zu brisant, wollte
man nicht stärker in das Fadenkreuz der Gestapo geraten. Für den 17.
August 1943 ist in der Chronik zu lesen: „P. Heinrich Christmann wird
abberufen. Visitation". Sein Nachfolger wurde zum 1. September 1943 für
die nächsten 4 Jahre der 1927 zum Priester geweihte, aus dem mittelfränkischen Ebenried stammende Dr. Eugen Abt (1902–1963).[676] Benedicta v.
Spiegel schwieg über die geschilderten Vorkommnisse, die unter den Ein-
wirkungen des Krieges schon bald in Vergessenheit gerieten.

ZUFLUCHT IN ST. WALBURG

St. Walburg bekam die Auswirkungen der Bombardements und Kämpfe
immer deutlicher zu spüren. Ausgebombte Menschen, die ihre Existenz
verloren hatten, suchten Zuflucht. So erreichten nach den Bombenangrif-
fen auf Nürnberg vom 28./29. August 1942 zahllose Flüchtlinge das unversehrte Eichstätt. Zugleich suchten vermehrt Ordensleute, die nach den
Klosterbeschlagnahmungen durch die Gestapo heimatlos geworden waren,
eine vorübergehende klösterliche Heimstatt. Eine besondere Bitte wurde
an Äbtissin Benedicta am 1. September herangetragen: vom Gerlever Abt
Raphael Molitor. Er war der St. Walburgerin kein Unbekannter, hatte er
ihren schwierigen Weg nach der Flucht 1914 über die Abtei St. Hildegard
bis zum erfolgreichen Wechsel nach Eichstätt begleitet. Die Benediktinerabtei Gerleve in Westfalen war im Juli 1941 beschlagnahmt worden, Über

die Caritas Freiburg erreichte sie seine Anfrage verbunden mit detaillierten Anforderungen an eine möglichen Unterkunft:

„Der Hochwürdigste Herr Abt möchte an sich gerne zwei Zimmer d.h. eines für ihn selbst und eines für seinen Sekretär. Ein drittes Zimmer sollte, wenn nicht von vornherein gemietet, so doch zur Verfügung sein, falls Besuche von weiter kommen. Die Einrichtung könne gerne einfach sein, wenn sie nur einen nicht zu kleinen Schreibtisch enthalte. Der…Abt hätte gerne auch die volle Verpflegung im Haus, wenn sie auch einfach wäre. Eine entsprechende Pension würde selbstverständlich gezahlt werden. (…) Sicherlich würde es Ihnen eine besondere Freude sein, den Hochwürdigsten Herrn aus Ihrer Ordensfamilie aufnehmen zu können, wie sicherlich andererseits der Hochwürdigste Herr Abt ein Unterkommen bei Ihnen besonders begrüßen würde".

Die Antwort v. Spiegels war abschlägig und erfolgte umgehend: „Wir sind im Platze sehr eingeschränkt, haben in unserem Gästehaus schon 3 Priesterwohnungen, Bombenflüchtlinge etc. und können unmöglich dem Hochwürdigsten Herrn ein nur einigermassen geeignetes Unterkommen bieten. (…) Ich habe mich nun bemüht ein anderweitiges Unterkommen hier ausfindig zu machen, doch ist mir auch das nicht gelungen. Es ist eben jetzt, wo die Nürnberger Flüchtlinge auch hier ein Unterkommen suchen, der ungünstigste Moment. (…) Die beste und sicherste Hilfe aber, die wir bieten können, wollen wir gewiß gerne leisten, nämlich inniges Gebet in diesem Anliegen…".[677] Das Hilfeersuchen wird nicht das letzte bleiben. Bald schon geht es nicht mehr um 3 möblierte Zimmer mit Vollpension, sondern nur noch um das nackte Überleben.

Im Oktober fand in den verlustreichen Schlachten um Rschew in Russland ein weiterer Neffe, Bataillonsadjutant Ignaz (Ino) v. Borries (1919–1942) den Tod. Der jüngste Sohn ihrer Schwester Theresie hatte nach dem Abitur 1938 und dem Arbeitsdienstjahr seine 24-monatige Wehrpflicht beim Infanterieregiment 18 in Bielefeld absolviert. Bis auf einige Monate Studienurlaub an der Forstakademie in Hannoversch-Münden hatte der 23-Jährige seine letzten Lebensjahre beim Militär verbracht. Die Mutter litt sehr unter den Tod ihres Sohnes. „Seitdem siechte sie dahin und ist dann 15 Monate später gestorben" – erinnerte sich Melchior v. Borries an seine Mutter.[678] Benedicta v. Spiegel wird versucht haben, ihrer Schwester Trost zu spenden. Zum Kriegsende wird sie ihren verwitweten Schwager und die Familien ihrer Neffen in St. Walburg aufnehmen. Daraus sollte ein jahrelanger Aufenthalt der Familie v. Borries in Eichstätt werden.

Die nächsten Jahre, weit über das Kriegsende hinaus, werden Eichstätt und mit der Stadt auch die Abtei St. Walburg Zufluchtsort für eine Vielzahl an Menschen, die mit dem existentiell Notwendigsten versorgt werden müssen, darüber hinaus aber auch der empathischen Zuwendung und der seelsorgerischen Betreuung bedürfen. Äbtissin Benedicta, die noch verbliebenen Freunde des Eichstätter Kreises und die benediktinische Klostergemeinschaft werden nach allen Seiten helfen und dabei die kriegerischen Frontlinien – ob bewusst aus christlichem Verständnis – wenig beachten.

Zu Weihnachten 1942 schrieb der Prior des im niederbayerischen Windberg gelegenen Prämonstratenserklosters, Dr. Michael van der Hagen (1884–1970) an v. Spiegel: „mögen diese so trüben und traurigen Zeiten schonend an St. Walburgis vorübergehen. Vor kurzem war ein Mitbruder zwei Wochen in Holland. Er hat wenig Erfreuliches und viel Trauriges mitgebracht. Die ganze Welt seufzt unter einer schweren Plage".[679] Für Äbtissin Benedicta wird das folgende Jahr schwierigste Herausforderungen und Schicksalsschläge in der Familie mit sich bringen. Die ersten dunklen Wolken zogen schon im Januar auf.

FAMILIÄRE ERSCHÜTTERUNGEN

Mit Schreiben vom 15. Januar 1943 bat der Bruder der Äbtissin, Landrat Joseph v. Spiegel, den Reichsinnenminister, „mich aus dem Staatsdienst zu entlassen und bis zur Entlassung zu beurlauben". Sein unmittelbarer Vorgesetzter, der Mindener Regierungspräsident Adolf v. Oeynhausen, der zu diesem Zeitpunkt von seiner eigenen Ablösung auf persönliche Anordnung Hitlers Kenntnis und ein Abschiedsgesuch seinerseits abgelehnt hatte, setzte sich dennoch für den Freund auf dem Rittergut Helmern ein. Er schrieb mit Datum vom 20. Februar 1943 an den Ministerialdirektor im Reichsinnenministerium Hans v. Helms (1899–1980), dass der Warburger Landrat „sein Abschiedsgesuch nicht freiwillig eingereicht" habe. „Frhr. v. Spiegel ist katholisch und es werden ihm infolgedessen kirchliche Bindungen nachgesagt". Der Rückhalt in der Bevölkerung sei groß. Er schloss den Brief: „Wenn der Gauleiter einen Wechsel absolut für notwendig hält", wolle er – v. Oeynhausen – darauf hinweisen "dass der Wechsel für die Bevölkerung von Warburg wie eine zusätzliche Belastung ist". Damit war klar ausgedrückt, dass der Gauleiter des Gaus Westfalen-Nord die Entlassung betrieb, wenn auch nicht allein. Von Helms leitete den Brief an Gauleiter Alfred Meyer (1891–1945) weiter.

Bei Meyer, der zugleich Staatssekretär im Reichsministerium für die besetzten Ostgebiete war und an der Wannseekonferenz teilgenommen hatte, kam das Schreiben nicht gut an. Adolf v. Oeynhausen räumte nach einem persönlichen Gespräch mit dem Gauleiter ein: „Gegen den Inhalt meines Briefes habe er nichts, nur sei er traurig, dass ich ihn nicht an ihn gerichtet hätte bei unseren guten Beziehungen". Zu Landrat Spiegel äußerte Meyer, „dass er Spiegel recht gut kenne…Er glaube aber doch recht zu handeln (…). Er habe doch bei dem von ihm hochverehrten OP Fer. Lüninck gesehen, welche Gewissenskämpfe eintreten könnten". Mit dem Oberpräsidenten der Provinz Westfalen Ferdinand v. Lüninck (1888–1944) standen den Warburger Landrat und auch die Familie seiner Schwester von Borries in freundschaftlicher Verbindung. Von Lüninck hatte sich 1937 für den jüdischen Ehemann der Großcousine Walburga v. Spiegel – Aurel v. Szily – bei Hitler eingesetzt. 1938 war er seines Amtes letztlich wegen Zweifeln an der Vereinbarkeit der NS-Ideologie mit der katholischen Glaubenslehre enthoben worden. Sein Nachfolger wurde eben NS-Multifunktionär Alfred Meyer.[680]

Trotz nach außen bekundeter persönlicher Wertschätzung war Meyer maßgeblich daran beteiligt, den Mindener Regierungspräsidenten und den Warburger Landrat aus ihren Ämtern zu verdrängen. Oeynhausen wurde offiziell zum 1. April 1943 beurlaubt und zum 1. Juli 1943 in den Ruhestand versetzt. Spiegel nahm die „Urkunde über die Versetzung in den Ruhestand" am 5. Juni 1943 in Empfang. Seine Amtszeit endete am 30.09.1943 – unfreiwillig, aber mit einer offiziellen Abschiedsfeier am 11. Juni, auf der v. Oeynhausens Nachfolger, Günter Graf Stosch (1893–1955), die 10-jährige Amtsführung des Warburger Landrats würdigte. Als Warburger Landrat folgte ihm der aus Sachsen stammende Admiral Johannes Bachmann (1890–1943).

Im Ergebnis mussten die Freunde, der Protestant v. Oeynhausen und der Katholik v. Spiegel, zur gleichen Zeit ihre Ämter räumen, begründet aus ihrer Haltung in Kirchenfragen. Die Tochter des ehemaligen Landrats, Aloysia, vermerkte: „Die Nazis wollten ihn nicht mehr" und wird ihrer Tante in St. Walburg bei einem ihrer Besuche alle ihr bekannten Einzelheiten berichtet haben.[681]. Was war geschehen?

Über Jahre schon hatte Joseph v. Spiegel mit den örtlichen Parteigrößen über Kreuz gelegen. Die Nähe zum Paderborner Bischof und anderen geistlichen Würdenträgern, die „Erntedankfeiern auf dem Gute des Landrats…in einem ausgesprochen kirchlichen Rahmen", die von ihm veranlasste Entfernung judenfeindlicher Transparente und Inschriften aus einem Aushangkasten der antisemitischen Zeitung „Der Stürmer" 1934 und anderes mehr waren Anlass zu regelmäßigen Eingaben und Anhörungen durch die örtlichen NSDAP-Parteikreise.[682]

1942/43 eskalierten die Streitigkeiten in einem umfangreichen Zeugenvernehmungsverfahren der Gestapo Münster, weil „der Landrat von Spiegel für die Fahrten des Erzbischofs Dr. Lorenz Jaeger…die Benzinmenge von 25 Litern hierzu genehmigt hat". Ein Wagen mit Fahrer chauffierte den Paderborner Erzbischof im November 1942 in mehrere Pfarrgemeinden des Kreises, was als kirchenfreundliche und staatsfeindliche Provokation sowie Missbrauch des monatlichen Benzinkontingents gewertet wurde und zugleich Anlass war, die häufige Nutzung des Dienstwagens für Fahrten zwischen Kreisverwaltung und 20 Kilometer entferntem Privathaus in Helmern grundsätzlich zu überprüfen. Dabei wurde ein Verstoß gegen den Führerbefehl vom 16.1.1942 bezüglich „Fahrten zwischen Wohnung und Arbeitsstätte" festgestellt. Zeitgleich mit der Einstellung des Verfahrens schied Joseph v. Spiegel aus dem Landratsamt.[683]

Seine benediktinische Schwester im fernen Eichstätt wird von den familiären Geschehnissen Kenntnis gehabt haben. Inwieweit sie um das Mitwirken ihres Bruders bei der Umsetzung der verwaltungs- und sicherheitstechnischen Maßnahmen zur Deportation der jüdischen Bevölkerung des Kreises Warburg wusste, kann nicht verifiziert werden, da bisher keine Dokumente dazu entdeckt wurden oder – wahrscheinlicher – nicht existieren.

Als Leiter der unteren Polizeibehörde hatte Joseph v. Spiegel Anweisungen wie die „Erfassung von jüdischen Schülern" für eine „Judenkartei" im Mai 1937 auszuführen.[684] An den zynisch euphemistisch „Evakuierung" und „Abschiebung" genannten Vorbereitungen der Massendeportationen der noch im Kreis Warburg lebenden jüdischen Bevölkerung wirkte der Landrat bei insgesamt 4 Transporten beginnend am 10. Dezember 1941 mit. So teilte er am 23.11.1941 einigen Bürgermeistern mit, „dass die Kosten für die Abtransportierung der Juden von Warburg…nach Bielefeld 221,20 RM" betragen. „Ich bitte diese Beträge rechtzeitig bei den in Frage kommenden Juden einzuziehen und dem Fuhrunternehmer B. Kleinemeier & Sohn in Willebadessen zu überweisen".[685] Auf der Deportationsliste für Ende März 1942 über Minsk nach Theresienstadt und Auschwitz standen auch die in der Nachbarschaft des Schlosses Helmern, dem Geburtsort der Geschwister v. Spiegel, lebenden Juden Pina (1882–1942) und Abraham Goldschmidt (1883–1942), letzterer Viehhändler. Sie wurden in Warschau ermordet.[686] Ob v. Spiegel zu diesem Zeitpunkt um den Holocaust wusste, kann nicht rekonstruiert werden. Aber das für alle vor Ort Sichtbare wie das Abtransportieren selbst Reiseunfähiger [687], die Versiegelung der Häuser und Wohnungen vermittelten jedem, der nicht wegsehen wollte, dass die ehemaligen jüdischen Nachbarn, Schulfreunde, Geschäftsinhaber und -partner nicht mehr zurückkehren würden. In welchen inneren Kämpfe der gläubige Katholik stürzte, ist schwer ermessbar. Möglicherweise hatte Gauleiter Meyer bei der Entlassung des Landrats solche „Gewissenskämpfe" im Auge. Auch wenn die Fassade nach außen aufrecht erhalten wurde, werden Joseph v. Spiegel die hinter ihm liegenden 10 Jahre mit allen Auseinandersetzungen, der inneren Zerrissenheit zwischen Loyalität gegenüber einem Staat, der die katholische Kirche erbittert bekämpfte, wovon ihm seine benediktinische Schwester bei ihren wiederholten längeren Erholungsreisen in die ostwestfälische Heimat Anschauliches berichtet haben wird, der Mitwirkung an den Deportationen ihm persönlich auch bekannter jüdischer Bürger und vielleicht auch ehemaliger Klassenkameraden und schließlich der Verlust des Sohnes im Krieg schwer gezeichnet haben.[688]

Und damit nicht genug an familiären Sorgen. Zur gleichen Zeit fürchteten die Geschwister um die Gesundheit der 84-jährigen Mutter Charlotte, die im Frühjahr 1943 eine Herzattacke erlitt, von der sie sich nur langsam erholte. Äbtissin Benedicta zeigte sich in einem Brief vom 2. April gegenüber ihrer Schwester Ida v. Merveldt erleichtert: „Wie froh bin ich dass es Mutter wieder besser geht. (…) Sie ist ja noch so nötig". Vor allem für ihren Bruder Joseph war die im nahen Peckelsheim lebende Mutter in dieser schwierigen Zeit eine wichtige Bezugsperson.[689]

Fast zeitgleich als Benedicta v. Spiegel an ihre Schwester schrieb, hatten ihren gemeinsamen Neffen Christoph Bernhard v. Twickel im Bunker des Regimentsgefechtsstandes nahe dem russischen Ort Starostino „Splitter in der Brust so schwer getroffen, dass er auf der Stelle tot sein mußte". 2 Monate nach der Kapitulation der 6. Armee bei Stalingrad war der einzige Sohn der verwitweten älteren Schwester Maria v. Twickel am 29. März fast genau ein Jahr nach seiner Hochzeit mit Thadäa Gräfin von Korff gen. Schmiesing (1916–2009) gefallen. Äbtissin Benedicta teilte das familiäre Unglück sogleich Bischof Rackl mit:

> „Euer Exzellenz haben meiner Schwester Twickel und ihrem prächtigen Sohn, der sich zuletzt im vorigen Jahr mit seiner Braut bei Exzellenz vorstellte, so gütiges Interesse bewiesen, dass ich es wage um ein memento zu bitten. Soeben erhielt ich die so traurige Nachricht dass mein Neffe gefallen sei. Ich bitte seiner gütigst zu gedenken, so wie seiner armen Mutter, die mit ihm ihr ein und alles verloren hat. Und seine arme Witwe bleibt zurück mit einem Töchterchen, dass der Vater nie gesehen hat. Er hatte es Walburga genannt aus Anhänglichkeit an unser Kloster".

Benedicta v. Spiegel nahm ihre trauernde Schwester für die nächste Zeit in St. Walburg auf. „Ihr ganzes Lebensglück ist ja weg, aber dennoch erzählt sie mit grosser Freude u. Liebe von der Enkelin. Wie gut, dass sie da ist. (…) Alle Klosterfrauen hoffen, dass sie lange da bleibt. Wir sind ja alle so stark mit Euch allen verbunden" – schrieb Sr. Helena de Malsen aus der Abtei an Ida v. Merveldt.[690]

Der familiäre Kummer war zugleich überschattet von der unmittelbaren Kriegsbedrohung. Auch St. Walburg stellten die wechselvollen letzten beiden Kriegsjahre vor schwere Herausforderungen. Die Verbindungen und Kontakte zu den Tochterklöstern in England und den USA wurden dürftiger und spärlicher, bis sie ganz abbrachen. Die Kriegschronik hielt fest: „Eichstätt wimmelt von Flüchtlingen", die sich nach Bombardements der Alliierten in Sicherheit zu bringen versuchten. „Wie schrecklich sind doch die Fliegerangriffe! Jetzt soll Nürnberg in Flammen stehen. Und neulich Berlin. Ohne zu reden vom Ruhrgebiet, wo überhaupt nichts übrig bleibt. Wir werden jetzt auch Flüchtlinge von Essen bekommen" – wandte sich Äbtissin Benedicta Anfang März an den Bischof, und am 25.03.1943: „Habe ich…schon mitgeteilt, dass wir seit kurzem Bombengeschädigte aus Essen beherbergen?".[691] Die Abtei bereitete sich entsprechend dem „Betriebsluftschutzplan" für Eichstätt vor und meldete ordnungsgemäß an den Reichsluftschutzbund, Ortsgruppe Ingolstadt: „Die Luftschutzräume haben Notausgang und Notaborte. Die Türöffnungen sind mit einer 10 cm hohen Schwelle versehen und die Türen gehen nach aussen auf". Im Gästehaus im „1. Stock wohnt Prof. Lechner mit Vater & Haushälterin. Nach den eingezogenen Erkundigungen ist die Haushälterin als Luftschutzwart, Prof. Lechner als Feuerwehrmann aufgestellt".[692]

Zahlreiche St. Walburger Nonnen kamen in mehr als 5 Lazaretten außerhalb der Klostermauern zu Einsätzen. Eine der Schwestern, die bisher in der Redaktion des unter staatlichen Repressalien stehenden Klerusblatts als Schreibkraft gearbeitet hatte, versah seit September 1943 im „Teil-Lazarett" des Eichstätter Priesterseminars ihren Dienst. Die Einsätze waren mit großer Arbeitslast und gesundheitlich-mentalen Belastungen verbunden. Die Kriegschronik hält zu den Bedingungen bei den Steyler Missionaren fest: „Tirschenreuth stellt sich auf ein Lazarett und Ausbildung für Kriegsblinde ein. Unsere Schwestern hatten die Küche. Hohe Anforderungen". Die Klöster solidarisierten sich untereinander. „Denn wir haben mit der Übernahme des Haushalts ihnen aus großer Not geholfen und außerdem alles unentgeltlich getan, zumal die Steyler ja überall alles verloren haben" – schrieb Benedicta v. Spiegel an ihre Schwester Ida v. Merveldt, für deren Tochter ‚Strop' sie zugleich einen Erholungsaufenthalt eben bei den Steyler Patres in Tirschenreuth empfahl, denn „das ist ein richtiger Luftkurort" und einer der Patres praktischerweise „auch Arzt".[693]

Aus der Tochtergründung in England erreichten die Äbtissin selten gewordene Neuigkeiten, die sie auch Bischof v. Preysing in Berlin mitteilte:

„Meine Töchter sind wirklich arg brav, abgesehen von den Zweien, die mir durch ihren Austritt den tiefsten Kummer gemacht haben". In dieser Zeit wuchs erneut die Sorge um den ernsten Gesundheitszustand der Mutter in der ostwestfälischen Heimat. Konrad von Preysing schrieb ihr im Oktober: „Ich will Ihre Mutter in mein Gebet einschließen, auf das der Herr sie milde zu sich rufe".[694] Am 4. November starb die 84-jährige Charlotte v. Spiegel in Peckelsheim und wurde auf dem Familienfriedhof beigesetzt. Die Trauer unter den Geschwistern über den Verlust wird groß gewesen sein. Äbtissin Benedicta teilte die Nachricht umgehend Bischof Rackl mit: „Soeben erhalte ich die schmerzliche Mitteilung, dass meine liebe Mutter sanft entschlafen ist". Aus der Abtei Maria Laach kondolierte der mit der Familie seit Kindheitstagen verbundene Pater Placidus Graf Spee (1869–1945):[695]

> „Der Tod Deiner lieben, unvergesslichen Stiefmutter gibt mir Veranlassung Dir und Deinen lieben Geschwistern meine aufrichtige Teilnahme auszusprechen. (…) gebe Gott dass das, was sie mit Deinem guten Vater in Helmern gepflanzt und gepflegt hat, Tradition bleibt und der Geist der Eltern immer in diesem trauten vorbildlichen Hause lebendig bleibt. Hoffentlich geht es Dir recht gut und erdrücken Dich nicht die heutigen vielfachen Sorgen".

Die Situation in der Eichstätter Abtei hatte sich in der Zwischenzeit weiter verkompliziert, wozu auch die Einlieferung von 3 Aktenschränken aus München beigetragen haben wird.

3 AKTENSCHRÄNKE MIT ERBBIOLOGISCHEM MATERIAL

Der Münchener Kardinal Michael v. Faulhaber informierte in einer Mitteilung „an meinen Diözesanklerus" über den verheerenden „Luftangriff auf München" in der „Schreckensnacht" vom 9./10. März 1943, bei dem große Teile der Innenstadt zerstört wurden, „an vielen Stellen die Häuser brannten und zum Teil in Schutt und Asche sanken". Der Dom zu Unserer Lieben Frau war beim „ersten Anblick…wie ein Greuel der Verwüstung an heiliger Stätte", fasste der Kardinal sein Entsetzen in Worte.[696]

An ganz und gar nicht heiliger Stätte in München, in der 4 ½ Kilometer vom Dom entfernten Kraepelinstraße 2 veranlasste ungefähr zur gleichen Zeit der Direktor des Kaiser-Wilhelm-Instituts für Genealogie und Demographie, Ernst Rüdin (1874–1952), die Teilauslagerung wissenschaftlicher

Forschungsergebnisse in Form von Schriftgut, Apparaturen und Materialien zum Schutz vor unwiederbringlicher Zerstörung durch Luftangriffe. Darunter hatten sich – wie er nach Kriegsende an den damaligen kommissarischen Präsidenten der Kaiser-Wilhelm-Gesellschaft Max Planck (1858–1947) schrieb – auch „20000 Familientafeln" befunden „teils…von Geisteskranken, teils…von Angehörigen der ‚Durchschnittsbevölkerung' teils…von schöpferisch hochbegabten Personen … wie auch von Personen von besonderer charakterologischer Beschaffenheit. Ausserdem liegt ein großes Zwillingsmaterial vor". Und Rüdin ergänzte als Quelle dieses außerordentlichen und fragwürdigen Materials:

> „Am Zustandekommen…haben neben den Mitarbeitern des Instituts die Standesämter, besonders aber auch die katholischen und evangelischen Pfarrämter sowie die israelitischen Kultusgemeinden in der uneigennützigsten Weise mitgearbeitet" (…) Die Hauptmasse dieses Materials befindet sich zur Zeit an verschiedenen Orten ausserhalb Münchens, wohin es während der letzten Kriegsjahre aus Luftschutzgründen gebracht wurde".

Auch den Umfang bezifferte er: „Das gesamte Material dürfte etwa 40 Aktenschränke einnehmen. Das Material ist z.T. überhaupt noch nicht ausgewertet worden".[697]

Der Verfasser dieser Bestandsaufnahme, Ernst Rüdin, galt als einer der Begründer der psychiatrischen Genetik und hatte schon Jahrzehnte vor der Machtübernahme der Nationalsozialisten seine erbbiologischen Forschungen mit dem Programm einer wissenschaftlich begründeten Rassenideologie verbunden, die politisch praxistauglich sein sollte. Seine Forschungsinteressen deckten sich Jahre später weitgehend mit der NS-Gesundheitspolitik. So wirkte Rüdin als Mitglied des „Sachverständigenbeirats für Bevölkerungs- und Rassenpolitik" an der Formulierung des „Gesetzes zur Verhütung erbkranken Nachwuchses" vom Juli 1933 mit, das zur Grundlage für die Zwangssterilisation von mehr als 300.000 Menschen in den folgenden Jahren wurde. Ebenso war er Mitverfasser eines umfangreichen Kommentars zu diesem Gesetz. Aus der von staatlicher Seite autorisierten ungehinderten Erhebung psychiatrisch-erbbiologischer Daten weiter Bevölkerungskreise und der „karteimäßigen Erfassung erbkranker Sippen" entstanden auch die mehr als 20.000 erwähnten Familientafeln. Rüdin trug zentral zur wissenschaftlichen Legitimation von Selektionskriterien bei, die unter dem eugenischen Schlagwort „Vernichtung lebensunwerten Lebens" den Krankenmorden, der „Euthanasie" und letztlich auch der planmäßigen Ermordung der Juden, Sinti und Roma Rechtfertigung verschaffen sollten.[698]

Von kirchlicher Seite hatte bereits im Jahr 1930 die Enzyklika „Casta Conubii" gegen die Eugenik Stellung bezogen und Zwangssterilisationen abgelehnt. Das „Gesetz zur Verhütung erbkranken Nachwuchses" wurde zeitgleich mit der Billigung des Reichskonkordats verabschiedet. Die katholischen Bischöfe rangen in den nächsten Jahren zwiespältig unter- und miteinander um eine adäquate Positionierung. Spätestens 1941 artikulierte sich dann der Widerstand der Kirchen gegen die Krankenmorde der Nationalsozialisten, wie er sich neben anderen öffentlichkeitswirksam in der bereits erwähnten Euthanasie-Predigt von Bischof v. Galen zeigte.[699] Die St. Walburger Äbtissin hatte Kenntnis von den Predigten des Münsteraner Bischofs, wie sie auch die menschenverachtende Politik der NS-Machthaber genau verfolgt haben wird.

Wie kam Benedicta v. Spiegel, die mit ihren Freunden aufgrund der nationalsozialistischen Rassenideologie Hitler und die NSDAP schon vor der Machtergreifung entschieden ablehnte, in Berührung mit dem „radikalen Rassenhygieniker" Rüdin? Im Archiv der Max-Planck-Gesellschaft finden sich keinerlei Hinweise auf eine Verbindung zu St. Walburg, auch nicht auf eine Auslagerung von Akten in die Abtei.[700]

Fest steht, dass am 12. August 1943 die seit 1928 in München in Rüdins Institut für Genealogie und Demographie an einer Höchstbegabtenstudie forschende Mitarbeiterin Dr. Adele Juda (1888–1949) Benedicta v. Spiegel persönlich aufsuchte. Judas Sekretärin schrieb am 16.08. in konziliantem Duktus:

> „Im Auftrage von Frl. Dr. Juda, welche am vergangenen Donnerstag bei Ihnen war wegen unserer Aktenunterbringung, erlaube ich mir, Ihnen mitzuteilen, dass unser Transport am kommenden Donnerstag, den 19.8. hier abgeht … Wenn Sie also die Freundlichkeit hätten, uns den zugesagten Platz aufzuheben, dann wären wir Ihnen sehr verbunden. Vorderhand werden dann bei Ihnen 7 Kisten eintreffen, da uns der Versand der Aktenschränke noch nicht genehmigt wurde. Frl. Dr. Juda wird dann im Laufe der nächsten Woche nochmals bei Ihnen vorsprechen".

Bei den 7 Kisten ist es nicht geblieben. Insgesamt wurden „erbbiologische Forschungsarbeiten" in 3 Aktenschränken in einem Keller der Abtei aufbewahrt – bis 1947. Und es wurde dort weiter an diesem Material gearbeitet. Die Äbtissin hatte sich offensichtlich angesichts der Stromkontingentierung im Herbst 1943 an Ernst Rüdin mit der Bitte um eine Bestätigung des erhöhten Stromverbrauchs gewandt und diese von ihm auch erhalten. Er bestätigte ihr:

„Da wir unser wissenschaftliches Material im Zuge der vom Innenministerium angeordneten Bergungsaktion von München nach Eichstätt in das Kloster St. Walburg verbringen mussten, so sind wir gezwungen, zur Fortführung unserer dringendsten Arbeiten laufend eine Kraft unseres Instituts nach dort zu schicken, um jeweils anfallende Fragen an Ort und Stelle zu erledigen. Ein dadurch etwa entstehender Mehrverbrauch an elektrischem Strom des Klosters St. Walburg würde darauf zurückzuführen sein, dass die betreffenden Akten in einem Kellergewölbe untergebracht sind, wo nur bei künstlichem Licht gearbeitet werden kann".

Demnach beruhte die Auslagerung auf einer Anordnung des Innenministeriums. Eine solche ist bisher nicht nachweisbar. Rüdin hat im oben zitierten Schreiben an Max Planck eine Anordnung des Ministeriums auch nicht erwähnt.[701]

2 Jahre nach Kriegsende wandte sich Äbtissin Benedicta an die amerikanische Militärregierung in Eichstätt wegen der Rückführung von 3 Aktenschränken mit Material nach München: „There are three cupboards located in the Convent of St. Walburga, Eichstätt, which are reported to contain manuscripts on genealogical research. These documents were placed in the convent for safekeeping during the war. This office has been requested by the Lady Abbess to have these cupboards removed as there is no any longer any need for them to be stored in the convent".[702]

Gesetzt der Fall, die Einlagerung des erbbiologischen Materials wäre auf ministerielle Anordnung erfolgt, hätte sich Benedicta von Spiegel dem widersetzen können? Das diffizile Austarieren zwischen Kooperation und Resistenz wird die Äbtissin die ganzen Jahre viel Kraft gekostet haben. Auszugehen ist davon, dass sie um ihren Verhandlungspartner wusste, zumindest von seiner Mitwirkung an dem für 6 Reichsmark im Buchhandel erhältlichen Kommentar zum Gesetz zur Verhütung erbkranken Nachwuchses. Ein rassenideologisches Gesetz, das von ihr und dem Freundeskreis strikt abgelehnt wurde.

Alles spricht für Einvernehmlichkeit bei der Einlagerung der 3 Aktenschränke im Keller der Abtei: Das zitierte Schreiben aus dem Sekretariat von Adele Juda 1943 formulierte ausgesprochen höflich die Bitte, den „zugesagten Platz" für die Akten bereitzuhalten. Auch die Bestätigung Rüdins, die auf eine Anhebung des Stromkontingents abzuzielen schien, ist in konziliantem Duktus verfasst. Ähnlich lässt sich die Initiative der Äbtissin für eine ordnungsgemäße Rückgabe 4 Jahre später interpretieren. Naheliegender ist wohl die Annahme, dass sie ihre Kooperationsbereitschaft bei der Einlagerungsaktion des brisanten Materials mit dem für sie an vorderster

Stelle stehenden Schutzinteresse der Abtei zu rechtfertigen suchte. So hätte im Ernstfall St. Walburg ein weiteres Argument vorzuweisen, dass gegen eine etwaige Beschlagnahmung ins Feld geführt werden konnte. Zum Kinderlandverschickungsheim im Marienhaus und den Lazarettdiensten kam nun die Inobhutnahme von erbbiologischem Material eines Kaiser-Wilhelm-Instituts, das die Rassepolitik des nationalsozialistischen Staates wissenschaftlich zu fundieren suchte.

Rückblickend bewertete St. Walburg das Agieren seiner Äbtissin während des Nationalsozialismus wie folgt: „Klar erkannte sie von Anfang an die Gefahren des Dritten Reiches und stellte sich, soweit das der Klosterfrau möglich war, zur Verfügung, wo sie Unheil abwehren konnte. Den Anforderungen des Dritten Reiches kam sie entgegen, wenn sie glaubte, damit dem Frieden dienen zu können".[703]

LAZARETTE, KRIEGSNOT, SS-EINQUARTIERUNG

Ihren 70. Geburtstag am 31. Januar 1944 wird Äbtissin Benedicta im Kreis ihrer Klostergemeinschaft still begangen haben. Gut 3 Monate nach dem Tod der Mutter verlor sie im Februar auch ihre 2 Jahre jüngere Schwester Theresie v. Borries. Sorgenvolle Nachrichten aus dem familiären Kreis werden das ganze Jahr 1944 mitbestimmen. Damit nicht genug – wurde im Februar die vom Ordensgründer Benedikt von Nursia errichtete Abtei Montecassino von amerikanischen Luftangriffen „total zerbombt" – wie es in der Chronik über die Zerstörung der geschichtsträchtigen ersten benediktinischen Abtei hieß. Überdies war v. Spiegel gesundheitlich erneut schwer angeschlagen, kämpfte mit „bösem Blutdruck" – wie sie dem Bischof anvertraute. Die Tochter ihres Bruders Joseph – Aloysia –, die sich gerade verlobt hatte, informierte sie aus Hirschberg, dass „ich all die Zeit so müde und elend war, dass ich mich zu nichts aufraffen konnte. Nun habe ich hier ein paar Tage ausgeruht, Du kennst ja das so schöne Hirschberg. Das zwar jetzt Lazarett ist, aber das stört mich garnicht und ich genieße herrliche Luft und Ruhe". Ihre Schwester Maria v. Twickel erholte sich derweil in St. Walburg von einem „leichten Schaganfall" (…) Nun ist es ja bei uns ruhig, sodass sie wohl kaum anderswo besser sein könnte. Du wirst es wohl schon durch Deinen Vater wissen, denn ich teilte es ihm u. O. Adolf…mit, um nicht die Verantwortung allein zu haben". Die Geschwister trugen gemeinsam Sorge für ihre angeschlagene älteste Schwester. Diese blieb bis Kriegsende in St. Walburg. „Ich hörte so lange nichts von Euch allen. Die gute Großmama fehlt auch da ganz schrecklich, sie gab immer

Nachricht von Allen". Und sie resümierte im Brief an die Nichte: „Auch sonst hatte ich allerlei Sorgen und Schwierigkeiten".

10 Tage später aus Hirschberg zurückgekehrt, wandte sie sich erneut an ihre Nichte: „Ja, es ist eine Zeit schwerster Gefahr für Alle, eine allgemeine Kraftprobe, aber wir müssen durchhalten, sei es wie immer. Ich bin froh wieder hier zu sein, wenn mir auch die Ruhe in Hirschberg sehr wohltätig war. In solchen Zeiten ist man am liebsten Daheim".[704]

Äbtissin Benedicta schätzte die allgemeine Lage als lebensbedrohlich gefährlich ein. Davon hatte sie auch in ihrer Fastenansprache an Aschermittwoch zu ihrem Konvent gesprochen: „Wir alle wissen um die namenlose Not der Zeit", in der es gälte, „starke Widerstände zu überwinden, die sich dem christlichen Lebenswandel entgegenstellen. Es sind zwar nicht die Zeiten als solche schlecht, sondern die in ihnen lebenden Menschen machen sie schlecht durch böse Taten".

Zur gleichen Zeit versuchte der aushilfsweise als Kaplan der Kloster- und Pfarrkirche St. Walburg angestellte Max Stengl (1914–1981) in der Alexiuskapelle „unter der Stiege zur Kirche von Sankt Walburg…Kinder zu sammeln und ihnen Unterricht in der Bibel des A.T. zu erteilen. Über das Alte Testament sollte, durfte in der Schule nicht mehr gesprochen werden. (…) Insgesamt für mich ein gefährliches Unterfangen. Aber man merkte 1944 schon sehr deutlich, wie der Glaube an den Endsieg schwand und immer mehr begannen sich vorzusorgen für alle Fälle", so Stengl in seinen Lebenserinnerungen.[705] Er war sich des Risikos, aber gewiss auch der zustimmenden Billigung der St. Walburger Äbtissin als Hausherrin bewusst.

1944 übernahm der gelernte Schlosser Hans Rösch (1904–1977) das Amt des Eichstätter Bürgermeisters. Er kannte die Stadt aus der Zeit nach der sog. Machtergreifung, als er im dortigen SA-Schulungslager im Rang eines SA-Obersturmführers stationiert war. Der auf einem Auge blinde Rösch war bereits 1923 der NSDAP beigetreten (Mitgliedsnummer 24.458), Träger des goldenen Parteiabzeichens und höchstwahrscheinlich absolut linientreu. Ein Mitglied des „Korps der Alten Kämpfer" der NSDAP als Eichstätter Bürgermeister machte die Situation auch für die Abtei St. Walburg nicht einfacher.[706]

Im Sommer gefährdete das massenhafte Auftreten von Kartoffelkäfern die ohnehin schon schwierige Lebensmittelversorgung, galt die Kartoffel als Grundnahrungsmittel. Allerdings existiert in der Literatur keinerlei Hinweis, dass die alliierten Luftstreitkräfte Kartoffelkäfer als biologische Waffe gegen Deutschland im 2. Weltkrieg eingesetzt haben oder dieses Bild in der deutschen Kriegspropaganda verwandt wurde. Dennoch scheint sich eine solche Vorstellung in der Bevölkerung festgesetzt zu haben. So notierte die

Klosterchronistin: „Kartoffelkäfer wurden vom Feind (Flugzeuge) über alle Felder abgeworfen. Alles ging in die Kartoffelfelder zum Absuchen".[707]

Große Nöte überall. Äbtissin Benedicta versuchte auch dem befreundeten v. Preysing, der nach den Bombenzerstörungen von November 1943 im Dominikus-Krankenhaus in Berlin Hermsdorf lebte, zu helfen. Sie ließ ihm liturgische Kleidung im Paramentikatelier der Abtei wie eine Mitra und eine Cappa Magna ersetzen. Detailliert tauschten sich die beiden im Juni 1944 über die Gestaltung der Mitra aus:

„Sie ist Goldbrokat, wie Exzellenz wünschten, und ohne Stickerei, denn für solche habe ich momentan weder Material noch Kräfte. Das Maß haben wir noch von früheren Anfertigungen, hoffentlich paßt es noch. (…) Bitte, wollen Exzellenz doch mitteilen, was Sie wünschen. Wenn die Sachen auch leider weniger schön sein müssen, so wäre es doch wenigstens ein Notbehelf. (…)". Sie berichtete nach Berlin, dass eine Reihe von Klosterfrauen, „wie Exzellenz wissen, in sieben Lazaretten beschäftigt sind. Im Übrigen geht es uns soweit gut, abgesehen davon, daß wir vielerlei Krankheitsfälle hatten und haben". Wenige Jahre später wird der enge Mitarbeiter des Berliner Bischofs, Domkapitular Walter Adolph (1902–1975) an Konrad v. Preysing erinnern:[708]

> „Aus vielen Gesprächen weiß ich, wie eng er sich der Abtei St. Walburg verbunden fühlte. Wie ein Kind freute er sich über die herrlichen Paramente, die sie im sandten. Mich neckend, meinte er, wir Berliner mögen viel können, aber solche prachtvollen Paramente müsse er sich doch aus Bayern kommen lassen".

Nicht nur prachtvolle kirchliche Gewänder nähten die geschickten Nonnen, sondern sie schneiderten im Juli 1944 auch das Seidenbrautkleid für die Nichte der Äbtissin. Aloysia v. Spiegel erinnerte sich: „Und wohl selten wird ein Brautkleid mit soviel Liebe geschneidert worden sein, wie sie das meine machen ließ, und selten wird eine Äbtissin der Anprobe beigewohnt und ein ganzer Konvent mit Interesse den Hergang verfolgt haben!". Am 19. Juli verließ die Nichte mit dem Brautkleid im Gepäck St. Walburg in Richtung ostwestfälische Heimat. Dort durchsuchte die Gestapo einige Tage nach dem gescheiterten Attentat auf Adolf Hitler vom 20. Juli 1944 das Elternhaus der Äbtissin in Helmern und nahm ihren Bruder, den früheren Warburger Landrat Joseph v. Spiegel für einige Stunden zum Verhör mit. Unversehrt kehrte er wieder zurück in sein Haus. Die Nachrichten über Verhaftungen, darunter Ferdinand v. Lüninck – Freund Joseph v. Spiegels – verdüsterten die Stimmung weiter.[709]

Mitte August erreichte die Nichte der Äbtissin ein Schreiben. Der Absender, Dr. Hans-Ulrich Schaefer (1908–1984), Wehrmachtsmajor beim Militär-Befehlshaber von Belgien und Nordfrankreich, teilte darin mit, dass gegen ihren Verlobten, Wilhelm Graf von Westphalen (1907–1982) „ein Haftbefehl wegen Landesverrat" vorläge. Im Juli 1944 war der in Burgund in der Zivilverwaltung tätige Unteroffizier in Mare bei Dijon von Partisanen entführt worden. Nach einer Woche gelang ihm die Flucht. Zurück bei seiner Kompanie nahm ihn der Sicherheitsdienst jedoch fest, weil in seinem Schreibtisch ein belastendes Schreiben an seinen Vorgesetzten gefunden worden war, das einen zweideutigen Hinweis enthielt, die Fluchtrouten in die Schweiz offen zu halten. Dem in Paris ergangenen Todesurteil konnte er dank der Intervention seines Vorgesetzten Schaefer entrinnen, der erreichte, dass der Fall vor dem Reichskriegsgericht in Leipzig verhandelt wurde. Infolgedessen wurde er in das Wehrmachtsgefängnis Fort Zinna im sächsischen Torgau verlegt. Weil wichtige Beweisunterlagen in Frankreich verloren gegangen waren, wurde er nach monatelanger Untersuchungshaft ohne Anklage vor dem dortigen Reichskriegsgericht am 10. Dezember 1944 entlassen. Seinen Dienst in der Bielefelder Kraftfahr-Ersatz-Ausbildungs-Abteilung 6 trat v. Westphalen zunächst an, kehrte nach einem Urlaub aber nicht mehr zurück. In den Auflösungswirren der letzten Kriegsmonate stellte ihn der Bruder der Äbtissin, Joseph v. Spiegel, nach der Hochzeit mit seiner Tochter Aloysia im Januar 1945 auf dem Rittergut in Helmern bis Kriegsende als „Koch" ein.[710]

In einer Reihe von Briefen nahm die Tante in St. Walburg Anteil an den nervenaufreibenden Geschehnissen, den Kümmernissen ihrer Familie und versuchte zu trösten. Zugleich schrieb sie von „schrecklich viel Arbeit u. Sorgen… Wir mußten unser Marienhaus vollständig räumen, es ist dort jetzt SS Leibstandarte eingezogen… Heute Nacht waren sie alle bei uns im Luftschutzkeller, weil wir wegen Nürnberger Angriff Alarm hatten". In ihrem Bericht „St. Walburg im NS-Kirchenkampf" fasste sie die Ereignisse wie folgt zusammen: „Am 12. Oktober zog dann eine SS-Nachrichtendienststelle in unser Marienhaus ein. Diese blieb bis einige Tage vor der Besetzung durch die Amerikaner. Als sie abzogen…ließen" sie „das Marienhaus in einem beklagenswerten Zustand" zurück. Von ihnen „wurde für das Haus als monatliche Miete ca. Mk. 700,-- bezahlt".[711]

Wenige Tage vor den Luftangriffen auf Nürnberg am 19. und 20. Oktober 1944 war das Marienhaus beschlagnahmt worden, jedoch nicht von der SS-Leibstandarte, sondern durch eine Nachrichten-Ersatzabteilung der Waffen-SS, die im August 1944 von Nürnberg nach Eichstätt verlegt worden war und nunmehr auch Räumlichkeiten in der Abtei beanspruchte.[712]

Äbtissin Benedicta hatte in all den Jahren davor der Entfernung des Kreuzes im Haus erfolgreich getrotzt. Doch am 7. Oktober, dem „Rosenkranz-
fest, wurden Kreuz und Madonna vom Marienhaus herübergeholt", nicht
ohne einem SS-Offizier vor Ort erklärt zu haben:

> „„Sie werden begreifen, daß es mir aus religiösen Gründen sehr schmerzlich
> ist und ich habe auch noch Hemmungen anderer Art. Dieses Kreuzbild ist
> mir geschenkt worden am Tage meiner Äbtissinnenweihe und zwar von den
> Arbeitern, die damals gerade den Umbau dieses Hauses vollendet hatten. Es
> handelt sich…um die Erstlingsarbeit eines jungen Künstlers, der mich damals
> bat, dieses Kreuz immer an dieser Stelle zu lassen, sodaß die Entfernung nicht
> nur vom religiösen Standpunkt aus, sondern auch sonst pietätlos ist'. ‚Ich bitte
> Sie trotzdem herzlich', sagte der Offizier mit einer gewissen Wärme, ‚daß Sie es
> entfernen lassen möchten.'".

Die Klosterchronik vermerkte zu den neuen Nachbarn in unmittelbarer
Nähe, daß „wir damit eine recht unangenehme Nachbarschaft erhielten.
Besonders aufregend waren sie in der letzten Zeit bei den vielen Fliegeralarmen, weil die Mannschaft beständig in Uniform auf unserem Klosterhof stand und die Flieger beobachtete, weil sie einen Kellerraum im Innern
des Klosters als Luftschutzraum benützten". Ein normales Klosterleben
konnte unter diesen Umständen kaum noch stattfinden. „Ein Noviziat
hatten wir in den letzten Jahren nicht". „Wegen Fliegeralarm wird oft Offizium im Keller gebetet". „Die Einwohnerzahl unserer Stadt stieg in den
letzten Jahren von 8000 auf 24000… Wir nahmen auch im Kloster Flüchtlinge und Hilfesuchende aller Art auf" – hielt die St. Walburger Chronik
fest.[713] Das galt auch für nächste Verwandte, Freunde und Ordensschwestern. Hilfspakete und Briefe sandte Benedicta v. Spiegel in dieser Zeit aus
St. Walburg in das KZ Dachau. Dort wurden die Sendungen sehnsüchtig
erwartet. Dazu gleich mehr.

GÄSTE DER ÄBTISSIN,
HILFE FÜR PATER G. PASSELECQ IM KZ DACHAU

Seit Monaten schon lebte v. Spiegels Schwester Maria v. Twickel nicht mehr
auf ihrem Gut in Ermelinghoff, sondern erholte sich von ihrem Schlaganfall
bei den Eichstätter Benediktinerinnen, wo es ihr offensichtlich sehr gefiel. Im
Herbst gesellte sich zudem ihr ehemaliger Hausgeistlicher Theodor Klauser
in die Gemeinschaft. Klauser hatte sich beharrlich geweigert, der NSDAP

beizutreten, und infolgedessen blieb ihm eine Professur verwehrt. In Bonn hatte der Kirchenhistoriker am ersten Band des von ihm mit herausgegebenen Reallexikons für Antike und Christentum gearbeitet, als ein schwerer Bombenangriff am 18. Oktober 1944 die Stadt am Rhein heimsuchte. In Eichstätt wurde er von der ihm wohlbekannten Äbtissin mit offenen Armen aufgenommen. Wie sich das Leben dort für ihn und Maria v. Twickel als Klostergäste gestaltete, hat er selbst am 16. November 1944 in einem Brief beschrieben. Er gewährt einen erstaunlichen Blick wie durch ein Schlüsselloch in die Abteizimmer v. Spiegels, wenige Monate vor Kriegsende inmitten der Flüchtlingsströme, die Eichstätt erreichten. Klauser führt aus:

„Mein Namenstag wurde auf eine ganz reizende Weise gefeiert. Die Äbtissin hatte zur hl. Messe das schönste Messgewand des Hauses auslegen lassen. Nach dem üppigen Frühstück, das ich wie immer gemeinsam mit der Ermelinghoffer Baronin in deren Zimmer einnahm, kam sie selbst zur Gratulation. Sie überreichte mir eine handgeschmiedete und verschliessbare Kassette und ein Buch, das ich einige Tage vorher bei ihr gesehen und gepriesen hatte. Zum Mittagessen waren die Baronin, Professor Lechner und ich in den schönen Salon der Äbtissin gebeten. Es gab ein ausgezeichnetes Diner und eine sehr gute Flasche Wein, zum Schluss Torte und Mokka. (…) Immer wieder fällt der Äbtissin noch etwas ein, was sie für mich tun könnte. (…) Meine Tage verlaufen in einem friedlichen Gleichmass: ich zelebriere…morgens…im Chor der Nonnen, dann gibt es im Zimmer der Baronin gleich nebenan Frühstück (…) Von 9 bis 12 habe ich dann Zeit zum Arbeiten. Um 12 wird in dem schönen grossen Sprechzimmer im Hauptgebäude des Klosters zu Mittag gegessen; wieder wird für uns zwei ganz allein serviert. (…) Im Übrigen ist die Kost überwiegend bayrisch. Es gibt daher ausser ganz hervorragenden Suppen sehr oft Weisswürste und Mehlspeisen (…) Um ½ vier beginne ich in einem kleinen Kochraum, wo ein ausgezeichneter Gasherd steht, mit der Zubereitung des Tees, der dann wieder bei der Baronin eingenommen wird. Dabei leistet uns gewöhnlich die Äbtissin selbst Gesellschaft".

Interessante Gäste gesellten sich zu den Gesprächsrunden der drei. So berichtete Klauser in seinem Brief weiter:

„Einmal hatten wir Gäste: den Attaché des Auswärtigen Amts, der die kriegsgefangenen englischen Offiziere im hiesigen grossen Lager betreut, mit seiner Frau. Es sind weitgereiste und sprachenkundige kultivierte Leute. Herr v. Fetter erzählte mir, dass ein etwa 30-jähriger englischer Archäologe unter seinen Schützlingen sei, dem er schon viele Bücher habe besorgen können. Das brachte mich auf die Idee, ob dieser Mann nicht vielleicht den noch ausstehenden Artikel Britannia machen könnte. Herr v. Fetter griff diese Idee mit grossem Eifer auf, nahm gleich die nötigen Unterlagen mit und telefonierte mir am fol-

genden Tage zu, dass Herr Stewart den Artikel mit mehreren anderen Kameraden gemeinsam machen wolle. Das freut mich natürlich sehr".

Zur Fertigstellung des Artikels ist es nicht gekommen, die Ereignisse
wenige Monate später im Frühjahr 1945 überschlugen sich.[714] Dabei sollten sich die sorgfältig gepflegten Verbindungen v. Spiegels zu den erwähnten englischen kriegsgefangenen Offizieren als äußerst hilfreich erweisen.
Dazu im nächsten Kapitel mehr.

Nicht alle Ausgebombten, die in den letzten Kriegsmonaten in ihrer
Not in die kleine Stadt im Altmühltal flüchteten, fanden derart komfortab-
le Lebensbedingungen vor wie die Schwester der St. Walburger Äbtissin
und ihr früherer Hausgeistlicher Theodor Klauser. „Gästehaus und Münz
immer voll belegt mit Evakuierten" – heißt es in der Klosterchronik. Auf
eine Anfrage vermutlich der Kapuzinerinnen aus Mainz schilderte v. Spiegel die Verhältnisse zum Jahresbeginn 1945 wie folgt:[715]

„Ihre Unterkunft ist bereit und für bescheidene Ansprüche wohl zureichend.
Allerdings wäre es gut, wenn die ärgste Kälte vorüber wäre, ehe Sie kommen,
denn das Heizmaterial ist furchtbar knapp… Gerne wüßte ich, ob Sie auf die
Unterkunft noch rechnen. Sollte das nicht der Fall sein, so bitte ich um Mitteilung, weil die Carmelitinnen aus Köln-Lindenthal ebenfalls um Unterkunft
bei uns gebeten haben, und ich nur eine Gruppe aufnehmen kann. Auch diese
aber nur mit offizieller Einweisung nach Eichstätt, denn Eichstätt ist, weil so
überfüllt, für weiteren Zuzug gesperrt. Infolgedessen würden neuerdings ohne
offizielle Einweisung Aufgenommene keine Lebensmittelkarten erhalten".

Bitten um existentielle Hilfe wurden an v. Spiegel auch von anderer
Stelle herangetragen. Der vertriebene Cellerar der 1941 von der Gestapo
beschlagnahmten Benediktinerabtei St. Matthias in Trier wandte sich mit
einem besonderen Anliegen im Oktober 1944 an die Äbtissin, nämlich um
Hilfe für einen Mönch aus Maredsous, der seit dem 28. September 1944
im KZ Dachau inhaftiert war. „Bisher wurde er durch Bekannte aus Trier
unterstützt. Da nun Trier jeden evakuiere…kann man dort nichts mehr für
ihn tun. Hätten Sie wohl die Möglichkeit und die Güte ihn ab und zu mit
einem Lebensmittelpaket zu versorgen? (…) Man kann dort alles gebrauchen…Brot, Marmelade…Gries, Hülsenfrüchte u.s.w., da man sich selbst
auch etwas kochen kann. Briefe und Alkohol darf das Paket nicht enthalten; wohl aber Rauchwaren".

Die belgische Benediktinerabtei Maredsous kannte v. Spiegel sehr gut,
lag sie doch in unmittelbarer Nachbarschaft ihres Professklosters Maredret.

Die Äbte von Maredsous, de Hemptinne und Marmion, dessen Werke sie übersetzt hatte, und der gelehrte Mönch Morin hatten ihre intellektuelle und spirituelle Entwicklung maßgeblich geprägt, wie dargestellt. Auch wegen emotionaler Verbundenheit folgte die Antwort aus St. Walburg wohl postwendend:

> „Wir werden sofort und dann von Zeit zu Zeit Ihren gütigen Angaben folgend, das Gewünschte senden. Hoffentlich gelangt es an die bestimmte Adresse, schriftliches geben wir eben nicht mit. Vielleicht können Sie gelegentlich in Erfahrung bringen, ob die Sendungen ankommen. Selbstverständlich gedenken wir der Schwergeprüften auch im Gebete…".

Sie hielt Wort. 3 Pakete und wohl auch kleine Briefe erreichten den Benediktiner Paul Georges Passelecq (1909–1999) im KZ Dachau. Wenige Wochen vor seiner Befreiung durch die Amerikaner schrieb er an die Äbtissin nach Eichstätt: „Liebe Tante, Ich bin unruhig da ich noch keinen Brief von Dir seit sechs Wochen erhalten habe. Jedenfalls habe ich Deine Sendung erhalten. – Du wirst froh sein, zu vernehmen dass ich immer in guter Gesundheit verweile (…)".

Passelecq hatte sich nach Kriegsbeginn für die Rettung jüdischer Kinder in Belgien eingesetzt und wurde mehrfach festgenommen, zuletzt war er von Ende September 1944 bis April 1945 im KZ-Dachau inhaftiert, wo ihn die Briefe und Pakete der Eichstätter Äbtissin erreichten.

Nach Kriegsende ins heimatliche Maredsous zurückgekehrt, erwarb er sich hohe Verdienste um die jüdisch-christlichen Beziehungen und wurde Vizepräsident der Nationalen Belgischen Kommission der katholischen Kirche für die Beziehungen zum Judentum. Seiner Wohltäterin blieb Passelecq verbunden und dankte ihr 1946 „noch einmal für Ihre große Barmherzigkeit während meiner Gefangenschaft".[716] Zurück in das Frühjahr 1944, als v. Spiegel die Kontakte zu den britischen Kriegsgefangenen im Eichstätter Lager Oflag VII B intensivierte.

BEZIEHUNGSPFLEGE MIT KRIEGSGEFANGENEN BRITISCHEN OFFIZIEREN

Mehr als 1100 britische Offiziere waren im Sommer 1944 im Kriegsgefangenenlager, dem sog. Oflag VII B in der vormaligen Eichstätter Heereskaserne interniert. Mit „Erlaubnisscheinen" besuchten eine Reihe von ihnen des öfteren die Abtei St. Walburg. Begleitet wurden die ersten Gruppen im April von dem schon erwähnten Wilhelm von Fetter (1880–1952), der in St. Walburg gastfreundlich aufgenommen worden war. „Gestern war die erste Gruppe britischer Offiziere, für die ich eine kleine Paramenteausstellung im Sprechzimmer herrichten ließ, bei uns. Heute kommt die zweite Abteilung". Benedicta v. Spiegel informierte Bischof Rackl auch, „um ein unerwünschtes Zusammentreffen zu verhindern". Daraus ist zu schließen, dass sie anders als der Bischof die Risiken nicht scheute, die aus Kontakten mit der ‚gegnerischen Seite' erwachsen konnten.

Im Sprechzimmer von der Äbtissin in ihrer Muttersprache begrüßt – erhielten die Kriegsgefangenen „Paramente für ihre Kapelle im Lager und sonstige Hilfe". Ein zu Weihnachten 1944 aufgenommenes Foto dokumentiert, wie die Internierten dort mit einfachsten Mitteln eine sakral anmutende Atmosphäre mit Altar, gestickten Wandvorhängen, die gotische Kirchenfenster imitierten, und lamettageschmückten Tannenbäumen schufen. Der englische Feldgeistliche Anthony Antrobus (Lebensdaten n.e.) betreute die Kriegsgefangenen seelsorgerisch, begleitete sie in die Abtei und erzählte ihnen im Lager von „Lady Abbess": „I have heard much of you and your kindness from Father Antrobus". Einer der teilnehmenden englischen Offiziere bedankte sich schriftlich bei ihr: „My Lady Abbess, (…) I did so enjoy my visit to you…I sent a description of the visit home, and the letter has been put into the Relatives of P.O.Ws paper". Tatsächlich wurde in den News-sheet of the British Prisoners of War Relatives' Association (B.P.O.W.A.) der Besuch am 24. April 1944 enthusiastisch beschrieben. Dort ist zu lesen:

„A Great Abbess. We have just come back from the most deligthful outing I have had for years! We went to S. Walburga's Convent and saw the Abbess… They had arranged a special exhibition of vestments, reliquaries and illuminated books, the most exquisite things you ever saw. The Abbess told me that Therese Neumann hoped to stay with her soon, but travelling is difficult… Then the Abbess took us into the church and opened the tomb of S. Walburga, which was a rare privilege… The Abbess had permission to leave the enclosure; she is a great woman, six feet tall and almost as broad, full of charity and quite the female counterpart of the Bishop of Eichstaett".

Nach der Beschreibung war Benedicta von Spiegel beleibt und mit 1,80 Meter Körpergröße eine imposante Erscheinung. Ihr war es erlaubt, die Klausur zu verlassen. Und in der Wahrnehmung der Offiziere war sie das ebenbürtige weibliche Gegenstück zum Eichstätter Bischof. Die Freundschaft zu der im Bericht erwähnten, in England überaus populären Therese Neumann wird ihre Reputation bei den Offizieren noch unterstrichen haben.

Eine enge Verbindung entstand mit der Zeit. Benedicta v. Spiegel schickte z.B. chinesische Muster (chinese designs) für Stickereiarbeiten in das Kriegsgefangenenlager. Sie bewahrte wertvolle Bücher in der Abtei für einen Offizier auf. Dieser revanchierte sich und schenkte ihr eine „handgeschriebene illuminierte Walburga Messe... „Ein guter Geist im Lager" – so die Chronistin. „Die Engländer im Lager waren sehr dankbar für ausgeliehene Paramente in die Lager-Kapelle (manche kamen nach dem Krieg später noch zu Besuch nach St. W.)" – ist in der Chronik rückblickend notiert. Eine ganze Reihe im Klosterarchiv erhaltener Briefe lesen sich im Duktus wie der von Captain John Leslie: „Dear Lady Abbess,...I must thank you again for our happy visits to your beautiful convent at Eichstätt. You can have no idea how much it ment to us in those dull days! How deeply impressed Protestants were". Die Offiziere waren beeindruckt von der barocken Abtei, dem Walburgagrab, dem seelsorgerischen Zuspruch und von Lady Abbess, mit der sie sich mühelos auf englisch unterhalten konnten.[717]

Wenn auch nicht anhand von Dokumenten verifizierbar, ist es naheliegend, dass die Beziehungen zu den englischen Offizieren nicht nur dem harmlosen Austausch von Paramentik, Büchern und dem Besuch der Walburgagruft galten. In den letzten Kriegsmonaten konnten beide Seiten hinter den verschlossenen Klostermauern Informationen über die politische Lage austauschen, und – wie sich bei der Übergabe der Stadt an die einrückenden Amerikaner zeigen sollte – wurden über die englischen Offiziere und Pater Antrobus tatsächlich Verbindungen zwischen Äbtissin Benedicta und den Alliierten aufgebaut. So war es auch nach Kriegsende nicht überraschend, dass der spätere Eichstätter US-Stadtkommandeur Raymond Towle in einem Empfehlungsschreiben vom Januar 1946 für Benedicta von Spiegel hervorhob, dass die Äbtissin und ihre Haltung zum Nationalsozialismus in der amerikanischen und englischen Armee wohlbekannt gewesen seien, ebenso ihre Unterstützung für die englischen kriegsgefangenen Offiziere. Die freundlichen Kontakte zu den Engländern ab dem Frühjahr 1944 wurden als „gefährlich" für die Äbtissin eingestuft:

> „At the time, when such actions were extremely dangerous, she openly aided, helped and entertained the English officers who were confined in the POW camp at Eichstätt, which held at one time 2000 English officers".

Die Gefahr mag auch ein Grund gewesen sein, warum der Eichstätter Bischof ähnliche Kontakte vermied.[718]

Die Äbtissin mit ihrem Patenkind Benedikta Härtl, 1941

mit ihren später gefallenen Neffen Christoph v. Twickel (li.)
und Raban v. Spiegel (re.), 1935

mit ihrer Stiefmutter Charlotte, um 1938

XV. Lady Abbess und die Rettung Eichstätts

BOMBENALARM UND FLÜCHTLINGSSTRÖME

Benedicta von Spiegel erlebte die letzten Monate 1944 in großer Sorge um ihre beiden Brüder. Der ehemalige Landrat war „lebensgefährlich krank" und musste in das Warburger Krankenhaus eingeliefert werden. „Ich bin mit all meinen Gedanken in treuester Sorge bei Euch" – schrieb sie an ihre Nichte Aloysia v. Spiegel. „Und sag ihm…er soll nur ja sehr vernünftig sein und lange genug in Warburg bleiben, damit kein Rückfall kommt…es wäre mir ja ein solcher Trost wenn ich Deinem guten Vater irgend etwas Liebes tun könnte". Damit nicht genug – ihren Lieblingsbruder lieferte der behandelnde Arzt Gottfried Ewald am 11. Dezember erneut in die Göttinger Universitätsnervenklinik ein „wesentlich unter…schützendem Gesichtspunkt; ging es doch gerade darum, den Baron… vor einem politischen Unglück zu bewahren". 2 Monate sollte er in der Göttinger Klinik Schutz finden. Benedicta von Spiegel äußerte dazu in einem Brief: „Die Sache in Rheder betrübt mich aufs Tiefste. Aber da kann man wohl garnichts machen?".[719]

Anfang Januar 1945 ging v. Spiegel offensichtlich von einem baldigen Kriegsende aus. Sie gratulierten ihrer Nichte in Helmern zur Hochzeit und stellte eine Nachfeier in Eichstätt in Aussicht: „Sobald Friede ist". Nachrichten aus der ostwestfälischen Heimat kamen in den letzten Kriegswochen mehr oder weniger zum Erliegen, der reguläre Zugverkehr in Eichstätt wurde eingestellt. Alliierte Bomber überflogen das Städtchen und andere Orte der Diözese auf dem Weg zu ihren Angriffszielen in größeren bayerischen Städten wie München, Nürnberg oder Ingolstadt.

Der Spiritual von St. Walburg Eugen Abt hat auf der Grundlage von Berichten aus dem Eichstätter Bistum über das „Kriegsgeschehen" eine Dokumentation zusammengetragen. Demnach häufte sich das Aufheulen der Sirenen 1944 und in den ersten Monaten 1945 auf mehr als 420 Warnungen. Fliegeralarm und Schutzsuche in Kellern prägten zusehends den Alltag der Menschen im Altmühltal einesteils. Anderenteils: „Panzersperren wurden gebaut, Laufgräben ausgehoben, der Volkssturm und darüber hinaus sogar 15jährige Burschen militärisch geschult". Zeitgleich nahmen Gläubige große Gefahren in Kauf, um in dieser Notzeit das Grab der Hl. Walburga unterhalb der Kloster- und Pfarrkirche zu besuchen und sich seelsorgerisch zu stärken. Die Klosterchronik hielt fest: „Zum Walburga-fest am 25. Februar kamen Pilger vom Land wegen Tiefflieger-Angriffen erst am Nachmittag an".[720]

„Schlechte Kriegsnachrichten" über militärische Niederlagen, die Bombardierung Dresdens, das „Vordringen der Russen…, Flüchtlings-Ströme im Osten" wurden aufmerksam von der Abteichronistin notiert. „Wegen häufigem Alarm waren wir auch nachts im Keller. Das Offizium beteten wir häufig in der Backstube. Der Krautkeller nebenan war Luftschutzkeller". Wenn die Sicherheitslage es zuließ, suchten die Klosterfrauen nach Brennmaterial. „Für unsere Küchen-Heizung sammelten wir tagelang Tannenzapfen im Wald, abends fuhren wir mit den Säcken mit Bulldogg müde heim, oder mit Pferden". Die Chronik macht die Geschehnisse seit Jahresbeginn 1945 anschaulich:[721]

> „Wir nehmen immer mehr Flüchtlinge auf: aus Litauen, Ungarn, Rheinland, Westfalen. Heizmaterial, Lebensmittel werden immer knapper. Aschermittwoch großer Luftangriff auf Dresden…Schwestern vom Josefinenstift aus Dresden kamen zu uns, verängstigt, verschmutzt, wurden bei uns im Kloster neu gekleidet. Aus Mainz kamen Kapuzinerinnen, aus Bautzen Franziskanerinnen. Die Flüchtlings-Schwestern brachte Mutter Benedicta in den größeren Räumen im Kloster unter. Wo ein freier Raum im Kloster, im Gästehaus, im Marienhaus war, wurden Evakuierte, Flüchtlinge untergebracht".

Grausam hatte das Schicksal die Kapuzinerinnen aus Mainz getroffen: Bei einem Bombenangriff erstickten im Klosterkeller die Äbtissin und 40 Nonnen, die große Mehrheit des Konvents.

Anfang Februar übersiedelte aufgrund der unsicheren Lage in Berlin auch der apostolische Nuntius, Cesare Orsenigo (1873–1946) mit seiner Entourage – insgesamt zu neunt – von Berlin nach Eichstätt und „wurde auch in St. Walburg heimisch u. beliebt". Bischof Rackl brachte ihn samt Mitarbeiterstab in seinem Palais unter. Der juristische Sitz der Nuntiatur wird offiziell bis 12. März 1952 in Eichstätt bleiben. „Sie werden wohl den Hohen Gast i. Eichstätt sicher schon kennengelernt haben", schrieb Konrad v. Preysing aus Berlin an Benedicta v. Spiegel.[722]

Die tausenden Flüchtlinge in der Stadt blieben nicht alle anonym: Im Wohnhaus des verstorbenen Freundes Wutz war auf vermittelnde Initiative der Äbtissin seit Mitte 1944 der aus München evakuierte Abt Willibald Margraf (1901–1979) einquartiert. Er hatte Anfang April 1941 mit dem Konvent die von der Gestapo beschlagnahmte Benediktinerabtei Schweiklberg im niederbayerischen Vilshofen verlassen müssen. Der Abt engagierte sich in der Seelsorge und hielt im Arbeitszimmer der Abtei vor Ostern 1945 Exerzitien für den Konvent ab, deren wohltuende Wirkung in der belastenden Kriegszeit nachhallte. Dem im Juni 1945 nach Schweiklberg zurückgekehrten Margraf schrieb v. Spiegel, „daß wir…der schönen Karwoche gedenken, in der Sie besonders durch die wundervollen Exerzitien uns eine ungemein große Wohltat erwiesen haben".[723]

Sie nahm auch den Neffen Melchior v. Borries mit Familie auf. Dieser war seit Juli 1942 im tschechischen Pilgram als Bezirkshauptmann tätig gewesen und musste mit seinen Angehörigen zum Kriegsende von dort fliehen. Die Verwandten lebte bis 1953 in Eichstätt.[724] Der Eigentümer des Wutzhauses, Erich Fürst Waldburg-Zeil, brachte die Angehörigen seiner Schwägerin Maria Anna Gräfin v. Magnis (1914–2000), die ihr Gut in Schlesien zurücklassen mussten, ebenfalls dort unter. Deren Schwägerin wiederum, Gabriele von Magnis (1896–1976) hatte als Sonderbeauftragte des Breslauer Kardinals Bertram die katholischen „Nichtarier" Oberschlesiens betreut.

Den Haushalt im Wutzhaus führte für alle Ottilie Neumann, die Schwester Therese Neumanns. Ihre Freundin in Konnersreuth hatte v. Spiegel über lange Zeit nicht sehen und sprechen können. Ottilie betreute nicht nur die Verwandten von Erich Waldburg-Zeil und den Schweiklberger Abt, sondern versuchte in Eichstätt die Not vieler Menschen zu lindern. Sie stecke – so die Äbtissin an Willibald Margraf – „schon seit einigen Wochen so Hals über Kopf in der reichen Liebestätigkeit… Sie macht sich ungemein verdient durch ihre aufopfernde und liebe Art".[725]

LETZTE KRIEGSWOCHEN

Über die letzten 8 Wochen vor Kriegsende berichteten die Englischen Fräulein in Eichstätt:

> „Von März ab erlebte die Stadt selbst einige Tiefliegerangriffe, die dem Bahnhof galten, aber auch die Gebäude um den Residenzplatz trafen…Von Mitte April ab wurde der Einmarsch der Amerikaner erwartet. Frau Äbtissin von St. Walburg hatte uns eingeladen bei Artilleriebeschussgefahr in ihren sicheren Kellern Schutz zu suchen. In der Nacht vom 18/19. April nahmen 25 Mitschwestern dieses Anerbieten an".

Die jahrelangen konkurrierenden Streitereien um die Eichstätter Mädchenschulen hatten beide Seiten angesichts der Sicherheitsnotlage im Krieg hinter sich gelassen. Der Bericht der Englischen Fräulein enthielt auch folgenden Hinweis: „Vor dem Einmarsch der Amerikaner waren am Radio Lügenmeldungen über Eichstätt verbreitet worden: Die drei Bischöfe und der ganze Klerus, die Frau Äbtissin mit ihren Nonnen, sämtliche Lazarette seien geflohen".[726] Der Bevölkerung sollte Glauben gemacht werden, die Kirche vor Ort hätte sie im Stich gelassen, die Kranken und Verwundeten hilflos ihrem Schicksal ausgeliefert. Wie war die Lage im April 1945?

In dieser lebensgefährlichen Bedrohungssituation schrieben Stadt und Abtei den kriegsgefangenen englischen Offizieren eine Art Schutzfunktion zu: „Das Lager der englischen Offiziere war für Eichstätt ein Schutz vor Flieger-Angriffen. Sie hätten wegfahren können, blieben freiwillig in Eichstätt als Schutz" – so die Klosterchronik. Ob dies tatsächlich der Beweggrund war, im April zunächst die angeordnete Auflösung des Oflag VII B zu verzögern, ist fraglich. Plausibler scheint zu sein, dass die Engländer das Risiko eines Marsches vermeiden und lieber von den nahenden amerikanischen Truppen befreit werden wollten. Als sie dann am Vormittag des 14. April 1945 doch aufbrechen mussten, wurden sie unter „friendly fire" versehentlich aus Fliegern der verbündeten Amerikaner attackiert. „14 engl. Offiziere wurden von den Amerikanern erschossen, 40 verletzt, ins Krankenhaus gebracht, unsere Mitschwestern kamen als Dolmetscher ins Krankenhaus". Einen Tag nach dem tödlichen Angriff wurde das Gefangenenlager geräumt. Begleitet von einer Abteilung des Eichstätter Volkssturms erreichten die marschfähigen Lagerinsassen zu Fuß nach 2 Tagen ihr Ziel Moosburg. Von dort konnten sie in ihre Heimat nach England ausgeflogen werden.

Die verletzten englischen Offiziere blieben jedoch in Eichstätt zurück. Domrestaurator Ferdinand v. Werden notierte am 18. April 1945 in sein Tagebuch: „Von allen Seiten kommen die Nachrichten von der Annäherung der amerikanischen Front". Der apostolische Nuntius „ist der Meinung, daß einige von den leichter verletzten englischen Offizieren die Amerikaner wohl verständigen könnten über die wahre Gesinnung der Bevölkerung von Eichstätt. Und diese Offiziere bewegen sich jetzt ja frei in der Stadt".[727] Die Amerikaner wurden zu diesem Zeitpunkt bereits verständigt durch ein Bittgesuch, die Stadt gewaltfrei einzunehmen. Eine der zentralen Initiatoren war die Äbtissin von St. Walburg.

ÄBTISSIN BENEDICTA UND
DIE FRIEDLICHE STADTÜBERGABE

Vor dem Einzug der alliierten Truppen am 25. April 1945 waren die lokalen Machtstrukturen in der Stadt in Auflösung: Landrat Bäuml schon seit längerem im Kriegseinsatz in Frankreich, der Bürgermeister Hans Rösch geflohen. Die Amtsgeschäfte lagen in der Hand des frisch ernannten Stadtoberinspektors Josef Kleber (1902–1979), den Rösch vor seiner Flucht kurzerhand eingesetzt hatte. Der US-amerikanische Historiker Edward N. Peterson urteilte, dass die Endphase des Kriegsgeschehens zeigte, wer maßgeblich für die Geschicke Eichstätts handelte: „The Prioress took the leading role". Stadtinspektor Kleber wird 4 Jahre später über diese kurze Zeitspanne gegenüber Benedicta von Spiegel resümieren:

> „Weiß doch kaum jemand besser als ich, als Ihr vertrautester Mitarbeiter in schicksalsschwerster Zeit, welche unermesslichen Verdienste Sie durch Ihr mutiges Verhalten und weitblickendes Handeln für die Stadt Eichstätt erworben haben".

Über die Geschehnisse, die sich 3 Wochen vor dem Einmarsch der amerikanischen Truppen in Eichstätt zutrugen, hatte v. Spiegel nicht nur den Stadtkommandanten mit einem Schweigegebot belegt. Der Spruchkammerakte Klebers von 1947, die an dieser Stelle erstmals ausführlich zur Darstellung der Geschehnisse herangezogen wird, ist folgendes zu entnehmen. Der Angeklagte Josef Kleber erklärte demnach am 14. Februar 1947 in der Spruchkammer-Verhandlung: Er „war bei der Äbtissin um sichere Entbindung von seinem Schweigewort, das damals vereinbart wurde, zu holen"(…) Ich muß in diese Sache Klarheit bringen. Bis heute durfte ich nicht, denn ich hatte das Schweigewort gegeben". Er führte aus, dass er 3 Wochen vor der Besetzung der Stadt konkret auf Benedicta v. Spiegel zugegangen sei: „Die Äbtissin gab mir die Kraft und versprach mir Hilfe und hat mich gestärkt, auch zum Bischof zu gehen". Bischof Rackl wurde zu einem Schreiben an den Gauleiter von Franken, Karl Holz (1895–1945), bewegt, um die sinnlos erscheinende Verteidigung Eichstätts abzuwenden. In diesem Bittbrief vom 8.04.1945 führte Rackl die Vielzahl an Lazaretten mit verwundeten Soldaten, das englische Offizierslager, die unzähligen Flüchtlinge, darunter der Päpstliche Nuntius, und den kulturellen Wert der Stadt als Argumente ins Feld. Der Befehl aus dem Führerhauptquartier, dass jede Stadt in Kämpfen zu verteidigen sei, machte den bischöflichen Bittbrief jedoch hinfällig.[728]

Auch zu dem Eichstätter Wehrmachtsführer Oberst Otto Marschall (1893–1982), dem die Nachrichtenersatzabteilung Eichstätt unterstellt war, nahm Kleber Fühlung auf. Nach seiner Aussage vertraute ihm Marschall militärische Details an: „Ich wußte…alles bis ins Kleinste durch das Vertrauen dieses Offiziers". Einig in der Frage, Eichstätt vor der Zerstörung zu bewahren und eine Vielzahl von Menschenleben zu retten, entschieden sich die Beteiligten zu einem lebensgefährlichen Vorgehen: „Unser letzter Entschluß bei der Geheimberatung in St. Walburg war gewesen, absolut rechtzeitig Verbindung mit den Amerikanern aufzunehmen. (…) Ich sage Ihnen heute den Weg" – führte Kleber vor Gericht weiter aus.

> „Ich habe das Material geliefert über die Absichten der Truppe und zwar vor dem 20. April, also zu einer Zeit, wo noch nicht bekannt war, daß die Stadt nicht verteidigt wird. (…) Außerdem haben wir den Amerikaner hingewiesen, daß 2000 englische Offiziere in der Stadt sind. Außerdem, was sehr wesentlich ist, daß nichts passierte, daß die SS abgezogen wird. Von mir stammten die Unterlagen und wurden in St. Walburg ausgearbeitet".

Der Spiritual der Benediktinerinnen, Eugen Abt, präzisierte übereinstimmend in einer eidesstaatlichen Erklärung, dass Kleber „von Frau Äbtissin angeregt und ermutigt" wurde. Er „verschaffte mir persönlich gegen den 20.4.45 die statistischen Angaben über die militärischen Verhältnisse in der Stadt, die ich mit meinem Wissen und Willen auf zwei Wegen weitergab; nämlich einerseits über die Frau Äbtissin an einen kriegsgefangenen englischen Offizier in der hiesigen Kaserne, der sich mit der päpstlichen Nuntiatur (damaliger Sitz Eichstätt) in Verbindung setzte, und andererseits über Kaplan Welker an auswärtige Geistliche, wodurch die Amerikaner auf ihrem Vormarsch schon in Schwabach Kenntnis von der hiesigen Lage erhielten".

Unter der Federführung v. Spiegels wurde mit den von Kleber gelieferten militärischen Informationen daraufhin eine Bittschrift an die vorrückenden Amerikaner formuliert und in vervielfältigten Kopien „by German civilians" verteilt „to all who dared to read on the road into Eichstätt". Bisher ließ sich nur eine Druckseite der von den US-Truppen sogenannten „German Civilian Petition" in den Archiven finden. Gleich der erste einleitende Satz macht die Stoßrichtung des Bittbriefes klar: Eichstätt zu verschonen: „We all of Eichstatt ask to spare our ancient bishop-town and not to enter in the battle". Begründet wurde die Bitte zunächst durch die jahrhundertealte enge Verbindung der Stadt mit den aus dem englischen Königshaus stammenden Heiligen Willibald und seiner Schwester der Hl.

Walburga, die seit Jahrhunderten in St. Walburg beigesetzt ist. Dann wendet sich die Petition der aktuellen Lage in Eichstätt zu: „Here is camp in which there are American and English officers"; zudem Lazarette mit zahlreichen Verwundeten. Der Verweis auf den anwesenden apostolischen Nuntius durfte nicht fehlen. Die Verfasser konzidieren, dass es in der Stadt einige Fanatiker („some fanatics") gibt, die man hoffentlich festsetzen könne. „Wie will hope that it is possible to make those persons as prisonners". Die in St. Walburg ausgearbeitete Petition listet weiter minutiös auf, wo sich bewaffnete deutsche Einheiten, Barrikaden und anderweitige Befestigungen befinden und gibt Hinweise, welche Wegführung am wenigsten riskant ist für die vorrückenden Alliierten.

Leider ist die 2. Seite der Bittschrift nicht erhalten. Auch Josef Kleber sagte in seinem Spruchkammerverfahren übereinstimmend mit dem Spiritual aus, dass die Petition einerseits einem englischen Offizier ausgehändigt wurde, „und dieser hat sich in Verbindung gesetzt mit dem päpstl. Nuntius und über diesen mit den Engländern und Amerikanern". Andererseits wurde die Bittschrift über „sämtliche Pfarrämter" weitergegeben, „weil wir nicht wußten, wo der Amerikaner herkommen kann, mit der Bitte um Wiederweiterleitung an das nächste Pfarramt bis zur Berührung mit dem Amerikaner".[729] Dass bei der Verteilung der vom St. Walburger Spiritual erwähnte Domkaplan Karl Welker (1914–1993) die riskante Aufgabe übernommen hatte, war Kleber wohl nicht bekannt.

Nach den gesichteten Dokumenten verfolgten verschiedene Akteure das gleiche Ziel: Eichstätt vor der Zerstörung und Menschenleben zu retten. Beteiligt war von militärischer Seite federführend der Eichstätter Wehrmachtsführer Oberst Marschall, der den Standpunkt der Nichtverteidigung der Stadt aufrecht erhielt, bis am 22.04. die „Aufhebung des Verteidigungsbefehls" eintraf. Weiterhin die Verantwortlichen für die Volkssturmformation, deren Kampfeinsatz unterbunden wurde. Auf das besondere Schutzbedürfnis Eichstätts aufgrund der vielen Lazarette insistierte nach eigener Aussage der Chefarzt der Reservelazarette Dr. Karl Kreckel (1891–?). Er war der Äbtissin gewiss persönlich bekannt, kamen doch eine Vielzahl von Klosterfrauen in Lazaretten der Stadt zum Einsatz. Äußerst bedeutsam dürfte für die Verschonung der Stadt gewesen sein, dass sich die gefangenen englischen Offiziere dezidiert dafür eingesetzt haben. Ihr Feldgeistlicher Captain Anthony Antrobus, der wiederholt mit Abordnungen aus dem Oflag VII B Gast in St. Walburg war, hatte sich mit einer entsprechenden Bitte an Nuntius Orsenigo gewandt: „2000 englische kriegsgefangene Offiziere in Eichstätt bitten die alliierten Streitkräfte um Schonung der Stadt Eichstätt".[730] Nur kurze Zeit später musste der größere Teil der Kriegsgefangenen, ausgenommen die Verwundeten, das Lager verlassen.

Unklar bis heute bleibt die Rolle des Leiters der im Dezember 1944 von Nürnberg nach Eichstätt verlegten SS-Nachrichtenersatzabteilung, SS-Obersturmbannführer Heinrich Munker (1883–?). Er äußerte am 27.12.1944, dass seine Abteilung der „Wehrmacht hier in Eichstätt…garnicht willkommen" gewesen sei. „Angesichts der Lage" – schrieb er am 14. Februar 1945 – „muss ein grosser Teil der Männer des Stabes…abgegeben werden. (…) Wir müssen eben jetzt alles aufbieten, um durchhalten zu können".[731] Schwer vorstellbar, dass die genannten Beteiligten in ihm einen vertrauensvollen Ansprechpartner gesehen haben.

Alle – wenngleich von unterschiedlichen Seiten: Stadt, Abtei, Bischöflicher Stuhl, Militär, Volkssturm, Lazarett – einte die Einsicht, dass eine Verteidigung von Eichstätt die Zerstörung der Stadt zur Folge haben müsste, ohne die vorrückenden amerikanischen Einheiten aufhalten zu können – ein in jeder Hinsicht sinnloses, blutiges Unterfangen. Entscheidend war, dass in dem um den 17. April in der Abtei St. Walburg erarbeiteten Bittgesuch mit Informationsmaterial das heranrückende 342. Infanterieregiment der 86. US-Infanteriedivision „Black Hawks" frühzeitig über die militärische Lage, soweit sie bekannt war, und über die Situation in der überfüllten Stadt mit den vielen Verwundeten und Geflüchteten ein realistisches Bild erhalten sollte. Dass den Amerikanern zugleich die kampflose Übergabe der Stadt in Aussicht gestellt und zu diesem Zwecke sogar die Festsetzung von fanatisierten Nationalsozialisten erwogen wurde, galt als Feindbegünstigung und Kriegsverrat – Delikte, auf die die Todesstrafe stand. Benedicta von Spiegel ging mit ihrer maßgeblichen Beteiligung an Formulierung, Übersetzung und Verteilung des Bittgesuchs also ein lebensgefährliches Risiko ein für sich und die Klostergemeinschaft.

Die wahrscheinlich in der Abtei vervielfältigte Petition gelangte auf konspirativem Weg über die umliegenden Pfarrämter der Diözese im etwa 70 Kilometer von Eichstätt entfernten Schwabach bei Nürnberg am 20. April in die Hände der Amerikaner, die den Ort am 15. April eingenommen hatten. Wie Stadtoberinspektor Kleber später erfahren sollte, hat die Bittschrift die Stadt vor der Bombardierung gerettet. Als Kleber mit dieser Freudenbotschaft nach St. Walburg eilte, sagte ihm Äbtissin Benedicta, „sie habe es eben von einem amerikanischen Priester gehört". Unterdessen war in der Abtei eine weiße Fahne „zur Übergabe" Eichstätts genäht worden, die am 24. April einem Mitarbeiter der Stadt ausgehändigt werden sollte. Doch noch war das Aufziehen verfrüht und lebensgefährlich. Ab dem 22. April war die Stromversorgung der Stadt unterbrochen. „In den Abendstunden des 23. April wurde für Eichstätt ‚Groß-Alarm' gegeben. Der Bevölkerung bemächtigte sich ein Angstgefühl und eine Meinung, die mit der des bevorstehenden Weltuntergangs verglichen werden konnte" – hielt die Klosterchronistin fest.[732]

Einige verbliebene SS-Angehörige und „Nazi-Anhänger" leisteten indes „fanatisch Widerstand", indem sie die Brücken zur Stadt sprengen wollten, um den heranrückenden Alliierten den Weg abzuschneiden. Der Plan verunsicherte die Bevölkerung weiter wie auch ein brutales Vorkommnis. Einen Tag, bevor die US-Truppen Eichstätt erreichten, hatte „die SS zwei Männer an den beiden vordersten Bäumen des Leonrodsplatzes aufgehängt,…weil sie die Zündkabel zur Mine unter der Spitalbrücke durchschnitten hätten. (…) Der eine war selbst ein SS-Mann von etwa 35 Jahren aus dem Saargebiet und Familienvater, der andere ein Eichstätter Bursche" – hielt Ferdinand v. Werden in seinem Tagebuch fest. Die Brückensprengung erfolgte am Abend des 24. April.

„Die Brücken wurden gesprengt u. unsere Fenster gingen in Scherben. Wir beteten u. aßen u. verbrachten die Nacht im Keller und auf den Kellertreppen" – heißt es in der Klosterchronik. Die verbliebenen SS-Angehörigen flüchteten am 24. April aus der Stadt, „ließen aber Sprengstoffkisten für das Bischofspalais, St. Walburg und den Dom zurück, getarnt als ‚Salzkisten' im Krankenhaus gelagert… der Sprengstoff" wurde „in der Altmühl versenkt". Die Leitungen „für die Sprengung von St. Walburg" waren schon gelegt" – fuhr die Chronistin fort. Die schon seit Monaten in St. Walburg wohnende Schwester der Äbtissin, Maria v. Twickel, resümierte das Kriegsende in Eichstätt: „Die letzten Tage des grausigen Krieges waren übel u. man war wie erlöst, als er vorbei war. Außer den überflüssigen Brückensprengungen durch die S.S. …ist nichts zerstört. Elisabeth (gemeint Äbtissin Benedicta GW) hat alles fabelhaft überstanden u. leistet das Unmöglichste". Die Lage kurz vor der Stadteinnahme war äußerst angespannt. „Es war eine Nacht ohne Schlaf und voll banger Erwartung".[733]

Als der 31-jährige Georg Brummer (1914–1986), Leiter der Straßenverkehrsstelle und des städtischen Wirtschaftsamtes, am Morgen des 25. April vor dem Rathaus ankam, hatte auch er „einen Brief der Äbtissin von Sankt Walburg…dabei, in dem die Alliierten gebeten wurden, die Stadt Eichstätt zu verschonen". Als einer der beauftragten Parlamentäre den einrückenden Amerikanern per Funk angekündigt, händigte er den Brief der Äbtissin einem Offizier aus. Zeitgleich wurde die in St. Walburg genähte weiße Fahne über dem Rathaus gehisst „zum Zeichen des Friedenswillens der Bevölkerung".

Um diese Zeit war Benedicta von Spiegel bereits ins Rathaus gefahren worden, „um bei der Übergabe der Stadt verhandeln zu können" und zu übersetzen – so die Klosterchronik. Dort machte sie einen Angestellten darauf „aufmerksam daß noch Hitlerbilder herumhingen, die gleich mit Schwung in eine Schublade" geworfen wurden. Da zu diesem Zeitpunkt noch Schussgefechte mit SS-Leuten auf der Willibaldsburg stattfanden, kehrte v. Spiegel in die Abtei zurück. Dort wurde sie gegen 12.30 erneut abgeholt und begleitet von ihrer Sekretärin Sr. Brigitte zu Münster im Rathaus zum leitenden Offizier gebracht wurde. Zu Münster hat die Geschehnisse nach der Stadtübergabe detailreich festgehalten:

> „Der Commander…wollte wissen, wie die Stadt eingestellt sei. Schon nach den ersten Sätzen ging er in ein fließendes Deutsch über. Wieviel Priester und Ärzte da wären. Er frug nach unserem Kloster, nach eventuellen SS-Leuten in der Stadt, nach der Einstellung der Jugend und erklärte dann: Sagen Sie den Leuten, dass ihnen nichts geschieht, wenn meinen Jungen nichts geschieht. Kommt das geringste vor, dann wird die Stadt eingeebnet. (…) Hochwürdige Mutter musste ihm verschiedene Vorschläge für die Ernennung des Bürgermeisters etc. machen".

Benedicta v. Spiegel hatte von Anfang an eine Vertrauensstellung bei den amerikanischen Besatzungsoffizieren inne. Der damalige Kaplan der Kloster- und Pfarrkirche St. Walburg – Max Stengl – hielt dazu in seinen Erinnerungen fest, dass die Abtei seit der Übergabe der Stadt unter besonderem Schutz der Alliierten stand:[734]

> „Als ich nach St. Walburg zurückkam, brachten die Amerikaner mit einem Jeep eine große Tafel, die am Eingang des Klosters angebracht wurde mit der Inschrift: Off limits (Zutritt verboten!), was für die kämpfende Truppe galt".

Der mutige Einsatz wurde mit der Rettung der Stadt vor der Zerstörung und das Kloster nach den Existenzsorgen der vergangenen Jahre mit besonderer Sicherheitsgarantie belohnt. Über die Ereignisse um die friedliche Übergabe der Stadt, die dieser vorausgehenden konspirativen Gespräche und Aktionen liegen nur wenige schriftlichen Dokumente vor. Zeitzeugenerinnerungen sind eine weitere Quelle zur Erhellung. Die Ereignisse bis Ende April 1945 lassen sich anhand der Spruchkammerakte von Josef Kleber und den Aufzeichnungen des Militärseelsorgers Kürzinger als ergiebigste Quellen wie vorstehend rekonstruieren. Die letztgenannten Aufzeichnungen wurden erstmals für diese Publikation ausgewertet. Beide Quellen bestätigen das Geschehen wie dargestellt. Warum ist gerade in der Abtei so wenig über diese dramatische Zeit schriftlich festgehalten worden?

Eine Erklärung liegt nahe: Um St. Walburg zu schützen, versuchte die Klostergemeinschaft nichts schriftlich zu fixieren, was sich bei einer möglichen Hausdurchsuchung der Gestapo nachteilig auswirken konnte. Selbst die Chroniken wurden verkürzt und dadurch verzerrt. Zudem hatte Äbtissin Benedicta nicht nur sich selbst Stillschweigen über viele brisante Vorgänge, von denen sie Kenntnis hatte, auferlegt, sondern auch den 1945 zuständigen Stadtoberinspektor Kleber mit einem „Sprechverbot" wie erwähnt belegt, an das sich dieser auch strikt hielt. Erst bei der Revision seines Entnazifizierungsverfahrens hatte v. Spiegel dieses „aufgehoben". Zugleich hatte sie ihn bereits 1946 mit einer eindeutiger Aussage unterstützt: Kleber habe „sich mit Einsatz seiner ganzen Persönlichkeit, ja unter Lebensgefahr für die Rettung der Stadt eingesetzt, deren verschiedene Phasen ich aufs genaueste verfolgen konnte". Das Gericht kam zu dem Urteil: „Es steht somit für die Hauptkammer eindeutig fest, dass der Betroffene der Mittelsmann der Frau Äbtissin, des verstorbenen Herrn Bischof Michael Rackl aus Eichstätt und des britischen Feldgeistlichen Cpt. Anthony Antrobus war". Sprechverbote erließ v. Spiegel auch für die Klosterfrauen, die sie während der NS-Zeit ins Vertrauen gezogen hatte. Denn Nichtwissen bot Schutz – so die Bewertung aus der Abtei im Nachherein:[735]

> „Was sie, besonders in der letzten Zeit vor der Einnahme unserer Stadt durch die Amerikaner alles wagte und tat, haben wir selbst erst einige Jahre später von ihr erfahren. Sie wollte damals den Konvent nicht mit Wissen belasten, das in mehreren Fällen für uns recht drückend und aufregend gewesen wäre".

GEHEIMES KLOSTERVERSTECK

Anfang der 1990er Jahre löste ein Brief des ehemaligen CIA-Agenten George Schriever (Lebensdaten n.e.) an die Redaktion des Eichstätter Kuriers eine öffentliche Verlautbarung der St. Walburger Benediktinerinnen aus. Schriever war 1945 nach eigener Aussage durch seine Kommandostelle beauftragt worden, Verbindung mit dem Kloster aufzunehmen, „um über den Widerstand gegen die Nazis etwas herauszufinden". In seinem mehr als 45 Jahre nach diesen Ereignissen verfassten Brief regte er an, Benedict v. Spiegel als Widerständlerin und „Retterin der Stadt" mit einer nach ihr zu benennenden Straße zu ehren. Folgendes wurde der hiesigen Regionalzeitung, dem Eichstätter Kurier, aus dem Kloster dazu mitgeteilt:

„Über den im kleinen Sprechzimmer hausenden Flüchtling, der auch in den Luftschutzkeller kam, hat uns Äbtissin Benedicta wohl aus Sicherheitsgründen keinerlei Angaben gemacht. Eine unserer Schwestern brachte ihm das Essen. Aber
die anderen erfuhren erst nach dem Krieg, daß ein von der SS Verfolgter im Haus
gelebt hatte. Außerdem wurden viele Flüchtlinge und Ausgebombte vom Kloster
aufgenommen, deren Namen nicht allgemein bekannt gegeben wurden, die auch
wechselten und meist sehr schwere Schicksale hinter sich hatten, darunter auch
Priester aus dem KZ Dachau und andere KZ-ler. Durch deren Erzählungen erfuhren wir erst die bisher geheim gehaltenen Greueltaten in den Lagern".

Die aus Eichstätt stammende Sr. Laurentia Köppel, Begleiterin der
Äbtissin auf ihrer Amerikareise und auch mehrfach schon als Verfasserin
von Briefen an Familienmitglieder v. Spiegels hervorgetreten, hatte den ge-
heimgehaltenen Gast mit Essen und anderem mehr versorgt. Die Eingabe des ehemaligen CIA-Agenten Schriever war erfolgreich. In dem in den
1990er Jahren entstandenen Wohnviertel Mitte ist die Hauptstraße nach
Benedicta von Spiegel benannt worden: Es ist eine der wenigen Straßen in
Eichstätt, mit deren Namen eine Frau geehrt ist.[736]

Die Reputation v. Spiegels bei damals noch lebenden amerikanischen
Zeugen der Besatzungszeit darf man hoch bewerten. Doch wie gestaltete
sich das Leben Jahrzehnte zurückgeblickt unter den neuen Stadtherren?

AUFBAUHILFE DER BENEDIKTINERINNEN

Eine Mitarbeiterin v. Spiegels hielt 1945 in der Chronik fest: „Zu uns waren die Amerikaner sehr zuvorkommend, wenn auch sehr zeitraubend für
Hochwürdige Mutter. Sie kamen rauchend oder Kaugummi kauend mit
der Reitpeitsche ins Sprechzimmer und genossen vermutlich die ihnen
ganz ungewohnte mit Tradition geladene Luft. (...) Die Amerikaner waren
begeistert, dass Hochwürdige Mutter ihr Wunderland kannte und lobte".
Diese Hochschätzung sprach sich in der Stadt rasch herum.

„Natürlich wallfahrtete nun halb Eichstätt zu Hochwürdigen Mutter, um Für-
bitten und Gesuche bei den Amis zu erbitten. Die ‚Spiegelschrift' war sehr
gesucht. (...) Natürlich wollte jetzt jeder beweisen, dass er nie Nazi gewesen sei
und wenn doch, dann nur gezwungen. Die Anträge waren oft recht mühsam
für Hochwürdige Mutter. St. Walburg musste nun überhaupt in allen Dingen
helfen. Leute, die uns lange Zeit etwas ängstlich gemieden hatten, erschienen
wieder als intimste Freunde".

Die noch in der Stadt verbliebenen englischen Offiziere wurden umgehend in ihre Heimat ausgeflogen. Eichstätt war auch überflutet von freigelassenen slawischen, vor allem russischen Gefangenen und Zwangsarbeitern, die in der Stadt und den umliegenden Orten unter den Nazis Arbeitsdienst verrichten mussten, sowie von zahllosen belgischen und französischen Soldaten. Letztere wurden im Marienhaus der Abtei untergebracht. Zu Münster zeichnet ein anschauliches Bild der ersten Monate auf diesem Teil des Klostergeländes:

> „Im Schulhof wurden an vielen kleinen Feuerchen die Wand entlang gekocht. (…) Das Schulhaus war lieblich dekoriert mit geschlachteten Schweinen und Schafen. Es gelang uns, die Schaffelle zu erobern… Ausserdem war Wäsche und Stiefel in den Fenstern aufgehängt, auf dem Hof standen die Bänke, lagen zerfetzte Zeitungen und Schulbücher, Patronenhülsen und zertrümmerte Möbel. Dazwischen lungerten die Soldaten herum und fuhren amerikanische Autos ein und aus. Die Belgier erhielten teilweise ihre Esswaren in unserer Klosterküche aufgewärmt. Sie schlossen bald Freundschaft mit Hochwürdigen Mutter, als sie erfuhren, dass diese solange in Belgien gewesen war. Trotzdem stahlen sie uns aber unsere Saaterbsen auf dem Speicher".

Der von den Amerikanern ab 25. April 1945 mit dem Bürgermeisteramt betraute Josef Kleber schätzte, dass sich insgesamt 25.000 aus den verschiedensten Gründen geflüchtete Menschen in Eichstätt unter oft ärmlichsten Bedingungen aufhielten. Sie alle mussten mit dem Lebensnotwendigsten versorgt werden. Vielfach blieben die Evakuierten, Ausgebombten und von den Alliierten als Displaced Persons bezeichneten, in Eichstätt größtenteils ehemaligen Zwangsarbeiter aus Osteuropa jahrelang in der Stadt.[737]

Die Abtei St. Walburg trug den ihr möglichen Teil zur Versorgung der Menschen bei – und das über einen langen Zeitraum. Was versetzte die durch die nationalsozialistische Antikirchenpolitik und den Krieg auch wirtschaftlich stark in Mitleidenschaft gezogene Klostergemeinschaft dazu in die Lage? Mit dem Ende der NS-Diktatur konnten die Verbindungen zu den Tochtergründungen in England und Amerika rasch wieder aufgenommen werden. Dabei waren Äbtissin Benedicta die englischen Offiziere aus dem ehemaligen Oflag VII B zu Diensten. „Durch die engl. Offiziere, die hier in Gefangenschaft waren, hat sie jetzt sehr gute Nachrichten von ihren Töchtern aus England u. Amerika bekommen" - schrieb Maria v. Twickel an ihre Schwester Ida v. Merveldt. Beim Nachrichtenaustausch blieb es nicht. Allein die Ordensschwestern in den USA „wuschen und besserten

Kleidungsstücke aus, sparten sich Nahrungsmittel vom Munde ab und verschickten an die 4000 Care-Pakete, jedes per 11 Pfund nach Deutschland an die Mitschwestern, Angehörigen und Freunde" auf der anderen Seite des Atlantiks.[738]

In der Abtei sind die Sendungen minutiös erfasst worden nach Eingangsdatum und Inhalt: Die Ordensfrauen zählten säckeweise Reis, Trockenmilch, Bohnen, Zucker und Mehl, Unmengen an Fettbüchsen, Erbsen, Spaghetti, Kaffee, Grieß, Instant-Rindfleisch- und -hühnersuppe, Haferflocken, Puddingpulver, auch „Beautypäckchen" und Kleiderpakete. Mindestens bis 1950 kamen dem Kloster und den von ihm versorgten Menschen die Lebensmittel- und Kleiderspenden zugute, und auch denjenigen, die v. Spiegel besonders am Herzen lagen wie dem Berliner Bischof Konrad v. Preysing. Er fragte bei ihr im Sommer 1945 an: „Wären Ihre Töchter in Amerika so gut, mir einmal ein Paket zu schicken, Lebensmittel, von denen ich auch andere glücklich machen könnte?". Die Eichstätter Äbtissin wird v. Preysing in den folgenden Jahren bis zu ihrem Tod mit Lebensmitteln, vor allem aber mit Messgewändern und Reliquien für die neu zu errichtenden Kirchen im zerstörten Berlin versorgen.[739]

DER US-STADTKOMMANDEUR CAPTAIN TOWLE UND LADY ABBESS

Auch in Eichstätt bestand seitens der US-Militärregierung die Notwendigkeit, schnell eine funktionierende Kommunalverwaltung aufzubauen. Während der letzte Stadtkommandant Josef Kleber die Bürgermeistergeschäfte zunächst auf Bitten der amerikanischen Besatzung weiterführte, wurde die Neubesetzung des Bürgermeister- und Landratsamts vorbereitet. Ein Gremium aus vermutlich von Eichstätter Bürgern benannten „Vertrauensmännern" hatte aus einer Vorschlagsliste in geheimer Stimmzettelwahl die Entscheidung zu treffen. Bereits einen Tag nach der Kapitulation Deutschlands am 8. Mai 1945 waren das Eichstätter Bürgermeister- und das Landratsamt per Wahl neu besetzt. Die Amtseinsetzung „erfolgte am 9. Mai 1945 in Zimmer Nr. 14 durch den Militärgouverneur…unter Aushändigung einer Bestallungsurkunde".

Das Landratsamt führte fortan der 1934 von den Nazis aus seinem Amtes entlassene BVP-Bürgermeister Otto Betz. Er war in der Abtei kein Unbekannter, hatte er doch 1926 an den Feierlichkeiten der Äbtissinweihe teilgenommen und dabei die traditionell gute Beziehung von Stadt und Kloster herausgestellt. Das Bürgermeisteramt bekleidete für die folgenden drei Jahre der „Oberverwalter des Lagerhauses Eichstätt" Romuald Blei (1882–1976).

Ein neuer Vertreter der amerikanischen Militärregierung nahm, nachdem seine beiden Vorgänger in ihre amerikanische Heimat zurückgekehrt waren, bald darauf seine Arbeit in Eichstätt auf. Captain Raymond J. Towle (1915–n.e.) – machtbewusster Jesuitenschüler – trat am 25. Juni 1945 seinen neuen Posten in Eichstätt an, nachdem ihn Kriegseinsätze seit November 1944 u.a. nach Eupen, Bad Godesberg, Marburg, Dessau, Darmstadt und Siegburg geführt hatten. Auf eine gedruckte Karte mit seinen Einsatzorten hatte er vermerkt: „Capt. Towle has been assimilated into the background and is a weatherbeaten Bavarian peasant".

Als erstes verlegte der sich selbst als ‚wettergegerbten bayerischen Bauern' stilisierende Towle seinen Amtssitz in das Eichstätter Rathaus. Folglich mussten Bürgermeister und Stadtbeamte ihren Behördensitz räumen. Nicht alle in Eichstätt fanden wie Benedicta von Spiegel schnell ein für die herausfordernden Aufgaben der kommenden Zeit notwendiges Vertrauensverhältnis zu ihm. Towle blieb in Eichstätt bis Anfang 1947 und vernetzte sich vorzugsweise mit den kirchlichen Würdenträgern der Stadt: Nuntius, Bischof und Äbtissin.[740] Dazu gleich mehr.

Kaum war der Krieg offiziell beendet, trug sich v. Spiegel im Stillen mit der Frage, die Schulen für St. Walburg zurückzugewinnen und so schnell wie möglich wieder zu eröffnen. An Bischof Rackl schrieb sie am Pfingstsonntag, dem 19. Mai 1945: „Diese Schulfrage ist mir eine so drückende Gewissenssache, daß ich unserem Oberhirten meine…Beobachtungen und Erwägungen vorlegen möchte. (…) Mein Konvent weiß vorläufig garnichts von dieser Sache".[741] Vor dem Hintergrund, dass der Schulunterricht kriegsbedingt schon seit Anfang 1945 wegen Lehrermangels und Fliegeralarmen eingeschränkt und kurz vor dem Einmarsch der Amerikaner ganz eingestellt worden war, sorgte sie sich um die Bildung der Kinder in einem geregelten Schulalltag. Das war v. Spiegel sicherlich eine Herzensangelegenheit. Zugleich wird sie das Ziel verfolgt haben, St. Walburg erneut in die Position des zentralen Schulträgers der städtischen Mädchenbildung und damit auch die seit Jahren arbeitslosen Lehrerinnen wieder in ein Beschäftigungsverhältnis zu bringen. In der Klosterchronik ist von „verwahrlosten Kindern" zu lesen.

Schon bald nach diesem Brief ließ sie dem US-Stadtkommandanten Captain Towle übermitteln, wie besorgt sie um den baulichen Zustand der Schule sei. Diese müsse dringend renoviert werden, wenn die Schule in den nächsten Wochen wieder eröffnen soll. Im Gebäude waren bis September ehemalige litauische Zwangsarbeiter einquartiert gewesen, die das

Haus nach ihrem Auszug in einem „unbeschreiblichen Zustand" zurück-
gelassen hatten, so die Schwester der Äbtissin in einem Brief.

Doch trotz dieser Widrigkeiten genehmigte die Militärregierung die
Schule. Schon am 1. Oktober 1945 begann der Unterricht für die ersten 4
Schulklassen, denen in den nächsten Wochen die Jahrgänge 5. bis 8. Stufe
folgten. Vier Lehrkräfte aus dem Kloster und „einige weltliche Lehrerinnen" kehrten als erste in die Schule zurück, die am 27. September „mit
einer großen Feier eröffnet" wurde. Nach der Schuleröffnung strebte v.
Spiegel auch die erneute Etablierung der Haushaltungsschule an. Ihren Antrag vom 27. November 1945 genehmigte das Office of Military Government for Regierungsbezirk Oberfranken & Mittelfranken schon 3 Tage
später und erteilte die Erlaubnis – „Permission to Reopen House-keeping
School" – Auch der Kindergarten öffnete wieder seine Pforten – jedoch
laut Chronik „keine Kohlen zum Heizen, Tannenzapfen".[742]

Die St. Walburgerin nahm sich vieler Sorgen und Angelegenheiten an. Sie
stellte u.a. Geleitbriefe aus, erbat Reiseerlaubnisse und formulierte Entlas-
tungsschreiben, beispielsweise für einen denunzierten Lehrer. Dieses Schreiben an Captain Towle gibt Aufschluss über die Stimmung in der Stadt:

> „Es würde mich sehr freuen, wenn ich mit meinen wenigen Zeilen beitragen
> könnte, daß endlich das Schulwesen im Kreise Eichstätt zur Ruhe und damit zu
> einer ersprießlichen Arbeit kommt. Believe me, dear Captain".

Selbst eher banalen Problemen wie der Möbelumzüge der Pfarrer Anton
Brems und Max Stengl nahm sie sich an. Von letzterem stammt die in Eichstätt
offenbar weit verbreitete Einschätzung der temperamentvollen Benediktinerin als „eine der bedeutendsten Persönlichkeiten, die mir im Leben begegnet
sind": „Sie hatte gute Beziehungen zu der damaligen amerikanischen Militärregierung der Stadt Eichstätt, hatte sie doch am 25. April 1945 die Übergabe
der Stadt an die kämpfende Truppe vollzogen" – so Pfarrer Stengl.[743]

Doch Stress und außerordentliche Beanspruchungen der letzten Monate schlugen sich wieder auf die Gesundheit der 71-Jährigen nieder. Ihrer
Schwester – schrieb Maria v. Twickel – „ging es nicht gut, sie hatte Zucker,
ist jetzt in Behandlung u. muß strenge Diät halten. (…) Sie kann ja keine
Ruhe geben, aber nun wird sie wohl vorsichtiger werden". Es gab auch
Erfreuliches zu berichten. „Gestern abend haben wir in der Gruft ein herr-
liches Tedeum gesungen, denn das hl. Oel floß stark. (…) Die Freude ist
natürlich groß, auch bei der Bevölkerung, die in Mengen auf der Straße vor
der Gruft stand. Denn herein wird niemand gelassen, da die Kirche schon
geschlossen ist".[744]

Neben den Schulen war die Verwendung des im Altmühltal gelegenen schon vielfach erwähnten Rokokoschlosses Hirschberg eine weitere
Herzensangelegenheit v. Spiegels, deretwegen sie sich am 28. November
1945 an Towle als Verantwortlichen in der amerikanischen Militärregierung Eichstätt wandte. Hirschberg sollte seine frühere Zweckbestimmung
als Seminar- und Exerzitienhaus wieder erlangen. Nach den Erfahrungen
12-jähriger nationalsozialistischer Ideologisierung der Bevölkerung und
vor allem den Traumatisierungen junger Menschen hatte v. Spiegel als kla-
res Bildungsziel die Erziehung zu freiem, verantwortungsbewusstem Denken und Handeln im christlichen Geiste vor Augen. Sie wandte sich an die
Militärregierung: „Now after the end of the Nazi-System it is more important than ever to reeducate our people to a free, selfreliant and respon-
sible thinking and acting. First of all the youth who suffered the deepest
damage wants solid reformation and new spiritual opinions...".

„To reeducate" – Benedicta von Spiegel verwandte die verbalisierte
Form des Begriffs „Reeducation", mit dem die Alliierten ihr Programm der
Entnazifizierung und demokratischen politischen Bildungsarbeit pointier-
ten. Sicherlich auch aufgrund der jahrzehntelangen Schulträgerschaft der
Abtei hatte sie erkannt, wie bedeutsam die Bildung vor allem der Jugend-
lichen zu selbstbewussten und verantwortungsvoll handelnden Menschen
für die Überwindung des nationalsozialistischen, rassenideologischen Ge-
dankenguts und den Neuanfang der Nachkriegsgesellschaft in Deutschland waren. Es wird kein Zufall gewesen sein, dass sich der Spiritual von St.
Walburg, Eugen Abt, zu dieser Zeit mit dem Thema Parteiendemokratie
befasste und ab Herbst 1946 „Fortbildungskurse über Demokratie und
Parteien" anbot, und Joseph Lechner zeitgleich „einen Vortragszyklus über
‚Staat und Kirche nach katholischer Anschauung'" eröffnete.[745]

Bei US-Stadtkommandeur Raymond Towle lief die Äbtissin mit ihrem
Wunsch, ein Bildungshaus in Hirschberg zu etablieren, offene Türen ein. Er
befürwortete den Plan und stellte ihr zudem 2 Monate später ein ungewöhnlich empathisches Empfehlungsschreiben aus. Darin betonte er, dass er v.
Spiegel seit 7 Monaten persönlich kenne und, um sicher zu gehen, 4 Untersuchungen des CIC (Counter Intelligence Corps, Spionageabwehrcorp) erfolgt
seien mit dem Ergebnis, dass er sie für eine der ganz wenigen deutschen
Staatsbürger hält, die als absolut vertrauenswürdig gelten können.

„The Lady Abbess of St. Walburg has been well and favorable known to both
the American and the English Armies because of her democratic and anti-Nazi
principles. She steadfastly opposed Nazism and all Nazi officials during the
years 1933 to 1945 and was an outspoken opponent of the Nazi ideology".

Diese Einschätzung hätten auch gut 25 der internierten englischen Offiziere bezeugt, so Towle. Der Eichstätter Stadtkommandeur zog daraus die Konsequenz, die Äbtissin in ihren Vorhaben und Anliegen weitestgehend zu unterstützen; „any assistance which can be given the Lady Abbess will be greatly appreciated by this officer".[746]

Die Quellen zeigen, dass nicht alle die Gunst des schroff, bisweilen leicht reizbaren, mit Reitpeitsche auftretenden Militärverwalters gewinnen konnten. So suchten viele den Umweg über die St. Walburger Äbtissin. Der damalige Bürgermeister Blei erinnerte sich, wie Benedicta v. Spiegel ihn erfolgreich bei dem ein und anderen Anliegen unterstützte:

> „When the mayor needed help, she would say: ‚Don't worry about it…I will have Towle come over.‘ Then with all of her great authority, she would say in fluent English: ‚My dear captain. I'm telling you. This is really the last time.‘ He would get very small and answer: ‚Excellent Mother. I will do it.‘".

Sie und Bischof Rackl verband schnell ein Vertrauensverhältnis mit dem aus Melrose in Massachusetts stammenden unverheirateten Katholiken und Jesuitenschüler, der sich dem Faszinosum katholischer Machtinsignien womöglich nicht entziehen konnte, daher die Nähe zu den Spitzen der Eichstätter Geistlichkeit suchte und dort bereitwillig Aufnahme fand. Nicht alle goutierten diese Nähe und mokierten sich, „daß der captain so viel im Hause St. Walburg verkehre".[747]

Domrestaurator Ferdinand v. Werden notierte in seinen Tagebüchern mit ironischem Unterton, dass „Herr Captain Towle sich als Kunstliebhaber und Kunstbeschützer in der Stadt betätigte und zugleich das Referat für Kirchenangelegenheiten" führte. Der Kaplan der Kloster- und Pfarrkirche, Max Stengl, hatte beobachtet: „Unser Kunstschreiner bei St. Walburg, der gute Max Klöpfer…wurde verpflichtet nur aussschließlich für Herrn Towle zu arbeiten. Von ihm ließ er sich Schränke und Tische als kostbare Intarsien(Einlege-)arbeiten anfertigen, die er neben anderen Dingen in Kisten verpackte und über den großen Teich schickte". Der Bürgermeister der Stadt Romuald Blei wiederum charakterisierte ihn aufgrund seines Verhaltens als „American gangster", der über verschiedene Flughäfen kistenweise eigens angefertigtes Kunsthandwerk und Antiquitäten in die Heimat ausfliegen ließ.

Der Eichstätter Bevölkerung stand Towle, wie seine regelmäßigen Berichte belegen, kritisch bis ablehnend gegenüber. Vor allem bemängelte er die Demokratieferne und Empathielosigkeit der Eichstätter gegenüber den Geflüchteten in der Stadt. Diese wiederum sahen sich willkürlich durch ihn tyrannisiert.[748] Der Ruf als „unyielding tyrant" und „American playboy", dem Zeitzeugen unter der Hand homosexuelle Neigungen nachsagten, verbreitete sich in der provinziellen katholischen Stadt. Das zweifelhafte Renommee Towles war die eine Seite.[749] Andererseits konnten diejenigen, die einen Zugang zu dem Amerikaner fanden, wie die polyglotte Äbtissin, der Bischof und der immer noch in Eichstätt sich aufhaltende päpstliche Nuntius, ihre Position für die städtischen Interessen in die Waagschale werfen. Die Schwäche des umstrittenen Kommandanten für katholisches Ritual und Gepränge werden sie sich zusätzlich für ihre Interessen zu nutze gemacht haben. Towle wird davon wiederum mit einer besonderen Auszeichnung profitieren. Eine Win-Win-Situation, wie sich sogleich zeigen wird:

Denn nachdem Nuntius Orsenigo am 1. April 1946 an einer Bauchfellentzündung in Eichstätt verstorben war, organisierte Towle die Beisetzung in Eichstätt und spätere Überführung nach Italien, nicht ohne sich am 12. April beim Münchner Kardinal v. Faulhaber die Empfehlung für eine Audienz „beim Heiligen Vater" eingeholt zu haben.[750] Am 19. Dezember 1945 – nur 6 Monate nach Towles Amtantritt in der Stadt – hatte Bischof Rackl im Einvernehmen mit Nuntius Orsenigo das Gesuch formuliert, den Amerikaner zum päpstlichen Geheimkämmerer zu ernennen und bei Papst Pius XII. eingereicht. Als „Cameriere segreto di spada e cappa" – mit Degen und Mantel – konnten auch Laien ausgezeichnet werden. Die Geheimkämmerer gehörten dem päpstlichen Hofstaat an. Der Eichstätter Bischof begründete das Gesuch mit den zahlreichen Verdiensten des Amerikaners um die Bewahrung und den Schutz kirchlicher Einrichtungen in Eichstätt, wie der Kathedrale, des Priesterseminars und der Klöster. Auch das fromme Elternhaus des Jesuitenschülers Towle führte er ins Feld wie die Befürwortung durch den Nuntius. Das Gesuch war tatsächlich wenige Monate später nach der Überführung des verstorbenen Nuntius nach Rom erfolgreich, und Captain Towle ließ sich in Eichstätt eine Fantasieuniform schneidern und darin gewandet fotografieren. „Ob Captain Towle von Rom zurück ist" – schrieb die im Sanatorium Dr. Wigger in Partenkirchen kurende Äbtissin Benedicta am 1. Mai 1946 – „und wie sehr ich mich auf seinen Bericht freue. Die Schönheiten Italiens werden ihm ja sicher viel Freude gemacht haben".

Nachdem der amerikanische Kommandant Anfang Januar 1947 die Amtsgeschäfte an seinen Nachfolger übergeben und die kleine Stadt im Altmühltal verlassen hatte, blieb er Vatikan und Rom eng verbunden. Konrad v. Preysing, inzwischen durch Papst Pius XII. zum Kardinal ernannt, schrieb an Benedicta v. Spiegel Ende April 1948 aus Rom: „Im Vorzimmer

Sr. Heiligkeit war Mr. Towle, den Sie von Eichstätt kennen, sprach fließend deutsch und sehr viel. Er hatte Dienst".[751]

Doch noch regierte Captain Towle die kleine Stadt im Altmühltal mit Tausenden Geflüchteten. In seinem Auftrag wurde Ende 1945 die Klosterkirche von amerikanischen Kunsthistorikern in Augenschein genommen, die einzelnen Ausstattungsgegenstände beschrieben, zeitlich eingeordnet und in ihrem Wert taxiert. Die „Description of the Walburgiskirche" versah eine ganze Reihe der Kunstschätze mit Bewertungen wie „excellent creations, very good work, perfect beauty and workmanship, important work, of considerable interest".[752] Die Abtei konnte sich glücklich schätzen, ebenso wie die Stadt den Krieg ohne nennenswerte Zerstörungen und Schäden überstanden zu haben.

FRÜHE NS-AUFARBEITUNGSINITIATIVE, FLÜCHTLINGSBETREUUNG, WALBURGISVERLAG

Anfang Januar 1946 traf in St. Walburg ein Schreiben des Benediktiners Romuald Bauerreiß (1893–1971) ein. Der gelehrte Mönch – Historiker und Bibliothekar in der Klosterbibliothek der Münchner Abtei St. Bonifaz – hatte dort bis 1943 unterstützt von den Mitgliedern der Widerstandsgruppe „Weiße Rose" Hans Scholl (1918–1943) und Alexander Schmorell (1917–1943) etwa 20.000 Bände der wertvollen Bibliothek in das Kloster Andechs bringen und damit vor der Bombenzerstörung retten können. Adressiert an die Äbte der Bayerischen Benediktinerkongregation und die „Frau Äbtissin von Eichstätt" bat der Pater um Berichte über alles, „was mit dem Naziregime irgendwie im Zusammenhang steht", um diese in den „Studien und Mitteilungen zur Geschichte des Benediktinerordens" (SMGB) zu veröffentlichen, „bevor manches aus der Erinnerung schwindet oder mancher Zeuge durch Tod abgeht". Er verwies in seinem Schreiben darauf, dass die „bisher an den Kongregationschronisten geschickten…Berichte…wertlos" seien, „da sie die wichtigsten, wissenswertesten Ereignisse verschweigen mussten". Daraus zog er den treffenden Schluss: „Die Geschichte der Kongregation, die sich auf diese offiziellen Chronikberichte stützt, würde eine völlige Entstellung der Ereignisse der letzten 13 Jahre bedeuten". Er präzisierte, was von besonderem Interesse für die Dokumentation wäre: „alle Verhaftungen, Verfolgungen…, Verhöre… des Jahres 1938… Einschränkungen durch die Partei im klösterlichen Leben…Beeinträchtigungen von Patres, Klerikern und Brüdern ausserhalb des Klosters…Ermordung der beiden geisteskranken Brüder von Scheyern und St. Bonifaz in Hartheim…Massnahmen gegen Benediktiner im Kz-Lager Dachau…". Bis zum 1. März 1946 sollten die Berichte vorliegen.

„Es wird auch versucht bis dahin vom Alliierten Gerichtshof in Nürnberg einschlägige Dokumente zu erhalten. Wir würden uns wohl den gerechten Tadel späterer Generationen zuziehen, wenn wir dieses dunkle… Blatt in der…Geschichte unseres Ordens nicht schrieben" – schloss der Benediktiner seinen Brief, mit dem er eine zeitnahe Dokumentation der in den bayerischen Benediktinerklöstern erfahrenen Repressionen durch die Nationalsozialisten initiieren wollte, bevor eine Rekonstruktion aufgrund fehlender Dokumente und Zeitzeugenausfällen schwieriger werden würde. Auch in St. Walburg hatte die Chronistin die offiziellen Annalen nur spärlich verkürzt geführt aus Sorge, dass diese bei einer Beschlagnahmung oder Hausdurchsuchung des Klosters der Gestapo in die Hände fallen und belastende Informationen enthalten könnten.

Auf die Anfrage des Münchner Paters sandte v. Spiegel postwendend Kriegschroniken und einen Bericht über die Repressalien der Nazis zu einem Punkt der Anfrage, nämlich den Einschränkungen im klösterlichen Arbeitsleben. Betroffen waren vor allem die St. Walburger Schulen und der Wirtschaftsbetrieb. Von unmittelbarer Verfolgung und Gewalt war die Abtei zum Glück verschont geblieben. Wahrscheinlich hat v. Spiegel die fünfseitige Zusammenfassung „Die Abtei St. Walburg im NS-Kirchenkampf", datiert auf den 1. November 1945 ihrer Antwort zugrunde gelegt und ergänzt: „Sollten Sie aber näheres noch zu wissen wünschen, so könnten wir Ihnen auch einzelne Begebenheiten wie z.B. über die Entfernung des Kreuzes und über die Vernehmung wegen des Walburgisöls noch in extenso geben". Das ambitionierte Projekt scheint im Sande verlaufen zu sein, zu einer Veröffentlichung ist es nie gekommen, wie die Sichtung der unter der Redaktionsleitung von R. Bauerreiß stehenden SMGB-Jahrgänge 1946 bis 1950 ergab.[753]

Von einem beschaulichen Klosteralltag war St. Walburg nach wie vor weit entfernt. Benedicta v. Spiegel schilderte im März 1946 die Situation in einem Brief an ihre Geschwister:

> „Auch im übrigen hatten wir eine sehr unruhige Zeit, weil plötzlich sehr viel amerikanische Einquartierung kam und außerdem massenhafte Flüchtlinge aus dem Sudetenland. Letzteren suchen wir Heimarbeit zu verschaffen, was natürlich viel Mühe macht, aber sicher lohnt durch die Dankbarkeit der guten Leute".

Versorgung und Betreuung der vielen Flüchtlinge gehörten zu den Aufgaben der Klosterfrauen. Um der aus mangelnder Beschäftigung erwachsenden Langeweile, Frustration und Aggression unter den Geflüchteten entgegenzuwirken, entwickelten sie beispielsweise eine „Arbeitsbeschaffung für Flüchtlinge" in Form der „Herstellung von Kruzifixen für Schulen und andere, da grosser Bedarf dafür war". Die künstlerisch talentierte bereits oben vorgestellte Dorothea Brockmann erläuterte:[754]

> „Es war eine einfache Methode nach alter Schweizer Art: der Christuskorpus flach ausgesägt und bemalt. Das ergab eine Reihe von Teilarbeiten, so dass die Leute je nach Geschicklichkeit beschäftigt werden konnten. Ich überwachte die Arbeit, gab sie aus, vollendete und korrigierte. Ein paar Jahre kam ich zu nichts Anderem, da ich mich auch sonst um die Flüchtlinge kümmern durfte".

Mehrere Todesnachrichten erreichten im Jahr 1946 die Äbtissin, darunter die ihres ehemaligen benediktinischen Mentors in Belgien Germain Morin. Er war am 12. Februar 1946 in Orselina bei Locarno mit 85 Jahren verstorben. Die Korrespondenz der beiden war in den Kriegsjahren spärlich geworden. In seinen letzten im Abteiarchiv erhaltenen Briefen an Benedicta v. Spiegel aus dem Jahre 1940 hatte er sich unglücklich, vereinsamt, in materieller Not und krank unter den kargen Lebensbedingungen des dem Armutsgelübde verpflichteten Franziskanerklosters Cordeliers in Freiburg/Schweiz, dem letzten Zufluchtsort gezeigt. Denn eine Rückkehr in sein Professkloster Maredsous war Morin bis zuletzt verwehrt geblieben. „Ich bin erstarrt vor Kälte und Hunger und sehe keine Lösung in der Schweiz". Er hatte die Äbtissin um Hilfe, einen ihm zuträglicheren Ort mit mildem Klima und großer Bibliothek zu finden und auch um Rat bei seinen gesundheitlichen Problemen und Schmerzen gebeten:

> „Ich bin hier allein ohne jemanden, den ich fragen könnte, einen Arzt zu besuchen, ist ein Luxus, den ich mir nicht leisten kann. Könnte Schwester Christine, Ihr Hippocratus, die mich damals mit Geschick und Hingabe pflegte, mir ein paar gute Ratschläge geben?".

Joseph Lechner vertraute er ein Jahr später an, dass er gehofft hätte, in Eichstätt „im Schatten von St. Walburga seine alten Tage verbringen zu können". Kriegsbedingt erfüllten sich seine Wünsche nicht. Benedicta von Spiegel hatte über Jahrzehnte Anteil am Lebensweg Germain Morins genommen. Sie wird empathisch berührt gewesen sein von der Todesnachricht.[755]

Im Frühsommer machten sich die guten Verbindungen zur amerikanischen Militärregierung in Eichstätt erneut bezahlt, als die Abtei den offiziellen Antrag auf Erteilung einer Verlags-Lizenz für den von den Nazis verbotenen St. Walburgis Verlag stellte und diesen wie folgt begründete:

„Unser Verlag will, wie bis zu seiner gewaltsamen Schließung,…in gesteigertem Maße mitwirken bei der sittlich-religiösen Betreuung der Jugend, will beitragen zur Erziehung der Bevölkerung zum Verständnis, zur Liebe und Hochschätzung echter Kunst…, will nicht zuletzt unserem Volke helfen, sein religiöses Brauchtum auch durch schwere Notzeit hinüberzuretten (…) Unser Verlag hat zur Herausgabe vorgesehen: Religiöse Postkarten und Kunstblätter, Andachtsbilder und religiöse Kleinschriften. Bei den religiösen Postkarten und Kunstblättern handelt es sich hauptsächlich um Gedichte und Sinnsprüche unserer… Äbtissin, die in unseren Werkstätten künstlerisch geschrieben werden".

Schon 11 Tage später erteilte Captain Towle die Genehmigung. Wie dieser zu entnehmen ist, hatte er bereits 3 Wochen vor offizieller Antragstellung der Abtei in einem Telefonat mit dem Direktor des bayerischen Office of Military Government erwirkt, dass die Benediktinerinnen vorzugsweise mit Papier für die geplanten Druckerzeugnisse des noch nicht genehmigten St. Walburgis Verlags versorgt werden sollten – „you would arrange that the Abbey be given a priority when the paper stock situation again makes it possible to allow such printings". Der Walburgis Verlag konnte trotz der in Aussicht gestellten Unterstützung mit bevorzugter Papierlieferung nicht mehr wiederbelebt werden.[756]

Im Sommer kam es nach den Kriegsjahren zu einem Wiedersehen mit Konrad v. Preysing in Eichstätt anlässlich der Verleihung der Ehrenbürgerwürde an den Berliner Kardinal durch die Stadt am 26. Juli. Benedicta v. Spiegel tauschte sich mit dem ihr Wesensverwandten offen über ihre beiderseitigen Probleme aus. So stellte sie ihm nicht nur Stoffe, liturgische Gewänder, Velen und Tuniken für Berlin in Aussicht, sondern veranlasste den Versand von Carepaketen aus der Tochtergründung in Boulder. Über die Jahre trafen in Berlin St. Walburger Reliquien in größerer Zahl für Altäre und Tragaltäre der wiederzuerrichtenden Kirchen ein: „Darf ich Sie bitten, mir noch eine Anzahl, vielleicht 50-70 Reliquien zu senden. Es sollen wieder eine größere Zahl Portatilien geweiht werden". Preysing bedankte sich für die Unterstützung:[757]

„Ich denke noch mit großer Freude an meinen Besuch in Eichstätt. Hoffentlich lösen sich alle Besorgnisse mit Gottes Hilfe. Sie sind doch recht vorsichtig mit Ihrer Gesundheit und steigen nicht viele Stiegen! Nachdem Sie keinen Lift haben, sollten Ihre Töchter doch an eine Sänfte denken".

Die unmittelbare Nachkriegszeit war für die St. Walburger Äbtissin arbeitsintensiv, strapaziös und ließ wenig Raum für persönliche Korrespondenzen und Begegnungen. Dem Abtpräses der Beuroner Benediktinerkongregation Raphael Molitor schrieb v. Spiegel im Herbst 1946 von „sehr unruhiger Zeit". „Leider ist immer so viel von allerlei Geschäften zu erledigen".

Die Nachrichten vom Tod des gleichaltrigen Abts Ildefons Herwegen wie auch des bereits ein Jahr früher in Brasilien tödlich verunglückten Abts Laurentius Zeller werden v. Spiegel bewegt haben. Beide hatten ihr in der Zeit ihrer persönlichen Krise nach der Flucht aus dem belgischen Professkloster und dem Eintritt in St. Walburg zur Seite gestanden. „Der Tod und vor allen Dingen das schwere Leiden des…Abtes von Maria Laach hat mir sehr leid getan".[758]

IN POLITISCHE RÄNKE INVOLVIERT,
„DER GERADE WEG" – PARTEIZEITUNG DER CSU?

In der unmittelbaren Nachkriegszeit waren auch politische Weichen neu zu stellen. Nachdem die amerikanische Militärregierung am 20.09.1945 die Bildung politischer Parteien auf Orts- und Kreisebene zugelassen hatte, gründeten aus dem Konnersreuther Freundeskreis Therese Neumanns Bruder Ferdinand und Pfarrer Joseph Naber im Januar 1946 einen Ortsverband der CSU Konnersreuth. Der 35-jährige Ferdinand Neumann schlug früh eine politische Karriere ein, wurde Vorsitzender des CSU-Kreisverbandes Kemnath und setzte dabei auf den ersten Landesvorsitzenden Josef Müller (1898–1979), der die Partei eher liberal christlich profilieren wollte. Diese Position stieß in Teilen der CSU um den katholisch konservativen bekennenden Monarchisten Alois Hundhammer (1900–1974) auf erbitterten Widerstand. Im Vorfeld der zweiten Landesversammlung der CSU in Eichstätt am 14. Dezember 1946, auf deren Tagesordnung die Verabschiedung eines Grundsatzprogramms stand, trat Neumann mit einer besonderen Bitte an Benedicta v. Spiegel heran. Er schrieb aus Konnersreuth an die ‚liebe Frau Äbtissin':

> „Unsere bisherigen Besprechungen in München haben zu keinem befriedigenden Ergebnis geführt, d.h. die…Spannung der beiden Richtungen Müller – Hundhammer besteht immer noch sehr stark. Für die kommende Entscheidung wäre es von größter Wichtigkeit, daß eine Verständigung zustande käme. Sollte die Richtung Hundhammer sich durchsetzen, so hätte dies nicht nur für

die Union, sondern für die Zukunft unserer Heimat die schlimmsten Folgen. Nun dachte ich, wenn Sie…Herrn Dr. Hundhammer telegraphisch am Freitag abends zu Ihnen einladen würden und Sie ihm den Kopf zurechtsetzen würden, müßte dies von größter Bedeutung sein. Denn so, wie ich Dr. H. kenne wird er Ihren Rat nicht ausschlagen. Nähere Angaben würde ich Ihnen am Freitag rechtzeitig machen. (…) Ich finde, bei so wichtigen Entscheidungen sollte man nichts unversucht lassen. Näheres mündlich!".

Ob v. Spiegel diesem Ansinnen entsprochen hat, konnte bisher nicht festgestellt werden. Allein der Umstand, dass der gerade als CSU-Abgeordneter in den Landtag gewählte Ferdinand Neumann sie in lokal- und landespolitische Fragen miteinbezog, legt den Schluss nahe, dass sich die Benediktinerin nicht nur weiterhin für tagesaktuelle Fragen interessierte und engagierte, sondern dass Neumann ihr auch Einfluss auf bestimmte Kreise zumaß. 2 Jahre später – inzwischen gesundheitlich stark angegriffen – wird sie dennoch Kraft finden, sich für ihren Wunschkandidaten als nächsten Bürgermeister Eichstätts aktiv einzusetzen. , Das wird noch auszuführen sein.

Der umtriebige Netzwerker Neumann plante zudem, im Vorfeld der Landesversammlung offenbar im Verborgenen Absprachen zu treffen und hatte daher noch einen weiteren Wunsch an die Äbtissin: „Für Freitag 20h habe ich etwa 40 Freunde zu einer internen Besprechung eingeladen. Ich wäre dankbar, wenn ich hierzu einen Schulraum in St. Walburg haben könnte. Diese Aktion soll aber möglichst geheim bleiben! Weinzierl Eichstätt darf hiervon nichts erfahren!!".

Der hier genannte Eichstätter Schlossermeister Georg Weinzierl (1896–1969) war am 1. Dezember 1946 ebenfalls für die CSU in den Bayerischen Landtag gewählt worden und folglich ein Fraktionskollege Neumanns. Die in Eichstätt zu dieser Zeit ausgetragenen Kontroversen innerhalb der noch jungen CSU führen hier zu weit vom Thema weg. Vieles spricht dafür, dass v. Spiegel angesichts der jahrelangen Freundschaft mit der Familie Neumann für das konspirative Treffen einen Raum zur Verfügung gestellt hat. Und das landespolitische Geschehen wird sie nicht nur teilnehmend beobachtet haben.

Keineswegs entgangen sein wird Äbtissin Benedicta 2 Jahre später – dies sei zeitlich wegen des thematischen Bezugs vorgegriffen – ein Vorfall, der sie und die verbliebenen Freunde höchst befremdlich bis unangenehm berührt haben muss: Die CSU benannte 1948 ihre erste Parteizeitung in bewusster Anknüpfung an die von dem ermordeten Fritz Gerlich herausgegebene Wochenzeitung in: „Der gerade Weg. Organ der Christlich-Sozialen Union".

Die Eichstätter Freunde waren über diese wenn auch kurzlebige Na-
mensbemächtigung ihres dezidiert dem Nationalsozialismus kritisch ent-
gegentretenden Zeitungsorgans durch eine politische Partei sehr ungehalten, wie die Reaktion von Erich Fürst Waldburg-Zeil gegenüber der CSU
nahelegt. Er machte öffentlich Entschädigungsansprüche geltend und urteilte, die Redaktion der Zeitung böte „keinerlei Gewähr für die geistige
und pressemässige Höhe (…), die den alten ‚Geraden Weg' in der christlichen Welt zum Fanal gemacht hat". Durch die Ermordung Gerlichs klebe
„zuviel Märtyrerblut an dem Titel, als dass man ihn zu Geschäftszwecken
missbrauchen" dürfe. 1949 wurde das inzwischen eingestellte CSU-Par-
teiblatt in „Bayernkurier" umbenannt.[759] Und damit zurück ins Jahr 1946.

Zum Ende dieses Jahres resümierte Benedicta v. Spiegel pessimistisch
gestimmt gegenüber Konrad v. Preysing nach Berlin: „Möge das Jahr 1947
endlich alle Nöte und Schrecken in etwa abklingen lassen. Wir dürfen das
hoffen, wenn auch die Aussichten wenig danach angetan sind".[760]

Äbtissin Benedicta und Spiritual Dr. Eugen Abt, 1940er Jahre

*Der Eichstätter US-Stadtkommandant
Captain Raymond Towle,
in Phantasieuniform als Päpstlicher
Geheimkämmerer*

Stadtkommandant Josef Kleber

*Äbtissin Benedicta mit Novizinnen im Garten von St. Walburg,
Dezember 1949, eine der letzten Aufnahmen*

XV. Letzter Lebensabschnitt

FAMILIENPROBLEME, BEZIEHUNGSPFLEGE

Gesundheitliche Probleme verschatteten in den folgenden Jahren zunehmend den Lebensalltag der Äbtissin. Die mittlerweile 73-Jährige war auch weiterhin stark gefordert von den vielfältigen Belastungen aller Seiten und konnte keine Ruhe finden. Einerseits versuchte sie, sich etwas Freiraum zu verschaffen, vor allem im familiären Bereich. Andererseits beanspruchte sie ein gewichtiges Wort mitzureden etwa bei der Auswahl der Ehepartner ihrer Nichten oder bei der Vermittlung in den teils konfliktreichen Beziehungen der Geschwister untereinander. An ihre Schwester Ida v. Merveldt, deren Tochter Maria Josepha sich verheiraten wollte, appellierte v. Spiegel mit Verve: „Das ist kein Mann für" sie. „Die zwei müssen getrennt werden, sodaß ein Riegel vorgeschoben ist". Und sie machte sich auch Gedanken über einen geeigneten Ehepartner: „Es könnte ja auch ein älterer Mann sein" – ein Ratschlag, der 2 Jahre später tatsächlich beherzigt und mit der Wahl eines 19 Jahre älteren Bräutigams realisiert wurde.[761]

Vor allem aber ihr Lieblingsbruder Adolf v. Spiegel reizte, nachdem er die Nazi-Zeit unversehrt überstanden hatte, über Jahre das konventionelle Moralempfinden in der Familie. Er unterhielt demonstrativ eine offen zur Schau getragene Beziehung zu einer 25 Jahre jüngeren, verheirateten Frau, was andauernde Streitigkeiten mit seiner Ehefrau Olga provozierte. Für ihren Bruder Adolf, der die Freundin seiner Schwester in Eichstätt vorstellte, hatte die Benediktinerin im Gegensatz zu ihren Geschwistern erstaunlich viel Verständnis: „Sie hat mir keinen üblen Eindruck gemacht". Der Besuch bestärkte sie, ihren Bruder zu unterstützen, wie sie ihrer Nichte Aloysia offen mitteilte:

„Du weißt, daß er vor kurzem hier war, gut u. lieb u. nett wie immer wenn auch mit viel Geschrei u. Gepolter, was aber hier nichts machte. Und ich bin so froh, daß ich in etwa im Bild bin über die fraglos merkwürdigen aber dennoch sehr erklärlichen Zustände in Rheder…aber natürlich muß man…all die Sachen (Krieg, Nazis, Olga etc.) in Betracht ziehen".

An ihre Schwester Ida gewandt: „Schau, ich kann nichts dabei finden, wenn ein Mann von 75 Jahren eine Frau in den Fünfzigern bei sich hat um eine gewisse Pflege und Aufmerksamkeit zu finden. (…) So wie alles lag, war die Situation ja ungeheuer schwierig". Und selbstkritisch auf die diffizilen Jahre des Bruders und seine Aufenthalte in der Psychiatrie in Göttingen anspielend – fügte sie hinzu: „Aber dennoch finde ich, wir können uns nicht ganz von aller Schuld frei sprechen, wenn er sich nach anderer Seite gewendet hat". Benedicta von Spiegel zeigte für die Situation ihres Bruders, die er ihr offenbart hatte, viel Verständnis und eine beachtliche Weite in der moralischen Beurteilung der Dreiecksbeziehung, eine Weite, die ihren Geschwistern gänzlich fremd war. Adolf v. Spiegel hat nach dem Tod seiner Frau Olga 1951 Paula Bennet (1900–1979) auf Schloss Rheder geheiratet. 5 gemeinsame Jahre blieben ihnen bis zu seinem Lebensende im Jahr 1956.[762]

Die langen Aufenthalte ihrer Schwester Maria v. Twickel in der Abtei während der letzten beiden Kriegsjahre hatten erschöpfende Spuren hinterlassen und möglicherweise auch grundsätzliche Fragen im Konvent aufgeworfen. In der Folge bat die Äbtissin ihre Schwester Ida v. Merveldt Ende März 1947 eindringlich, einen weiteren Besuch in Eichstätt „in unserem Klausurkloster" zu verhindern, den sie als „Belastung" und „für mich eine sehr peinliche Situation" empfand. „Ich kann nicht immer meine Schwester als intimsten Gast im Hause haben. Das ist gerade weil es die Schwester der Aebtissin ist, unmöglich. (…) „Ich muß jetzt die Kraft, die mir noch bleibt, für mein Haus und meine Töchter haben". In einem weiteren kurz darauf an Ida v. Merveldt gerichteten Brief insistierte sie erneut: „Um noch einmal auf Maria zurückzukommen, so bitte ich Dich nochmals und dringend, sie auf keinen Fall hierherzubringen. Es geht wirklich nicht. Näheres mündlich. Heute Nacht hatte ich leider wieder einen sehr schweren Herzanfall und muss nun heute fest liegen. Ich bin eben doch nicht mehr so leistungsfähig".[763]

Bereits seit Sommer 1946 hielt sich der designierte Nachfolger des in Eichstätt verstorbenen Apostolischen Nuntius Orsenigo in Deutschland auf. Zu ihm knüpfte v. Spiegel kommunikationsfreudig sofort persönliche Kontakte. Nach der Kapitulation und der Aufteilung in 4 Besatzungszonen war eine Aufnahme diplomatischer Beziehungen vorerst nicht möglich, sodass Papst Pius XII. einen Apostolischen Visitator ernannte. Die in dieser diplomatischen Frage konsultierte US-Militärregierung wünschte die Besetzung des Postens mit einem amerikanischen Staatsbürger. Die Wahl fiel auf den in Milwaukee (Wisconsin) geborenen Aloysius Muench (1889–1962) – seit 1935 Bischof von Fargo/North Dakota und Sohn einer deutschen Einwandererfamilie. Der Chief of Staff of the Army (General-staabschef des Heeres) Dwigth D. Eisenhover (1890–1969) stellte für die päpstliche Mission die von der US-Armee beschlagnahmte Villa Grosch in Kronberg/Ts. zur Verfügung. Offizieller Sitz der Nuntiatur blieb für die Folgejahre jedoch weiterhin Eichstätt.

Die seelsorgerische Betreuung Geflüchteter und Vertriebener sowie die Organisation waggonweiser päpstlicher Hilfsgüter nach Deutschland gehörten zu den vordringlichsten Aufträgen des Apostolischen Visitators. Von letzterem profitierte auch die Abtei St. Walburg, die Anfang März 1947 zehn C.A.R.E.-Pakete in Empfang nehmen konnte. Äbtissin Bene-dicta verfasste sogleich hocherfreut ein Dankschreiben.

"Schon das Auspacken war wie am Weihnachtsabend und nun erst all diese längst unbekannten herrlichen Genüsse. Trotz der heiligen Fastenzeit darf ich diese Köstlichkeiten meinen Töchtern nicht ganz vorenthalten. Stellen sie doch eine sehr wertvolle Hilfe in der jetzigen Ernährungskrise dar, zumal ich jetzt viele kränkliche und schwache Klosterfrauen habe. (…) Vielleicht dürfen wir uns auf einen baldigen Besuch Ew. Exzellenz freuen".

St. Walburg zeigte sich mit aufmerksamen Geschenken und Leihgaben erkenntlich; darunter ein Hirtenstab, „den Sie…mir für bischöfliche Funk-tionen leihweise überlassen wollen" – antwortete Aloysius Muench wenige Tage später und fügte hinzu: „Es ist mir auch eine besondere Freude, daß er das Bild der Patrona Bavariae trägt, das mich stets an die Heimat mei-ner Mutter…erinnern wird". Muenchs Mutter stammte aus der Kreisstadt Kemnath, 40 Kilometer entfernt von Konnersreuth. Vier Wochen später folgte ein überschwänglicher Dank für „die schönen Handschuhe, welche von Ihren Schwestern angefertigt wurden (…) Ich muß ehrlich gestehen, daß ich bisher niemals etwas so Schönes besessen habe. Sagen Sie auch bitte Ihren Schwestern, welche dieselben angefertigt haben meinen besten Dank".[764] Der St. Walburger Äbtissin war es wieder einmal gelungen, eine vertrauensvolle Verbindung in einflussreiche kirchliche Kreise zu knüpfen.

Nicht nur den Apostolischen Visitator und den befreundeten Berliner Kardinal beschenkte v. Spiegel großzügig. Man kann sich gut vorstellen, dass sie mit ihrem Konvent nach Kräften versuchte, Not und Mangel in der mit Flüchtlingen lange Jahre überfüllten Stadt zu lindern. Doch folgte v. Spiegel einer ganz klaren Präferenz bei ihrer Freigiebigkeit. An v. Preysing schrieb sie im Januar: „Und ich bitte sehr dringend, daß Eminenz weitere Wünschen, wenn solche vorhanden sind, bekanntgeben, denn die Mög-lichkeiten sie zu erfüllen schwinden immer mehr dahin. Doch gehen diese

Wünsche selbstverständlich allen anderen vor". Zugleich schrieb sie eher beiläufig, der Abt des Benediktinerklosters Metten, Corbinian Hofmeister, hätte die amerikanische Tochtergründung in Boulder besucht. „Vorher war I.M.K. Zita auf unserer Farm".

Die Netzwerke der Eichstätter Benediktinerinnen reichten bis zur letzten österreichischen Kaiserin Zita von Bourbon-Parma, die zu dieser Zeit im kanadischen Québec im Exil lebte und einen Abstecher in die USA gemacht hatte. Und für v. Spiegel war sie immer noch „Ihre Majestät die Kaiserin".[765]

Auch zu Papst Pius XII., von dem sich der Freundeskreis, wie beschrieben, in der Causa Neumann unterstützt sah, hielt sie Kontakt. Anfang des Jahres 1947 ließ v. Spiegel ihm durch den Kapuzinerpater Dr. Stanislaus Grünewald (1901–1959), der in St. Walburg Exerzitien für den Konvent abgehalten hatte, in einer Privataudienz „ein bei uns geschriebenes und nach einem Text von Gertrud von le Fort gemaltes Buch überreichen… anläßlich der zu erhoffenden Verkündigung des Dogmas von der leiblichen Aufnahme Mariens in den Himmel". Das Präsent – eine kleine Schrift der Abtei zum 1400ten Todestages des Ordensgründers Benedict von Nursia am 21. März 547 – kamen offenbar gut an. „Er hatte grosse Freude an Ihrem Geschenk und spendete von ganzem Herzen den erbetenen Segen fuer Sie und Ihre Abtei" – schilderte P. Stanislaus, der zu dieser Zeit das Amt des Generalsekretärs des Gesamtordens der Kapuziner in Rom bekleidete, seine Eindrücke. Pius XII. bedankte sich am 18. Februar 1947 persönlich bei der Äbtissin und verkündete mehr als 3 Jahre später am 1.11.1950 auch das besagte Dogma. Nach kriegsbedingter jahrelanger Funkstille schrieb v. Spiegel an Gertrud von le Fort:[766]

> „Sehr verehrte, liebe Gertrud! Nach langer, langer Zeit möchte ich mich mal wieder nach Dir erkundigen, zumal ich diesmal eine Nachricht habe, die Dich interessieren dürfte. Inliegend findest Du Fotos einer kleinen Gabe, die wir dem Heiligen Vater schicken konnten und zu deren wertvollster Bereicherung wir Deinen wundervollen Hymnus von der Himmelfahrt Mariens zu benützen uns erlaubten. Ich denke, Du wirst damit einverstanden sein, zumal wenn Du die väterlich anerkennenden Worte liest, die unser Heiliger Vater gerade in Bezug auf Deinen Hymnus schreibt. (…) Das Buch war…ungemein reizend und höchst originell und hat auch dem Heiligen Vater, wie mir der Überbringer desselben versicherte, eine sehr große, sichtliche Freude gemacht".

Der Überbringer der St. Walburger Buchgabe – der Kapuziner St. Grünewald – hatte in Eichstätt ein Jahr Philosophie studiert und und dort

1929 bis 1932 als Kleriker gewirkt. Aus dieser Zeit, als v. Spiegel die persönliche Freundschaft zu den Kapuzinerpatern Ingbert Naab und Kosmas Behr intensivierte, rührte wohl ihre Bekanntschaft. Grünewald wusste auch um ein besonderes Jubiläum der Äbtissin: Anlässlich ihres am 10. Februar bevorstehenden 45. Professtages „werde ich an Sie denken und Ihre Anliegen namentlich ins hl. Opfer einschliessen". In ihrer Antwort vom April informierte die St. Walburgerin ihn über personelle Neubesetzungen im Priorat. Seit ihrer Amtsübernahme im Jahre 1926 waren die beiden der Äbtissin direkt nachgeordneten Ämter kontinuierlich besetzt geblieben. Diese 21 Jahre während Amtskonstanz hatte bei v. Spiegels regelmäßigen längeren Kuraufenthalten außerhalb der Abtei eine zuverlässige Führung der mehr als 150 Schwestern starken Klostergemeinschaft gesichert. „Hier haben wir inzwischen einige Veränderungen gehabt. Frau Priorin und Frau Subpriorin (83- und 86jährig) haben mich gebeten, sie von ihrem Amte zu entheben. So habe ich Ihnen, um das Alter zu ehren, die ersten Plätze belassen". Fortan standen ihr bei den Führungsaufgaben eine 49-jährige Priorin und eine 46-jährige Subpriorin zur Seite. „Es ging alles gut im schönsten Frieden". Sie informierte über Todesfälle und Neuaufnahmen. „Auch jungen Nachwuchs haben wir erfreulicherweise". Konkret konnten 6 Postulantinnen mit dem Ordensgewand eingekleidet werden. Doch die allgemeine Lage bewertete v. Spiegel ziemlich pessimistisch. „Sie wissen, wie es hier aussieht und daß wir uns klar sind, daß wir noch nicht das Schwerste überstanden haben".[767]

Große Sorgen bereitete St. Walburg die Unter- und Mangelernährung der mehr als 600 Schulkinder. Die allgemeine Einführung der Schulspeisung durch die amerikanische Militärregierung wurde in den Klosterschulen der Abtei ab dem 2. Juni 1947 umgesetzt. Die Nonnen hatten im Schulgebäude eine Küche mit einfachster Ausstattung eingerichtet und forderten die zum Kochen benötigten Lebensmittel aus dem Hauptwarenlager der Stadt an. Die täglichen Essensportionen, an deren Kosten sich die Eltern mit 0,25 Mark beteiligten, reichten zunächst nur für etwa ein Drittel der Kinder, sodass die Schwestern einen Rotationsmodus anwenden mussten.[768]

Im Oktober des Jahres erreichte v. Spiegel eine Anfrage des Benediktiners Dr. Suso Brechter (1910–1975), Prior der bayerischen Erzabtei St. Ottilien. Brechter bereitete eine Schriftenreihe vor und hatte ein Anliegen: „Das von Ihnen seinerzeit übersetzte Büchlein „Mönchtum u. Urkirche" würde gut in den Rahmen der Sammlung passen. (…) Wir könnten es schon bald in guter Ausstattung herausbringen" – schrieb er nach St. Walburg. Die Schrift des 1946 verstorbenen Germain Morin war eine der frühesten Übersetzungsarbeiten v. Spiegels. Der Plan fand ihre Zustimmung, wohl auch weil P. Brechter sein Ansinnen persönlich begründete: „In den letzten Jahren seines Münchener Aufenthalts war mir…der Verfasser ein so gütiger…Freund, dass ich ihm mit der Neuherausgabe ganz gern ein kleines Denkmal setzen würde". 1949 erschien Morins „Monastisches Ideal" in der Übersetzung der Äbtissin als 1. Band von insgesamt 4 Ausgaben der neuen Schriftenreihe „Benediktinisches Geistesleben" im klostereigenen, seit 1949 in EOS-Verlag umbenannten Verlag. Im Vorwort wurde Morin als „der gefeierteste Gelehrte des neuzeitlichen Benediktinertums" apostrophiert.[769]

Die Aussicht auf eine Neuauflage der seinerzeit, wie beschrieben, umstrittenen Übersetzung konnte die niedergeschlagene Grundstimmung v. Spiegels nicht dauerhaft heben. Gegenüber Kardinal v. Preysing äußerte sie offen, dass großer existentieller Druck auf ihr laste.

> „Es sind der Sorgen ja so viele (…) Wenn auch die Nahrung für die vielen Menschen, die täglich bei uns gesättigt sein wollen, mehr oder weniger gesichert ist, so fehlt sie in jeder Hinsicht für das Vieh. Und das ist eine große Sorge. Wir haben kein Heu für unsere Kühe und alle Versuche eines zu erhalten, schlugen fehl. Die Rüben sind uns zum weitaus größten Teil gestohlen worden, und so ist es auf der ganzen Linie wie bei Job: eine Unglücksbotschaft jagt die andere".

Der klostereigenen Landwirtschaft dürfte auch eine „seit hundert Jahren nicht mehr dagewesene Sommerdürre" zugesetzt haben. Der befreundete v. Preysing nahm Anteil an den wirtschaftlichen Sorgen der Abtei. Schon wenige Wochen später konnte v. Spiegel ihm indes von einer Lösung des Futterproblems für das klostereigene Vieh schreiben: „Ich habe mich an den Landwirtschaftsminister gewandt und daraufhin telegrafisch Heu überwiesen bekommen. Das ist doch wieder eine kleine Hilfe".

Im gleichen Brief setzte sie ihn im Vertrauen vom ernsten Gesundheitszustand des Eichstätter Bischofs Rackl in Kenntnis. Der gemeinsame Münchner Arzt hatte sie informiert. „Dr. Thaler…besuchte auch den Bischof und kam sehr betroffen wieder. Er hat ihn gebeten zu einer genauesten Untersuchung…nach München zu kommen. Ob das geschehen ist, weiß ich nicht. Er wollte konstatieren, ob es sich um…etwas Bösartiges handle. (…) Aber das Aussehen und die Hinfälligkeit lassen fast darauf schließen. Dies im Vertrauen, denn der Doktor hatte sich dem Bischof gegenüber noch nicht ausgesprochen". Die Untersuchung in der Münchner Klinik Thalkirchner Straße bestätigte den befürchteten Befund „eines bösartigen Geschwulsts am Magenausgang" – wie die Äbtissin wenige Wochen später dem Berliner Bischof mitteilte.[770]

TODESFÄLLE, SCHWINDENDE KRÄFTE, ERSTE BIOGRAPHIEN ÜBER GERLICH UND NAAB

In ihren letzten beiden Lebensjahren schwanden die Kräfte der Äbtissin zusehends. Ihr chronisches Herzleiden zog den ganzen Organismus in Mitleidenschaft und bestimmte zusehends den Lebensalltag, dessen anstrengenden Herausforderungen sie nur mit zunehmender Mühe gewachsen war. In dieser schon schwierigen Situation trafen v. Spiegel Krankheit und Verluste enger Weggefährten und zwei ihrer Geschwister umso tiefer und ließen sie trotz des allgegenwärtigen St. Walburger Konvents innere Einsamkeit verspüren. Ihre zu dieser Zeit engste Mitarbeiterin konnte dies aus nächster Nähe beobachten:

„Sie mußte alle Schwierigkeiten und Gefahren erleben, denen Menschen an besonders hervorgehobenen Stellen ausgesetzt sind, in den letzten Jahren ihres Lebens auch vielfach eine große Einsamkeit. (...) Sie zog sich im Alter, besonders für ihre nähere Umgebung, vielfach in sich selbst zurück. Außerdem war sie genötigt, infolge der Not unserer Zeit bis zum letzten Augenblick alle Kräfte und ihr Verlangen nach Ruhe zu opfern".

In den ersten Monaten des Jahres 1948 nahm v. Spiegel emphatisch Anteil an dem unheilbar an Krebs leidenden Bischof Rackl. Sie hielt den ebenfalls erkrankten v. Preysing in Berlin detailreich auf dem Laufenden und bot ihm Unterstützung an. „Es ist mir schon ein rechter Kummer zu wissen, daß Eminenz immer noch zu Bette liegen müssen. (...) Wir würden ja so gerne helfen, wenn wir wissen dürften, womit, denn von Amerika können wir alles beschaffen". Im Gegensatz zum direkten Eichstätter Umfeld des Bischofs sprach sie offen und direkt mit Rackl über die Unheilbarkeit seiner Krankheit. Konrad v. Preysing schilderte sie: „Ich bin vor einigen Tagen hinuntergefahren um den Bischof noch zu sehen und vor allem um ihn aufmerksam zu machen auf den Ernst der Lage und ihn zu bitten, die heiligen Sterbesakramente zu empfangen, was, mir unbegreiflicherweise, niemand anderes ihm sagen wollte". Preysing antwortete: „Nach Ihrem Brief...scheint die Sache sehr ernst zu sein, wohl menschlich hoffnungslos. Man kann nur hoffen und beten, daß der Kranke bald erlöst wird".[771]

Die St. Walburgerin und der todkranke Bischof begegneten sich in den letzten Lebenswochen des 65-Jährigen sehr persönlich, wie die Schilderung eines Krankenbesuchs durch Sr. Laurentia Köppel zeigt. Sie hatte Äbtissin Benedicta in das Bischöfliche Palais begleitet und das Erlebte der jüngeren Schwester v. Spiegels – Ida v. Merveldt – mitgeteilt.

„Leider ist…keine Heilung möglich. Liebste Hochwürdige Mutter war erschüttert über das Aussehen von Excellenz. Er hatte eine sehr große Freude über den Besuch und bat…recht bald und oft zu kommen. Er ist so arg traurig – er würde ja so gern noch leben und arbeiten. Liebsten Hochwürdigen Mutter hat es Excellenz ganz fest an das Herz gelegt, daß sie sich schont… Ihr Leben ist zu kostbar u. unersetzlich nicht bloß für ihre Töchter und ihr Kloster, auch für die Stadt, die Diözese und weit darüber hinaus. Er sagte wörtlich:…Sie wissen es gar nicht welch ein Ansehen Ihre Persönlichkeit in den weitesten Kreisen hat!".

Doch nicht nur der Bischof war todbringend erkrankt, auch die zwei Jahre ältere Schwester Maria v. Twickel. Zeitgleich spürte Benedicta v. Spiegel, wie existentiell kräftezehrend das Äbtissinamt war, das ihr zunehmend zur Bürde wurde. An ihre Schwester Ida wandte sie sich am 18. April 1948:

„Mein liebes Herz, verzeih daß ich kaum je schreibe, es ist mir einfach unmöglich. Jeder Tag bringt so vielerlei u. ich spüre…und kann nicht mehr so viel leisten wie früher. Allerdings wird immer mehr von mir verlangt. Maria ist uns ein tiefer Kummer. Wie gern hätte ich sie nochmal gesehen. Aber man kann ihr wohl nur die Erlösung wünschen".

Maria v. Twickel erholte sich vorerst, anders als der Bischof, der am 5. Mai 1948 verschied. Über die Beisetzung schickte sie einen ausführlichen Bericht nach Berlin, auf den Konrad v. Preysing antwortete: „Sehr herzlichen Dank für Ihren Brief…, der mir ein so lebendiges Bild von der Beisetzung von Bischof Michael gegeben hat. Es gibt eben nur ein Eichstätt. Ich glaube, das kann man mit vollem Recht sagen".[772]

Nachfolger im Bischofspalais wurde der 45-jährige Eichstätter Generalvikar Joseph Schröffer. Das Domkapitel hatte einen der ihren gewählt. Schröffer lehrte seit 1933 an der Philosophisch-Theologischen Hochschule Moraltheologie und nahm 1938 im Haus des verstorbenen Franz Xaver Wutz seinen Wohnsitz – mit dem Placet der Eichstätter Freunde, wie weiter oben beschrieben. Für Äbtissin Benedicta „bedeutete der neue Bischof eine große Freude", wie sie an den befreundeten Erich v. Waldburg-Zeil nach der Amtseinführung am 21. September 1948 schrieb. Die unbelegte These des Schröffer-Biographen Schickel, dieser sei ihr „geistlicher Berater" gewesen, lässt sich anhand der gesichteten Archivalien nicht nachweisen, doch pflegte sie auch mit Schröffer einen vertrauensvollen Umgang.[773]

Im Mai 1948 musste Benedicta v. Spiegel vom Tod weiterer ihr zeitlebens verbundener Menschen erfahren: Am 23. des Monats starb Cécile de Hemptinne, von 1900 bis 1948 Äbtissin ihres Professklosters Maredret, im Alter von 78 Jahren. Nur eine Woche später folgte die Nachricht vom Ableben des Würzburger Bischofs Matthias Ehrenfried, dessen Verbindung zu St. Walburg sie in einem Kondolenzschreiben an das Würzburger Domkapitel würdigte:[774]

> „Der hohe Verewigte stand ja auch unserer Abtei besonders nahe, da zwei seiner ihm bereits im Tode vorausgegangenen leiblichen Schwestern sehr liebe Mitglieder unseres Konventes waren. Der…Bischof…verfehlte bei keinem Besuche in Eichstätt auch unser Kloster aufzusuchen".

Spätestens seit dem Jahr 1948 bereitete der Journalist Erwein v. Aretin, der seit seiner Freilassung aus dem KZ Dachau 1934 bis Kriegsende unbehelligt im Schwarzwald gelebt hatte, eine Biographie über seinen ehemaligen Vorgesetzten bei den Münchner Neuesten Nachrichten Fritz Gerlich vor. Aretin hatte 1927 auf Veranlassung Gerlichs die stigmatisierte Therese Neumann in Begleitung von Franz Xaver Wutz als „Türöffner" aufgesucht und durch einen Artikel weltweit populär gemacht, wie dargestellt. Den Entwurf seiner Biographie über den 1934 von den Nazis Ermordeten hatte v. Aretin dem Neffen Gerlichs, Ludwig Weitmann, geschickt. Dieser war nach dem Krieg aus dem Schweizer Exil nach Deutschland zurückgekehrt. Bei Weitmann stieß das Buchprojekt auf entschiedene Ablehnung, sodass er beim Verleger Johannes Steiner vom Verlag Schnell & Steiner intervenierte. Am 29. Mai schrieb er an den Vertrauten der Äbtissin Joseph Lechner:

> „Aretins Entwurf zu einer Biographie meines Onkels habe ich gelesen. Ich habe daraufhin Dr. Steiner gesagt, er möchte sich doch mit Ihnen ins Benehmen setzen, damit Sie vielleicht die Abfassung und weitere Ausgestaltung dieses Entwurfes übernehmen. Ich glaube, es wäre besser, man würde überhaupt nichts veröffentlichen als die Aretinsche Fassung. Sie ist äusserst mager. Aretin selbst scheint sich nämlich nicht mehr weiter mit der Sache befassen zu wollen, seit er die Bayernpartei aus der Wiege zu heben sich vorgesetzt hat".

Weitmann kündigte abschließend in seinem Brief „demnächst" einen Besuch in Eichstätt an. Die Intervention, über die sich im Archiv des Verlags Schnell & Steiner keine Unterlagen finden, war vergeblich. Im Folgejahr veröffentlichte Aretin seine Gerlich-Biographie.[775]

Bereits zwei Jahre zuvor hatte der Kapuzinerpater Maximilian Neumayr ebenfalls bei Schnell & Steiner eine umfangreiche Biographie des maßgeblichen Mitautors des „Geraden Wegs": Ingbert Naab publiziert. Der Kapuziner hatte mithilfe der Eichstätter Freunde 1933 ins ausländische Exil flüchten müssen, wo er 1935 verstorben war. Kardinal v. Preysing, der vor seinem Weggang nach Berlin die Vorgänge in Eichstätt mitverfolgt hatte, stand Naab persönlich nahe und bedankte sich Ende Mai 1948 beim Autor für das ihm zugesandte Buch. „Sehr herzlichen Dank für das Lebensbild des unvergeßlichen P. Ingbert, das ich mit brennendem Interesse lese. Ich freue mich, daß dem heiligmäßigen Mann ein so schönes Denkmal gesetzt worden ist".

Nimmt man beide Publikationen, ergänzt um die Edition zentraler Schriftzeugnisse Gerlichs und Naabs durch Johannes Steiner 1946 zusammen, so stellen sie frühe Beiträge zur nationalsozialistischen Widerstandsforschung da. Sie stammen allesamt aus dem nahen Umkreis und sind geschrieben in persönlicher Verbundenheit. Eine größere Resonanz war den Büchern in der Nachkriegszeit nicht beschert. Dies änderte sich erst, als der Nachlass Gerlichs zugänglich wurde und die bedeutendsten darin enthaltenen Dokumente 2010 durch den Historiker Rudolf Morsey herausgegeben werden konnten, der 2016 eine umfangreiche Biographie Gerlichs folgen ließ.[776] Indes sind die Aktivitäten des Eichstätter Freundeskreises gegen das NS-Regime in der Widerstandsforschung nach wie vor nicht hinreichend ausgeleuchtet.

KRANKHEIT, BÜRGERMEISTERFAVORIT F. A. v. d. HEYDTE, EICHSTÄTTER EHRENBÜRGERIN

Zurück in das Altmühltal des Jahres 1948 und den existentiellen Sorgen in der Abtei St. Walburg. Im Herbst dankte v. Spiegel ihrem Freund Erich v. Waldburg-Zeil „tief beschämt und gerührt" für eine finanzielle Unterstützung „in größter Not". Der Fürst half dem Kloster und seiner Äbtissin über die ganzen Jahre nach Kräften. So überließ er das Haus des verstorbenen Freundes Wutz der Abtei unentgeltlich zur Nutzung, schickte vor dem Winter jährlich große Mengen Torf als Heizmaterial und spendete Geld, sofern die eigene wirtschaftliche Lage es zuließ. Um Unterstützung bat ihn wohl weniger v. Spiegel selbst, sondern seine klösterliche Schwester Walburga. Auch zum Ende eines Krankenhausaufenthalts der Äbtissin im Münchner Josephinum Ende 1948 schrieb sie an ihren Bruder, dass es v. Spiegel gesundheitlich wieder besser ginge, „aber sie grämt und sorgt sich wirklich sehr, weil die Rechnung so sehr hoch ist. Sag' mir, wäre es etwa möglich, dass Du oder Monika ihr mit ein paar freundlichen Worten nochmal etwas mit Geld helfen könntet. Nach allem was Du für uns getan hast, ist's zwar ausgesprochen unverschämt u. unbescheiden, bitte verzeih mir das! Und wenn Du jetzt nicht gut kannst, soll dieser Brief ungeschrieben gelten. Hw. Mutter weiss nichts davon".[777]

Am 2. November erlitt Benedicta v. Spiegel „einen Herzanfall. Leider wiederholten sich dies Anfälle in den folgenden Tagen". Zum Krankheitsbild hinzu kamen „der ganz unnormale hohe Blutdruck, eine nicht beachtete Grippe" und Asthma. Der Eichstätter Bischof Schröffer setzte seinen Berliner Amtskollegen v. Preysing über den ihn beunruhigenden Zustand in Kenntnis: „Die Frau Äbtissin von St. Walburg macht uns gegenwärtig gleichfalls Sorgen. (…) Der Zustand des Herzens ist bedenklich, eine wesentliche Besserung konnte bisher nicht erzielt werden. Vor der Fahrt nach München empfing sie noch die hl. Ölung". 3 Wochen später war sie wieder auf dem Weg der Besserung, musste aber auf ärztlichen Rat den Jahreswechsel im Krankenhaus zubringen. „Trotzdem sind beide Teile – Konvent und Patientin – enttäuscht, daß sie Weihnachten nicht zusammen feiern können". Die Assistentin von Äbtissin Benedicta resümierte rückblickend: Es „begann die schwere, letzte Leidenszeit".[778]

Walburga v. Waldburg-Zeil besuchte die Kranke in München und kümmerte sich nicht nur um die Begleichung der hohen Arztrechnung durch ihren Bruder, sondern informierte auch Ida v. Merveldt – jüngste Schwester der Äbtissin – eingehend über den Gesundheitszustand. Diese leitete das Schreiben an ihre Geschwister weiter.

„Prof. Lechner, der sie in der Zeit einmal kurz sah, war ganz erschüttert, besonders auch wegen der geistigen Teilnahmslosigkeit, weitgehenden Vergesslichkeit u. Stumpfheit. (…) Die Ärzte haben alle Hoffnung, Hw. Mutter weitgehendst herzustellen, aber nicht so wie sie vorher noch war. (…) Ein rasches Ermüden u. eine gewisse Vergesslichkeit wird wohl auch bleiben".

Schwer gezeichnet kehrte Benedicta v. Spiegel im neuen Jahr kurz vor ihrem 75. Geburtstag am 31. Januar nach St. Walburg zurück, zeitweise nicht mehr in der Lage auf den eigenen Füßen zu stehen.[779] In ihrem letzten Lebensjahr wechselten Phasen der Erholung und der gesundheitlichen Rückschläge. Den Verlust zweier Geschwister musste sie überdies verschmerzen. Sie wusste um ihren Zustand. Mitte Mai 1949 wandte sie sich an Kardinal v. Preysing:

„Hier und in Hirschberg geht alles gut bei viel Arbeit, viel Freude und hoffentlich etwas Bravheit. Mein Konvent ist rührend an Geduld und Nachsicht für die alte und nicht mehr sehr leistungsfähige Mutter. Sie sagen immer, daß sie ganz zufrieden sind, wenn sie mich überhaupt noch haben. Also muß ich es wohl auch sein".

Um es ihr so angenehm wie möglich zu machen, waren im Frühjahr die
4 von ihr bewohnten Zimmer renoviert worden – „jetzt ist alles wieder…
so schön".

Am 26. Mai 1949 starb v. Spiegels 77-jährige Schwester Maria v. Twickel. Beide hatten sich in der Nachkriegszeit nicht mehr gesehen. „Wir
hatten diese liebe, gute Frau Baronin alle so sehr lieb u. schätzten und
verehrten sie aufrichtig" – schrieb Sr. Laurentia Köppel aus der Abtei an
Ida v. Merveldt. Die Grabstätte Maria v. Twickels befindet sich vor der
Schlosskapelle in Ermelinghoff.[780]

Benedicta von Spiegel spürte wohl ihr nahendes Ende. Sie ließ auf dem
Klosterfriedhof ihre Gruft ausbauen. „Fast täglich wünschte sie dazu auf
den Friedhof getragen zu werden. In vielen stillen Stunden bereitete sie
sich hier auf ihren Tod vor". Anfang Oktober besuchte Kardinal v. Preysing sie in Eichstätt, es sollte das letzte Wiedersehen der beiden sein. Seine
Eindrücke hielt er in einem Brief fest:[781]

> „Die Äbtissin ist sehr alt geworden, mager, geistig völlig frisch. Sie ließ es sich
> sogar nicht verbieten, mit mir bis in den Hof zu gehen. Sie muß dann freilich
> hinaufgetragen werden. Ihr Dr. Thaler sagte mir, daß es nicht gut mit ihrer
> Gesundheit stände und so bin ich recht froh, dort gewesen zu sein, was ihr ja
> auch Freude machte".

Es kann gut sein, dass die beiden trotz der Gebrechlichkeit über die
anstehende Bürgermeisterwahl in Eichstätt gesprochen haben. Ab 1948
amtierte Richard Jaeger (1913–1998) – bis dato persönlicher Referent des
bereits erwähnten CSU-Politikers Alois Hundhammer – als Eichstätter
Stadtoberhaupt. Er war als externer, umstrittener Überraschungskandidat
ins Amt gekommen. Bei der Wahl zum 1. Bundestag am 14. August 1949
gewann Jaeger ein Direktmandat für die CSU und gab infolgedessen das
Bürgermeisteramt in Eichstätt zum 10.10.1949 auf, sodass eine Neuwahl
erforderlich wurde. Der Bürgermeister wurde zu dieser Zeit vom Stadtrat gewählt. Äbtissin Benedicta und Kardinal v. Preysing waren sich einig,
einen bestimmten, ihnen persönlich bekannten Kandidaten zu favorisie-
ren und zu unterstützen: Dr. Friedrich August Freiherr von der Heydte
(1907–1994) – Staats- und Völkerrechtler, im 2. Weltkrieg Fallschirmjäger-
kommandeur, mit zeitweise ideologischer Annäherung an die Nationalsozialisten. Obwohl in letztgenanntem Punkt ein Dissens bestand, teilte v.
d. Heydte – aus dem süddeutschen konservativ katholischen Adelsmilieu
stammend – eine Reihe weltanschaulicher Gemeinsamkeiten mit Äbtissin
und Kardinal. Dass auch Erich v. Waldburg-Zeil ein Interesse an der Wahl

v. d. Heydtes gehabt haben könnte, ist naheliegend. Denn nur wenige Jahre später wurde v. d. Heydte Vorsitzender der rechtskonservativen Abendländischen Aktion, deren wichtigster Geldgeber wiederum der Fürst war.[782]

Im Herbst 1949 nominierte die CSU-Stadtratsfraktion tatsächlich v. d. Heydte als Kandidaten gegen den parteilosen Romuald Blei, der das Amt von 1945 bis 1948 schon einmal bekleidet hatte. Am 15. November schrieb v. Spiegel an den „lieben Baron", der seinen Besuch in Eichstätt in Aussicht gestellt hatte:

> „Nun…möchte ich Ihnen sagen, wie von ganzem Herzen ich mich mit allen Gutgesinnten in Eichstätt über Ihre freundliche Absicht freue. (…) Der Bischof, mit dem ich über diese Sache sprach, freut sich von Herzen…Sehr große Freude wird über Ihre Absicht auch unser lieber Kardinal Preysing haben. Ich kann aber nicht verhehlen, daß Sie Widerstände zu überwinden haben werden und daß der Ton des Eichstätter Stadtrats manchmal nicht erfreulich ist. Über all dies können wir ja mündlich sprechen".

Nach dem mehrtägigen Besuch v. d. Heydtes berichtete sie an den befreundeten Kardinal nach Berlin, dass der Kandidat „persönlich ausgezeichnet gefallen" habe. „Hoffentlich geht seine Wahl durch, woran der Bischof gestern noch stark zweifelte und zwar zu seinem größten Bedauern, denn er wünscht sehr, daß wir diesen Oberbürgermeister bekommen". Die Briefpassage lässt darauf schließen, dass v. Spiegel gezielt in einflussreichen Eichstätter Kreisen um Unterstützung für ihren Kandidaten warb.

In der Eichstätter CSU-Fraktion ging es derweil drunter und drüber, wie einem Bericht über die Mitgliederversammlung des hiesigen Ortsverbands vom 12.12.1949 zu entnehmen ist. Man hatte im Vorfeld der Wahl darüber gestritten, ob ein ehrenamtlicher oder hauptamtlicher Bürgermeister gewählt werden sollte. Überdies: „Die Einführung des v. d. Heydte war nicht gut". Und allgemein: „Es muß einmal aufhören, daß die Geistlichkeit eine Rolle spielt" – ist in dem Bericht zu lesen; demzufolge hatte mindestens Georg Weinzierl – CSU-Landtagsabgeordneter bis 1950 – den Kandidaten der Opposition R. Blei favorisiert.

Kardinal v. Preysing schrieb Anfang Dezember an v. d. Heydte: „Die Äbtissin hielt mich auf dem Laufenden. Es wäre mir ein sehr sympathischer Gedanke gewesen, wenn Du Dich dort niedergelassen hättest. (…) Aber nachdem ich noch nichts höre, möchte ich fast annehmen, daß der Lokalpatriotismus in Eichstätt gesiegt hat". So kam es dann auch: Die CSU-Stadtratsfraktion ließ v. d. Heydte als Kandidaten zugunsten des bisherigen Amtsinhabers Richard Jäger, der sich nun doch zur Wiederwahl stellte, fallen und unterlag. Der parteilose Romuald Blei, wenige Tage zuvor zum Ehrenbürger der Stadt ernannt, wurde für die verbleibende Amtszeit bis 1951 neuer Oberbürgermeister in Eichstätt. „Mir ist leid, daß Ihr nicht nach Eichstätt kommt, und so ist es auch der Äbtissin" – drückte der Berliner sein Bedauern gegenüber v. d. Heydte aus.[783]

Der November 1949 war ereignisreich für Benedicta v. Spiegel. Während sie sich für ihren Bürgermeisterfavoriten stark machte, verlieh der Stadtrat auch ihr die Auszeichnung als Ehrenbürgerin. An den befreundeten v. Preysing – seit 1946 ebenfalls Ehrenbürger – schrieb sie sichtlich geschmeichelt:

> „Ich bin also jetzt wohlbestallte Ehrenbürgerin von Eichstätt und da Eminenz es auch sind, fühle ich mich sehr stolz darüber, wenn ich es auch nicht verdiene, was man mir allerdings nicht zugibt. Sogar der Bischof sagte mir gestern, daß das eine sehr wohlverdiente Ehre sei".

Am 13. November hatte sie eine Nachricht von Josef Mühlbauer, für die Bayernpartei Mitglied im Stadtrat, erreicht: „Ich gestatte mir Sie davon zu verständigen, daß Sie auf einen von mir schriftlich eingereichten Antrag beim Stadtrat unter eingehender Begründung Ihrer Verdienste zur Ehrenbürgerin der Stadt ernannt wurden".[784] In nichtöffentlicher Sitzung hatte der Stadtrat am 24.10.1949 anlässlich der „Feierlichkeit zur Wiederverleihung der Kreisunmittelbarkeit" neben Benedicta v. Spiegel, den mit ihr befreundeten Brauereibesitzer Richard Emslander und den alten und neuen Bürgermeister Romuald Blei zu Ehrenbürgern berufen. In der Begründung ist zu lesen:

> „Die Hochwürdige Äbtissin von der Abtei Sankt Walburg hat vor dem Einmarsch der Amerikaner durch ihren Weitblick und ihr umsichtiges Handeln anerkennenswerte Taten vollbracht, die sich zum Nutzen und Segen der Stadt auswirkten, jedoch in allen Einzelheiten der Öffentlichkeit noch nicht bekannt und zugänglich sind".

Zentrale Details ihres Engagements um die Rettung der Stadt konnten in diesem Buch erstmals erhellt werden. An dem am 26. November 1949 stattfindenden Festakt konnte die gesundheitlich Angeschlagene nicht teilnehmen. Stattdessen überreichten ihr Oberbürgermeister und Stadtrat die Ehrenbürgerurkunde am darauffolgenden Tag persönlich in der Abtei. An ihre Nichte Aloysia schrieb v. Spiegel: „Es ist jetzt die schlimmste Zeit für Herzkranke, das spüre auch ich mit ständiger Atemlosigkeit etc., die

„Ehrenbürgerfeierlichkeiten habe ich allerdings gut überstanden". Neben vielen anderen gratulierte auch v. Preysing. „Die Nachrichten aus Eichstätt haben mich sehr erfreut und das Bild der Ehrenbürgerin darinnen".[785]

Nur 3 Tage nach der Ehrung starb ihr 4 Jahre jüngere Bruder: Joseph v. Spiegel im Elternhaus in Helmern. Aus einer Reihe von Zeitungsberichten, die ihr aus der ostwestfälischen Heimat zugesandt wurden, geht hervor, dass der ehemalige Landrat unter großer öffentlicher Anteilnahme auf dem kleinen Familienfriedhof in Fölsen beigesetzt wurde. Die St. Walburgerin schrieb mitfühlend an ihre Nichte: „Du kannst Dir denken daß mein ganzes Herz bei Euch ist. Ich finde es so schön daß Dein guter Vater der so anspruchslos und bescheiden war, diese tiefe Anerkennung findet. Das hätte ihn selbst sehr gefreut".[786]

Schatten lagen kurz vor dem Tod des ehemaligen Landrats auf der Familie, als er noch einmal auf seine politische Tätigkeit während des Naziregimes überprüft und die Zahlung seiner Versorgungsbezüge eingestellt wurde. Die gerichtlichen Auseinandersetzungen der Witwe Gerta v. Spiegel mit den zuständigen Ämtern zogen sich bis Mitte 1952 hin. Letztlich wurde ihr eine Witwenrente zugesprochen. Äbtissin Benedicta empfand auch nach dem Ableben Joseph v. Spiegels den jahrelangen unversöhnlichen Zwist der Brüder als Belastung. Von „taktloser Unausstehlichkeit" ihrer Schwägerin Gerta v. Spiegel schrieb sie unverblümt kurz vor Weihnachten 1949 an die Freundin ihres noch verheirateten Bruders Adolf v. Spiegel und grämte sich:

> „Sie ist ja auch schuld, daß die beiden Brüder nie mehr zusammenkamen. (…) Verzeihe, wenn ich Dich quäle, aber Du wirst verstehen, daß ich gerne weiter mit Euch leben möchte, nachdem wir uns einmal wieder aussprechen konnten. (…) Eure treue Schwester Lika".

Sie sehnte sich nach familiärem Frieden. Von Weihnachten 1949 „an ließen ihre Kräfte sehr schnell und sichtbar nach, und es zeigten sich die ersten bösen Anzeichen vom Endstadium ihrer Krankheit".[787]

LEBENSENDE

Die Klosterfrauen trugen die Todkranke am Mittwoch, dem 25. Januar 1950 in einem Tragsessel – die Abtei hatte keine Aufzüge – durch das ganze Kloster, „von der Backstube im untersten Geschoß bis zu den in den Speicher eingebauten Werkstätten ihrer Künstlerinnen". Äbtissin Benedicta nahm Abschied von dem Ort, der ihr 32 Jahre prägende Lebensstation und Heimat gewesen war. Die Klostergemeinschaft stand ihr bei. Seit ihrem 76. Geburtstag am 31. Januar im Kreise des Konvents „hat sie wohl keine Stunde mehr ohne die qualvollsten Schmerzen zugebracht". Ihrem Professkloster in Maredret zeitlebens verbunden ließ v. Spiegel über ihren Zustand dorthin informieren.

Am 12. Februar benachrichtigte die Abtei Ida v. Merveldt von einer rapiden Verschlechterung des Gesundheitszustandes ihrer Schwester. Sie „ist ziemlich teilnahmslos, hat große Schmerzen an den Beinen, weil sie aufgebrochen sind, ist völlig unbeweglich geworden und schläft seit gestern viel. (…) Es kann wohl niemand nachfühlen, was wir leiden und welch ein schwerer Druck auf unserem lb. Hause liegt. In unsagbarer Sorge". Einen Tag später telegrafierte der Konvent: „Befinden sehr ernst". Umgehend reiste die Schwester nach Eichstätt. Ihr Bruder Adolf folgte am nächsten Tag. Zeitgleich wandte sich Sr. Walburga Waldburg-Zeil erneut mit einer Bitte an ihren Bruder:[788]

> „ Mein Lieber, Du hast mir früher öfters gesagt, ich soll es Dir sagen, wenn wir etwas brauchen. Jetzt, wo der Tod u. das Begräbnis der liebsten Hw. Mutter vor der Türe steht, möchte ich Dich bitten, uns etwas Geld zu geben. Wir leben so von der Hand in den Mund, dass für grössere Ausgaben nichts da ist. Es muss ein Metallsarg besorgt werden u. muss überhaupt allerlei gemacht werden, u. wir möchten doch unserer Hw. Mutter ein würdiges, schönes Begräbnis machen".

Bischof Schröffer besuchte die Todkranke und führte mit ihr ein intensives Gespräch, das er in seine persönlich gehaltene Trauerrede wenige Tage später einfließen ließ:

> „Sie gab sich keinen Illusionen hin und sah den Tod vor Augen. (…) Man konnte ihr auch ohne Hemmungen von ihrem Sterben sprechen. Ich konnte ihr ganz offen erklären, daß die Mitternacht nun nahe sei… Ein Lächeln ging dabei über ihre Züge. Sie hat als eine starke Frau ein klares Ja zum Tode gesprochen".

Benedicta v. Spiegel musste in ihren letzten Lebenstagen Schmerzen „bei vollem Bewußtsein durchleiden…, obgleich sie fast nicht mehr sprechen oder sich auf andere Weise äußern konnte" – so die Beschreibung aus dem Kloster. Auf Bitte des Apostolischen Visitators Bischof Muench schickte Papst Pius XII. am 16. Februar seinen Segen. In der letzten Lebensaugenblicken waren der Konvent, die beiden Geschwister und der vertraute Joseph Lechner an ihrer Seite. Es war die Gebetsstunde der Terz:[789]

„Wir sangen unserer sterbenden Äbtissin zum letzten Mal das ‚Suspice‘, „Nimm mich auf, o Herr, und ich werde leben, und laß mich nicht zuschanden werden in meiner Hoffung‘ (...) Unendlich friedlich schlief unser liebe Hochwürdige Mutter ein".

Äbtissin Benedicta von Spiegel starb am Freitag, dem 17. Februar 1950 morgens gegen 6.00 Uhr.

Die Tage bis zur Beerdigung läuteten in der Mittagszeit die Glocken der Klosterkirche und des Doms. Ihr Leichnam wurde im oberen Sprechzimmer aufgebahrt. „Fast drei Tage lang zog unablässig der Menschenstrom am Sprechgitter des Abteisprechzimmers von St. Walburg vorbei, um eine große Frau...zum letzten Male zu grüßen" – berichtete die Eichstätter Volkszeitung. Die Beisetzungsfeierlichkeiten zelebrierte der Eichstätter Bischof 3 Tage später am 20. Februar vormittags 9.30 Uhr in der Kloster- und Pfarrkirche St. Walburg. Es war Rosenmontag, und Oberbürgermeister Romuald Blei verbot im Namen der Stadt „daher jedes Maskentreiben und Maskenumzüge auf öffentlichen Straßen und Plätzen...und ersucht die Bevölkerung ein würdiges Verhalten in diesen Tagen zu zeigen". Das Begräbnis fand unter großer öffentlicher Teilnahme statt. „Von überall strömten die Trauergäste herbei, Geistliche und Laien, Männer und Frauen aus den höchsten und einfachsten Kreisen, Vertreter der verschiedenen Behörden, Leute aus der Stadt, Leute vom Land...die Verwandten der Verstorbenen...Mitglieder des H. Domkapitels, die Hochschulprofessoren..., dann vor allem die Abordnungen aus dem Orden des Hl. Benedikt, an der Spitze der...Abtpräses...die...Äbte von Metten, Augsburg, Scheyern, Weltenburg, München, Plankstetten, Ottobeuren, von Rohr und von Schweiklberg", Vertreter des apostolischen Nuntius, Bürgermeister und Landrat, Landtagsabgeordnete u.v.m. Der „Konvent der verwaisten Abtei St. Walburg" – bis zur Wahl einer neuen Äbtissin von der Priorin geleitet – hatte eigens eine Ordnung für den Trauerzug erstellt und die Todesanzeigen mit gedruckten Einlasskarten versehen, die den Zugang zu dem im klausurierten Klosterbereich liegenden Friedhof regelten: „Nach dem Pontifikalrequiem...wollen Sie sich bitte über die Klosterpforte ins Sprechzimmer begeben und diese Karte mitbringen, die zugleich als Ausweis dient. Wir bitten Sie, sich an dem Trauerzug vom Sprechzimmer aus anzuschließen".[790]

Der befreundete Kardinal v. Preysing konnte an der Beerdigung nicht teilnehmen. Gesundheitlich angeschlagen trug er sich schon längere Zeit mit dem Gedanken, sein Amt niederzulegen, „sprach... fortwährend von Resignation und von einem Koadjutor". Sr. Walburga Waldburg-Zeil hielt ihren Cousin über das Geschehen in der Abtei auf dem Laufenden. Am Sterbetag der Äbtissin antwortete v. Preysing seiner Cousine melancholisch gestimmt:

> „Ich bin so froh, daß ich noch in Eichstätt gewesen bin und die Frau Äbtissin so frisch gefunden habe. Mit ihr stirbt für mich ein großer Teil des alten Eichstätt".

Und in einem weiteren Brief: „Ich bin in Gedanken so viel bei dem trauernden St. Walburg... Die selige Frau Äbtissin hat mir noch 3 Tage vor ihrem Tode ein violettes Messkleid schicken lassen. Du kannst Dir denken, wie gerührt ich war, als es nach einigen Tagen bei mir eintraf".[791] Der Berliner Kardinal starb zum Ende des Jahres 1950.

Gut 2 Wochen nach der Beisetzung erhielt die Schwester der Verstorbenen, Ida v. Merveldt, Post aus der Abtei, die Einblick in die von Trauer geprägte Stimmung im Kloster gab: „Liebste Frau Gräfin, zu einem richtigen Brief und Dank für so viel Liebe und Trost und Beistand in diesen schwersten Tagen reicht es uns und mir immer noch nicht. Man ist förmlich wie durchgedreht und ganz ab. Es ist einfach zu schwer (...) Ich schreibe jetzt nur Dank und Dank und täglich kommen neue Berge von rührend lieben Schreiben".

Die langjährige Freundin Therese Neumann kondolierte den ‚lieben Schwestern' ebenfalls. „Von ganzem Herzen meine innige Teilnahme. Ich weiß, wie Euch zu Mute ist und was Ihr leidet. Ist furchtbarer Schmerz, die Mutter zu verlieren". Zugleich blickte die Konnersreutherin nach vorn: „Und jetzt wollen wir den lb. Heiland recht bitten, daß er Euch eine Mutter geben möge, die einer so großen Kinderschar gewachsen ist. Im Sommer, wenn ich nach dem lieben Eichstätt darf, komm ich zu Euch hinauf".

Unter den ‚Bergen' von Kondolenzschreiben fand sich auch ein Brief von Theodor Klauser. Er hatte im Herbst 1944 für ein Jahr in der Abtei St. Walburg eine vorübergehende Heimat gefunden und amtierte 1950 als Rektor der Universität Bonn. Klauser erinnerte sich an die letzten Kriegsmonate in St. Walburg:[792]

> „In dieser Zeit ist mir ganz aufgegangen, welche ungewöhnlichen Möglichkeiten dieser reichbegabten Frau in der Leitung eines großen Convents zur Verfügung standen. Aus nächster Nähe habe ich auch miterleben dürfen, welchen Heroismus sie aufzubringen vermochte. Mit dem Kloster und ihrem ungewöhnlich großen Freundeskreis wird die Bevölkerung von Eichstätt sie als eine wahrhaft große Frau in verehrender Erinnerung behalten".

In den ersten Jahren nach v. Spiegels Tod erinnerten gelegentliche Zeitungsartikel in Eichstätt und ihrer ostwestfälischen Heimat sowie einige wenige Lebensbilder an sie. 1962 produzierte der Bayerische Rundfunk eine Hörsendung auf der Grundlage eines in St. Walburg verfassten Manuskripts. Wann die knapp 40minütige „Sondersendung „Maria Anna Benedicta von Spiegel OSB: Äbtissin in St. Walburg, Eichstätt" mit 5 Sprechern, darunter die Schauspieler Fritz Straßner (1919–1993) und Alois M. Giani (1912–?) gesendet wurde, kann heute nicht mehr festgestellt werden.[793] Mit der Zeit verblasste die Erinnerung an Benedicta von Spiegel.

Der Klosterfriedhof von 1856 ist ein intimer, verwunschen wirkender Ort in der Klausur von St. Walburg. Kunstfertig filigrane, bemalte schmiedeeiserne Kreuze mit den Namen der Verstorbenen zieren die mit Rosenstöcken bepflanzten Gräber der Nonnen. Nach einer gewissen Zeit werden sie neu belegt. Benedicta von Spiegel ist an der mit Rosen und Efeu bewachsenen Klostermauer in der Gruft beerdigt – gemeinsam mit ihrer Vorgängerin und Nachfolgerin am Fuße eines Auferstehungskreuzes.

Portrait Äbtissin Benedicta v. Spiegel,
posthum gemalt von ihrer Nichte Aloysia v. Westphalen, geb. v. Spiegel

SCHLUSS

Am 25. März 1950 wählte der Konvent von St. Walburg in Abwesenheit Augustina Weihermüller (1900–1993) zur neuen Äbtissin. Benedicta v. Spiegel hatte die examinierte Lehrerin 1935 mit anderen Klosterfrauen in die amerikanische Neugründung Boulder entsandt, wo sie zuletzt Priorin war.

Die jüdische Konvertitin Emmanuela Drey lebte seit ihrer gelungenen Flucht aus Deutschland in dem von Spiegel 1937 gegründeten Minster Abbey bei Ramsgate/Kent und wirkte dort als Priorin. Mit der Wahl von Weihermüller zur Eichstätter Äbtissin wechselte sie in die amerikanische Niederlassung in S. Emma Greensburg, der sie 20 Jahre von 1953 bis zu ihrem Tod 1973 als Priorin vorstand.

Walburga v. Waldburg-Zeil verließ St. Walburg nach dem Tod v. Spiegels in Richtung Minster Abbey in England. An Ida v. Merveldt schrieb sie von dort: „Du fragst wie es mir hier ergeht. Ich bin sehr gern hier und liebe Minster sehr. Hochselige Mutter hat es ja auch so gern gehabt. Es geht mir ganz ordentlich mit der Verwaltung, was mir ja total neu und ungewohnt war. Aber ich hatte doch noch neun Monate eine gute Lehrmeisterin an Frau Emmanuela". Dieser folgte sie als Priorin 1952. Sie gab dieses Amt mit 82 Jahren auf und starb hochbetagt 1991 in Minster.

Ihr Bruder, Erich Fürst Waldburg-Zeil verunglückte am 24. Mai 1953 mit 54 Jahren tödlich. „Das Unglück geschah in der Abenddämmerung an einem steilen Waldhang mit einem kl. offenen Militär-Geländeauto (…) Erich hatte 6 Rippenbrüche an der Herzseite und schwere Lungenverletzungen. Er hatte grässliche Schmerzen und Atemnot" – vertraute Walburga v. Waldburg-Zeil der Schwester der verstorbenen Äbtissin an. Die 1953 errichtete Fürst-Erich-Kapelle erinnert bei Marstetten in der Gemeinde Aitrach an die Unfallstelle.[794]

Nur einen Monat vor seinem Tod hatte Erich v. Waldburg-Zeil im beflaggten Eichstätt eine Gedenkrede auf den 1935 im Exil verstorbenen Freund und Mitstreiter Pater Ingbert Naab gehalten. Seine sterblichen Überreste waren am 21. April 1953 aus Straßburg auf den Friedhof an der Kapuzinerkirche überführt und dort unter großer öffentlicher Anteilnahme beigesetzt worden.

Ein dreiviertel Jahr später am 31. Januar 1954 starb an einer Herzkrankheit mit 61 Jahren v. Spiegels Berater und enger Freund Joseph Lechner – auf den Tag ihres 80. Geburtstages. Seine Grabstätte findet sich auf dem Eichstätter Friedhof.

Die stigmatisierte Therese Neumann setzte die guten Kontakte zu St. Walburg fort und hielt sich kurz vor ihrem eigenen Tod gleich mehrere Wochen in der Abtei auf. „Als sie das Bild von liebsten Hochsel. Mutter im Sprechzimmer sah, sagte sie sehr bewegt: ‚Die kann man nicht vergessen'. (…) Wir konnten es nicht glauben als wir am 18. September durch das Telefon von Konnersreuth die Todesnachricht erhielten. Die Beisetzung war sehr würdevoll" – schrieb Sr. Laurentia über den Tod Neumanns 1962 an v. Spiegels Nichte. Ein gutes Jahr später führten der Verleger Johannes Steiner, früherer Geschäftsführer des Naturrechtsverlag, in dem der „Gerade Weg" publiziert worden war, und der aus Eichstätt stammende Regensburger Bischof Rudolf Graber (1903–1992) ein Gespräch über Seligsprechungsanträge. Steiner informierte über den Inhalt des Treffens die „Freunde im Konnersreuther Kreis": Der Bischof „gab zu erkennen, daß seine Stellungnahme wesentlich auch davon beeinflußt werden könnte, wenn die Kreise, die Theres Neumann gut persönlich kannten, vornehmlich also der sogenannte Konnersreuther Kreis…mit einem solchen Antrag an ihn heranträten". Und Steiner fuhr fort, dass Garber „schon namhafte Beträge zu den Kosten des Seligsprechungsprozesses zur Verfügung gestellt" habe, „und es ist deshalb bei der Kreis- und Stadtsparkasse Waldsassen ein Konto eröffnet worden, das…die Nummer 2000 trägt und direkt unter der Obhut und Verfügung des Bischofs von Regensburg steht". Bis zur Eröffnung des Seligsprechungsverfahrens im Jahre 2005 hat es noch einmal 40 Jahre gedauert.

Für den 1934 ermordeten Journalisten Fritz Gerlich leitete der Münchner Erzbischof Kardinal Reinhard Marx im Dezember 2017 das Seligsprechungsverfahren ein und legitimierte diesen Schritt wie folgt: „Bei Gerlich, der für seine religiös begründeten Überzeugungen von den Nationalsozialisten getötet und so zum Märtyrer wurde, liegt der Schwerpunkt auf seiner Verfolgung, Haft und Ermordung".[795]

„Bei uns ist jetzt der Kapitelsaal eingerichtet und Du würdest sicher Freude haben, Deine beiden Bilder dort zu finden" – schrieb am 27. März 1961 Sr. Brigitta zu Münster an die Nichte der verstorbenen Äbtissin, Aloysia. Die freischaffende Künstlerin hatte für das Kloster ihre Tante und deren Vorgängerin Karolina Kroiß auf großformatigen Ölbildern gemalt. Noch heute hängen die Portraits im Kapitelsaal der Abtei St. Walburg in Eichstätt.[796]

DANKSAGUNG

Dieses Buch, geschrieben in den 2 vergangenen Pandemiejahren, verdankt sein Entstehen der außergewöhnlichen Unterstützung anderer durch Kenntnisse und Quellenzugänge.

Danken möchte ich an erster Stelle der emeritierten Äbtissin von St. Walburg Franziska Kloos, die mir den freien Zugang zum umfangreichen Nachlass ihrer Vorvorgängerin eröffnete, unermüdlich meine Fragen zum Klosterleben in Eichstätt beantwortete und mit mir intensiv diskutierte. Von Anfang an sehr unterstützt haben mein Buch die Archivarin von St. Walburg, Sr. Dr. Maria Magdalena Zunker und Äbtissin Hildegard Dubnick,

Ein besonderer Dank gilt auch der Archivarin der Abtei St. Hildegard in Eibingen, Sr. Dr. Klara Antons, die mir Einblick in Dokumente gewährte, mit denen ich gänzlich neue Aspekte der Persönlichkeit Benedicta v. Spiegels erschließen konnte. Sie las weite Passagen des Skripts Korrektur und gab mir wichtige Hinweise auf innerklösterliche Perspektiven, die mir als Laie verschlossen sind.

Unermüdlich unterstützt mit einer großen Reihe an wertvollen Informationen und Dokumenten aus dem Waldburg-Zeil'schen Gesamtarchiv hat mich Rudolf Beck in Leutkirch, wofür ich ihm sehr danken möchte. Den Zugang zum Familienarchiv ermöglichte mir dankenswerterweise Erich Fürst von Waldburg zu Zeil und Trauchburg.

Ohne die Einsicht in private Archive aus der Familie von Äbtissin Benedicta hätte dieses Buch nicht entstehen können. Dafür möchte ich an erster Stelle Ferdinand Graf von Merveldt (Lembeck) danken, der mir ungehinderten Zugang zum umfangreichen Nachlass der jüngsten Schwester v. Spiegels, Ida, gewährt hat. Weiterhin danke ich Walburga Freifrau von Aretin (Ermelinghoff) und Gabriele Baronin von Spiegel (Rheder) für die Einsicht in zwei weitere geschwisterliche Nachlässe. Dass die genannten Archive recherchierbar wurden, verdanke ich Dr. Antje Diener-Staeckling vom LWL-Archivamt Münster.

Für zahlreiche fachliche Erkenntnisse u.a. des Eichstätter Milieus im Nationalsozialismus danke ich dem stellvertretenden Leiter der historischen Bestände der Universitätsbibliothek Eichstätt-Ingolstadt Dr. Franz Heiler.

Von ganz verschiedenen Seiten kamen meinem Buch Hinweise und Kritik zugute. Genannt seien P. Ignace Baise (Maredsous), Pius von Borries (Bonn), Rudolf von Borries (Köln) Dr. Clemens Brodkorb (München), Kornelia Drost-Siemon (Göttingen), Bettina Fintelmann (Frankfurt/M.), Nicole Freitag (Paderborn), Dr. Sabine Happ (Münster), Dr. Bruno Lengenfelder (Eichstätt), Br. Athanasius Polag (Trier), P. Basilius Sandner (Maria Laach), Herbert Schott (Nürnberg), Sr. Angela-Maria Segbert (Altenheerse), Jessica Sotzek (Marbach), Thomas Welter (Paderborn), Prof. Dr. Jens Wiltfang (Göttingen), Dr. Maria Anna Zumholz (Münster). Ihnen allen gilt mein herzlicher Dank ebenso wie den Mitarbeiterinnen der Erzbischöflichen Akademischen Bibliothek Paderborn für ihre unermüdliche Unterstützung.

Von Anfang bis zum Ende begleitet hat das Buch mein Mann, Prof. Dr. Raban Graf von Westphalen. Er hat mich auf das interessante Leben seiner Grosstante aufmerksam gemacht und mir einen wichtigen Zugang über den Nachlass seiner Mutter eröffnet. Ihm widme ich mein Buch.

Anmerkungen

1   Schreiben Wittelsbacher Vermögensverwaltung an Äbtissin Benedicta 02.09.1926.
    AStW. Das Stundenbuch trägt den Titel: Heures Choisies ou Recueil de Prières pour
    tous les besoins de la vie, avec des instructions et pratiques pour toutes les fêtes de
    l'annèe, par Mme la Mise D`Andelarre. Limoges 1849.
2   Übersichtsdarstellung von Maria Magdalena Zunker: Geschichte der Benediktinerin-
    nenabtei St. Walburg in Eichstätt von 1035 bis heute. Lindenberg 2009; Abtei St. Wal-
    burg: 1836–1986. Festschrift zum 150jährigen Jubiläum der Volksschule St. Walburg.
    Eichstätt 1986, S. 16.
3   M. Brigitte zu Münster: Äbtissin Karolina Kroiß (1914–1926. In: SMGB Jg. 1988,
    S. 266. Zur Parkinson-Erkrankung mündliche Auskunft von Äbtissin em. Franziska
    Kloos v. September 2020.
4   Festchronik über die Aebtissinweihe in der Abtei St. Walburg 29. September 1926, S. 2.
    AStW.
5   Taufeintrag St. Johannes Baptist, Fölsen, Bd. 4, Taufen 1850–1929, S. 115, Nr. 3. EBAP;
    zur neuesten Chronik des Ordens: St. Walburg. In: SMGB Jg. 1926, S. 248; Catalogus
    Monachorum Congregationes Sactorum angelorum custodum Benedictinae Bavaricae
    Jgg. 1924, 1929, 1933; im Jg. 1940 handschriftlich korrigiert, Jg. 1950 korrekt ausgewie-
    sen. AStW.
6   Catalogus Jg. 1924, 1933.
7   Festchronik. S. 4 u. 6f.
8   Ebd., S. 4. Die Ausgestaltung im Rokokostil geht auf Fürstin Felicitas von Fürstenberg-
    Meßkirch (1716–1798) vor ihrem Einzug in die Abtei zurück, vgl. Maria Magdalena
    Zunker: Die Benediktinerinnenabtei St. Walburg in Eichstätt. Berlin 2018, S. 85.
9   Manuskript der Tischrede des Eichstätter Bürgermeisters Otto Betz zur Äbtissinweihe
    am 29.09.1926. AStW.
10 Festchronik, S. 9f.
11 PAvW.
12 Zunker: Benediktinerinnenabtei, S. 373ff. Die Verfasserin dieses umfassenden Kom-
    pendiums zur Geschichte der Abtei St. Walburg bis zur Säkularisation vermutet, dass
    Äbtissin Maria Anna Barbara Schmaussin (1653–1730, Äbtissin von 1705–1730) das
    persönliche Äbtissinsiegel eingeführt hat.
13 Brief 16.08.1926. AStW.
14 Annalen der Abtei St. Hildegard Eibingen. AASH; Glückwunschkarte Äbtissin Regin-
    trudis Sauter 19.08.1926. AStW.
15 Briefe Abt Raphael Walzer 20.08.1926 und Abt Willibald Adam 19.08.1926. Alle AStW.
16 Briefe Abt Ildefons Herwegen 20.08.1926 und Bischof Matthias Ehrenfried 26.08.1926.
    Beide AStW; eine Schwester des Würzburger Bischofs – Seraphine – war vor 1925 ver-
    storben, vgl. Abtei St. Walburg: Zur neuesten Chronik des Ordens. In: SMGB Jg. 1925,
    S. 303.
17 Brief Eduard Schöningh 16.10.1926. AStW.

[18] Benedicta von Spiegel: II. Teil meiner Erinnerungen – Aus der Jugendzeit. Ermelinghoff 1930. Unpaginiert, die 87 Seiten wurden der Übersicht halber von der Autorin nachpaginiert. PAvW, S. 57. Alle Veröffentlichungen v. Spiegels sowie Schriftstücke bis zur Äbtissinweihe werden dem Literaturverzeichnis folgend unter ihrem Namen Benedicta von Spiegel verzeichnet. Alle offiziellen Schriftstücke seit ihrer Äbtissinwahl unter „Äbtissin Benedicta".

[19] Ebd., S. 10.

[20] Ebd., S. 5.

I. Adliges Landleben in Ostwestfalen 1874–1898

[21] Ausführlich zur Familiengeschichte: Raban Freiherr Spiegel v. u. z. Peckelsheim: Geschichte der Spiegels zum Desenberg und v. u. zu Peckelsheim. Zugleich ein Beitrag zur westfälisch-hessischen Heimatgeschichte. O.O. 1956 Selbstverlag, Bd. II., S. 610. PAvW; vgl. Genealogisches Handbuch des Adels. Bd. 27. Limburg 1962.

[22] Internetportal Westfälische Geschichte: Spiegel von und zu Peckelsheim, Raban, www. lwl.org; vgl. Friedrich Keinemann: Vom Krummstab zur Republik. Westfälischer Adel unter preußischer Herrschaft 1802-1945. Bochum 1997, S. 320ff.; berufliche Lebensläufe Raban und Adolf v. Spiegel. In: Dietrich Wegmann: Die leitenden staatlichen Verwaltungsbeamten der Provinz Westfalen 1815-1918. Münster 1969, S. 334f.

[23] Von Spiegelsches Rittergut in Helmern mehr als 70 Jahre Verwaltungsmittelpunkt des Kreises Warburg. In: Sabine und Michael Robrecht: Schlossgeschichten. Adelssitze zwischen Egge und Weser. 2. Aufl., Höxter 2002, S. 130f.; Michael Rademacher: Deutsche Verwaltungsgeschichte von der Reichseinigung 1871 bis zur Wiedervereinigung 1990. Osnabrück 2006, statistisches Material online-Version; steigende Verwaltungsaufgaben und Personalzuwachs machten später ein eigenes Verwaltungsgebäude erforderlich, das ab 1909 in Warburg errichtet und zum Dienstsitz des Landrates wurde – vgl. Hans von Geisau: Das Werden des Kreises Warburg. In: Kreis Warburg (Hg.): Der Landkreis Warburg. Geschichte, Landschaft, Wirtschaft. Oldenburg 1966, S. 24; auch Adalbert Kleinert: Civitas Elmeri – Helmern 1937–1987. Helmern 1987, S. 9f.

[24] Emil Herz: Denk ich an Deutschland in der Nacht (1951). Nachdruck der Auflage von 1994. Warburg 2005, S. 154ff. Der bekannte Rowohlt-Lektor resümiert: „Es waren schöne, friedliche Jahre, sie wurden mit Behagen genossen in Warburg und in allen andern jüdischen Gemeinden. Die Gleichberechtigung war praktisch durchgeführt, die Juden hatten ungehindert Zugang zu allen Berufen" (S. 159); vgl. Hermann Hermes: Deportationsziel Riga. Schicksale Warburger Juden. Kassel 1982, S. 13ff.; zu den jüdischen Gemeinschaften des damaligen Kreises Warburg ausführlich: Historisches Handbuch der jüdischen Gemeinschaften in Westfalen und Lippe. Die Ortschaften und Territorien im heutigen Regierungsbezirk Detmold. (= Veröffentlichungen der Historischen Kommission für Westfalen Neue Folge 10). Münster 2013.

[25] Kleinert: Civitas, S. 8; Rheder – Perle des Nethetals. In: Robrecht: Schlossgeschichten, S. 181ff.

[26] Genealogisches Handbuch des Adels Bd. 113; OWL-Journal.de v. 10.07.2012.

[27] Benedicta von Spiegel: Italien wie ich es sah, da ich jung war. O. O. o.J. Unpaginiert, die 65 Seiten wurden der Übersicht halber von der Autorin nachpaginiert. PAvW, S. 60f.; Genealogisches Handbuch des Adels Bd.113.

[28] Spiegel v.: Italien, S. 55.

29 Adelsfamilien von Mengersen und Spiegel haben Rheder geprägt, in: Robrecht: Schloss-geschichten, S. 188ff.

30 Taufpaten waren: Agnes Freifrau von Brakel geb. Gräfin Mengersen; Wilhelmine Frei-frau von Amelunxen geb. Freiin von Spiegel und Clemens Graf Holnstein aus Bayern. Taufeintrag St. Johannes Baptist, Fölsen, Bd. 4, Taufen 1850-1929, S. 115, Nr. 3. EBAP. Dort auch die Taufeinträge der Geschwister im selben Band.

31 Benedicta v. Spiegel bezeichnete die Hl. Elisabeth in ihren Erinnerungen II. Teil, S. 37 als „Ahnfrau und Namenspatronin"; Joseph Bruno Graf von Mengersen: Die heilige Elisa-beth, Landgräfin von Thüringen. Historisches Epos in neun Gesängen. Hannover 1861; Foto von der Aufführung des Elisabethspiels. AStW; St. Walburg: Festschrift, S. 42.

32 Benedicta v. Spiegel: Lose Blätter aus dem Bilderbuch meiner Kindheit. O.O. 1928 paginiert, S. 2f. PAvW.

33 Teil, S. 18; Elisabeth und Melchior von Borries: Lebensbilder. Selbstverlag, 2. Aufl., o.O. 2017, S. 25. Der Neffe der Äbtissin, Melchior, hat darin seine Lebenserinnerungen festgehalten.

34 Blätter, S. 21, 23, 39, 41.

35 Teil, S. 25.

36 Ebd., S. 33, 35; Raban v. Spiegel: Geschichte, S. 610.

37 Neben Artikeln für katholische Zeitschriften verfasste Ida v. Holnstein Novellen und Gedichte, die wie der Gedichtband „Lob des Herrn" in mehreren Auflagen gedruckt wurden; Genealogisches Handbuch des Adels Bd. 27.

38 Blätter, S. 48.

39 Teil, S. 18.

40 Blätter, S. 59; Teil, S. 17.

41 Ebd., S. 28, 42; vgl. Stephan Malinowski/Marcus Funck ‚Charakter ist alles!': Erzie-hungsideale und Erziehungspraktiken in deutschen Adelsfamilien des 19. und 20. Jahr-hunderts. In: Jahrbuch für Historische Bildungsforschung 2000, S. 71ff.

42 Vgl. Raban Graf von Westphalen: Akademisches Privileg und demokratischer Staat. Stuttgart 1979, S. 111ff.; Heinz Reif: Westfälischer Adel 1770–1860. Göttingen 1979, S. 315ff.; Herz: Deutschland, S. 177ff. und 319; zur Zahl der jüdischen Schüler: Jah-resberichtsbücher zu den Reifeprüfungsjahrgängen und Klausuren von Adolf, Joseph, Raban und Clemens von Spiegel. Dankenswerterweise vom Gymnasium Marianum Warburg zur Verfügung gestellt.

43 Teil, S. 44ff.; vgl. Keinemann: Krummstab, S.363, dort auch das Zitat des Freiherrn von Soden-Traunhofen über die „Berufswahl der adligen Töchter".

44 Teil, S. 28ff.. Im Jahre 2013 erregte eine Diskussion um die Aberkennung der Ehren-bürgerwürde Hindenburgs und Hitlers (letztgenannter 1933 zum Dietramszeller Eh-renbürger ernannt) die Gemüter ebenso wie eine von den Nationalsozialisten am Klos-ter angebrachte Hindenburg-Büste, vgl. hierzu Artikel in der Süddeutschen Zeitung v. 12.11.2019.

45 Teil, S. 31, 33.

46 Brief aus dem Kloster Dietramszell von Schwester Maria Antonia. Februar 1927. AStW; Teil, S. 28.

47 Teil, S. 33ff.

48 Ebd., S. 41f., S. 48, S. 57; Rudolfine Freiin von Oer/Carlfried Graf von Westerholt-Alst: Der Adelige Damenclub zu Münster 1800-2000. Münster 2000, darin S. 63 (Auflistung der Präsidenten): die Liste der gefallenen Söhne von Mitgliedern d. Damenclubs belegt die Mitgliedschaft von Joseph v. Spiegel und Maria v. Twickel (S. 115f.). 1925 wurde der spätere Reichskanzler Franz von Papen als Mitglied aufgenommen; seine Ehefrau, Martha

von Boch-Galhau (1880–1961), die als Tochter des Inhabers von Villeroy & Boch mit ihrer Mitgift v. Papen zu einem reichen Mann machte, „erfüllte hingegen die Voraussetzungen der Mitgliedschaft nicht", wurde also nicht „ballotiert", ebd. S. 107; vgl. Monika Wienfort: Gesellschaftsdamen, Gutsfrauen und Rebellinnen. Adelige Frauen in Deutschland 1890–1939. In: Dies./Eckart Conze (Hg.): Adel und Moderne. Köln 2004, S. 193ff.

[49]   Teil, S. 56f., 42f., 8.
[50]   Ebd., S. 47ff.
[51]   Vgl. die Biographie v. Herbert von Nostitz: Bismarcks unbotmäßiger Botschafter Fürst Münster von Derneburg. Göttingen 1968.
[52]   Teil, S. 50ff.; v. Nostiz: Bismarcks, S. 96f.
[53]   Teil, S. 52, 66.
[54]   Italien, S. 61, 55.
[55]   Ebd. S. 54ff.

II. Wendepunkt Italien 1898/99

[56]   Ebd., S. 13, 35.
[57]   Ebd., S. 17.
[58]   Ebd., S. 19ff.
[59]   Ebd., S. 37.
[60]   Ebd., S. 36f., 53.
[61]   Ebd., S. 39f.
[62]   Immer noch lesenswert: Ildefons Herwegen: Der heilige Benedikt. Ein Charakterbild. Düsseldorf 1926, mehrere Auflagen.
[63]   Italien, S. 46; Schreiben der Leiterin der Abteilung Archivfachliche Aufgaben der Diözese Würzburg vom 12.1.2021 (SV-56:074971).
[64]   Italien, S. 49. Bartolo Longo hatte 1885 die verwitwete Mariana Gräfin di Fusco geheiratet, um deren Vermögensverwaltung er sich seit Jahren kümmerte. Mit ihr gründete er u.a. ein Waisenhaus; dazu die hagiographische Schrift von Ida Lüthold-Minder: Die Rosenkranzkönigin von Pompeji und ihr Advokat Bartolo Longo. Hauteville 1981.
[65]   Italien, S. 50ff.
[66]   Ebd.; ausführliche Lebensbeschreibung bei Hadelin de Moreau OSB: Hildebrand de Hemptinne. Mönch von Beuron, Abt von Maredsous, erster Primas des Benediktinerordens 1849–1913. Beuron 1938; darin zu Stellung und Kompetenzen des Abtprimas, S. 91ff.
[67]   Italien, S. 52f.; vgl. die Biographie von Jörg Ernesti: Leo XIII. Papst und Staatsmann. 2. durchgeseh. Aufl., Freiburg 2019.
[68]   Italien, S. 54.
[69]   Ebd., S. 52, 64f.; Teil, S. 8.
[70]   Teil, S. 57ff.; 59f.
[71]   Ebd., S. 60ff.
[72]   Anders als die Äbtissin von St. Gabriel in Prag, bei der de Hemptinne vergeblich angefragt hatte, vgl. Teil, S. 63f. und 57; letztes Zitat in Fortsetzung, S. 4; die Archivarin von St. Hildegard Eibingen, Sr. Klara Antons, erachtet die Zusage eines Führungsamts, „was ich nicht glauben kann, in dieser Zeit für mehr als außergewöhnlich", Mail v. 01.04.2022.
[73]   Teil, S. 61ff.; Benedicta von Spiegel: Fortsetzung des II. Teils meiner Erinnerungen. O.O. u. o.J. unpaginiert, die 15 Seiten wurden der Übersicht halber von der Autorin

nachpaginiert. PAvW. Darin erwähnt sie Plumbariola, S. 4; schriftliche Auskunft des Archivs der Abtei Montecassino vom 18.01.2022.

[74] Geborene Gräfin zu Münster-Ledenburg; die Tochter Selma (1856–1938) wurde später Frauenrechtlerin und 2. Vorsitzende des Deutsch-Evangelischen Frauenbundes.

[75] Teil, S. 66ff.

[76] Ebd., S. 36.

[77] Ebd., 68f.; vgl. Virgil Fiala: Beuron. Ein Jahrhundert Beuroner Geschichte. In: Beuron 1863-1963. Festschrift zum hundertjährigen Bestehen der Erzabtei St. Martin. Beuron 1963, S. 147ff.; die Tochter des Fürsten Löwenstein aus 2. Ehe – Agnes – schien demnach offenbar für ein Führungsamt in der neugegründeten Abtei Eibingen nicht geeignet und blieb in Solesmes.

[78] Vgl. dazu Jörg Ebeling / Ulrich Leben (Hg.): Ein Meisterwerk des Empire. Das Palais Beauharnais in Paris. Tübingen 2016.

[79] Teil, S. 66ff.; vgl. auch v. Nostiz: Botschafter, S. 264ff.; Helmut Lackner: Schöne neue Welt. Weltausstellungen: Inszenierung des technischen Fortschritts. In: Kultur & Technik 3/2000, S. 19ff.; handschriftlicher Eintrag der Äbtissin in das Heft: Die Deutsche Botschaft in Paris. O.O., o.J., vermutlich um 1910. PAvW.

[80] Teil, S. 71f., S. 74.

III. Klosterjahre in Maredret 1900–1914

[81] So Fiala: Beuron, S. 146f.

[82] Vgl. Cyrill Schäfer: „Wahrhaft monastischer Geist". Solesmes und Beuron als Vorkämpfer der benediktinischen Ordensreform. In: Karl-Heinz Braun/Hugo Ott/Wilfried Schöntag: Mittelalterliches Mönchtum in der Moderne? Die Neugründung der Benediktinerabtei Beuron 1863 und deren kulturelle Ausstrahlung im 19. und 20. Jahrhundert. Stuttgart 2015, S. 121ff.; Erzabtei St. Martin zu Beuron (Hg.): 150 Jahre Benediktiner in Beuron. Ein Kloster im Wandel. Beuron 2013.

[83] Fiala: Beuron, S. 147.

[84] Vgl. Johanna Buschmann: Beuroner Mönchtum. Studien zu Spiritualität, Verfassung und Lebensformen der Beuroner Benediktinerkongregation von 1863-1914. Münster 1994, S. 73ff.; zur heutigen rechtlichen Ausgestaltung des Verhältnisses von Frauen- und Männerklöstern der Beuroner Kongregation Hinweise bei: Corona Bamberg: Monastische Partnerschaft – zum Miteinander von Männer- und Frauenklöstern in der Beuroner Kongregation. In: Emmanuel von Severus: Ecclesia Lacensis. Beiträge aus Anlass der Wiederbesiedlung der Abtei Maria Laach durch Benediktiner aus Beuron vor 100 Jahren am 25. November 1892 und der Gründung des Klosters durch Pfalzgraf Heinrich II.von Laach vor 900 Jahren 1093. Münster 1993, S. 502ff.

[85] Vgl. Moreau: de Hemptinne,S. 39ff., 55f.

[86] Ebd., S. 70.

[87] Stephan Klaus Petzolt: Die Gründungs- und Entwicklungsgeschichte der Abtei Beuron im Spiegel ihrer Liturgie (1863–1908). Diss. Theol. Würzburg 1990, S. 122f.

[88] Moreau: de Hemptinne, S.114f.; dass Elisabeth von Spiegel das 17. Mitglied des Konvents in Maredret im Jahre 1900 war, ist der Lebensbeschreibung von Brigitte z. Münster: Lebensbild unserer lieben hochwürdigen Mutter der Hochwürdigen Frau M. Benedikta Spiegel von und zu Peckelsheim O.S.B. St. Walburg o.J. nach 1950. AStW u. PAvW, S. 12 zu entnehmen.

[89] Eine komprimierte Übersicht bei Basilius Senger: Die Beuroner Benediktiner-Kongregation und ihre Klöster. 2. Aufl. Beuron 1997; auch Heinrich Suso Mayer: Benediktinisches Ordensrecht in der Beuroner Kongregation. Beuron 1929, Bd. 1, S.97ff.; exemplarisch das Verhältnis Wilhelm II. zu Bischof Willebrord Benzler vgl. Adalbert Kienle: Der Grenzgänger von Beuron. Willibrod Benzler OSB (1853–1921). Prior von Beuron, Abt von Maria Laach, Bischof von Metz. Beuron 2019.

[90] Vgl. beispielsweise Klara Antons: Gotteswohnung. Die Wandmalereien der Abteikirche St. Hildegard als ein Hauptwerk der Beuroner Kunstschule. Beuron 2018; zur Kunstschule in Maredsous schriftliche Auskunft des dortigen Abteiarchivars, Pater Ignace Baise, vom 28.04.2022. Die Angabe im Wikipedia-Artikel: Abtei Maredsous, de Hemptinne habe eine „Niederlassung der Beuronar Kunstschule" gegründet, wird seitens des Archivars verneint.

[91] Teil, S. 77.

[92] Ausführlich Buschmann: Mönchtum, S. 426ff.; Mayer: Ordensrecht II., S. 121.

[93] Teil, S. 77ff.

[94] Ebd., S. 75f.

[95] Ebd., S. 80, 82; Raban v. Spiegel an seine Tochter 06.10.1900. AStW; zur praktischen Handhabung der Klosterklausur Mayer: Ordensrecht II., S. 252f.

[96] Mayer: Ordensrecht II., S. 70ff.

[97] Teil, S. 82f.; Fortsetzung, S. 1; „Die Haare sollen immer kurz geschnitten sein" – findet sich als benediktinisches Gebot auch in den Statuten der Abtei St. Walburg, vgl. Abtei St.Walburg: Regel und Konstitutionen der Benediktinerinnen zu St. Walburg in Eichstätt/By. Selbstverlag Eichstätt 1937; Charlotte (Karola) Freiin von Spiegel (1876–1957) heiratete am 30.01.1902 den fast 20 Jahre älteren Kgl. Preuss. Major Aloysius Freiherr von Amelunxen (1857–1910), mit dem sie einen Sohn hatte: Ernst Raban (1906–1974).

[98] Raban v. Spiegel: Geschichte, S. 638; Brief Raban v. Spiegel 08.02.1901. AStW.

[99] Mayer: Ordensrecht II., S. 152ff.; zum Ordensgelübde allgemein Trudo de Ruiter: Das Geheimnis des Ordenslebens. Eine Untersuchung über die Ordensgelübde. Düsseldorf 1960.

[100] Fortsetzung, S 3f.; Selbstdarstellung der Abtei St. Hildegard in Eibingen auf ihrer Website; vgl. auch die quellenreiche Dokumentation der Vorbereitungs- und Aufbauphase von St. Hildegard in: Paul Siebertz: Karl Fürst zu Löwenstein. Ein Bild seines Lebens und Wirkens nach Briefen, Akten und Dokumenten. München 1924, S. 377ff.

[101] Petzolt: Gründungs- und Entwicklungsgeschichte, S. 123; anschaulich Äbtissin Regintrudis Sauter: Lebensbild 1908–1957. AASH, S. 7; v. Spiegel: Fortsetzung, S. 3f.

[102] Fortsetzung, S. 1ff.

[103] Buschmann: Mönchtum, S. 357ff.; zu den vier Beuroner Lebenskreisen: Benedikt Reetz: Benediktinisches Leben. In: Erzabtei Beuron (Hg.): Das hundertste Jahr. Zur Hundertjahrfeier der Benediktiner in Beuron. Beuron 1963, S. 17ff.; Moreau: de Hemptinne, S. 47.

[104] Mayer: Ordensrecht II., S. 250ff.; Buschmann: Mönchtum, 504ff.; zur Strenge der Klausurbestimmungen gab es in den Klöstern unterschiedliche Auffassungen, ein Aspekt, der hier allgemein nicht weiter verfolgt werden muss, jedoch späterhin in Kapitel V. konkret anhand des Klausurverständnisses von Äbtissin Benedicta wieder aufgegriffen wird.

[105] Ausführlich Mayer: Ordensrecht II., S. 143ff.

[106] Ebd., S. 299ff.

[107] Ebd., S. 307ff.; zur Wiederbelebung des Gregorianischen Chorals vgl. Stefan Klöckner: Handbuch Gregorianik. Einführung in Geschichte, Theorie und Praxis des Gregoria-

nischen Chorals. Regensburg 2009, S. 151ff.; zu Solesmes ebd., S. 158f.

[108]   Germain Morin: L´Idéal monastique" (1912), zitiert in der deutschen Übersetzung von Benedicta von Spiegel. München 1922, S. 105f.

[109]   Fortsetzung, S. 4.

[110]   Germain Morin: Eine Selbstdarstellung (1932). In: Theologische Zeitschrift. Hg. v.d. Theol. Fakultät der Universität Basel. Jg. 8 (1952), S. 393ff.; Übersetzung des französischen Textes dankenswerterweise von Nicole Freitag (Paderborn).

[111]   Ebd.; vgl. Markus Ries: Germain Morin. In: Neue Deutsche Biographie 18 (1997), S. 131 (Online-Version) URL: https://deutsche-biographie.de/pnd116929073.html#ndbontent; auch Karl Suso Frank: Dom Germain Morin OSB und die Freiburger Theologische Fakultät. In: Zeitschrift Freiburger Diözesan-Archiv 106 (1986), S. 173ff.; Nachruf auf Germain Morin von Martin Grabmann. In: Jahrbuch BAdW 1944/1948, S. 174ff.

[112]   So die Einschätzung von Buschmann: Mönchtum, S. 291f.; italienische, englische, katalanische, ungarische, polnische und niederländische Übersetzungen, vgl. Ries: Morin.

[113]   Mark Tierney: Columba Marmion. Eine Biographie. Aus dem Englischen. Wiesbaden 2002, S. 68ff., 86ff.; vgl. auch Albert, Marcel: Abt in Krieg und Frieden. In: Benediktinische Monatsschrift: Erbe und Auftrag. Festschrift für Erzabt Hieronymus Nitz. Beuron 74. Jg. 1998, S. 28ff.; auf die von Spiegel übersetzten Werke Marmions kann im Rahmen dieses Buches nicht eingegangen werden.

[114]   Fortsetzung, S. 7; Tierney: Marmion, S. 317, 327f.

[115]   Fortsetzung, S. 5ff.; Moreau: de Hemptinne, S. 104.

[116]   Teil, S. 80.

[117]   Prior Columba Marmion an Benedicta v. Spiegel Dezember 1901. AStW. Übersetzt von Nicole Freitag (Paderborn); Authentizität der Handschrift bestätigt durch Abtei Maredsous, Schreiben vom 31.01.2021.

[118]   Mark Tierney (Hg.): Columba Marmion: Correspondance 1881–1923. Paris 2009, S. 233f.; der Herausgeber vermerkt in einer Fußnote zu diesem Brief, „dass Marmion wohl etwas übertrieben zu haben scheint, was den Krankheitszustand von Frau Benedicta, insbesondere deren außernatürlichen Ursachen angeht".

[119]   Zum Ritual des Exorzismus vgl. Monika Scala: Der Exorzismus in der katholischen Kirche. Ein liturgisches Ritual zwischen Film, Mythos und Realität. Regensburg 2012, S. 350ff.

[120]   AStW.

[121]   Warburger Kreisblatt 13.05.1906, S. 1. Lem.N.Ida 149; v. Spiegel: Teil, S. 3.

[122]   Berichte im AStW; Personalakte Joseph Freiherr von Spiegel LAV NRW OWL M 1 Pr Pers Nr. II Nr. 969.

[123]   Gemeint ist Ernst Raban (*10.8.1906), einziger Sohn der jüngeren Schwester Carola Freifrau von Amelunxen.

[124]   Moreau: de Hemptinne, S. 115; Fiala: Geschichte, S. 164f.

[125]   Spiegel, v.: Fortsetzung, S. 7f.

[126]   Tierney: Marmion, S. 309; zu den Forschungen Germain Morins Frank: Morin.

[127]   Zu den Umständen näheres Tierney: Marmion, S. 111ff.; Albert Hammenstede: Erinnerungen eines Laacher Mönches. Autobiographische Aufzeichnungen. Maria Laach 1996, S. 125f.

[128]   Spiegel, v.: Fortsetzung, S. 4.

[129]   Ebd., S. 11; auch Moreau: de Hemptinne, S. 172f.; Zunker: Benediktinerinnenabtei, S. 275.

[130]   Abtprimas de Hemptinne an B. v. Spiegel aus St. Anselmo 13.03.1912. AStW. Aus dem Französischen übersetzt v. Nicole Freitag (Paderborn).

[131] Spiegel, v.: Fortsetzung, S. 9f.

[132] Ebd., S. 10f.

[133] Brief Theresie v. Spiegel 29.09. 1906. AStW; dazu auch v. Borries: Lebensbilder, S. 9

[134] Spiegel, v. R.: Geschichte, S. 636.

[135] Brief mit Gedicht von Ida Gräfin Holnstein an v. Spiegel Nov. 1922; verschiedene Korrespondenzen, u.a. Briefe von Olga Bartels geb. v. Laffert u.a. v. 06.08.1912 sowie des Bruders Joseph 03.04.1913. Alle AStW. Ein Großteil der Korrespondenz hat die spätere Mitarbeiterin von Äbtissin Benedicta, Brigitta z. Münster OSB vernichtet, so ihre eigene Erklärung 1975/76; aus der ersten Ehe Olga Bartels gingen 2 Kinder hervor; der erstgeborene Sohn lebte nach der Scheidung beim Vater und fiel im ersten Weltkrieg nach Auskunft ihrer Enkelin Bettina Fintelmann vom 12.05.2021.

[136] Statt vieler Monika Wienfort: Der Adel in der Moderne. Göttingen 2006, S. 111ff.

[137] Vgl. Ganster, Susanne: Religionsverschiedenheit als Ehehindernis. Eine rechtshistorische und kirchenrechtliche Untersuchung. Paderborn 2013, S. 98ff.; grundsätzlich dazu Gerhard Tenholt: Die Unauflöslichkeit der Ehe und der kirchliche Umgang mit wiederverheirateten Geschiedenen. Münster 2001. Auf eine weitere Vertiefung kann für dieses Buch verzichtet werden.

[138] Brief mit Gedicht Ida Gräfin Holnstein an Benedicta v. Spiegel Nov. 1911; verschiedene Briefe im AStW darunter 2 Briefe Hildebrand de Hemptinnes v. 14.02.1912 und 13.03.1912.

[139] Borries, v.: Lebensbilder, S. 50; Kurzbiographie des Bruders Karl-August v. Laffert in: Wilhelm Kühlmann (Hg.): Killy Literaturlexikon. Autoren und Werke des deutschsprachigen Kulturraums. Berlin, 2. vollst. überarb. Aufl., 2008ff., Bd. 7, S. 163f.

[140] Schreiben der Rechtsanwälte Bäcker u. Funke an das Landgericht Paderborn Az 2bR 422/46 zum Verhandlungstermin der Scheidungssache von Spiegel ./. von Spiegel 11.10.1946. NLA Hann. 155 Göttingen Acc. 2004/008 Nr. 00768 (Krankenakte Prof. Gottfried Ewald zu Adolf v. Spiegel).

[141] Tierney: Marmion, S. 87ff.

[142] Ebd., S. 85ff.; Moreau: de Hemptinne, S.104.

[143] Schreiben 28.07.1912 und 02.10.1912; Aktennotiz „Zur Übersetzung des Büchleins „Mehr Liebe" undatiert. Alle AStW.

[144] Mehr Liebe. Lebensbild des Dom Pius de Hemptinne O.S.B. Deutsche Bearbeitung von D. Benedicta von Spiegel O.S.B. Freiburg im Breisgau 1913, S. XII. Darin wird die tiefe Frömmigkeit und helfende Empathie gegenüber seinen Mitmenschen aus heutiger Sicht idealisiert geschildert; Brief 29. Juni 1913. AStW; Benzler hatte das Noviziat in Beuron gemacht unter dem Novizenmeister Hildebrand de Hemptinne, vgl. Moreau: de Hemptinne, S. 56ff.

[145] Schreiben v. 18.01.1910 u. 03.02.1910; Manuskripte aus Maredret. Alle AStW; v. Spiegel: Fortsetzung , S. 12.

[146] Spiegel v.: Fortsetzung, S. 8; Abt Herwegen an B. v. Spiegel 10.06.1914; Programm zur Aufführung des Agnus dei am 18.03.1928 mit Widmung. Beide Dokumente AStW.

[147] Tierney: Marmion, S. 135ff., u.a. wurde von der belgischen Regierung an Maredsous die Gründung e. Benediktinerklosters in der belgischen Kolonie Kongo herangetragen. Vgl. auch Moreau: de Hemptinne, S. 155ff.; dass v. Spiegel hebräisch schrieb und sprach, ist ihren Lebenserinnerungen zu entnehmen. Sie schildert eine Situation, in der ein belgischer Offizier sie auf der Flucht nach Deutschland 1914 während der Vernehmung fragt, ob sie neben deutsch, französisch, englisch, italienisch und lateinisch noch eine weitere Sprache beherrsche: „Savez vous d´autres langues?". Sie antwortete: „L´hebreu, Monsieur", vgl. Benedicta von Spiegel: Erinnerungen an die letzten Tage in

Belgien und meine Flucht über die Grenze. O.J., o.O. unpaginiert, die 36 Seiten wurden der Übersicht halber von der Autorin nachpaginiert. PAvW, S. 18.

[148] Zweiseitiger Aktenvermerk von Brigitta z. Münster aus dem Jahre 1976. AStW; die Verfasserin hat die Briefe in Maredret dankenswerterweise einsehen und für das Buch auswerten können.

[149] Spiegel, v.: Erinnerungen, S. 1; aus der nicht zu überschauenden Zahl von Monographischen über den 1. Weltkrieg wurde u.a. herangezogen: Jörn Leonhard: Die Büchse der Pandora. Geschichte des Ersten Weltkriegs. 2. Aufl., München 2014.

[150] Spiegel, v.: Erinnerungen, S. 1ff.; eine frag- und kritikwürdige Neubewertung der belgischen Seite vorgenommen hat Ulrich Keller: Schuldfragen. Belgischer Untergrundkrieg und deutsche Vergeltung im August 1914. Paderborn 2017.

[151] Erinnerungen, S. 5f.

[152] Tierney: Marmion, S. 300; Buschmann: Mönchtum, S. 71; Annalen von St. Hildegard Eibingen. Eintrag vom 21.08.1914. AASH.

[153] Erinnerungen, S. 3.

[154] Teil, S. 19.

[155] Zu den militärischen Laufbahnen von Raban und Clemens von Spiegel, vgl. die Hinweise in Raban v. Spiegel: Geschichte, S. 638.

[156] Erinnerungen, S. 5.

[157] Norbert Börste (Bearb.): Die 8. Husaren und ihre Garnison in Neuhaus und Paderborn. Paderborn 2001, S. 47ff.; vgl. die Hinweise bei v. Spiegel: Geschichte, S. 636; Heiratsurkunde Nr. 120. Stadt- und Kreisarchiv Paderborn.

[158] Erinnerungen, S. 7f.; Tierney: Marmion, S. 178ff.

[159] Erinnerungen, S. 8ff.; im AStW befindet sich ein Brief der Klosterfrau Bonifacia Stolberg aus Maredret an Benedicta von Spiegel v. 01.08.1916; vgl. auch Aufzeichnungen v. Brigitte z. Münster.

[160] Erinnerungen, S. 13ff.

[161] Ebd., S. 16.

[162] Ebd., S. 19ff.

[163] Ebd., S. 24ff.

[164] Ebd., S. 28ff.

IV. Zwischenzeit in der Heimat und der
Abtei St. Hildegard bei Rüdesheim 1914–1918

[165] Ebd., S. 35ff.; Annalen von St. Hildegard Eibingen. Einträge v. 12. u. 13.08.1914. AASH.

[166] Annalen. Eintrag v. 21.08.1914. AASH.

[167] Äbtissin Regintrudis Sauter an Abt Ildefons Herwegen 22.08.1914. AA Maria Laach II B 56.

[168] Chronik v. Beuron. August bis Mitte September 1914. AStW; v. Spiegel: Fortsetzung, S. 12.

[169] Ebd.; v. Borries: Lebensbilder, S. 27; zu Gehrden ausführlich: Pöppel, Dieter: Gehrden. Benediktinerinnenkloster/Schloß – Kirche – Stadt im Wandel der Jahrhunderte. Paderborn 1980.

[170] Spiegel, v.: Fortsetzung, S. 13 und 20.

[171] Wisa von Westphalen. Ein Leben für die Malerei. Selbstverlag 1993, S. 14. PAvW.

[172] Briefe v. 01.03.1915 u. 12.04.1915. AStW.

[173] Äbtissin Berlinghoff an Äbtissin Sauter 22.06.1915. AASH.

[174] Spiegel, v.: Fortsetzung, S. 13.

[175] Äbtissin Berlinghoff an Äbtissin Sauter. 15.05.1915. AASH.

[176] Adelheid Simon: Aus der Baugeschichte des ehemaligen Eibinger Klosters. In: Jahrbuch für das Erzbistum Mainz 1947, Bd. 2, 1. Teil, S. 151ff.; Sauter: Lebensbild 1908–1957, S. 10ff.; Siebertz: Löwenstein, S. 403f.

[177] Meßkirch ist u.a. auch Geburtsort des Philosophen Martin Heidegger; zur Bezeichnung „badischer Geniewinkel" vgl. Südkurier v. 03.04.2012; Josefine Sauter: Lebensbild vom 11. Mai 1865 in Meßkirch – Baden bis zum Beginn in St. Hildegard am 17. September 1904. AASH; zur Gründung St. Gabriels vgl. Fiala: Beuron, S. 127ff.

[178] Sauter: Lebensbild 1908–1957, S. 7 und 12.

[179] Dies., S. 14f., 26, 28 und 45; Sauter, Regintrudis, In: Biographia Benedictina (Benedictine Biography), Version v. 25.11. 2016,http://www.benediktinerlexikon.de/wiki/Sauter,_Regintrudishttp://www.benediktinerlexikon.de/wiki/Sauter,_Regintrudis; Äbtissin in St. Nonnberg war zur Zeit des Klostereintritts von Josefine Sauter: Magdalena Klotz (1844–1890).

[180] Kurzportrait der Abtei in: Senger: Benediktiner-Kongregation. S. 38f.; zu der personellen Größe des Konvents: schriftliche Auskunft. Abtei St. Hildegard, Schwester Klara Antons v. 13.01.2021; zur Gründung von Eibingen auch Fiala: Beuron, S. 147ff.

[181] Annalen. Einträge 26.06. u. 6.07.1915. AASH.

[182] Spiegel, v.: Fortsetzung, S. 14f.; Annalen. Eintrag v. 04.03.1918. AASH.

[183] Erzabt Schober an B. v. Spiegel 11.06.1915 u. 06.06.1916. AStW.

[184] Einträge in den Annalen St. Hildegard sowie Sauter: Lebensbild 1908–1957. S. 14f.

[185] Hirschberg, v. an v. Spiegel 23.06.1915. AStW.

[186] Pocci, v. an v. Spiegel 29.10.1914. AStW.

[187] Stephan Fuchs: „Vom Segen des Krieges". Katholische Gebildete im Ersten Weltkrieg. Eine Studie zur Kriegsdeutung im akademischen Katholizismus. Stuttgart 2004, S. 80ff.

[188] Postkarte von Germain Morin aus Zürich 02.09.1919. AStW; übersetzt von Nicole Freitag (Paderborn); Prior in Maredsous war von 1917–1921 Dom Gérard François – so die Auskunft des Archivars der Abtei Maredsous Dom Ignace Baise v. 05.02.2021; Morin nennt in seiner Karte jedoch den Namen: D. Ursmer B.

[189] Abt Herwegen an v. Spiegel 28.05.1916. AStW; vgl. auch Hammenstede: Erinnerungen, S. 112; zur Unterstützung Morins durch den Laacher Abt vgl. Frank: Morin, S. 182.

[190] Brief 30.05.1916. AA Maria Laach.

[191] Postkarte Abt Marmion an v. Spiegel, undatiert, Stempel nicht lesbar. AStW; Raymond Thibault war zu dieser Zeit Bibliothekar in der Abtei Maredsous; tabellarischer Lebenslauf schriftliche Auskunft: Abteiarchiv Maredsous.

[192] Oer v. an v. Spiegel 21.11.1916. AStW.

[193] Morin: Mönchtum, S. 43f.

[194] Briefe 08.07.1916 u. 28.11.1916. AASH; v. Oer an v. Spiegel Briefkarte 05.12.1916. AStW.

[195] Brief 16.11.1917. AASH.

[196] Zwiegespräch, S. 62f.; „mich hat der Schmerz geküßt" aus: Wo ich daheim, S. 96, in: M. Benedicta v. Spiegel O.S.B.: Mein geistliches Jahr. Paderborn 1929.

[197] Zitate in der Reihenfolge: Tierny: Marmion, S. 242. Der Autor schildert in seiner Biographie, dass es bereits ab 1910 Überlegungen in Maredsous gab, sich von der Beuroner Kongregation zu trennen (S. 241ff.); Äbtissin Berlinghoff an Äbtissin Sauter 04.09.1917. AASH.

[198] Tierney: Marmion, S. 243; vgl. zur Vorliebe Wilhelm II. für die Beuroner Benediktiner Kienle: Grenzgänger, S. 33ff.; Annalen. Eintrag v. 24.07.1916; Hammenstede: Erinnerungen, S. 167.

[199] Fiala: Beuron, S. 175f.; Tierney: Marmion, S. 243f.

[200] Oer v. an v. Spiegel 04.01.1917. AStW.

[201] Beide Zitate im Brief Äbtissin Berlinghoff an Äbtissin Sauter 04.09.1917. AASH.

[202] Sauter: Lebensbild 1908–1957, S. 3 u. 14 zur engen Verbindung mit F. v. Stortzingen; Brief S. v. Oer 18.01.1917. AStW

[203] Chronik St. Hildegard. Einträge v. 16. bis 20.01.1917; Äbtissin Berlinghoff an Äbtissin Sauter 18.12.1916. Beide AASH.

[204] Hammenstede: Erinnerungen, S. 162f.; Spiegel, v.: Fortsetzung, S. 14.

[205] Fiala: Beuron, S. 177f.; vgl. zur Biographie Walzers, der 6 Jahre lang eine Art Seelenführer Edith Steins war: Elisabeth Endres: Erzabt Walzer. Versöhnen ohne zu schweigen. Baindt 1988, S. 12ff.

[206] Beratungsgespräch mit Sr. Angela-Maria Segbert Altenheerse; Benedicta v. Spiegel an Abt Ildefons Herwegen 24.02.1918. AA Maria Laach; Postkarte Germain Morin 02.09.1919. AStW; übersetzt von Nicole Freitag (Paderborn).

[207] Benedicta v. Spiegel an die Äbtissin v. Eichstätt 10.02.1918; Charlotte v. Spiegel an die Äbtissin v. Eichstätt 22.02.1918. Beide AStW; Kurzbiographie Weihbischof Heinrich Hähling v. Lanzenauer, in: Brandt, Hans Jürgen/Hengst, Karl: Die Weihbischöfe in Paderborn. Paderborn 1986, S. 159ff.

[208] Spiegel, v.: Teil, S. 14; Äbtissin Berlinghoff an Äbtissin Sauter 18.02.1918. AASH.

[209] In der Reihenfolge der Zitate: Spiegel, v. an Abt Herwegen 24.02.1918. AA Maria Laach; v. Spiegel: Teil, S. 14; Annalen AASH. Die Frage des Verbleibs der Schwester Katharina Haag wurde in einem Brief des Abts v. Seckau, Laurentius Zeller, erörtert; demnach hatte die Äbtissin der Abtei Chiemsee ihre Bereitschaft zur Aufnahme signalisiert; der neue Erzabt Raphael Walzer habe sich „wenig geneigt" gezeigt, „sich der Schwester annehmen zu wollen". AASH.

[210] Äbtissin Berlinghoff an Äbtissin Sauter 19.04.1918. AASH.

V. Ein neuer Lebensabschnitt:
Abtei St. Walburg in Eichstätt 1918–1926

[211] Zeller, Laurentius, in: Biographia Benedictina (Benedictine Biography), Version v. 14.11.2019, URL:http://www.benediktinerlexikon.de/wiki/Zeller_Laurentius; vgl. auch Fiala: Beuron, S. 176ff.

[212] Brief 19.03.1918. AStW.

[213] Brief 25.06.1918. AStW. Mit St. Josef ist die zur Beuroner Kongregation gehörende Abtei in Gerleve bei Coesfeld gemeint, deren gleichaltriger Abt Raphael Molitor zur selben Zeit wie Laurentius Zeller im römischen San Anselmo studiert hatte.

[214] In der Reihenfolge der Zitate: Abt Zeller an v. Spiegel 02.08.1918; Abt R. Molitor an Äbtissin Kroiß 28.08.1918. Beide AStW; Übertragung der Profess am 08.09.1918, vgl. v. Spiegel: Teil, S. 15; zum Namenszusatz in St. Walburg: Zunker: Benediktinerinnenabtei, S. 253; ordensrechtliche Einordnung eines Klosterübertritts in Mayer: Ordensrecht II., S. 318ff.

[215] Verfügung Bischof v. Mergel v. 29.08.1918. AStW.

[216] G. Morin an v. Spiegel 30.08.1918. AStW; übersetzt von Nicole Freitag/Paderborn.

[217] In der Reihenfolge der Zitate: Briefe 19.09.1918 u. 25.10.1918. AStW.

[218] Spiegel, v. an Abt Herwegen 21.04.1919 u. 25.10.1919. AA Maria Laach.

[219] Spiegel, v.: Teil, S. 15; Äbtissin Berlinghoff an Äbtissin Sauter 22.03.1918. AASH.

[220] Vgl. ausführlich Zunker: Geschichte, S. 8ff.; dies.: Benediktinerinnenabtei, S. 116ff.;
       398ff.; zu Heidenheim Martin Winter: Zur frühen Geschichte des Klosters Heidenheim.
       In: Verein für Heimatkunde Gunzenhausen (Hg.): Alt-Gunzenhausen, H. 44/1988, S.
       22ff.; auch Ludwig Brandl: Die heilige Walburga (um 710–78/790?). In: Ders./Barbara
       Bagorski (Hg.): Zwölf Frauengestalten aus dem Bistum Eichstätt. Regensburg 2008, S.
       13ff.; Abtei St. Walburg (Hg.): Heilige Walburga. Leben und Wirken. 2. Aufl., Eichstätt
       1985.

[221] Zunker: Benediktinerinnenabtei, S. 37ff.; dies.: Geschichte, S. 65ff.

[222] Ebd. S. 49ff.; St. Walburg: Festschrift, S. 16ff.

[223] Zum Gesamtzusammenhang vgl. Basilius Doppelfeld: Mönchtum und kirchlicher
       Heilsdienst. Entstehung und Entwicklung des nordamerikanischen Benediktinertums
       im 19. Jahrhundert. Münsterschwarzach 1974, S. 13ff.; Rasso Ronneburger: Mother
       Benedicta Riepp. Ein amerikanischer Lebenstraum. Augsburg 2005.

[224] St. Walburg: Festschrift, S. 37; Zunker: Geschichte, S. 75; zur Errichtung der Kleinkin-
       derbewahranstalt: Geschichte des Kindergartens der Abtei St. Walburg. o.J. AStW.

[225] Mayer, Michaela: Die neue Abtei St. Walburg in Eichstätt. In: SMGB Jg. 1914, S. 530;
       Münster, Brigitte z.: Äbtissin Karolina Kroiß (1914–1926). In: SMGB Jg. 1988, S. 262.

[226] Ebd., S. 263ff.; St. Walburg: Festschrift, S. 37; Zunker: Geschichte, S. 78; St. Walburg:
       Geschichte des Kindergartens; zur pädagogischen Ausrichtung des Kindergartens Sch-
       reiben Äbtissin em. Kloos an d. Verfasserin v. 27.03.2022.

[227] Mergel, Leo v. In: Biographia Benedictina (Benedictine Biographie), Version v.
       16.10.2019, URL: http://benediktiner- lexikon.de/wiki/Mergel_Leo.

[228] Ausführlich zur Äbtissinweihe Mayer: Abtei. S. 530f.; z. Münster: Äbtissin, S. 262ff.;
       Zunker: Geschichte, S. 78; Kroiß, Karolina. In: Biographie Benedictina (Benedic-
       tine Biography), Version v. 08.01.2019, URL:http://benediktinerlexikon.de/wiki/
       Kroi%C3%9F_Karolina.

[229] Zitiert nach z. Münster: Lebensbild, S. 21f.

[230] Dazu ausführlich Zunker: Benediktinerinnenabtei, S. 60ff.; dies.: Geschichte, S. 100ff.

[231] Abtei St. Walburg: Aus dem Benediktinerinnenkloster St. Walburg in Eichstätt. In:
       SMGB Jg. 1920, S. 162ff.; im gleichen Band eingebunden ist auch der Jg. 1922, in dem
       ein wortgleicher Bericht aus St. Walburg abgedruckt ist.

[232] Münster z.: Lebensbild, S.266; Schematismus der Diözese Eichstätt (1871); Abtei St.
       Walburg: Benediktinerinnenkloster, S. 162f.

[233] Münster z.: Lebensbild, S. 22f.; dies.: Äbtissin, S. 266 mit unterschiedlichen Jahresan-
       gaben: 1920 oder 1921; auch Kürzinger Josef: Spiegel von und zu Peckelsheim, Maria
       Anna Benedicta. In: Im Dienste von Glaube und Leben. Gestalten aus Eichstätt jüngs-
       ter Geschichte. Paderborn 1959, S. 20f.

[234] Catalogus Jgg. 1924, 1930. AStW; z. Münster: Lebensbild, S. 22f.; Zunker: Geschichte,
       S. 78f.; St. Walburg (Hg.): 900 Jahre Abtei St. Walburg 1035–1935. Eichstätt 1935, S.
       52f., 68ff.

[235] Gerhard Hirschmann: Historischer Atlas von Bayern. Teil Franken. München 1959, S.
       180ff.; Christiane Hoth/Theresa Knöferl: Die ‚Machtergreifung'. In: Hoth, Christiane
       / Raasch, Markus (Hg.): Eichstätt im Nationalsozialismus. Katholisches Milieu und
       Volksgemeinschaft. Münster 2017, S. 32ff.; weitere Nachweise bei Hoth, Christiane:
       ‚Wir haben es mit wenig Menschen fertig gebracht, ein Reich zu erobern, und wir wer-
       den auch noch fertig bringen, Eichstätt zu erobern'. Das katholische Milieu und die

,Machtergreifung' am Beispiel der bayerischen Kleinstadt Eichstätt. In: Linsenmann, Andreas/Raasch, Markus (Hg.): Die Zentrumspartei im Kaiserreich. Bilanz und Perspektiven. Münster 2015, S. 440f.; Andreas Bauch: Georg Wohlmuth. Philosophieprofessor, Domprobst und Politiker in Eichstätt 1865-1952. In: Im Dienste von Glaube und Leben. Gestalten aus Eichstätts jüngster Geschichte. Würzburg 1959, S. 45ff.; zu Wohlmuths politischem Wirken bis zum Abschluss des bayerischen Konkordats 1924 vgl. Florian Breitling: Georg Wohlmuth. Geistlicher, bayerischer Politiker und Kirchenkämpfer aus Eichstätt zwischen Königreich und Republik. Phil. Diss. Passau 1987.

[236] Münster, z.: Äbtissin, S. 264; zu den Spiritualen schriftliche Auskunft v. Äbtissin em. Kloos, St. Walburg; vgl. ausführlich zu Martin Grabmann u. Felix Mader, in: Im Dienste, S. 29ff. u. 57ff.; Abtei St. Walburg – Chronik (1924), S. 311f.

[237] Germain Morin an v. Spiegel aus der Abtei St. Peter in Salzburg 10.08.1921 u. 20.08.1921. AStW; Briefe an Joseph Lechner aus den Jahren 1937, 1940, 1941. KUEI NL 38, II, M-P.

[238] Abt Zeller an v. Spiegel 31.12.1922. AStW.

[239] Abt Zeller an v. Spiegel 15.03.1923. AStW; Tierney: Marmion, 291ff., S. 327ff.

[240] Martin Grabmann: Gedanken des hl. Thomas von Aquin über Jungfräulichkeit und beschauliches Leben. In: Ried, Karl (Hg.): Zum 900jährigen Jubiläum der Abtei St. Walburg in Eichstätt. Historische Beiträge. Paderborn 1935, S. 101.

[241] Die Benediktsregel: Lateinisch/Deutsch. Hg. P. Ulrich Faust. Stuttgart 2018; vgl. Michaela Puzicha: Kommentar zur Benediktusregel. Im Auftrag der Salzburger Äbtekonferenz St. Ottilien 2002.

[242] Satzungen der Abtei St. Walburg zu Eichstätt. DAEI BiA184; alle folgenden Zitate der Satzung entnommen.

[243] Vgl. Zunker: Benediktinerinnenabtei, S. 259ff.

[244] Abtei St. Walburg: Regel und Konstitutionen der Benediktinerinnen zu St. Walburg in Eichstätt/By. Selbstverlag Eichstätt 1937, S. V.

[245] Vgl. Matthias Buschkühl (Hg.): Joseph Lechner 1893–1954. Gelehrter und Kämpfer gegen den Nationalsozialismus. Eichstätt 1993; ders.: Heilige Schrift, Konnersreuth, Widerstand. Franz Xaver Wutz (1882–1938) zum 100. Geburtstag. Eichstätt 1982, S. 20, wonach Lechner von den Professorenkollegen Wutz am nächsten stand; zu Lechners Liebe zu klassischer Musik und Theater: Beilage zum Personalfragebogen des Hochschulprofessors Dr. Joseph Lechner v. 30.12.1946, KUEI NL 38; Dankesschreiben Abtprimas Fidelis v. Stotzingen 11.04.1924. AStW.

[246] Priorin v. Spiegel an Äbtissin Kroiß, undatiert, lediglich der Wochentag „Montag" ist genannt; Brief 20.07.1924. Beide AStW.

[247] Priorin v. Spiegel an Äbtissin Kroiß, undatiert, lediglich der Wochentag „Mittwoch Mittag" ist genannt. AStW; zum Tod des neugeborenen Sohnes aus 2. Ehe kurz nach der Geburt Brief von „Aga an Lotti". Lem.N.Ida 194; die genannten Namen konnten bisher nicht zugeordnet werden.

[248] Priorin v. Spiegel an Äbtissin Kroiß, undatiert, lediglich der Wochentag „Montag" ist genannt; Pater Gallus hielt sich 1924 im Kapuzinerkloster Wemding auf, wechselte jedoch im gleichen Jahr als Superior nach Lohr, 1938 kehrte er als Guardian nach Eichstätt zurück, wo er 1951 verstarb. Personalblatt Archiv der Provinz der Bayerischen Kapuziner X 151 107 838; „Trauer im Kapuzinerkloster". In: Eichstätter Volkszeitung v. 30.10.1951.

[249] Priorin v. Spiegel an Äbtissin Kroiß 23.08.1924 u. 28.08.1924. AStW; zum Krankheitsverlauf z. Münster: Äbtissin. S. 265ff.

[250] Priorin v. Spiegel an Äbtissin Kroiß 23.08.1924 u. 01.08.1924. AStW.

[251] Priorin v. Spiegel an Äbtissin Kroiß 28.08.1924. AStW. Der erwähnte Zwischenhalt Nassenfels ist ein Marktdorf, ca. 15 Kilometer von Eichstätt entfernt.

[252] Abtei St. Walburg: Zur neuesten Chronik des Ordens. In: SMGB Jg. 1925, S. 302.

[253] Abtei St. Walburg: Chronik. In: SMGB Jg. 1924, S. 310ff.; Vertrag zwischen dem Bischöflichen Seminar Eichstätt und der Abtei St. Walburg v. 14.11.1924. DAEI BiA184.

[254] Abtei St. Walburg: Chronik 1925, S. 303f.; Zunker: Geschichte, S. 78f.; St. Walburg: Festschrift, S.39f.

[255] Zu den Zahlen: Mertens, Annette: Himmlers Klostersturm. Paderborn 2006, S. 47; Abtei St. Walburg: Chronik 1925, S. 302f.; vgl. auch zur Anzahl der Klosterbewohnerinnen in St. Walburg Catalogus Jgg. 1924, 1933, 1940.

[256] Abt Zeller an v. Spiegel 09.05.1925. AStW.

[257] Münster z.: Äbtissin. S. 266; Homepage Abtei St. Walburg / Klosterladen.

[258] Münster z.: Äbtissin, S. 266; Kürzinger: Spiegel, S. 21.

V. Äbtissin von St. Walburg 1926–1930er Jahre

[259] Sr. Laurentia Köppel an Aloysia v. Spiegel 23.12.1962 mit Zusatz von Sr. Benedicta OSB, darin werden die Besuche nach „Hl. Dreikönig 1926" und „Juli 26…in Helmern" erwähnt; Schwägerin Gerda v. Spiegel an Benedicta v. Spiegel 13.07.1926. Beide PAvW.

[260] Eduard Schöningh an v. Spiegel 10.07.1926. AStW.

[261] Zunker: Benediktinerinnenabtei, S. 87; Abtei St. Walburg – Chronik 1926, S. 249f., die eigentumsrechtliche Übertragung erfolgte demnach durch Entschließung des bayerischen Staatsministeriums für Unterricht und Kultus Nr. III27578 v. 28.07.1926; Abtei S. Walburg: Geschichte des Kindergartens; Schreiben Äbtissin em. Kloos v. 27.03.2022 zum Kindergarten: „M. Benedicta führte das Begonnene mit Liebe weiter".

[262] Abtei St. Walburg: Chronik 1926, S. 249; Brief mit Briefeinlage Ludwig Graf Holnstein aus Bayern ohne Adressat 13.09.1926. AStW.

[263] Briefe Äbtissin Benedicta an Wiltrud Herzogin von Urach u.a. v. 2.11.1931; 13.05.1937; 19.01.1934: „So gern denke ich an den lieben Besuch und unser Beisammensein. (…) Hoffentlich kommen Königliche Hoheit noch einmal für einen längeren Besuch zu uns". HStAS GU 119 Bü 200. Wiltrud war das 13. Kind des späteren König Ludwig III. von Bayern; sie heiratete 1924 den verwitweten Wilhelm II. Herzog v. Urach Graf v. Württemberg (1864–1928); die Ehe blieb kinderlos. Die tief religiöse Witwe interessierte sich für Musik, Kunst, Geschichte und Botanik und unternahm größere Reisen, darunter 1935 nach Brasilien, Senegal und Marokko. 1975 in Oberstdorf verstorben wurde Wiltrud v. Urach auf dem Friedhof von Großengstingen bei Reutlingen begraben. Freundliche Auskünfte v. Eberhard Merk. Landesarchiv Baden-Württemberg vom 29.04.2021; auch Gästebuch v. Bischof v. Preysing Eintrag v. 23.11.1933. DAB V/16-14-3; Sr. Laurentia Köppel an Aloysia v. Spiegel 12.06.1929 bestätigt einen 1wöchigen Aufenthalt von Prinzessin Hildegard v. Bayern in der Abtei im Sommer 1929. PAvW.

[264] Abtei St. Walburg: Chronik 1926, S. 248.

[265] Schwester Maria Antonia Hiltensperger an Äbtissin Benedicta. o.D.; P. Ingbert Naab an Äbtissin Benedicta 10.02.1927. Beide AStW; vgl. Maximilian Neumayr: Pater Ingbert Naab. Seher, Kämpfer, Beter. München 1947, S. 52 und 268f.; Helmut Witetschek: Pater Ingbert Naab. Ein Prophet wider den Zeitgeist 1885–1935. München 1985, S. 40ff.

[266] Abtei St. Walburg: Chronik 1926, S. 249; z. Münster: Lebensbild, S. 24.

[267] Ebd. S. 26; auch Zunker: Geschichte, S. 80; zur Beteiligung an einer Kunstausstellung in München: Sr. Laurentia Köppel an Aloysia v. Spiegel 23.07.1930. PAvW; ob es sich tatsächlich um die 'Deutsche Kunstausstellung' handelte, kann nicht geklärt werden. Im Katalog sind 3 Säle mit Kunstgewerbe aufgeführt, jedoch die Abtei nicht genannt, vgl. Deutsche Kunstausstellung München 1930 im Glaspalast. Katalog München 1930, S. 89ff.; Zitat aus Abtei St. Walburg: Chronik 1927, S. 65; auch in den Heimatorten ihrer Brüder in Helmern und Rheder sowie in der Kapelle von Gut Ermelinghoff, dem Wohnsitz der Schwester v. Twickel, sind die gut erhaltenen Schützenfahnen noch vorhanden.

[268] Morin: Mönchtum, S. 78f., S. 126.

[269] Münster, z.: Lebensbild, S. 25ff.; Äbtissin M. A. Benedicta von Spiegel O.S.B. In: Willibaldsbote Eichstätt 1950, Nr. 5, S. 63.

[270] Benedicta von Spiegel: Meine Reise nach Amerika. O.O., o.J., 72 Seiten, S. 50. PAvW; zu Erich Przywara umfassend Eva-Maria Faber: Finden, um zu suchen. Der philosophisch-theologische Weg von Erich Przywara. Münster 2020.

[271] Den Hinweis auf 1 Joh. 4,16 verdanke ich P. Dr. Augustinus Sander, Rom; z. Münster: Lebensbild, S. 25; Äbtissin. In: St. Willibalds-Bote 1950; Genealogisches Handbuch Bd. 101, S. 208f. zu (Sr. Brigitta) Ursula Münster.

[272] Morin: Mönchtum, S. 166f.

[273] Ethel Mannin sucht die Mutter Aebtissin des Benediktinerinnenklosters zu Eichstätt auf und findet: Eine Frau ohne Furcht. Maschschr. AStW.

[274] Zitate in der Reihenfolge z. Münster: Äbtissin, S. 267; Nachruf in: Abtei St. Walburg: Chronik 1928, S. 64f.; Catalogus Jg. 1930; Abt L. Zeller an v. Spiegel 09.07.1927. AStW.

[275] Benedicta von Spiegel: Aufzeichnungen 1938/1940 zu Konnersreuth. Unpaginiert, die 60 Seiten wurden der Übersicht halber von der Autorin nachpaginiert, S. 2ff. AStW; Sr. Laurentia an Aloysia v. Spiegel 23.03.1929 u. 3.04.1929. PAvW; vgl. zur Wohnung der Äbtissinnen von St. Walburg: Zunker: Benedikterinnenabtei, S. 206f.; Aloysia v. Spiegel hielt sich mit bischöflicher Erlaubnis v. 28.02.1929 an mehrere Wochen in St. Walburg bei ihrer Tante auf, „lernte Stenographie, Malen, Weben, Schnitzen, Einlegearbeiten, Brotbacken etc." laut Chronik 26. AStW.

[276] In der Reihenfolge der Zitate: Marie Anna Fürstin zu Oettinger-Wallerstein an Rosa Fürstin zu Hohenlohe 19.03.1933, Abdruck mit freundlicher Genehmigung v. Michael Graf Strasoldo; v. Spiegel an Fritz Gerlich 31.12.1929. AStW.

[277] Mannin: Mutter, S. 2; Münster, z.: Lebensbild, S. 27; Sr. Laurentia Köppel an Aloysia v. Spiegel 12.06.1929. PAvW.

[278] Sr. Laurentia Köppel an Aloysia v. Spiegel 23.03.1929 u. 12.06.1929. PAvW; Bischof Matthias Ehrenfried an Äbtissin Benedicta 28.02.1929. AStW.

[279] Äbtissin Benedicta an Domkapitular Kaspar Gierse, datiert „Fest des Hl. Liborius" (Ende Juli) 1929; Gestapo Paderborn 17.12.1943. EBAP NL Kaspar Gierse, unverzeichnet; kritisch zu Gierse vgl. Wolfgang Stüken: Hirten unter Hitler. Die Rolle der Paderborner Erzbischöfe Caspar Klein und Lorenz Jaeger in der NS-Zeit. Neuedition der Ausgabe von 1999 Norderstedt 2021, S. 240ff.

[280] Sr. Laurentia Köppel an Aloysia v. Spiegel 03.04.1929. PAvW.

[281] St. Walburg: Festschrift, S. 31; dazu auch eine Stellungnahme von Äbtissin Benedicta an den Eichstätter Bischof Konrad Graf Preysing v. 20.12.1933, S. 4. AStW; weitere Dokumente zu dem Konflikt befinden sich im Diözesanarchiv Eichstätt; vgl. zu weiteren Streitigkeiten mit den Englischen Fräulein Brief Äbtissin Benedicta an Bischof Rackl 28.06.1939. DAEI BiA 816.

[282] Schulbericht der 1. Provinzassistentin Clothilde Gentner 05.12.1933, S. VII. CJ MEP AIM HA7, 511; Äbtissin Benedicta an Bischof v. Preysing 20.12.1933, S. 5f. AStW; Stolz, Andreas: Die Geschichte der Maria-Ward-Realschule Eichstätt. Ohne Jahr und Datum. Online: www.mwrs-ei.de., S. 1.

[283] Zu den biographischen Ungereimtheiten um Dora Huber gehört ein von ihr verfasster Bericht, in dem sie sich nach ihrer Entlassung aus dem Schuldienst im August 1945 als Opfer der Nationalsozialisten darstellt, das angeblich nach der Hinrichtung ihres Bruders aufgrund gleicher Gesinnung in Sippenhaft genommen wurde. Eine Version, der im Entnazifizierungsverfahren auch die Hauptkammer in Ansbach folgte und sie in die Gruppe V der Entlasteten einstufte. Ihre Entlassung aus dem Schuldienst erfolgte aufgrund ihrer Mitgliedschaft in der NSDAP (Aufnahme beantragt am 07.02.1940, Mitglieds-Nr. 7947625 BArch R 9361-IX Kartei/17081253) Dora Huber behauptete in ihrem Bericht, sie sei förmlich zum Eintritt gezwungen worden. Ihre Lebensgefährtin Anna Cordula Keis – Musiklehrerin an der Mädchenoberschule der Englischen Fräulein – war seit 1938 NSDAP-Mitglied. Nach Auskunft des Sohnes von Kurt Huber, Prof. Dr. Wolfgang Huber (München), waren nach der Hinrichtung des Vaters nur seine Mutter und seine Tante Paula in Sippenhaft genommen worden, somit wäre der Bericht Dora Hubers grundsätzlich in Frage zu stellen. Abgesehen davon, dass Dora Huber in dem zitierten Bericht angibt, in Eichstätt unterrichtet zu haben, die Akten des Entnazifizierungsverfahrens aber einen Schuleinsatz im 8 Kilometer entfernten Pollenfeld annehmen. Die Verteidigungsstrategie sich als Widerständlerin geistesverwandt zu ihrem ermordeten Bruder zu präsentieren, korrelierte mit einer Verschwörungstheorie, wonach der Spruchkammervorsitzende in Eichstätt – Simon Schorer – sie absichtsvoll nicht entlasten wollte, da er sie nicht zu seinen Freunden zählte. Bericht Dr. Dora Huber v. 15.08.1945 über ihre Verhaftung nach der Gefangennahme des Bruders Prof. Kurt Huber. SA München NL-HUB-K-026; Spruchkammerakte Dora Huber StAN Spruchkammer Eichstätt H 310a; schriftliche Auskunft Dr. Elmar Ettle 20.08.2020.

[284] Für die Englischen Fräulein in Eichstätt ist der 66 Seiten umfassende Bericht vom August 1945 aufschlussreich und anschaulich: Geschichte der klösterlichen Lehrerinnenbildungsanstalt des Institutes B.M.V. Nymphenburg-Eichstätt 1871–1941. CJ MEP AIM HA 7 III, 512.

[285] Eintrag Äbtissin Benedicta im Gästebuch. LWL-Archivamt, Archiv Ermelinghoff, Bestand C, Kiste 8; Korrespondenz u. gerichtliche Auseinandersetzungen um die Entlassung und Pensionsvergütung Ermelinghoff, Bestand C, Kiste 5; zum Engagement in der Deutschen Vaterlandspartei vgl. Keinemann: Krummstab, S. 368f.; zur Baugeschichte Günter Beaugrand: Haus Ermelinghoff in Hamm und seine adeligen Besitzer. Werl 2009; Georg Dehio (Hg.): Handbuch der deutschen Kunstdenkmäler. Nordrhein-Westfalen II, Westfalen. Berlin 2016, S. 389f.; v. Borries: Lebensbilder, S. 54. Melchior v. Borries lebte demnach 7 Jahre in Ermelinghoff. Kaufvertrag über Haus Ermelinghoff Hav.I.N 10.11-9; Besichtigung von Ermelinghoff durch die Verfasserin am 23.10.2021.

[286] Th. Klauser an die Priorin der Abtei St. Walburg 23.02.1950. AStW; Th. Klauser an J. Lechner 23.08.1948. KUEI NL 38 Korrespondenz (Gutachtertätigkeit).

[287] Äbtissin Benedicta an Aloysia v. Spiegel 21.09.1930; für den Besuch in Helmern bedankt sie sich in einem weiteren Brief an ihre Nichte 19.05.1930. Beide PAvW.

[288] Äbtissin Benedicta an den Konvent St. Walburg 31.03.1930. AStW; Foto Ermelinghoff 1930. PAvW.

[289] Erinnerung von Aloysia v. Spiegel an Äbtissin Benedicta, undatiert; von „frappanter Charakterähnlichkeit" ist in einem Brief von Sr. Fridolina an Aloysia v. Spiegel 06.04.1929 die Rede. Beide PAvW.

[290] Westphalen, v.: Leben, S. 29.

[291] Ebd.

[292] Mannin: Mutter, S. 1.

[293] Äbtissin Benedicta an Aloysia v. Spiegel 09.06.1935. PAvW.

[294] Sr. Laurentia an Aloysia v. Spiegel 08.11.1932. PAvW; v. Spiegel: Konnersreuth, S. 25f.; Briefe an Aloysia v. Spiegel. PAvW; Briefe der Äbtissin und von Ordensfrauen St. Walburg an ihre Schwester Ida Gräfin Merveldt. Lem.N.Ida218, 228; Briefe an Bischof v. Preysing. DAB V/16.

[295] Äbtissin Benedicta an Abt Simon Konrad Ladensdorfer 25.09. o. J., vor 1933. AStW.

[296] Äbtissin Benedicta an die Priorin Magdalenerinnenklosters Lauban 24.03.1931. AStW.

[297] Abtei: Regel, S. Vf., und S. 148; z. Münster: Lebensbild, S. 24; Zunker: Geschichte, S. 80; dies.: Die Reform der Benediktinerinnenabtei St. Walburg in Eichstätt durch Bischof Johann von Eych, in: Dendorfer, Jürgen (Hg.): Reform und früher Humanismus in Eichstätt. Bischof Johann von Eych (1445–1464), Regensburg 2015, S. 232ff.; als interessantes Detail sei ergänzt, dass das 1836 wiedererrichtete Kloster Frauenchiemsee 1837 in Eichstätt eine Abschrift der St. Walburger Statuten durch ihren Spiritual Joseph Rauchenbichler (1790–1858) anfertigen ließ, um diese den eigenen Klosterregeln zugrunde zu legen, vgl. Ernest Geiß: Geschichte des Benedictiner-Nonnenklosters Frauen-Chiemsee. München 1850, S. 173f.

[298] Benedicta von Spiegel: Konferenzen über die Heilige Regel und Statuten der Abtei St. Walburg in Eichstätt. o.D. AStW; Zitate in der Reihenfolge aus der 2. Konferenz; das letzte Zitat Abtei St. Walburg (Hg.): Ut in omnibus glorificetur Deus. Eichstätt 1947, S. 6f.

[299] Zitate aus der 4. und 3. Konferenz; klar formuliert in der Ansprache zum Aschermittwoch 1944; die beiden letzten Zitate aus; Abtei St. Walburg: Deus, S. 15f. Alle AStW.

[300] Äbtissin Benedicta an Bischof Rackl 01.05.1936. DAEI BiA 816; Äbtissin Benedicta an Äbtissin de Hemptinne 16.12.1937. AA Maredret.

[301] Catalogus Jgg. 1930 u. 1933; zur Wirtschafts- und Sozialstruktur in Eichstätt vor 1933 Kleinöder: Verfolgung, S. 178ff.

[302] Zu den rechtlichen Grundlagen vor allem im bayerischen Konkordat und den Schulbedarfsgesetzen vgl. die instruktive Dissertation von Evi Kleinöder: Katholische Kirche und Nationalsozialismus im Kampf um die Schulen. Antikirchliche Maßnahmen und ihre Folgen untersucht am Beispiel von Eichstätt. In: Sammelblatt des historischen Vereins Eichstätt 1981, S. 54ff. u. 84ff.

[303] Äbtissin Benedicta an die Priorin des Magdalenerinnenklosters Lauban 06.11.1930 u. 15.11.1932. AStW.

[304] Äbtissin Benedicta an Schwester Maria Luise in Oriocourt 01.08.1939. AStW.

[305] Lebensläufe der genannten Klosterfrauen. AStW.

[306] Sr. Laurentia an Aloysia v. Spiegel 23.07.1930. PAvW. Die deutsche Kunstausstellung in München fand vom 30.05. bis Anfang Oktober 1930 statt.

[307] Sr. Domitella an Aloysia v. Spiegel 21.09.1930. PAvW.

[308] Ebd.; die Mutter von Fürst Erich und Gräfin Ludovica Waldburg-Zeil – Marie Therese geb. Altgräfin zu Salm-Reifferscheid-Raitz (*1869) – verunglückte am 27.08.1930 tödlich.

[309] Sr. Laurentia an Aloysia v. Spiegel 23.07.1930; handschriftliche Notiz Äbtissin Benedicta am Ende des Briefes; Sr. Domitella an Aloysia v. Spiegel 21.09.1930. Beide PAvW.

VI. Freundin aus Konnersreuth

[310] Spiegel, v.: Konnersreuth. S. 23; vgl. Wolfgang Johannes Bekh: Therese von Konnersreuth oder die Herausforderung des Satans. München 1994, S. 59ff.; ausführlich: Joseph Lechner: Dr. theol. Franz Xaver Wutz. In: Dem Andenken an den H.H. Prof. Dr. Wutz. Eichstätt 1938; auch Buschkühl: Schrift, S. 15ff.; die Bezeichnung „Lady Abbess" für Benedicta von Spiegel in einem Brief an Wutz von einem „Freund" v. 03.01.1938: „Nun berate Dich mit der Frau Aebtissin – Lady Abbess – damit ich ihr ferner dann schreibe". AStW.

[311] Fritz Gerlich hatte die erstgenannte Diagnose in seinem 1929 erschienenen Werk: Die stigmatisierte Therese Neumann von Konnersreuth. 2 Bde, München 1929 gestellt; diese wurde zuletzt 2002 wieder aufgegriffen, vgl.: Joachim Seeger: Resl von Konnersreuth (1898–1962). Eine wissenschaftliche Untersuchung zum Werdegang, zur Wirkung und Verehrung einer Volksheiligen. Frankfurt/M. 2004, S. 44ff.; zur 2. Diagnose und ihren gegenteiligen Begründung vgl. Gottfried Ewald: Die Stigmatisierte von Konnersreuth. Untersuchungsbericht und gutachterliche Stellungnahme. Sonderabdruck aus der Münchener Medizinischen Wochenschrift. München 1927, S. 13ff.

[312] Aus der Vielzahl der Literatur zum Themenkomplex des Leidens und der Leidensmystik sei angeführt: Willi Oelmüller (Hg.): Leiden, Religion und Philosophie. Bd. 3, Paderborn 1986, darin besonders Robert Spaemann: Die christliche Sicht des Leidens, S. 104ff.; schon 1927 hob Ewald: Stigmatisierte, S. 19f. auf diese Form der Leidbewältigung der Therese Neumann ab.

[313] Zu Therese Neumann liegen zahlreiche Publikationen vor. Für dieses Buch wurde neben den an anderer Stelle zitierten u.a. verwendet: Seeger: Resl, S. 24ff.; Feldmann, Christian: Wahn oder Wunder? Die Resl von Konnersreuth – wie sie wirklich war. Regensburg 2010; hingewiesen sei auch auf das Theaterstück von Bernhard Setzwein: Rels unser. Das Stück zum Film vom Fall des Konnersreuther Mysteriums. Textbuch in der 2. Fassung vom 31.12.2018 dankenswerterweise zur Einsicht vom Autor überlassen.

[314] Spiegel, v.: Konnersreuth.

[315] Fritz Gerlich an den Bischof v. Chur Georgius v. Grüneck 01.02.1932. BayHStA 32/G/31/1372; zu Umzugsplänen Anfang der 1930er Jahre finden sich Hinweise im Aktenmaterial zu Therese Neumann aus dem Diözesanarchiv Regensburg (Aufgrund des laufenden Seligsprechungsverfahren sind die Dokumente in Regensburg nicht zugänglich). Die Autorin konnte Kopien dieser Dokumente dankenswerterweise bei Dr. Maria Anna Zumholz (Münster) einsehen.

[316] So u.a. die Charakterisierung bei Morsey, Rudolf: Fritz Gerlich. Ein früher Gegner Hitlers und des Nationalsozialismus. Paderborn 2016, S. 86f.

[317] Aretin, Erwein von: Fritz Michael Gerlich. Lebensbild des Publizisten und christlichen Widerstandskämpfers. 2. ergänzte Aufl., Zürich 1983, S. 50f.; auch Morsey: Gerlich, S. 141ff.; v. Aretin schildert seinen Aufenthalt vom 7.-13-07.1927 ausführlich in seinem Buch: Die Sühneseele von Konnersreuth. 3. erheblich erweiterte Auflage, München 1960, S. 57ff.; Einwohnerzahlen in Konnersreuth 1925: 952, Auskunft der Gemeinde Konnersreuth vom 15.03.2021; zu den Filmplänen von Max Reinhardt vgl. SZ online, abgerufen am 12.03.2019, 18.29 Uhr.

[318] Brigitta zu Münster: Bericht über Konnersreuth 1940. Maschschr. Unpaginiert PAvW; Morsey: Gerlich, S. 142; v. Aretin: Gerlich, S. 53f.; Ovidio Dallera/Ilsemarie Brandmair: Tödliche Schlagzeilen. Fritz Michael Gerlich, ein Journalist gegen Hitler. München 2009, S. 52f.

319 Äbtissin Benedicta an Fritz Gerlich 31.03.1930. AStW; Fritz Gerlich an Georgius v. Grüneck 12.11.1932. BayHStA 31/G/30/1258.

320 Schriftliche Auskunft dankenswerterweise von Rudolf Beck, Waldburg-Zeil'sches Gesamtarchiv v. 14.03.2021.

321 Zur Größe des Grundbesitzes: Christiane Schwarz: Wider den Nationalsozialismus. Sozio-kulturelle Betrachtungen zu katholischen Adeligen. In: Raasch, Markus (Hg.): Adeligkeit, Katholizismus, Mythos: Neue Perspektiven auf die Adelsgeschichte der Moderne. München 2014, S. 210; Auskunft Rudolf Beck, Waldburg-Zeil'sches Gesamtarchiv v. 14.03.2021, wonach der Fürst „überhaupt nicht vorbereitet war" auf die Leitung des Familienunternehmens; zu Erich von Waldburg-Zeil kurz Morsey: Gerlich, S. 165.

322 Schriftliche Auskunft dankenswerterweise von Rudolf Beck, Waldburg-Zeil'sches Gesamtarchiv v. 08.03.2021; Fürst Waldburg-Zeil schrieb am 4.04.1938 an seinen Freund Erwein v. Aretin: „Ich selbst lernte Th. N. erst im Mai 27 kennen, weiß daher von der Fastenzeit des gleichen Jahres nichts. 1928 weiß ich aber die Blutung der Handstigmata während der Fastenzeit genau beobachtet zu haben". BayHStA FA Aretin 201.

323 Gemeint ist die Schrift von Gottfried Ewald: Stigmatisierte. A.a.O.

324 Seeger: Resl, S. 63ff.; ausführlich auch Bekh: Therese, S. 102ff.; beide stützen sich auf Gerlich: Therese, S. 128ff.; Feldmann: Wunder. S. 115; detailliert der schärfste Kritiker der Glaubwürdigkeit Therese Neumanns: Hanauer, Josef: Konnersreuth oder ein Fall von Volksverdummung. Aachen 1997, S. 269ff.

325 Ewald: Stigmatisierte. Zitate in der Reihenfolge St. 34ff., 48, 10, 6ff., 49; die Unterstützer Neumanns in Eichstätt haben sich mit der Ewaldschen Diagnose „Hysterie" jahrzehntelang später noch auseinandergesetzt, so findet sich im Abteiarchiv die ein Jahr nach dem Tod der Äbtissin ein Beitrag verfasste Schrift von Letitia Fairfield: Therese Neumann. Ein klarer Fall von Hysterie. Maschschr. 1951. AStW.

326 Franz Xaver Wutz führt dazu am 29.11.1927 aus: „Rein persönlich möchte ich bemerken, dass mir Ew. Schrift wissenschaftlich einen jammervollen Eindruck macht. (...) Nachträglich dann die Erklärung von Dr. Seidl, das Ew. ganze Spalten aus seinem Gutachten abgeschrieben". Der Waldsassener Artz Dr. Otto Seidl leitete die erwähnte Untersuchung und war mit Wutz befreundet. Maschschr.; Otto Seidl an Franz Xaver Wutz 06.10.1931. Maschschr. Beide AStW; der abschätzigen Bewertung Ewalds als „der etwas böswillige Psychiater Gottfried Ewald" schließt sich noch in einer neueren Publikation über Gerlich Stefan Meetschen an: Ein gerader Weg. Der katholische Journalist, Widerstandskämpfer und Märtyrer Fritz Gerlich. Kißlegg 2015, S. 71.

327 Ferdinand Neumann an Bischof Buchberger 17.10.1932. Maschschr. BayHStA FA Aretin 200.

328 Würdigung durch den aktuellen Nachfolger Ewalds auf dem Lehrstuhl für Psychiatrie in Göttingen, Prof. Dr. Jens Wiltfang in einem Schreiben an die Verfasserin v. 9.04.2021; vgl. Von der Königlich-Hannoverschen Irrenanstalt Rosdorfer Weg zur Psychiatrischen Universitätsklinik in Göttingen. Festschrift 50 Jahre Klinik für Psychiatrie und Psychotherapie. Göttingen 2005.

329 Spiegel, v.: Konnersreuth, S. 23f.

330 Ebd., S. 24f.

331 Ebd., S. 26ff.

332 Sr. Domitella an Aloysia v. Spiegel 21.09.1930. PAvW.

333 Spiegel, v.: Konnersreuth, S. 29; Morsey: Gerlich, S. 144f.; Dokumente in Morsey, Rudolf (Bearb.): Fritz Gerlich – ein Publizist gegen Hitler. Briefe und Akten 1930-1934. Paderborn, 2010, S. 87, 101ff.

334 Äbtissin v. Spiegel an Minister N.N. 05.03.1932. AStW.

[335] Beide Zitate v. Spiegel: Konnersreuth, S. 31 u. 34.

[336] Sr. Laurentia Köppel an Ida Gräfin Merveldt 20.09.1934. Lem.N.Ida 228.

[337] In der Reihenfolge der Zitate v. Spiegel: Konnersreuth, S. 35, 38, 53.

[338] Ebd., S. 52.

[339] Therese Neumann an Äbtissin Benedicta 13.10.1930 AStW; v. Spiegel: Konnersreuth, S. 56.

[340] Ebd., S. 56, 19, 40f. ; Band mit mehr als 90 Gedichten v. Spiegels: Mein geistliches Jahr. A.a.O.

[341] Spiegel, v.: Konnersreuth, S. 47.

[342] Handschriftliche Dokumente; Nachruf auf M. Martha Theresia Härtl OSB. Alle AStW; vgl. dazu die Ausführungen des schärfsten Kritikers der Therese Neumann: Josef Hanauer: Konnersreuth als Testfall. Kritischer Bericht über das Leben der Therese Neumann. München 1972, S. 348ff.; sowie ders.: Konnersreuth - Volksverdummung, S. 331ff.

[343] Westphalen, v.: Leben, S. 28f.; die Gewichtszunahme der Therese Neumann ist auch dokumentiert in Hanauer: Konnersreuth – Volksverdummung, S. 279. Die in Bellersen bei Brakel geborene Maria Unverzagt war ab 1936 auf dem Rittergut Helmern zunächst als Beiköchin dann bis zur Verrentung als Köchin beschäftigt. Danach war sie bei der Malerin Wisa v. Westphalen angestellt und lebte bis zum Tod der Künstlerin 1993 auch in deren Haus, der sog. „Gipsmühle" in Helmern. Maria Unverzagt ist im Jahr 2000 in einem Pflegeheim in Scherfede gestorben und auf dem dortigen Friedhof beigesetzt. PAvW; letztes Zitat des Abschnitts: handschriftliche Aufzeichnung Wisa v. Westphalen in Erinnerung an ihre Tante Äbtissin Benedicta. o.J. PAvW; Besuch von Therese u. Ferdinand Neumann, Benedicta v. Spiegels sowie ihrer Stiefmutter belegt für den 02.10.1938 Gästebuch v. Twickel. LWL-Archivamt, Archiv Ermelinghoff, Bestand C, Kiste 9; ein Foto, das Neumann mit der Nichte der Äbtissin, Regina v. Spiegel, zeigt, belegt den Besuch in Helmern. PAvW.

[344] Joseph Naber an Franz Xaver Wutz 05.12.1929. Maschschr. AStW.

[345] Äbtissin Benedicta an Fritz Gerlich 13.03.1930. BayHStA NL Gerlich, Fritz 8, 30/K/8/3099.

[346] P. Ingbert Naab an Franz Xaver Wutz 01.09.1930. In Steno mit maschschr. Reinschrift. AStW.

[347] „Antwort Th. N. im erhobenen Ruhezustand am 7.X.30". Maschschr. AStW.

[348] Briefabschriften Franz Xaver Wutz: Brief des Regensburger Bischofs Buchberger an Pfarrer Naber 04.02.1933; Antwort Pfarrer Naber 06.02.1933. Alle AStW.

[349] Ferdinand Neumann an Bischof Buchberger 17.10.1932 Maschschr. BayHStA FA Aretin 200.

[350] Briefauszug undatiert. AStW; aus dem Schreiben zitiert Hanauer: Konnersreuth – Volksverdummung, S. 286 u. 290; da das bischöfliche Zentralarchiv aufgrund des laufenden Seligsprechungsverfahrens verschlossen bleibt, ist eine genauere Verifizierung zur Zeit nicht möglich, dazu Schreiben v. Bischof Dr. Rudolf Voderholzer an die Verfasserin 22.05.2020. PAvW; Aufschluss boten für dieses Buch Kopien von Dokumenten aus dem bischöflichen Zentralarchiv im Privatarchiv von Dr. Maria Anna Zumholz.

[351] Joseph Lechner: The case of Hilda C. Graef. Maschschr., S. 12. AStW.

[352] Therese Neumann an Bischof Buchberger 24.08.1932 in: Hanauer: Konnersreuth, S. 462; Therese Neumann an Äbtissin Benedicta 24.08.1932. AStW.

[353] Äbtissin Benedicta v. 15.10.1940 an „Ew. Hochwohlgeboren!". Adressat namentlich nicht genannt. AStW; Ewald: Stigmatisierte, S. 49.

[354] Fritz Gerlich an den Bischof von Chur Georgius von Grüneck 02.02.1932. BayHStA 32/G/31/1372.

[355] Erwein v. Aretin an Joseph Lechner 18.05.1938. BayHStA FA Aretin 200.

[356] Der Großvater Erwein v. Aretins mütterlicherseits war Philipp Franz Fürst von der Leyen (1819–1882); dessen Tochter Maria Anna (1857–1936) hatte Anton Maria Frhr. v. Aretin (1847–1921) geheiratet; einer ihrer Söhne war Erwein. Der Bruder von Aretins Mutter Erwein Theodor Fürst von der Leyen (1863–1938) hatte Maria Nives Ruffo geehelicht. Deren Schwester Ernestina Ruffo wiederum Erwein Graf v. Schönborn-Wiesentheid. Die Eltern der Schwestern Maria Nives und Ernestina waren Antonio Ruffo Fürst della Scaletta (1845–1928) und Ludovica Prinzessin Borghese (1859–1928). Letztgenannte entstammte dem römischen Hochadel und zählte zugleich zum päpstlichen Adel, worin sich die Nähe zum Vatikan dokumentiert, vgl. Volker Reinhardt: Die grossen Familien Italiens. Stuttgart 1992, S. 72ff.; Pacelli, Eugenio an Gasparri, Pietro v. 14.06.1918. In: Kritische Online-Edition der Nuntiaturberichte Eugenio Pacelli (1917–1929), Dokument Nr. 9515. URL: www.pacelli-edition.de/Dokument/9515. Letzter Zugriff 30.11.2021; weitere Dokumente Nr. 2365, 5550, 9515, 10142, 11564, 8790; Kurzbiographie des den Nationalsozialisten kritisch gegenüber stehenden Erwein Graf von Schönborn-Wiesentheid in: Dieter Schäfer: Freunde und Förderer der Universität Würzburg. Stuttgart 2001, S. 28f.; 132f.

[357] Prononciert Hanauer: Konnersreuth, dessen Buch den vielsagenden Titel „Volksverdummung" trägt.

[358] Birgit Braun/Joachim Demling/Thomas H. Loew: Die „Volksheilige" Therese Neumann von Konnersreuth und ihre Stigmata. Ein historisches Beispiel zur Wechselwirkung von Psyche und Religiosität. In: Der Nervenarzt 2020, S. 64ff. (69).

[359] Michael E. O'sullivan: Disruptive Power. Catholic Women, Miracles and Politics in Modern Germany, 1918-1965. Toronto 2018, S. 65f.

[360] Braun u.a.: „Volksheilige", S. 70f.; die Verfasser nehmen Bezug auf die Schrift von Walter Jacobi: Die Stigmatisierten. München 1923, in welcher als Legitimation des Phänomens der Stigmatisierten das „ignoramus et ignorabimus" herangezogen wird. Die Diskussion um Neumanns angebliche Nahrungslosigkeit ist weiterhin aktuell. Vgl. Gerlinde von Westphalen: Katholischer Sauerbruch gesucht. In: FAZ v. 21.09.2022, S. N3; Julian Trager: Konnersreuth: Alter Brief befeuert Zweifel an Nahrungslosigkeit der Resl. In: Der Neue Tag v. 23.02.2023, S. 2; Sebastian Beck: Fastenbrechen mit der Resl. In: SZ v. 27.02.2023.

[361] Ewald: Stigmatisierte, S. 48.

[362] Gottfried Ewald an N.N. 18.04.1929. BayHStA NL Gerlich, Fritz 6, 29/12/6/2063.

[363] Fragen in der Causa Therese Neumann von Konnersreuth vom 23.01.1942 und Niederschrift über die Einvernahme von Fräulein Ottilie Neumann 06.02.1942. Die Fragen waren im Auftrag des Eichstätter Bischofs durch den Naturwissenschaftler Prof. Dr. Franz Xaver Mayr (1887–1974) ausgearbeitet worden; die Verhandlungsführung oblag Prof. Dr. Joseph Lechner. AStW.

[364] Erich Przywara an Hilde Graef 04.12.1952. APECESJ Nl PPryz, 47-182, II A, Nr. 4.

[365] Münster z. an Matthias Buschkühl 24.09.1982. AStW.

[366] Lechner: Case, S. 10.

VII. Ein Freundeskreis gegen die Nazis

[367] Joseph Lechner: Das Recht als Lebensmacht. Ringvorlesung an der Philosophisch-theologischen Hochschule Eichstätt 1946, in: Buschkühl: Lechner, S. 49ff.; zur Bedeutung des katholischen Naturrechtsdenkens knapp Frank Schindler: Paulus van Husen im Kreisauer Kreis. Paderborn 1996, S. 34ff.; eine reflektierte politische Einordnung des kirchlichen Naturrechtsverständnisses gibt Ernst-Wolfgang Böckenförde: Kirch-

liches Naturrecht und politisches Handeln. In: Ders./Böckle, Franz (Hg.): Naturrecht in der Kritik. Mainz 1973, 96ff.; anders als die darin skizzierte Kritik an der politischen Folgenlosigkeit kirchlichen Naturrechts zogen die Eichstätter Freunde sehr klare Konsequenzen für ihre innere Haltung und daraus abgeleiteten Handlungen; zu den Grabmann-Schülern vgl. Boberach, Heinz (Bearb.): Berichte des SD und der Gestapo über Kirchen und Kirchenvolk in Deutschland 1934–1944. Mainz 1971, S. 290: Die Gestapo stellte demnach 1938 die Verbindung der Grabmann-Schüler zum Katholischen Akademiker-Verband her und formulierte: „Grabmann-Schüler sind daher auch in erster Linie in den Kreisen des K.A.V. zu finden. Die von der K.A.V. gepflegte Philosophie kann daher nur zweckbestimmt sein".

[368] Fritz Gerlich an Maria Müller (Köln) 16.12.1930. BayHStA 30/G/29/1208, S. 5ff., auch abgedruckt bei Morsey: Publizist, S. 84ff.

[369] Erich Fürst Waldburg-Zeil: Erinnerungen. Auszüge bei Morsey: Publizist, hier S. 327; Heinz Hürten: Deutsche Katholiken 1918 bis 1945. Paderborn 1992, S. 267f.; kritisch zu den politischen Präferenzen der Initiatoren des „Geraden Wegs", vor allem zu Waldburg-Zeil: Andreas Dornheim: Adel in der bürgerlich-industrialisierten Gesellschaft. Eine sozialwissenschaftlich-historische Fallstudie über die Familie Waldburg-Zeil. Frankfurt/M. 1993, S. 307ff.; ders.: Röhms Mann fürs Ausland. Politik und Ermordung des SA-Agenten Georg Bell. Münster 1998, S. 142ff.

[370] Vgl. Morsey: Gerlich, S. 152ff.; Abschriften der Anzeige von Edwin Redslob (undatiert) und der Stellungnahme Fritz Gerlich zur Beleidigungsklage bezüglich 16.05.1927 im Münchner Hofgarten; Zeitungsartikel Münchner Neueste Nachrichten vom 07.02.1928; Völkischer Beobachter vom 18./19.02.1928; Münchner Post vom 24./25.03. 1928; Münchner Zeitung vom 09.07.1928; Münchner Post vom 24.09.1929. Alle StArchM Polizeidirektion München 10.056.

[371] Erich Fürst Waldburg-Zeil an Fritz Gerlich 28.10.1932. BayHStA 32/N/19/4172a.

[372] Buschkühl: Gelehrter, S. 12f.; Morsey: Gerlich, S. 169ff.; auch Michael Schäfer: Fritz Gerlich 1883-1934. Publizistik als Auseinandersetzung mit den „Politischen Religionen" des 20. Jahrhunderts. Phil. Diss. München 1998. Digital abrufbar über www.gerlich.com; eine zweiteilige Dissertation ist 1953 erschienen: Oskar Bender: Der Gerade Weg und der Nationalsozialismus. Ein Beitrag zur katholischen Widerstandspresse vor 1933. Phil. Diss. LMU München. Maschschr.

[373] „Krakeeler" – so von Pfarrer Naber genannt, vgl. z. Münster: Konnersreuth, unpaginiert; P. Ingbert Naab an Fritz Gerlich 28.12.1931. BayHStA 31/N/184125.

[374] P. Ingbert Naab an Fritz Gerlich 07.08.1932. BayHStA 32/N/18/4128.

[375] Zum Konnersreuther Freundeskreis auch Rudolf Beck: Widerstand aus dem Glauben. In: Allgäuer Geschichtsfreund 1993, S. 141; Fritz Gerlich an Therese Neumann 03.03.1931. BayHStA 31/N/18/4131.

[376] Fritz Gerlich an den Bischof von Chur Georgius v. Grüneck 01.02.1932. BayHStA 32/G/31/1372.

[377] Joseph Lechner an den „sehr geehrten Herrn Oberbaurat und Vicepräsident" 04.11.1932. BayHStA 32/W/22/839. Lechner bezieht sich auf den Artikel von Hans Rauch: Verschiedene ‚Warum' unserer Zeit. Ein Vorwort zu den Wahlen am 6. November 1932. In: Klerusblatt Nr. 42, S. 391ff. und Nr. 44, S. 610f.; Schriftleiter des Klerusblatts war zu dieser Zeit der Eichstätter Professorenkollege Lechners: Ludwig Bruggaier; vgl. Theodor Maas-Ewerd: Der erste wurde Bischof. Die Schriftleiter des Klerusblattes seit 1920. In: Ders. (Hg.): Kleriker im Dienste Gottes für die Menschen. Festschrift zum 75jährigen Bestehen des Klerusverbandes und des Klerusblattes in Bayern und der Pfalz 1920-1955. München 1995, S. 104ff.

378 Johannes Steiner (Geschäftsführer des Naturrechtsverlags): Bericht über die von Sr. Emimenz dem Hochw. Herrn Kardinal v. Faulhaber dem Unterzeichneten gewährten Audienz am 9. November 1932. BayHStA 32/G/31/1439, auch abgedruckt in Morsey: Publizist, S. 249ff.

379 Schäfer: Gerlich, Kap. VI., S. 23ff.; Morsey: Gerlich, S. 189f.; Pater Naabs Fastenpredigten im Eichstätter Dom im Frühjahr 1931 lösten aufgrund ihrer Schärfe gegen die „falschen Propheten" der Zeit kontroverse Reaktionen in der Domstadt aus, von nationalsozialistischer Seite wurde ihm in einem Artikel angedroht: „Daß es im Dritten Reich ein äußerst scharf Gericht gegen Verrat am deutschen Volk und Vaterland geben wird"; zitiert nach Neumayr: Pater, S. 305.

380 Äbtissin Benedicta an Fritz Gerlich 18.02.1931. AStW; Äbtissin Benedicta an Josef Graf von Stolberg-Stolberg in Westheim 18.02.1931. LAV NRW OWL Whm.N.Jo-A368; Karte Melchior v. Borries an Fritz Gerlich 05.06.1932. BayHStA 32/P/55/3750; durch die Vermittlung der Äbtissin hat sich ihr Schwager M. v. Borries für eine Umschuldung des heimatlichen Rittergutes in Helmern, das ihr Bruder Joseph geerbt hat, bei Gerlich eingesetzt; dieser bemühte sich Anfang 1932 in Berlin über seinen Bruder Hans Gerlich um Vermittlung eines Kredits bei der Reichskredit-Gesellschaft und Reichsversicherungsanstalt über persönliche Kontakte BayHStA 32/P/55/3746 bis /3749. Die in Rede stehende Kreditsumme von 200.000 Reichsmark entsprach mehr als 800.000 Euro Kaufkraftäquivalent 2015; vgl. hierzu Deutscher Bundestag: Kaufkraftvergleiche historischer Geldbeträge. Sachstand WD 4 – 3000 – 096/16, S.5, digitalisat.

381 Äbtissin Benedicta an Joseph Lechner o.D., wahrscheinlich Dezember 1931. BayHStA 30/P/55/3776; Fritz Gerlich an Joseph Lechner 26.09.1931. BayHStA NL Gerlich, Fritz 11, 31/K11/32389; Fritz Gerlich an Äbtissin Benedicta 03.10.1931. AStW.

382 Fritz Gerlich an den Bischof von Chur, Georgius v. Grüneck 12.11.1931. BayHStA 31/G/30/1258, in welchem er die Firmung beschreibt.

383 P. Ingbert Naab an P. Kosmas Behr 07.09.1930. AStW.

384 Witetschek: Naab, S. 48ff.; Neumayr: Naab, S. 300ff. und S. 64ff.

385 Heike Mayer: Die vergessene Weiße Rose, in: Gradraus. Zeitung für den Chiemgau, Rupertiwinkel und die Region, Nr. 9, Januar 2015. PDF. Mayer geht auch der Frage der Namensgleichheit mit der studentischen Widerstandsgruppe „Weiße Rose" um die Geschwister Scholl und Prof. Kurt Huber nach; ein Zusammenhang kann jedoch bisher nicht belegt werden. In der Vernehmung Hans Scholls durch die Gestapo nach seiner Festnahme soll er nach Mayer die Frage, ob ihm die katholische Mädchenorganisation „Weiße Rose" bekannt sei, verneint haben.

386 Kleinöder, Evi: Verfolgung und Widerstand der Katholischen Jugendvereine. Eine Fallstudie über Eichstätt. In: Broszat, Martin/ Fröhlich, Elke (Hg.): Bayern in der NS-Zeit. Bd. II. München 1979, S. 193; anders Spiegl, Anni: Leben und Sterben der Therese Neumann von Konnersreuth. 6. Aufl., Eichstätt 1967, S. 20; Boberach: Berichte, S. 147; Tätigkeitsbericht des Diözesansekretariates f. Weibl. Jugendpflege. Eichstätt 1935. DAEI BOE 708.

387 Erich v. Waldburg-Zeil an Franz-Georg v. Waldburg-Zeil SJ 18.08.1930. BayHStA 32/N19/4167c; bei dem erwähnten Provinzial der (Ober)Deutschen Jesuitenprovinz handelte sich um Franz Xaver Hayler (1897-1974; Amtszeit 15.01.1928-15.08.1935).

388 Erinnerungen Erich Fürst Waldburg-Zeil vom März 1941. In: Morsey: Publizistik, S. 322f.

389 Maßgeblich Stephan Malinowski: Vom König zum Führer. Sozialer Niedergang und politische Radikalisierung im deutschen Adel zwischen Kaiserreich und NS-Staat. Ber-

lin 2003, S. 382ff.; Benedikt Pahl: Katholische Adelige um Abt Adalbert Graf Neipperg. In: Haus der Geschichte Baden-Württemberg (Hg.): Adel und Nationalsozialismus im deutschen Süden. Karlsruhe 2002, S. 30ff.; v. Aretin: Gerlich, S. 73f.; Schwarz:
Nationalsozialismus, S. 232f., schreibt, dass die Brüder Boeselager, „die in der militärischen Widerstandsgruppe des 20. Juli aktiv werden sollten", an diesen Schulungen
teilgenommen hätten. Dies ist nicht korrekt: Es haben laut Protokoll nicht Philipp und
Georg v. Boeselager, sondern Max und Clemens v. Boeselager teilgenommen; weitere
Teilnehmer der Schulungen kamen u.a. aus den Familien Elverfeldt, Solms, Fürstenberg, Merveldt, Schell, Magnis, Beverförde, Salm Reifferscheidt, Galen, Gemmingen-
Hornberg, Oberndorff, Quadt, Rintelen, Löwenstein, vgl. Mitteilungen KTG vom September 1932 und Oktober 1932, in: DAAM DAG Bay 80.

[390] Mitteilungen der Katholischen Tatgemeinschaft Heft 1, September 1932, S. 15f., in:
DAAM DAG Bay 80; Erinnerungen Waldburg-Zeil. In: Morsey: Publizistik, S. 323.

[391] Brief Freiherr v. Aretin 30.09.1932; KTG und ihre Beziehung zur Gen.k.E., Vorlage zur
Vorstandssitzung der Genossenschaft kathol. Edelleute am 11.10.1932 in Altötting, bei-
de Dokumente DAAM DAG Bay 80; dort auch Mitteilungen KTG Oktober 1932, S.
15; Rudolf Beck – Leiter des Waldburg-Zeil'schen Gesamtarchivs – belegt anhand der
Memoiren des Fürsten die Einschätzung, dass die Tatgemeinschaft ihr „Ziel nicht er-
reicht" hätte, vgl. Beck: Widerstand, S. 136. Erich Fürst Waldburg-Zeil: Erinnerungen. In:
Morsey: Publizist, S. 322f.; in Erinnerung an die „denkwürdige Adelstagung" beauftragte
Fürst Waldburg 1948 das Gemälde für den „Saal der Zeiler Schlossbibliothek", das der
Salvatorianerpater Egino Manall (1907–2001) schuf, vgl. Beck: Widerstand, S. 157.

[392] Äbtissin Benedicta an Fritz Gerlich 13.01.1931. AStW.

[393] Joachim Lilla (Bearb.): Der Bayerische Landtag 1918/1919 bis 1933. Wahlvorschläge –
Zusammensetzung – Biographien. München 2008, S. 411f.; Edward Norman Peterson:
Limits of Hitler's Power. Princeton 1969, S. 304ff.

[394] Hoth: Menschen, S. 439ff.; vgl. Kleinöder: Verfolgung; auch die Beiträge in dem Sammelband Hoth, Christiane/Raasch, Markus (Hg.): Eichstätt im Nationalsozialismus.
Katholisches Milieu und Volksgemeinschaft. Münster 2017; Äbtissin Benedicta an Bischof Rackl 20.05.1935. DAEI BiA 816.

[395] Josef Lechner: Cerfificate für Dr. Simon Anton Schorer 20.01.1946. KUEI NL 38 Amtl.
Korrespondenzen M-Sch; Stellungnahme Dr. Ludwig Weitmann an den Stadtrat der
Landeshauptstadt München vom 26.12.1947. KUEI NL 38 St-Z, S. 4; als Beweis führt
Weitmann das persönliche Zeugnis von Johannes Steiner, ehemaliger Geschäftsführer
des Naturrechtsverlags, in welchem der „Gerade Weg" erschienen war, an; Aussage von
Wutz's langjährigem Mitbewohner Ferdinand Neumann. Protokoll Spruchkammersit-
zung 21.10.1947 im Verfahren Friedrich Stoer. StAL EL 902/14 Bü 9185, Blatt 13.

[396] Für diese Ausgabe des „Geraden Wegs" hatte Hans-Georg v. Mallinckrodt einen langen
Artikel über die Benediktinerabtei Maria Laach beigesteuert, der durch das Gedicht der
Äbtissin über den Ordensgründer ergänzt wurde; zur Bedeutung des „Geraden Wegs"
in der politischen Presse der Zeit vgl. Morsey: Gerlich; Schäfer: Gerlich; zuletzt Meet-
schen, Stefan: Ein gerader Weg: Der katholische Journalist, Widerstandskämpfer und
Märtyrer Fritz Gerlich. Kißlegg 2015.

[397] Der Neffe Gerlichs, Ludwig Weitmann, zeichnete verantwortlich für den Artikel im
Illustrierten Sonntag v. 15.11.1931 mit dem Titel: „Dilettanten des Lebens. Die Univer-
sitätsskandale in Halle und jetzt wieder - leider - in München".

[398] Beck: Widerstand, S. 140f.; Artikel „Hitlers Übereinstimmung mit Wilhelm II.", abgedruckt in Johannes Steiner (Hg.): Prophetien wider das Dritte Reich. Aus den Schriften
des Dr. Fritz Gerlich und des Paters Ingbert Naab O.F.M.CAP. München 1946, S. 79f.;

vgl. Willibald Gutsche: Monarchistische Restaurationsstrategie und Faschismus. Zur Rolle Wilhelms II. In: Röhl, John C. G. (Hg.): Der Ort Kaiser Wilhelms II. in der deutschen Geschichte. München 1991, S. 287ff. (Digitalisat).

399   Äbtissin Benedicta an Fritz Gerlich 24.03.1932. AStW; vgl. Morsey: Gerlich, S. 208f.; Neumayr: Pater, S. 320ff.; abgedruckt ist der Artikel wie andere auch bei Steiner: Prophetien, S. 269ff.; der Reichspräsident bedankte sich bei v. Spiegel mit Schreiben v. 31.03.1932. AStW.

400   Spiegel, v.: Konnersreuth belegt Besuche Therese Neumanns in St. Walburg für den 23.06.1932, 2..07.1932, 12.09.1932; Äbtissin Benedicta an Aloysia v. Spiegel 04.05.1932. PAvW; vgl. Morsey: Gerlich, S. 196f.; 218ff.

401   Therese Neumann an Kardinal v. Faulhaber 01.07.1932 Maschschr. AStW; darin wird auch Bezug genommen auf P. Ingbert Naab, der die Sorgen um die politische Lage teilte und Therese Neumann zu einem Brief an Brüning animierte. Die Freunde hatten sich in Eichstätt versammelt, um die Primiz des jüdischen Konvertiten Bruno Rothschild in der Pfarr- und Klosterkirche St. Walburg zu feiern. Die handschriftliche Notiz „Kardinalbrief geschrieben i. Eichst." stammt nicht von der Äbtissin, sondern wahrscheinlich von Joseph Lechner. AStW; Artikel „Süddeutschland muß Brüning das Mandat anbieten". „Gerader Weg" v. 10.07.1932, Digitalisat unter www.gerlich.com.

402   Der „Gerade Weg" v. 10.07.1932, Digitalisat unter www.gerlich.com.

403   Grundlegend Malinowski: König, S. 367ff.; vgl. auch Schwarz: Nationalsozialismus, S. 229ff.; im Artikel „1000 Prinzen und ein Schlosser". In: „Gerader Weg" v. 10.07.1932, Digitalisat unter www.gerlich.com werden namentlich u.a. aufgeführt: Kronprinz Friedrich Wilhelm und Prinz August Wilhelm v. Preußen; Prinzessin Reuß: gemeint Hermine, die 2. Frau Wilhelm II.; weitere Namen: Prinz Friedrich v. Schaumburg Lippe, Prinzen v. Waldeck und Arenberg; Prinz Franz v. Thurn und Taxis, Herzog Eduard v. Coburg; Fürsten Starhemberg und Eulenburg-Liebenberg; Grafen zu Reventlow, Schwerin, Spreti, Helldorf, Solms-Laubach, Kleist, du Moulin, Eltz-Rübenach, Freiherren von Wangenheim und von Geislingen, Generäle v. Epp, v. Litzmann und v. Liebert; Großgrundbesitzer v. Buttler, v. Corswant, v. Heimendahl, v. d. Goltz „usw. usw.".

404   Erich Fürst Waldburg-Zeil an Karl Ludwig Freiherr zu Guttenburg 12.07.1932. BayHStA 32/N/18/4159 c. Hintergrund des Briefwechsels auch mit seinem Schwiegervater Aloys Fürst Löwenstein war ein Artikel Gerlichs im „Geraden Weg" vom 26.06.1932, in welchem die Hitlernähe in Teilen des monarchistischen Bayerischen Heimat- und Königsbundes kritisiert wurde. Zu Guttenberg empörte sich über „einen derartig unerhörten Artikel gegen den Bayerischen Heimat- und Königsbund und…die in ihm vertretenen Mitglieder des katholischen bayerischen Adels" und fragte Waldburg-Zeil, „ob an den…Mitteilungen etwas Wahres ist und Du tatsächlich mit dem Blatt etwas zu tun hast". (…) Wirst Du doch verstehen, dass ich es für unmöglich halte, dass der…Adel einen derartigen gemeinen Angriff ohne Weiteres hinnimmt". BayHStA 32/N/18/4159 b; grundlegend zur aktuellen Debatte Stephan Malinowski: Die Hohenzollern und die Nazis. Geschichte einer Kollaboration. Berlin 2021, S. 241ff.

VIII. Politische Risse in der Familie v. Spiegel

405   Malinowski: König, S. 423, S. 425ff.

406   „Der entschleierte Hintergrund der Papen-Politik", in: Der „Gerade Weg" vom 3. Juli 1932. Digitalisat auf www.gerlich.com; Therese Neumann an Kardinal v. Faulhaber 01.07.1932. AStW.

[407] Herbert von Dirksen: Zwischenbilanz. Als Manuskript in 50 Exemplaren neu gedruckt. Tokio 1935, S. 48ff. und 262ff.; dazu auch Gerald Mund: Herbert von Dirksen (1882–1955): Ein deutscher Diplomat in Kaiserreich, Weimarer Republik und Drittem Reich. Diss. Berlin 2003, S. 16ff.

[408] Dirksen, v.: Zwischenbilanz, S. 244.

[409] Malinowski: König, S. 554f.; Heike Görtemaker: Eva Braun. Leben mit Hitler. München 2011, S. 74, 109f.; Anna Maria Sigmund: Die Frauen der Nazis. Wien 1998, S. 10.

[410] BArch R8128, 117, Bd. 4, 72; Entwurfsfassung ebd., 4.

[411] BArch R8128/117, Bd. 4: Richtlinien für den Deutschen Klub; ebd., 29, 66; zu den Mitgliederzahlen BArch8128/380, Bd. 5, 4; zur Richtlinie Ernst Röhms v. 26.02.1934 Rundschreiben an die Klubmitglieder v. 16.03.1934 BArch R8128/380, Bd. 4, 31; v. Dirksen: Zwischenbilanz, S. 263f.

[412] NSDAP-Karteikarte BArch R 9361-IX KARTEI / 42070044; Liste der Mitglieder des Deutschen Herrenclubs. Digitalisat; Briefe Olga v. Lafferts an Äbtissin Benedicta. AStW; Wikipedia-Artikel Karl August von Laffert, zuletzt abgerufen 19.04.2022.

[413] Erich Fürst Waldburg-Zeil an Fritz Gerlich 06.11.1932. BayHStA 32/N/19/4173a.

[414] Mündliche Auskunft 14.04.2021 von Goswin v.Mallinckrodt, Burg Gamburg über die Erinnerungen seines Vaters Hans-Georg v. Mallinckrodt; Olgas Tochter trug den Namen Erika Bartels, Viktorias Tochter den Namen Erika v. Paleske. Diese heiratete 1919 den Diplomaten Werner von Rheinbaben; Borries v.: Lebensbilder. S. 50f.; mündliche Auskunft der Enkelin Olga v. Spiegels aus erster Ehe, Bettina Fintelmann, v. 13.05.2021.

[415] Rechtsanwälte Bäcker u.a. NLA Hann. 155 Göttingen Acc. 2004/008 Nr. 00768, S. 7.

[416] Dankesadresse von Adolf u. Olga v. Spiegel 01.10.1937. PAvW; Muth, Marlies: Juliana von Stockhausen, Gräfin Gatterburg vollendet ihr 95. Lebensjahr. In: Der Wartturm 4/1994, S. 2 sowie Schmidt, Hans Dieter: „Die Geschichte schuf das Fundament für Romane. In: Der Wartturm 4/1999, S. 3f.; Hochzeitsfoto dankenswerterweise von Bettina Fintelmann zur Verfügung gestellt.

[417] NSDAP, Gau Westfalen-Nord, Gaugericht V II-7/40 – Dr. H./Te. Barch R 9361-II, 957495.

[418] Schreiben der Kreisleitung der NSDAP Höxter-Warburg an die Kreisleitung der NSDAP Göttingen v. 13.11.1941; Schreiben des NSDAP-Kreisleiters des Kreises Göttingen an die Kreisleitung der NSDAP Höxter v. 4.11.1941. BArch R 9361-II, 957495.

[419] Rechtsanwälte Bäcker u.a. NLA Hann. 155 Göttingen Acc. 2004/008 Nr. 00768, S. 7.

[420] Ebd.

[421] Gutachten Gottfried Ewald. Archiv Schloss Rheder.

[422] Schreiben des Landrates (vertretungsweise) Oberregierungsrat Karl Wolff an Prof. Gottfried Ewald 13.01.1945 sowie eidesstattliche Erklärung Olga v. Spiegels unterschrieben, undatiert vermutlich 1945/46. Beide Dokumente NLA Hann. 155 Göttingen Acc. 2004/008 Nr. 00768.

[423] Umfangreiche Akte NLA Hann. 155 Göttingen Acc. 2004/008 Nr. 00768 u. Archiv Schloss Rheder.

[424] Von der Königlich-Hannoverschen Irrenanstalt Rosdorfer Weg zur Psychiatrischen Universitätsklinik in Göttingen: 50 Jahre Klinik für Psychiatrie und Psychotherapie, Georg-August-Universität Göttingen. Göttingen 2005; Dirk Wedekind/Carsten Spitzer/Jens Wiltfang (Hg.): 150 Jahre Universitätspsychiatrie in Göttingen. Göttingen 2019, S. 18ff.; Christof Beyer: Gottfried Ewald und die „Aktion T4" in Göttingen. In: Der Nervenarzt 2013, S. 1049ff.; Ernst Klee: „Euthanasie" im NS-Staat. Die „Vernichtung" lebensunwerten Lebens". Frankfurt/M. 1983, S. 222ff.

[425] Personalakte Joseph Freiherr von Spiegel LAV NRW OWL M 1 PrPers. Nr. II Nr. 969

sowie D 99 Nr. 1343 a + b, S. 113; Evelyn Otte: Beitritte und Mitgliederstruktur in Zeiten der Aufnahmesperre. In: Falter, Jürgen W. (Hg.): Junge Kämpfer, alte Opportunisten. Die Mitglieder der NSDAP 1919-1945. Frankfurt/M. 2016, S. 245ff.

[426] Ebd., Joseph v. Spiegel gab als Eintrittsdatum 15.03.1933 an (S.80); NSDAP-Karteikarte Barch R 9361-IX KARTEI / 42061424; dort ist als Eintrittsdatum der 1.5.1933 vermerkt entgegen anderslautender Darstellungen; Eintritt April 1933 so Lilla, Joachim: Leitende Verwaltungsbeamte und Funktionsträger in Westfalen und Lippe (1918-1945/46). Münster 2004, S. 283.

[427] Ebd.; Malinowski: König, S. 436; Mitgliederliste des Deutschen Klubs Barch R 8128/117, Bd. 4, 65; v. Lüninck an v. Spiegel 12.02.1925. LWL-Archivamt Ost.NLü_730_170.

[428] LAV NRW OWL D 99 Nr. 1343 a + b, S. 6 und 17; darin auch Schreiben des NSDAP-Ortsgruppenleiters von Herlinghausen 04.11.1933 (S. 18), weiter Kreisleiter Ernst Uranowski an Gauinspektor Heinrich Homann 03.05.1938 (Nr. 7), dort weitere Schreiben zur politischen „Unzuverlässigkeit" J. v. Spiegels; zu Oeynhausen vgl. Schrulle, Hedwig: Die Regierungspräsidenten in Minden während der NS-Zeit. Verwaltungshandeln im diktatorischen Machtstaat. Detmold 2014; zum Vorgänger v. Spiegels als Landrat vgl. Sebastian Blanke: Der Landrat des ehemaligen Landkreises Warburg Dr. Fritz Böckenhoff im „Dritten Reich". Ein Angepasster?. In: Jahrbuch Höxter 2017, S. 92ff.

[429] Lilla: Verwaltungsbeamte, S. 231ff.; Ernst Siemer (Bearb.): 175 Jahre alt – Bezirksregierung in Ostwestfalen 1816-1991. Detmold 1991, S. 150f.; Schrulle: Regierungspräsidenten, S. 26f.

[430] Westphalen v.: Manuskript zum Tagebuch, S. 16. PAvW; gemeint: einziger Sohn Joseph v. Spiegels: Raban (1916–1941), „Titta", zweitälteste Tochter Maria Josepha (1913–1995); am 24.03.1936 empfing der Landrat Rudolf Hess in Warburg, vgl. Walter Strümper (Hg.): Chroniken der Stadt Warburg von Heinrich Fischer, Fritz Quick, Wilhelm Marré. Eigenverlag Warburg 2002, Bd. 6, S. 399.

[431] LAV NRW OWL D 99 Nr. 1343 a + b, S. 34.

[432] Jürgen W. Falter: Hitlers Parteigenossen. Die Mitglieder der NSDAP 1919-1945. Frankfurt/M. 2020, S. 82ff.; Schreiben der Kreisleitung der NSDAP Höxter-Warburg an die Kreisleitung der NSDAP Göttingen 13.11.1941 u. 29.12.1941; Beschluss des NSDAP-Gaugerichts v. 23.04.1941. V II-7/40 – Dr. H/Th. BArch R 9361-II, 957495; v. Spiegel hatte u.a. den Reiterverein Nethegau-Brakel mitbegründet und war bekannt für seine geselligen Feste – so Aussagen aus dem Familienkreis.

[433] Äbtissin Benedicta an Bischof Rackl 14.05.1939. DAEI BiA 816.

[434] St.Walburger Klosterfrau Benedicta an Ida Gräfin Merveldt 31.03.1956. LEM N.Ida 242; v. Westphalen: Tagebuchmanuskript, S. 19. Eidesstattliche Erklärung Olga v. Spiegels. NLA Hann. 155 Göttingen Acc. 2004/008 Nr. 00768.

IX. Persönliche Verbindungen

[435] Die Reisen wurden im „Geraden Weg" beworben u. beschrieben, z.B. in den Ausgaben 15.05.1932, 29.05.1932, 5.06.1932, 19.06.1932, 10.07.1932; Äbtissin Benedicta an Aloysia v. Spiegel 04.05.1932. PAvW. Der „Gerade Weg" vom 26. Juni 1932. Digitalisat auf www.gerlich.com.

[436] Zeitungsartikel ohne Quellenangabe. CJ MEP AIM HA 7.

[437] Spiegel. v.: Konnersreuth, S. 33; dies.: Fortsetzung des II. Teils, S. 57. Nach ihren Erinnerungen lag das erste Erlebnis, das einen ähnlichen Eindruck auf sie hinterlassen

hatte, in ihrer Jugend, als sie mit ihren Freundinnen, zwei Gräfinnen v. Stolberg, eine Wallfahrtsmesse im ostwestfälischen Kleinenberg bei Paderborn besuchte.

[438] Dr. Hannover, Bezirksrabbinat Würzburg an Lehrer Raphael Beckum 13.02.1929. Abschrift. AStW.

[439] Briefe von Bruno Rothschild abgedruckt in Becker, Erika: Geliebt - gesucht - gefunden. Therese Neumann begleitet Wahrheitssucher. 2. Aufl., Würzburg 1996, S. 48ff., 66, 81; Th. Neumann an F. X. Wutz, undatierte Abschrift. AStW.

[440] Pfarrer Naber an F. X. Wutz 06.08.1928. Abschrift. AStW; v. Spiegel: Konnersreuth, S. 33f.; ausführlich mit Dokumenten aus dem Nachlass von Bruno Rothschild Becker: Geliebt, insbesondere S. 86ff.; Auszug aus der Chronik Nr. 24, S. 8-9. AStW.

[441] Hassartikel über Rothschilds Taufe im „Stürmer" v. Okt. 1928 unter dem Titel: „Der getaufte Rothschild... Judenmanöver in Konnersreuth"; am 21.05.1932 hetzte „Der Stürmer": „Der Jude Rothschild ging später nach Konnersreuth (...) und nun wird der wegen Gotteslästerung vorbestrafte Jude zum katholischen Priester erzogen"; letztes Zitat „N.T.Zeitung" vom 24.07.1932. SA Nürnberg E39/I-1444-6. Die sog. N.T.Zeitung konnte bisher von der Verfasserin nicht verifiziert werden; vgl. Becker: Geliebt, S. 107.

[442] Details zum Verbot des „Geraden Wegs" bei Morsey: Gerlich, S. 224ff.

[443] Becker: Geliebt, S. 126ff.; v. Spiegel: Konnersreuth, S. 34f.; Missionen der Augustiner von Mariä Himmelfahrt Nr. 3 März 1933. SA Nürnberg E39/I-14617-2.

[444] Fritz Gerlich an den Bischof von Chur Georgius v. Grüneck 01.02.1932. BayHStA 32/G/31/1372; Benno Karpeles an Fritz Gerlich 02.12.1932. BayHStA 32/G/31/1384, auch in Morsey: Publizist, S. 257; dort auch weitere Briefe Gerlichs an Karpeles S. 132f., 173ff.

[445] Bischof Matthias Ehrenfried an Ferdinand v. Werden 26.07.1932. DAEI NL Ferdinand v. Werden 44.

[446] Neben den in der übernächsten Endnote genannten Biographien über v. Preysing prononciert mit tendenziöser Konnotation über die protegierte Bischofskarriere v. Preysings Hubert Wolf: Papst & Teufel. Die Archive des Vatikan und das Dritte Reich. München 2008, S. 65ff.; Zeitungsartikel ohne Quellenangabe CJ MEP AIM HA 7. In Bayern traf diese Gepflogenheit auf den Würzburger Bischof Ehrenfried (ernannt 1924, aus der Diözese Eichstätt), den Regensburger Bischof Buchberger (ernannt 1928, aus der Erzdiözese München u. Freising) und den Augsburger Bischof Kumpfmüller (ernannt 1930, aus der Diözese Regensburg) zu.

[447] Äbtissin Benedicta an Bischof v. Preysing 09.09.1932. DAB V/16-13-1; „Ich habe ihn vor 50 Jahren viel gesehen" - so v. Preysing in einem Kondolenzschreiben an Äbtissin Benedicta zum Tod ihres Bruders Joseph v. Spiegel 12.12.1949. DAB V/16-6 (100); Postkarten Äbtissin Benedicta an Aloysia v. Spiegel 06.10.1932 u. 19.10.1932; Sr. Laurentia an Aloysia v. Spiegel 08.11.1932. Alle PAvW.

[448] Vgl. die Biographie von Knauft, Wolfgang: Konrad von Preysing. Anwalt des Rechts. Berlin 1998; und Stephan Adam: Konrad Kardinal Graf von Preysing (1880–1950). Bischof von Eichstätt und Berlin. In: Bagorski, Barbara/Brandl, Ludwig/Heberling, Michael (Hg.): 12 Männerprofile aus dem Bistum Eichstätt. Regensburg 2010, S. 207ff.; zu den Adelsverbindungen Schwarz: Nationalsozialismus, S. 232; Malinowski: König, S. 378ff.; Satzung des „deutschen Jungadels", Sitz München, §3, II. und III.3; Freunde u. Gönner des Jungadels, undatiert; vermutlich um Juni 1926. In: DAAM DAG Bay 23.

[449] Zu Elisabeth v. Stolberg z.B. Sr. Laurentia an Aloysia v. Spiegel 05.12.1932; 1936 organisierte die Äbtissin einen Vortragsbesuch von Elisabeth v. Stolberg und Aloysia v. Spiegel bei dem katholischen Philosophen Erich Przywara S.J., dazu Briefkarten v. 5.08.1936 u. 25.08.1936. Alle PAvW; in Preysings Gästebuch sind wiederholte Besuche

der Stolbergs in den Jahren 1933-1935 belegt. DAB V/16-14-3; letzter Brief Elisabeth v. Stolbergs an v. Preysing 18.05.1949, der einen Besuch in St. Walburg vor dem Tod der Äbtissin bestätigt. DAB V/16-14-3 (471). Imagina und Elisabeth Stolberg verbrachten ihre letzten Lebensjahre im Residenzschloss Bad Arolsen sowie im Waldeckschen Diakonissenhaus. Nach schriftlicher Auskunft aus d. Archiv des Fürsten zu Waldeck und Pyrmont/Arolsen v. 14.05.2021 sind keine Dokumente der beiden nachweisbar; z. Münster: Lebensbild, S. 28 zählte als Zeitzeugin die Prinzessin zum „engsten Freundeskreis" der Äbtissin; Imagina zu Stolberg publizierte: Was Du trägst das musst Du lieben. Von der Krankheit. Berlin 1953 und die Übersetzung aus dem Englischen: Aloysius Roche; Tiere unterm Regenbogen. Berlin 1954.

450 Gästebuch Bischof v. Preysing: Einträge 23.-25.11.1933. DAB V/16-14-3; vgl. zu Besuchen in Stolberg Gustav Wilhelmy (Pseudonym Sigrid Müller): Vita Erich Przywara. Ein Überblick. In Erich Przywara 1889–1969. Eine Festgabe. Düsseldorf 1969, S. 24; zur Krankengeschichte Manfred Lochbrunner (Hg.): Der Briefwechsel zwischen Erich Przywara und Gertrud von le Fort. Würzburg 2022, S. 32ff.; v. Stolberg an S. Müller 25.10.1972. APECESJ Nl PPryz 47-182 Nr. 1588, dort auch Fotos. 1981 war geplant, 3 der Fotografien in einem Buch über Edith Stein zu veröffentlichen. Ob dieses Vorhaben realisiert wurde, konnte nicht verifiziert werden, dazu S. Müller an v. Stolberg 22.08.1981. APECESJ Nl PPryz 47-182 Nr. 1588.

451 Äbtissin Benedicta an v. le Fort 20.01.1934. DLA Marbach, Bestand A: LeFort, Gertrud von; v. Preysing an Paul Graf v. Thun 09.01.1933, zitiert nach Knauft: Preysing, S. 39.

452 Kardinal v. Preysing an Paul Graf v. Thun 24.02.1949. DAB V/16-13-2-2; zitiert nach Knauft: Preysing, S. 60f. mit dem Quellenhinweis auf BArch 21806, 133f.;

453 Sr. Laurentia an Aloysia v. Spiegel 05.12.1932 PAvW; v. Preysing an Joseph Graf zu Stolberg-Stolberg 23.03.1950. DAB V/16-16 (265); v. Preysing an Sr. Walburga v. Waldburg-Zeil 15.06.1950. DAB V/16-15 (64); Äbtissin Benedicta an Abtprimas Fideles v. Stotzingen 07.07.1935. AStW; vgl. auch Knauft: Preysing, S. 46.

454 Kolpingfamilie: Eichstätt. Aufzeichnungen – Ereignisse aus dem Vereinsleben – Geschichtliches aus Stadt und Bistum Eichstätt 1860-1950. Eichstätt 1951/52, S. 247. KUEI.

455 Sr. Laurentia an Aloysia v. Spiegel 05.12.1932. PAvW; Adolph, Walter: Hirtenamt und Hitlerdiktatur. Berlin 1965, S. 119.

456 Neumayr: Pater, S. 353f., v. Preysing besuchte den Pater demnach täglich. Auch Erich Naab: Ingbert Naab (1885–1935). Ein Kapuziner gegen Hitler. In: Bagorski, Barbara/ Brandl, Ludwig/Heberling, Michael (Hg.): 12 Männerprofile aus dem Bistum Eichstätt. Regensburg 2010, S. 188ff.

457 Karte Therese Neumann an Äbtissin Benedicta 19.01.1933. AStW.

X. Verfolgung und Ängste im Eichstätter Freundeskreis 1933

458 Falk Wiesemann: Die Vorgeschichte der nationalsozialistischen Machtübernahme in Bayern 1932/33. Berlin 1975, S. 265. 272.

459 Peterson: Limits, S. 300ff.; Kurzbiographien der Genannten in German Penzholz: Beliebt und gefürchtet. Die bayerischen Landräte im Dritten Reich. Baden-Baden 2016, S. 501ff. u. S. 467f.; Kleinöder: Verfolgung, S. 185; Kolpingfamilie Eichstätt, S. 239; vgl. auch die Fallstudie von Elke Fröhlich: Ein katholischer Polizeiwachtmeister. In:

Dies./Broszat, Martin (Hg.): Bayern in der NS-Zeit. Bd. 6 Die Herausforderung des Einzelnen. München 1983, S. 157ff.; zur Machtübernahme in Bayern vgl. Wiesemann: Vorgeschichte, S. 272ff.

[460] Hoth/Knöferl: Machtergreifung, S. 36ff.; Faksimile des Verbots vom 13.04.1933. In: Steiner: Prophetien, S. 579; Morsey: Gerlich, S.189f., 261ff.; Aussage Fürst Waldburg-Zeil: „In die Zeitung 'Der gerade Weg' war ein Spitzel hereingekommen. Dieser hatte Querverbindung mit der Partei und hatte die Erpressungsmöglichkeit an einen Partei-Richter verkauft. Dieser hat mir geschrieben: 'Heraus mit dem Geld, andernfalls kommen Sie ins Kittchen'. Ich wusste, wenn ich einmal bezahlte, dass ich dann erledigt war, und zahlte nicht". Protokoll Spruchkammersitzung 21.10.1947 im Verfahren Friedrich Stoer. StAL EL 902/14 Bü 9185, Blatt 8.

[461] Morsey: Gerlich, S. 262; Beck: Widerstand, S. 150.

[462] Witetschek: Naab, S. 155f.; v. Preysing an P. Maximilian Neumayr 31.05.1948 nach der Lektüre von Neumayrs gerade erschienenen Biographie über P. Ingbert Naab, die er dem Bischof geschickt hatte. DAB V/16-13-1 (150).

[463] Buschkühl: Schrift, S. 25f.; diese Angabe übernimmt auch Morsey: Gerlich, S. 295. Morsey gibt als Todesjahr von Stoer 1960 an; tatsächlich verstarb Stoer am 11.06.1973 in Aichstetten, schriftliche Auskunft Standesamt Gemeinde Sachsen b. Ansbauch v. 27.05.2022; vgl. weiterhin Witetschek: Pater, S. 158f. vgl. Proske, Wolfgang: Kleine Herrgötter! Die Kreisleiter der Nazis in Bayern 2021, S. 31.

[464] Morsey: Gerlich, S. 295; bei Brandl: Widerspruch, S. 406 ist zu lesen, „Stoehr" sei ein Bekannter des Eichstätter Dompfarrers Kraus gewesen. Buschkühl: Schrift, S. 25 schildert eine – unbelegte – Auseinandersetzung zwischen Wutz und Stoer; Heimatspruch-kammer-Verfahrensakte Friedrich Stoer StAL EL 902/14 Bü 9185.

[465] Spruch und Protokoll der öffentlichen Sitzung vom 21.10.1947. Heimatspruchkam-mer-Verfahrensakte Friedrich Stoer StAL EL 902/14 Bü 9185; zu: „Alte Kämpfer" vgl. Falter: Parteigenossen, S. 30ff. u. S. 439; ders./Khachatryan, Kristine/Klagges, Lisa/Meßner, Jonas/Rosensprung, Jan/Weber, Hannah: Wie ich den Weg zum Führer fand. Frankfurt/M. 2022.

[466] Protokoll, in der Reihenfolge der Zitate S.2ff.

[467] Protokoll, in der Reihenfolge der Zitate S. 6ff.; Spruch Blatt 2; Protokoll ebd., S. 10f., 2, 4, 7f.; zu Stoers Geschäftsanteil von 50.000 Reichsmark: Pfarrer Schwenger an Joseph Lechner. 02.11.1948. KUEI NL 38 Amtl. Korrespondenz St.-Z.

[468] Attest Äbtissin Benedicta 08.06.1946. StAL EL 90214 Bü 9185; Luftgaukommando VII, Truppenteil Rüstungsinspektion des Wehrkreises VII: Vorschlag zur Beförderung zum Major und Befürwortung v. 07.04.1942; Kommandant d. Flughafenbereichs 4/III Berlin-Staaken: Kriegsbeurteilung Major (d.R.) Friedrich Stoer v. 01.04.1944. Beide in der Personalakte BArch PERS 6/222198.

[469] Vgl. Beiträge im Sammelband Hoth/Raasch (Hg.): Eichstätt im Nationalsozia-lismus.A.a.O.; Spiegl: Leben, S. 20; Witetschek: Lage, S. 2f.; ausführlich zur Bayern-wacht Wiesemann: Vorgeschichte, S. 197ff.; Kolpingfamilie Eichstätt, S. 220.

[470] Hoth: Machtergreifung, S. 39ff.; dies.: Menschen, insbesondere S. 445ff.; Kleinöder: Verfolgung, S. 181ff.; vgl. zur Monopolstellung St. Walburgs bezügl. der weiblichen katholischen Jugendverbänden: Die Flugschriften der Universitätsbibliothek Eichstätt. Beschrieben von Christina Hofmann. Wiesbaden 1990, S. 7 jedoch ohne Beleg; Verbot der Doppelmitgliedschaft z.B. bei Hockerts, Hans Günter: Die Sittlichkeitsprozesse gegen katholische Ordensangehörige und Priester 1936/37. Mainz 1971, S. 140.

[471] Äbtissin Benedicta an Bischof v. Preysing 15.03.1933. DAEI BOE 1050.

[472] Stellungnahme Weitmann an den Stadtrat der Landeshauptstadt München v. 26.12.1947.

KUEI NL 38 St-Z; Ferdinand Neumann: Stichpunkte aus dem Gedächtnis zur Sache: Prof. Wutz – Fritz Stöhr – Fürst Zeil. O.D. Unpaginiert, S. 2. Maschschrift. AStW; auch Buschkühl: Schrift, S. 25f., bei Neumann wie bei Buschkühl falsche Namensschreibung und schiefe bis unzutreffende Darstellung des Verhältnisses Wutz – Stoer .

473   Protokoll der öffentlichen Sitzung vom 21.10.1947. Heimatspruchkammer-Verfahrensakte Friedrich Stoer. StAL EL 902/14 Bü 9185, S. 8, o.A.; weitere Unterlagen: J. Lechner an die Spruchkammer Internierungslager 75 Kornwestheim handschriftlicher Entwurf Anfang März 1947, Datum unleserlich; schriftliche Bitte um „polit. Auskunft über F. Stoer der Spruchkammer v. 20.02.1947; Zeugenladung J. Lechner zur Sitzung der Spruchkammer Leonberg, AZ 29/13/VIII/956-703/J/75/991 v. 06.10.1947; F. Stoer an J. Lechner 11.10.1947, worin er betont, dass von Bischof Rackl für ihn „ein sehr gutes und herzlich gehaltenes Entlastungszeugnis vorliegt"; weiteres Schreiben v. Stoer an Lechner 12.10.1947 Alle KUEI NL 38 Amtl. Korrespondenz St.-Z.

474   Hoth/Knöferl: Machtergreifung, S. 37; v. Spiegel: Konnersreuth, S. 14; Postkarte v. Therese Neumann 17.05.1933. AStW; Morsey: Gerlich, S. 272ff.; Bericht v. Stefan Lorant: Ich war Hitlers Gefangener. Ein Tagebuch 1933. München 1987, S. 100ff.; Gerlich wurde zu einem Widerruf der im Vorarlberger Volksblatt veröffentlichten Misshandlung genötigt; abgedruckt bei Morsey: Publizist, S. 277 Dok. 163; dazu auch Lorant: Gefangener, S. 135.

475   Preysing v. an die Fuldaer Bischofskonferenz, in: Stasiewski, Bernhard (Bearb.): Akten deutscher Bischöfe über die Lage der Kirche 1933-1945. Mainz 1968, Bd. 1, S. 238; vgl. Stephan Adam: Die Auseinandersetzung des Bischofs Konrad von Preysing mit dem Nationalsozialismus in den Jahren 1933-1945. St. Ottilien 1996, S. 26ff.; auch Adolph: Hirten, S. 119f.

476   Helmut Witetschek (Bearb.): Die kirchliche Lage in Bayern nach den Regierungspräsidentenberichten 1933-1943. Bd. II. Regierungsbezirk Ober- und Mittelfranken. Mainz 1967, S. 10; Ulrich v. Hehl/Petra Stenz-Maur/Elisabeth Zimmermann (Bearb.): Priester unter Hitlers Terror. Eine biographische und statistische Erhebung, Paderborn 1996, Bd. I, S. 568, 558, 540.

477   Hoth/Knöferl: Machtergreifung, S. 38; Heimatspruchkammer-Verfahrensakte Friedrich Stoer StAL EL 902/14 Bü 9185 Protokoll, Blatt 8; Zitate in der Reihenfolge: Bischof v. Preysing an P. Maximlian Neumayr vom 31.05.1948 DAB V 16-16 (150); zur Flucht Witetschek: Naab, S. 158ff.; unterschiedliche Darstellung in der Erinnerung von Dompfarrer Johannes Kraus, der auf der Flucht mit dabei gewesen sein will – dazu Ludwig Brandl: Widerspruch und Gehorsam. Der gerade Weg des Eichstätter Dompfarrers Johannes Kraus im Dritten Reich. Würzburg 1995, S. 64. Zum Gebet der Nonnen in St. Walburg Neumayr: Pater, S. 483. P. Ingbert Naab an Franz Xaver Wutz 22.11.1933. Maschschrift. AStW.

478   Beck: Widerstand, S. 155, sowie schriftliche Auskunft desselben v. 15.05.2021; Protokoll der öffentlichen Sitzung vom 21.10.1947. Heimatspruchkammer-Verfahrensakte Friedrich Stoer StAL EL 902/14 Bü 9185, S. 6f.; Dornheim: Adel, S. 326ff. Nach Dornheim: Adel, S. 326f. hat sich E. v. Waldburg-Zeil nach dem Verbot des „Geraden Wegs" nicht mehr „aktiv an planmäßigen politischen Aktionen gegen den Nationalsozialismus beteiligt". Dieser Einschätzung widerspricht er aber selbst, wenn er auf die Finanzierung der Münchner Widerstandsgruppe um Josef Zott durch den Fürsten hinweist. Diese ist aufgeflogen, und Zott wurde im Januar 1945 wegen Hochverrats hingerichtet.

479   Aktenmaterial und Polizeiberichte StAAm, Bezirksamt/Landratsamt Tirschenreuth 4149 Therese Neumann von Konnersreuth; hier Meldung der Gendarmeriestation

Konnersreuth an das Bezirksamt in Tirschenreuth v. 21.07.1933, Bl. 125A; Bekh: Therese, S. 371ff.; Seeger: Resl, S. 39.

[480] Vgl. Ernst Reiter: Die Eichstätter Bischöfe und ihre Hochschule im Dritten Reich. Regensburg 1982.

[481] Das Bekenntnis mit den Reden u.a. von Martin Heidegger. Digitalisat. www. archive.org.

[482] Die Einladung mit Rückantwortkarte an die Philosophisch-Theologische Hochschule Eichstätt v. 06.11.1933 erfolgte durch die sächsische Landesstelle des Reichspropagandaministeriums und den sächsischen NS-Lehrerbund, Bekanntmachung sowie Aufruf „An die Vertreter der deutschen Wissenschaft". KUEI Seminararchiv, „Bekenntnis zu Hitler"; Lorenz Jäger: Heidegger. Ein deutsches Leben. Berlin 2021 geht in seiner Biografie nicht auf Heideggers Rolle bei der Propagierung des sog. Treuebekenntnisses ein.

[483] Ludwig Brandl: Die Bischöflich Philosophisch-Theologische Hochschule Eichstätt. In: Burkard, Dominik/Weiß, Wolfgang (Hg.): Katholische Theologie im Nationalsozialismus. Würzburg 2007, Bd. 1/1 S. 585ff.; diese Interpretation übernimmt ebd., Bd. 2/1 Florian Geidner: Joseph Schröffer (1903–1983), S. 813; Knauft: Preysing, S. 54f. findet auch keine schlüssige Erklärung für die Unterschriften und argumentiert ebenfalls mit der Abwesenheit des Bischofs, was nicht stimmig ist, wie anhand seines Gästebuches nachgewiesen; in der Biographie v. Alfred Schickel über den späteren Eichstätter Bischof Joseph Schröffer. Eichstätt 1991 wird dessen Unterzeichnung gänzlich übergangen. Schickel behauptet (S. 46) darin auch, dass Schröffer 1937 Äbtissin Benedicta als „geistlicher Berater" ..."gegen schikanöse Maßnahmen der NS-Kulturbehörden" zur Seite gestanden habe; dies lässt sich bisher nicht anhand von Quellen belegen; fehlerhaft auch, dass für die begabte „Künstlerin jüdischer Abstammung, Dorothea Brockmann" die Ausreise erwirkt wurde; es handelte sich um Sr. Emmanula Drey.

[484] Gästebuch Bischof v. Preysing Eintrag v. 26.12.1933. DAB V/16-14-3; im Antwortschreiben des Regens Michael Rackl an den NS-Lehrerbund Sachsen v. 09.1.1934 heißt es: „Infolge eines Versehens wurde leider beifolgende Erklärung nicht rechtzeitig expediert. Ich denke aber, dass sie noch rechtzeitig vor Drucklegung anlangt. Zugleich bestelle ich ein gebundenes Exemplar und verpflichte mich namens unserer Hochschule 50 RM Druckkosten beizusteuern"; Anschreiben des NSLB Sachsen an den NS-Studentenbund Eichstätt v. 06.11.1933. Beide Dokumente KUEI Seminararchiv, 'Bekenntnis zu Hitler' (es ist fraglich, ob es in Eichstätt einen NS-Studentenbund überhaupt gegeben hat - Hinweis Dr. Franz Heiler KUEI).

[485] Mertens: Klostersturm, S. 261ff.; darin wird die Zahl 306 als vom Ausschuss für Ordensangelegenheiten ermittelten Einrichtungen genannt.

[486] Schematismus der Geistlichkeit des Bistums Eichstätt für das Jahr 1949. Eichstätt; zu den Amtszeiten der Spirituale schriftliche Auskunft v. Äbtissin em. Kloos; Charakterisierung Lechners durch Ferdinand v. Werden: Tagebücher zur Restaurierung des Domes zu Eichstätt 1938-1945. Wiesbaden 1999, S. 109.

[487] Unterlagen im DABEI BOE 392; Therese Neumann an Franz Xaver Wutz 27.02.1934. Maschschrift. AStW. In einem weiteren Brief v. 06.03.1934 beschäftigte sich Therese Neumann erneut mit ihrer Sorge um die Schulfrage. „Ja, die Sache mit der guten Frau Äbtissin geht mir schrecklich nahe".AStW.

[488] Fritz Gerlich an Joseph Lechner 29.12.1933. BayHStA 33/K16/35470; Äbtissin Benedicta an Kardinal v. Preysing. 14.01.1947. DAB V/16-15.

XI. Klostergründung in Amerika 1934

489 Chronik Nr. 9a, 4. AStW; von den Schwierigkeiten in der Gründungsphase und auch den Problemen mit dem Abt von St. Vincent, Bonifaz Wimmer, handelt die Biographie über die Gründerin der amerikanischen Benediktinerinnen von Ronneburger: Mother; vgl. auch die Berichte in den Briefen B. Wimmers z.B. v. 4. Juli 1853: Mathäser, Willibald (Hg.): Bonifaz Wimmer O.S.B. und König Ludwig I. von Bayern. Ihre Briefe als Beitrag zur Geschichte der katholischen Kirche und des Deutschtums in den Vereinigten Staaten Nordamerikas. München 1937; ders.: König Ludwig I. von Bayern und die Gründung der ersten bayerischen Benediktinerabtei in Nordamerika. In: SMGB Jg. 1925, S. 123ff.; Zeitungsartikel: Keine Verbindungen mehr zu Eichstätter Schwestern. Klosteräbtissin nimmt zu ZDF-Sendung Stellung. Donaukurier Nr. 218 vom 23.09.1987.

490 St. Walburg: Amerikagründungen, S. 14. AStW.

491 Ebd., S. 15f.

492 Äbtissin Benedicta an Ferdinand Graf Merveldt 28.02.1934. Lem.N.Ida. 122; nach schriftlicher Information v. Rudolf Beck, Waldburg-Zeil'sches Familienarchiv 02.05.2021 nutzte neben St. Walburg auch die zur Beuroner Benediktinerkongregation gehörende 1924 gegründete Abtei St. Erentraud (Kellenried) bei Ravensburg Schloss Neutrauchburg zu Erholungszwecken.

493 Spiegel, v.: Konnersreuth, S. 35; den Besuch in Eichstätt v. Maria Baronin Twickel u. Gertrud Baronin Spiegel belegt das Gästebuch Bischof Preysings, Eintrag v. 12.03.1934. DAB V/16-14-3; Äbtissin Benedicta an Äbtissin de Hemptinne 11.03.1934. AA Maredret.

494 Reisetagenotizen. AStW. Benedicta von Spiegel: Meine Reise nach Amerika. St. Walburg 1934. Maschschr. PAvW.

495 Ebd., S. 5f.; zur „Bremen": Nils Aschenbeck: Schnelldampfer Bremen.Die Legende. Delmenhorst 1999; Postkarte Äbtissin Benedicta an Aloysia v. Spiegel 19.04.1934. PAvW.

496 Verschiedene Ausschnitte aus Zeitungsartikeln im AStW, leider der größere Teil ohne Nennung der Zeitung; v. Spiegel: Reise, S. 8ff.; biographische Daten zu Johannes Borchers dankenswerterweise PAAA 117-251. 231.07#00023#0048.

497 Spiegel, v.: Reise. S. 19 u. 37f.

498 Ebd., S. 18ff.; Übersichtsliste und Stammbaum der St. Walburger Gründungen; alle genannten Reisedaten sind dem Reisetagebuch entnommen, das die Äbtissin führte. Letztgenannte Dokumente. AStW.

499 Spiegel, v.: Reise, S. 21ff.; Äbtissin Benedicta an Äbtissin de Hemptinne 19.08.1934. AA Maredret.

500 Reise, S. 36ff.; Da Holy Cross nicht mehr lebensfähig war, wurde die Abtei im Jahr 2005 aufgegeben; heute beherbergt sie das Weingut „Winery at Holy Cross Abbey", siehe Wikipedia-Artikel: Holy Cross Abbey (Canon City, Colorado); St. Walburg: Amerikagründungen, S. 17.

501 Reise, S. 41 und 49; St. Walburg: Amerikagründungen, S. 17; Zunker: Geschichte, S. 81; ausführlich Beil, Mary-Thomas: Fünfzig Jahre Convent of St. Walburga. Von der „Kirchenfarm" zum Benediktinerinnenkloster. In: SMGB Jg. 1987, S. 367ff.; bei dem us-amerikanischen „Deed of Trust" wird i.d.R. das Grundstücksrecht auf einen Treuhänder übertragen, der zur Rückübertragung bei Begleichung der gesicherten Forderung verpflichtet ist. Kopien der Schecks und des Deed of Trust dankenswerterweise überlassen durch Abbey of St. Walburga in Virginia Dale.

502 St. Walburg: Jahre, S. 64; Äbtissin Benedicta an Äbtissin de Hemptinne 19.08.1934. AA Maredret.

503 Bernhard Sinne organisierte nach dem 2. Weltkrieg amerikanische Hilfssendungen für
seinen Heimatort und wurde 1952 zum Ehrenbürger Elsens ernannt. Nach ihm ist eine
Straße in Paderborn benannt. Freundliche Auskunft Kreisarchiv Paderborn/Andreas
Gaidt v. 11.05.2021; Zitate v. Spiegel: Reise, S. 42, 44f.; 48f.; zu Ophelia Hayden vgl.
Wendy Townley: The History of Omaha's Hayden Familiy. In: Omaha Magazine v.
01.11.2021, www.omahamagazine.com, zuletzt abgerufen 09.06.2022

504 Zitate v. Spiegel: Reise, S. 59ff.; Sr. Walburga an ihren Bruder Erich Fürst Waldburg-
Zeil an einem Sonntag im Juni 1934 sowie 27.06.1934.Waldburg-Zeil'sches Gesamtarchiv.

505 Reise, S. 65.

506 Ebd., S. 65f., 68; Hammenstede: Erinnerungen. S. 235.

507 Reise, S. 68f.

508 Beck: Widerstand, S. 153ff.; Morsey: Gerlich, S. 281ff.; Schlussbericht von Kriminal-
kommissar Koppmair v. 23.05.1949 u. diverse Vernehmungsprotokolle. StArchM Personendossier Fritz Gerlich 10.056; am 16.12.2017 hat der Erzbischof von München
Kardinal Reinhard Marx das Seligsprechungsverfahren für Fritz Gerlich eröffnet.

509 Reise, S. 71f.; Becker: Geliebt, S. 99; Notizen zu Lord Sempill von Ferdinand Neumann.
AStW, die in einigen Punkten nicht den Fakten entsprechen; Gästebuch Bischof Graf
Preysing v. 20.10.1934; Gästebuch v. Twickel. LWL-Archivamt, Archiv Ermelinghoff,
Bestand C, Kiste 9.

XII. Widerständigkeit, Klosterjubiläum, eskalierende Konflikte 1934–1937

510 Morsey: Gerlich, S. 291ff., der auf die Berichterstattung in der ausländischen Presse eingeht; dazu auch Charles Bloch: Die SA und die Krise des NS-Regimes 1934.
Frankfurt/M. 1970, S. 117ff.; bei Morsey: Publizist, S. 309ff. sind Nachrufe aus dem Ti-
roler Anzeiger abgedruckt; vgl. zum offiziellen Schweigen der katholischen Amtskirche
zu den Ermordungen namentlich von Gerlich und Erich Klausener: Kißener, Michael:
Der „Röhmputsch" und die deutschen Katholiken. In: Zentralkomitee der deutschen
Katholiken (Hg.): Unterwegs zur Einheit. 92. Deutscher Katholikentag 29.6.-3.7.1994.
Kevelaer 1994, S. 419ff., darin auch Nachweise über kursierende Berichte von der Ermordung Gerlichs; Olaf Blaschke: Die Kirchen und der Nationalsozialismus. Stuttgart
2014, S. 132 verweist darauf, dass die Amtskirche auf „stille Diplomatie" und „Einga-
bepolitik" als Reaktion auf die Mordaktion setzte.

511 Walter Ziegler (Bearb.): Die kirchliche Lage in Bayern nach den Regierungspräsidentenberichten 1933-1943. Bd. IV. Regierungsbezirk Niederbayern und Oberpfalz. Mainz
1973, S. 31; Bayerische Politische Polizei an den Vorstand des Bezirksamts in Tirschenreuth v. 31.07.1934. StAAm Bezirksamt Tirschenreuth 4169, Bl. 145; Stefan Kirchmann
(Waldemar Gurian): St. Ambrosius und die deutschen Bischöfe. Luzern 1934, S. 5.

512 Sophie Gerlich lebte nach dem Krieg wahrscheinlich mit ihrer Tochter aus erster Ehe in
München: „Nun möchte ich gerne wieder mit meiner Mutter zusammen wohnen, mein
Mann ist in den Kämpfen um Stalingrad gefallen, 2 Kinder sind bei einem Luftangriff
auf Koblenz ums Leben gekommen, ich bin wieder allein". Schreiben Anna Hertha
Kolm an das Polizeipräsidium München 02.10.1945. StArchM 10, 056.

513 Michael Freiherr von Godin an P. Maurus Carnot 15.12.1934. In: Morsey: Publizist, S.
317ff.; über die Haftentlassung Godins liegen unterschiedliche Angaben vor; für eine

Entlassung im Januar 1934 würde Godins Aussage sprechen, dass Gerlich ihm das Kreuz im Januar 1934 geschenkt habe.

514 Stellungnahme Weitmann an den Stadtrat der Landeshauptstadt München v. 26.12.1947, S. 6. KUEI NL 38 St-Z; Beilage zum Personalfragebogen des Hochschulprofessors Dr. Joseph Lechner v. 30.12.1946, KUEI NL 38; Josef Lechner: Certificate für Dr. Simon Anton Schorer v. 20.01.1946. KUEI NL 38 Amtl. Korrespondenzen M-Sch; Neumanns Aussage im Protokoll Spruchkammersitzung 21.10.1947 im Verfahren Friedrich Stoer. StAL EL 902/14 Bü 9185, Blatt 14; zu Dompfarrer Kraus' Verhaftung und Resignation vom Amt 1941 vgl. instruktiv Brandl: Widerspruch, S. 384ff.

515 The Persecution of the catholic church in the third Reich. London 1940/42; Lechner: Case, S. 10; Deutsche Briefe 1934–1938. Ein Blatt der katholischen Emigration. Bearbeitet von Heinz Hürten. 2 Bde, Mainz 1969, darin Hinweise auf Gerlich Bd. I, S. 30, 449, Bd. II, S. 262, auf Kraus Bd. II, S. 671, 754, auf Rackl Bd. II, S. 122f.; 671, 724, 739, 742, 754, 850; zu Knab vgl. Broszat/Fröhlich: Bayern, Bd. 6, S. 115ff.

516 Neumann: Stichpunkte aus dem Gedächtnis zur Sache: Prof. Wutz – Fritz Stöhr – Fürst Zeil. 8 Seiten o.D. AStW; Dornheim: Adel, S. 326f. Lechner: Certificate für Dr. Simon Anton Schorer. A.a.O.; vgl. Mechthildis Bocksch (Hg.): Hans Wölfel. Ein Bamberger im Widerstand gegen den Nationalsozialismus. Bamberg 2004; die Freundschaft zwischen Schorer und Wölfel findet sich auch belegt bei Robert Jauch: Hans Wölfel. In: 90 Jahre K.St.V. Rheno Frankonia im KV zu Würzburg. Hg. K.St.V. Rheno-Frankonia im KV. Würzburg 1982, S. 230 und zugehöriger Fußn.; die Verbindung bestätigte schriftlich auch Rudolf Beck (Waldburg-Zeil'sches Gesamtarchiv) am 07.03.2022.

517 Sr. Laurentia Köppel an Ida Gräfin Merveldt 20.09.1934. Lem.N.Ida 228.

518 Heimatspruchkammer-Verfahrensakte Friedrich Stoer StAL EL 902/14 Bü 9185 Protokoll, Blatt 11; alle biographischen Angaben entnommen der Biographia Benedictina; Äbtissin Benedicta an Abt Zeller 08.02.1935. AStW; Gästebuch v. Twickel. LWL-Archivamt, Archiv Ermelinghoff, Bestand C, Kiste 9.

519 Äbtissin Benedicta an Abt Alfons Heun 24.04.1935. AStW; Äbtissin Benedicta an Äbtissin de Hemptinne 06.03.1935. AA Maredret; vgl. umfangreiches Fotoalbum zum Abteijubiläum: „IV. Neunhundert-Jahrfeier der Abtei St. Walburg 1.-8.Mai 1935" (Stigler-Alben, vorl. Nr. 19). KUEI.

520 Abt Placidus Glogger an Äbtissin Benedicta 10.02.1935. AStW; siehe auch Tagebucheintrag des Münchener Kardinals Michael v. Faulhaber v. 10.02.1935: „Die Freiheit der Kirche. Besonders wegen der Schulfrage, die in diesen Tagen mit Gewalt die Gemeinschaftsschule an die Stelle der Bekenntnisschule setzen will. Ich rechnete bestimmt mit Störungen". In: Kritische Online-Edition der Tagebücher Michael Kardinal von Faulhabers (1911-1952). Tagebucheintrag v. 10. Februar 1935. EAM, NL Faulhaber 10016, S. 50. Verfügbar unter: https://www.faulhaber-edition.de/dokument.html?idno=10016_1935-02-10_T01. Letzter Zugriff am 21.04.2022.

521 Witeschek: Lage, S. 55.

522 Neumayr: Naab, S. 520ff.; Witeschek: Pater, S. 186ff.; Bischof Clemens Graf Galen an Äbtissin Benedicta 11.04.1934. Ein Jahr später wurde der Wandteppich nach Münster geliefert – offenbar sehr zum Gefallen des Bischofs: „Und jetzt kann ich Ihnen bestätigen, dass er sehr gut ausgefallen ist und voll und ganz meine Erwartungen erfüllt, ja übertrifft!...sehr zierender und stimmungfördernder Schmuck. (...) Ihre letzte Bemerkung und das Anerbieten kann ich aber nicht annehmen. Ich bin in der Lage und durchaus gewillt, Ihrer Abtei zum Dank für die Arbeit ein Almosen zu schicken. (...) Am liebsten wäre es mir, wenn Sie mir eine entsprechende Summe nennen…". Äbtissin Benedicta hatte wohl angeboten, den Wandteppich unentgeltlich zu überlassen, ob

rhetorisch – sei dahingestellt. Bischof Galen an Äbtissin Benedicta 11.04.1936. Alle AStW. Nach Auskunft des Bischöflichen Generalvikariats Münster vom 17.06.2021 ist ein Wandteppich in der Hauskapelle des Bischofs nicht mehr vorhanden.

[523] Alle zitierten Dokumente AStW; letztes Zitat aus einem Schreiben der Abtei im Auftrag der Äbtissin an den Abtpräses (Name nicht genannt – es müsste sich um Raphael Walzer handeln) 06.04.1935.

[524] Ried, Karl (Hg.): Zum 900jährigen Jubiläum der Abtei St. Walburg in Eichstätt. Historische Beiträge. Paderborn 1935; Abtei St. Walburg (Hg.): Die Abtei St. Walburg 1035–1935. 900 Jahre in Wort und Bild. Eichstätt 1934; Liste: „Festschrift (gratis) versandt an"; Äbtissin Regintrudis Sauter an Äbtissin Benedicta 02.05.1935; beide Dokumente. AStW.

[525] Eichstätter Volkszeitung 08.05.1935, S. 5. AStW.

[526] In der Reihenfolge der Zitate: Programm des 1. Mai. In: Eichstätter Volkszeitung 30.04.1935, S. 4; Zitate. In: Eichstätter Volkszeitung 02.05.1935, S. 5; St. Willibalds-Bote 28.04.1935, S. 231; Programm der Jubiläumsfeierlichkeiten in St. Walburg; Predigtauszug Sr. Georg Waldburg-Zeil S.J. In: Eichstätter Volkszeitung 08.05.1935, S. 5. Alle AStW.

[527] Joseph Lechner: Jubiläums-Pilgerpredigt 02.05.1935, Maschschr. AStW, S. 2, 4f.

[528] Martin Broszat/Elke Fröhlich/Falk Wiesemann (Hg.): Bayern in der NS-Zeit. Soziale Lage und politisches Verhalten der Bevölkerung im Spiegel vertraulicher Berichte. München 1977, S. 500f.; allgemein zum Würzburger Bischof im Nationalsozialismus vgl. Max Domarus: Bischof Matthias Ehrenfried und das Dritte Reich. 3. Aufl., Würzburg 1987.

[529] Die Zahl von 50.000 Gläubigen findet sich bei Knauft: Preysing, S. 55; Zeitungsbericht in der Eichstätter Volkszeitung 06.05.1935. AStW; Tätigkeitsbericht des Diözesansekretariates f. Weibl. Jugendpflege, Eichstätt 1935. DAEI BOE 708.

[530] Spiegel, v.: Konnersreuth, S. 35; Therese Neumann besuchte demnach die Äbtissin in Brambach mit Pfarrer Naber, ihren Geschwistern Ottilie, Hans und Ferdinand am Pfingstmontag 10.06.1935; schriftliche Absage Th. Neumann an v. Spiegel undatiert. AStW.

[531] Knauft: Preysing, S. 58ff.; Äbtissin Benedicta an Abtprimas Fidelis v. Stotzingen 07.07.1935; Kardinalstaatssekretär Eugenio Pacelli an Äbtissin Benedicta 29.09.1935; Bischof v. Preysing an Äbtissin Benedicta 01.10.1942. Alle Dokumente AStW; Kolpingfamilie Eichstätt, S. 253.

[532] Zum Wirken Rackls in der NS-Zeit vgl. Hoth, Christiane/Raasch, Markus: Katholisches Milieu und Volksgemeinschaft. Michael Rackl 1883-1948. In: Zumholz, Maria Anna/Hirschfeld, Michael (Hg.): Zwischen Seelsorge und Politik. Katholische Bischöfe in der NS-Zeit. Münster 2018, S. 620ff.

[533] Äbtissin Benedicta: Die Abtei St. Walburg im NS.Kirchenkampf. Maschschr. v. 01.11.1945; Brief einer Lehrerin ohne Namensnennung 03.09.1935; Protestnote Äbtissin Benedicta 03.09.1935; NSDAP-Kreisleiter an Äbtissin Benedicta 09.09.1935; Äbtissin Benedicta an NSDAP-Kreisleiter 12.09.1935. Alle AStW.

[534] Äbtissin Benedicta an Aloysia v. Spiegel 15.09.1935. PAvW; Gutachten Gottfried Ewald. Archiv Schloss Rheder, S. 3.

[535] StAN NS Mischbestand (Rep. 503) Kreisleitung Eichstätt Nr. 8; Deutscher Bundestag: Kaufkraftvergleiche historischer Geldbeträge. Sachstand WD 4 – 3000 – 096/16; Attest Äbtissin Benedicta 08.06.1946. StAL EL 902/14 Bü 9185, unpaginiert.

[536] Der „Jahresbeginn 1935" als Zeitpunkt der Aufnahmebitte in St. Walburg wird von Georg Möllers genannt: Luise Löwenfels: Aus dem Kloster deportiert nach Auschwitz. In:

Gedenkbuch Opfer und Stätten der Herrschaft, der Verfolgung und des Widerstandes in Recklinghausen 1933-45, Digitalisat www.recklinghausen.de/gedenkbuch; Christiane Hoth u. Markus Raasch: Milieu, S. 657f. stellen die Abweisung von Luise Löwenfels durch die Benediktinerinnenabtei St. Walburg in einen antisemitischen Kontext; zuletzt wiederholt von Markus Raasch: Das schwarze Eichstätt ist braun geworden – katholische Lebenswelt und „Volksgemeinschaft". In: Blaschke, Olaf/Großbölting, Thomas: Was glaubten die Deutschen zwischen 1933 und 1945? Frankfurt/M. 2019, S. 83ff. (100f.); Abtei St. Walburg: Regel, S. 104f. formuliert als Voraussetzung für die Aufnahme „ein Tauf- und Firmungszeugnis; in dieser Richtung argumentiert auch Michael Westerholz: Das Schicksal der jüdischen Nonne Luise Loewenfels aus Trabelsdorf. In: Fleischmann, Johann (Hg.): Mesusa 4. Mühlhausen 2004, S. 293; laut einem Schreiben der Abtei St. Walburg an das Kloster Maria Hilf in Dernbach v. 07.02.2013 ist in den Archivalien der Abtei weder ein Gespräch mit Äbtissin Benedicta noch eine Bitte um Aufnahme durch L. Löwenfels nachweisbar. AStW. Den Antisemitismusvorwurf gegenüber den St. Walburger Benediktinerinnen und ihrer Äbtissin v. Spiegel entkräftete in einem eingehenden Gespräch mit der Verfasserin auch die historische Gutacherin im Seligsprechungstribunal für Luise Löwenfels: Dr. Barbara Wieland (Universität Frankfurt/M.) am 02.06.2022.

[537] Möllers: Löwenfels; Helmut Moll: Zeugen für Christus. Das deutsche Martyrologium des 20. Jahrhunderts. Paderborn 2010, Bd. II., S. 884ff.; das Rosenkranzgeschenk bestätigt auch Westerholz: Schicksal, S. 293; wiederholte Nachfragen zu ggfs. neugewonnenen Erkenntnissen über eine Verbindung zwischen Benedicta v. Spiegel und Luise Löwenfels an den für das Seligsprechungsverfahren zuständigen Bischöflichen Delegaten und die Postulatorin des Verfahrens sind leider unbeantwortet geblieben.

[538] Eintrag Szily, Aurel von Dr. in: BArch R4901/13278; Hans Joachim Küchle: Aurel von Szily. Leben und Wirken. Münster 1981; Virnyi, Julius: Zum Gedenken an Aurel von Szily. Gedenkblatt vom 17.08.2014, Flurgespräche digitalisat; zu den Besuchen v. Spiegels in Münster vgl. v. Westphalen: Leben – Manuskript, S. 16; wie schwer sich der Schwager v. Szilys, Raban von Spiegel, mit dem Antisemitismus der NS-Zeit tat, zeigt der Eintrag in seiner umfangreichen Familiengeschichte von 1956, S. 628, wenn es dort heißt: „Auf Grund von Schwierigkeiten mit der nationalsozialistischen Regierung sah er sich veranlasst, in seine ungarische Heimat zurückzukehren"; F. v. Lüninck an den Reichs- und Preußischen Minister des Innern. 23.03.1936, in: Möllenhoff, Gisela/Schlautmann-Overmeyer, Rita: Jüdische Familien in Münster 1918-1945. Münster 2001, Bd. 2.2, S. 498f.; darin auch der instruktive Beitrag: „Entlassung Münsteraner Hochschullehrer aus „rassischen" und politischen Gründen, S. 226ff.; alle folgenden Dokumente UA Münster NL Szily Bestand 10, Nr. 3621, darunter unpaginierte Zugänge 12/2021: Aurel v. Szily an Reichsfinanzminister Schwerin v. Krosigk 12.04.1938; Bericht v. Lüninck über Unterredung mit Staatssekretär Stuckart 25.05.1938; Aurel v. Szily an F. v. Lüninck 17.05.1938; Walburga v. Szily an F. v. Lüninck 21.08.1936; Szilys Versetzung in den Ruhestand durch den „Führer und Reichskanzler", Erlass v. 13.08.1937 mit Anlage (89); vgl. Dieter Schmidt: Aurel von Szily. In: Sepaintner, Fred L. (Hg.): Badische Biographien. Neue Folge Bd. 6, Stuttgart 2011, S. 394ff.; vgl. zur Isolierung v. Szilys an der Münsteraner Universität Ursula Ferdinand: Die Medizinische Fakultät der Westfälischen Wilhelms-Universität Münster von der Gründung bis 1939. In: Thamer, Hans-Ulrich/Droste, Daniel/Happ, Sabine (Hg.): Die Universität Münster im Nationalsozialismus. Münster 2012, Bd. 1, S. 486ff.

[539] Genannte Dokumente UA Münster NL Szily Bestand 10, Nr. 3621, darunter unpaginierte Zugänge 12/2021: der persönliche Referent des Finanzministers an Walburga v.

Szily 06.04.1938; Aurel v. Szily an den Kurator der Universität Münster u.a. wegen Oswald Marchesanis antisemitischen Äußerungen 08.12.1938; Korrespondenz zwischen
dem Universitätskurator Münster und dem Telegraphenamt Münster vom Dez. 1937
wegen Berichtigung e. Telefoneintrags v. Szily (Nr. 101-104), weitere Korrespondenzen
des Universitätskurators, v. Szily, Marchesani, Ministerien u.a. wegen der Räumung einer
Präparatensammlung, Namenszusatz „Israel Aurel v. Szily" u.a.m. (Nr. 122-124; 141-
145; 194); Gauleitung Westfalen-Nord an Walburga v. Szily 17.08.1939. Abgedruckt in:
Möllenhoff/Overmeyer: Familien. Bd. 2.2, S. 503; zu den Schikanen u.a. Marchesanis
vgl. Ferdinand: Fakultät, S. 494ff.

[540] Genannte Dokumente UA Münster NL Szily Bestand 10, Nr. 3621: Befürwortung des
Ausreiseantrags durch den Kurator der Universität Münster v. 26.05.1939 (124); Abschrift über Erlöschen der Pensionsbezüge v. 20.02.1942 (249); Abschrift über Vermö-
gensverfall v. 09.10.1942 (250); Regina Fritz (Bearb.): Die Verfolgung und Ermordung
der europäischen Juden durch das nationalsozialistische Deutschland 1933-1945. Bd.
15 Ungarn 1944-1945. München 2021, S. 60ff.; Ein großer Mediziner. Ehrung für Prof.
Aurel von Szily. Westfälische Nachrichten v. 30.03.2021.

[541] Äbtissin Benedicta an Bischof Rackl 09.11.1935. DAEI BiA 816.

[542] Mertens: Klostersturm, S. 60ff.; zum Schulkampf in Bayern Sonnenberger, Franz:
Der neue „Kulturkampf". Die Gemeinschaftsschule und ihre historischen Vorausset-
zungen. In: Broszat, Martin/Fröhlich Elke/Grossmann, Anton (Hg.): Bayern in der
NS-Zeit. München 1981, Bd. 3, S. 280ff.; Überblick der Schulen von St. Walburg von
Äbtissin Benedicta: Abtei; St. Walburg: Festschrift, S. 30.

[543] Äbtissin Benedicta an Bischof Rackl 29.01.1936 u. 18.02.1936. DAEI BiA 816. Es
handelte sich um eine Lehrerin aus Pollenfeld. Die Auskunft über ihr „verderbliches
Wirken" hatte die Äbtissin vom dortigen Pfarrer Johann Baptist Schmalzl (1890–1949)
– einem erklärten Gegner der Nationalsozialisten, vgl. Hehl: Priester I.. S. 560; die
Wunschkandidatin für die Schulleitung war Dr. Hiltraud/Hiltrudis Weinschenk, die
1939 als Priorin in der Tochtergründung St. Mildred's Abbey in Minster der todkranken
Priorin Columbana Plomer folgen sollte (1888–1941).

[544] Äbtissin Benedicta an Bischof Rackl 07.03.1936. DAEI BiA 816; Eintrag Gästebuch v.
Twickel LWL-Archivamt, Archiv Ermelinghoff, Bestand C, Kiste 9.

[545] Beilage zum Personalfragebogen des Hochschulprofessors Dr. Joseph Lechner v.
30.12.1946, KUEI NL 38; er hatte ein Verzeichnis seiner Artikel im Klerusblatt beigelegt, das jedoch in seinem Nachlass nicht enthalten ist.

[546] Äbtissin Benedicta an Fürst Erich von Waldburg-Zeil aus Ermelinghoff 10.03.1936.
AStW: „Eben höre ich via St. Walburg dass Dr. Schorer im Auftrag des Fürsten die
Schuld von 5500 M. zurückgezahlt hat. Ich bitte Sie nun aber, dass ist…verkehrte
Welt!"; Gästebuch v. Twickel LWL-Archivamt, Archiv Ermelinghoff, Bestand C, Kiste
9.

[547] Äbtissin Benedicta an Bischof Rackl 12.06.1936. DAEI BiA 816; Witetschek: Lage, S.
98; dass sich die Briefpassage v. Spiegels auf die Predigt am 07.06.1936 bezieht, scheint
wahrscheinlicher als auf die Fronleichnamsprozession. Der Fronleichnamstag 1936 war
der 11.06.; ihr Brief datiert auf den 12.06.1936; Auszug aus der Predigt Bischof Rackls
bei Johann Neuhäusler: Kreuz und Hakenkreuz. Der Kampf des Nationalsozialismus
gegen die katholische Kirche und der kirchliche Widerstand. Teil 2, München 1946, S.
152f.

[548] Äbtissin Benedicta: II. Teil meiner Erinnerungen, S. 40; v. Westphalen: Leben – Manuskript, S. 24; zur Aufnahme der belgischen Nonne an Bischof Rackl 12.06.1936. DAEI
BiA 816: „Ich werde vorläufig mal schreiben, dass ich nicht daheim sei und ohne mei-

nen Konvent eine solche Frage nicht entscheiden kann. Damit ist die Sache zunächst auf die lange Bank geschoben" – offenbar war die Äbtissin nicht ohne weiteres gewillt, zu diesem Zeitpunkt eine unbekannte Nonne aufzunehmen.

[549] Hirtenbrief und Verbot des Verlesens abgedruckt bei Neuhäusler: Kreuz, Teil. 2, S. 102ff. Witetschek: Lage, S. 100f., S. 110; auch Broszat u.a.: Lage, S. 507; Ludwig Brandl: Widerspruch und Gehorsam. Der gerade Weg des Eichstätter Dompfarrers Johannes Kraus im Dritten Reich, Würzburg 1995, S. 304ff.

[550] Beil: Jahre, S. 372f.; Äbtissin Benedicta an Bischof Rackl 13.10 (?).1936. DAEI BiA 816.

[551] Michael Tangl (Hg.): Die Briefe des heiligen Bonifatius und Lullus. Berlin 1916, 2. unveränderte Aufl. 1955; ders.: Übersetzung. Die Briefe des heiligen Bonifatius (Die Geschichtsschreiber der deutschen Vorzeit, 2. Gesamtausgabe 92) Leipzig 1912; vgl. Joachim Schäfer: Artikel Edburga von Minster, https://www.heiligenlexikon.de/ BiographienE/Edburga_von_Minster.html, abgerufen am 22.10.2021.

[552] Briefkarte an Aloysia v. Spiegel 05.08.1936. PAvW; Äbtissin Benedicta an Äbtissin de Hemptinne 20.07.1938. AA Maredret.

[553] Brigitta z. Münster: Das Priorat zur heiligen Mildred in Minster/England, in: SMGB Jg. 1988, S. 268ff.; Äbtissin Benedicta an Äbtissin de Hemptinne 19.01.1937 u. 23.08.1938. AA Maredret.

[554] Briefkarte an Aloysia v. Spiegel 25.08.1936. PAvW; v. Spiegel: Konnersreuth, S. 36.

[555] Äbtissin Benedicta an Bischof Rackl 24.10.1936. DAEI BiA 816; St. Walburg: Festschrift, S. 31.

[556] Rundschreiben des Bayerischen Kultusministeriums an Äbtissin Benedicta 25.11.1936. AEB, Rep. 4/2 Nr. 45.12/10; Äbtissin Benedicta an Bischof Rackl 27.11.1936. DAEI BiA 816.

[557] Äbtissin Benedicta an den Reichsstatthalter in Bayern Exzellenz General Franz Ritter von Epp 03.12.1936. AEB Rep. 4/2 Nr. 45.12/16.

[558] Kardinal v. Faulhaber an das Kultusministerium 14.12.1936. AEB, Rep. 4/2 Nr. 45.12/11; Rundschreiben des Bayerischen Kultusministeriums an Kardinal v. Faulhaber 22.12.1936. AEB Rep. 4/2 Nr. 45.12/10.

[559] Äbtissin Benedicta: Abtei sowie Chronik St. Walburg 1939–1945 handschriftliche Aufzeichnungen. AStW; die Auskunft über die regelmäßigen Torflieferungen verdanke ich Rudolf Beck. Waldburg-Zeil'sches Gesamtarchiv; St. Walburg: Festschrift, S. 31; ein Schreiben der Äbtissin bezüglich des „Betriebsluftschutzplans" v. 26.01.1943 erwähnt anderslautend den Kindergarten und die evtl. Unterbringung der Kinder in Kellerräumen bei Alarm. AStW; Kleinöder: Kirche, S. 93ff.

[560] Äbtissin Benedicta an Bischof Rackl 24.12.1936. DAEI BiA 816; dies. an Äbtissin de Hemptinne 19.01.1937. AA Maredret.

[561] Äbtissin Benedicta an Bischof Rackl 7.05.1936, 28.12.1936, 16.10.1941. DAEI BiA 816. Spannungsarm schienen die folgenden 5 Jahre nicht gewesen zu sein. In letztgenanntem Brief vermerkte v. Spiegel, dass Spiritual Schindler „den Posten bei uns nicht länger versehen zu können glaubt".

[562] Äbtissin Benedicta an Bischof Rackl 05.01.1937. DAEI BiA 816.

[563] Der Mindener Regierungspräsident an den Warburger Landrat 30.06.1939 u. April 1940 (o.D.), Antwort 12.07.1939 LAV NRW OWL D 99 Nr. 1343 a+b; zur Schule der Ursulinen Michael Riemenschneider: Der Calvarienberg zu Ahrweiler zwischen Anpassung und Widerstand 1933-1945. 2. Aufl., Bad Neuenahr 1991.

[564] Äbtissin Benedicta an Bischof Rackl 28.03.1937. DAEI BiA 816; zur Enzyklika: Heinz-Albert Raem: Pius XI. und der Nationalsozialismus. Die Enzyklika „Mit brennender Sorge" v. 14. März 1937. Paderborn 1979; Joseph Goebbels: Die Tagebücher. 1937. Hg.

v. Elke Fröhlich. Bad. 4, München 2000, Eintrag vom 12.05.1937; zu den Sittlichkeitsprozessen und der Enzyklika vgl. Hockerts: Sittlichkeitsprozesse, S. 72ff.

565 Witetschek: Lage, S. 175f.; Heimatspruchkammer-Verfahrensakte Friedrich Stoer. StAL EL 902/14 Bü 9185 Protokoll, Blatt 14; Erinnerungen. Nachlass Johannes Kraus: Kreuz gegen Hakenkreuz. DAEI Bd. 5, S. 59.

566 Brandl: Widerspruch, S. 139ff. darin zur Resonanz der Predigt; dort auch Abdruck der Predigt S. 516ff. (S. 519); Simon Schorer hat diese Mitteilung gegenüber Ludwig Brandl: Widerspruch, S. 142 gemacht; Hürten: Katholiken, S. 386f.

567 Äbtissin Benedicta: Stellungnahme zu Dr. Simon A. Schorer im Entnazifizierungsverfahren 20.01.1946. AStW.

568 Spiegel v.: Reise, S. 58; zu Mundelein: Otmar Allendorf: Georgs W. Mundelein (1872–1939): Kardinalerzbischof von Chicago. In: Deutsch-Amerikanischer Freundeskreis Paderborn-Belleville e.V. (Hg.): Auf nach Amerika!. Paderborn 1994, S. 107ff.; Stüken: Hirten, S. 256f.; ders.: Das kleine große Dorf Mundelein und sein berühmter Namensgeber. 2010 https://hf-gen.de/amerikanetz/; Brandl: Widerspruch, S. 235ff.

569 Rede zitiert nach Neuhäusler: Kreuz, Teil 2, S. 289ff.; vgl. Brandl: Widerspruch, S. 235ff.

570 Zu Goebbels´ Rede vom 28.05.1937 ausführlich Hockerts: Sittlichkeitsprozesse, S. 112ff.; Dreier, Albrecht: Der Notenwechsel zwischen dem heiligen Stuhl und der deutschen Reichsregierung 1933-1945. Mainz 1980, S. 22ff.; Heiber, Helmut: Joseph Goebbels. Berlin 1962, S. 284.

571 In Teilen abgedruckt bei Neuhäusler: Kreuz, S. 278ff.; dazu Hockerts: Sittlichkeitsprozesse, S. 153ff.; auch v. Preysings enger Mitarbeiter Walter Adolph: Geheime Aufzeichnungen aus dem nationalsozialistischen Kirchenkampf 1935–1943, bearb. von Ulrich Hehl Kirchenkampf. 2. Aufl., Mainz 1980, S. 126ff.

572 Vgl. Brandl: Widerspruch, S. 241ff.; Dreier: Notenwechsel, S. 26, worin es heißt: „Um die unzutreffend unterrichtete Öffentlichkeit in die Lage zu versetzen, selbst zu urteilen, behält sich der Heilige Stuhl nach dem Vorgang der Deutschen Regierung das Recht vor, die vorliegende Note zu veröffentlichen". Dreier merkt an, dass die Note jedoch nicht veröffentlicht" wurde.

573 Abgedruckt bei Neuhäusler: Kreuz, S 283ff.; auch in Buschkühl: Lechner, S. 91ff.; diese Ausgabe ist den Zitaten zugrunde gelegt und wird im nachfolgenden zitiert: Michael-Germanicus-Brief; vgl. Hockerts: Sittlichkeitsprozesse, S. 117ff. und ausführlich auch zur Verbreitung über ganz Deutschland Brandl: Widerspruch, S. 240ff.

574 Michael-Germanicus-Brief, S. 91, 95.

575 Neuhäusler: Kreuz, S. 279, 280.

576 Neuhäusler: Kreuz, S. 280; Michael-Germanicus-Brief, S. 94.

577 Neuhäusler: Kreuz, S. 281; Michael-Germanicus-Brief, S. 98.

578 Am detailliertesten nachgezeichnet hat die hohe Verbreitungsdichte des Flugblatts Brandl: Widerspruch, S. 243ff.; Brandl verengt die Verbreitung des Flugblatts zu sehr auf Dompfarrer Johannes Kraus; auch der sog. Konnersreuther/Eichstätter Freundeskreis trug erheblich zur Popularität des Flugblattes bei. Erinnerungen der Mädchenführerin der Weißen Rose in Eichstätt Anni Spiegl: Leben, S. 27; Stellungnahme Weitmann an den Stadtrat der Landeshauptstadt München v. 26.12.1947, S. 6f. KUEI NL 38 St-Z.; Weitmann benannte den damaligen CSU-Landtagsabgeordneten Ferdinand Neumann als Zeugen für die Richtigkeit der Darstellung. Ein „offener Brief an Gauleiter Wagner" konnte bisher nicht nachgewiesen werden; auch ist unklar, ob der Gauleiter München-Oberbayern Adolf Wagner oder der badische Gauleiter Robert Wagner gemeint war.

579 Die Stimme des geknechteten Volkes, in: Der deutsche Weg (DDW) v. 11.07.1937;

ob der Name in Reminiszenz an den „Geraden Weg" gewählt wurde, konnte bisher nicht verifiziert werden; Ziegler: Lage, S. 147; Witetschek: Lage, S. 198: Adolph: Aufzeichnungen, S. 162, der den späteren Vizepräsidenten des Volksgerichtshofes Wilhelm Crohne ((1880–1945) mit diesen Worten zitiert.

580 Beilage zum Personalfragebogen des Hochschulprofessors Dr. Joseph Lechner 30.12.1946, KUEI NL 38; Natterer, Alois: Der bayerische Klerus in der Zeit dreier Revolutionen 1918–1933–1945. 2. Aufl., München 1946, S. 260. Zweifel an der Urheberschaft Lechners können wohl ausgeschlossen werden.

581 Von Prof. Dr. Germanicus wurden in der „Schöneren Zukunft" veröffentlicht: Christliches oder naturalistisches Geschichtsdenken? Ausgabe 6.10.1935, S. 6f.; das Geschichtsbild der deutschen Romantik. Ausgabe 10.01.1937, S. 370f.; Richtende Geschichte? (Gott in der Geschichte), 2 Teile Ausgaben 13.06.1936, S. 970f. und 27.06.1937, S. 1025f.; die wesentlichen Grundsätze und Bekenntnisse des romantischen Geschichtsdenkens, Ausgabe 3.10.1937, S. 6f.

582 Äbtissin Benedicta an Bischof Rackl 08.09.1937. DAEI BiA 816; Kritische Online-Edition der Tagebücher Michael Kardinal von Faulhabers (1911–1952). Tagebucheintrag v. 14. Oktober 1937, S. 22. EAM, NL Faulhaber 10018, S.22. Verfügbar unter: https://www.faulhaber-edition.de/dokument.html?idno=10018_1937-10-15_T01. Letzter Zugriff am 21.02.22; v. Spiegel: Konnersreuth, S 36.

583 Verlautbarung des Regensburger Bischofs. In: Privatarchiv Zumholz; zu dieser Verlautbarung Hanauer: Volksverdummung, S 290; Pius Havemann: Konnersreuth vor dem Forum der Theologie und der Medizin. In: Schönere Zukunft 26.01.1938, S. 415f. Bischof Buchberger an Franz Xaver Wutz 30.10.1937. KUEI NL11 Wutz.

584 Lechner: The Case, S. 10; die Rolle der Regensburger Domspatzen im Nationalsozialismus ist nach wie vor wissenschaftlich nicht ausgewogen aufgearbeitet; zuletzt Roman Smolorz: Die Regensburger Domspatzen im Nationalsozialismus. Singen zwischen Katholischer Kirche und NS-Staat. Regensburg 2017; an der Wissenschaftlichkeit der Studie wurden erhebliche Zweifel vorgebracht, vgl. die Zusammenfassung der Kritik von Robert Werner: Den Domchor „so unschuldig wie möglich herauskommen lassen". Regensburg-digital.de v. 9.08.2018; ders.: Die Regensburger Domspatzen. Hitlers liebster Knabenchor. Regensburg-digital.de v. 22.10.2012.

585 NSDAP, Gau Westfalen-Nord, Gaugericht V II-7/40 – Dr. H./Te. Barch R 9361-II, 957495; Gutachten Gottfried Ewald. Archiv Schloss Rheder, S. 6.

586 Äbtissin Benedicta an Äbtissin an de Hemptinne 16.12.1937. AA Maredret.

587 Lechner: Wutz, S. 3; Äbtissin Benedicta an Bischof Rackl 06.11.1937. DAEI BiA 816; v. Spiegel: Konnersreuth, S. 40f.; Protokoll Spruchkammersitzung 21.10.1947 im Verfahren Friedrich Stoer. StAL EL 902/14 Bü 9185, Blatt 8.

588 Äbtissin Benedicta an Bischof Rackl 19.12.1937. DAEI BiA 816; Bischof Rackl an Franz Xaver Wutz. Weihnachten 1937. KUEI NL II Wutz.

589 Ottilie Neumann an Äbtissin Benedicta 28.12.1937. AStW; v. Spiegel: Konnersreuth, S. 40ff.; Äbtissin Benedicta an Bischof Rackl 29.12.1937. DAEI BiA 816.

590 Vgl. Mertens: Klostersturm, S. 55ff.; Deutsche Briefe, Bd. I, S. 291ff.; Bd. II, S. 142, 740.

XIII. Klösterlicher Existenzkampf, Krankenmorde und Klostersturmaktion 1938–1941

591 Spiegel, v.: Konnersreuth, S.25; Lechner: Wutz, S. 11f.; das Pontifikalrequiem im Dom zelebrierte Bischof Konrad Graf Preysing „für den verstorbenen Freund".

592 Erich Fürst Waldburg-Zeil an Erwein Freiherr v. Aretin 04.04.1938 u. 26.03.1938. BayHStA FA Aretin 201; v. Spiegel: Konnersreuth, S. 15; die Grabstätte von Franz Xaver Wutz (Nr. M//224) ist zwischenzeitlich aufgelöst und neu vergeben worden, schriftliche Auskunft d. Eichstätter Friedhofsverwaltung v. 05.01.2022; Äbtissin Benedicta an Aloysia v. Spiegel. 30.03.1938. PAvW; Ferdinand Neumann an Joseph Lechner 23.03.1944. KUEI NL 38 Amtliche Korrespondenzen.

593 Erwein v. Aretin an Erich Waldburg-Zeil 24.03.1938 u. dessen Antwort 26.03.1938. BayHStA FA Aretin 201; Äbtissin Benedicta an Bischof Rackl 5.01.1938. DAEI BiA 816; Hehl: Priester I., S. 568; Buschkühl: Schrift, S. 28.

594 Erich Waldburg-Zeil an Erwein v. Aretin 04.04.1938 u. 21.09.1938. BayHStA FA Aretin 201.

595 Biographische Angaben zu P. Kosmas Behr. Archiv der Deutschen Kapuzinerprovinz X 151 77 674; v. Spiegel: Konnersreuth, S. 59 (zur Kommunion von Therese Neumann), Zitat ebd., S. 15f.

596 Ebd., S. 59f.; Äbtissin Benedicta an Bischof Rackl 26.05.1938. DAEI BiA 816.

597 Äbtissin Benedicta an Bischof Rackl 04.06.1938, 09.06.1938, 19.06.1938. DAEI BiA 816; Schreiben des Kreisleiters an das Bezirksamt Eichstätt 16.07.1938. StAN Regierung von Mittelfranken Abg. 1978, 6525.

598 Abt Zeller an Äbtissin Benedicta 12.08.1938. AStW; Gutachten Gottfried Ewald. Archiv Schlos Rheder, S. 2, demnach hielt sich Adolf von Spiegel vom 16.06.- 7.07.1938 sowie vom 7.-12.10.1938 in der Klinik auf.

599 Stellungnahme Weitmann an den Stadtrat der Landeshauptstadt München 26.12.1947, S. 8. KUEI NL 38 St-Z; Morsey: Gerlich, S. 306.

600 Angaben zum Kreisleiter bei Proske: Herrgötter, S. 59; Kolpingfamilie Eichstätt, S. 266; vgl. Penzholz: Landräte, S. 173 und Peterson: Limits, S. 301ff.

601 Https://verwaltungshandbuch.bavarikon.de/Emmert,Edgar (17.10.2021) nennt den 26.01.1940 als offizielles Amtsantrittsdatum Emmerts als rechtskundiger Bürgermeister; dies scheint mehr als fraglich. Die Autorin folgt den Hinweisen zum ehem. Landrat Dr. Emmert der Kreisdokumentationsstelle Kronach, wonach Emmert von 1939 an rechtskundiger Bürgermeister bis zu seiner Berufung auf die Planstelle des Landrats in Landsberg bei Lech war; die Stadt Eichstätt konnte keine Auskunft über die tatsächliche Amtszeit geben – Email an die Verfasserin 15.10.2021; in der Chronik der Kolpingfamilie Eichstätt, S. 267 findet sich der Hinweis, Emmert habe das Bürgermeisteramt „inoffiziell" am 02.01.1939 angetreten; Personalbogen Edgar Emmert. BArch R 9361-I/54048; Bayerischer Staatsminister des Innern an den Reichstatthalter in Bayern betreff: „Die im Wehrdienst stehenden Landräte und Landratsamtsverwalter" v. 25.02.1944. BArch VBS 1012 (R1501) ZA VI 0187 A. 07; dass der 2. Bürgermeister Fritz Grünwedl die Geschäfte ein Jahr später für den wehrpflichtigen Edgar Emmert versah, lässt sich u.a. entnehmen bei v. Werden: Tagebücher, S. 148, 170, 180; Art. „Es gibt wieder Pfeffer und Zimt". In: Donaukurier v. 25.03.2011.

602 Staatsministerium des Innern an den Reichsstatthalter in Bayern 22.10.1942. BArch VBS 1012 (R1501) ZA VI 0187 A.07. Dem Personalbogen ist zu entnehmen, dass er offiziell am 16.12.1938 zum Landrat ernannt wurde. BArch ebd.; Penzholz: Landrä-

te, S. 173, Kurzbiographie S. 435f.; Bäumls Vorgänger Max Förderreuther war zum 01.01.1938 als Vorsitzender des Bezirksamts nach Donauwörth gewechselt, ebd., S. 468.

[603] Äbtissin Benedicta: Abtei.

[604] Abt Zeller an Äbtissin Benedicta 12.08.1938. AStW; m.W. sind nur die Briefe Benedicta v. Spiegels erhalten, hier Brief an Äbtissin de Hemptinne 23.08.1938. AA Maredret. Der Jurist Dr. Antoine Graf von Laubespin (1899–?) war von 1934 bis zum 25.08.1939 belgischer Botschaftssekretär in London – schriftliche Auskunft Archives diplomatique Brüssel vom 22.06.2021; polizeiliche Abmeldung von Sr. Hiltraud Weinschenk am 09.08.1938. AStW.

[605] Westphalen, v.: Leben, S. 29; Foto Therese Neumann vor dem Schloss in Helmern mit der Nichte der Äbtissin Regina Frein von Spiegel. PAvW; Eintrag Therese und Ferdinand Neumann im Gästebuch v. Twickel LWL-Archivamt, Archiv Ermelinghoff, Bestand C, Kiste 9.

[606] Zunker. Benediktinerinnenabtei, S. 413; Äbtissin Benedicta an Bischof Rackl 16.10.1938. DAEI BiA 816; Erich v. Waldburg-Zeil an Erwein v. Aretin 27.10.1938. FA Aretin BayHSt 1312,2, 201.

[607] Zweifel an der Behauptung, der Landrat habe die Brüder Schimmel mit einem Taxi aus der Stadt bringen lassen sind angebracht. Diese Version – zuerst zu lesen bei Peterson: Limits, S. 301 – verbreitet auch Veronika Vollmer: Die Juden. In: Hoth/Raasch: Eichstätt, insbesondere S. 107, 112, 123; Angaben zur Familie Schimmel sind einem Vortrag von Erich Naab: Jüdische Mitbürger in Eichstätt 1861-1938 entnommen, Vortragsauszug 2021 vom Autor dankenswerterweise zur Verfügung gestellt; Regierungsbericht in: Broszat/Fröhlich/Wiesemann: Bayern, S. 473; Kolpingfamilie Eichstätt, S. 265; für den 1938 inhaftierten Wilhelm Schimmel, dessen Schicksal nach 1942 unbekannt ist, wurde am 27.05.2015 vor dem Wohnhaus Pfahlstraße 17 ein Stolperstein verlegt. Die jüdische Betgesellschaft in Eichstätt hatte Ende des 19. Jahrhunderts in der Pfahlstraße 45 im sog. Pappenheimer Haus den Betsaal eingerichtet. „Das Gebäude blieb erhalten. Es wird gewerblich und für Wohnungen genutzt. Eine Gedenk- oder Hinweistafel ist nicht vorhanden" – heißt es unter www.alemannia-judaica.de „Eichstätt", abgerufen am 18.10.2021.

[608] Vgl. zu den Maßnahmen im Einzelnen Peter Longerich: Antisemitismus. Eine deutsche Geschichte. München 2021, S. 319ff.

[609] LAV NRW OWL M1 I P Nr. 1106, Nr. 135; Landrat v. Spiegel an den Regierungs-Präsidenten v. Oeynhausen 22.11.1938 sowie v. Oeynhausen an Hermann Göring. 05.12.1938, beide in: Naarmann, Margit: Der Novemberpogrom 1938 in Stadt und Region Paderborn. Paderborn 1998, S. 46 u. 54f.

[610] Broszat: Bayern, S. 471; Naarmann: Novemberpogrom, S. 46; Schreiben Bischof Rackl v. 11.11.1938 zitiert nach Naab: Mitbürger.

[611] Vgl. die Bischofsportraits in Zumholz, Maria Anna/Hirschfeld, Michael (Hg.): Zwischen Seelsorge und Politik. Katholische Bischöfe in der NS-Zeit. Münster 2018; Landrat Hans Reschke (1904–1995) an die Gestapo Bielefeld 18.11.1938 LAV NRW OWL M1 I P Nr. 1106, Nr. 69; instruktiv mit weiteren Nachweisen Hürten: Katholiken, S. 433ff.

[612] Äbtissin Benedicta an Bischof Rackl 01.02.1939. DAEI BiA 816; Erzabtei Beuron: 150 Jahre, S. 177f.

[613] Äbtissin Benedicta an Bischof Rackl 14.02.1939. DAEI BiA 816.

[614] Äbtissin Benedicta an Bischof Rackl 8.03.1939. DAEI BiA 816; Auszug aus der Abteichronik 30. AStW; Attest Äbtissin Benedicta 08.06.1946. StAL EL 902/14 Bü 9185, unpaginiert; z. Münster: Priorat, S. 271.

[615] Äbtissin Benedicta an Bischof Rackl 17.04.1939. DAEI BiA 816.

[616] Äbtissin Benedicta an Bischof Rackl 14.05.1939. DAEI BiA 816.

[617] Äbtissin Benedicta an Bischof Rackl 28.06.1939. DAEI BiA 816; Sr. Elfriede, „die sich…nicht fügen will", sollte in Dumfries Schottland aufgenommen werden, was aber nicht zum Erfolg führte und einen Monat später ihre Rückberufung nach St. Walburg zur Folge hatte. Äbtissin Benedicta an Bischof Rackl 8.07.1939 und undatiert vermutlich vor dem 17.08.1939. DAEI BiA 816.

[618] Äbtissin Benedicta an Bischof Rackl 13.10.1939. DAEI BiA 816.

[619] Äbtissin Benedicta an Bischof Rackl 08.07.1939. DAEI BiA 816; dies.: An „Meine lieben Kinder" 07.07.1938; Abteichronik 30. Beide AStW; Angaben zu P. Kosmas Behr: Archiv der Provinz der Bayerischen Kapuziner X 151 77 674.

[620] Auszug aus der Abteichronik 30. AStW; Äbtissin Benedicta an Bischof Rackl undatiert 1939. DAEI BiA 816, vor dem 17.08.1939 – dem Tag der Abberufung des britischen Generalkonsuls Carvell; Eine posthume Auszeichnung. John Carvell rettete als britischer Diplomat 300 Juden – 40 Jahre nach seinem Tod wurde er nun geehrt. In: Jüdische Zeitung vom 8.10.2018.

[621] Chronik K 30. AStW; vgl. Herwart Vorländer: NS-Volkswohlfahrt und Winterhilfswerk des Deutschen Volkes. In: VfZ 1986, H. 3, S. 341ff. (insbesondere S. 359ff.).

[622] Auszug Abteichronik 30. AStW; Äbtissin Benedicta an Bischof Rackl 29.09.1939. DAEI BiA 816.

[623] Bischof Rackl an Äbtissin Benedicta 25.10.1939. DAEI BiA 816; Äbtissin Benedicta an Bischof Rackl 20.12.1939 u. 25.02.1940. DAEI BiA 816.

[624] Äbtissin Benedicta an Bischof Rackl 31.10.1939. DAEI BiA 816.

[625] Abtprimas v. Stotzingen an Äbtissin Benedicta, Pfingsten 1940; Abt Molitor an Äbtissin Benedicta 11.08.1940. Beide Dokumente AStW; Äbtissin Benedicta an Äbtissin de Hemptinne 17.12.1940. AA Maredret.

[626] Erlass vom 29.09.1940; Anordnung Bormanns A6/40g „Beschränkung des Nachwuchses für Orden und Klöster aus Gründen des Arbeitseinsatzes". Abgedruckt in: Friedrich Zipfel: Kirchenkampf in Deutschland 1933-1945. Berlin 1965, S. 504ff.

[627] Hürten: Katholiken, S. 482ff.; Mertens: Klostersturm, S. 280ff., die darauf verweist, dass der Bormann-Erlass an die Gauleiter nicht als Fanal des Klostersturms zu bewerten ist. Die Beschlagnahmungen wurden größtenteils durch Gestapo, SS und der Himmler unterstellten Polizei durchgeführt, nicht durch die Gauleitungen.

[628] Die Zahl beruht auf einer Zusammenstellung des 1941 zunächst zur Abwehr des Klostersturms gegründeten Ausschusses für Ordensangelegenheiten, vgl. Antonia Leugers: Gegen eine Mauer bischöflichen Schweigens. Der Ausschuss für Ordensangelegenheiten und seine Widerstandskonzeption 1941 bis 1945. Frankfurt/M. 1996 sowie eingehend Mertens: Klostersturm. S. 261ff.

[629] Hürten: Katholiken, S. 481; Antonia Leugers: Georg Angermeier 1913–1945. Frankfurt/M. 1997, S. 119ff.; Erlass des Reichsarbeitsministers Franz Seldte v. 29.09.1940, in: Ludwig Volk (Bearb.): Akten deutscher Bischöfe über die Lage der Kirche 1933–1945. Mainz 1983, Bd. V., S. 1008f.

[630] Münster z.: Priorat, S. 270f.; Beil: Jahre, S. 374.

[631] Äbtissin Benedicta an Äbtissin Regintrudis Sauter 21.12.1939. Maschschr. AStW.

[632] Äbtissin Benedicta an Bischof Rackl 17.08.1940. DAEI BiA 816; Ferdinand Neumann an Äbtissin Benedicta 14.09.1940. AStW.

[633] Äbtissin Benedicta an Bischof Rackl 11.11.1940. DAEI BiA 816; Steinsträßer Inge: Im Exil 1940–1945. Die Benediktinerinnen von Kellenried während des „Dritten Reichs". 2. korr. Aufl., Münster 2018; zur Volksdeutschen Mittelstelle Markus Leninger: Natio-

nalsozialistische „Volkstumsarbeit" und Umsiedlungspolitik 1933–1945. Von der Minderheitenbetreuung zur Siedlerauslese. Berlin 2006.

[634] Münster, z.: Konnersreuth berichtet von einem Besuch der Äbtissin bei Therese Neumann vom 31.10. bis 03.11.1940; Pfarrer Naber an Äbtissin Benedicta. 14.11.1940; Dankschreiben Joseph Naber anlässlich der Gratulation zum 70.ten Geburtstag 07.12.1940. Alle Dokumente bis auf das Erstgenannte AStW.

[635] Personalakte Elisabeth Rattinger, geb. Niegolde, Maria; nach den Konstitutionen der Abtei St. Walburg: Regel, S. 106 wurde die Aufnahme von Witwen „nur sehr selten" praktiziert; Rainer Rattinger an seine Mutter Sr. Elisabeth 06.11.1940. Alle AStW.

[636] Der Brief befindet sich im Nachlass von Äbtissin Benedicta. Joseph Lechner hat eine ganze Reihe von Notizen, Entwürfen etc. in Gabelsberger Stenographie gemacht. Auf dem Brief von Rainer Rattinger vermerkte er: „sonst nämlich alles in Maschinenschrift".

[637] Magnus Morhardt: Die Pflegeanstalt Reichenbach in der Zeit des Nationalsozialismus. In: Kath. Flilialkirchenstiftung Reichenbach (Hg.): 900 Jahre Kloster Reichenbach 1118–2018. Regensburg 2018, S. 164ff., darin auch Auszug aus der sog. Vereinbarung der Pflegeanstalt Reichenbach und dem Rodinger Landrat. Doblinger, Uli: Aufruf gegen das Vergessen. Vor 80 Jahren wurden Bewohner der Barmherzigen Brüder deportiert und getötet. In: Misericordia, Mai 2021, S. 20f.; Auszüge aus dem Besucherbuch dankenswerterweise zur Verfügung gestellt durch die Barmherzige Brüder gemeinnützige Behindertenhilfe GmbH.

[638] Hürten: Katholiken, S. 493ff.; Mertens: Klostersturm, S. 288f.; Kopien der Galen-Predigten aus der Entstehungszeit im Nachlass der Äbtissin. AStW; Kapitularvikar Baumann an Landeshauptmann Kolbow 12.08.1941. EBAP Erzbischöfliches Generalvikariat XXI., 4, S. 431; zu den Protesten der katholischen Bischöfe, v.a. Galens: Kurt Nowak: „Euthanasie" und Sterilisierung im „Dritten Reich. Die Konfrontation der evangelischen und katholischen Kirche mit dem „Gesetz zur Verhütung erbkranken Nachwuchses" und der „Euthanasie-Aktion". 2. Aufl., Göttingen 1980.

[639] Bischof Hilfreich an Reichsinnenminister Frick 12.07.1941 mit Anlage. AStW.

[640] Annalen. AASH; schriftliche Auskunft von Sr. Klara Antons, Abtei St. Hildegard zu Sr. Magdalena von Wolff Metternich v. 14.10.2021.

[641] Bischof Bornewasser an Reichsinnenminister Frick 20.05.1941; Bischof Galen an den Klerus 20.07.1941. Beide AStW.

[642] So exemplarische Analyse für die Klöster der Erzdiözese Köln Mertens: Klostersturm, S. 249ff.

[643] Bischof Antonius Hilfreich: Betr.: Sorge für gefährdete beschauliche Orden. 18.06.1941. EBAP Erzbischöfliches Generalvikariats XXII. 9 N.S.D.A.P.

[644] Hürten: Katholiken, S. 480f.; Chronik 1939-1945. AStW; Äbtissin Benedicta an Bischof Rackl 24.05.1941. DAEI BiA 816.

[645] Der Regierungspräsident Ansbach an den Landrat in Eichstätt 26.03.1941. Entschluss v. 08.03.1941 Nr. XI 12050. CJ MEP AIM HA 7; Chronik 1939-1945; Äbtissin Benedicta: Abtei, S. 2. Beide letztgenannten Dokumente AStW.

[646] Witetschek: Lage, S. 388.

[647] Äbtissin Benedicta: Abtei, S.3; Chronik St. Walburg 1939–1945; Zumholz, Maria Anna: Volksfrömmigkeit und Katholisches Milieu. Marienerscheinungen in Heede 1937-1940. Cloppenburg 2004, S. 440.

[648] Schreiben der Abtei St. Walburg. Maschschr. nicht datiert, nach dem 12.11.1941. AStW. Anschaulich zu den Auseinandersetzungen um die Mitgiften von Ordensleuten und die diesbezüglichen geheimen Verfügungen des Vatikan: Steinsträßer: Exil, S. 185ff.; Schreiben d. Oberfinanzpräsidenten Nürnberg 10.11.1941; Schreiben Rechtsanwalt Fritz Schäf-

fer an den RFH 29.05.1941; Urteil des Senats VIa des Reichsfinanzhofs v. 12.11.1941. Diese und weitere Prozessakten BArch R37/65671; vgl. Otto Altendorfer: Fritz Schäffer als Politiker der Bayerischen Volkspartei 1888–1945. München 1993 und Christoph Henzler: Fritz Schäffer: 1945–1967. München 1994; allgemein zum Thema Klaus J. Volkmann: Die Rechtsprechung staatlicher Gerichte in Kirchensachen 1933–1945. Mainz 1978, S. 165ff.; Schäffer war spätestens seit Sommer 1938 als juristischer Berater von Äbtissin Benedicta tätig, vgl. Schreiben an M. Rackl 19.06.1938. DAEI BiA 816.

649 Detailliert Mertens: Klostersturm, S. 65ff.; auch Steinsträßer: Exil, S. 183ff.

650 Personalbogen Gregor Höfler. BArch R 9361-II/421291; Bericht des Kreisamtsleiters Höfler an die NSDAP Gauleitung Franken v. 27.10.1941. StAN NS-Mischbestand (Rep. 503), Kreisleitung Eichstätt Nr. 8; zu Tagwerk Wikipedia-Artikel; Bericht der Kreishandwerkerschaft Eichstätt v. 01.04.1937. StAN NS-Mischbestand (Rep. 503) Kreisleitung Eichstätt Nr. 7, S. 53/C.

651 Protokoll Spruchkammersitzung 21.10.1947 im Verfahren Friedrich Stoer. StAL EL 902/14 Bü 9185, Blatt 9.

652 Die detailreiche Erforschung und Würdigung ist den zitierten Studien von Antonia Leugers zu verdanken; in Leugers: Mauer, Portraits der Ausschussmitglieder; vgl. auch Wolfsteiner, Alfred: „Der stärkste Mann des Katholizismus in Deutschland". Pater Augustin Rösch und sein Kampf gegen den Nationalsozialismus. Regensburg 2018; zu Delp vgl. Moll: Zeugen. 7. überarbeitete u. aktualisierte Auflage 2019, Bd. II., S. 953ff.

653 Leugers: Mauer, S. 201; freundliche Auskunft v. Rudolf Beck, Waldburg-Zeil'sches Gesamtarchiv v. 15.03.2021; bei der Sparkasse Eichstätt sind keine Konten nachweisbar, schriftliche Auskunft Sparkasse Ingolstadt Eichstätt v. 14.06.2021; im Verwaltungsrat der Jahre 1930–1943 waren u.a. die NS-Bürgermeister und -Landräte vertreten, sodass v. Spiegel die Sparkasse möglicherweise für derartige Transaktionen gemieden hat. Bei der Bayerischen Hypotheken- und Wechsel-Bank-Filiale Eichstätt sind ebenfalls keine Konten nachweisbar. Laut schriftlicher Auskunft des Historischen Archivs der Hypo-Vereinsbank werden Kundendaten in gewissen Fristen vernichtet. Da der Freund Dr. Simon Schorer v. 15.01.1924 bis 31.07.1934 Direktor der Bank war, bestanden nähere Beziehungen. Ihm und seinem bis 13.04.1953 amtierenden Nachfolger Wilhelm Zieglwalner wurden laut Archiv der HypoVereinsbank „Charakterfestigkeit" „in einer politisch schweren Zeit" attestiert, Schreiben des Archivs 11.10.2021; die Rechtsauffassung zum Vermögen der Ordensleute nach dem oben zitierten Schreiben des Limburger Bischofs an den Reichsinnenminister 12.07.1941. AStW.

654 Leugers: Mauer, S. 202ff.; knappe Erläuterung des Reichsleistungsgesetzes bei Mertens: Klostersturm, S. 77ff. u. S. 333f.; Kondolenzschreiben Paulus van Husen an Ida Gräfin Merveldt zum Tod Ferdinand Merveldts am 02.04.1958: „Mir ist er durch 44 Jahre ein lieber und treuer väterlicher Freund gewesen. Als ich 1916 vor Verdun recht böse mit Typhus im Lazarett in Stenay lag, wäre ich sicher nicht durchgekommen, wenn er nicht trotz des weiten Weges immer und immer wieder gekommen wäre, um nach mir zu sehen und Ärzte und Pflegepersonal beeinflußt hätte, sich um mich zu kümmern". Lem.N.Ida 243. Vgl. Frank Schindler: Paulus van Husen im Kreisauer Kreis. Paderborn 1996, S. 24ff. Auch Karl-Joseph Hummel: Paulus van Husen (1891–1971). In: Friedrich Gerhard Hohmann (Hg.): Westfälische Lebensbilder. Bd. 19, Münster 2015, S. 189ff.; vgl. Manfred Lütz/Paulus van Husen: Als der Wagen nicht kam. Eine wahre Geschichte aus dem Widerstand. Freiburg 2019, S. 52f.

655 Witetschek: Lage, S. 348.

656 Mertens: Klostersturm, S. 307ff.; 296f.; weitere Protestaktionen bei Hürten: Katholiken, S. 483ff.; Leugers: Mauer, S. 222ff.; in Eichstätt waren am 22.11.1941 Lothar Kö-

nig, am 30.11.1941 Odilo Braun, am 06.02.1942 Georg Angermeier und am 11.09.1943 erneut Odilo Braun; vgl. dazu Datenüberblick bei Leugers: Mauer, S.375ff.

XIV. Kriegszeit 1941–1945

[657]   Spiegel, v.: Geschichte, S. 639; zu den Schuljahren schriftliche Auskunft des Rektors d. Aloysiuskollegs, Martin Löwenstein SJ 07.10.2021; Kondolenzbrief von Kommandeur v. Witzleben 28.07.1941. PAvW; v. Westphalen: Leben, S. 100ff.

[658]   Gutachten Gottfried Ewald. Archiv Schloss Rheder.

[659]   Äbtissin Benedicta an Aloysia v. Spiegel 12.11.1941. PAvW.

[660]   Äbtissin Benedicta an Bischof Rackl 07.12.1941. DAEI BiA 816; z. Münster: Konnersreuth über den Kuraufenthalt. In Tirschenreuth war ein Reservelazarett der Wehrmacht untergebracht, von 1943–1945 zudem eine Blindenschule. Chronik St. Walburg; Chronikauszug Kriegszeit. Steyler Missionare Provinzarchiv Deutschland.

[661]   Münster z.: Konnersreuth über den Kuraufenthalt; Familie Härtl an Äbtissin Benedicta 10.03.1942, darin eingelegt Namenstagsglückwunsch Benedikta Härtl an ihre Patin. AStW; den kirchenrechtlichen Hinweis auf die Patenschaft verdanke ich Sr. Dr. Klara Antons, Abtei St. Hildegard Eibingen.

[662]   II. Weltkriegchronik St. Walburg.

[663]   Äbtissin Benedicta an Bischof Rackl 26.12.1941 u. 31.12.1941. DAEI BiA 816.

[664]   Äbtissin Benedicta an Bischof Rackl 14.04.1942 u. 22.04.1942. DAEI BiA 816; gemeint der Eichstätter Malermeister Franz Xaver Kiendl (1876–1956).

[665]   Äbtissin Benedicta an Bischof Rackl 26.03.1942. DAEI BiA 816, dem Brief sind die Vereinbarungen beigelegt; Kriegschronik der Abtei St. Walburg. AStW; zu Neuendettelsau vgl. Hans-Walter Schmuhl/Ulrike Winkler: Im Zeitalter der Weltkriege. Die Diakonissenanstalt Neuendettelsau unter den Rektoren Hans Lauerer (1918–1953) und Hermann Dietzfelbinger (1953–1955). Neuendettelsau 2014, S. 289ff., zur Nutzung der Häuser in Bruckberg, S. 339.

[666]   Kriegschroniken, z.T. handschriftlich. Äbtissin Benedicta an den Konvent 18.02.1942. Beide AStW.

[667]   Kriegschroniken, z.T. handschriftlich. AStW; Bruder Proclus (Gottfried Bühler 1891–1956) Totenbildchen. Steyler Missionare Provinzarchiv Deutschland; v. Oer/v. Westerholt-Alst: Damenclub, S. 110; v. Werden: Tagebücher, S. 177 zur Wandmalerei im Eichstätter Dom; Äbtissin Benedicta an Bischof Rackl 01.06.1942. DAEI BiA 816.

[668]   Vgl. Richard Overy: Der Bombenkrieg. Europa 1939–1945. Berlin 2014; Kriegschroniken, z. Tl. handschriftlich; Äbtissin Benedicta an Bischof Rackl 01.06.1942. DAEI BiA 816.

[669]   Äbtissin Benedicta an Bischof Rackl 10.02.1942 u. Ostern 1942, kein genaues Datum, beide DAEI BiA 816.

[670]   Kriegschroniken; Äbtissin Benedicta an Bischof Rackl 01.06.1942 u. 26.10.1942. DAEI BiA 816. Vom 26.10. bis 12.11.1942 war Sr. Annuntiata (Kunigunde) Deinhard(t) in Holnstein und wurde danach in die damalige Heil- und Pflegeanstalt Karthaus-Prüll (heute Teil des Bezirksklinikums Regensburg) verlegt, schriftliche Auskunft Regens-Wagner-Stiftung Dillingen vom 15.01.2021; vgl. Catalogus 1950.

[671]   Briefe Ernestine Ferrari an Äbtissin Benedicta, Brief der Mutter an die Äbtissin 12.09.1942. KUEI NL 38 IV.; zur Krankengeschichte schriftliche Auskünfte Universitätsarchiv Würzburg v. 29.01.2021 und Bezirkskrankenhaus Lohr v. 03.02.2021. Der letzte Hinweis besagt, dass sie am 21.11.1948 in Lohr von ihrer Schwester abgeholt und in die Einrichtung Egelfing-Haar gebracht wurde. Danach verliert sich ihre Spur.

[672] Aufzeichnungen Aloysia v. Spiegel November 1942, dankenswerterweise transkribiert von M. Magdalena Zunker OSB, Abtei St. Walburg. PAvW; Äbtissin Benedicta an Bischof Rackl Pfingsten 1942. DAEI BiA 816.

[673] Art. Heinrich Maria Christmann auf Kathpedia, zuletzt abgerufen 25.10.2021; Hehl: Priester I, S. 709; Mertens: Sturm, S. 198f.; 203f.; Kurzbiographie aus dem Totenbuch der Ordensprovinz der Dominikaner, schriftliche Mitteilung 27.10.2021.

[674] Die Daten zu den Aufenthaltsverboten von Christmann und Schriftwechsel Gestapo und Staatspolizei sind dokumentiert bei Groothius, Rainer Maria: Im Dienste einer überstaatlichen Macht. Die deutschen Dominikaner unter der NS-Diktatur. Münster 2002, S. 246ff.; Groothius vermutet, dass sich Christmann in Berlin aufhielt. Diese Vermutung findet eine Bestätigung in den zitierten Aufzeichnungen v. Aloysia v. Spiegel. Eichstätt bleibt bei Groothius unerwähnt; wo sich Christmann bis Kriegsende aufhielt, ist bisher ungeklärt; erst danach findet er sich wieder in Walberberg; 23.07.1942 Aufenthaltsverbot in Salzburg vgl. auch Hehl: Priester I., S. 709; Aufzeichnungen Aloysia v. Spiegel. PAvW; Kriegschroniken. AStW.

[675] Schwester Cäcilia (Helene) Christmann. In: Totenchronik, Archiv Abtei Varensell; Charlotte v. Spiegel an ihre Tochter Ida v. Merveldt 28.06.1942 Lem.N.Ida 209. Im AStW gibt es ein Foto von Äbtissin Benedicta mit Sr. Cäcilia im Arm.

[676] Kriegschroniken; die Nichte der Äbtissin deutete Dissens im Konvent über Christmann an: „Sich und die Umgebung hat sie ein halbes Jahr in Aufregung versetzt, alles schüttelt die Köpfe.... Die Frau Äbtissin aber zieht es vor, über die Angelegenheit nicht mehr weiter zu sprechen"; zu Eugen Abt: Schematismus der Geistlichkeit des Bistums Eichstätt für das Jahr 1949. Eichstätt.

[677] Elisabeth Bonnenberg (Deutscher Caritasverband Freiburg) an Äbtissin Benedicta 01.09.1942; Antwortschreiben 05.09.1942; beide AStW. Um die etwa 80 Kilometer von seinem Geburtsort Werl entfernte Abtei Gerleve hatte sich nach der Beschlagnahmung erfolglos der ehemalige Reichskanzler Franz von Papen bei Reichsminister Lammerts bemüht, vgl. Mertens: Klostersturm, S. 332.

[678] Borries, v.: Lebensbilder. S. 36f.

[679] Prior Michael van der Hagen an Äbtissin Benedicta 24.12.1942. AStW.

[680] LAV NRW OWL D 99 Nr. 1343 a+b, S. 113; ebd., S. 115 beidseitig: handschriftliches Schreiben v. Oeynhausen; v. Borries: Lebensbilder, S. 42f.; Quellennachweis zur Ablösung v. Oeynhausens in Siemers: Bezirksregierung, S. 151; aus der Vielzahl der Literatur Peter Möhring: Ferdinand Freiherr von Lüninck (1888–1944). In: Hohmann, Friedrich Gerhard (Hg.): Westfälische Lebensbilder Bd. 17. Münster 2005, S. 60ff.; auch Keinemann: Krummstab, S. 418ff.; zu Meyer: Heinz-Jürgen Priamus: Meyer. Zwischen Kaisertreue und NS-Täterschaft. Biographische Konturen eines deutschen Politikers. Essen 2011.

[681] Schrulle: Regierungspräsidenten, S. 8, 26f.; LAV NRW OWL D 99 Nr. 1343 a+b, S. 145; Personalbogen, S. 139; „Feierlicher Abschied im Kreishaus". In: Warburger Kreiszeitung 15.06.1943 mit Anmerkung von Aloysia v. Spiegel. PAvW; ein Besuch der Nichte Aloysia in der Abtei St. Walburg ist belegt für den Zeitraum Ende März/Anfang April 1943. Äbtissin Benedicta an Ida v. Merveldt 02.04.1943. Lem.N.Ida 208.

[682] LAV NRW OWL D 99 Nr. 1343 a+b umfangreiche Belege für Auseinandersetzungen, Kreisleitung Warburg an Gauinspektor Pg. W. Bergemann 03.05.1938; vgl. Wolfgang Stelbrink: Der preußische Landrat im Nationalsozialismus. Studien zur nationalsozialistischen Personal- und Verwaltungspolitik auf Landkreisebene. Münster 1998, S. 436.

[683] LAV NRW OWL D 99 Nr. 1343 a+b, S. 121ff.; Erzbischof Jaeger hielt sich während der NS-Zeit anders als die Bischöfe v. Preysing in Berlin und v. Galen im benachbarten Münster weitgehend bedeckt in seiner Haltung gegenüber den Nationalsozialisten,

vgl. Klaus Große Kracht: Lorenz Jaeger und der Nationalsozialismus. Grenzen und Konvergenzen. In: Priesching, Nicole/Kasprowski, Christian (Hg.): Lorenz Jaeger als Kirchenpolitiker. Paderborn 2021, S. 87ff.; dezidiert kritisch zur Rolle Jägers mit zahlreichen Belegen Stüken: Hirten, S. 324ff.; im Nachlass v. Kardinal Lorenz Jäger sind fast keine Bestände aus der Zeit vorhanden. EBAP.

[684] LAV NRW OWL M 2 Warburg Nr. 848; Zuarbeit für eine „Judenkartei" über Mitgliedschaften in jüdischen Organisationen 1935 LAV NRW OWL M 2 Warburg Nr. 847.

[685] LAV NRW OWL M 2 Warburg Nr. 2672; Deportationen von Juden aus dem Kreis Warburg am 10.12.1941, Ende März, Ende Juli und Ende August 1942; darin auch: Schreiben Landrat v. Spiegel an die Amtsbürgermeister in Borgentreich und Warburg und den Bürgermeister in Warburg 23.11.1941.

[686] In Hermes: Deportationsziel, S. 103ff. sind die Berichte der Bürgermeister abgedruckt; zur Mitwirkung der Landräte an der Judenverfolgung und -ermordung vgl. Penzholz: Landräte, S. 307; Deportationslisten digitalisatz www.statistik-des-holocaust.de; LAV NRW OWL M 2 Warburg Nr. 2672.

[687] Landrat v. Spiegel an die Amtsbürgermeister von Peckelsheim, Borgentreich u. Warburg und den Bürgermeister von Warburg 23.07.1942: „Zusatz für die Ortspolizeibehörde Peckelsheim. Falls Löwenstein nur liegend befördert werden kann, ist nach Anweisung der Staatspolizeistelle er auf einer Krankentrage zu befördern..." LAV NRW OWL M 2 Warburg Nr. 2672.

[688] Bedauerlicherweise konnte für dieses Buch weder das Privatarchiv Joseph v. Spiegels in Helmern noch das Familienarchiv mit dem Nachlass der Eltern der Äbtissin eingesehen werden. Trotz mehrfacher Anfragen hat die Rechtsnachfolgerin und Enkelin des ehem. Landrats Adelheid v. Spiegel die Einsichtnahme ohne Angabe von Gründen verweigert; vgl. Gerlinde von Westphalen: Ein Warburger Landrat in der NS-Zeit: Joseph Freiherr Spiegel von und zu Peckelsheim (1878–1949). In: Kreis Höxter Jahrbuch 2024. Erscheint Anfang 2024.

[689] So ist es dem Brief der Äbtissin Benedicta an Ida v. Merveldt 02.04.1943. Lem.N.Ida 208 zu entnehmen.

[690] Ein kleiner Bericht noch über Kiffis letzte Stunden, gez. Neuerburg 15.04.1943. Lem.N.Ida 208; Äbtissin Benedicta an Bischof Rackl 15.04.1943. DAEI BiA 816; Sr. Helene an Ida v. Merveldt o.D., wahrscheinlich Sommer 1943. Lem.N.Ida 208.

[691] Beil: Jahre, S. 374; Kriegschronik. AStW; Äbtissin Benedicta an Bischof Rackl 09.03.1943 u. 25.03.1943. DAEI BiA 816. Bei den im Brief erwähnten Bombardements handelte es sich um die Altstadt von Nürnberg 8/9.03.1943; die Hauptstadt Berlin im Zeitraum vom 16.01.-30.03.1943, wobei am 02.03.1943 die St. Hedwigs-Kathedrale Bischof Preysings zerstört wurde und die 5monatige Luftoffensive „Battle of the Ruhr".

[692] Abtei St. Walburg an Reichsluftschutzbund 26.01.1942. AStW.

[693] Chronik AStW, im Priesterseminar arbeitete demnach Sr. Gunthildis Renz; Brief 14.05.1943. Lem.N.Ida 241; gemeint Maria Josepha (Strop) Gräfin Merveldt, seit 1949 verheiratete Freifrau von Twickel (1922–1993), vgl. Genealogisches Handbuch 139, S. 243.

[694] Äbtissin Benedicta an Bischof v. Preysing 02.09.1943. DAB V/16-13-1; ders. an Äbtissin Benedicta. Ebd. (84)

[695] Äbtissin Benedicta an Bischof Rackl 05.11.1943. DAEI BiA 816; P. Placidus Spee an Äbtissin Benedicta 12.11.1943. AStW.

[696] Kardinal v. Faulhaber: Luftangriff auf München. Mitteilungen an meinen Diözesanklerus 1943. 3 Seiten Maschschr. AStW.

[697] Ernst Rüdin an Max Planck 01.09.1945. MPIP, GDA 10, S. 6f.; chronologischer Überblick Eckart Henning/Marion Kazemi: Handbuch zur Institutsgeschichte der Kaiser-

Wilhelm-/Max-Planck-Gesellschaft zur Förderung der Wissenschaften 1911-2011. Berlin 2016, Bd.1, S. 76ff. (85).

[698] Instruktiv Volker Roelcke: Ernst Rüdin – renommierter Wissenschaftler, radikaler Rassenhygieniker. In: Der Nervenarzt 3/2012, S. 303ff.; darin auch Vorbehalte formuliert gegen Matthias M. Weber: Ernst Rüdin. Eine kritische Biographie. Berlin 1993.

[699] Vgl. Klee: „Euthanasie", S. 109ff.; 126ff.

[700] „Radikaler Rassenhygieniker" nach der Überschrift des Aufsatzes von V. Roelcke: Wissenschaftler; schriftliche Auskunft des Archivs der MPG München 19.10.2020.

[701] Von „erbbiologischen Forschungsarbeiten" im Kloster St. Walburg schreibt der Direktor des Psychologischen Instituts der Universität München, Philipp Resch, an die Amerikanische Militärregierung 12.12.1947. BayHStA, OMGB 09/139-3/00 1-2; Anna Henneberger (Sekretärin von A. Juda) an Äbtissin Benedicta 16.08.1943; Bestätigung Ernst Rüdin für St. Walburg 01.11.1943. Beide AStW; Stellungnahme des BArch v. 09.08.2021, wonach keine themenbezogenen Unterlagen zu einer Verfügung des Reichsinnenministeriums im Bestand R 1501 nachweisbar sind.

[702] Military Government Landkreis Eichstätt an Fine Arts & Monuments Office of Northern Bavaria 17.12.1947 BayHStA, OMGB 09/139-3/00 1-2; einem weiteren Schriftverkehr ist die Vermutung zu entnehmen, dass auch die 1943 fast fertiggestellte Höchstbegabtenstudie Adele Judas nach St. Walburg verbracht worden sei; diese wurde jedoch von dem Erbbiologen Bruno Schulz während des Krieges aufbewahrt und 1953 posthum herausgegeben. BayHStA, OMGB 09/139-3/00 1-2; Biographisches zu Adele Juda in Ute Wiedemann: Die Höchstbegabtenstudie Adele Judas als Beispiel für die Erforschung des „Genialenproblems". München 2005, Digitalisat.

[703] Gesetz zur Verhütung erbkranken Nachwuchses v. 14. Juli 1933. Bearbeitet und erläutert von Arthur Gütt, Ernst Rüdin, Falk Ruttke. München 1934, Neuauflage 1935; zum Kommentar vgl. Weber: Rüdin, S. 184ff.; Äbtissin M.A. Benedicta von Spiegel O.S.B. In: St. Willibalds-Bote 05.03.1950.

[704] Kriegschronik. AStW; Äbtissin Benedicta an Bischof Rackl 17.05.1944. DAEI BiA 816; Äbtissin Benedicta an Aloysia v. Spiegel 02.06.1944 u.12.06.1944. PAvW.

[705] Äbtissin Benedicta: Vortrag an den Konvent. Aschermittwoch 1944. AStW; Max Stengl: Damals, als ich Pfarrer von Tagmersheim wurde. Unpaginiert. Tagmersheim 1975, veröffentlicht als Loseblattsammlung auf den Gottesdienstanzeigern. Ortsarchiv Tagmersheim; zur Alexiuskapelle knapp Zunker: Benediktinerinnenabtei, S. 53.

[706] Eigenhändig geschriebener Lebenslauf v. Hans Rösch v. 15.02.1935. BArch VBS 1009 (NS 23) ZB II 4373 A. 03; weiterführend Anja Stanciu: „Alte Kämpfer" der NSDAP – Eine Berliner Funktionselite 1926–1949. Köln 2018.

[707] Kriegschronik. AStW; schriftliche Auskunft Zentrum für Militärgeschichte und Sozialwissenschaften der Bundeswehr v. 5. u. 6.01.2022, vgl. Jan Mohnhaupt: Tiere im Nationalsozialismus. München 2020, S. 88ff.

[708] Knauft: Preysing, S. 212; Äbtissin Benedicta an Bischof v. Preysing 26.06.1944; Walter Adolph an Sr. Michaela in St. Walburg 20.03.1951. DAB V/16-15 (27 und 61).

[709] Westphalen, v.: Leben, S. 117, S. 121f.

[710] Hans-Ulrich Schäfer an Aloysia v. Spiegel 12.07.1944; ders. an Joseph v. Spiegel 10.08.1944; Bescheinigung von Rechtsanwalt Dr. Ihlow 12.04.1946. Briefe Wilhelm v. Westphalen an Aloysia v. Spiegel aus Bielefeld vom 21.11. bis Mitte Dezember 1944. Alle PAvW; in der Ausstellung des Dokumentations- und Informationszentrums Torgau befinden sich die Würfel, die Wilhelm v. Westphalen in der Haft aus Brot geformt hatte, für Würfelspiele mit seinem Zellengenossen; vgl. zu den Wehrmachtsgefängnissen Manfred Messerschmidt: Die Wehrmachtsjustiz 1933-1945. 2. durchges. Aufl.,

Paderborn 2008; von Dijon aus konnte die Schweiz über Genf und den Genfer See als Fluchtroute erreicht werden, vgl. Guido Koller: Fluchtort Schweiz. Schweizerische Flüchtlingspolitik (1933–1945) und ihre Nachkriegsgeschichte. Stuttgart 2018; zur Familiengeschichte der Grafen von Westphalen-Fürstenberg siehe Raban Graf von Westphalen: „Tue was Du tun musst – komme was das wolle". Selbstverlag Paderborn 2021.

[711] Äbtissin Benedicta an Aloysia v. Spiegel 10.08.1944 u. 19.10.1944. PAvW; Äbtissin Benedicta: Abtei.

[712] Im Eichstätter Kurier v. 07.05.1955 berichtet Heinrich Mucker: „Im August 1944 wurde die Nachrichtenersatzabteilung der Waffen-SS, deren Kommandeur ich war, von Nürnberg nach Eichstätt verlegt". In der Literatur gibt es über den Zeitpunkt der Verlegung unterschiedliche Auffassungen vgl. Elisabeth Kohlhaas: 1945 – Krieg nach Innen. Aschaffenburg 2005, S. 215.

[713] Äbtissin Benedicta: Bericht Kreuz im Marienhaus. 18.10.1944; Chronik der Abtei St. Walburg, Eichstätt für das Jahr 1945, S. 2; Kriegschronik. Alle AStW.

[714] Theodor Klauser an Berta Küster 16.11.1944. Archiv Franz Joseph Dölger-Institut; den erwähnten Artikel „Britannia" hat Ernst Kirsten (1911–1987), ab 1949 Dozent an der Bonner Universität für Historische Geographie und Topographie des Mittelmeerkulturkreises verfasst; Stichwort Britannia. In: Klauser, Theodor (Hg.): RAC Bd. II., Stuttgart 1954, S. 586ff.; Klauser war von 1948–1950 Rektor der Universität Bonn.

[715] Bei der heute in St. Walburg nicht mehr gebräuchlichen Bezeichnung „Münz" handelt es sich nach schriftlicher Auskunft von Äbtissin em. Franziska Kloos v. 16.11.2021 um Parterre-Räume links vom Eingang des heutigen Schulgebäudes, die wegen des nahen Edelbachs feucht und kalt waren und heute als Garage und Lagerräume genutzt werden; Äbtissin Benedicta an die Priorin der Klarissen-Kapuzinerinnen zur Ewigen Anbetung Mainz 02.01.1945. AStW.

[716] Matthias Cell. an Äbtissin Benedicta 18.10.1944; Äbtissin Benedicta an Matthias Cell. 18.10.1944; dass es sich um ein Pseudonym für den ehemaligen Cellerar von St. Matthias handelte, bestätigte der Abt von Schäftlarn Sigisberg Mitterer (1891–1968) auf Nachfrage v. Spiegels 21.10.1944; George Passelacq an Äbtissin Benedicta 25.02.1945. Alle AStW; George Passelacq, Haftnummer 111844, in Dachau vom 28.09.1944 bis 29.04.1945. Häftlingsregister KZ-Gedenkstätte Dachau; Passelecq bestätigte in einem Schreiben an die Nachfolgerin v. Spiegels 12.10. Jahr unleserlich: „Dank ihrer Großzügigkeit konnte ich im KZ drei Mal ein Lebensmittelpaket erhalten". Nachruf auf Passelecq www.jcrelations.net; Passelecq ist gemeinsam mit Bernard Suchecky Verfasser von: Die unterschlagene Enzyklika. Der Vatikan und die Judenverfolgung. München 1997.

[717] Vgl. Helmut Reis: Chronik der Jägerkaserne in Eichstätt 1933-1952. 2. Aufl., Eichstätt 1992, S. 24ff., 64; zum Lebenslauf von Wilhelm v. Fetter: Biographisches Handbuch des Auswärtigen Dienstes 1871-1945. Hg. Auswärtiges Amt. Bd. I, Paderborn 2009 sowie PAAA RZ 214/100686 digitalisat; Äbtissin Benedicta an Bischof Rackl 25.04.1944. DAEI BiA 816; Kriegschronik. AStW; Capt. H. D. Gallwey an Äbtissin Benedicta 26..12.1944; John C. Je? (Name unleserlich) an Äbtissin Benedicta 11.11.1944; B.P.O.W.R.A. News Sheets: Oflag VII.B.; John Leslie an Äbtissin Benedicta 21.03.1946 alle und weitere Briefe sowie Dokumente. AStW.

[718] Im Artikel: Der Todeskandidat im Nonnenkloster. In: Eichstätter Kurier 17.01.1990 wird unter Verweis auf den ehemaligen CIA-Agenten G. Schriever formuliert: „Die Äbtissin hatte längst vor der Kapitulation Verbindungen zu amerikanischen Stellen. Allerdings nicht über die Niederlassungen des Klosters in den Vereinigten Staaten"; Captain Towle: Recommendation 19.01.1946. BayHStA, OMGB 09/138-3/016. POW Prisoner Of War, Kriegsgefangene.

XV. Lady Abbess und die Rettung Eichstätts

[719] Telegramm Rechstanwalt Dr. Ihlow an Major Schäfer 02.12.1944; Äbtissin Benedicta an Aloysia v. Spiegel 17.12.1944. Beide PAvW; Gutachten Ewald, S. 4. Archiv Schloss Rheder.

[720] Äbtissin Benedicta an Aloysia v. Spiegel 09.01.1945. PAvW; Lisa Margraf: Kriegsende und unmittelbare Nachkriegszeit. In: Hoth/Raasch: Eichstätt, S. 154ff.; Das Kriegsgeschehen in unserer Diözese. Ergebnis der oberhirtlichen Umfrage vom 10.VII.45. Zusammengestellt von Dr. Eugen Abt. Eichstätt, den 5. März 1946. KUEI ohne Signatur; Kolpingfamilie Eichstätt, S. 281; Kriegschronik 1945. AStW.

[721] Chronik. AStW; das barocke Josephinenstift in Dresden war bei den Luftangriffen am 13./14.02.1945 völlig zerstört worden, vgl. Dresden (Hg.): Verlorene Kirchen. Dresdens zerstörte Gotteshäuser. Eine Dokumentation seit 1938. 2. Aufl., Dresden 2014, S. 74ff.

[722] Kloster der Klarissen-Kapuzinerinnen (Hg.): 150 Jahre „Ewige Anbetung" Mainz 2010, S. 26ff.; nach schriftlichen Auskünften der Chronistin der Klarissen-Kapuzinerinnen in Mainz v. 19.11. u. 23.11.2021 ist in der Klosterchronik oder anderen Dokumenten die Unterbringung in St. Walburg nicht dokumentiert, jedoch konnte sich eine Mitschwester an eine Aufnahme von 2-3 Schwestern, die von Bautzen aus auf der Flucht vor den Russen waren, in Eichstätt erinnern; v. Werden: Tagebücher, S. 289; Kriegschronik AStW; Bischof v. Preysing an Äbtissin Benedicta 28.02.1945. DAB V/16-3-1 (83).

[723] Spiegl: Leben, S. 30; Äbtissin Benedicta an Abt Margraf 26.03.1946 und weiterer Briefwechsel. AStW; Chronik über die Zeit der Aufhebung der Abtei Schweiklberg. 2. April 1941–18.Mai 1945. Von Pater Dietram Färber O.S.B. St. Ottilien 1948.

[724] Borries, v.: Lebensbilder, S. 71ff.

[725] Schriftliche Auskunft v. Rudolf Beck 08.09.2020, Waldburg-Zeil'sches Gesamtarchiv; Leichsenring, Jana: Gabriele Gräfin Magnis: Sonderbeauftragte Kardinal Bertrams für die Betreuung der katholischen „Nichtarier" Oberschlesiens: Auftrag – Grenzüberschreitung – Widerstand? Stuttgart 2000; Äbtissin Benedicta an Abt Margraf 27.06.1945. AStW; vgl. ausführlich zu Ottilie Neumann Spiegl: Leben, S. 30ff.

[726] Englische Fräulein: Bericht aus Eichstätt 1945. CJ MEP AIM HA 7, 01; neben Bischof Rackl und dem Nuntius Orsenigo hielt sich bei den Eichstätter Kapuzinern nach dem Bericht der Englischen Fräulein ein „zwangsevakuierter lettländischer Bischof, Boleslaus Sloskans mit Namen, der jahrelang in sibirischer Gefangenschaft geschmachtet hatte", auf; Sloskans (1893–1981) wurde nach dem Krieg von Papst Pius XII. zum Apostolischen Visitator für die emigrierten katholischen Russen und Weissrussen ernannt; v. Werden: Tagebücher, ab. S. 281ff. erwähnt die Anwesenheit Bischof Sloskans in Eichstätt wiederholt.

[727] Kriegschronik St. Walburg; vgl. Reis: Chronik, S. 62ff.; detailliert Margraf: Kriegsende, S. 158ff.; Georg Babl: Das alte Eichstätt. Tutzing 1994, S. 191 erinnert sich, dass eine Volkssturm-Abteilung die englischen Offiziere begleitet habe; Diener: Erinnerungen, S. 131; v. Werden: Tagebücher, S. 300.

[728] Peterson: Limits, S. 330ff.; zu Bäumls Kriegseinsatz vgl. Bayerischer Staatsminister des Innern an den Reichsstatthalter in Bayern betreff: „Die im Wehrdienst stehenden Landräte und Landratsamtsverwalter" v. 25.02.1944. BArch VBS 1012 (R1501) ZA VI 0187 A. 07; Josef Kleber an Äbtissin Benedicta 07.12.1949. AStW; Spruchkammerakte Josef Kleber. StAN Spruchkammer Eichstätt KA 78, S. 22ff.; Bischof Rackl an Gauleiter Karl Holz 08.04.1945. Maschschrift. AStW.

[729] Peterson: Limits, S. 332;; Spruchkammerakte Josef Kleber. StAN Spruchkammer Eich-

stätt KA 78, S. 22ff.; darin auch: Eidesstattliche Erklärung Dr. Eugen Abt 21.12.1948
(S.70); German Civilian Petition. KUEI NL 61.

[730] Darstellung Oberst N.N., wahrscheinlich Marschall, KUEI NL 61; auch Kürzinger:
Entscheidungsvolle Tage. Zum 80. Geburtstag von Oberst Marschall; ders.: Bischof
Michael Rackl und sein Eintreten für die Stadt. KUEI NL 61; die Bedeutung der
Bittschrift der englischen Offiziere betont auch Oberst Hadrian Ried in einer eides-
stattlichen Erklärung 11.08.1948 (S. 61); eidesstattliche Erklärung Dr. Karl Kreckel
02.08.1947 (S. 67), beide in Spruchkammerakte Josef Kleber. StAN Spruchkammer
Eichstätt KA 78; Kriegschronik. AStW; vgl. überblickshaft Tobias Ettle: Die weiße
Fahne. Ereignisse zum Ende des Zweiten Weltkriegs im Frühjahr 1945 in Eichstätt und
Umgebung. Eichstätt 1995, S. 34ff.

[731] Heinrich Munker an SS-Hauptsturmführer Willi Reeg 27.12.1944 u. an SS-Haupt-
sturmführer Hans Zimmermann 14.02.1945. BArch R 9361-III/544873; Heinrich
Munker an Hans Rösch 20.07.1948 (S. 62f.), in Spruchkammerakte Josef Kleber. StAN
Spruchkammer Eichstätt KA 78; Munker wird seine in genanntem Brief abweichende
Sicht später öffentlich machen: Eichstätt war in größter Gefahr. In: Eichstätter Kurier
07.05.1955;

[732] Eichstätt war in größter Gefahr. In: Eichstätter Kurier 16.04.1955; Kriegschronik. Alle
AStW; Spruchkammerakte Josef Kleber. StAN Spruchkammer Eichstätt KA 78, S.
22ff.; Kolpingfamilie Eichstätt, S. 282; vgl. zur Einnahme Eichstätts Margraf: Kriegsende, S. 165.

[733] Werden, v.: Tagebücher, S. 303; Augenzeugenbericht von Diener: Erinnerungen, S.
132ff.; erhängt wurden der Saarbrücker Soldat Ludwig Lamour (1906–1945) und der
Eichstätter Arbeiter Valentin Kriegl (1909–1945); Kriegschronik. AStW; Spiegl: Leben,
S. 33; Maria v. Twickel an ihre Schwester Ida v. Merveldt 01.07.1945. Lem.N.Ida 208;
Kolpingfamilie Eichstätt, S. 283.

[734] Äbtissinnen-Brief den Amerikanern übergeben: Georg Brummer. In: Eichstätter Kurier 18.04.1984; vgl. Ettle: Fahne, S. 16ff.; Kolpingfamilie: Eichstätt, S. 283; Kriegschronik und Chronik von Sr. Brigitte z. Münster, S. 29. Beide AStW; Stengl: Pfarrer.

[735] Aussage Äbtissin Benedicta. 01.08.1946. StAN Spruchkammerakte – Entlastung des
Josef Kleber Stadtoberinspektor Eichstätt, Beilage 58. Im Spruch der Hauptspruch-
kammer Weißenburg/Sitz Ellingen v. 20.12.1948 heißt es ausführlich: „Es steht somit
für die Hauptkammer eindeutig fest, dass der Betroffene der Mittelsmann der Frau Äbtissin, des verstorbenen Herrn Bischof Michael Rackl aus Eichstätt und des britischen
Feldgeistlichen Cpt. Anthony Antrobus war, durch den der damalige Nuntius Orsenigo sich mit dem amerik. Oberkommanda in Verbindung setzen konnte, um dadurch
die Zurücknahme des bereits ausgegebenen Befehls für die Bombardierung der Stadt
Eichstätt zu erreichen". StAN Spruchkammer Eichstätt K 78; Äbtissin M.A. Benedicta
von Spiegel O.S.B., in: St. Willibalds-Bote 05.03.1950.

[736] Abtei St. Walburg: Zu dem Artikel „Der Todeskandidat im Nonnenkloster" vom
17.01.1990. AStW; auch rezipiert in Ettl: Fahne, S. 40f.; vgl. Stephan Adam: Maria Anna
Benedicta Spiegel von und zu Peckelsheim. In: Bagorski, Barbara/Brandl, Ludwig
(Hg.): Zwölf Frauengestalten aus dem Bistum Eichstätt. Regensburg 2008, S. 198ff.;
Andrea Franzetti: Bischöfe und Pater im Asphalt. Bistum Eichstätt. In: Kirchenzei-
tung Bistum Eichstätt v. 07.09.2014.

[737] Münster, z.: Chronik, S. 32ff.; Eichstätt war in größter Gefahr. In: Eichstätter Kurier
16.04.1955, in dem Artikel führte Kleber aus: „Nach längeren Verhandlungen wurde ich
vom Kommandeur beauftragt, bis auf weiteres die Bürgermeistergeschäfte zu führen".
Und weiter: „Ich führte die Geschäfte des Bürgermeisters vom 25. April bis 9. Mai".

738 Maria v. Twickel an Ida v. Merveldt 24.09.1945. Lem.N.Ida 208; Beil: Jahre, S. 374.

739 Handschriftliche Listen. AStW; Bischof v. Preysing an Äbtissin Benedicta 07.08.(?)1945. DAB V/16-3-1 (44).

740 Vgl. zu Wahl und Einsetzung von Landrat und Bürgermeister den Eichstätter Kurier 16.04.1955, S. 12; Babl: Erinnerungen, S. 193ff.; die Vorgänger Towls als Leiter der amerikanischen Militärverwaltung in Eichstätt waren Major Ben Reed und Major William S. Staats, vgl. Heinz Hürten: Die Amerikaner in Eichstätt. In: Kraus, Andreas (Hg.): Land und Reich. Stamm und Nation. Festgabe für Max Spindler zum 90. Geburtstag. Bd. III, München 1984, S. 473ff. (475); ; Margraf: Kriegsende, S. 169; seine Einsatzorte hat Towle auf einer Karte mit Daten verzeichnet, dort auch das Eigenzitat. AStW; vgl. Ettle: Fahne, S. 67ff.

741 Äbtissin Benedicta an Bischof Rackl 19.05.1945. DAEI BiA 816.

742 BayHStA, OMGB 09/138-1/104; Margraf, S. 173; St. Walburg: Volksschule, S. 32; Kriegschronik; Maria v. Twickel an Ida v. Merveldt 24.09.1945. Lem.N.Ida 208; zeitgleich eröffneten die Englischen Fräulein ihre Haustöchterschule und am 20.02.1946 ihre Mädchenmittelschule. CJ MEP AIM HA 7.

743 Äbtissin Benedicta an Captain Towle wegen Schulrat Seifferth 22..02.1946. DAEI BiA 748; Stengl: Pfarrer; v. Spiegel an American Military Government Eichstätt v. 25.06.1945 wegen Reiseerlaubnis für Dr. Simon Schorer u. am 31.07.1945 wegen Möbeltransporten der Pfarrer Anton Brems u. Max Stengl von u. nach Tagmersheim. Beide BayHStA, OMGB 09/138-1/104; Stellungnahme gegen die Schließung der Hofmühlbrauerei des Dr. Emslander 19.11.1945; „Hilfsaktion" für Dr. Simon Schorer 20.01.1946. Beide AStW.

744 Maria v. Twickel an Ida v. Merveldt 13.10.1945. Lem.N.Ida 208.

745 Äbtissin Benedicta an The American Military Government 28.11.1945. OMGB 09/138-1/104; vgl. allgemein den Sammelband: Katharina Gerund/Heike Paul (Hg.): Die amerikanische Reeducation-Politik nach 1945. Interdisziplinäre Perspektiven auf „America's Germany". Bielefeld 2015; Kolpingfamilie Eichstätt, S. 292f.

746 Captain Towle: Recommendation 19.01.1946. BayHStA, OMGB 09/138-3/016. Was auch immer man von der Emphase dieses Empfehlungsschreibens halten mag, so ist es unzutreffend, wenn Margraf: Kriegsende, S. 171 schreibt, dass Towle sich „nicht scheute", Äbtissin Benedicta als Widerstandskämpferin zu bezeichnen. Margraf's Bewertung „vermeintliche Widerstand der Geistlichkeit" nimmt die Forschungsergebnisse zum widerständigen Agieren der St. Walburger Äbtissin, des Eichstätter Freundeskreises um Fritz Gerlich, der Flugblattaktionen, des Versteckens von Häftlingen etc. nicht zur Kenntnis, vgl. dazu z.B. die mehrfach zitierten Arbeiten von Rudolf Morsey.

747 Edward N. Petersen: The american occupation of Germany. Retreat to victory. Detroit 1977, S. 311; Käthe Hofer an Äbtissin Benedicta 27.11.1949. AStW.

748 Werden, v.: Tagebücher, S. 339; Stengl: Pfarrer; Schnitzer und Schreinermeister Max Klöpffer (1908–1066) war nach der Kapitulation aus der Kriegsgefangenschaft nach Eichstätt zurückgekehrt, vgl. v. Werden: Tagebücher, S. 329; ders., S.339 und Stengl beschreiben ihre eigenen Erfahrungen mit dem cholerischen Towle; vgl. Hürten: Amerikaner, S. 478f.; Petersen: Occupation, S. 310ff.; verwiesen sei auf Annual Reports Eichstätt 1946. BayHStA, OMGB 09/137-3/006.

749 Nelson, Daniel J.: A History of U.S. Military Forces in Germany. Boulder 1987, S. 33; Petersen: Occupation, S. 310, 312.

750 Kritische Online-Edition der Tagebücher Michael Kardinal von Faulhabers (1911-1952). Tagebucheinträge vom 1. und 12. April 1946 EAM, NL Faulhaber 10024, S. 81-82. Verfügbar unter: https://www.faulhaber-edition.de/dokument.

html?idno=10024_1946-04-01_T01. Letzter Zugriff am 23.11.2021; Towle beschreibt in seinem Annual Report 1946 die Beisetzung und Überführung des päpstlichen Nuntius nach Rom und seine politische Bedeutung während der Nazizeit. Military Government Liaison & Security Office. BayHStA, OMGB 09/137-31006.

751 Beatissime Pater – Gesuch Bischof Rackl v. 19.12.1945 um Ernennung von Captian Towle zum päpstlichen Geheimkämmerer. DAEI BiA 748; Regent mit Marshallstab. Donaukurier 23.09.2015; Äbtissin Benedicta an Herrn Krause (unbekannt) 01.05.1946. BayHStA, OMGB 09/138-1/014; Kardinal v. Preysing an Äbtissin Benedicta 30.04.1948. DAB V/16-5; Nachfolger Towles wurde Richard Julien, in den Archivalien fanden sich bisher keine Dokumente, die über sein Verhältnis zu Benedicta v. Spiegel Aufschluss geben.

752 BayHStA, OMGB 09/138-3/016.

753 Biographisches: Ulrich Faust: Romuald Bauerreiß. Mönch und Gelehrter in einem Großstadtkloster. In: Langer, Michael/Bilgri, Anselm (Hg.): Weite des Herzens. Weite des Lebens. Regensburg 1989, S. 77ff.; zum Aufenthalt von H. Scholl und A. Schmorell in der Abteibibliothek St. Bonifaz bei P. Bauerreiß vgl. Christiane Moll (Hg.): Alexander Schmorell, Christoph Probst. Gesammelte Briefe. Berlin 2011, S. 164f.; P. Bauerreiß an Äbtissin Benedicta 05.01.1946; Antwortschreiben 21.01.1946. Beide AStW; die Redaktionskorrespondenz SMGB weist für diesen Zeitraum Lücken auf, eine Gesamtdarstellung für die bayerischen Benediktinerklöster ist nicht zustande gekommen, so die schriftlichen Auskünfte v. Stiftsarchiv St. Bonifaz 15.02.2021 und Archiv St. Ottilien (Herausgabe der SMGB) 27.11.2020; Jahrgänge 1946-1950 der SMGB ergebnislos von der Verfasserin gesichtet.

754 Benedicta v. Spiegel an ihre Geschwister. 06.03.1946. LEM.N.Ida 241; Lebenslauf Sr. Dorothea Brockmann. AStW

755 Germain Morin an Äbtissin Benedicta 21.01.1940; 16.03.1940; 28.03.1940; 31.03.1940. AStW; Germain Morin an Joseph Lechner. 11.11.1941. KUEI NL 38II, M-P; es verstarben am 22.03.1946 Clemens August Kardinal Galen; am 01.04.1946 Nuntius Cesare Orsenigo.

756 Abtei St. Walburg an die Militärregierung von Eichstätt 20.05.1946; Captain Towle an Director, Office of Military Government for Bavaria 31.05.1946. Beide BayHStA, OMGB 09/138-1/014; schriftliche Auskunft zum Walburgisverlag v. Äbtissin em. Franziska Kloos 02.03.2022.

757 Kardinal v. Preysing an Äbtissin Benedicta 03.10.1946, 19.12.1946, 12.05.1949; Äbtissin Benedicta an Kardinal v. Preysing 12.08.1946. Alle DAB V/16-15; vgl. Knauft: Preysing, S. 251f.; vgl. Zunker: Benediktinerinnenabtei, S. 428ff. mit einer Übersicht über die Vielzahl an Reliquien in St. Walburg.

758 Äbtissin Benedicta an Abt Molitor 11.10.1946. AStW.

759 Ferdinand Neumann an Äbtissin Benedicta 11.12.1946. AStW; Denkmal für einen erfolgreichen Politiker: Die Eichstätter „Weinzierlsiedlung". In: Eichstätter Kurier 25.03.2005; vgl. Flügelkampf in Eichstätt. In: Eichstätter Kurier 29.08.2017; Neumanns Kampf gegen Hundhammer ging auch im Vorfeld der 2. in Eichstätt stattfindenden CSU-Landesversammlung weiter, wie einem Brief an Joseph Lechner 03.07.1947. KUEI NL 38 I, M-P zu entnehmen ist; zum „Geraden Weg" als Parteiorgan der CSU Wolfgang Vogel: Aus dem Geist des Widerstands. In: Bayernkurier 23.12.2018; vgl. zum „Geraden Weg" der CSU Thomas Schlemmer: Aufbruch, Krise und Erneuerung. Die Christlich-Soziale Union 1945 bis 1955. München 1998, S. 269ff. (273).

760 Äbtissin Benedicta an Kardinal v. Preysing 21.12.1946. DAB V/16-15.

XVI. Letzter Lebensabschnitt

[761] Äbtissin Benedicta an Ida v. Merveldt. Ostern 1947 (Ende März); ebenso Brief 28.03.1947. Beide LEM.N.Ida 208; Maria Josepha (Strop) heiratete am 21.04.1949 Johannes Ferdinand v. Twickel (1903–1989); auch zur Entlobung der Nichte Regina v. Spiegel, jüngste Tochters ihres Bruders Joseph, mit Graf Nagel (Vorname N.N.) äußerte sie sich. Äbtissin Benedicta an Ida v. Merveldt 12.12.1949 und weiterer Brief undatiert; Aloysia v. Westphalen (geb. v. Spiegel) an Äbtissin Benedicta 10.12.1949. Alle LEM. N.Ida 241.

[762] Äbtissin Benedicta an Ida v. Merveldt. 12.12.1949 und undatierter Brief. Beide LEM.N.Ida 241; die heftigen Auseinandersetzungen unter den Geschwistern sind in weiteren Briefen dokumentiert so Joseph v. Spiegel an Ida v. Merveldt. 27.04.1949. LEM.N.Ida 208; Äbtissin Benedicta an Aloysia v. Westphalen geb. v. Spiegel 09.12.1949. PAvW.

[763] Äbtissin Benedicta an Ida v. Merveldt 28.03.1947, o.D.1947. Beide LEM.N.Ida 208.

[764] Vgl. Herbert Alsheimer: Der Vatikan in Kronberg. Ein Unikat in der deutschen Nachkriegsgeschichte. Frankfurt/M. 2003; Äbtissin Benedicta an Bischof Aloysius Muench 03.03.1947; Bischof Muench an Äbtissin Benedicta 15.03.1947 u. 16.04.1947. Alle AStW.

[765] Äbtissin Benedicta an Kardinal v. Preysing 14.01.1947. DAB V/16-15 (38).

[766] P. Stanislaus Grünewald an Äbtissin Benedicta 23.01.1947; Abtei St. Walburg: Ut in omnibus gloricicetur Deus. Eichstätt 1947. Beide AStW; Stanislaus Grünewald war bis 1952 in Rom Generalsekretär, danach Generalprokurator, ab 1958 Generaldefinitor II des Gesamtordens der Kapuziner im Vatikan. Archiv der Provinz der Bayerischen Kapuziner X 151 133 926; Äbtissin Benedicta an v. l. Fort 18.04.1947; v. l. Fort musste sich von Ende 1946 mehr als 2 Jahre in der Schweiz aufhalten, da ihr die Einreise nach Deutschland wegen ihres Schweizer Bürgerrechts verweigert worden war. Daher antwortete am 23.04.1947 ihre Sekretärin auf den Brief. Beide DLA Marbach, Bestand A: LeFort, Gertrud von, Briefe vom 18.04.1947 u. 23.04.1947; vgl. die Biographie von Nicolas J. Meyerhofer: Gertrud von le Fort. Berlin 1993, S. 72ff.

[767] P. Grünewald an Äbtissin Benedicta 23.01.1947; ihre Antwort 14.04.1947. Beide AStW; 6 Postulantinnen sind erwähnt in einem fast zeitgleichen Schreiben an v. Preysing. 23.10.1947. DAB V/16-15; Kurzbiographie Stanislaus Grünewald in Archiv der Provinz der Bayerischen Kapuziner X 151 133 926.

[768] St. Walburg: Jahre, S. 33f.

[769] P. Brechter an Äbtissin Benedicta 19.10.1947. AStW; Das monastische Ideal. 2. Auflage St. Ottilien 1949, S.VIII; als weitere Bände der Reihe erschienen von Stephanus Hilpisch: Das Benediktinertum im Wandel der Zeiten 1950, vom gleichen Autor Geschichte der Benediktinerinnen 1951und als letzter Band der Reihe Elisabeth Dubler: Das Bild des hl. Benedikt 1953.

[770] Äbtissin Benedicta an Kardinal v. Preysing 23.10.1947 u. 18.01.1948. DAB V/16-15; die „Kältewelle des letzten Winters" und die „Sommerdürre" 1947 erwähnt Kolpingfamilie Eichstätt, S. 298.

[771] Münster, zu: Lebensbild, S. 32f.; Äbtissin Benedicta an Kardinal v. Preysing 29.01.1948; Kardinal v. Preysing an Äbtissin Benedicta o.D. Beide DAB V/16-16.

[772] Sr. Laurentia a. Ida v. Merveldt 18.04.1948, ergänzt um handschriftlichen Zusatz v. Äbtissin Benedicta. LEM.N.Ida; Kardinal v. Preysing an Äbtissin Benedicta 11.05.1948. DAB V/16-16.

[773] Äbtissin Benedicta an v. Waldburg-Zeil o.D. nach 21.09.1948. Waldburg-Zeil'sches Gesamtarchiv; Schickel: Schröffer. S. 46.

[774] Äbtissin Benedicta an das Würzburger Domkapitel 01.06.1948. AStW.

[775] Ludwig Weitmann an Joseph Lechner 29.05.1948. KUEI NL 38 St-Z; schriftliche Auskunft Prof. Dr. Jutta Dresken-Weiland, Verlag Schnell & Steiner 16.02.2022 Regensburg; eine 2. von Karl Ottmar v. Aretin ergänzte Auflage der Gerlich-Biographie erschien 1983.

[776] Kardinal v. Preysing an M. Neumayr 31.05.1948. DAB V 16-16; alle genannten Bücher sind im Literaturverzeichnis enthalten.

[777] Äbtissin Benedicta an v. Waldburg-Zeil o.D. nach 21.09.1948; zum Wutz-Haus Vermerk der Waldburg-Zeil'schen Liegenschaftsverwaltung v. 06.02.1948; Sr. Walburga an Erich v. Waldburg-Zeil 01.01.1949. Alle Waldburg-Zeil'sches Gesamtarchiv. Mit Monika ist die Ehefrau des Fürsten gemeint.

[778] Brief aus St. Walburg an Kardinal v. Preysing 27.11.1948. Brief aus St. Walburg an Sr. Dagila / Berlin 29.11.1948. Beide DAB V/16-15; Bischof Schröffer an Kardinal v. Preysing 05.12.1948 u. 21.12.1948. DAB V/16-16 (265, 277); zu Münster: Lebensbild, S. 33.

[779] Sr. Walburga an Ida v. Merveldt 05.01.1949. LEM.N.Ida; handschriftlicher Vermerk I. v. Merveldt „an Melle, Josef, Adolf geschickt"; Sr. Walburga informierte auch Kardinal v. Preysing 04.01.1949. DAB V/16-16 (311); zu Münster: Lebensbild, S. 34.

[780] Äbtissin Benedicta an Kardinal v. Preysing 16.05.1949. DAB V/16-16 (467); Sr. Laurentia an Ida v. Merveldt 24.05.1949. LEM.N.Ida; Besuch der Verfasserin in Ermelinghoff am 23.10.2021.

[781] Münster, z.: Lebensbild, S. 36; Kardinal v Preysing an Therese Gräfin Stolberg. DAB V/16-16 (32).

[782] Instruktiv zu v. d. Heydte, Waldburg-Zeil und der abendländischen Bewegung Vanessa Conze: Das Europa der Deutschen. Ideen von Europa zwischen Reichstradition und Westorientierung (1920–1970). München 2005, S. 63ff. (69ff.); vgl. zum politischen Engagements Erich Waldburg-Zeils in der Nachkriegszeit und seinem rechtskonservativen, christlichen Weltbild: Jürgen Klöckler: Erich Fürst von Waldburg-Zeil. Gesellschaftsbilder und staatsorganisatorische Vorstellungen. In: Kuhn, Elmar L. / Ritter, Brigitta / Bauer, Dieter R.: Das große weite Tal der Möglichkeiten. Geist Politik Kultur 1945–1949. Lindenberg 2002, S. 169ff.

[783] Äbtissin Benedicta an v. d. Heydte 15.11.1949. AStW; Äbtissin Benedicta an Kardinal v. Preysing. 30.11.1949. DAB V/16-16 (66); Kardinal v. Preysing an v. d. Heydte 03.12.1949 u. 12.12.1949. DAB V/16-16 (92, 98); Bericht über die CSU-Mitgliederversammlung am 12.12.1949 im Gesellenhaus des Ortsverbandes Eichstätt. KUEI NL 38 Amtl. Korrespondenzen St-Z; Artikel im Eichstätter Kurier v. 04.01.2006: Stadtoberhaupt stöhnte: „Eichstätter friedfertiger als ihr Stadtrat".

[784] Äbtissin Benedicta an Kardinal v. Preysing 30.11.1949. DAB V/16-16 (66); J. Mühlbauer an Äbtissin Benedicta 13.11.1949. AStW.

[785] Protokoll-Nr. 431-VA v. 24.10.1949; Antrag Stadtrat Mühlbauer vom 23.10.1949. Stadtarchiv Eichstätt; Einladung und Programm des Festaktes, Ehrenbürgerurkunde. AStW; z. Münster: Lebensbild, S. 36; Äbtissin Benedicta an Aloysia v. Westphalen, geb. v. Spiegel, 30.11.1949. PAvW; Kardinal v. Preysing an Äbtissin Benedicta 03.12.1949. DAB V/16-16 (93).

[786] Äbtissin Benedicta an Aloysia v. Westphalen 09.12.1949. PAvW; Äbtissin Benedicta an Ida v. Merveldt 12.12.1949. LEM.N.Ida 241. Zeitungsartikel zur Beisetzung, Nachrufe. PAvW, wahrscheinlich erschienen in Westfalen-Zeitung Paderborn, genaue Erscheinungsdaten lassen sich zur Zeit nicht eruieren, da die Westfalen-Zeitung für diesen Zeitraum bisher in keinem Archiv nachweisbar ist.

[787] LAV NRW OWL D 99 Nr. 1343 a+b, 22, 38, 41-45, Beschluss des Oberverwaltungs-
gerichts NRW in Münster IV A 929/51 v. 28.06.1952; Äbtissin Benedicta an Paula
Bennet Weihnachten 1949. Archiv Schloss Rheder; ähnlich auch an ihre Schwester Ida
v. Merveldt 12.12.1949. LEM.N.Ida 241; v. Münster: Lebensbild, S. 37.

[788] Kürzinger: Spiegel, S. 27; z. Münster: Lebensbild, S. 37; Äbtissin M.A. Benedicta
von Spiegel O.S.B. In: St. Willibalds-Bote 05.03.1950; Sr. Michaela an Ida v. Merveldt
12.02.1950; Telegramm 13.02.1950 an Ida v. Merveldt; Telegramme v. Ida v. Merveldt 14.02.1950 u. 17.02.1950 mit der Todesnachricht: „Lika sanft eingeschlafen".
Alle LEM.N.Ida 241; Sr. Walburga an Erich v. Waldburg-Zeil 13.02.1950. Waldburg-
Zeil'sches Gesamtarchiv.

[789] Bischof Schröffer: Traueransprache für Äbtissin Benedicta 20.11.1950. AStW; Äbtissin
M.A. Benedicta von Spiegel O.S.B. In: St. Willibalds-Bote 05.03.1950; z. Münster: Lebensbild, S. 38.

[790] Artikel in der Eichstätter Volkszeitung und im Donau-Kurier um den 21.02.1950. Undatiert AStW; Gottesdienstordnung und Einlasskarte. PAvW; vgl. auch Joseph Kürzinger: Eine große westfälische Frau unseres Jahrhunderts. Äbtissin M.A. Benedicta von
Spiegel. In: Westfalenspiegel 2 (1960), S. 12f.

[791] Walter Adolph an Imagina Prinzessin zu Stolberg-Stolberg 30.12.1950. DAB V/16-16;
Kardinal v. Preysing an v. Waldburg-Zeil 17.02.1950 und undatiert. DAB V/16-16 (246,
252).

[792] Sr. Michaela an Ida v. Merveldt 02.03.1950. LEM.N.Ida 241; Therese Neumann an
die Schwestern von St. Walburg. o.D.; Th. Klauser an die Priorin von St. Walburg
23.02.1950. Beide AStW.

[793] Manuskript. AStW; Aufgenommen wurde die Sendung (Produktionsnummer PR64565)
zwischen dem 14. und 24.11.1962. Schriftliche Auskunft dankenswerterweise vom Bayerischen Rundfunk 05.01.2022.

[794] Augustina Weihermüller. In: Biographia Benedictina (Benedictine Biography), Version
vom 8.01.2019, URL: http://benediktinerlexikon.de/wiki/Weiherm%C3%BCller,_
Augustina; Kurzbiographie E. Drey u. W. Waldburg-Zeil. AStW; beide Zitate W. v
Waldburg-Zeil an Ida v. Merveldt 30.07.1953. LEM.N.Ida 228.

[795] Witetschek: Pater, S. 198; Sr. Laurentia an A. v. Westphalen, geb. Spiegel 23.12.1962.
PAvW; „Rundschreiben Steiner vom Januar 1964. AStW, er nennt im P.S. als Vertei-
lerkreis: Naber, Neuhäusler, die Witwe Fürstin Waldburg-Zeil, Abt Heufelder, Prof.
Mayr, Emslander, A. Spiegl, Schorer, Hutter, Diener, Neumayr, Prälat Dipfl, Pfr. Kunz,
Schnell, Mittendorfer, Stuchlik"; in der dem Rundschreiben beigefügten Petition wer-
den auch die bereits verstorbenen Freunde, darunter Äbtissin Benedicta als Befürwor-
ter einer Seligsprechung der Therese Neumann genannt; in St. Walburg wurden die
Aktivitäten genau verfolgt: „Wie lb. Frau Gräfin wohl aus Presseberichten wissen wird
schon ernstlich an den Seligsprechungsprozeß für Resl gedacht. Wie mir Dr. Schorer im
Herbst sagen ließ…laufen viele Berichte über wunderbare Gebetserhörungen ein". Sr.
Benedicta N.N. an Ida v. Merveldt 05.12.1965. LEM.N.Ida 228; Begründung zur Eröffnung des Seligsprechungsverfahrens www.erzbistum-muenchen.de, zuletzt abgerufen
am 10.09.2022.

[796] Münster z. an Aloysia v. Westphalen, geb. v. Spiegel 27.03.1961. PAvW.

Abkürzungsverzeichnis

AA Maredret	Archiv Abtei Maredret
AA Maredsous	Archiv Abtei Maredsous
AA Maria Laach	Archiv Abtei Maria Laach
AA StM Trier	Archiv Abtei St. Matthias Trier
AASH	Archiv Abtei St. Hildegard
AEB	Archiv des Erzbistums Bamberg
AE Beuron	Archiv Erzabtei Beuron
Altpg.	Altparteigenosse NSDAP
APECESJ	Archiv der Zentraleuropäischen Provinz der Jesuiten
AStW	Archiv der Abtei St. Walburg
A.T.	Altes Testament
Aufl.	Auflage
BAdW	Bayerische Akademie der Wissenschaften
BArch	Bundesarchiv
BayHStA	Bayerisches Hauptstaatsarchiv (München)
BayHStA, OMGB	Bayerisches Hauptstaatsarchiv, Office of Military Government Bayern
BDM	Bund Deutscher Mädel
Br.	Bruder (im Kloster)
CARE / C.A.R.E.	Cooperative for American Remittances to Europe (Nahrungsmittelpakete)
CJ MEP AIM	Congregatio Jesu Mitteleuropäische Provinz Archiv Institut München
cm	Centimenter
DAAM	Deutsches Adelsarchiv Marburg
DAB	Diözesanarchiv Berlin
DAEI	Diözesanarchiv Eichstätt
DLA	Deutsches Literaturarchiv Marbach
EBAP	Erzbistumsarchiv Paderborn
FA Aretin	Familienarchiv von Aretin im BayHStA
FAZ	Frankfurter Allgemeine Zeitung

Fußn.	Fußnote
Gfn.	Gräfin
GW	Kürzel im Text: Gerlinde v. Westphalen
H.	Heft
ha	Hektar
handschr.	handschriftlich
Hav.I.N	Archiv Havixbeck, Familienarchiv, Nachlässe von Wintgen Ermelinghoff, Hamm
Hg.	Herausgeber, herausgegeben
HJ	Hitlerjugend
Hochw.	Hochwürdige/r
Hochwst.	Hochwürdigste/r
HStAS	Hauptstaatsarchiv Stuttgart
IKH	Ihre Königliche Hoheit
Jg., Jgg.	Jahrgang, Jahrgänge
Joh.	Evangelium nach Johannes
kg	Kilogramm
kgl.	königlich
KLV	Kinderlandverschickung
K.St.V.	Katholische Studentenverbindung
KV	Kartellverband katholischer deutscher Studentenvereine
KZ	Konzentrationslager
l.	liebe/n/r
LAV NRW OWL	Landesarchiv Nordrhein-Westfalen Abteilung Ostwestfalen-Lippe
Lem.N.Ferd	Lembeck Nachlaß Ferdinand Graf von Merveldt
Lem.N.Ida	Lembeck Nachlaß Ida Gräfin von Merveldt
li.	links
LMU	Ludwig-Maximilian-Universität
LWL	Landschaftsverband Westfalen-Lippe
maschschr.	Maschinenschriftlich
Mk	Mark
Monsign.	Monsignore
MPIP	Max-Planck-Institut für Psychiatrie
n.	nach
n.e.	nicht ermittelbar
NL	Nachlass

NLA	Niedersächsisches Landesarchiv
N.N.	Nomen Nominandum, nicht bekannt
o.D.	ohne Datumsangabe
o.J.	ohne Jahresangabe
OMGB	Office of Military Government Bavaria
o.O.	ohne Ortsangabe
Ost.NLü	Haus Ostwig Nachlass Ferdinand v. Lüninck
OSB o. O.S.B.	Ordo Sancti Benedicti
P.	Pater
PAAA	Politisches Archiv des Auswärtigen Amtes
PAvW	Privatarchiv Graf Gräfin von Westphalen Paderborn
POW	Prisoners of War
R.	Reihe
RAC	Reallexikon für Antike und Christentum
re.	rechts
Rmk	Reichsmark
SA	Sturmabteilung
SA München	Stadtarchiv München
SA Nürnberg	Stadtarchiv Nürnberg
SD	Sicherheitsdienst
SMGB	Studien und Mitteilungen zur Geschichte des Benediktinerordens
Sr.	Schwester (im Kloster)
SS	Schutzstaffel
StAAm	Staatsarchiv Amberg
StAL	Landesarchiv Baden-Württemberg, Staatsarchiv Ludwigsburg
StAN	Staatsarchiv Nürnberg
StArchM	Staatsarchiv München
SZ	Süddeutsche Zeitung
v.	von
VfZ	Vierteljahreshefte für Zeitgeschichte
V.I.P.	Very Important Person

Bildnachweise

S. 15:	AStA
S. 25:	AStA
S. 26:	Aufnahmen PAvW
S. 42 und 43:	PA Ermelinghoff
S. 59:	o. li.: PAvW; o. re.: PA Ermelinghoff; u. li.: AA Maredsous; u. re.: AStW
S. 98:	PAvW
S. 99:	o. li.: PAvW; o. re.: AStW; u. li.: AStW; u. re.: AA Maredsous
S. 122:	AASH
S. 123:	o. li.: AASH; o. re.: AA Maria Laach; u. li.: AE Beuron; u. re.: AE Beuron
S. 124:	o. li.: AStW; o. re.: AAStM Trier; u.: AStW
S. 150:	AStW
S. 177:	PA Ermelinghof
S. 178:	PAvW
S. 206:	Universitätsbibliothek Eichstätt-Ingolstadt (GS 3)10.17.3
S. 207:	AStW
S. 208:	Waldburg-Zeil'sches Gesamtarchiv
S. 240:	Bayerische Staatsbibliothek München hoff-9024
S. 241:	PAvW
S. 242:	li.: PAvW; re.: Klinik f. Psychiatrie u. Psychotherapie d. Universität Göttingen
S. 252:	li.: Universitätsbibliothek Eichstätt-Ingolstadt GS(1)10.1; re.: PA Ermelinghoff
S. 267:	Universitätsbibliothek Eichstätt-Ingolstadt NL B 61
S. 280:	Archiv Abtei Boulder
S. 281:	o.: AStW; u.: PAvW
S. 282:	PAvW
S. 325:	o.: Universitätsbibliothek Eichstätt-Ingolstadt Fotoalbum zum Abteijubiläum: „IV. Neunhundert-Jahrfeier der Abtei St. Walburg 1.-8.Mai 1935" (Stigler-Alben, vorl. Nr. 19); u. li.: AStW; u. re.: UA Münster, Bestand 68 Nr. 3995
S. 326:	o.: AStW; u.: Universitätsbibliothek Eichstätt-Ingolstadt GS(1)10.173
S. 359:	AStW
S. 390:	AStW
S. 391:	PAvW
S. 418:	AStW
S. 419:	o. li.: AStW; o. re.: StAN Spruchkammer Eichstätt K 78; u.: AStW
S. 440:	AStW

Bibliographie

UNVERÖFFENTLICHTE QUELLEN

Abbey of St. Walburga in Virginia Dale
- Schecks und Deed of Trust den Kauf der Abtei in Boulder (USA) betreffend

Archiv der Abtei St. Walburg/Eichstätt (AStW)
- Nachlass Äbtissin Benedicta von Spiegel
- Amerikagründungen im 19. Jhd. o.D. Manuskript
- Chroniken – Auszüge, zum Teil handschr.
- Chronik der Erzabtei Beuron. August bis Mitte September 1914
- Fairfield, Letitia: Therese Neumann. Ein klarer Fall von Hysterie. Maschschr. 1951.
- Geschichte des Kindergartens der Abtei St. Walburg. o.J.
- Lechner, Joseph: The case of Hilda C. Graef. Maschschr. o.J.
- Mannin Ethel: Ethel Mannin sucht die Mutter Aebtissin des Benediktinerinnenklosters zu Eichstätt auf und findet: Eine Frau ohne Furcht. Maschschr.
- Spiegel von, Benedicta: Die Abtei St. Walburg im NS-Kirchenkampf. Maschinenabschrift. Eichstätt 1945. Maschschr.
- Dies.: Aufzeichnungen 1938/1940 zu Konnersreuth. Maschschr.
- Dies.: Konferenzen über die Heilige Regel und Statuten der Abtei St. Walburg in Eichstätt. o.J. Maschschr.

Archiv der Abtei St. Hildegard/Eibingen (AASH)
- Annalen Abtei St. Hildegard / Eibingen – Auszüge
- Sauter, Josefine: Lebensbild vom 11. Mai 1865 in Meßkirch – Baden bis zum Beginn in St. Hildegard am 17. September 1904. Maschschr.
- Sauter, Regintrudis Äbtissin: Lebensbild 1908–1957. Maschschr.
- Briefe Äbtissin Adelgundis Berlinghoff an Äbtissin Regintrudis Sauter

Archiv der Abtei Maredret (AA Maredret)
- Briefe Benedicta v. Spiegel an Äbtissin Cécile de Hemptinne

Archiv der Abtei Maria Laach (AA Maria Laach)
- Briefe Benedicta v. Spiegel und Äbtissin Regintrudis Sauter an Abt Ildefons Herwegen

Archiv der Abtei St. Stephan Augsburg (StAStSt)
- Korrespondenzen

Archiv des Franz Joseph Dölger-Instituts Bonn
- Nachlass Theodor Klauser

Archiv des Erzbistums Bamberg (AEB)
- Schreiben aus dem Bayerischen Kultusministerium 1936

Archiv der Provinz der Bayerischen Kapuziner
- Biographisches

Archiv der Zentraleuropäischen Provinz der Jesuiten (APECESJ)
- Nachlässe Erich Przywara S.J. und Franz-Georg von Waldburg-Zeil S.J.

Bayerisches Hauptstaatsarchiv München (BayHStA)
- Nachlass Fritz Gerlich
- Familienarchiv von Aretin

Bundesarchiv Berlin (BArch)
Bestände des ehemaligen Berlin Document Center: Personalunterlagen
- Josef Bäuml
- Edgar Emmert
- Hans Rösch
- Heinrich Munker
- Friedrich Stoer

Congregatio Jesu Mitteleuropäische Provinz Archiv Institut München (CJ MEP AIM)
- Dokumente zum Institut der Englischen Fräulein in Eichstätt

Deutsches Adelsarchiv (DAAM)
- DAG Bay 23
- DAG Bay 80

Deutsches Literaturarchiv Marbach (DLA)
- Nachlass Gertrud von le Fort

Diözesanarchiv Berlin (DAB)
- Nachlass Kardinal Konrad Graf Preysing

Diözesanarchiv Eichstätt (DAEI)
- BiA 184, BiA 748, BiA 816
- BOE 708, BOE 1050
- Nachlass Ferdinand von Werden
- Erinnerungen Dompfarrer Johannes Kraus

Erzbistumsarchiv Paderborn (EBAP)
- Nachlässe Generalvikar Kaspar Gierse, Kardinal Lorenz Jäger
- Erzbischöfliches Generalvikariat
- Taufregister St. Johann Baptist Fölsen 1850–1929

Hauptstaatsarchiv Stuttgart (HStAS)
- Briefe Äbtissin Benedicta an Wiltrud Herzogin von Urach

Katholische Universität Eichstätt/Ingolstadt (KUEI)
- Nachlässe Josef Kürzinger, Joseph Lechner, Franz Xaver Wutz,
- Seminararchiv „Bekenntnis zu Hitler"
- Das Kriegsgeschehen in unserer Diözese. Ergebnis der oberhirtlichen Umfrage vom 10.VII.45. Zusammengestellt von Dr. Eugen Abt. Eichstätt, den 5. März 1946. Maschschr.
- 90 Jahre Kolpingfamilie Eichstätt. Aufzeichnungen – Ereignisse aus dem Vereinsleben – Geschichtliches aus Stadt und Bistum Eichstätt 1860-1950.

Eichstätt 1951/52
- Fotografien
- Fotoalbum zum Abteijubiläum: „IV. Neunhundert-Jahrfeier der Abtei St. Walburg 1.-8.Mai 1935" (Stigler-Alben, vorl. Nr. 19)

Kreisdokumentationsstelle Kronach
- Hinweise zum ehem. Landrat Dr. Edgar Emmert

Landesarchiv Baden-Württemberg, Staatsarchiv Ludwigsburg (StAL)
- Spruchkammerakte Friedrich Stoer

Landesarchiv Nordrhein-Westfalen Abteilung Ostwestfalen-Lippe (LAV NRW OWL)
- Personalakte Joseph Freiherr von Spiegel

LWL-Archivamt
- Archiv Haus Ermelinghoff

Marianum – Gymnasium Warburg
- Jahresberichtsbücher zu den Reifeprüfungsjahrgängen und Klausuren von Adolf, Joseph, Raban und Klemens von Spiegel. 1895ff.

Niedersächsisches Landesarchiv Hannover (NLA Hann.)
- Krankenakte Prof. Dr. Gottfried Ewald zu Adolf Freiherr von Spiegel

Ortsarchiv Tagmersheim
- Erinnerungen Pfarrer Max Stengl

Privatarchiv Haus Ermelinghoff (PA Ermelinghoff)
- Fotografien

Privatarchiv Gerlinde und Raban Graf Gräfin von Westphalen Paderborn (PAvW)
- Festchronik über die Aebtissinweihe in der Abtei St. Walburg 29. September 1926. Maschschr.
- Fotoalbum „Tante Lika"
- Münster, Brigitta zu: Bericht über Konnersreuth 1940. Maschschr.
- Aloysia Freiin v. Spiegel: Aufzeichnungen vom November 1942. Handschr.
- Dies.: Ein Leben für die Malerei – vollständiges Manuskript der Tagebücher. O.D. Maschschr.
- Briefe Äbtissin Benedicta und weiterer Ordensfrauen an Aloysia von Spiegel (verh. Wisa Gräfin von Westphalen) 1932 bis 1962
- Spiegel, Benedicta von: Lose Blätter aus dem Bilderbuche meiner Kindheit. Meinen lieben Töchtern gewidmet zum 29. September 1929. Maschschr.
- Dies.: Erinnerungen an die letzten Tage in Belgien und meine Flucht über die Grenze. O.O., o.J. Maschschr.
- Dies.: Italien, wie ich es sah, da ich jung war. O.O., o.J. Maschschr.
- Dies.: II. Teil meiner Erinnerungen: Aus der Jugendzeit. Ermelinghoff und München 1930 und 1936. Maschschr.
- Dies.: Fortsetzung des II. Teils meiner Erinnerungen. O.O. u. o.J. Maschschr.
- Dies.: Meine Reise nach Amerika. St. Walburg 1934. Maschschr.
- Spiegel v. u. z. Peckelsheim, Raban Freiherr: Geschichte der Spiegels zum

Desenberg und v. u. z Peckelsheim zugleich ein Beitrag zur westfälisch-hessischen Heimatgeschichte. 1956 Selbstverlag, 3 Bände. Maschschr.

– Wisa v. Westphalen: Erinnerung an ihre Tante Äbtissin Benedicta. o.J. Handschr.

– Korrespondenzen Wilhem Graf v. Westphalen, Rechtsanwälten u.a.

Privatarchiv Schloss Rheder

– Persönliche Papiere Nachlass Adolf Freiherr von Spiegel

Privatarchiv Bernhard Setzwein

– Textbuch Theaterstück „Resl unser". Uraufführung 14.03.2019 Landestheater Oberpfalz

Privatarchiv Dr. Maria Anna Zumholz

– Aktenmaterial zu Therese Neumann aus dem Diözesanarchiv Regensburg (Aufgrund des laufenden Seligsprechungsverfahren können die Dokumente in Regensburg nicht eingesehen werden)

Schloss Lembeck (Lem.)

– Nachlass Ferdinand Graf von Merveldt

– Nachlass Ida Gräfin von Merveldt, geb. v. Spiegel

Stadtarchiv München (SA München)

– Bericht Dr. Dora Huber über ihre Verhaftung nach der Gefangennahme des Brudes Prof. Kurt Huber

Staatsarchiv Amberg (StAAM)

– Bezirksamt Tirschenreuth bezügl. Therese Neumann

Staatsarchiv München (StArchM)

– Polizeidirektion München, Personendossier Fritz Gerlich 10.056

Staatsarchiv Nürnberg (StAN)

– NS Mischbestand (Rep. 503) Kreisleitung Eichstätt

– Regierung von Mittelfranken (Abg. 1978)

– Spruchkammer Eichstätt K78

Steyler Missionare Provinzarchiv Deutschland

– Chronikauszug Kriegszeit

Universitätsarchiv Münster (UA Münster)

– Nachlass Aurel von Szily

– Fotos Aurel von Szily

Waldburg-Zeil'sches Gesamtscharchiv

– diverse Dokumente

SCHRIFTLICHE AUSKÜNFTE

Abteilung Archivfachliche Aufgaben der Diözese Würzburg, Archive der Abteien Boulder Colorado, Maredret und Maredsous Belgien, St. Hildegard Eibingen, Maria Laach, St. Bonifaz München, St. Matthias Trier, Montecassino, Münsterschwarzach, St. Anselmo Rom, St. Ottilien Varensell, St. Martin Beuron; Archiv der Deutschen Kapuzinerprovinz, Barmherzige Brüder gemeinnützige Behindertenhilfe GmbH, Bischöfliches Generalvikariat Münster, Dominikanerkloster Düsseldorf, Klarissen-Kapuzinerinnen von der Ewigen Anbetung Mainz, Steyler Missionare Tirschenreuth

Aloyisiuskolleg Bad Godesberg; Archiv des Auswärtigen Amtes Berlin, Archiv Franz Joseph Dölger-Institut zur Erforschung der Spätantike Bonn, Archiv des Max Planck Instituts für Psychiatrie München, Bayerischer Rundfunk Recherche München, Bundesarchiv Berlin, Gertrud-von-le-Fort-Archiv Ofterschwang, Gemeinde Konnersreuth, Häftlingsregister KZ-Gedenkstätte Dachau, Historischer Verein Eichstätt, Historisches Archiv der HypoVereinsbank München, Landesarchiv Baden-Württemberg Stuttgart, Landratsamt Kronach, Regens-Wagner-Stiftung Dillingen, Sparkasse Ingolstadt-Eichstätt, Stadtarchiv Eichstätt, Stadt- und Kreisarchiv Paderborn, Stadtarchiv Warburg, Universitätsarchiv Würzburg, Universitäts- und Landesbibliothek Münster, Verein Stalag Moosburg, Verlag Schnell & Steiner Regensburg; Zentrum für Militärgeschichte und Sozialwissenschaften der Bundeswehr Potsdam

Sr. Dr. Klara Antons Eibingen, Dr. Cajetan Freiherr von Aretin München, Dr. Rudolf Beck Leutkirch, Prof. Dr. Dominikus Bönsch Lohr a. Main, Dr. Ludwig Brandl Eichstätt, Uli Doblinger Reichenbach, Clemens Duecker M.A. München, Dr. Elmar Ettle Kipfenberg, Josef Ettle Eichstätt, Prof. Dr. Jürgen W. Falter Mainz, Dr. Heike Görtemaker Kleinmachnow, Dr. Christina Gräfin Nesselrode Ruppichteroth, Äbtissin em. Franziska Kloos Eichstätt, Prof. Dr Wolfgang Huber München, Pfarrer Benedikt Leitmayr Konnersreuth, Dr. Antonia Leugers Erfurt, Eberhard Merk Stuttgart, Prof. Dr. Erich Naab Eichstätt, Dr. Michael Riemenschneider Ahrweiler, P. Dr. Augustinus Sander Rom, Sr. Angela-Maria Segbert Altenheerse, Michael Graf Strasoldo Altensee, Inge Steinsträßer Bonn, Fürst Carl Anton zu Waldeck und Pyrmont Arolsen, Sr. Dr. Maria Magdalena Zunker Eichstätt

ÜBERSETZUNGEN BENEDICTA VON SPIEGEL

Marmion, Columba OSB: Christus, das Leben der Seele (1926). Mit einem Geleitwort von Martin Grabmann. Paderborn 4. und 5. Aufl. 1931, 6. Aufl. 1937, Neuaufl. Aachen 2016.
Ders.: Christus in seinen Geheimnissen. Mit einem Geleitwort von Michael Rackl. 1. u. 2. Aufl. Paderborn 1931 und weitere Aufl., Neuauflage Aachen 2017.
Ders.: Christus unser Ideal. Paderborn 1929 und weitere Aufl.
Ders.: Sponsa verbi. Paderborn 1931, 3. Aufl. 1950.
Mehr Liebe. Lebensbild des Dom Pius de Hemptinne O.S.B. Deutsche Bearbeitung von D. Benedicta von Spiegel O.S.B. Freiburg im Breisgau 1913.
Morin, Germain OSB: L'Idéal monastique" (1912), deutsch: Mönchtum und Urkirche. Aus dem Französischen. München 1922; 2. Aufl. St. Ottilien 1949.

VERÖFFENTLICHTE QUELLEN

Abtei St. Walburg (Hg.): Die Abtei St. Walburg 1035–1935. 900 Jahre in Wort und Bild. Eichstätt 1934 (ohne Namensnennung verfasst von Sr. Emmanuela Drey). AStW.

Dies.: Aus dem Benediktinerinnenkloster St. Walburg in Eichstätt: Zur neuesten Chronik des Ordens. In: SMGB Jg. 1922, S. 162ff.; SGMB Jg. 1924, S. 310ff.; SMGB Jg. 1925, S. 301ff.; SMGB Jg. 1927/28, S. 64ff.

Dies.: Regel und Konstitutionen der Benediktinerinnen zu St. Walburg in Eichstätt/By. Selbstverlag Eichstätt 1937. AStW.

Dies. (Hg.): Ut in omnibus glorificetur Deus. Eichstätt 1947 (zum 1400. Todestag d. Benedikt von Nursia). AStW.

Dies.: Satzungen der Abtei St. Walburg zu Eichstätt. DAEI BiA184.

Dies.: Gebete und liturgische Funktionen wie sie in der Abtei St. Walburg üblich sind. Eichstätt 1932. AStW.

Äbtissin M. A. Benedicta von Spiegel O.S.B. In: Willibaldsbote Eichstätt 1950, Nr. 5, S. 61ff. Nachruf.

Auswärtiges Amt (Hg.): Biographisches Handbuch des Auswärtigen Dienstes 1871-1945. Bd. 1, Paderborn 2009.

Die Benediktsregel: Lateinisch/Deutsch. Hg. P. Ulrich Faust. Stuttgart 2018.

Borries von, Elisabeth und Melchior: Lebensbilder. Selbstverlag, o.O., 2. Aufl., 2017.

Boberach, Heinz (Bearb.): Berichte des SD und der Gestapo über Kirchen und Kirchenvolk in Deutschland 1934-1944. Mainz 1971.

Broszat, Martin/Fröhlich, Elke/Wiesemann, Falk (Hg.): Bayern in der NS-Zeit. Soziale Lage und politisches Verhalten der Bevölkerung im Spiegel vertraulicher Berichte. München 1977.

Catalogus Monachorum Congregationes Sactorum angelorum custodum Benedictinae Bavaricae. Jahrgänge 1924, 1930, 1933, 1940, 1950. AStW.

Chronik über die Zeit der Aufhebung der Abtei Schweiklberg. 2. April 1941–18. Mai 1945. Von Pater Dietram Färber O.S.B. St. Ottilien 1948.

Chroniken der Stadt Warburg von Heinrich Fischer, Fritz Quick, Wilhelm Marré. Hg. Walter Strümper. Eigenverlag. Bd. 6, Warburg 2002.

Dehio, Günter (Hg.): Handbuch der deutschen Kunstdenkmäler. Nordrhein-Westfalen II, Westfalen. Berlin 2016.

Deutsche Briefe 1934–1938. Ein Blatt der katholischen Emigration. Bearbeitet von Heinz Hürten. 2 Bde, Mainz 1969.

Deutsche Kunstausstellung München 1930 im Glaspalast. Katalog München 1930.

Deutscher Bundestag: Kaufkraftvergleiche historischer Geldbeträge. Sachstand WD 4-3000-096/16.

Dirksen, Herbert von: Zwischenbilanz. Manuskript in 50 Exemplaren. Tokio 1935.

Ewald, Gottfried: Die Stigmatisierte von Konnersreuth. Untersuchungsbericht und gutachterliche Stellungnahme. Sonderabdruck aus der Münchener Medizinischen Wochenschrift. München 1927.

Die Flugschriften der Universitätsbibliothek Eichstätt. Beschrieben von Christina Hofmann. Wiesbaden 1990.

Fritz, Regina (Bearb.): Die Verfolgung und Ermordung der europäischen Juden durch das nationalsozialistische Deutschland 1933–1945. Bd. 15 Ungarn 1944–1945. München 2021.

Genealogisches Handbuch des Adels Bde. 27, 101, 113, 128 und 139. Limburg 1962, 1991, 1997, 2002 und 2006.

Gesetz zur Verhütung erbkranken Nachwuchses vom 14. Juli 1933. Bearbeitet und erläutert von Arthur Gütt, Ernst Rüdin, Falk Ruttke. München 1934.

Hehl, Ulrich von/Kösters, Christoph/Stenz-Maur, Petra/Zimmermann, Elisabeth (Bearb.): Priester unter Hitlers Terror. Eine biographische und statistische Erhebung. 2 Bde, Paderborn 1996.

Historisches Handbuch der jüdischen Gemeinschaften in Westfalen und Lippe. Die Ortschaften und Territorien im heutigen Regierungsbezirk Detmold. (= Veröffentlichungen der Historischen Kommission für Westfalen Neue Folge 10). Münster 2013.

Kraus, Johannes: Erinnerungen. Nachlass Johannes Kraus: Kreuz gegen Hakenkreuz 5 Bde. DAEI.

Kühlmann, Wilhelm (Hg.): Killy Literaturlexikon. Autoren und Werke des deutschsprachigen Kulturraums. 2.vollst. überarb. Aufl., Berlin 2008ff.

Lilla, Joachim (Bearb.): Der Bayerische Landtag 1918/1919 bis 1933. Wahlvorschläge – Zusammensetzung – Biographien. München 2008.

Münster, M. Brigitta zu: Lebensbild unserer lieben hochwürdigen Mutter der Hochwürdigen Frau M. Benedikta Spiegel von und zu Peckelsheim O.S.B. St. Walburg o.J. nach 1950. Maschschr. AStW u. PAvW.

Naab, Erich: Jüdische Mitbürger in Eichstätt 1861–1938, Vortragsauszug 2021.

Der Notenwechsel zwischen dem Heiligen Stuhl und der deutschen Reichsregierung 1933–1945. Bearb. Albrecht Dreier. Mainz 1980, 2. Bde.

Der Notenwechsel zwischen dem Heiligen Stuhl und der Deutschen Reichsregierung. II. : 1937-1945. Bearb. Dieter Albrecht. Mainz 1969.

The Persecution of the catholic church in the third Reich. Facts and documents translated from the German. Anonym zusammengestellt von Walter Mariaux S.J. London 1940/42.

Protokolle des Bayerischen Ministerrats 1945-1962. Eine historisch-kritische Quellenedition der Historischen Kommission bei der Bayerischen Akademie der Wissenschaften. www.bayerischer-minsterrat.de.

Kritische Online-Edition der Tagebücher Michael Kardinal von Faulhabers (1911–1952). https://www.faulhaber-edition.de.

Schematismen der Geistlichkeit des Bistums Eichstätt. Eichstätt verschiedene Jahrgänge. KUEI.

Setzwein, Bernhard: Resl unser. Das Stück zum Film vom Fall des Konnersreuther Mysteriums. Textbuch in der 2. Fassung vom 31.12.2018, o.O.

Spiegel, Benedicta von: Mein geistliches Jahr. Gedichte. Paderborn 1929.

Stasiewski, Bernhard (Bearb.): Akten deutscher Bischöfe über die Lage der Kirche 1933-1945. Bd. 1, Mainz 1968.

Stengl, Max: Damals, als ich Pfarrer von Tagmersheim wurde. Veröffentlicht als Loseblattsammlung auf den Gottesdienstanzeigern. Tagmersheim 1975. Ortsarchiv Tagmersheim.

Volk, Ludwig (Bearb.): Akten deutscher Bischöfe über die Lage der Kirche 1933-1945. Mainz 1981ff.

Der Gerade Weg. Wochenzeitung. Alle Ausgaben als Download www.gerlich.com.

Werden, Ferdinand von: Tagebücher zur Restaurierung des Domes zu Eichstätt 1938-1945. Bearb. v. Brandl, Ludwig/Grund, Claudia. Wiesbaden 1999.

Westphalen, Raban Graf von: „Tue was Du tun musst – komme was das wolle". Ein Beitrag zur Familiengeschichte der Grafen von Westphalen-Fürstenberg. Selbstverlag Paderborn 2021.

Ders./Westphalen, Gerlinde Gräfin von (Hg.): Zwei Frauen aus Helmern. Die Malerin Wisa Gräfin von Westphalen und die Äbtissin Benedicta Freiin von Spiegel-Peckelsheim OSB. Großbodungen 2018.

Westphalen, Wisa von: Ein Leben für die Malerei. Selbstverlag 1993. PAvW.

Witetschek, Helmut (Bearb.): Die kirchliche Lage in Bayern nach den Regierungspräsidentenberichten 1933-1943. Bd. II. Regierungsbezirk Ober- und Mittelfranken. Mainz 1967.

Ziegler, Walter (Bearb.): Die kirchliche Lage in Bayern nach den Regierungspräsidentenberichten 1933–1943. Bd. IV. Regierungsbezirk Niederbayern und Oberpfalz. Mainz 1973.

LITERATUR

Abtei St. Walburg: 1836 –1986. Festschrift zum 150jährigen Jubiläum der Volksschule St. Walburg. Saulgau 1986.

Dies. (Hg.): Heilige Walburga. Leben und Wirken. 2. Aufl., Eichstätt 1985.

Adam, Stephan: Die Auseinandersetzung des Bischofs Preysing mit dem Nationalsozialismus in den Jahren 1933–1945. St. Ottilien 1996.

Ders.: Konrad Kardinal Graf von Preysing (1880–1950). Bischof von Eichstätt und Berlin. In: Bagorski, Barbara/Brandl, Ludwig/ Heberling, Michael (Hg.): 12 Männerprofile aus dem Bistum Eichstätt. Regensburg 2010, S. 207ff.

Ders.: Maria Anna Benedicta Spiegel von und zu Peckelsheim (1874– 1950). In: Bagorski, Barbara/Brandl, Ludwig (Hg.): Zwölf Frauengestalten aus dem Bistum Eichstätt. Regensburg 2008, S. 181ff.

Adolph, Walter: Geheime Aufzeichnungen aus dem nationalsozialistischen Kirchenkampf. Bearb. v. Ulrich Hehl. 2. Aufl., Mainz 1980.

Ders.: Hirtenamt und Hitlerdiktatur. Berlin 1965.

Albert, Marcel: Abt in Krieg und Frieden. In: Benediktinische Monatsschrift: Erbe und Auftrag. Festschrift für Erzabt Hieronymus Nitz. Beuron 74. Jg. 1998, S. 28ff.

Ders.: Der Katholische Akademikerverband 1913–1938/39. Köln 2010.

Allendorf, Otmar: George W. Mundelein (1872–1939): Kardinalerzbischof von Chicago. In: Deutsch-Amerikanischer Freundeskreis Paderborn-Belleville e.V. (Hg.): Auf nach Amerika!. Paderborn 1994, S. 107ff.

Alsheimer, Herbert: Der Vatikan in Kronberg. Ein Unikat in der deutschen Nachkriegsgeschichte. Frankfurt/M. 2003.

Altendorfer, Otto: Fritz Schäffer als Politiker der Bayerischen Volkspartei 1888–1945. München 1993.

Antons, Klara: Gotteswohnung. Die Wandmalereien der Abteikirche St. Hildegard als ein Hauptwerk der Beuroner Kunstschule. Beuron 2018.

Aretin, Erwein Freiherr von: Fritz Michael Gerlich. Lebensbild des Publizisten und christlichen Widerstandskämpfers. 2. erg. Aufl., Zürich 1983.

Ders.: Die Sühneseele von Konnersreuth. 3. erheblich erweit. Aufl., München 1960.

Aschenbeck, Nils: Schnelldampfer Bremen. Die Legende. Delmenhorst 1999.

Babl, Georg: Das alte Eichstätt. Erinnerungen eines Zeitgenossen. Tutzing 1994.

Bamberg, Corona: Monastische Partnerschaft – zum Miteinander von Männer- und Frauenklöstern in der Beuroner Kongregation. In: Severus, Emmanuel von: Ecclesia Lacensis. Beiträge aus Anlass der Wiederbesiedlung der Abtei Maria Laach durch Benediktiner aus Beuron vor 100 Jahren am 25. November 1892 und der Gründung des Klosters durch Pfalzgraf Heinrich II.von Laach vor 900 Jahren 1093. Münster 1993, S. 502ff.

Bauch, Andreas: Georg Wohlmuth. Philosophieprofessor, Domprobst und Politiker in Eichstätt 1865–1952. In: Im Dienste von Glaube und Leben. Gestalten aus Eichstätts jüngster Geschichte. Eichstätt 1959, S. 45ff.

Beaugrand, Günter: Haus Ermelinghoff in Hamm und seine adeligen Besitzer. Werl 2009.

Beck, Rudolf: Widerstand aus dem Glauben. In: Allgäuer Geschichtsfreund 1993, S.135ff.

Beck, Sebastian: Fastenbrechen mit der Resl. In: SZ v. 27.02.2023.

Becker, Erika: Geliebt – gesucht – gefunden. Therese Neumann begleitet Wahrheitssucher. 2. Aufl., Würzburg 1996.

Beil, Mary-Thomas: Fünfzig Jahre Convent of St. Walburga. Von der „Kirchenfarm" zum Benediktinerinnenkloster. In: SMGB Jg. 1987, S. 367ff.

Bekh, Wolfgang Johannes: Therese von Konnersreuth oder die Herausforderung des Satans. München 1994.

Bendel, Rainer (Hg.): Die katholische Schuld? Katholizismus im Dritten Reich – Zwischen Arrangement und Widerstand. Münster 2004.

Bender, Oskar: Der Gerade Weg und der Nationalsozialismus. Ein Beitrag zur katholischen Widerstandspresse vor 1933. Phil. Diss. LMU München 1953. Maschschr.

Beyer, Christof: Gottfried Ewald und die „Aktion T4" in Göttingen. In: Der Nervenarzt 2013, S. 1049ff.

Blanke, Sebastian: Der Landrat des ehemaligen Landkreises Warburg Dr. Fritz Böckenhoff im „Dritten Reich". Ein Angepasster?. In: Jahrbuch Höxter 2017, S. 92ff.

Blaschke, Olaf: Die Kirchen und der Nationalsozialismus. Stuttgart 2014.

Bloch, Charles: Die SA und die Krise des NS-Regimes 1934. Frankfurt/M. 1970.

Bocksch; Mechthildis (Hg.): Hans Wölfel. Ein Bamberger im Widerstand gegen den Nationalsozialismus. Bamberg 2004.

Böckenförde, Ernst-Wolfgang: Kirchliches Naturrecht und politisches Handeln. In: Ders./Böckle, Franz (Hg.): Naturrecht in der Kritik. Mainz 1973, 96ff.

Börste, Norbert (Bearb.): Die 8. Husaren und ihre Garnison in Neuhaus und Paderborn. Paderborn 2001.

Bonneterre, Abbé Didier: Die liturgische Bewegung. Wien 1981.

Brandl, Ludwig: Die Bischöflich Philosophisch-Theologische Hochschule Eichstätt. In: Burkard, Dominik/Weiß, Wolfgang (Hg.): Katholische Theologie im Nationalsozialismus. Würzburg 2007, Bd. 1/1, S. 575ff.

Ders.: Die heilige Walburga (um 710–78/790?). In: Ders./Barbara Bagorski (Hg.): Zwölf Frauengestalten aus dem Bistum Eichstätt. Regensburg 2008, S. 13ff.

Ders.: Widerspruch und Gehorsam. Der gerade Weg des Eichstätter Dompfarrers Johannes Kraus im Dritten Reich. Würzburg 1995.

Brandt, Hans Jürgen/Hengst, Karl: Die Weihbischöfe in Paderborn. Paderborn 1986.

Braun, Birgit/Demling, Joachim/Loew, Thomas H.: Die „Volksheilige" Therese Neumann von Konnersreuth und ihre Stigmata. Ein historisches Beispiel zur Wechselwirkung von Psyche und Religiosität. In: Der Nervenarzt 2020, S. 64ff.

Braun, Karl-Heinz/Ott, Hugo/Schöntag, Wilfried (Hg.): Mittelalterliches Mönchtum in der Moderne? Die Neugründung der Benediktinerabtei Beuron 1863 und deren kulturelle Ausstrahlung im 19. und 20. Jahrhundert. Stuttgart 2015.

Breitling, Florian: Georg Wohlmuth. Geistlicher, bayerischer Politiker und Kirchenkämpfer aus Eichstätt zwischen Königreich und Republik. Phil. Diss. Passau 1987.

Broszat, Martin, Fröhlich, Elke u.a. (Hg.): Bayern in der NS-Zeit. 6 Bde. München 1977–1983.

Buschkühl, Matthias (Hg.): Heilige Schrift, Konnersreuth, Widerstand. Franz Xaver Wutz (1882–1938) zum 100. Geburtstag. Eichstätt 1982.

Ders.: Joseph Lechner 1893–1954. Gelehrter und Kämpfer gegen den Nationalsozialismus. Ausstellungskatalog und Dokumentation. Eichstätt 1993.

Buschmann, Johanna: Beuroner Mönchtum. Studien zu Spiritualität, Verfassung und Lebensformen der Beuroner Benediktinerkongregation von 1863–1914. Münster 1994.

Conze, Vanessa: Das Europa der Deutschen. Ideen von Europa zwischen Reichstradition und Westorientierung (1920–1970). München 2005.

Dallera, Ovidio/Brandmair, Ilsemarie: Tödliche Schlagzeilen. Fritz Michael Gerlich, ein Journalist gegen Hitler. München 2009.

Diener, Richard: Eichstätter Erinnerungen. Eichstätt 2011.

Im Dienste von Glaube und Leben. Gestalten aus Eichstätts jüngster Geschichte. Würzburg 1959.

Doblinger, Uli: Aufruf gegen das Vergessen. Vor 80 Jahren wurden Bewohner der Barmherzigen Brüder deportiert und getötet. In: Misericordia, Mai 2021, S. 20f.

Dohms, Peter (Bearb.): Flugschriften in Gestapo-Akten. Nachweis und Analyse der Flugschriften in den Gestapo-Akten des Hauptstaatsarchivs Düsseldorf. Siegburg 1977.

Domarus, Max: Bischof Matthias Ehrenfried und das Dritte Reich. 3. Aufl., Würzburg 1987.

Doppelfeld, Basilius: Mönchtum und kirchlicher Heilsdienst. Entstehung und Entwicklung des nordamerikanischen Benediktinertums im 19. Jahrhundert. Münsterschwarzach 1974.

Dornheim, Andreas: Adel in der bürgerlich-industrialisierten Gesellschaft. Eine sozialwissenschaftlich-historische Fallstudie über die Familie Waldburg-Zeil. Frankfurt/M. 1993.

Ders.: Röhms Mann fürs Ausland. Politik und Ermordung des SA-Agenten Georg Bell. Münster 1998.

Dresden (Hg.): Verlorene Kirchen. Dresdens zerstörte Gotteshäuser. Eine Dokumentation seit 1938. 2. Aufl., Dresden 2014.

Ebeling, Jörg, Leben, Ulrich (Hg.): Ein Meisterwerk des Empire. Das Palais Beauharnais in Paris. Tübingen 2016.

Endres, Elisabeth: Erzabt Walzer. Versöhnen ohne zu schweigen. Baindt 1988.

Ernesti, Jörg: Leo XIII. Papst und Staatsmann. 2. durchgeseh. Aufl., Freiburg 2019.

Erzabtei St. Martin zu Beuron (Hg.): 150 Jahre Benediktiner in Beuron. Ein Kloster im Wandel. Beuron 2013.

Ettle, Elmar: Die Entnazifizierung in Eichstätt. Frankfurt/M. 1985.

Ettle. Tobias: Die weiße Fahne. Ereignisse zum Ende des Zweiten Weltkriegs im Frühjahr 1945 in Eichstätt und Umgebung. Eichstätt 1995.

Faber, Eva-Maria: Finden, um zu suchen. Der philosophisch-theologische Weg von Erich Przywara. Münster 2020.

Falter, Jürgen W.: Hitlers Parteigenossen. Die Mitglieder der NSDAP 1919–1945. Frankfurt/M. 2020.

Ders./Khachatryan, Kristine/Klagges, Lisa/Meßner, Jonas/Rosensprung, Jan/Weber, Hannah: Wie ich den Weg zum Führer fand. Frankfurt/M. 2022.

Faust, Ulrich: Romuald Bauerreiß. Mönch und Gelehrter in einem Großstadtkloster. In: Langer, Michael/Bilgri, Anselm (Hg.): Weite des Herzens. Weite des Lebens. Beiträge zum Christsein in moderner Gesellschaft. Regensburg 1989, S. 77ff.

Feldmann, Christian: Wahn oder Wunder? Die Resl von Konnersreuth – wie sie wirklich war. Regensburg 2010.

Ferdinand, Ursula: Die Medizinische Fakultät der Westfälischen Wilhelms-Universität Münster von der Gründung bis 1939. In: Thamer, Hans-Ulrich/Droste, Daniel/Happ, Sabine (Hg.): Die Universität Münster im Nationalsozialismus. Münster 2012, Bd. 1, S. 413ff.

Fiala, Virgil: Beuron. Ein Jahrhundert Beuroner Geschichte. In: Beuron 1863–

1963. Festschrift zum hundertjährigen Bestehen der Erzabtei St. Martin. Beuron 1963, S. 39ff.

Frank, Karl Suso: Dom Germain Morin OSB und die Freiburger Theologische Fakultät. In: Zeitschrift Freiburger Diözesan-Archiv 106 (1986), S. 173ff.

Franzettti, Andrea: Bischöfe und Pater im Asphalt. Bistum Eichstätt. In: Kirchenzeitung Bistum Eichstätt v. 07.09.2014.

Fröhlich, Elke: Ein katholischer Polizeiwachtmeister. In: Dies./Broszat, Martin (Hg.): Bayern in der NS-Zeit. Bd. 6: Die Herausforderung des Einzelnen. München 1983, S. 157ff.

Fuchs, Stephan: „Vom Segen des Krieges". Katholische Gebildete im Ersten Weltkrieg. Eine Studie zur Kriegsdeutung im akademischen Katholizismus. Stuttgart 2004.

Ganster, Susanne: Religionsverschiedenheit als Ehehindernis. Eine rechtshistorische und kirchenrechtliche Untersuchung. Paderborn 2013.

Geidner, Florian: Joseph Schröffer (1903–1983). In: Burkard, Dominik/ Weiß, Wolfgang (Hg.): Katholische Theologie im Nationalsozialismus. Würzburg 2007, Bd. 2/1 S. 807ff.

Geisau, Hans von: Das Werden des Kreises Warburg. In: Kreis Warburg (Hg.): Der Landkreis Warburg. Geschichte, Landschaft, Wirtschaft. Oldenburg 1966, S. 20ff.

Geiß. Ernest: Geschichte des Benedictiner-Nonnenklosters Frauen-Chiemsee. München 1850.

Gerlich, Fritz: Die stigmatisierte Therese Neumann von Konnersreuth. 2 Bde. München 1929.

Gerund, Katharina/Paul, Heike (Hg.): Die amerikanische Reeducation-Politik nach 1945. Interdisziplinäre Perspektiven auf „America's Germany". Bielefeld 2015.

Goebbels, Joseph: Die Tagebücher. 1937. Hg. v. Elke Fröhlich. Bd. 4, München 2000.

Görtemaker, Heike: Eva Braun. Leben mit Hitler. München 2011.

Grabmann, Martin: Gedanken des hl. Thomas von Aquin über Jungfräulichkeit und beschauliches Leben. In: Ried, Karl (Hg.): Zum 900-jährigen Jubiläum der Abtei St. Walburg in Eichstätt. Historische Beiträge. Paderborn 1935, S. 100ff.

Ders.: Nachruf auf Germain Morin. In: Jahrbuch BAdW 1944/1948, S. 174ff.

Groothius, Rainer Maria: Im Dienste einer überstaatlichen Macht. Die deutschen Dominikaner unter der NS-Diktatur. Münster 2002.

Große Kracht, Klaus: Lorenz Jaeger und der Nationalsozialismus. Grenzen und Konvergenzen. In: Priesching, Nicole/Kasprowski, Christian (Hg.): Lorenz Jaeger als Kirchenpolitiker. Paderborn 2021, S. 87ff.

Gutsche, Willibald: Monarchistische Restaurationsstrategie und Faschismus. Zur Rolle Wilhelms II. In: Röhl, John C. G. (Hg.): Der Ort Kaiser Wilhelms II. in der deutschen Geschichte. München 1991, S. 287ff. (Digitalisat).

Hammenstede, Albert: Erinnerungen eines Laacher Mönches. Autobiographische Aufzeichnungen. Maria Laach 1996.

Hanauer, Josef: Konnersreuth als Testfall. Kritischer Bericht über das Leben der Therese Neumann. Mit einem Anhang unveröffentlichter Akten des bischöflichen Archivs in Regensburg. Mainz 1972.

Ders.: Konnersreuth oder ein Fall von Volksverdummung. Aachen 1997.

Heiber, Helmut: Joseph Goebbels. Berlin 1962.

Henkelmann, Andrea / Priesching, Nicole (Hg.): Widerstand? Forschungsperspektiven auf das Verhältnis von Katholizismus und Nationalsozialismus. Saarbrücken 2010.

Henning, Eckart/Kazemi, Marion: Handbuch zur Institutsgeschichte der Kaiser-Wilhelm-/Max-Planck-Gesellschaft zur Förderung der Wissenschaften 1911-2011. Bd. 1, Berlin 2016.

Henzler, Christoph: Fritz Schäffer: 1945–1967. München 1994.

Hermes, Hermann: Deportationsziel Riga. Schicksale Warburger Juden. Kassel 1982.

Herwegen, Ildefons: Der heilige Benedikt. Ein Charakterbild. Düsseldorf 1926.

Herz, Emil: Denk ich an Deutschland in der Nacht (1951). Nachdruck der Auflage von 1994. Warburg 2005.

Hirschmann, Gerhard: Historischer Atlas von Bayern. Teil Franken. München 1959.

Hockerts, Hans Günter: Die Sittlichkeitsprozesse gegen katholische Ordensangehörige und Priester 1936/37. Mainz 1971.

Hoth, Christiane / Raasch, Markus (Hg.): Eichstätt im Nationalsozialismus. Katholisches Milieu und Volksgemeinschaft. Münster 2017.

Dies./Knöferl, Theresa: Die ‚Machtergreifung‘. In: Hoth/Raasch: Eichstätt. A.a.O., S. 29ff.

Dies./Raasch, Markus: Katholisches Milieu und Volksgemeinschaft. Michael Rackl Bischof von Eichstätt (1883–1948). In: Zumholz, Maria Anna/Hirschfeld, Michael (Hg.): Zwischen Seelsorge und Politik. Katholische Bischöfe in der NS-Zeit. Münster 2018, S. 620ff.

Dies.: „Wir haben es mit wenig Menschen fertig gebracht, ein Reich zu erobern, und wir werden auch noch fertig bringen, Eichstätt zu erobern". Das katholische Milieu und die ‚Machtergreifung‘ am Beispiel der bayerischen Kleinstadt Eichstätt. In: Linsenmann, Andreas/Raasch, Markus (Hg.): Die Zentrumspartei im Kaiserreich. Bilanz und Perspektiven. Münster 2015, S. 437ff.

Hülsbömer, Raphael: Eugenio Pacelli und der deutsche Episkopat. In: Zumholz, Maria Anna/Hirschfeld, Michael (Hg.): Zwischen Seelsorge und Politik. Katholische Bischöfe in der NS-Zeit. Münster 2018, S. 709ff.

Hürten, Heinz. Deutsche Katholiken 1918 bis 1945. Paderborn 1992.

Ders.: Die Amerikaner in Eichstätt. In: Kraus, Andreas (Hg.): Land und Reich. Stamm und Nation. Festgabe für Max Spindler zum 90. Geburtstag. Bd. III. München 1984, S. 473ff.

Hummel, Karl-Joseph: Paulus van Husen (1891–1971). In: Friedrich Gerhard Hohmann (Hg.): Westfälische Lebensbilder. Bd. 19. Münster 2015, S. 189ff.

Von der Königlich-Hannoverschen Irrenanstalt Rosdorfer Weg zur Psychiatrischen Universitätsklinik in Göttingen: 50 Jahre Klinik für Psychiatrie und Psychotherapie, Georg-August-Universität Göttingen. Göttingen 2005.

Jäger, Lorenz: Heidegger. Ein deutsches Leben. Berlin 2021.

Jauch, Robert: Hans Wölfel. In: 90 Jahre K.St.V. Rheno Frankonia im KV zu Würzburg. Hg. K.St.V. Rheno-Frankonia im KV. Würzburg 1982, S. 221ff.

Keinemann, Friedrich: Vom Krummstab zur Republik. Westfälischer Adel unter preußischer Herrschaft 1802–1945. Bochum 1997.

Keller, Ulrich: Schuldfragen. Belgischer Untergrundkrieg und deutsche Vergeltung im August 1914. Paderborn 2017.

Keppeler, Cornelius: Erich Pryzwara SJ. In: Ders./Pech, Justinus (Hg.): Einflussreich, aber vergessen? Theologische Denker aus der 1. Hälfte des 20. Jahrhunderts. Wien 2016, S. 85ff.

Kienle, Adalbert: Der Grenzgänger von Beuron. Willibrod Benzler OSB (1853–1921). Prior von Beuron, Abt von Maria Laach, Bischof von Metz. Beuron 2019.

Kirchmann, Stefan (Waldemar Gurian): St. Ambrosius und die deutschen Bischöfe. Luzern 1934.

Kißener, Michael: Der „Röhmputsch" und die deutschen Katholiken. In: Zentralkomitee der deutschen Katholiken (Hg.): Unterwegs zur Einheit. 92. Deutscher Katholikentag 29.6.–3-7.1994. Kevelaer 1994, S. 419ff.

Klee, Ernst: „Euthanasie" im NS-Staat. Die „Vernichtung" lebensunwerten Lebens". Frankfurt/M. 1983.

Kleinert, Adalbert: Civitas Elmeri – Helmern 1937–1987. Helmern 1987.

Kleinöder, Evi: Katholische Kirche und Nationalsozialismus im Kampf um die Schulen. Antikirchliche Maßnahmen und ihre Folgen untersucht am Beispiel von Eichstätt. In: Sammelblatt des historischen Vereins Eichstätt. Eichstätt 1981, S. 7ff.

Dies.: Verfolgung und Widerstand der katholischen Jugendvereine. Eine Fallstudie über Eichstätt. In: Broszat, Martin / Fröhlich Elke (Hg.): Bayern in der NS-Zeit. München 1979, Bd. II., S. 175ff.

Klöckner, Jürgen: Erich Fürst von Waldburg Zeil. Gesellschaftsbilder und staatsorganisatorische Vorstellungen des oberdeutschen Adels nach 1945. In: Kuhn, Elmar L./Ritter, Brigitta/Bauer, Dieter R. (Hg.): Das große weite Tal der Möglichkeiten. Geist, Politik, Kultur 1945–1949. Das Projekt Gesellschaft Oberschwaben. Lindenberg 2002, S. 169ff.

Klöckner, Stefan: Handbuch Gregorianik. Einführung in Geschichte, Theorie und Praxis des Gregorianischen Chorals. Regensburg 2009.

Kloos, M. Franziska OSB: Das Konventualpriorat in Boulder. In: SMGB Jg. 1987, S. 375f.

Kloster der Klarissen-Kapuzinerinnen (Hg.): 150 Jahre „Ewige Anbetung". Mainz 2010.

Knauft, Wolfgang: Konrad von Preysing. Anwalt des Rechts. Berlin 1998.

Kösters, Christoph/Ruff, Mark Edward (Hg.): Die katholische Kirche im Dritten Reich. Freiburg 2011.

Kohlhaas, Elisabeth: 1945 – Krieg nach Innen. Aschaffenburg 2005.

Koller, Guido: Fluchtort Schweiz. Schweizerische Flüchtlingspolitik (1933–1945) und ihre Nachkriegsgeschichte. Stuttgart 2018.

Küchle, Hans Joachim: Aurel von Szily. Leben und Wirken. Münster 1981.

Kürzinger Josef: Maria Anna Benedicta Spiegel von und zu Peckelsheim. In: Im Dienste von Glaube und Leben. Gestalten aus Eichstätts jüngster Geschichte. Paderborn 1959, S. 17ff.

Ders.: Eine große westfälische Frau unseres Jahrhunderts. Äbtissin M.A. Benedicta von Spiegel. In: Westfalenspiegel 2 (1960), S. 12f.

Lackner, Helmut: Schöne neue Welt. Weltausstellungen: Inszenierung des technischen Fortschritts. In: Kultur & Technik 3/2000, S. 19ff.

Lechner, Joseph: Dr. theol. Franz Xaver Wutz. In: Dem Andenken an den h.h. Prof. Dr. Wutz. Eichstätt 1938, S. 1ff.

Leichsenring, Jana: Gabriele Gräfin Magnis: Sonderbeauftragte Kardinal Bertrams für die Betreuung der katholischen „Nichtarier" Oberschlesiens: Auftrag – Grenzüberschreitung – Widerstand? Stuttgart 2000.

Leninger, Markus: Nationalsozialistische „Volkstumsarbeit" und Umsiedlungspolitik 1933–1945. Von der Minderheitenbetreuung zur Siedlerauslese. Berlin 2006.

Leonhard, Jörn: Die Büchse der Pandora. Geschichte des Ersten Weltkriegs. 2. Aufl., München 2014.

Lochbrunner, Manfred (Hg.): Der Briefwechsel zwischen Erich Przywara und Gertrud von le Fort. Würzburg 2022.

Longerich, Peter: Antisemitismus. Eine deutsche Geschichte. München 2021.

Lorant, Stefan: Ich war Hitlers Gefangener. Ein Tagebuch 1933. München 1987.

Leugers, Antonia: Gegen eine Mauer bischöflichen Schweigens. Der Ausschuß für Ordensangelegenheiten und seine Widerstandskonzeption 1941 bis 1945. Frankfurt/M. 1996.

Dies.: Georg Angermaier 1913–1945. Frankfurt/M. 1997.

Lilla, Joachim: Leitende Verwaltungsbeamte und Funktionsträger in Westfalen und Lippe (1918–1945/46). Münster 2004.

Lüthold-Minder, Ida: Die Rosenkranzkönigin von Pompeji und ihr Advokat Bartolo Longo. Hauteville 1981.

Lütz, Manfred/Husen, Paulus van: Als der Wagen nicht kam. Eine wahre Geschichte aus dem Widerstand. Freiburg 2019

Maas-Ewerd, Theodor: Der erste wurde Bischof. Die Schriftleiter des Klerusblattes seit 1920. In: Ders. (Hg.): Kleriker im Dienste Gottes für die Menschen. Festschrift zum 75jährigen Bestehen des Klerusverbandes und des Klerusblattes in Bayern und der Pfalz 1920–1955. München 1995, S. 97ff.

Männer, Andrea: Stimmen aus Maria Laach/Stimmen der Zeit. Die Jesuitenzeitschrift und ihre Redaktion vom Ersten Vatikanischen Konzil bis zum Zweiten Weltkrieg. St. Ottilien 2019.

Malinowski, Stephan/Marcus Funck: ,Charakter ist alles!': Erziehungsideale und Erziehungspraktiken in deutschen Adelsfamilien des 19. und 20. Jahrhunderts. In: Jahrbuch für Historische Bildungsforschung 2000, S. 71ff.

Malinowski, Stephan: Die Hohenzollern und die Nazis. Geschichte einer Kollaboration. Berlin 2021.

Ders.: Vom König zum Führer. Sozialer Niedergang und politische Radikalisierung im deutschen Adel zwischen Kaiserreich und NS- Staat. Berlin 2003.

Margraf, Lisa: Kriegsende und unmittelbare Nachkriegszeit. In: Hoth /Raasch: Eichstätt. A.a.O., S. 154ff.

Mathäser, Willibald (Hg.): Bonifaz Wimmer O.S.B. und König Ludwig I. von Bayern. Ihre Briefe als Beitrag zur Geschichte der katholischen Kirche und des Deutschtums in den Vereinigten Staaten Nordamerikas. München 1937.

Ders.: König Ludwig I. von Bayern und die Gründung der ersten bayerischen Benediktinerabtei in Nordamerika. In: SMGB Jg. 1925, S. 123ff.

Mayer, Heike: Die vergessene Weiße Rose. In: Gradraus. Zeitung für den Chiemgau, Rupertiwinkel und die Region. Nr. 9, Januar 2015. PDF.

Mayer, Heinrich Suso: Benediktinisches Ordensrecht in der Beuroner Kongregation. Beuron 1929.

Mayer, Michaela: Die neue Abtei St. Walburg in Eichstätt. In: SMGB Jg. 1914, S. 530ff.

Meetschen, Stefan: Ein gerader Weg: Der katholische Journalist, Widerstandskämpfer und Märtyrer Fritz Gerlich. Kißlegg 2015.

Mengersen Graf von, Joseph Bruno: Die heilige Elisabeth, Landgräfin von Thüringen. Historisches Epos in neun Gesängen. Hannover 1861.

Mertens, Annette: Himmlers Klostersturm. Der Angriff auf katholische Einrichtungen im Zweiten Weltkrieg und die Wiedergutmachung nach 1945. Paderborn 2006.

Messerschmidt, Manfred: Die Wehrmachtsjustiz 1933–1945. 2. durchges. Aufl., Paderborn 2008.

Meyerhofer, Nicolas J.: Gertrud von le Fort. Berlin 1993.

Möhring, Peter: Ferdinand Freiherr von Lüninck (1888–1944). In: Hohmann, Friedrich Gerhard (Hg.): Westfälische Lebensbilder Bd. 17, Münster 2005, S. 60ff.

Möllenhoff, Gisela / Schlautmann-Overmeyer, Rita: Jüdische Familien in Münster 1918–1945. 3 Bde, Münster 1998 und 2001.

Möllers, Georg: Luise Löwenfels: Aus dem Kloster deportiert nach Auschwitz. In: Gedenkbuch Opfer und Stätten der Herrschaft, der Verfolgung und des Widerstandes in Recklinghausen 1933–45. Digitalisat www.recklinghausen.de/gedenkbuch.

Mohnhaupt, Jan: Tiere im Nationalsozialismus. München 2020.

Moll, Christiane (Hg.): Alexander Schmorell, Christoph Probst. Gesammelte Briefe. Berlin 2011.

Moll, Helmut: Zeugen für Christus. Das deutsche Martyrologium des 20. Jahrhunderts. Paderborn 2010.

Moreau, Hadelin de: Hildebrand de Hemptinne. Mönch von Beuron, Abt von Maredous, erster Primas des Benediktinerordens 1849–1913. Beuron 1938.

Morhardt, Magnus: Die Pflegeanstalt Reichenbach in der Zeit des Nationalsozialismus. In: Kath. Flilialkirchenstiftung Reichenbach (Hg.): 900 Jahre Kloster Reichenbach 1118–2018. Regensburg 2018, S. 164ff.

Morin, Germain: Eine Selbstdarstellung (1932). In: Theologische Zeitschrift. Hg. v. d. Theol. Fakultät der Universität Basel. Jg. 8 (1952), S. 393ff.

Morsey, Rudolf: Fritz Gerlich. Ein früher Gegner Hitlers und des Nationalsozialismus. Paderborn 2016.

Ders. (Bearb.) : Fritz Gerlich – ein Publizist gegen Hitler. Briefe und Akten 1930–1934. Paderborn 2010.

Mund, Gerald: Herbert von Dirksen (1882–1955): Ein deutscher Diplomat in Kaiserreich, Weimarer Republik und Drittem Reich. Eine Biografie. Diss. Berlin 2003.

Münster, M. Brigitta zu: Äbtissin Karolina Kroiß (1914–1926). In: SMGB Jg. 1988, S. 262ff.

Dies.: Äbtissin Maria Anna Augustina Weihermüller (1950–1985). In: SMGB Jg. 1987, S. 376ff.

Dies.: Das Priorat zur heiligen Mildred in Minster/England. In: SMGB Jg. 1988, S. 268ff.

Muth, Marlies: Juliana von Stockhausen, Gräfin Gatterburg vollendet ihr 95. Lebensjahr. In: Der Wartturm 4/1994, S. 2.

Naarmann, Margit: Der Novemberpogrom 1938 in Stadt und Region Paderborn. Paderborn 1998.

Natterer, Alois: Der bayerische Klerus in der Zeit dreier Revolutionen 1918 – 1933 – 1945. 2. Aufl., München 1946.

Nelson, Daniel J.: A History of U.S. Military Forces in Germany. Boulder 1987.

Neuhäusler, Johann: Kreuz und Hakenkreuz. Der Kampf des Nationalsozialismus gegen die katholische Kirche und der kirchliche Widerstand. 2 Teile in einem Band, München 1946.

Neumayr, Maximilian: Pater Ingbert Naab. Seher, Kämpfer, Beter. München 1947.

Niedermeier, Augustin: Joseph Naber. Der Pfarrer der Konnersreuther Resl. Regensburg 2001.

Nostitz, Herbert von: Bismarcks unbotmäßiger Botschafter. Fürst Münster von Derneburg. Göttingen 1968.

Nowak, Kurt: „Euthanasie" und Sterilisierung im „Dritten Reich. Die Konfrontation der evangelischen und katholischen Kirche mit dem „Gesetz zur Verhütung erbkranken Nachwuches" und der „Euthanasie-Aktion". 2. Aufl., Göttingen 1980.

Oer, Freiin von, Rudolfine/Graf von Westerholt-Alst. Carlfried: Der Adelige Damenclub zu Münster 1800– 2000. Münster 2000.

O'sullivan, Michael E.: Disruptive Power. Catholic Women, Miracles and Politics in Modern Germany, 1918–1965. Toronto 2018.

Otte, Evelyn: Beitritte und Mitgliederstruktur in Zeiten der Aufnahmesperre. In: Falter, Jürgen W. (Hg.): Junge Kämpfer, alte Opportunisten. Die Mitglieder der NSDAP 1919–1945. Frankfurt/M. 2016, S. 245ff.

Overy, Richard : Der Bombenkrieg. Europa 1939–1945. Berlin 2014.

Pahl, Benedikt: Katholische Adelige um Abt Adalbert Graf Neipperg. In: Haus der Geschichte Baden-Württemberg (Hg.): Adel und Nationalsozialismus im deutschen Süden. Karlsruhe 2002, S. 17ff.

Passelecq, Georges/Suchecky, Bernard: Die unterschlagene Enzyklika. Der Vatikan und die Judenverfolgung. München 1997.

Penzholz, German: Beliebt und gefürchtet. Die bayerischen Landräte im Dritten Reich. Baden-Baden 2016.

Peterson, Edward Norton: Limits of Hitler's Power. Princeton 1969.

Ders.: The american occupation of Germany. Retreat to victory. Detroit 1977.

Petzolt, Stephan Klaus: Die Gründungs- und Entwicklungsgeschichte der Abtei Beuron im Spiegel ihrer Liturgie (1863–1908). Diss. Theol. Würzburg 1990.

Pöppel, Dieter: Gehrden. Benediktinerinnenkloster/Schloß – Kirche – Stadt im Wandel der Jahrhunderte. Paderborn 1980.

Priamus, Heinz-Jürgen: Meyer. Zwischen Kaisertreue und NS-Täterschaft. Biographische Konturen eines deutschen Politikers. Essen 2011.

Proske, Wolfgang: Kleine Herrgötter! Die Kreisleiter der Nazis in Bayern. Gerstetten 2021.

Puzicha, Michaela: Kommentar zur Benediktusregel. Im Auftrag der Salzburger Äbtekonferenz. St. Ottilien 2002.

Raasch, Markus: Das schwarze Eichstätt ist braun geworden – katholische Lebenswelt und „Volksgemeinschaft". In: Blaschke, Olaf/Großbölting, Thomas: Was glaubten die Deutschen zwischen 1933 und 1945? Frankfurt/M. 2019, S. 83ff.

Raem, Heinz-Albert: Pius XI. und der Nationalsozialismus. Die Enzyklika „Mit brennender Sorge" vom 14. März 1937. Paderborn 1979.

Reetz Benedikt: Benediktinisches Leben. In: Erzabtei Beuron (Hg.): Das hundertste Jahr. Zur Hundertjahrfeier der Benediktiner in Beuron. Beuron 1963, S. 17ff.

Reif, Heinz: Westfälischer Adel 1770-1860. Göttingen 1979.

Reis, Helmut: Chronik der Jägerkaserne in Eichstätt 1933–1952. 2. Aufl., Eichstätt 1992.

Reiter, Ernst: Die Eichstätter Bischöfe und ihre Hochschule im Dritten Reich. Regensburg 1982.

Ried, Karl (Hg.): Zum 900jährigen Jubiläum der Abtei St. Walburg in Eichstätt. Historische Beiträge. Paderborn 1935.

Riemenschneider, Michael: Der Calvarienberg zu Ahrweiler zwischen Anpassung und Widerstand 1933–1945. Bad Neuenahr, 2. Aufl. 1991.

Ries, Markus: Germain Morin. In: Neue Deutsche Biographie 18 (1997), S. 131 (Online-Version) URL:https://deutsche-biographie.de/pnd 116929073. thml#ndbcontent.

Robrecht, Sabine/Robrecht, Michael: Schlossgeschichten. Adelssitze zwischen Egge und Weser. 2. Aufl., Höxter 2002.

Roelcke, Volker: Ernst Rüdin – renommierter Wissenschaftler, radikaler Rassenhygieniker. In: Der Nervenarzt 3/2012, S. 303ff.

Ronneburger, Rasso: Mother Benedicta Riepp. Ein amerikanischer Lebenstraum. Augsburg 2005.

Ruiter, Trudo de: Das Geheimnis des Ordenslebens. Eine Untersuchung über die Ordensgelübde. Düsseldorf 1960.

Scala, Monika: Der Exorzismus in der katholischen Kirche. Ein liturgisches Ritual zwischen Film, Mythos und Realität. Regensburg 2012.

Schäfer, Cyrill: „Wahrhaft monastischer Geist". Solesmes und Beuron als Vorkämpfer der benediktinischen Ordensreform. In: Braun, Karl-Heinz/Ott, Hugo/Schöntag, Wilfried: Mittelalterliches Mönchtum in der Moderne? Die Neugründung der Benediktinerabtei Beuron 1863 und deren kulturelle Ausstrahlung im 19. und 20. Jahrhundert. Stuttgart 2015, S. 121ff.

Schäfer, Dieter: Freunde und Förderer der Universität Würzburg. Stuttgart 2001.

Schäfer, Michael: Fritz Gerlich 1883–1934. Publizistik als Auseinandersetzung mit den ‚Politischen Religionen' des 20. Jahrhunderts. Phil. Diss. München 1998. Digital abrufbar www.gerlich.com.

Schickel, Alfred: Joseph Kardinal Schröffer. Ein Leben für die Kirche. Eichstätt 1991.

Schindler, Frank: Paulus van Husen im Kreisauer Kreis. Paderborn 1996.

Schlemmer, Thomas: Aufbruch, Krise und Erneuerung. Die Christlich-Soziale Union 1945 bis 1955. München 1998.

Schmidt, Dieter: Aurel von Szily. In: Sepaintner, Fred L. Hg.): Badische Biographien. Neue Folge Bd. 6, Stuttgart 2011, S. 394ff.

Schmidt, Hans Dieter: „Die Geschichte schuf das Fundament für Romane". In: Der Wartturm 4/1999, S. 3f.

Schmuhl, Hans-Walter/Winkler, Ulrike: Im Zeitalter der Weltkriege. Die Diakonissenanstalt Neuendettelsau unter den Rektoren Hans Lauerer (1918–1953) und Hermann Dietzfelbinger (1953–1955). Neuendettelsau 2014.

Schrulle, Hedwig: Die Regierungspräsidenten in Minden während der NS-Zeit. Verwaltungshandeln im diktatorischen Machtstaat. Detmold 2014.

Schwaiger, Georg (Hg.): Das Erzbistum München und Freising in der Zeit der nationalsozialistischen Herrschaft. 2 Bände, München 1984.

Schwarz, Christiane: Wider den Nationalsozialismus. Sozio-kulturelle Betrachtungen zu katholischen Adeligen. In: Raasch, Markus (Hg.): Adeligkeit, Katholizismus, Mythos: Neue Perspektiven auf die Adelsgeschichte der Moderne. München 2014, S. 208ff.

Seeger, Joachim: Resl von Konnersreuth (1898–1962). Eine wissenschaftliche Untersuchung zum Werdegang, zur Wirkung und Verehrung einer Volksheiligen. Frankfurt/M. 2004.

Senger, Basilius: Die Beuroner Benediktiner-Kongregation und ihre Klöster. Beuron, 2. Aufl. 1997.

Siebertz, Paul: Karl Fürst zu Löwenstein. Ein Bild seines Lebens und Wirkens nach Briefen, Akten und Dokumenten. München 1924.

Siemer, Ernst (Bearb.) 175 Jahre alt – Bezirksregierung in Ostwestfalen 1816-1991. Detmold 1991.

Sigmund, Anna Maria: Die Frauen der Nazis. Wien 1998.

Simon, Adelheid: Aus der Baugeschichte des ehemaligen Eibinger Klosters. In: Jahrbuch für das Erzbistum Mainz 1947, Bd. 2, 1. Teil, S. 151ff.

Smolorz, Roman: Die Regensburger Domspatzen im Nationalsozialismus. Singen zwischen Katholischer Kirche und NS-Staat. Regensburg 2017.

Sonnenberger, Franz: Der neue „Kulturkampf". Die Gemeinschaftsschule und ihre historischen Voraussetzungen. In: Broszat, Martin/Fröhlich Elke/Grossmann, Anton (Hg.): Bayern in der NS-Zeit. München 1981, S. 235ff.

Spaemann, Robert: Die christliche Sicht des Leidens. In: Oelmüller, Willi (Hg.): Leiden, Religion und Philosophie. Bd. 3, Paderborn 1986, S. 104ff.

Spiegl, Anni: Leben und Sterben der Therese Neumann von Konnersreuth. 6. Aufl., Eichstätt 1967.

Stanciu, Anja: „Alte Kämpfer" der NSDAP – Eine Berliner Funktionselite 1926–1949. Köln 2018.

Steiner, Johannes (Hg.): Prophetien wider das Dritte Reich. Aus den Schriften des Dr. Fritz Gerlich und des Paters Ingbert Naab O.F.M.CAP. München 1946.

Steinsträßer Inge: Im Exil 1940-1945. Die Benediktinerinnen von Kellenried während des „Dritten Reichs". 2. korr. Aufl., Münster 2018.

Stelbrink: Der preußische Landrat im Nationalsozialismus. Studien zur nationalsozialistischen Personal- und Verwaltungspolitik auf Landkreisebene. Münster 1998.

Stolberg, Imagina Prinzessin von: Was Du trägst das musst Du lieben. Von der Krankheit. Berlin 1953.

Dies./Roche, Aloysius: Tiere unterm Regenbogen. Berlin 1954.

Stolz, Andreas: Die Geschichte der Maria-Ward-Realschule Eichstätt. O.J. Online: www.mwrs-ei.de.

Stüken, Wolfgang: Hirten unter Hitler. Die Rolle der Paderborner Erzbischöfe Caspar Klein und Lorenz Jaeger in der NS-Zeit. Neuedition der Ausgabe von 1999, Norderstedt 2021.

Ders.: Das kleine große Dorf Mundelein und sein berühmter Namensgeber. 2010 https://hf-gen.de/ameika-netz/

Tangl, Michael (Hg.): Die Briefe des heiligen Bonifatius und Lullus. Berlin 1916.

Ders.: Übersetzung: Die Briefe des heiligen Bonifatius (Die Geschichtsschreiber der deutschen Vorzeit, 2. Gesamtausgabe 92) Leipzig 1912.

Tenholt, Gerhard: Die Unauflöslichkeit der Ehe und der kirchliche Umgang mit wiederverheirateten Geschiedenen. Münster 2001.

Tierney, Mark: Columba Marmion. Eine Biographie. Aus dem Englischen. Wiesbaden 2002.

Ders. (Hg.): Columba Marmion: Correspondance 1881–1923. Paris 2009.

Townley: Wendy: The History of Omaha's Hayden Familiy. In: Omaha Magazine v. 01.11.2021, www.omahamagazine.com.

Trager, Julian: Konnersreuth: Alter Brief befeuert Zweifel an Nahrungslosigkeit der Resl. In: Der Neue Tag v. 23.02.2023, S. 2

Virnyi, Julius: Zum Gedenken an Aurel von Szily. Gedenkblatt vom 17.08.2014. www.flurgespraeche.de/aurel-von-szily/.

Vogel, Wolfgang: Aus dem Geist des Widerstands. In: Bayernkurier 23.12.2018.

Volkmann, Klaus J.: Die Rechtsprechung staatlicher Gerichte in Kirchensachen 1933–1945. Mainz 1978.

Vollmer, Veronika: Die Juden. In: Hoth, Christiane/Raasch, Markus (Hg.): Eichstätt im Nationalsozialismus. A.a.O., S. 103ff.

Vorländer, Herwart: NS-Volkswohlfahrt und Winterhilfswerk des Deutschen Volkes. In: VfZ 1986, H. 3, S. 341ff.

Waldburg-Zeil, Erich Fürst von: Erinnerungen – Auszüge. In: Morsey: Publizist. A.a.O., S. 321ff.

Weber, Matthias M.: Ernst Rüdin. Eine kritische Biographie. Berlin 1993.

Wedekind, Dirk/Spitzer, Carsten/Wiltfang, Jens (Hg.): 150 Jahre Universitätspsychiatrie in Göttingen. Göttingen 2019.

Wegmann, Dietrich: Die leitenden staatlichen Verwaltungsbeamten der Provinz Westfalen 1815–1918. Münster 1969.

Werner, Robert: Den Domchor „so unschuldig wie möglich herauskommen lassen". Regensburg-digital.de vom 9.08.1918.

Ders.: Die Regensburger Domspatzen. Hitlers liebster Knabenchor. Regensburg-digital.de vom 22.10.2012.

Westerholz, Michael: Das Schicksal der jüdischen Nonne Luise Loewenfels aus Trabelsdorf. In: Fleischmann, Johann (Hg.): Mesusa 4. Mühlhausen 2004, S. 269ff.

Westphalen, Gerlinde Gräfin von: Katholischer Sauerbruch gesucht. In: FAZ v. 21.09.2022, S. N3

Dies.: Ein Warburger Landrat in der NS-Zeit: Joseph Freiherr Spiegel von und zu Peckelsheim (1878–1949). In: Kreis Höxter Jahrbuch 2024. Erscheint Anfang 2024.

Westphalen, Raban Graf von: Akademisches Privileg und demokratischer Staat. Stuttgart 1979.

Wiedemann, Ute: Die Höchstbegabtenstudie Adele Judas als Beispiel für die Erforschung des „Genialenproblems". München 2005, Digitalisat.

Wienfort, Monika: Der Adel in der Moderne. Göttingen 2006.

Dies.: Gesellschaftsdamen, Gutsfrauen und Rebellinnen. Adelige Frauen in Deutschland 1890–1939. In: Dies./Eckart Conze (Hg.): Adel und Moderne, Köln 2004, S. 181ff.

Wiesemann, Falk: Die Vorgeschichte der nationalsozialistischen Machtübernahme in Bayern 1932/33. Berlin 1975.

Wilhelmy, Gustav (Pseudonym Sigrid Müller): Vita Erich Przywara. Ein Überblick, in: Erich Przywara 1889–1969. Eine Festgabe. Düsseldorf 1969, S. 7ff.

Winter, Martin: Zur frühen Geschichte des Klosters Heidenheim. In: Verein für Heimatkunde Gunzenhausen (Hg.): Alt-Gunzenhausen H. 44/1988, S. 22ff.

Witetschek, Helmut: Pater Ingbert Naab. Ein Prophet wider den Zeitgeist. 1885–1935. Zürich 1985.

Wolf, Hubert: Papst & Teufel. Die Archive des Vatikan und das Dritte Reich. München 2008.

Wolfsteiner, Alfred: Der stärkste Mann des Katholizismus in Deutschland. Pater Augustin Rösch und sein Kampf gegen den Nationalsozialismus. Regensburg 2018.

Zeller, Susanne: Maria von Graimberg. Vierzig Jahre Sozialarbeiterinnenausbildung in Heidelberg. Freiburg i.Br. 1989.

Zipfel, Friedrich: Kirchenkampf in Deutschland 1933–1945. Berlin 1965.

Zumholz, Maria Anna: Volksfrömmigkeit und Katholisches Milieu. Marienerscheinungen in Heede 1937–1940. Cloppenburg 2004.

Dies./Hirschfeld, Michael (Hg.): Zwischen Seelsorge und Politik. Katholische Bischöfe in der NS-Zeit. Münster 2018.

Zunker, Maria Magdalena OSB: Die Benediktinerinnenabtei St. Walburg in Eichstätt. Berlin 2018.

Dies.: Die Reform der Benediktinerinnenabtei St. Walburg in Eichstätt durch Bischof Johann von Eych. In: Dendorfer, Jürgen (Hg.): Reform und früher Humanismus in Eichstätt. Bischof Johann von Eych (1445–1464), Regensburg 2015 , S. 232ff.

Dies.: Geschichte der Benediktinerinnenabtei St. Walburg im Eichstätt von 1035 bis heute. Lindenberg 2009.

Personenregister